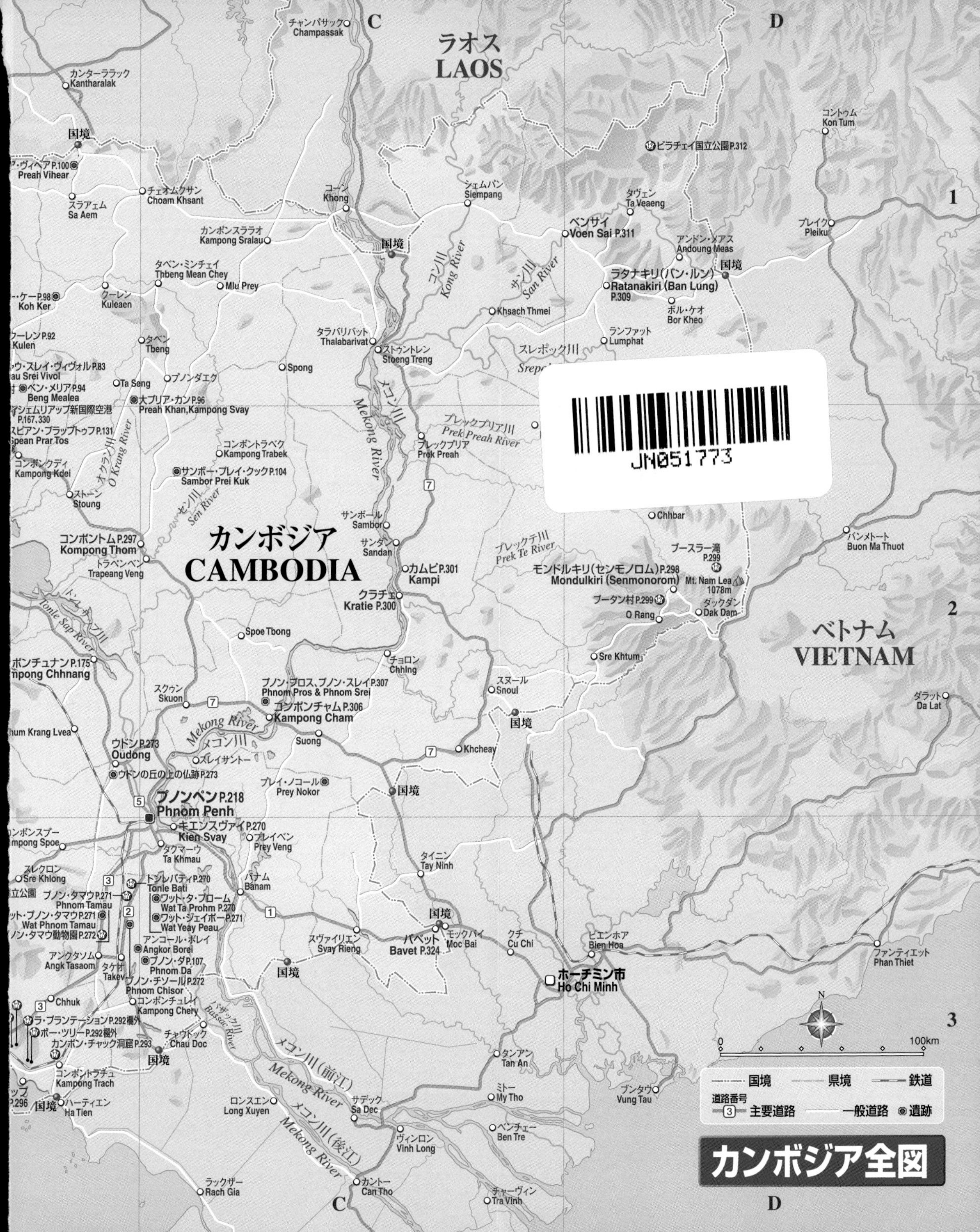

カンボジア全図
ラオス
LAOS
カンボジア
CAMBODIA
ベトナム
VIETNAM
C
D
1
2
3
チャンパサック
Champassak
カンターララック
Kantharalak
国境
Preah Vihear
チェオムクサン
Choam Khsant
スラアェム
Sa Aem
コーン
Khong
シェムパン
Siempang
タヴェン
Ta Veaeng
ベンサイ
Voen Sai P.311
コントゥム
Kon Tum
ビラチェイ国立公園 P.312
プレイク
Pleiku
アンドン・メアス
Andoung Meas
ラタナキリ(バン・ルン)
Ratanakiri (Ban Lung)
P.309
ボル・ケオ
Bor Kheo
カンポンスララオ
Kampong Sralau
タベン・ミンチェイ
Thbeng Mean Chey
Mlu Prey
クーレン
Kuleaen
Koh Ker
Kulen
タベン
Tbeng
コン川
Kong River
サン川
San River
Khsach Thmei
ランファット
Lumphat
スレポック川
タラバリバット
Thalabarivat
ストゥントレン
Stoeng Treng
Spong
Ta Seng
プノンダエク
Beng Mealea
大プリア・カン P.96
Preah Khan,Kampong Svay
メコン川
Mekong River
プレックプリア川
Prek Preah River
プレックプリア
Prek Preah
オクラン川
O Krang River
コンポントラベク
Kampong Trabek
サンボー・プレイ・クック P.104
Sambor Prei Kuk
Kampong Kdei
ストーン
Stoung
セン川
Sen River
7
サンボール
Sambor
サンダン
Sandan
Chhbar
バンメトート
Buon Ma Thuot
コンポントム P.297
Kompong Thom
トラペンベン
Trapeang Veng
カムピ P.301
Kampi
プレックテ川
Prek Te River
ブースラー滝
P.299
モンドルキリ(センモノロム) P.298
Mondulkiri (Senmonorom)
Mt. Nam Lea
1078m
クラチェ
Kratie P.300
ブータン村 P.299
ダックダン
Dak Dam
O Rang
トンレサップ川
Tonle Sap River
Spoe Tbong
チョロン
Chhlng
Sre Khtum
スヌール
Snoul
ダラット
Da Lat
スクウン
Skuon
プノン・プロス、プノン・スレイ P.307
Phnom Pros & Phnom Srei
コンポンチャム P.306
Kampong Cham
Suong
Khcheay
ウドン P.273
Oudong
スレイサントー
ウドンの丘の上の仏跡 P.273
プレイ・ノコール
Prey Nokor
5
プノンペン P.218
Phnom Penh
キエンスヴァイ P.270
Kien Svay
プレイベン
Prey Veng
タクマーウ
Ta Khmau
スレクロン
Sre Khlong
タイニン
Tay Ninh
3
トンレバティ P.270
Tonle Bati
ワット・タ・プローム
Wat Ta Prohm P.270
ワット・ジェイポー P.271
Wat Yeay Peau
プノン・タマウ P.271
Phnom Tamau
Wat Phnom Tamau
バナム
Banam
1
2
スヴァイリエン
Svay Rieng
バベット
Bavet P.324
モックバイ
Moc Bai
クチ
Cu Chi
ビエンホア
Bien Hoa
ファンティエット
Phan Thiet
アンコール・ボレイ
Angkor Borei
プノン・ダ P.107
Phnom Da
アンクタソム
Angk Tasaom
タケオ
Takev
プノン・チソール P.272
Phnom Chisor
ホーチミン市
Ho Chi Minh
Chhuk
コンポンチュレイ
Kampong Chrey
バサック川
Bassac River
ラ・プランテーション P.292欄外
ボー・ツリー P.292欄外
カンポン・チャック洞窟 P.293
チャウドック
Chau Doc
タンアン
Tan An
N
0
100km
コンポントラチュ
Kampong Trach
メコン川(前江)
Mekong River
ミトー
My Tho
ブンタウ
Vung Tau
ハーティエン
Ha Tien
ロンスエン
Long Xuyen
サデック
Sa Dec
ベンチェー
Ben Tre
メコン川(後江)
ヴィンロン
Vinh Long
国境
県境
鉄道
道路番号
主要道路
一般道路
遺跡
ラックザー
Rach Gia
カントー
Can Tho
チャーヴィン
Tra Vinh
JN051773

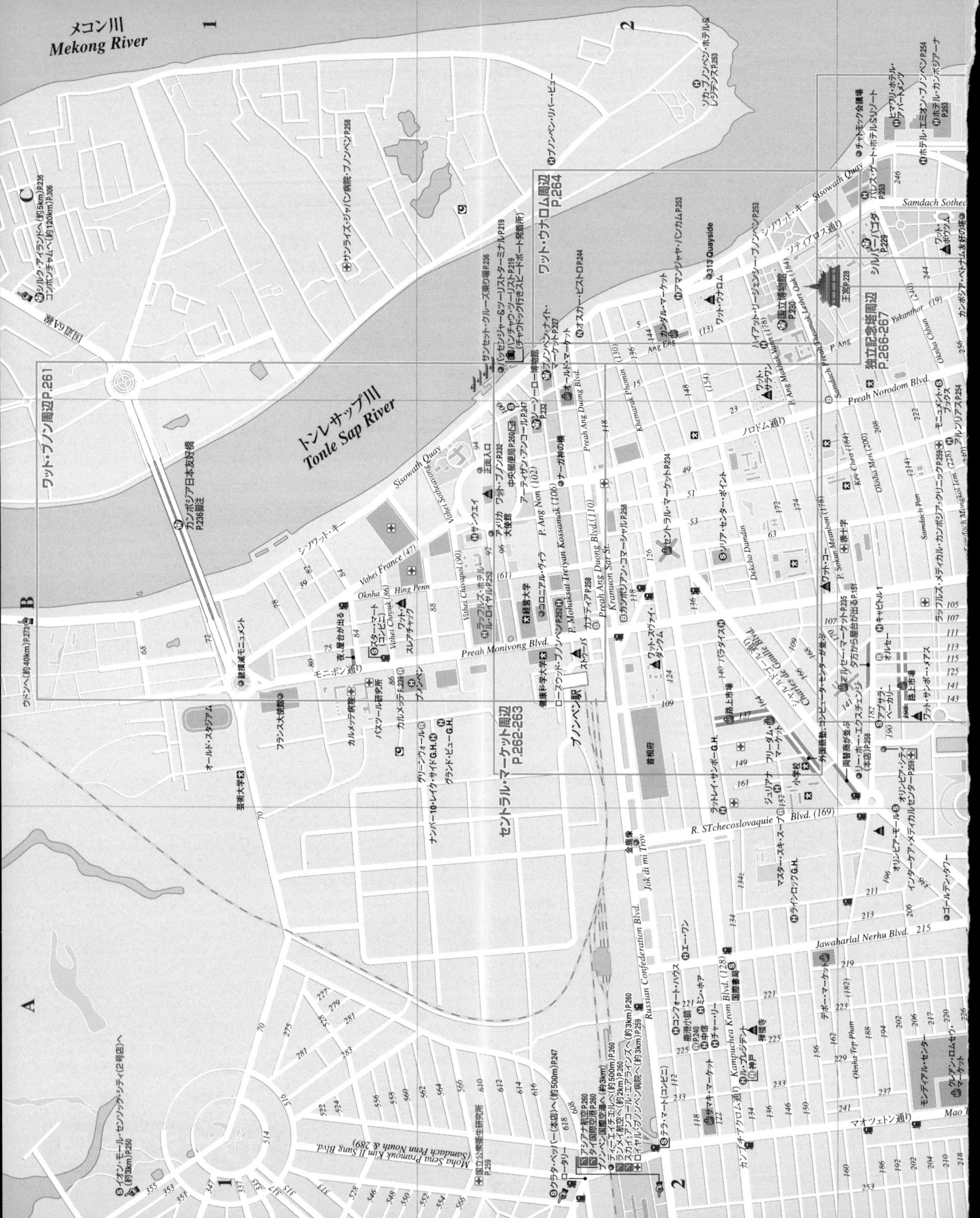

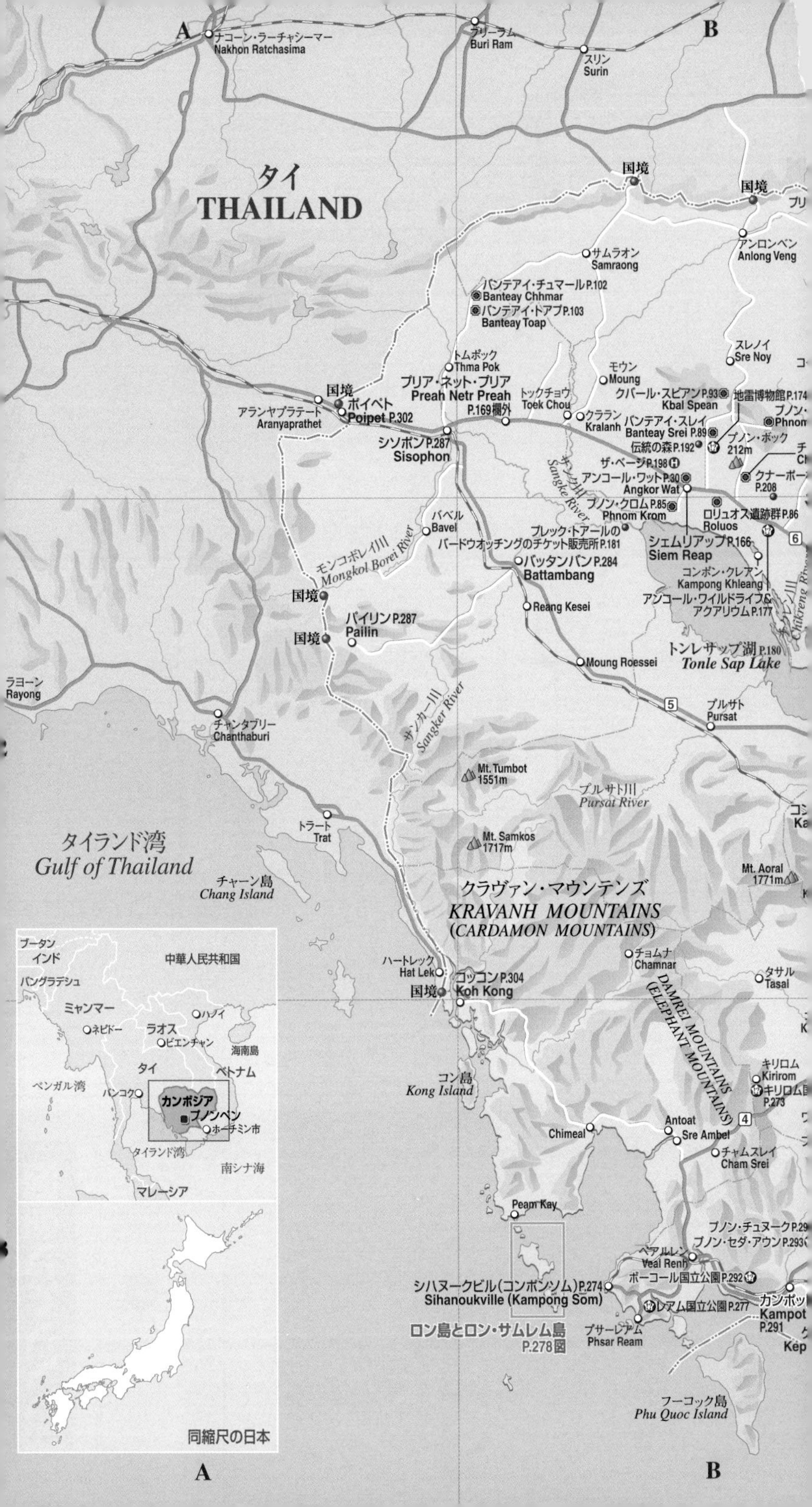

A
B
ナコーン・ラーチャシーマー
Nakhon Ratchasima
ブリーラム
Buri Ram
スリン
Surin
タイ
THAILAND
国境
サムラオン
Samraong
アンロンベン
Anlong Veng
バンテアイ・チュマール P.102
Banteay Chhmar
バンテアイ・トアプ P.103
Banteay Toap
スレノイ
Sre Noy
トムポック
Thma Pok
プリア・ネット・プリア
Preah Netr Preah
P.169欄外
モウン
Moung
トックチョウ
Toek Chou
クラランh
Kralanh
クバール・スピアン P.93
Kbal Spean
地雷博物館 P.174
バンテアイ・スレイ
Banteay Srei P.89
伝統の森 P.192
プノン・ボック
212m
ザ・ベージ P.198
アンコール・ワット P.30
Angkor Wat
クナーポー
P.208
プノン・クロム P.85
Phnom Krom
ロリュオス遺跡群 P.86
Roluos
国境
ポイペト
Poipet P.302
アランヤプラテート
Aranyaprathet
シソポン P.287
Sisophon
サンケー川
Sangke River
バベル
Bavel
プレック・トアールの
バードウオッチングのチケット販売所 P.181
シェムリアップ P.166
Siem Reap
6
モンコボレイ川
Mongkol Borei River
バッタンバン P.284
Battambang
コンポン・クレアン
Kampong Khleang
アンコール・ワイルドライフ＆
アクアリウム P.177
国境
パイリン P.287
Pailin
国境
Reang Kesei
Moung Roessei
トンレサップ湖 P.180
Tonle Sap Lake
Chikreng River
ラヨーン
Rayong
チャンタブリー
Chanthaburi
5
プルサト
Pursat
サンカー川
Sangker River
Mt. Tumbot
1551m
プルサト川
Pursat River
トラート
Trat
Mt. Samkos
1717m
タイランド湾
Gulf of Thailand
チャーン島
Chang Island
Mt. Aoral
1771m
クラヴァン・マウンテンズ
KRAVANH MOUNTAINS
(CARDAMON MOUNTAINS)
チョムナ
Chamnar
ハートレック
Hat Lek
コッコン P.304
Koh Kong
国境
タサル
Tasal
DAMREI MOUNTAINS
(ELEPHANT MOUNTAINS)
コン島
Kong Island
キリロム
Kirirom
キリロム
P.273
4
Antoat
Chimeal
Sre Ambel
チャムスレイ
Cham Srei
Peam Kay
プノン・チュヌーク P.29
プノン・セダ・アウン P.293
ベアルレン
Veal Renh
ボーコール国立公園 P.292
シハヌークビル(コンポンソム) P.274
Sihanoukville (Kampong Som)
レアム国立公園 P.277
カンポット
Kampot
P.291
Kep
ロン島とロン・サムレム島
P.278図
プサーレアム
Phsar Ream
フーコック島
Phu Quoc Island
ブータン
インド
中華人民共和国
バングラデシュ
ミャンマー
ネピドー
ハノイ
ラオス
ビエンチャン
海南島
タイ
ベトナム
ベンガル湾
バンコク
カンボジア
プノンペン
ホーチミン市
タイランド湾
南シナ海
マレーシア
同縮尺の日本

プノンペン全図
シティ・モール
オリンピック・スタジアム
天后宮
プリンス・プノンペン・タワー
ニャミャッス・マーケット
コンビニ
カナディア
プカーチュルック・テップ・モニレス
Jトラスト・ロイヤル
カナディア
スターウッドG.H.
リラックスG.H.
スター・マート(コンビニ)
独立記念塔 P.236
ノロドム王の像
ナーガ・ワールド
ワット・ボッティカ
シハヌーク通り Samdach Preah Sihanouk Blvd.
Samdach Monireth Blvd.
モニレス通り
ダムコー・マーケット
カンポット、タケオ行きミニバス、乗合タクシー乗り場 P.219
プノンペン・カルチュラル・センター
バタナック
ワット・モハモンティ
オリンピック・マーケット
ラタナック・プノンペン
ヴィリャック・ブンタム・エクスプレス
関帝廟
ラッキー・スーパーマーケット P.250
ワット・ランカー
カップコー・マーケット
Vithei Pasteur
ワット・プラユヴォン
アーモンド
スワン・ブリッジ
Sothearos Blvd.
Preah Ang Phanauvong
Oknha Peich (242)
モニボン通り
Preah Monivong Blvd.
テラ・マート(コンビニ)
Circle K(コンビニ)
トゥール・スレン虐殺博物館 P.233
カンボジア・ベトナム友好の塔周辺 P.265
ワット・スパイ・ボペ
ロシア大使館
スター・マート(コンビニ)
イオン・モール・プノンペン P.250
アメージング・カンボジア(1F) P.246
ニョニュム・ショップ(GF) P.246
エア・アジア(GF) P.260
トパーズ P.238
遊園地
Preah Norodom Blvd.
ノロドム通り
シハヌーク通り
ソフィテル・プノンペン・ポキットラー P.252
ボンケンコン・マーケット
ワット・タン
ダイヤモンド・アイランド(コッ・ペッチ) P.220欄外
キリング・フィールドへ(約12km) P.233
キリロム国立公園へ(約120km) P.273
カンボジア・アジア
ソバナ・フレッシュ・マーケット
ソバナ・ショッピング・センター
パーク・カフェ
KFC
Yothapol Khemarak Phoumin Blvd.
マオツェトン通り
Mao Tse Toung Blvd.
ミャットプム P.239
小学校
国際書局
トンレ・バサック
テラ・マート(コンビニ)
LG
スター・マート(コンビニ)
中国大使館
マオツェトン通り(245)
ラオス大使館 P.260、319欄外
籐製の家具店が並ぶ
ワット・トゥール・トンポン
クラタ・ペッパー(支店) P.247
ル・スカイ・マッサージ・スタジオ P.251
トゥール・トンポン・マーケット P.235
リフィル・ストア・バイ・ダイ・クメール P.249
ルイージ P.241
キニン P.238
アンテグリテ P.242
ニョニュム・ショップ(本店) P.246
ペンレン P.249
ベトナム大使館 P.260、319欄外
チャム・カー・モン・パレス
日本国大使館 P.260、352
タイ大使館 P.260、319欄外
バサック川 Bassac River
マッテオ P.241
スマート
バサック・ガーデン・シティ
国家警察本部
プノンペン市警察
プノン・チソールへ(約60km) P.272
キエンスヴァイへ(約25km) P.270
トンレバティへ(約35km) P.270
プノン・タマウへ(約50km) P.271
ボンケンコン南側&トゥール・トンポン・マーケット周辺
0
1km
N
3
4

アンコール・ワットとカンボジア

地球の歩き方 D22 ● 2024～2025年版　**Angkor Wat & Cambodia**

COVER STORY

壁面をびっしりと埋め尽くす、ヒンドゥー神話の壮大なレリーフ絵巻や繊細で美しい女神像が彩るアンコール・ワット。12世紀、王都として輝かしい栄光を誇ったアンコール王朝の建築技術とクメール芸術が詰まった、カンボジアを代表する世界文化遺産です。どこを切り取っても絵になる、フォトジェニックなアンコール・ワットですが、とりわけ静寂の中で、朝の光に包まれるその姿は圧巻。厳しいコロナ禍を経て、再び日常を取り戻しつつあるカンボジアで、アンコール・ワットの美しい朝焼けは今日も変わらず人々を魅了し続けています。

地球の歩き方 編集室

CONTENTS

出発前に必ずお読みください！ 治安とトラブル対策…227、346

137 クメール文化を探る

165 町歩きガイド

■新型コロナウイルス感染症について

新型コロナウイルス（COVID-19）の感染症危険情報について、全世界に発出されていたレベル1（十分注意してください）は、2023年5月8日に解除されましたが、渡航前に必ず外務省のウェブサイトにて最新情報をご確認ください。

◎外務省 海外安全ホームページ・カンボジア危険情報

URL www.anzen.mofa.go.jp/info/pcinfectionspothazardinfo_004.html#ad-image-0

313 旅の準備と技術編

353 カンボジア百科

おもなコラム／information／読者投稿

本書で用いられる記号・略号

町名の日本語読みです。

町名のカンボジア語（クメール語）表記、カンボジア語（クメール語）のカタカナ読みです。

紹介している地区の場所を指します。

紹介している地区の市外局番の番号を指します。

香り高いコショウの産地として知られる

カンポット

Kampot

ｸﾒｰﾙ語：カンポート

MAP ㊓表-3B

カンポットの市外局番 033

※カンポットには詳しい住所がありません。ゆえに住所の記載がない物件は地図上で確認してください。

カナディア・バンク Canadia Bank
MAP P.294-1B 住 Near Durian Monument 営 8:00～15:30（土曜～11:30） 休 日曜
USドルと日本円の現金の両替が可能。また、マスターカードとビザカードでのキャッシングも可能。

ツーリストインフォメーション Tourist Information
MAP P.294-1A 住 Riverside Rd. ☎ 012-462286、097-8995593 営 8:00～17:00 休 無休
カンポット、ケップ周辺やボーコー国立公園へのツアーのほか夕日＆ホタル鑑賞クルーズ、バスチケットなどの手配が可能。

シアヌークビルから東へ約110km、カンポットは穏やかなカンポン・バーイ川沿いに開けた小さな町だ。古びたフレンチ・コロニアルの建物はかつてのにぎわいを想像させるが、現在は道行く人影もまばらで、喧騒とは無縁の世界だ。

町はカンポン・バーイ川に架かるエンテアヌー橋を渡った東側に開けている。町なかにはドリアンの銅像が立つロータリーがあり、そこを中心に商店やホテル、レストラン、市場、銀行などが揃っている。歩き疲れたら、川沿いに並ぶレストランでひと休みするのもいい。

ボーコー国立公園、コショウ農園のラ・プランテーション、プノン・チュヌーク（洞窟寺院）、ケップビーチなどの見どころは郊外に点在している。

ボーコー国立公園（→P.295）内の廃墟タウン、ボーコー・ヒル・ステーション。ポツンと教会がたたずむ

見どころ Sightseeing

MAP ㊓表-3B

廃墟タウン散策が人気

★★★ **ボーコー国立公園**

ឧទ្យានជាតិបូកគោ ● ウティアン・チアット・ボーク・コー

カンポットからシアヌークビル方面へ約30km、原生のジャングルに覆われたエレファント連山の一部が、1993年に国立公園に指定されている。面積は約14万ha、ここにはサイチョウを含む249種類の鳥類やトラやアジアゾウなど絶滅に瀕した動物9種を含む29種の哺乳動物、9種の爬虫類などが生息している。

Access

カンポットへの行き方

バス
プノンペンから各バス会社が運行。詳細はプノンペンのAccess欄参照（→P.219）。

乗合タクシー、ミニバス
プノンペンのダムコー・マーケット西側（MAP ㊓裏-3A）のタクシー乗り場から、乗合タクシーでひとり6US$～、1台チャーター約40US$。ミニバス1万5000R～。シアヌークビルからは各バス会社のミニバスが1日3便運行、5～7US$。所要約2時間。

列車
プノンペン、シアヌークビルから週4便運行している。時刻表はP.337を参照。

カンポットからの交通

バス
プノンペン、シアヌークビル行きは、タクシー乗り場（MAP P.294-2B）周辺の各バス会社が運行。プノンペン・ソリア・トランスポート・カンパニー、ポーリアン・カンパニーなどがあり、7～10US$。

乗合タクシー、ミニバス
タクシー乗り場（MAP P.294-2B）からプノンペン、シアヌークビル行きの乗合タクシー、ミニバスが運行。

列車
プノンペン、シアヌークビルへ週4便運行している。時刻表はP.337を参照。

294

町名のアルファベット表記です。

MAP 地図上の位置を指します。MAP ㊓表-3Bの場合は、折り込み地図表の3Bの範囲内にあることを示しています。

紹介している見どころの日本語読みです。星印は見どころの重要度を表しています。

見どころのカンボジア語（クメール語）表記と、カンボジア語（クメール語）のカタカナ読みです。

- 住 住所
- ☎ 電話番号
- URL ホームページアドレス
- E-mail eメールアドレス
- 営 営業時間
- 開 開館時間
- 休 休業日
- 料 料金

※固定電話の電話番号は市外局番から記してあります。

町への行き方、その町からほかの町への行き方が記してあります。

カンボジアの住所は、隣接した建物でもまったく違う表記になることが珍しくありません。本書では極力統一して表記してありますが、住所とともに地図上でも確認してください。また、地方では明確な住所がない町もあります。その場合は地図上で確認してください。

カンボジアでは多くの公共機関、レストラン、ショップが、祝日とカンボジア正月の３日間～１週間は休館・休業となります。本書ではそれ以外の休業日・休館日について記載してあります。

✉ 読者投稿

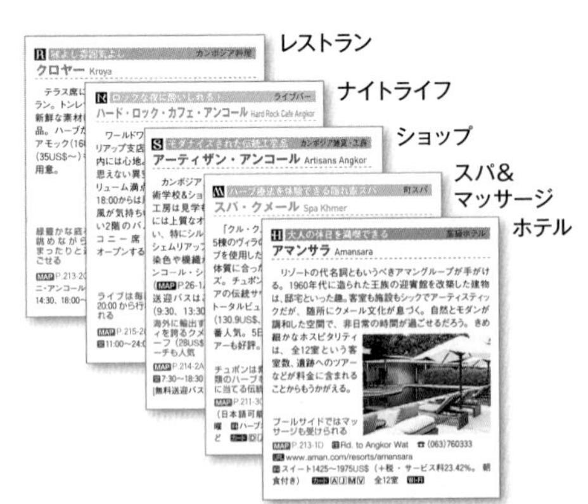

ホテル、レストラン、ショップ（主要建物）の名称は、原則としてカタカナ読み、もしくはアルファベットで表記してありますが、カンボジア語（クメール語）は地方によって発音が違ってきます。本書ではなるべくプノンペンを中心とした標準的な発音に近いカタカナ表記としました。

高級ホテル、中級ホテルなどのホテルのカテゴリーは、料金だけでなく、立地、施設の充実度、コンセプトなど、日本人にとっての利便性を考慮して分けてあります。

シングル、ドミトリー以外の部屋タイプの料金はひと部屋当たりのものです。また、本書では特に断りがないかぎり、正規料金で記載してあります。

Ⓢシングルルーム　Ⓣツインルーム
Ⓦダブルルーム　Ⓓドミトリー

（→P.342）

地　図

- 見どころ
- レストラン
- ショップ
- ホテル
- ナイトライフ
- 銀行
- 市場
- マッサージ
- スパ
- 郵便局
- インターネットカフェ
- 旅行会社&ツアーオフィス
- 航空会社
- バスターミナル
- 病院、診療所
- ガソリンスタンド
- 学校
- トイレ
- 遺跡
- 寺院
- 教会
- モスク
- 映画館
- 警察
- ツーリストインフォメーション

基本的にすべての町の見どころ、ホテル、レストラン、ショップなどは地図上に位置を記してあります。ただし、掲載地図範囲にないものは☞でその方向を示してあります。プノンペンと、各町の郊外の遺跡のなかで、掲載地図の範囲内にない場合は巻頭の折り込み地図に記載しています。

住 住所
☎ 電話番号
URL ホームページアドレス
E-mail eメールアドレス
日本の予約先 日本国内、もしくは日本語対応の予約先
営 営業時間　開 開館時間
休 休業日　料 料金
カード 使用可能なクレジットカード
Ⓐ アメリカン・エキスプレス・カード
Ⓓ ダイナースクラブカード
Ⓙ JCB カード
Ⓜ マスターカード
Ⓥ ビザカード
予約 予約の必要度合い
ドレスコード 入店に当たっての身だしなみ
Wi-Fi 無料 Wi-Fi あり
※固定電話の電話番号は市外局番から記してあります。

■掲載情報のご利用に当たって

編集部では、できるだけ最新で正確な情報を掲載するよう努めていますが、現地の規則や手続きなどがしばしば変更されたり、またその解釈に見解の相違が生じることもあります。このような理由に基づく場合、または弊社に重大な過失がない場合は、本書を利用して生じた損失や不都合について、弊社は責任を負いかねますのでご了承ください。また、本書をお使いいただく際は、掲載されている情報やアドバイスがご自身の状況や立場に適しているか、すべてご自身の責任でご判断のうえでご利用ください。

■現地取材および調査時期

本書は、2023 年 2 ～ 4 月の取材調査データをもとに編集されています。しかしながら時間の経過とともにデータの変更が生じることがあります。特にホテルやレストランなどの料金は、旅行時点では変更されていることも多くあります。また、カンボジアは定価という観念自体が薄い国であり、値段は売り手と買い手の交渉によって決められるという習慣が深く浸透しています。したがって、本書のデータはひとつの目安としてお考えいただき、現地では観光案内所などでできるだけ新しい情報を入手してご旅行ください。

■発行後の情報の更新と訂正情報について

発行後に変更された掲載情報や訂正箇所は、『地球の歩き方』ホームページ「更新・訂正情報」で可能なかぎり案内しています（ホテル、レストラン料金の変更などは除く）。

URL **www.arukikata.co.jp/travel-support**

■投稿記事について

投稿記事は、多少主観的になっても原文にできるだけ忠実に掲載してありますが、データに関しては編集部で追跡調査を行っています。投稿記事のあとに（東京都　○○　'19）とあるのは、寄稿者と旅行年度を表しています。ただし、ホテルなどの料金は追跡調査で新しいデータに変更している場合は、寄稿者データのあとに調査年度を入れ［'23］としています。

カンボジアの基本情報

▶カンボジアの民族→ P.367

▶カンボジアの宗教・信仰→ P.370

▶旅のクメール語→ P.373

国　旗
決められた名称はなくトンチェイ（旗）やトンチェイ・チエッ（国旗）と呼ばれている。国旗にはアンコール・ワットが描かれている。

正式国名
カンボジア王国
Kingdom of Cambodia

国　歌
ボット・ノーコー・リエッ
Bat Nokor Reach

面　積
18 万 1035km²（日本の約 50%）

人　口
約 1555 万 2211 人（2019 年）

首　都
プノンペン。人口約 228 万 1951 人（2019 年）

元　首
ノロドム・シハモニ国王 Norodom Sihamoni

首　相
フン・マネット Hun Manet

政　体
立憲君主制

民族構成
カンボジア人 90%。ほかにチャム人、ベトナム人など 20 以上の民族が計 10%。

宗　教
カンボジア人の大半が仏教徒（上座部仏教）。そのほかイスラム教（ほとんどのチャム人）、カトリックなど。

言　語
公用語はクメール語。旅行関係機関では英語、フランス語なども通じる。またベトナム語、タイ語、中国語が通じるところも多い。

通貨と為替レート

▶通貨と両替→P.332

紙幣の絵柄は国王の肖像、遺跡、記念塔など。硬貨は50、100、200、500リエルの4種類が発行されているが、流通していない

100R ＝約 3.9 円
4118R ＝約 1US$
（2024 年 7 月 9 日現在）

通貨単位はリエル（Riel：本書では数字のあとに R と表記）で、補助単位はない。公式に発行されている紙幣は 32 種類あるが、実際に市場（しじょう）で流通している紙幣は 100、500、1000、2000、5000、1 万、1 万 5000、2 万、3 万、5 万、10 万リエル札（ただし近年発行された 1 万 5000、3 万リエル札はほぼ見かけない）。1 万 5000 と 3 万リエル以外の紙幣には旧札と新札があるが、旧札は流通しなくなってきている。また、カンボジアでは US ドルも一般に流通している。ただし US ドルの補助単位のセントは使用されていない。

100リエル

1000リエル

5000 リエル

20000リエル

500リエル

2000リエル

10000リエル

50000リエル

※カンボジア国内で流通している紙幣の一部

100000リエル

入出国

▶パスポートとビザの取得→ P.316
▶カンボジアへのアクセス→ P.320
▶カンボジア入出国→ P.326

ビザ
入国に当たってはビザが必要。ビザはオンラインで申請・取得できる e ビザが発給されているほか、アライバルビザ（シェムリアップ、プノンペン、シハヌークビルの空港および陸路国境）も発給されている。また、日本にあるカンボジア王国大使館、名誉領事館でも 1 ～ 2 業務日で発給される。通常の観光ビザ（シングルビザ）で 30 日間の滞在が可能。

パスポート
入国に当たっては、カンボジア入国予定日から 6 ヵ月以上の残存有効期間が必要。

気候

カンボジアは熱帯モンスーン気候に属し、大きく乾季と雨季のふたつの季節に分けられる。同じ時期なら地域による大きな違いはない。旅行のベストシーズンは乾季の11～5月で、なかでも11～1月が雨も少なく、比較的過ごしやすい。

シェムリアップやプノンペンを訪れるのなら、1年を通じて日本の夏の服装と同じでよい。冷房の効き過ぎや日焼け対策に、長袖のシャツが1枚あると便利。

天気情報のウェブサイトは以下のようなものがある。

地球の歩き方＞世界の天気＆服装ナビ
URL www.arukikata.co.jp/weather

日本気象協会 tenki.jp
URL www.tenki.jp/world

Accu Weather
URL www.accuweather.com

▶自然と気候 → P.354

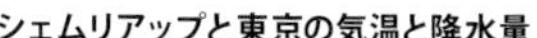

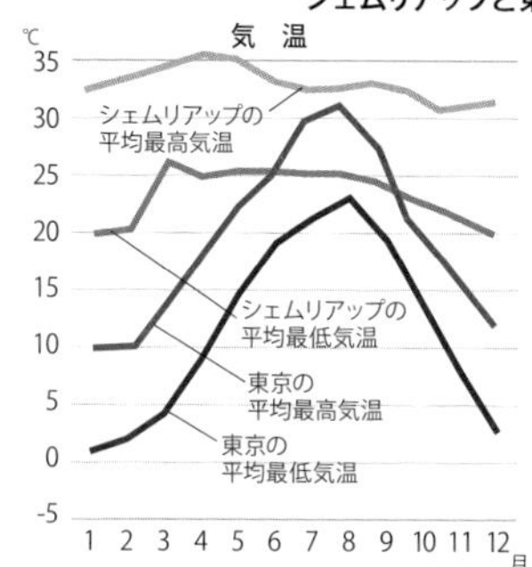

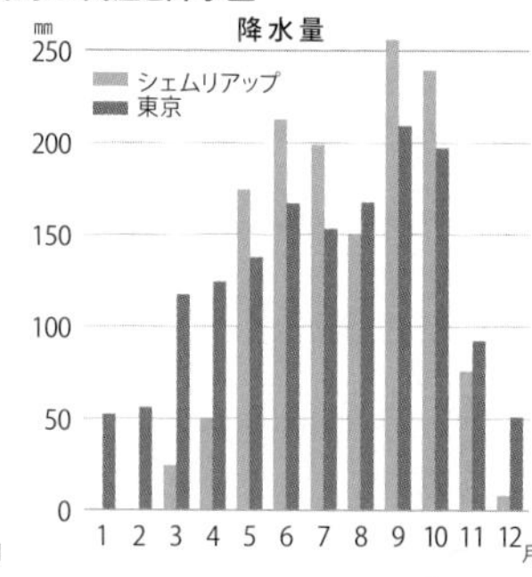

プノンペンと東京の気温と降水量

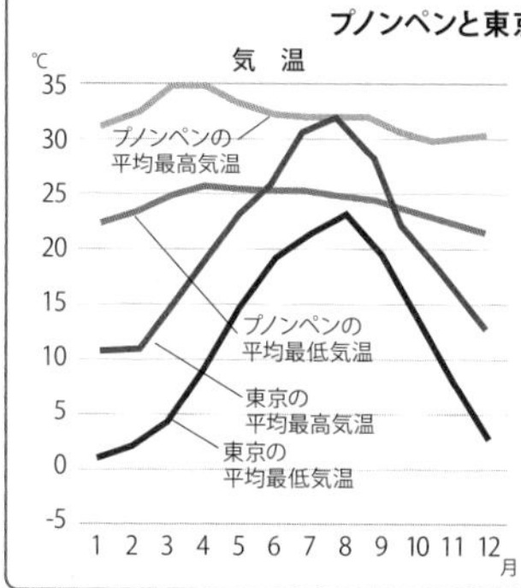

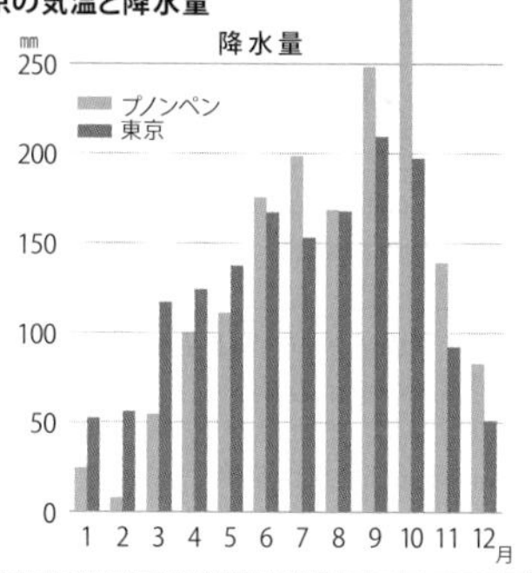

雨季の午後、空には大きな入道雲が現れて、激しいスコールが降ることも

スコールのあと、水はけの悪い道路は水があふれる（写真は7月のシェムリアップ）。2011年10月には、近年まれに見る大雨でシェムリアップの町なかも水があふれた

時差とサマータイム

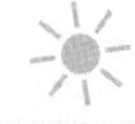

時差は日本とは2時間遅れ。日本の正午はカンボジアでは午前10:00となる。

サマータイムはない。

日本からのフライト時間

プノンペン：経由便で7～8時間
シェムリアップ：経由便で7～8時間
（乗り換え時間は含まず）

2024年7月現在、日本からカンボジアへの直行便はない。アンコール遺跡群の観光拠点となるシェムリアップ、首都のプノンペンどちらへも、ベトナム（ホーチミン市、ハノイ）やタイ（バンコク）、韓国（ソウル）などで乗り継ぐ必要がある。

※全日空が成田国際空港～プノンペン国際空港間の直行便を運航していたが、2024年7月現在、運休。再開未定。

▶カンボジアへのアクセス→ P.320

ビジネスアワー

以下は、一般的な営業時間の目安。ショップやレストランなどは店によって異なる。

省庁・政府機関
月～金曜 8:00 ～ 12:00、13:00 ～ 17:00。土・日曜、祝日は休み。

銀行
月～金曜 8:00 ～ 16:00。土・日曜、祝日は休み（土曜は午前中のみ営業するところも多い）。

ショップ
8:00 ～ 18:00（旅行者向けの店は～21:00）。

レストラン
10:00 ～ 22:00 の店が多いが、6:00 オープンや 24:00 まで営業するところもある。また、ランチタイムとディナータイムの間に、2 ～ 3 時間クローズする店もある。

屋台での食事もアジア旅行の魅力。近年はメニューや味ともにレベルの高い屋台も多くなってきた

祝祭日（おもな祝祭日）

年によって異なる移動祝祭日（※印）に注意。下記の 2023 年の祝祭日は政府の公式カレンダーによるが、変更の可能性もあるので注意。

1月	1/1		インターナショナル・ニューイヤー
	1/7		虐殺政権からの解放の日
3月	3/8		国際女性の日
4月	4/14 ～ 16	※	カンボジア正月
5月	5/1		メーデー
	5/4	※	ヴィサック・ボチェア祭（仏陀生誕記念日）
	5/8	※	耕起祭
	5/14		シハモニ国王誕生日
6月	6/18		モニック前王妃誕生日
9月	9/24		憲法記念日
10月	10/13 ～ 15	※	プチュン・バン（お盆）
	10/15		シハヌーク前国王崩御の日
	10/29		シハモニ国王即位記念日
11月	11/9		独立記念日
	11/26 ～ 28	※	水祭り

電圧とプラグ

220V、50Hz。プラグは A 型と C 型の複合型が多く、A 型、C 型、まれに SE 型がある。プラグは市場やスーパーマーケットなどで購入できる。日本の 100V 用電気製品を使用するには、変圧器が必要。高級ホテルでは変圧器を貸し出しているところもある。

左から A 型、C 型、SE 型の変換アダプター（左）。地域、ホテル、客室によってさまざまなプラグ形状が存在する（右）

電話のかけ方

▶通信と郵便
→ P.334

日本からカンボジアへの電話のかけ方
例：シェムリアップの（063）123456 へかける場合

事業者識別番号		国際電話識別番号		カンボジアの国番号		市外局番（頭の0は取る）		相手先の電話番号
0033（NTTコミュニケーションズ） 0061（ソフトバンク） 携帯電話の場合は不要	+	010 ※	+	855	+	63	+	123456

※携帯電話の場合は010のかわりに「0」を長押しして「+」を表示させると国番号からかけられる。
※NTTドコモ（携帯電話）は事前にWORLD CALLの登録が必要。

放送&映像方式

放送方式はPALが一般的で、日本の放送方式（NTSC）とは異なるため、DVDなどの映像ソフトは日本国内用の機器では再生できないことがあるが、パソコンで再生するぶんには問題ない。DVDのリージョンコードは3（日本は2）。

チップ

チップの習慣はなく基本的に不要。

レストラン
高級店以外では不要。高級店でも、サービス料が付加されている場合は不要。

ホテル
ベルボーイやルームサービスに対しては2000～4000R程度。

タクシー
不要。

バイクタクシー、トゥクトゥク
不要。

ガイド
1日1～3US$程度。

専属ドライバー
1日1～3US$程度。

飲料水

水道水は衛生的に問題があるため飲まないほうがよい。「当店の水はミネラルウオーターを使用」とはっきり明記していないレストランでは、高級店であっても飲まないほうがよい。ミネラルウオーターは町なかの商店をはじめ、あらゆる場所で売られている。種類や店にもよるが500mLで2100R～。ただし、カンボジアの水道水は日本と同じ軟水ではあるが、売られているミネラルウオーターは硬水が多いため、軟水に慣れた日本人のなかには下痢や体調不良を起こす人もいる。しかし、たいていは1～2日で慣れる。

※硬水はカルシウム、マグネシウムなどの含有量が多い水。逆に軟水は少ない。

郵　便

▶通信と郵便→P.336

郵便局の営業時間は各局によって若干異なるが、だいたい7:00～18:00で日曜も営業しているところが多い。

郵便料金
日本までのエアメールの場合、はがきはシェムリアップから3000R、プノンペンから2000R、封書は20gまで2700R、50gまで4800R、100gまで8200R、200gまで1万5900R。小包は航空便で0.5kgまで約7.5US$、1kgまで約15US$など。

プノンペンの中央郵便局。フランス統治時代の面影を残す趣ある建物だ

税　金

TAX

基本的に10%のVAT（付加価値税）がかかるが、現実的には旅行者としての買い物、支払いにはほとんど適用されていない。旅行者がVATを支払うのは、中・高級ホテルや高級レストランでの支払い時、レジでレシートが発行されるスーパーなどでの買い物のときくらい。VATの還付制度はない。

カンボジアから日本へかける場合

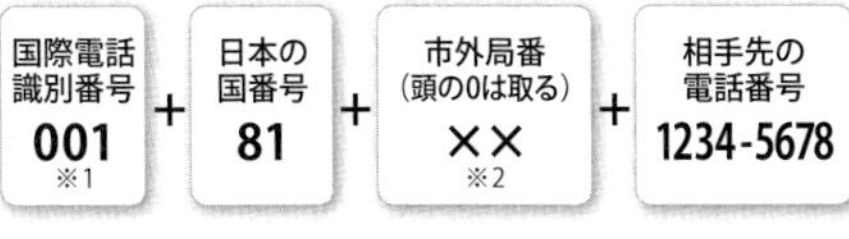

▶日本語オペレーターに申し込むコレクトコール
KDDI　ジャパンダイレクト（→P.335欄外）

※1 ホテルの部屋からは、外線につながる番号を最初にダイヤルする。
※2 携帯電話などへかける場合も、「090」「080」などの最初の0を除く。

安全とトラブル

▶治安とトラブル対策
→ P.346

2024年7月現在、下記のとおり日本の外務省から危険情報が発出されている。

十分注意してください

カンボジア全域

外国人旅行者を狙った盗難、強盗、ひったくりが頻発している。特に事件発生は夜に集中しており、夜の外出には注意を払いたい。文化や風習が異なるカンボジアでは、曖昧な態度は誤解を生じさせやすい。カンボジアでは常にもしもの場合を考え、行動は自分自身の危機管理能力の範囲内にとどめること。カンボジアとタイとの国境線上に位置する寺院遺跡のプリア・ヴィヘアは、両国が領有権を主張し、2008年10月と2009年4月には両軍による銃撃戦が起き、双方に負傷者も出た。しかし、2024年7月現在、国境監視隊のみを残して両国の主力軍隊は撤収し緊張状態は和らいでいる。とはいえ不測の事態も考えられるため、訪れる場合は、最新の情報を確認しておこう。

警察 **117** もしくは 012-999999

消防 **118 ／ 116**

救急車 **119**

年齢制限

カンボジアでは18歳未満の喫煙、飲酒は法律で禁じられている。車と49cc以上のバイクの運転には免許証が必要で（外国人も同様）、バイクの運転にはヘルメットの着用と、バックミラー付きバイクであることが義務づけられている。カンボジアはウィーン条約に加盟しており、国際法令上は国際運転免許証のみでカンボジアの免許証に切り替えることなく運転可能。しかし、一般の警察官は国際免許証の存在を理解していないことがあり、検問などに遭った場合は罰金も覚悟すること。外国人旅行者によるバイク事故も多数起きているので、運転には十分な注意が必要だ。

度量衡

メートル法。

その他

町なかでも僧侶を見かけることがあるが、女性は僧侶に触れてはならない、女性から僧侶に話しかけてはならない、などの戒律があるので注意

タブー

- 政治的な話題や戦争の話は避けること。
- カンボジア人の多くは敬虔な仏教徒のため、僧侶や寺院には敬意を払うこと。寺院を参拝するときは短パンやミニスカートなど肌の見える服装は避け、お堂に上がるときは履き物を脱ぐこと。また、女性は僧侶に触れたり直接物を渡すことはできない。
- 人の頭の上には精霊が宿っていると考えられているため、他人の頭に手を当てたり、子供の頭を撫でることも避けること。
- 過去の歴史的な経緯から、タイとベトナムに対してよく思わない人もいる。不用意な発言や行動は慎むこと。

違法コピー商品

DVDなどの映像ソフト、有名ブランドを模造した偽ブランド品など、違法コピー商品が数多く売られている（→ P.351）。なお、DVDは政府の認定シールが張られた正規品であっても、実際はコピー物であることも多いので要注意。

写真の現像

シェムリアップやプノンペンのカメラ店や電器店でSDメモリーカード、一般的なバッテリーなどが入手可能。バッテリー程度ならみやげ物店でも売られている。町なかには現像サービスが可能な店もあり、デジタルカメラからのプリント、CDへのコピーも可能なところもある。プリントの質（色調など）は各店によって異なる。

トイレ方式

都市部のホテルのトイレは、ほとんどが水洗の洋式。地方では柄杓（ひしゃく）で水を汲んで流す和式タイプも多い。水洗の洋式でも、便座の横にごみ箱が置いてある場合は、紙は流さずごみ箱に捨てること。町なかに公衆トイレはほとんどない。アンコール遺跡の敷地内にはおもな箇所にトイレが設置されている。

Angkor Wat & Cambodia

アンコール遺跡群巡礼

〝神々の世界〟
アンコール・ワットと
〝菩薩の居城〟バイヨン。
ふたつの遺跡に花開いた
アンコール文明。
壮大なドラマの扉を
今、開く。

世界文化遺産のひとつとして知られるアンコール・ワットは
今から約150年前にはその存在を知る人すらいなかった。
フランス人博物学者アンリ・ムオが再発見するまで
密林の奥深くに眠り続けていたのである。
その規模と完成された美しさで知られる
アンコール・ワットの造営から遅れて半世紀後
今度は一辺約3kmの城壁で囲まれた王都が造られた。
その王都はアンコール・トムと呼ばれ
その中心に位置するのがバイヨン寺院だ。
アンコール・ワットとバイヨン寺院。
クメール建築美術を語るうえでは欠くことのできない二大遺跡を中心に
永い眠りから覚めつつあるアジアの至宝を訪ねてみたい。

必見の遺跡がひと目でわかる！

アンコール遺跡＆注目遺跡エリアナビ

アンコール・ワットに代表されるアンコール遺跡群以外にも、近郊や郊外に数多くの遺跡が点在するシェムリアップ。主要な遺跡の距離感を、訪れる前に地図で確認しよう。

アンコール3大必見遺跡

必見①

A アンコール・ワット

アンコール遺跡を代表する天空の楽園

アクセス
オールド・マーケットから
=15分、=20分

詳細は→P.30

世界中から多くの観光客が訪れるアンコール・ワットは、世界3大仏教寺院のひとつ。高度な建築技術や完成された芸術性の高さから、クメール建築の最高峰といわれる。

必見③

C タ・プローム

巨木の根に侵食された神秘の遺跡

アクセス
オールド・マーケットから
=25分、=30分

詳細は→P.70

巨木の根が遺跡にからまり、神秘的な雰囲気が魅力的なスポット。ジャヤヴァルマン七世によって建てられた仏教僧院だったが、のちにヒンドゥー教寺院に改造された。

必見②

B アンコール・トム

バイヨン寺院を中心とした王と神の都市

アクセス
オールド・マーケットから
=20分、=25分

詳細は→P.50

クメールの覇者、ジャヤヴァルマン七世によって建てられた王都。巨大な四面仏が印象的なバイヨン寺院が中心にある。

サンセット観賞なら

サンライズ&サンセット観賞におすすめの遺跡は→P.128

D プノン・バケン

パノラマが楽しめる夕日観賞の名所

アクセス オールド・マーケットから
=15分、=20分

詳細は→P.66

高さ60mの丘の上に建つ6層からなる寺院。アンコール地域全体が見渡せるパノラマ絶景が魅力。

E プレ・ループ

ジャングルに沈む夕日が眺められる

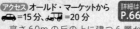

アクセス オールド・マーケットから
=25分、=30分

詳細は→P.76

アンコール王朝では最後のれんが建築の遺跡からジャングルに沈む夕日が眺められるとリピーターに人気。

F プノン・クロム

水田に映る美しい夕日が見られる穴場

アクセス オールド・マーケットから
=20分、=25分

詳細は→P.85

トンレサップ湖畔の山の上にある古い時期の寺院で、眼下に水田が広がる夕日観賞の穴場。

その他の注目遺跡

G ロリュオス遺跡群

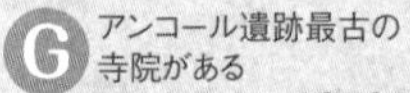

アンコール遺跡最古の寺院がある

アクセス
オールド・マーケットから
=25分、=30分

詳細は→P.86

アンコール王朝初期の都が築かれていた所。規模の大きなピラミッド式寺院のバコンなど3つの遺跡が残る。

郊外の人気遺跡

0 50km
M プリア・ヴィヘアP.100
クバール・スピアン P.93 K
H バンテアイ・スレイP.89
地雷博物館 P.174
アンコール・ワット P.30
L コー・ケー P.98
J プノン・クーレンP.92
I ベン・メリアP.94
シェムリアップ P.166
ロリュオス遺跡群 P.86
サンボー・プレイ・クック P.104 N
カンボジア CAMBODIA

H 「東洋のモナリザ」で知られる バンテアイ・スレイ

アクセス オールド・マーケットから🚗=45分～1時間

詳細は→ P.89

アンコール王朝摂政役の菩提寺として建立。「東洋のモナリザ」と評される美しい彫刻をはじめ、ほかの遺跡にはない独自のモチーフが随所に見られる。

I 密林に埋もれた「東のアンコール」 ベン・メリア

アクセス オールド・マーケットから🚗=1時間～1時間30分

詳細は→ P.94

深い森の中にひっそりと眠る巨大寺院で、退廃的な雰囲気。アンコール・ワット建造前の 11 世紀末～ 12 世紀初頭に建てられ、「東のアンコール」と呼ばれる。

J アンコール発祥の聖なる山に点在する プノン・クーレン

アクセス オールド・マーケットから🚗=2 時間

詳細は→ P.92

プレ・アンコールからアンコールへの過渡期に造られた寺院でアンコール王朝の幕開けの地とされる。川底に彫られたヴィシュヌ神や 1000 体のリンガなどが有名。

K 神々やリンガが彫られた水中遺跡 クバール・スピアン

アクセス オールド・マーケットから🚗=1時間30分

詳細は→ P.93

クバール・スピアンはシェムリアップ川の源流で、特別な聖地とされてきた場所。約 200m にわたって川底や川岸にヒンドゥー教の神々が彫られている。

遠方の秘境遺跡

L 見事な7段ピラミッドは必見 コー・ケー

アクセス シェムリアップから🚗=2時間30分

詳細は→ P.98

921 ～ 941 年に都がおかれた場所で、都城の中央にある最大寺院のプラサット・トム、プランと呼ばれる 7 段のピラミッド式寺院、巨大リンガ群などが有名。

M タイ国境付近に建つ「天空の寺院」 プリア・ヴィヘア

アクセス シェムリアップから🚗=4 ～ 5 時間

詳細は→ P.100

アンコール遺跡群に次ぐカンボジアで 2 番目の世界遺産で、断崖絶壁の山頂に建てられた山岳寺院。山の頂からは広大なカンボジアの大地を見渡せ、人気が高い。

N 2017年世界遺産登録の古代遺跡 サンボー・プレイ・クック

アクセス シェムリアップから🚗=3 時間、コンポントム中心部から🚗=30分

詳細は→ P.104

プレ・アンコール期に建てられた、れんが造りの遺跡群。八角形の祠堂や「空飛ぶ宮殿」のレリーフなどこの遺跡だけに見られる建築・美術様式に注目。

初心者のための

アンコール遺跡ガイダンス

入場券の買い方や移動方法など、アンコール遺跡見学の前に知っておきたい旅のヒントをまとめて紹介。

11～1月がおすすめ

遺跡見学のベストシーズン

観光しやすい乾季のアンコール・ワット

遺跡見学には、乾季（11～5月）がおすすめ。そのなかでも晴天の日が続き過ごしやすい11～1月がベスト。朝夕にスコールが降るものの、日中はほぼ晴れることが多い雨季の始まりの5～7月もおすすめ。本格的な雨季の9～10月は、ほぼ毎日、1日数時間の雨がザッと降り、雨のあとは歩きづらくなる。また、雨季前の3～5月は強烈に蒸し暑い日が続くので、遺跡巡りにはあまりおすすめしない。

実はとっても広い！

アンコール遺跡群のエリア

1992年にユネスコ世界遺産に登録されたアンコール遺跡群。802～1431年の間、約600年にわたって栄華を築いたクメール王朝の都城跡で、世界遺産に登録されているのは、熊本市全体よりも大きい約400㎢もの広大なエリアだ（P.26～27の地図内の遺跡とバンテアイ・スレイを含む）。アンコール・ワットやアンコール・トム、タ・プロームなどの遺跡のほか、池や貯水池といった治水システム、橋などの建造物も含まれている。世界遺産エリアの詳細は、P.132を参照。

短期滞在でも効率よく回れる

1日券購入の場合のモデルコース

アンコール遺跡群には100前後の遺跡が点在。アンコール・ワットとバイヨンの二大遺跡を半日で見学し、残り半日を効率よく回る、ふたつのモデルコースを紹介。3日券購入の場合のモデルコースはP.325欄外を参照。

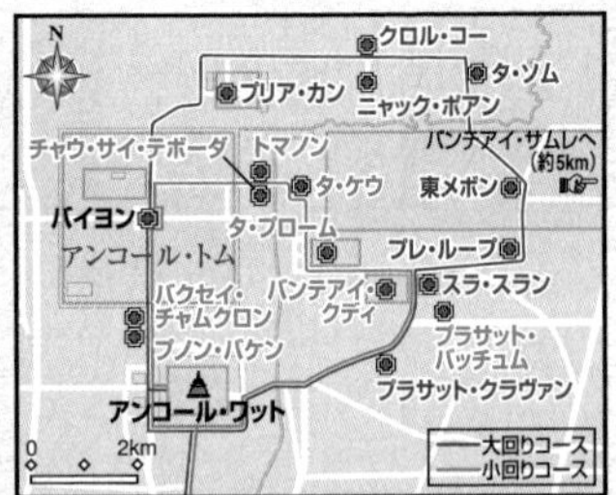

小回りコース　Small Course

所要4時間～／予算13US$～

オススメ

プノン・バケン（→P.66）
↓ 約1分
バクセイ・チャムクロン（→P.67）
↓ 約5分
トマノン（→P.65）
↓ 約3分
チャウ・サイ・テボーダ（→P.65）
↓ 約3分
タ・ケウ（→P.68）
↓ 約3分
タ・プローム（→P.70）
↓ 約3分
バンテアイ・クディ（→P.69）
↓ 約5分
プラサット・バッチュム（→P.74）

プノン・バケン中央祠堂に残る、美しいデバター像

大回りコース　Grand Course

所要4時間～／予算15US$～

プリア・カン（→P.80）
↓ 約5分
ニャック・ポアン（→P.82）
↓ 約2分
クロル・コー（→P.83）
↓ 約5分
タ・ソム（→P.79）
↓ 約5分
東メボン（→P.77）
↓ 約3分
プレ・ループ（→P.76）
↓ 約3分
スラ・スラン（→P.74）
↓ 約5分
プラサット・クラヴァン（→P.75）

プリア・カンの周壁には、巨大なガルーダが刻まれている

遺跡によって異なるので注意

入場時間

入場券を購入できる販売所（チケットオフィス）は、みやげ物店やカフェを併設

見学時間は 7:30 ～ 17:30 と決められているが、アンコール・ワットとスラ・スランは 5:00 ～ 17:30、プノン・バケンとプレ・ループは 5:00 ～ 19:00 など一部異なる遺跡もある。サンセット&サンライズが楽しめる遺跡は P.128 を参照。

遺跡巡りに欠かせない

入場券「アンコール・パス」はマスト

アンコール遺跡群を見学するためには「アンコール・パス」と呼ばれる入場券が必要で、このチケットでほとんどのアンコール遺跡の見学ができる。郊外のプノン・クーレン（→ P.92）、遠方の遺跡（→ P.96 ～ 107）の入場には別途料金が必要。

アンコール・パスは右記の 3 種類あり、町の中心部から約 4km 離れた場所にある販売所（チケットオフィス）か、バンテアイ・スレイ（→ P.89）とベン・メリア（→ P.94）に新設された販売所で購入可能。また、以下のサイトからも同料金で購入可能。

URL www.angkorenterprise.gov.kh　カード D J M V

遺跡ゾーンへの入口数ヵ所に設置されたチケット・チェック・ポイントや主要遺跡の入口では検札がある（オンライン購入の場合、発行された QR コードを専用端末で読み取る）。入場券を持たずに見学した場合は 100 ～ 300US$ の罰金が科せられるので注意。

アンコール・パスの種類と料金

- **1 日券**：37US$
- **3 日券**：62US$（購入日から 10 日間以内の任意の 3 日間で使用可能）
- **7 日券**：72US$（購入日から 1 ヵ月間以内の任意の 7 日間で使用可能）

※ 11 歳以下は無料。年齢確認のためパスポートの提示を求められることがある。

※ドライバーやガイドの入場料を払う必要はない。

アンコール・パスの買い方

1 窓口に並ぶ

チケットの種類によって窓口が分かれている

2 顔写真撮影

入場券はすべて顔写真入り。写真はその場で撮影（無料）

3 チケットを受け取る

7 日券のみラミネート加工されている。1 日券、3 日券は紙のチケット

入場する際、チケット裏面に記載された日付部分に穴を開けてもらう

チケット販売所（チケットオフィス）

MAP P.27-2C
営 5:00 ～ 17:30（翌日分のチケット購入は 16:45 ～）
カード D J M V

チケットオフィス内の売店でチケットホルダー（0.5US$）を販売している

数日前までに予約を

ガイド&現地ツアーの手配

旅行会社やホテルでガイド(日本語、英語）の手配ができる。ガイドは数日前までに予約すること。短期滞在の場合は、効率よく回れる現地ツアーも利用したい。

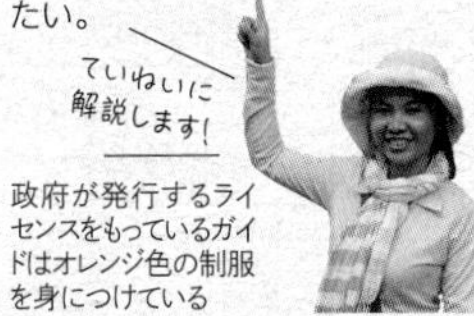

政府が発行するライセンスをもっているガイドはオレンジ色の制服を身につけている

遺跡エリアに新設された

サイクリングロード

アンコール遺跡ゾーンに 23 km を超えるサイクリングロードが完成（MAP P.28 ～ 29）。遺跡の森を走る貴重な体験だが、レンタサイクル屋は遺跡ゾーンにはなく、町から自転車でアクセスしなければならないため体力が必要。

明るい時間に訪れよう（三輪悟氏提供）

各遺跡の

トイレ事情

トイレのある遺跡は P.26 ～ 27、P.28 ～ 29 の地図上で確認を。遺跡の入場券があれば無料。ない場合は 2000R が必要。アンコール・ワット前に新設されたレストランエリアはきれいなトイレを完備している。

おもな遺跡には水洗の洋式トイレがある

旅のスタイルで選びたい

各遺跡への移動方法

移動には、下記の交通手段が利用できる。旅のスタイルや予算などに応じて選ぼう。

エアコンが効いて快適

車のチャーター

→P.339

ドライバーとガイドへは1日2～3US$ のチップが必要

旅行会社やホテル、ゲストハウスで手配可能。一般的にP.26～27の地図の範囲内の移動なら、ドライバー付きで1日30US$～が目安。バンテアイ・スレイ(→P.89)、プノン・クーレン(→P.92)、クバール・スピアン(→P.93)、ベン・メリア(→P.94)などの郊外の遺跡へは割増になり、また安全上の理由からもガイド付きの車チャーターが安心。

台数が多く観光気分を盛り上げる

トゥクトゥク

→P.340

トゥクトゥクは最大大人4人まで乗れる

ホテル、ゲストハウスで手配可能。一般的にP.26～27の地図の範囲内の移動なら、ふたり乗りで13US$～が目安。車チャーター同様、郊外の遺跡へは料金が割増になるほか、朝日を見るための早朝手配も別途料金(2US$～)が必要になる。

CHECK

車&トゥクトゥクの配車アプリ

配車サービスのトゥクトゥク→P.340

シェムリアップの町なかでは、専用アプリを使って、車&トゥクトゥクを呼び出せる配車サービスが利用できる。「パスアップ」と「グラブ」の2種類あり、料金交渉をする必要がなく、通常の交渉制トゥクトゥクよりも安くて便利。使い方はP.340を参照。

最大ふたりまで乗れる小型のトゥクトゥク

自由に動き回れる

レンタサイクル

→P.341

電気自転車のグリーン・イー・バイク(→P.207)なら体力に自信がなくても大丈夫

ホテルやレンタサイクル屋で手配できる。料金は1日1～3US$で、10～50US$のデポジットが必要な場合もある。各遺跡に駐輪場はないのでみやげ物店や屋台で預かってもらおう(1000～2000R)。P.26～27の地図範囲内なら、アップダウンは少なく木陰も多いが、遺跡内には自転車を修理してくれる所はない。レンタサイクル屋は「ハード・ロック・カフェ・アンコール」(→P.190)前のロータリー付近やソクサン通り(→P.170)などにある。

安い&小回りが利く

バイクタクシー

→P.341

ひとり旅で安く済ませたいならバイクタクシーも利用価値ありだが、雨季はおすすめしない

ホテル、ゲストハウスで手配可能。一般的にP.26～27の地図の範囲内の移動なら、ドライバー付きで1日10US$～。車チャーターやトゥクトゥク同様、郊外の遺跡へは料金が割増になり、早朝手配も別途料金が必要。

露出の多い服装はNG!

遺跡見学の服装

- **靴**:急な階段の上り下りがあるので、歩きやすく足にフィットした靴を。
- **帽子&サングラス**:炎天下を長時間歩くこともあるのであったほうがいい。
- **洋服**:日差しが強いため薄手の長袖が1枚あると便利。また、アンコール・パスで入場できるすべての遺跡において、ひざが見えるショートパンツ、肩が露出しているキャミソールやタンクトップなどでの入場は不可。遺跡入場時はもちろん、アンコール・パスを購入する際にも服装チェックが行われ、規定違反の場合は発券されないことがあるので注意。
- **バッグ**:両手があくリュックや斜めがけできるショルダーバッグが便利。

遺跡見学に重宝

おすすめ便利グッズ

持っていくと重宝する便利グッズを紹介。

- □ 日焼け止め
- □ 雨具(晴雨兼用の傘が便利)
- □ ティッシュ(ウエットティッシュ)
- □ フェイスタオル
- □ 虫よけスプレー
- □ 小型懐中電灯
- □ チケットホルダー

カンボジアの万能布、クロマーは日よけや汗ふきに1枚あると重宝する

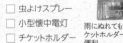

雨にぬれても安心なチケットホルダーがあると便利

屋台やレストランはある？

遺跡見学の飲食

アンコール・ワット前に新設されたレストラン、みやげ物店が並ぶエリア

たいていの遺跡の入口付近にはみやげ物店を兼ねたジュース屋台が並んでいて、飲み物などはそこで買える。食堂が並ぶ遺跡もあり、特にアンコール・ワット前とバイヨンの北側、スラ・スランの北側は店の数が多い。どこも町なかの店と比べると値段が非常に高いが、値下げ交渉に応じる店もある。

事前に知って役立てたい

事故や病気を防ぐコツ

炎天下での遺跡見学は、想像以上に体力を消耗し体調を崩しがち。また、階段の上り下りの多い遺跡では思わぬけがをしてしまうことがある。下記の点に注意して遺跡見学を楽しもう。

- □ こまめな水分補給を心がける。のどの渇きを感じる前に水を飲む。
- □ 帽子やサングラスの着用、薄手の長袖を羽織るなど日差し対策をする。
- □ 時間に余裕をもってスケジュールを立てる。こまめに休息する。
- □ 歩きやすく滑りにくい靴を着用する。
- □ 遺跡内は足場の悪い場所が多いため、両手のあくリュックや斜めがけバッグで見学する。
- □ 自転車で移動する場合は、ブレーキやタイヤ、鍵がかかるかなどを事前に確認する。

見学前に要チェック！

遺跡見学の注意事項

- 2023年2月現在、交通規制のため南大門（MAP P.28-3A）の通過は7:00～11:30の間、アンコール・トムへ入域のみの一方通行になっている。この時間にアンコール・トムから出域するには勝利の門（MAP P.28-2B）か北大門（MAP P.28-1A）を利用する。どちらも町へ戻るのは大回りとなるため注意。
- 野生のサルによる「引っかく」「かみつく」などの被害が発生しているため興味本位で近づかないこと。被害にあった場合は狂犬病の発症リスクがあるため早急にワクチン接種を。

野生のサルの親子

- 遺跡は足場の悪い所が多く、雨の日は特に滑りやすいので要注意。
- 各遺跡内は禁煙。
- 露出度の高い服はNG。
- 柱や壁に寄りかからない、欄干に腰かけない、彫刻などに手を触れないこと。
- 立ち入り禁止の場所は、修復中や崩落の危険性があるため絶対に立ち入らないこと。
- 郊外の遺跡には地雷除去が済んだばかりの所もあるので、ガイド同行が望ましい。

地雷未処理の看板。絶対立ち入らないように

アンコール・ワットのレリーフに登場

ヒンドゥー神話をチェック！

アンコール・ワットの第一回廊に描かれた神話&叙事詩は見学前に各コラムでチェックしよう。

『天国と地獄』

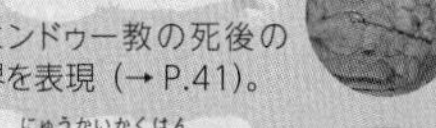

ヒンドゥー教の死後の世界を表現（→P.41）。

『乳海攪拌（にゅうかいかくはん）』

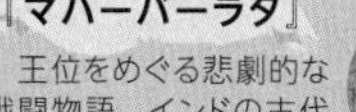

ヒンドゥー教の天地創造神話（→P.42）。

『マハーバーラタ』

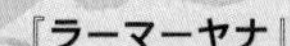

王位をめぐる悲劇的な戦闘物語。インドの古代叙事詩（→P.39）。

『ラーマーヤナ』

ラーマ王子の冒険や生涯を綴ったインドの古代叙事詩（→P.38）。

各時代で影響を与えた宗教が異なる

CHECK

ヒンドゥー教と大乗仏教

ヒンドゥー教の世界観を表しているアンコール・ワット、仏教とヒンドゥー教が共存しているバイヨンなど、アンコール遺跡群の各遺跡は王が帰依してきた宗教に沿ってその様式が変わり、また遺跡によっては宗教が混在している。各遺跡に影響を与えてきたヒンドゥー教と仏教を簡単に紹介。クメールの神々についてはP.120を参照。

ヒンドゥー教

インドで誕生したバラモン教から派生し4世紀頃に興った宗教。土着信仰の神々を取り込んでいき数多くの神が存在する多神教としても知られる。アンコール・ワットはスールヤヴァルマン二世がヴィシュヌ神にささげた寺院として建立されたが、のちに仏教寺院として利用されている。ロリュオス遺跡群（→P.86）はヒンドゥー寺院。ヒンドゥー教の神々についてはP.122を参照。

ヒンドゥーの神々の彫像。写真はバンテアイ・スレイ（→P.89）の踊るシヴァ神のレリーフ

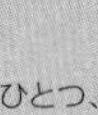

大乗仏教

紀元前5世紀頃にインドで興隆した世界三大宗教のひとつ、仏教。大乗仏教と上座部仏教のふたつの流派があり、大乗仏教はインドからカンボジアへ伝播。現在のカンボジアは上座部仏教だが、アンコール王朝時代は大乗仏教が信仰されていた。アンコール・トムの中心寺院バイヨン（→P.50）は観世音菩薩のモチーフで有名。

遺跡も町歩きも満喫

3泊5日完璧モデルプラン

1日目 シエムリアップ到着! ディナー&夜遊びに繰り出そう

17:00 シエムリアップ国際空港到着

約20分

18:00 ホテルにチェックイン

約5分

18:30 マリス（→P.182）でカンボジア料理の夕食

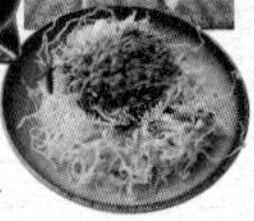

約5分

上／カンポット・ペッパー・ブリュレ
右上／コロニアルな雰囲気の高級カンボジア料理レストラン
右／カンボジア風あえ麺マック・ミー

20:00 パルラ・アンコール・ナイト・マーケット（→P.176）で買い物

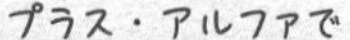

マーケットは18:00頃からオープンし始め、20:00頃すべての店が開店する

プラス・アルファで

初日は贅沢に、という人は1932（→P.185）の宮廷料理ディナーをぜひ。夕食後はにぎやかなパブ・ストリート（→P.178）を散策するのも楽しい

2日目 いよいよ、憧れの世界遺産 アンコール遺跡群とご対面!

10:00 バイヨン（→P.50）散策

約10分

54の塔の四方に巨大な尊顔が彫刻された、アンコール・トムの中心寺院、バイヨン

11:30 タ・プローム（→P.70）見学

約10分

13:00 アンコール・ワット前のレストラン ゾーン（MAP P.33）でランチ

約1分

レストランゾーンにはトイレやみやげ物店もある

14:00 念願のアンコール・ワット(→P.30)へ

約3分

16:00 プノン・バケン（→P.66）を見学&夕日観賞

約20分

19:30 クーレン（→P.139）でアプサラ・ダンス・ショーを観ながらビュッフェディナー

“クメール文化の華”アプサラ・ダンスは、毎晩複数のレストランで上演されている（→P.139）

プラス・アルファで

ボートに乗って夕日観賞もおすすめ（→P.136）

遺跡観光の拠点となるシェムリアップは、小さな田舎町。
しかし、観光客の増加とともに日々進化を続けるシェムリアップの町には魅力的なスポットがたくさん。
遺跡観光も、町歩きも、郊外へのショートトリップも効率よく楽しめるプランをご紹介。

3日目 足を延ばして郊外遺跡&トンレサップ湖クルーズへ

9:00 ベン・メリア（→P.94）へショートトリップ

倒壊した遺跡の上に張り巡らされた木道を通って見学

約1時間

11:00 バンテアイ・スレイ（→P.89）で東洋のモナリザにご対面

アンコール遺跡いち緻密で美しいといわれる、赤色砂岩に施された彫刻は要チェック

約1時間

14:00 トンレサップ湖クルーズ（→P.180）へ

マングローブ林の中を小舟で進むクルーズが楽しめる「コンポン・プルック」（→P.180）がおすすめ

約30分

20:00 ファー・ザ・カンボジアン・サーカス（→P.177）を観賞

臨場感たっぷりのサーカスは、シェムリアップのいち押しエンタメ

プラス・アルファで

時間が許せば、世界遺産のプリア・ヴィヘアへの道程にあるロリュオス遺跡群（→P.86）などへも立ち寄ってみよう

ロリュオス遺跡へはトゥクトゥ（→P.100）、ベン・メリクでもアクセス可能

4日目 アンコール・ワットで朝日観賞 ラストはスパでリラックス

6:30 アンコール・ワットで朝日観賞

約20分

8:00 チャンレアス・ドップ・マカラ（→P.184）で朝食

地元の人に交じって、豚肉のせご飯（→P.149）などのローカル朝食を

約5分

8:30 ホテルで休憩

約5分

12:00 オールド・マーケット（→P.173）散策

素朴な定番みやげから、洗練されたアイテムまで、おみやげショッピングを楽しもう

約5分

13:00 ヘヴン（→P.183）でランチ

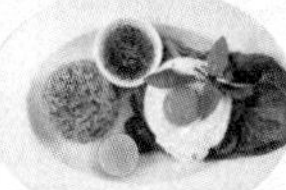

カンボジアのサイコロステーキ、ルック・ラックがおすすめ

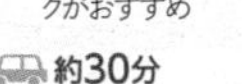

約30分

15:00 スパ・クメール（→P.195）で最後に癒やされる

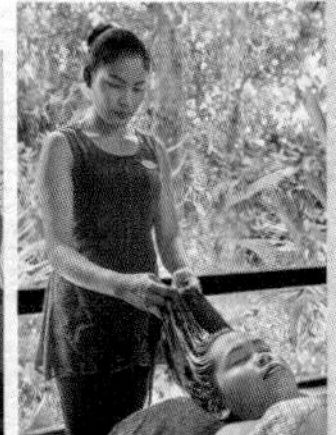

クメール式ハーブサウナなどカンボジアならではのメニューを体験

約20分

17:00 シェムリアップ国際空港出発。翌朝日本着

円安でも充実した旅に！

2023年からのカンボジア旅行

2022年10月3日より、新型コロナウイルス関連の水際措置を撤廃し、旅行ができるようになったカンボジア。コロナ禍を経たカンボジアの旅行はどう変わっているのか。入出国に関する情報や町の様子、さらには物価高や円安が続くなかでも旅を満喫できるコツをご紹介。

カンボジア入出国の規制

2023年6月現在、カンボジア入国および出国時の規制はなし。ワクチン接種証明書、PCR検査陰性証明書、コロナ関連のアプリダウンロード、入国後の隔離なども一切なく、入国・出国手続きも非常にスムーズ。

日本帰国で必要なこと

2023年6月現在、日本帰国時に有効なワクチン証明書または出国前検査証明書の提示は不要。詳しくは厚生労働省のウェブサイトの確認を。

URL www.mhlw.go.jp/stf/seisakunitsuite/bunya/0000121431_00209.html

カンボジアの今はどうなっている？

町なかの様子や新型コロナウイルス関連の規制など、カンボジアの今を知っておこう。

シェムリアップ

町なかでマスク姿の人はほぼ見かけず、完全にコロナ禍前に戻ったように見えるが、2022年12月の遺跡チケットの統計によると、日本人はコロナ前に比べて15%、全体で見ると30%の回復にとどまっている。しかし徐々に大型ホテルも営業を再開し、世界中の観光客を迎える準備が進んでいる。

観光客が戻りつつあるパブ・ストリート

プノンペン

観光客をターゲットにした店やホテルは閉業したところも多いものの、以前と変わらず町なかは活気にあふれ新しいスポットもオープン。おもな見どころもすでに再開し、入場規制もなし。バスの車内や空港など、公共の場所でのマスク着用義務も特にないが、地元の人はマスクをしている人も少なくない。

夕方や週末はにぎわう王宮前広場

もしも新型コロナウイルスに感染したら

カンボジア滞在時に新型コロナウイルス感染が疑われる場合は、まずは医療機関で受診を。受診の際は二次感染を防ぐためにも必ずマスクを着用しよう。新型コロナウイルスに感染した場合は、カンボジア保健省が指定した病院での入院治療が必要となる。

シェムリアップやプノンペンでは、マスクはもちろん、手軽に検査できる抗原検査キットも薬局で購入できる。

カンボジア保健省
Ministry of Health, Cambodia
☎115（クメール語の音声案内後、英語対応可能）

新型コロナウイルスの検査ができる病院＆薬局情報

いざというときに便利な薬局&PCR検査ができる病院をチェック。

シェムリアップ

町なかに展開する薬局チェーン「ユーケア・ファーマシー」（→P.168欄外）では、マスクは0.75US$～、抗原検査キットは3.95US$～。

PCR検査は、シェムリアップ州保健局で可能。50US$、検査結果は24時以内に判明（検体採取時に要確認）。予約不要だがパスポートとワクチン接種カード（保有している場合）が必要。検体採取会場は保健局の建物内ではなく、保健局に向かって左奥（外壁の近く）にあるので注意。

シェムリアップ州保健局
Siem Reap Provincial Health Department, Administration Center of Siem Reap Provincial Departments
MAP P.27-2C 住 Rd. 60, Thlouk Andoung Village, Sangkat Slorkram ☎115（クメール語の音声案内で4を選ぶと英語対応可能） 開 8:00～11:30、14:00～16:30 休 無休 カード 不可

プノンペン

市内に展開する薬局チェーン「ユーケア・ファーマシー」（→P.220欄外）では、マスクは0.75US$～、抗原検査キットは3.95US$～。

PCR検査は、インターケア・メディカルセンターなど複数の医療機関で受けられる（→P.259）。インターケア・メディカルセンターの場合、費用は50US$。7:00～11:00に受検した場合は同日17:00以降に、11:00～17:00に受検した場合は翌日17:00以降に検査結果が判明。予約不要だがパスポートと出国便情報が必要。メールでの結果受け取り可。インターケア・メディカルセンターとロイヤルプノンペン病院（→P.259）での受検は日本語サポート「ジャパニーズヘルプデスク」あり（別途16.5US$）。詳細はP.259。

円安&物価上昇を乗り切るコツ

2022年から続く円安の影響が大きく、加えてゆるやかな物価上昇によって以前より割高感があるカンボジア旅行。無理なく楽しみながら旅行費用を抑えるための対策をご紹介。

シェムリアップ

お得なローカルカフェが増加中

アイスコーヒーが1US$くらいからというリーズナブルなローカルカフェが増加中。なかでも一番勢いがあるのが「ノイ・カフェ」。支店によって多少値段は異なるが、アンコール・トレード・センター店はアイス・アメリカーノが1.12US$。

ノイ・カフェ Noi Café
MAP P.215-2C 住 Angkor Trade Center, Pokambor Ave. ☎なし 営7:00～19:00 休無休 カード不可

たっぷりサイズがうれしい。アプサラがデザインされたカップもキュート

レジで注文&支払いをしてから席に着くシステム

朝から晩まで使えるオールド・マーケット

シェムリアップ観光といえばオールド・マーケット(→P.173)。ショッピングはもちろん、食事もリーズナブルに抑えたい旅行者の強い味方！ 朝は市場内の食堂でローカル朝食を味わい、夜は路面の食堂街でカンボジアの家庭料理や名物料理を楽しもう。

朝食の定番のココナッツミルクスープ麺、ノォム・バン・チョッ

地元の人たちに交じって朝食

おしゃれなカフェ風の食堂も登場

プノンペン

安ウマ中華食堂を活用

プノンペンには安くておいしい中国料理の食堂が多い。麺料理なら2.5US$～で、10US$以下でおなかいっぱい食べられる。P.240で紹介している店のほか、モニボン通りには中華食堂が集まり(MAP P.266-3B)、夕方以降に開店する店も多い。

手打ち麺の店もある

モニボン通りの中国料理店。夜遅くまで営業する店も

路上のコーヒースタンドが便利

市内にはいたるところにコーヒースタンドがあり、ミルクコーヒーはだいたい4000R～。クメール式の甘いコーヒーはもちろん、アメリカンやエスプレッソ、ココナッツコーヒーなどのアレンジコーヒーのほか、バブルティーやジュースを扱う店も。

席を設けている店もある。コーヒーはどの店もサイズ大きめ

ローカル食堂なら トゥール・トンポン・マーケット周辺へ

トゥール・トンポン・マーケット・エリア(→P.226)は「72」(→P.239)をはじめ清潔感があり地元でも人気の食堂が集まる。店頭におかずが並び白米と一緒に食べるスタイルの食堂は昼営業のみの場合も多い。

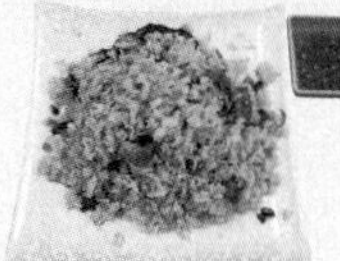

「シャンハイ・フライドライス」(MAP P.226-1A)はチャーハン、麺類の食堂

地元人気が高い「アニーク・クメールフード」(MAP P.226-1B)

軽食ならサンドイッチ!

カンボジア風サンドイッチは朝食や軽食に。安いものなら1000Rからある。

「ノンパン・ニャック・ポアン」(→P.240脚注)の5000Rのサンドイッチ

必ず最新情報を確認しよう

本ページで紹介した情報は、2023年2～6月のものです。カンボジア入出国および日本入国の諸条件は、新型コロナウイルスの感染状況によって大きく変更となる可能性があります。旅行前はもちろん、滞在中にも最新の情報を確認してください。

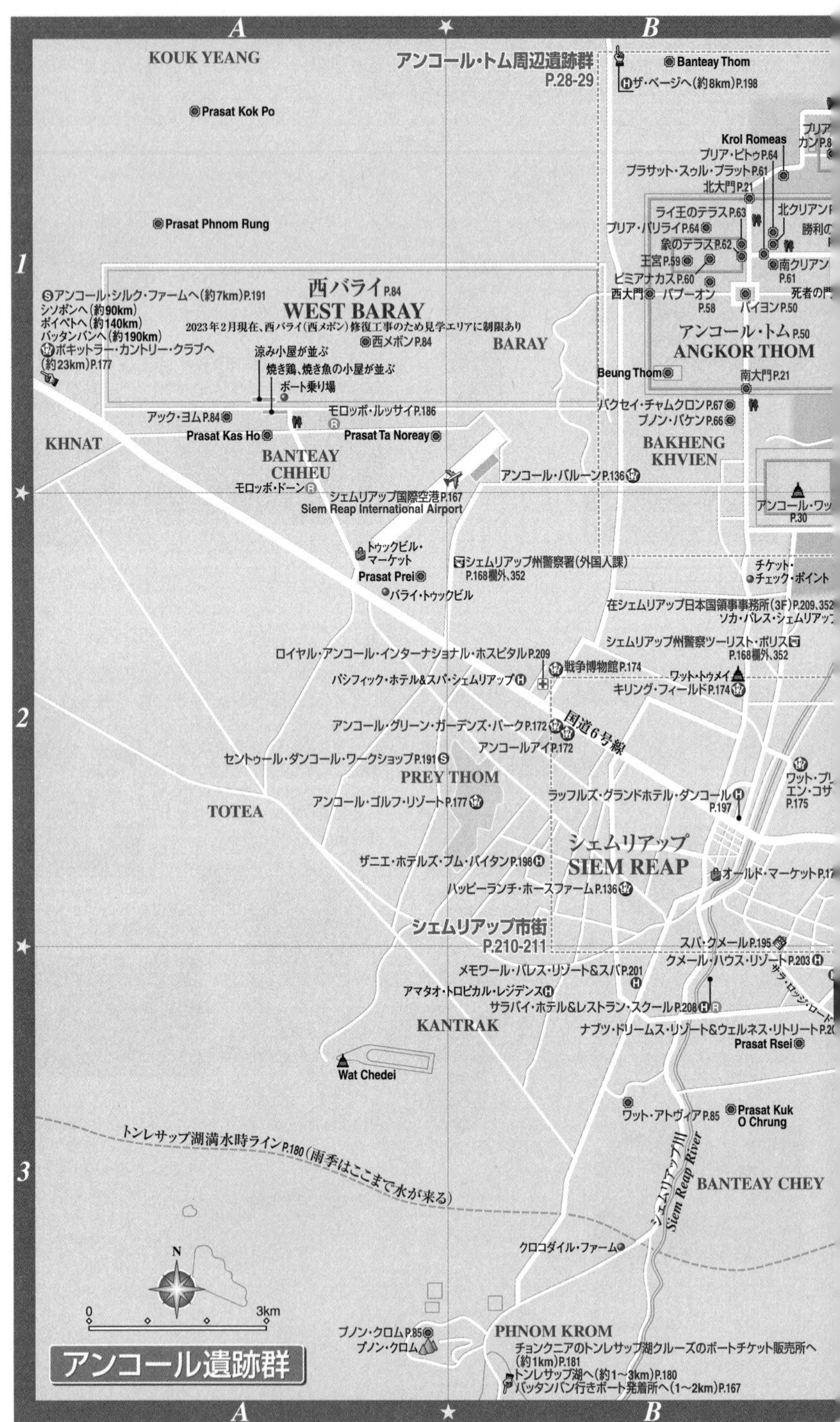

A
B
KOUK YEANG
アンコール・トム周辺遺跡群
P.28-29
Banteay Thom
ザ・ベージへ(約8km)P.198
Prasat Kok Po
Krol Romeas
プリア・ピトゥP.64
プラサット・スゥル・プラットP.61
北大門P.21
ライ王のテラスP.63
北クリアン
プリア・パリライP.64
勝利の
象のテラスP.62
王宮P.59
南クリアン
P.61
ピミアナカスP.60
西大門
バプーオン
P.58
バイヨンP.50
死者の門
アンコール・トムP.50
ANGKOR THOM
Prasat Phnom Rung
1
西バライ P.84
WEST BARAY
2023年2月現在、西バライ(西メボン)修復工事のため見学エリアに制限あり
西メボンP.84
BARAY
アンコール・シルク・ファームへ(約7km)P.191
シソポンへ(約90km)
ポイペトへ(約140km)
バッタンバンへ(約190km)
ボキットラー・カントリー・クラブへ
(約23km)P.177
涼み小屋が並ぶ
焼き鶏、焼き魚の小屋が並ぶ
ボート乗り場
Beung Thom
南大門P.21
バクセイ・チャムクロンP.67
プノン・バケンP.66
アック・ヨムP.84
モロッポ・ルッサイP.186
Prasat Kas Ho
Prasat Ta Noreay
KHNAT
BANTEAY
CHHEU
BAKHENG
KHVIEN
アンコール・バルーンP.136
モロッポ・ドーン
シェムリアップ国際空港P.167
Siem Reap International Airport
アンコール・ワット
P.30
トゥックビル・
マーケット
シェムリアップ州警察署(外国人課)
P.168欄外、352
チケット・
チェック・ポイント
Prasat Prei
バライ・トゥックビル
在シェムリアップ日本国領事事務所(3F)P.209、352
ソカ・パレス・シェムリアップ
シェムリアップ州警察ツーリスト・ポリス
P.168欄外、352
ロイヤル・アンコール・インターナショナル・ホスピタルP.209
戦争博物館P.174
ワット・トゥメイ
パシフィック・ホテル&スパ・シェムリアップ
キリング・フィールドP.174
2
アンコール・グリーン・ガーデンズ・パークP.172
国道6号線
アンコールアイP.172
セントゥール・ダンコール・ワークショップP.191
PREY THOM
ワット・プリエン・コサ
P.175
ラッフルズ・グランドホテル・ダンコール
P.197
TOTEA
アンコール・ゴルフ・リゾートP.177
シェムリアップ
SIEM REAP
ザニエ・ホテルズ・プム・バイタンP.198
オールド・マーケットP.17
ハッピーランチ・ホースファームP.136
シェムリアップ市街
P.210-211
スパ・クメールP.195
クメール・ハウス・リゾートP.203
メモワール・パレス・リゾート&スパP.201
アマタオ・トロピカル・レジデンス
サラバイ・ホテル&レストラン・スクールP.208
KANTRAK
ナプツ・ドリームス・リゾート&ウェルネス・リトリート
Prasat Rsei
Wat Chedei
ワット・アトヴィアP.85
Prasat Kuk
O Chrung
トンレサップ湖満水時ライン P.180(雨季はここまで水が来る)
シェムリアップ川
Siem Reap River
3
BANTEAY CHEY
クロコダイル・ファーム
N
0
3km
プノン・クロムP.85
プノン・クロム
PHNOM KROM
チョンクニアのトンレサップ湖クルーズのボートチケット販売所へ
(約1km)P.181
トンレサップ湖へ(約1～3km)P.180
バッタンバン行きボート発着所へ(1～2km)P.167
アンコール遺跡群

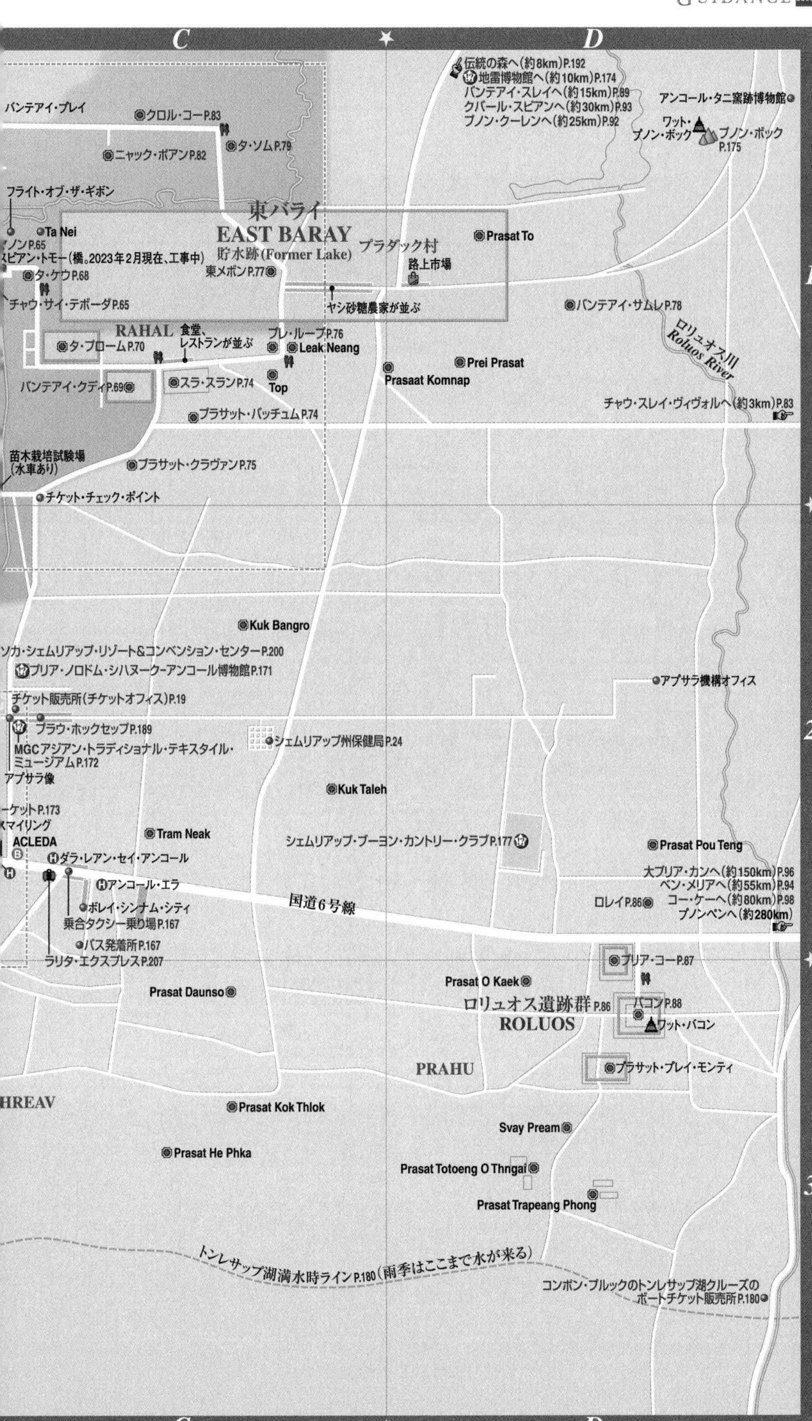

C
D
伝統の森へ(約8km)P.192
地雷博物館へ(約10km)P.174
バンテアイ・スレイへ(約15km)P.89
クバール・スピアンへ(約30km)P.93
プノン・クーレンへ(約25km)P.92
アンコール・タニ窯跡博物館
ワット・プノン・ボック
プノン・ボック P.175
バンテアイ・プレイ
クロル・コー P.83
タ・ソム P.79
ニャック・ポアン P.82
フライト・オブ・ザ・ギボン
Ta Nei
東バライ
EAST BARAY
貯水跡(Former Lake)
プラダック村
Prasat To
スピアン・トモー(橋。2023年2月現在、工事中)
タ・ケウ P.68
東メボン P.77
路上市場
チャウ・サイ・テボーダ P.65
ヤシ砂糖農家が並ぶ
バンテアイ・サムレ P.78
ロリュオス川
Roluos River
RAHAL
食堂、レストランが並ぶ
プレ・ループ P.76
Leak Neang
タ・プローム P.70
Prei Prasat
Prasaat Komnap
バンテアイ・クデイ P.69
スラ・スラン P.74
Top
チャウ・スレイ・ヴィヴォルへ(約3km)P.83
プラサット・バッチュム P.74
苗木栽培試験場(水車あり)
プラサット・クラヴァン P.75
チケット・チェック・ポイント
Kuk Bangro
ソカ・シェムリアップ・リゾート&コンベンション・センター P.200
プリア・ノロドム・シハヌーク-アンコール博物館 P.171
チケット販売所(チケットオフィス)P.19
アプサラ機構オフィス
プラウ・ホックセップ P.189
シェムリアップ州保健局 P.24
MGCアジアン・トラディショナル・テキスタイル・ミュージアム P.172
アプサラ像
Kuk Taleh
Tram Neak
シェムリアップ・ブーヨン・カントリー・クラブ P.177
Prasat Pou Teng
ACLEDA
ダラ・レアン・セイ・アンコール
アンコール・エラ
大プリア・カンへ(約150km)P.96
ベン・メリアへ(約55km)P.94
コー・ケーへ(約80km)P.98
プノンペンへ(約280km)
ロレイ P.86
国道6号線
ボレイ・シンナム・シティ
乗合タクシー乗り場 P.167
バス発着所 P.167
ラリタ・エクスプレス P.207
プリア・コー P.87
Prasat O Kaek
Prasat Daunso
ロリュオス遺跡群 P.86
ROLUOS
バコン P.88
ワット・バコン
PRAHU
プラサット・プレイ・モンティ
Prasat Kok Thlok
Svay Pream
Prasat He Phka
Prasat Totoeng O Thngai
Prasat Trapeang Phong
トンレサップ湖満水時ライン P.180(雨季はここまで水が来る)
コンポン・プルックのトンレサップ湖クルーズのボートチケット販売所 P.180
1
2
3

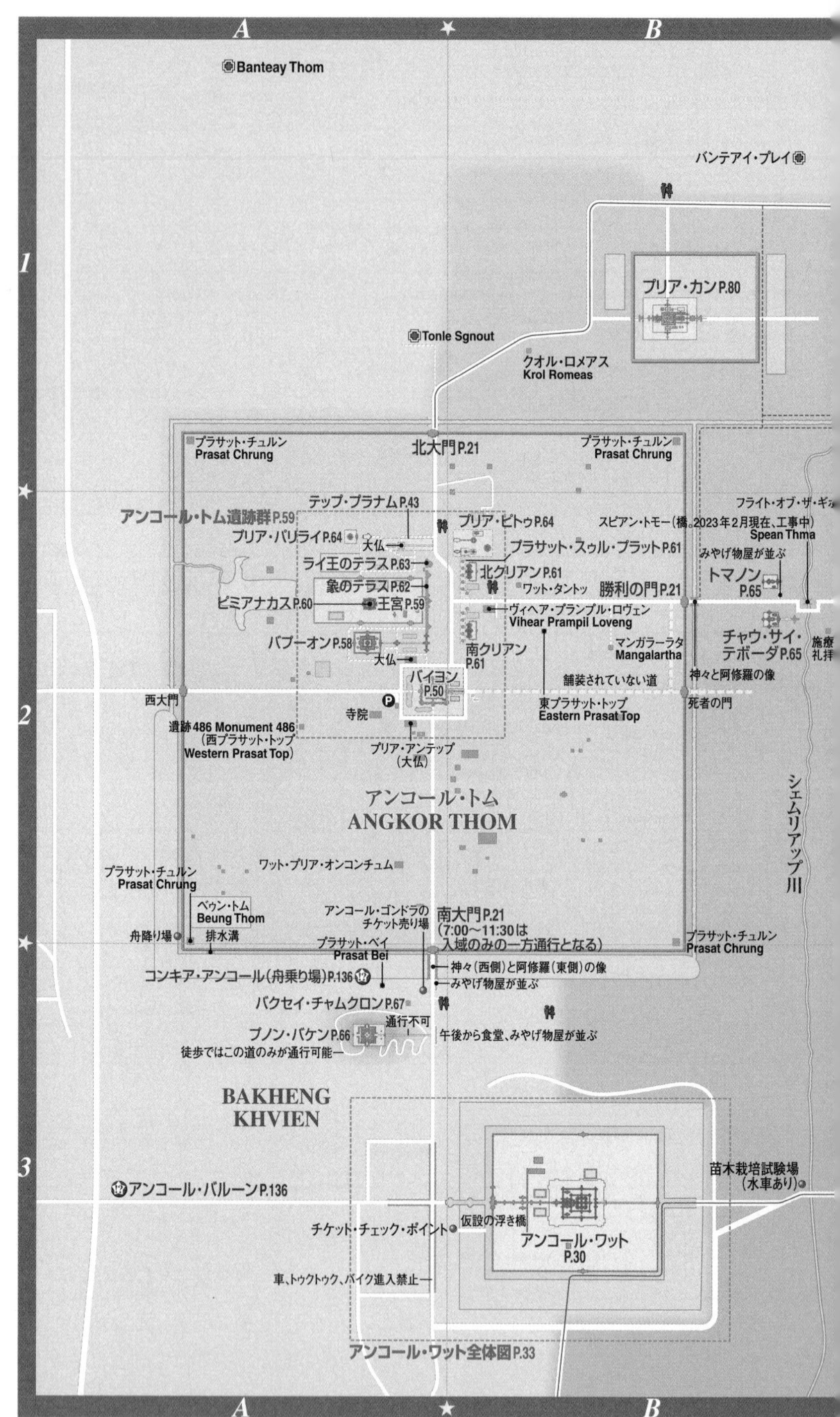
A
B
1
2
3
Banteay Thom
バンテアイ・プレイ
プリア・カン P.80
Tonle Sgnout
クオル・ロメアス
Krol Romeas
プラサット・チュルン
Prasat Chrung
北大門 P.21
プラサット・チュルン
Prasat Chrung
テップ・プラナム P.43
アンコール・トム遺跡群 P.59
プリア・パリライ P.64
大仏
プリア・ピトゥ P.64
プラサット・スゥル・プラット P.61
ライ王のテラス P.63
北クリアン P.61
象のテラス P.62
ワット・タントッ
勝利の門 P.21
ピミアナカス P.60
王宮 P.59
ヴィヘア・プランプル・ロヴェン
Vihear Prampil Loveng
バプーオン P.58
南クリアン P.61
大仏
マンガラーラタ
Mangalartha
バイヨン P.50
舗装されていない道
西大門
寺院
東プラサット・トップ
Eastern Prasat Top
遺跡 486 Monument 486
（西プラサット・トップ
Western Prasat Top）
プリア・アンテップ
（大仏）
アンコール・トム
ANGKOR THOM
ワット・プリア・オンコンチュム
プラサット・チュルン
Prasat Chrung
ベゥン・トム
Beung Thom
舟降り場
排水溝
アンコール・ゴンドラの
チケット売り場
南大門 P.21
（7:00～11:30は
入域のみの一方通行となる）
プラサット・ベイ
Prasat Bei
プラサット・チュルン
Prasat Chrung
コンキア・アンコール（舟乗り場）P.136
神々（西側）と阿修羅（東側）の像
みやげ物屋が並ぶ
バクセイ・チャムクロン P.67
通行不可
プノン・バケン P.66
午後から食堂、みやげ物屋が並ぶ
徒歩ではこの道のみが通行可能
フライト・オブ・ザ・ギ
スピアン・トモー（橋。2023年2月現在、工事中）
Spean Thma
みやげ物屋が並ぶ
トマノン P.65
チャウ・サイ・テボーダ P.65
施療
礼拝
神々と阿修羅の像
死者の門
シェムリアップ川
BAKHENG KHVIEN
苗木栽培試験場
（水車あり）
アンコール・バルーン P.136
仮設の浮き橋
チケット・チェック・ポイント
アンコール・ワット
P.30
車、トゥクトゥク、バイク進入禁止
アンコール・ワット全体図 P.33

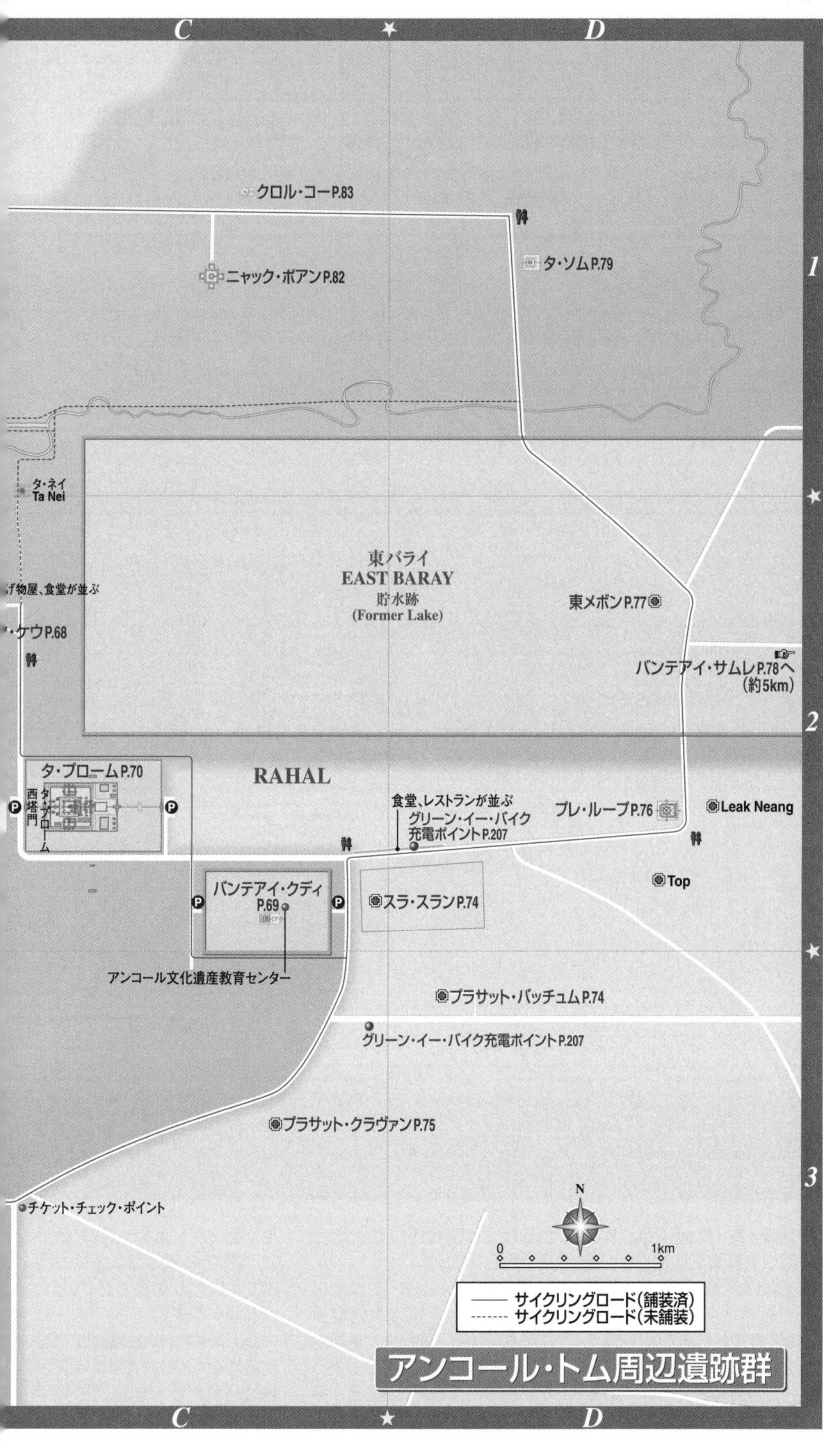
C
D
1
2
3
クロル・コー P.83
ニャック・ポアン P.82
タ・ソム P.79
タ・ネイ
Ta Nei
東バライ
EAST BARAY
貯水跡
(Former Lake)
げ物屋、食堂が並ぶ
・ケウ P.68
東メボン P.77
バンテアイ・サムレ P.78へ
(約5km)
タ・プローム P.70
西塔門
タ・プローム
RAHAL
食堂、レストランが並ぶ
グリーン・イー・バイク
充電ポイント P.207
プレ・ループ P.76
Leak Neang
Top
バンテアイ・クディ
P.69
スラ・スラン P.74
アンコール文化遺産教育センター
プラサット・バッチュム P.74
グリーン・イー・バイク充電ポイント P.207
プラサット・クラヴァン P.75
チケット・チェック・ポイント
N
0
1km
サイクリングロード(舗装済)
サイクリングロード(未舗装)
アンコール・トム周辺遺跡群

天空の楽園

アンコール・ワット

Angkor Wat អង្គរវត្ត（オンコー・ウォアット）

MAP P.28-3B 世界遺産

見学時間 2時間

創建者	スールヤヴァルマン二世
創建年代	12 世紀初頭
信仰	ヒンドゥー教→仏教
寺院形態	ピラミッド式

※南北約 1300m、東西約 1500m の堀で囲まれた敷地内にある

アクセス オールド・マーケットから🚗=15 分、トゥクトゥク=20 分

N
クロル・コー
タ・ソム
プリア・カン
ニャック・ポアン
チャウ・サイ・テボーダ
トマノン
バンテアイ・サムレへ(約5km)
バイヨン
タ・ケウ
東メボン
タ・プローム
アンコール・トム
プレ・ループ
バクセイ・チャムクロン
バンテアイ・クディ
スラ・スラン
プノン・バケン
プラサット・バッチュム
プラサット・クラヴァン
アンコール・ワット P.30
0 2km

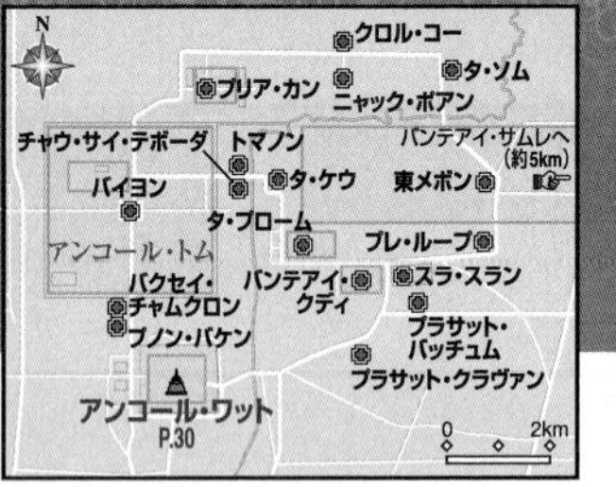

アンコール・ワットをはじめとする巨大寺院群を建造したクメール王国は、インドシナ半島の大部分とマレー半島の一部まで領土としたこともある大帝国であった。その規模と完成された美しさで世界中に知られているアンコール・ワット以外にも、数百を超える宗教施設が王国各地に造られていた。

現在のシェムリアップ地域にその跡を残す王都は大農業王国の都であると同時に、王国内で最も豊かな水の都でもあった。日本にたとえてみると、平城京の造営された大和盆地に当たるのがシェムリアップ地域で、現在の東京 23 区にも匹敵する広大な規模であったことがわかっている。

シェムリアップ地域には 100 を超える大小さまざまな寺院が建立されたが、創建時の東大寺に相当するのが、宗教施設

であると同時に都のシンボルでもあったアンコール・ワットといえる。

密林の中に忽然と姿を現すアンコール・ワット。独自の世界観をもつ小宇宙がここにある。

❶アンコール・ワットは南北約 1300 m、東西約 1500 m の環濠で囲まれている。参道は約 600 m ❷世界でも指折りの観光地であるアンコール・ワット。コロナ禍前は年間約 300 万人の観光客が訪れていた ❸アンコール・ワットに昇る御来光は、一生に一度は拝みたいもの(→ P.128) ❹ワットに向かって左側の北の聖池前は、"逆さアンコール・ワット" が美しい記念撮影スポット ❺西参道の約 100 m南に仮設された浮き橋。西参道の修復工事中は、この橋を通ってアクセスすることになる

アンコール・ワット 5 つの基礎知識

1 アンコール・ワットとは?
クメール語でアンコール・ワットは「寺院のある都」の意味。東南アジア最大の石造伽藍。

2 いつ何のために建てられたのか?
スールヤヴァルマン二世が 1113 年から約 30 年かけて建造。王の権力の象徴として、そしてヴィシュヌ神にささげる護国寺としてヒンドゥー教の宇宙観を基に建てられた。詳細は P.32。

3 何でできているのか?
砂岩とラテライト。

4 発見はいつ誰が?
1860 年、フランス人博物学者のアンリ・ムオによって発見され、広く世界に知られることになった。

5 見どころは?
王の見た風景が望める第三回廊(→P.45)からの眺めのほか、女神像のデバター(→P.37)や第一回廊(→P.38)の壁面レリーフなどクメール美術の至宝が最大の見どころ。

information

● 入場時間

2023 年 4 月現在、見学可能時間は 5:00 ～ 17:30 となっている。6:00 以前は西塔門から経蔵付近までの入場にかぎられる。また、17:30 までに西塔門より外に出なければならない。チケット販売所(チケットオフィス)の営業時間は 5:00 ～ 17:30。

混雑緩和のため、アンコール・ワット西参道前は歩行者のみ通行可能。車やトゥクトゥク利用の場合は、待ち合わせ場所をしっかり確認しておこう。

● ベストタイム

正面が西を向いているので、午前中は逆光になる。ゆえに午後から訪れるのがよいが、逆光になる午前中のほうが観光客は少なく、夏や冬の旅行シーズンには午後から混み合うことが多い。

また天気がよければ、朝日、夕日の時間帯もすばらしい。ただし西塔門より内側の見学時間は 17:30 までとなっているため、中央祠堂からの夕日は見られない。

● レストラン、トイレ

西参道の入口付近にレストランやみやげ物店が並ぶエリアが新設され、トイレもある。アンコール・ワット内のトイレは、北側の聖池から数十 m 北の屋台が並ぶ小路の奥（1000R）と南側にある新しい寺院の北側（無料）にある。

● 服　装

急な階段の上り下りがあるので、歩きやすく足にフィットした靴で。また、肌の露出が多い服装は控えること。

● 喫煙、飲食

アンコール・ワット内はすべて禁煙、また飲食も禁じられている（持参した水を飲む程度は認められている）。ただし、北側の聖池近くの屋台街での喫煙、飲食は可能。

※修復作業のため通行止めになっていた西参道は、2023 年 11 月に修復工事が完了した。

1 アンコール・ワットに隠された秘密とその魅力

神になるための セレモニー空間

アンコール王朝では強大な権力をもつ王の存在は珍しく、いつも地方の勢力と競合していた。にもかかわらず 500 年にわたりシェムリアップ地域に王都が存在し続けたのは、この地域が経済的、政治的な要所であっただけでなく、新王は寺院の造営などにより、前王の正統な継承者であることを証明する必要があったためである。またアンコール王朝の都は、宗教上の聖都でもあったからなのだ。

この聖地を支配下に入れて近隣地域を治めた王は、前王よりもさらに壮大な寺院を造営し、新たに王位に就いたことを全国民にアピールする儀式を盛大に行った。その**寺院は王の権力の象徴であるとともに、自身が宇宙の支配者である神々と交信した神聖なる場所**でもあった。宗教によって方法は異なっていたが、古来より、王は神聖なる場所を定めて宇宙の支配者である神々と交信した。アンコール地域に残された多くの宗教遺跡は、天界（宇宙）との交信場所だったのである。

アンコール・ワットの創建者であるスールヤヴァルマン二世は、王権を神格化するために独自の宇宙観をここで表現した。アンコール・ワットは、ヒンドゥー教三大神のなかのヴィシュヌ神にささげられた寺院であり、中央祠堂とそれを囲む 4 基の尖塔は宇宙の中心、**中央祠堂はヴィシュヌ神が降臨し、王と神が一体化する場**と考えられていた。

同時にこの寺院はスールヤヴァルマン二世を埋葬した墳墓でもあった。一見矛盾するようだが、死後に王と神が一体化するデーヴァ・ラジャ（神王）思想に基づくもので、**寺院は信仰の対象物である以上に、王が死後に住むための地上の楽園を意味していた**のである。

アンコール・ワットの宇宙観

中央祠堂 ▶ 世界の中心山で、神々がすむメール山（須弥山（しゅみせん））を象徴。

周囲の回廊 ▶ 雄大なヒマラヤ連峰を象徴。

環濠 ▶ 無限の大洋を象徴。

ナーガ ▶ 不死の象徴。神と人間界をつなぐ架け橋と見立てた。

神のための宮殿と 王のための宮殿

クメール建築では、**神のための宮殿は耐久性のある砂岩やれんがで、王の宮殿は自然の恵みを象徴する木造というように、材料を分けて造っていた。**

“神のための宮殿”アンコール・ワットでは、参道をたどって少しずつ中心に近づいていき、最後の最後に一番重要な空間がある。これは、長い参道の一番奥に神殿のある**日本の神社建築と共通した建築手法**といえる。アンコール遺跡の宗教建築は、西洋式のアーチ構造を用いずに**砂岩やれんがを積み上げて造る石造建築という技術的な制約から、大きな建築物は造りにくかった。そのため、小さなユニットをつなげて建物を構成する手法が採用されている。**

プノンペン中心部には、大河に面して王宮（→ P.228）がある。この宮殿の形式は後世にタイの宮殿の影響を受けて改築されており、オリジナルな様式とはいえないが、バイヨン寺院の浮き彫りに描かれた宮殿によく似ており、日本の寺院や寝殿造りのようにひとつの建物が、ひとつの目的のために造られているところに特色がある。

水を支配する者が 国を支配する

アンコール・ワット中心部の十字回廊には、沐浴場と考えられる 4 つの聖なる池がある。第三回廊にも同様に聖池が四方に配置されている。しかし、これらの池は単なる王の水浴びのための施設ではなく、**王国の農業を支える治水技術を示す宗教施設**でもある。農業における貯水施設は、必要な水源を確保する池と、それを再分配する水路から構成されている。この聖池は水が四方に広がることによって乾季に必要な水源の確保を可能にしていたことを象徴している。つまり、神のすむ楽園にある**聖池は、クメールの灌漑装置**であり、それが四方に配置されることは耕地にまんべんなく水を供給できる技術のすばらしさを誇示しているのである。このようにあらゆる形で宗教的な宇宙観を具現化したのがアンコール・ワットだ。十字回廊にある 4 つの聖池は地上界の聖池であり、第三回廊の 4 つの聖池は天空の聖池を表している。

天井や柱に当時の彩色が残る十字回廊

このような宗教的な意味合いに加え、技術的な理由もあった。アンコール・ワットを含めた**クメール建築では、回廊を組み合わせる以外には、大きな内部空間を造る方法がなく、必然的に屋根を架けない池の空間を造る必要があった**というわけである。また、地上よりも高い位置に水をたたえた池を造ることは、現代の技術でも容易ではない。

技術的な制約を超えて天空の楽園を実現するためのさまざまな工夫が、クメール建築の秘密であると同時に魅力でもある。

2 造形のドラマ 姿を変えるアンコール・ワット（西参道〜第一回廊入口）

視野を確認しながら歩こう

西参道前に立つと、アンコール・ワットは、パノラマ写真のように横長のフレームの中で水平線を強調しながら、その雄姿を誇っている。急いで第一回廊に向かうのではなく、ここはゆっくりと参道を歩きながら、往時の雰囲気を味わってほしい。

建築を視覚的に捉えるひとつの方法として、視野を確認しながら歩く手段がある。広角レンズの付いたカメラを首にかけて、20 〜 30 歩ごとに立ち止まり、カメラをのぞいてみよう。できるだけカメラを水平に構えて、ファインダー越しに変化する姿を確認するためである。いちいち、シャッターを切る必要はない。人間は注意深く見ているようでも、観察力を失っていることのほうが多いのだから……。

2017 年に設置された仮設の浮き橋からアンコール・ワットにアクセスする

参道を進むにつれて、中央に位置する３つの尖塔(実は５つ)が、あるときは見え、また、あるときは見えなくなる。注意深い観察者であれば、設計者の意図はすぐに理解できるだろう。この作為的な平面構成は、アンコール・ワットに隠された造形表現の謎を解くための大きな手がかりである。と同時に、クメール建築の集大成として、それまでの建築技術の変遷を解明するためのキーポイントなのだ。

西参道は上智大学アンコール遺跡国際調査団によって 2023 年末頃まで修復工事のため閉鎖。工事期間中は仮設の浮き橋を利用するため、下記写真❷の姿は見られない。

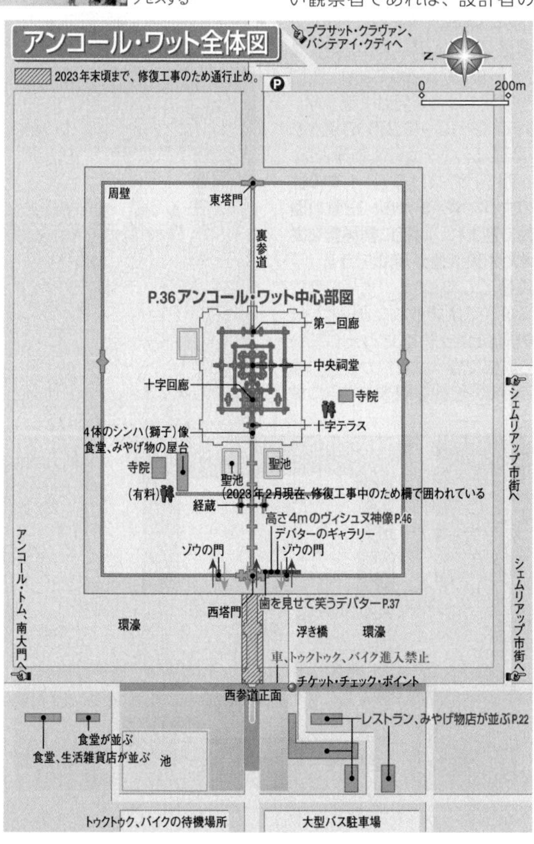

西参道を進む

参道の最初の階段（写真❶）を上ると、そこはテラスになっている。ここでは大海を意味する環濠（かんごう）の中に浮かぶアンコール・ワットの意味を感じ取ってほしい。参道の両側にはナーガ（蛇神）の欄干が付いている。このナーガは舟を表し、海を渡ることを意味している。このテラスからは、**前方にある回廊付きの西塔門と、中央祠堂群とが重なって見える**はずである。奥にも大きな建物があることを入口で暗示しているのである。

次のテラスでは、**今まで確認できていた中央祠堂群の姿が忽然と消える**（写真❷）。

❶西参道の正面テラスからは、尖塔がふたつ見えるが、中央祠堂は見えない。ここで係員による検札があり、いよいよ入場だ
❷参道をテラスに向かって進むにつれ、ふたつの尖塔も見えなくなっていく

❸西塔門の階段の前に立つと尖門が見えなくなる
❹西塔門上の破風には彫りの深い彫刻が綿密に施されている

さらに、参道を進むと、周壁の西塔門の階段（写真❸）に突き当たる。この西塔門の階段の前では**すべての尖塔の姿が消えてしまい、**西塔門の破風（はふ）（写真❹）に施された彫刻を仰ぎ見ることになる。破風部分は重要な装飾対象で、特に入念に装飾が施されている。そのため、美術史的には特に注目され、扱っている題材や構図、彫刻の彫りの深さなどから、様式判定の目安にもなっている。

次に西塔門の階段を上りきると、**暗い塔門の中央部にポッカリと開いた縦型のフレームの中に、中央祠堂がひとつだけ顔を出している**（写真❺）。どう考えても、これは偶然ではない。中央祠堂ひとつだけが、上下左右ぴったりと開口部の中に組み込まれている。それも参道を歩いているときには、中央祠堂の姿だけはずっとひた隠しにされてきたのにである。どこからも見えなかった中央祠堂が、初めてこの場に出現する。明らかに意図された空間構成がなされているのだ。

さらに歩いていくと、薄暗い西塔門の中からは、**縦長の長方形に切り取られた開口部越しに、3つの塔が姿を現す**（写真❻）。ちなみに西塔門内を南に進めば、高さ4mのヴィシュヌ神像（→ P.46）が祀られており、西塔門裏側には歯を見せて笑う珍しいデバター（→ P.37）の浮き彫りがあるのでチェックしてみよう。

西塔門を抜けると、**4本の柱の立ったポーチから、三重の回廊で囲まれ、両脇に副祠堂を従えた中央伽藍が確認できる**（写真❼）。このときも、ポーチの柱によって仕切られた画面から、中央伽藍全体がはみ出している。柱で作られた枠から外れることで、壮大な規模をさらに意識させているのである。つまり、塔門の中からは中央祠堂の高さを、ポーチに出れば中央伽藍の横の広がりを示すという二重の仕掛けで、中央伽藍の大きさを確認させる演出がなされているのである。

❺西塔門の入口の奥に、まるで1枚の絵を見るように中央祠堂が現れる　❻西塔門の中を進むにつれ、いよいよ祠堂群の全体が見え始める　❼西塔門を抜けた所。ここで初めて祠堂の全容が見える。誰もが写真を撮りたくなる場所だ

❽参道の両脇にある聖池も人気の撮影ポイント ❾中央祠堂へ延びる参道の両側には、経蔵が配置されている。写真手前が北側の経蔵。参道を挟んで奥に見えるのが南側の経蔵 ❿シンハやナーガが現れたら、足を止めて周りを見てみよう。参道に配置されているナーガは舟を意味している（十字テラス手前のナーガの欄干）

一時停止のサイン

さらに参道を進むと、**中央祠堂までの距離を確認させるように、左右対称に聖池**（写真❽）**と経典や宝物を納めていた経蔵**（写真❾）**が順に配置されている。**そして、経蔵や聖池への分岐点にも、簡素なテラスが設けられている。西参道までと西塔門を過ぎてからの参道には、合計 10ヵ所のテラスがある。シンハ（獅子）の像と、ナーガ（蛇神）の欄干（写真❿）が南北両側に配されているこれらのテラスは、アンコール・ワットを訪れる人々の心に、一時停止を求めるサインなのである。

もうひとつ、人間は基本的に水平方向の動きには、あまり意識せずに行動できるが、垂直方向の動きには一種の決断を要求される。階段を上がろうとして、ふと忘れ物に気づいたり、それまで気づかなかった周りの風景の変化に驚くことがある。水平移動が“日常性”を示すとすると、垂直移動は“非日常性”を示しているといわれる。つまり、階段や段差のある位置、それに加えてテラスなどの建築装置があるときは、「そこでいったん立ち止まって注意深く建築を観察しなさい」というサインが発信されているのである。

建築造形のドラマ

中央祠堂を確認してさらに進むと、十字テラス（写真⓫）に達する。正面に立つと、**テラスと第一回廊、そして中央祠堂までが一体となり、まるで山並みの頂に建つ祠堂群に出くわしたような錯覚に陥る。**明らかに第一回廊から第三回廊の屋根までの連続性を意図して設計されているのだ。その連続面を構成する回廊が、距離をもって配置されているために、各テラスに立ち止まって見ると、異なった印象を与えるのである。

十字テラスの階段の下に立つと、階段そのものによって視界は遮られる（現在は木製の階段が設置されているため視界が遮られることはない）。しかし、一歩一歩踏み段を上るにつれて、中央祠堂の姿が再び現れてくる。

第一回廊の入口に近づくと（写真⓬）、**それまで目印として見え隠れしていた中央祠堂の尖塔が、また完全に視界から姿を消してしまう。**このあと、十字回廊を抜け、急な階段を上りきるまでの間、しばらくはこの尖塔のシルエットとはお別れすることになる。

原理的には中央祠堂の尖塔は、近づくにつれて大きく見えなければならない。しかし、あるときは消え、またあるときは出現するという建築造形のドラマが、アンコール・ワットの造営に秘められている。

アンコール・ワットの建物の配置と、おのおのの建物の高さによる視覚表現の変化については、明らかに見せるための工夫と、見せないための工夫が随所になされていることがわかる。アンコール・ワットの建築的な手法のひとつである作為的に見せない手法は、見せる空間を演出することよりも難しい。それだけに見せない工夫は、人々に視覚的に大きなインパクトを与えるのである。

⓫4体のシンハに迎えられて十字テラスへと上る。本来は階段を上る前に、一度すべてが視界から消える工夫がなされているが、現在は階段を上りやすくする木製の仮設階段があるため、視界から消えることはない。本来の状態を確認する場合は正面に立ち、しゃがんで見るとよい ⓬テラスからさらに進むと内部への暗い通路が見えてくる。第一回廊の連子（れんじ）状窓も確認できる

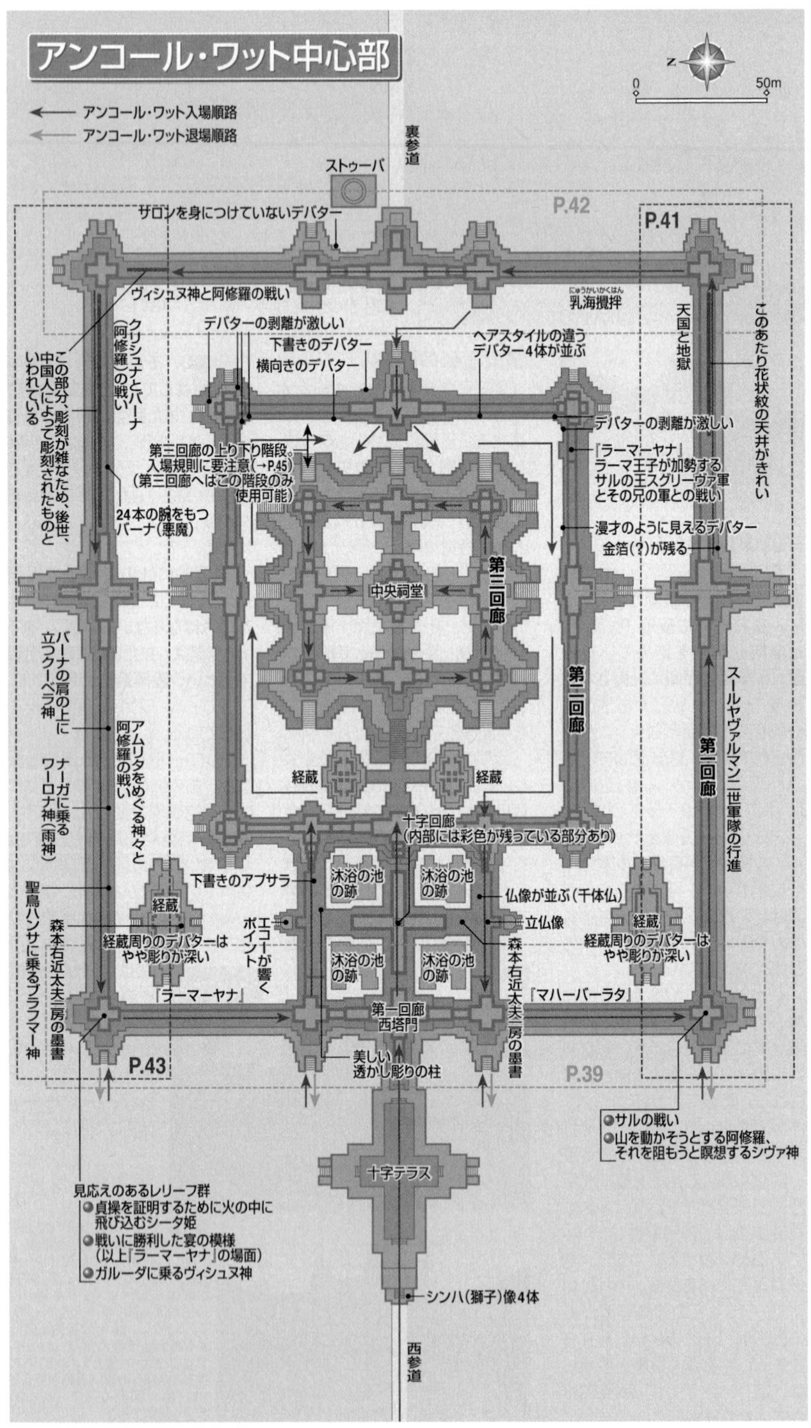
アンコール・ワット中心部
アンコール・ワット入場順路
アンコール・ワット退場順路
0
50m
裏参道
ストゥーパ
P.42
P.41
サロンを身につけていないデバター
ヴィシュヌ神と阿修羅の戦い
乳海攪拌
この部分、彫刻が雑なため、後世、中国人によって彫刻されたものといわれている
クリシュナとバーナ（阿修羅）の戦い
デバターの剥離が激しい
下書きのデバター
横向きのデバター
ヘアスタイルの違うデバター4体が並ぶ
天国と地獄
このあたり花状紋の天井がきれい
デバターの剥離が激しい
『ラーマーヤナ』ラーマ王子が加勢するサルの王スグリーヴァ軍とその兄の軍との戦い
第三回廊の上り下り階段。入場規則に要注意（→P.45）（第三回廊へはこの階段のみ使用可能）
24本の腕をもつバーナ（悪魔）
漫才のように見えるデバター
金箔（?）が残る
中央祠堂
第三回廊
第二回廊
第一回廊
バーナの肩の上に立つクーベラ神
アムリタをめぐる神々と阿修羅の戦い
ナーガに乗るワーロナ神（雨神）
スールヤヴァルマン二世軍隊の行進
経蔵
経蔵
十字回廊（内部には彩色が残っている部分あり）
下書きのアプサラ
沐浴の池の跡
沐浴の池の跡
仏像が並ぶ（千体仏）
聖鳥ハンサに乗るブラフマー神
経蔵
森本右近太夫一房の墨書
経蔵周りのデバターはやや彫りが深い
エコーポイント
声が響く
立仏像
森本右近太夫一房の墨書
経蔵
経蔵周りのデバターはやや彫りが深い
沐浴の池の跡
沐浴の池の跡
『ラーマーヤナ』
『マハーバーラタ』
第一回廊西塔門
美しい透かし彫りの柱
P.43
P.39
サルの戦い
山を動かそうとする阿修羅、それを阻もうと瞑想するシヴァ神
十字テラス
見応えのあるレリーフ群
貞操を証明するために火の中に飛び込むシータ姫
戦いに勝利した宴の模様（以上『ラーマーヤナ』の場面）
ガルーダに乗るヴィシュヌ神
シンハ（獅子）像4体
西参道

美の競演
デバター（女神）像が集う妖艶な世界

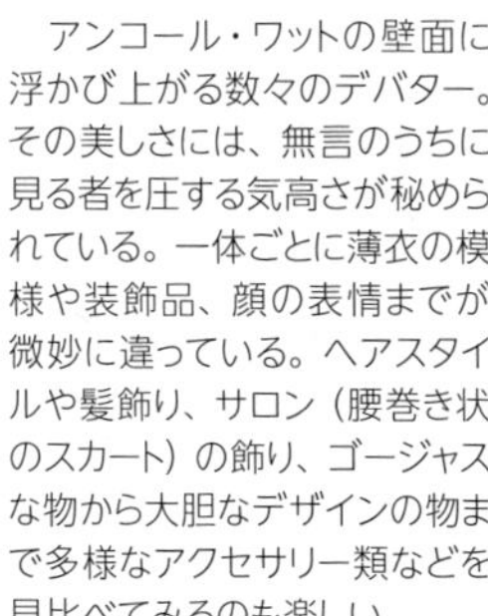

アンコール・ワットの壁面に浮かび上がる数々のデバター。その美しさには、無言のうちに見る者を圧する気高さが秘められている。一体ごとに薄衣の模様や装飾品、顔の表情までが微妙に違っている。ヘアスタイルや髪飾り、サロン（腰巻き状のスカート）の飾り、ゴージャスな物から大胆なデザインの物まで多様なアクセサリー類などを見比べてみるのも楽しい。

また、特徴のあるちょっと変わったデバターも遺跡の中に隠れている。当時の女官の姿に思いをはせつつ、お気に入りを探してみよう。

魅惑のほほ笑みをたたえるデバターが、時空を超えて神々の世界へ案内してくれるだろう。

デバターの美しい壁面

西参道を真っすぐに進むと現れる周壁の**ゾウの門から西塔門にかけて**は、繊細な彫りの美しいデバターがズラリと並ぶギャラリーのようだ。そのなかには、歯を見せて笑う珍しいデバターがいる。**西塔門の南面裏側のあたり**（MAP P.33）は要チェックだ。

第二回廊東面や南面にも多様なスタイルが見られる。

さらに圧巻は**第三回廊の内壁、中央祠堂周辺**だ。表情も、彫り師の技術もすばらしいデバターがあやしくたたずんでいる。

❶なぜか横を向いて悲しげな表情（第二回廊内側東壁）　❷このデバターは腰に巻く飾りのみでサロン（腰巻きスカート）を身につけていない!?（第一回廊外側東壁）　❸冠や首飾りなどの装飾が格段に美しい（中央祠堂両脇）　❹十字回廊に並ぶ赤いデバターはよりいっそうあやしい表情に見える。この赤色は当時の彩色　❺第一回廊や十字回廊付近のデバターは表面がテカテカと光っている物が多い。その理由は P.47 を参照　❻何百年の時を経たとは思えない微笑をたたえるデバター　❼「何でやねん」「しっつれいしました」と、ボケと突っ込みのようにも見える（第二回廊内側南壁）　❽ヘアスタイルの違う４体のデバターが並ぶ様は壮観だ（第二回廊内側東面)。デバターにはそれぞれに実在の女官のモデルがいたといわれ、一体として同じ姿、表情のものはない　❾歯を見せて笑う愛嬌たっぷりのデバター（西塔門裏側 MAP P.33）　❿第一回廊内側の経蔵のデバターはほかのものより彫りが深い　⓫柱に彫られたデバターが美しく並ぶアングルもある（中央祠堂付近）

第一回廊は壮大なレリーフのギャラリーだ

西面（北側）

西面北側と北西隅、南西隅の角には、インド古代の叙事詩『ラーマーヤナ』の一場面が彫刻されている。ほかのアンコール遺跡にもこの物語を題材とした彫刻が多く見られる。カンボジアではこの物語を『リアムケー』と呼び、舞踏や影絵芝居で演じられている。物語に登場するサルの将“ハヌマーン”は「西遊記」の孫悟空のモデルともいわれている。

ラーマーヤナ

昔、コーサラ国の王位を追われたラーマ王子は、妻のシータ姫と弟とともに森林で隠棲していた。以前からシータ姫を手に入れようと狙っていた魔王ラーヴァナは、シータ姫をさらい監禁してしまう。ラーマ王子はシータ姫を救出に向かうが、途中でサルの王スグリーヴァに会い、スグリーヴァが妻を兄に奪われてしまったことを聞く。境遇が似ていることに同情したラーマ王子はスグリーヴァに加勢し、スグリーヴァの兄を打ち滅ぼした。恩返しにスグリーヴァはラーマ王子に協力を約束し、サル軍を率いてラーヴァナの住むランカー島へ攻め込んだ。戦いは壮絶を極めたが、サル軍の将ハヌマーンの活躍や、神鳥ガルーダの助けによりラーヴァナを打ち滅ぼした。しかし、シータ姫の貞操を疑うラーマ王子を見て、シータ姫は悲しみ、火に飛び込んでしまう。火神はシータ姫の貞操を証明し、もとの美しい姿で助け出した。妻を取り戻したラーマ王子は国に戻り、王位に就いた。

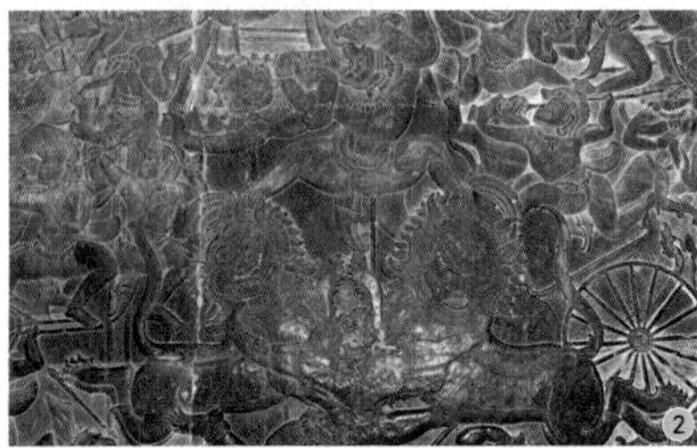

獅子を足蹴にしたサル軍ニーラが、魔王軍プラハスタにかみついて取っ組み合いする場面

戦闘のクライマックスシーン。サル軍の将、ハヌマーンの肩に乗って弓を射るラーマ王子。ラーマ王子の後方で弓を持っているのは弟のラクシュマナ、その後方が魔王ラーヴァナの弟ヴィビーシャナ。ラーマ王子の容姿がアンコール・ワットを創建したスールヤヴァルマン二世と酷似している

ハヌマーン軍に対するは 20 本の腕と 10 の頭をもつ魔王ラーヴァナ

ラーマ王子が放った矢によって、スグリーヴァの兄猿ヴァーリンが命を落とす場面

※❶～❽は P.39 の見取り図上の番号の位置に対応しています。

アンコール・ワットの第一回廊の浮き彫りは、図像を平面に並べて空間を描き、絵巻物のように読み進んでいくことにより、ひとつの物語が完結する説話性をもっている。美術史家のなかには、クメールの壁面彫刻は反復した画面の連続で、単調な展開であり、作図に精彩さが欠けているとみる向きもある。確かに、芸術作品として捉えると、完成の域に達していないようにも見えるが、表現のエネルギーはひしひしと伝わってくる。ここは、じっくりと長編絵巻の世界を楽しみたい。

西面（南側）

4世紀頃に現在の形に整えられた古代インドの大叙事詩『マハーバーラタ』のクライマックスが描かれている。

クリシュナ神の物語『ハリヴァンシャ』や、ヒンドゥー教の経典『バガヴァット・ギーター』などの逸話や伝説が織り込まれており、ヒンドゥー教神話の源といわれている。

マハーバーラタ

パーンダヴァ軍とカウラヴァ軍との王位をめぐる悲劇的な戦闘物語。18日間の死闘はクリシュナ（ヴィシュヌ神の化身）の力を借りたパーンダヴァ軍の勝利で幕を閉じる。

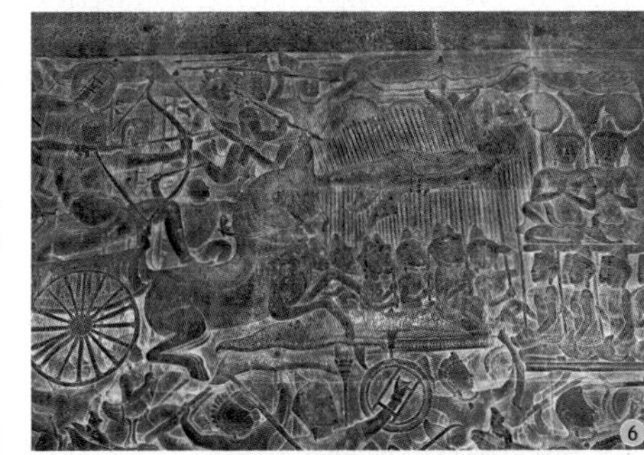
6
矢を受けて横たわる指揮官が、なおも指令を出している姿が描かれている

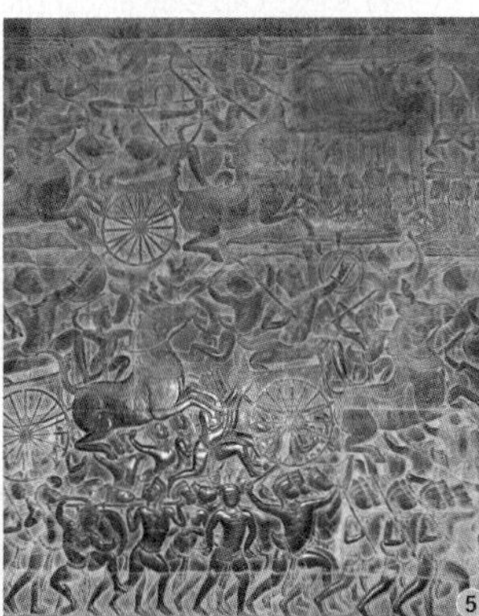
5
壁面の向かって左から進軍してくるのがカウラヴァ軍

7
進軍していた両軍の兵士が激しく交戦する場面

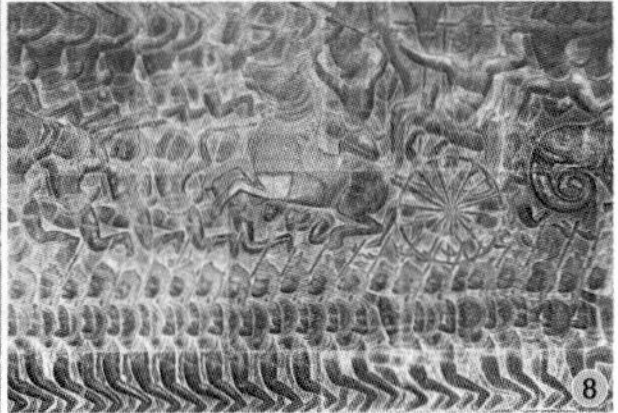
8
右側から整然と進軍してくるのがパーンダヴァ軍。槍と楯を持ち、ゾウや馬車に乗りながら弓を引いている

南面（西側）

南面西側は、アンコール・ワットの創建者である
スールヤヴァルマン二世の行軍が描写されている。

真ん中に座っているのがスールヤヴァルマン二世。アンコール・ワットを建造した王だ。建設当時はレリーフの王の姿は金箔で覆われていたという伝承もある。周辺にかすかに残る朱色は当時の彩色といわれる。この場面は戦いに出る前、出陣の日取りや戦争のことを、右下に座る占い師に占ってもらっているところ。このときの戦いはベトナムのチャンパ軍との戦い。現在もカンボジア人は占いで大事なことを決める習慣が根強い

戦いに赴くスールヤヴァルマン二世。神の象徴である先のとがった三角の帽子をかぶっている。差しかけられた日傘の多さが地位の高さを物語っている

宮廷内の女性が身だしなみを整える姿も描かれている

行軍のなかにはシャム（タイ）の傭兵もいる。顔つきや歩き方もクメール軍の兵士とは違っており、歯を見せていたりニヤニヤしていたり、整然と歩くクメール軍兵士との対比がおもしろい

※❶〜❿は P.41 の見取り図上の番号の位置に対応しています。

Column

壁画の楽しみ方

クメールの壁面彫刻の構図は、基本的には3つに分割されて構成されている。画面の一番下から上へ向かって近景、中景、遠景と画面を分割することによって、遠近感を引き出そうとしている。そのため近代の遠近法とは違ったおもしろさを味わうことができる。特に近景は、多くの人々や動物の手足などが重なり合っているため、見慣れていない人にとっては煩雑な感じさえする。作者が本当に描きたかった主題が、描き込み過ぎで曖昧になってしまっている箇所もある。

回廊を歩くときには、これらの彫刻が一種の動画であることを再確認して、歩みを進めてもらいたい。一つひとつの画面を切り取って判断するべきではない。連続したストーリーのなかで作者が何を示そうとしたのか、その表現の意図を感じ取ることが大切である。そう思ってゆっくりと歩き始めると、壁面彫刻が優しく語りかけてくれるはずである。

見慣れた遠近法以外の手法で表現された作品は、想像を超えた意外な感動と新鮮さを与えてくれる。技法にかかわらず創作の意図を明確にした作品は、人々を魅了し、何かを訴える力をもっているからである。要するに、創作は何を表現したいかという思いが重要であり、作者が発散するエネルギーの強さが、人々の心を感動に導くのである。

第一回廊、南面東側の「天国と地獄」。三段に分割された壁画は、上段から極楽界、裁定を待つ者の世界、地獄が描かれている

南面（東側）

南面東側は詳細な「天国と地獄」の描写。地獄の光景には思わず恐れおののくほど。

これが閻魔（えんま）大王「ヤマ」。18 本の手に剣を持ち、水牛に乗っている

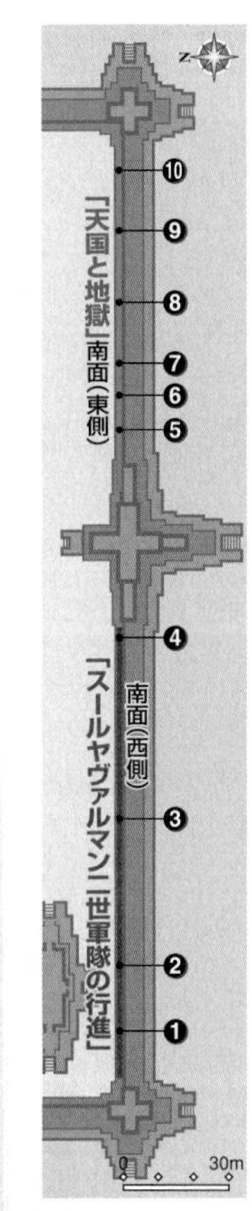

閻魔大王が手に持つ剣を突きつけて判決を下す場面。刑の軽減を懇願する人の表情もリアル

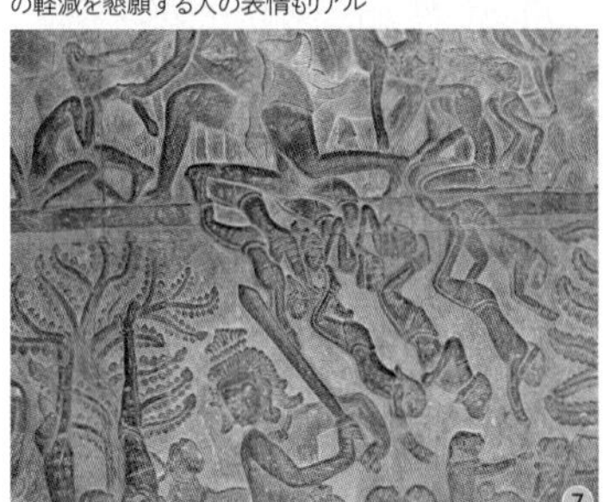

地獄へ落とされる人たち。下段の地獄では逆さづりにされた人が棍棒で打たれる。地獄は生前の行いにより 32 段に分かれているという

天国と地獄

第一回廊の南面東側には、死後の世界を表した「天国と地獄」が描かれている。これはアンコール・ワットが墳墓寺院であることの根拠とされている。三段に分割された壁面には、上段から極楽界、裁定を待つ者の世界、地獄が描かれている。地獄では舌抜き、火責め、針責め、ムチ打ちなどの責め苦を受ける人々の姿や、閻魔大王に減刑を懇願する人々の姿も。王権簒奪のために政敵に対してかなり残忍な行為を行ったとされるスールヤヴァルマン二世は、誰よりも強く死後に天界への道を歩めることを望んでいたのであろう。王自身が死後、ヴィシュヌ神と一体化して神になるために、あらゆる手段を駆使したかったに違いない。この場合、壁面の空白を恐れていたのは、ほかならぬ王自身だったのかもしれない。

南面東側の「天国と地獄」。この三段分割壁画は場面展開も豊富で見応えがある

地獄の責め苦。舌を抜かれる人（❽）。串刺しにされた人（❾）。全身に釘を刺される人（❿）。これらの地獄の描写は、ほかの壁面彫刻に比べて細部まで事細かに描かれている

東面

東面南側は「乳海攪拌（にゅうかいかくはん）」、北側はヴィシュヌ神と阿修羅の戦い。

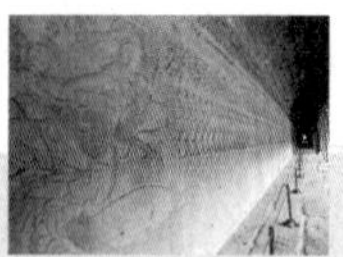

後世（16 世紀頃）に中国人によって彫られたとされるレリーフ。タッチも雑で稚拙、明らかに違いがわかる

乳海攪拌（にゅうかいかくはん）

第一回廊の東面南側には、ヒンドゥー教の天地創世神話で知られる「乳海攪拌」の説話が 50 mにもわたって描かれている。ヴィシュヌ神の化身である大亀（クールマ）の背に乗った大マンダラ山を、両サイドから神々と阿修羅（神に対する悪神）が大蛇（ヴァースチ）の胴体を綱として引き合う、カンボジアの創世神話である。中央には采配を振るうヴィシュヌ神の姿も見られる。綱引きをしながら海中をかき回すといった攪拌が 1000 年も続き、海は乳海となり、そのなかからアプサラやヴィシュヌ神の妻となるラクシュミーが生まれ、最後に不老不死の妙薬「アムリタ」が得られたという神話が描かれている。

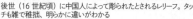

神々の軍の最後部にはサルの将軍ハヌマーンがいる

神々のなかにはブラフマー神の姿もある。このブラフマー神には次のような話がある。最初ブラフマー神には 5 つの頭があったが、あるときカーマ（愛の神）が放った矢で射られて気が動転し、シヴァ神に 5 つ目の頭を切られてしまった。再びわれを取り戻し、現在の 4 つ頭となっている

「乳海攪拌」の中心場面。大マンダラ山の上で指揮を執るヴィシュヌ神。不老不死の薬「アムリタ」を手に入れたいと願う神々は阿修羅と相談して、薬はそれが出現した側の所有になると取り決め、攪拌を始める。下段には攪拌によって海中の魚が引き裂かれる様子がある。薬は阿修羅軍のほうに出現し、ひとりの阿修羅がすぐに飲み込んだ。阿修羅が不老不死になったら大変とばかりにヴィシュヌ神がすぐにその阿修羅の首をはね、そこから出てきた薬を神々のほうへ渡した。以後、神々は不死の存在となり、首を切られた阿修羅はカーラとなった（→ P.75）

※❶～❹は下の見取り図上の番号の位置に対応しています。

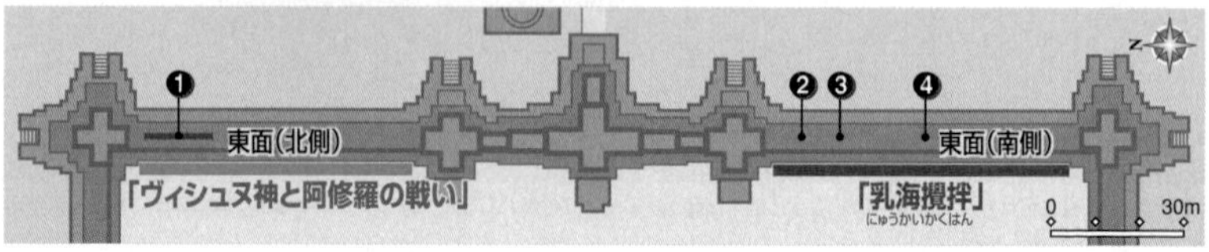

第一回廊は壮大なレリーフのギャラリーだ

北面

北面東側は、後世に描かれたとされるクリシュナとバーナ（阿修羅）の戦い、西側にはアムリタをめぐる神々と阿修羅の戦いが描かれている。

⑤ バーナの肩の上に立つクーベラ神（富やお金の神様）

⑥ ナーガに乗るワーロナ神（雨の神様）

⑦ 聖鳥ハンサに乗るブラフマー神。ここではさまざまな神様が専用の乗り物に乗って登場する

「クリシュナとバーナ（阿修羅）の戦い」
北面（東側）
「アムリタをめぐる神々と阿修羅の戦い」
北面（西側）
5
6
7
0
30m

※❺〜❼は右の見取り図上の番号の位置に対応しています。

Column

占いを試してみる

カンボジア人は占いが大好きだ。いや、大好きというよりも占いで行動の日時や方角を決めるほど、占いが生活に根ざしている。カンボジアには、お坊さんが行う伝統的な占いから中国式占星術やトランプ占いまでさまざまな占いがあるが、ここでは最も人気のある伝統的な占いを紹介しよう。

おもに「コンピー」「ハオラー」の2種類が行われており、外国人でも気軽に行えるのが「コンピー」だ。占いはお坊さんやアチャーと呼ばれる寺男が行う。やり方は、トレアンというヤシの葉に似た葉っぱに経文が書かれたものを束にした経文帳を頭の上に載せ、心の中で占ってほしいことを念じつつ、その束に付いている棒を束の中に差し込む。そうするとその棒が刺さったページを開いて、アチャーが読み説いてくれる。この経文の束は60枚で一組になっており、それぞれに伝説が書かれている。アチャーはその物語から解釈を導き出して占ってくれるわけだ。1回目でいい運勢が出たらそこでやめ、3回やってもすべて悪かったらいったん打ち切り、アチャーに聖水を頭に振りかけてもらったあとに再挑戦する。見料は決まっていないが、1000～2000Rが相場のようだ。お寺ならわりとどこででもやっており、遺跡ではアンコール・ワット（→ P.30）、バイヨン（→ P.50）が、町なかではプレ・アンチェー、プレ・アンチョム（→ P.175）が有名。アチャーは英語が通じないので、同行のガイドがいれば通訳してもらうとよい。

もう一方の「ハオラー」は、徳の高いお坊さんと、ある種の霊力をもった占いを専門とする人のみが行える占いで、「コンピー」より格式が高く、いつでも気軽にというわけにはいかない。人を見て干支や生年月日などから算出するため30分～1時間、長いと2時間以上かかる場合もある。人気の占い師（よく当たるという）は予約が必要で、1ヵ月待ちの場合もあるとか。当然占ってもらう側も真剣で、占いの日は朝から緊張するという。見料は気持ちしだいで、2万R～数十ドルを支払うお金持ちもいると聞く。シェムリアップではロレイ（→ P.86）、ワット・アトヴィア（→ P.85）、王宮近くのテップ・プラナム（MAP P.59-1B）が有名。英語を話すお坊さんもいるが、基本的にクメール語のみと考えよう。

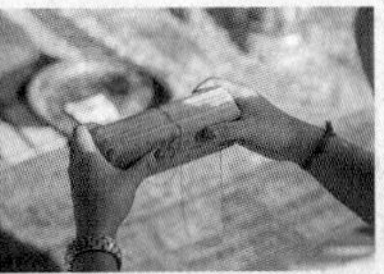

左／アンコール・ワット十字回廊での「コンピー」　上／このトレアンにクメール語で伝説が書かれている

地上界と神の世界とを結ぶ

十字回廊

第一回廊と第二回廊をつなぐ十字形の回廊。十字の回廊の脇にある4つの沐浴池の跡は、高僧たちの沐浴する場、王が祈りの前に身を清める場所など諸説あるが、いちばんの目的は王国の治水技術を示す施設であったと考えられる。雨季は洪水、乾季は干ばつに苦しめられるこの地域では、臣民の命を支える水を操ることは、尊敬される王の条件。しかも地上より高い位置に池を作るには高い技術力がなければならない。この池はその高い技術力で、王国にまんべんなく水を供給できることを誇示した権威の象徴だったと考えられている。

沐浴池の跡。現在は水をたたえた姿は見られない

十字回廊からは中央祠堂が見えない設計になっている

胸をたたくとエコーが響く空間

十字回廊の北端に外側に少し出っ張ったような天井の高い空間がある。そこで壁を背にして立ち、胸をこぶしで軽くたたいてみよう。「ボワ～ン、ボワ～ン」と驚くほど大きな反響が返ってくる。建立当時、ここはその反響の音によって王への忠誠を試す場所であったとか、病気かどうかを調べる場所であったなどという諸説がある。ちなみにこの反響、アンコール・ワット以外でも狭いお堂内なら意外にどこでも聞ける。

理屈でわかっても、やはりこの反響音は不思議。真ん中より壁側に立つと反響がいい

建立当時の彩色が残るポイント

完成当時、表面の化粧石に用いた砂岩は朱色に塗られていた。十字回廊の天井や柱には、かすかに建立当時の彩色が残る部分がある。ちなみに第一回廊の浮き彫りの表面には金箔が施されていたといわれており、第一回廊の南面東側にかすかに金箔の名残と思われる箇所が見られるが、真偽のほどは定かではない。

左／朱色のデバターはほかとは印象が異なって新鮮　下／十字回廊の天井部分に残る朱色の彩色

200体以上のデバターが彩る

第二回廊

1周約430mの回廊。回廊内部にはレリーフはほとんどないが、外壁には当時の流行ファッションに身を包んだデバターたちが待ち受ける。第三回廊を見上げる石畳の中庭をぐるりと1周して、デバター鑑賞してみよう。どれひとつ同じものはなく、美しさを競い合っているかのよう。

左／第二回廊の内部にはほとんどレリーフはないが、外壁には見事なデバターのレリーフが並ぶ　右／第二回廊の内側から、第三回廊を眺める。上部に上るにつれ神々の世界に近づく

神々の世界

第三回廊

アンコール・ワットの聖域、第三回廊は、1辺約60mの正方形で第二回廊より13m高く、回廊の四隅には4つの尖塔（副祠堂）が、回廊の中央には高さ約65mの中央祠堂がそびえ立つ。これは古代インドの思想で、世界の中心にある神々がすむとされる山「須弥山（しゅみせん）（メール山）」を模している。建立当時、中央祠堂には黄金のヴィシュヌ神が祀られており、スールヤヴァルマン二世は祠堂内で神と対峙していたとされるが、約400年前の宗教改革により中央祠堂の壁は塗り固められ、仏陀が祀られた。1935年にフランスの調査隊が中央祠堂直下の発掘調査を行ったところ、金の円盤が出てきた（→P.47）。

第三回廊へは東側の補助階段を上ってアクセスする

左／左側のひときわ高い尖塔が中央祠堂
右／中央祠堂に祀られた仏陀像

王の見た風景

西面からは、かつて王しか見ることのできなかった、約600mの参道を見下ろすことができる。ちなみにシェムリアップには地区ごとに建築物の高さ制限が設けられているため、ここからの見晴らしは最高。

第三回廊からは、約600mもの長さをもつ参道を見下ろすことができる

アンコール・ワットいち美しいデバター

アルカイックスマイルをたたえ、装飾品やサロンに覆われた足のリアルな透け感など、細部までこだわり抜かれた中央祠堂の外壁に彫られたデバターは、まさに芸術品。幾世紀もの時を経て色褪せない美しさを放つデバターを間近で見てみよう。

王専用の階段?

第三回廊には東西南北12ヵ所に急勾配の階段があるが、西側中央だけ勾配が緩やか。そもそもここは王のために許された空間。他の三方の階段は飾りで、当時は西側の階段だけが使われていたと考えられている。回廊を一周して確かめてみよう。

上／中央祠堂外壁のデバターは、まるで指先まで血が通っているよう
右上／髪飾りや首飾りの繊細さに驚かされる
右下／中央祠堂外壁の西面のデバターが特に美しい

第三回廊の入場について

特に神聖な場所、また上り下りが急階段で危険がともなうため、厳しい入場規則と係員の入場者チェックがあるので要注意。第三回廊への階段は12ヵ所あるが、東側の1ヵ所のみ木製補助階段が設けられ、上り下りできる。

- 入場時間は6:40～17:00。
- 遺跡保護と見学者の安全のため、100人をめどに入場規制されており、順番待ちになることもある。
- 見学は15分をめどに。
- ひざが見えるショートパンツ、肩が露出しているキャミソールやタンクトップでの入場は不可。ショールなどを腰巻きにしてひざを隠したり、肩からかけて肩を隠せば入場を許可される場合もあるが、チェックは年々厳しくなっているのでおすすめしない。
- 11歳以下は入場不可。
- 妊婦は入場不可。
- 心臓疾患をもつ者は入場不可。

第三回廊に入場できない日

1ヵ月に4日ほどある仏教の日（トゥガル・セル）は、第三回廊のみ入場不可。2023年後半は以下のとおり。

7月…2日、10日、17日、25日
8月…1日、9日、16日、24日、31日
9月…8日、14日、22日、29日
10月…7日、14日、22日、29日
11月…6日、12日、20日、27日
12月…5日、12日、20日、27日

※規則は予告なく突然変更されることも考えられるため、事前に確認しておくことが望ましい。

アンコール・ワットに秘められた

不思議の数々

アンコール・ワットのミステリーはまだまだたくさんある。なかでもこんなところに注目しつつ見学してみよう。

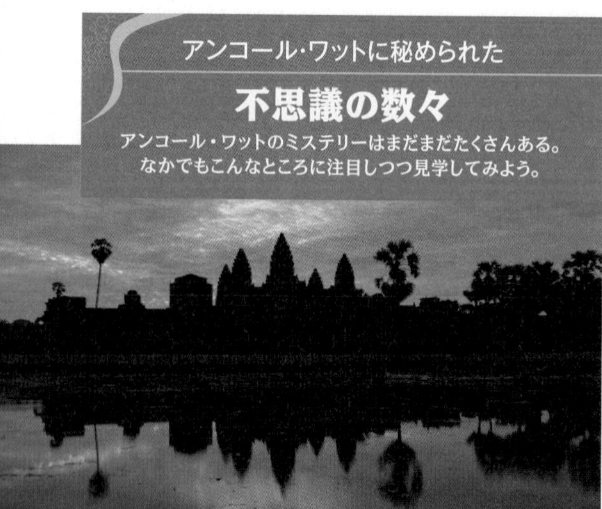

アンコール・ワット北側の聖池前は人気の朝日観賞スポット（撮影時期8月）

アンコール・ワットはなぜ西向きなのか

アンコール遺跡群のほとんどが東向きであるのに対して、アンコール・ワットは西向き。「王の墳墓として創建されたため、日が沈む方角（=人生の終焉）を向いている」「西を司るヴィシュヌ神を祀る神殿だったため西向き」など諸説ある。

ただし、春分の日と秋分の日にアンコール・ワットの参道から朝日を眺めると、ちょうど中央祠堂の真上に朝日が昇るよう緻密な測量に基づいて配置されていることは明白だ。

西塔門の高さ4mのヴィシュヌ神像の謎

西塔門の南側にある修復された8本腕のヴィシュヌ神像（MAP P.33）には、いつも地元の人が熱心に祈りをささげている。このヴィシュヌ神像こそ、創建時に中央祠堂に祀られていたヴィシュヌ神では、という説もある。

熱心に祈りをささげる人々の姿も見られる

未完のまま残るデバターは、作業過程を推測するうえで貴重な資料となる。意図的に彫り進む過程を後世に残したかのように、左から右へ順に完成への過程が残されている

西参道には阿修羅の足跡が残る?

西塔門手前の西参道の石畳に、巨人の足跡のようなものが残る。30～40㎝ほどの足跡が彫り込まれており、アンコール・トム（→P.50）南大門の阿修羅像の足跡との説もある。後世の修復時のものだろう。

西参道は2023年末頃まで修復工事のため、この足跡は見られない

透かし彫りの美しいポイント

レリーフのなかでも秀逸な匠の技といえば透かし彫りだ。奥行きのある立体的な彫刻は見事のひと言。その美しい彫刻は西塔門の内側の上部、十字回廊の中央北側の柱などで見られる。見落とさないように。

十字回廊の柱に施された透かし彫り。アンコール・ワットでは、その大きさだけでなく、細かな職人技にも目を向けたい

デバター（→P.37）はこうして描かれた

緻密な造りで細かい彫刻がびっしりという印象のアンコール・ワットだが、実は見えない所で手抜きがいっぱいあるのだ。周壁の台座の下の部分や陰に隠れた所に下書きのまま放ってある所が何ヵ所もある。見つけやすいのは第二回廊の東面北側。ここには下書きと思われるデバターが数体ある。こうしてレリーフは彫られていくのかという工程がわかる。そして不完全なデバターからは職人の心情が伝わってくるようだ。神々の世界の中に人間臭さが表れていて気持ちが和む。

果たして財宝のうわさは本当か?

デバターの表面が光っているのはなぜ?

第一回廊のデバターの表面は研磨されたように光っており、特に乳房の部分にきめ細かな光沢が見られる。一般的には、長年にわたり人が触り研磨されたからといわれているが、一方では人が触っただけではあの光沢にはならない、との声もある。建立当時の第一回廊の浮き彫りの表面には金箔が貼られていた、といわれている(→ P.44)。その金箔を貼るために、まず砂岩表面に漆を塗っていた。その漆が塗られていた箇所のみ砂岩の目が埋まり、さらに人が触ってあの光沢ができあがった、ともいわれているが、真偽不明。

人が触れそうな乳房や顔ばかりが光っているデバターが多い

回廊の壁面の四角い穴はなぜ?

灯明をともすための穴、財宝を探そうと掘り返した穴、修復の際に足場を組むために開けた穴など諸説ある。なかでも最も信じられているのは、強度の不安定な箇所に対して、一部を四角く切り出し新たな石塊を入れ替えたが、その石も原因不明ながら消失してしまった。結局、最初に開けた四角い穴がそのままの状態で残ってしまったというもの。残念ながら真偽は不明。

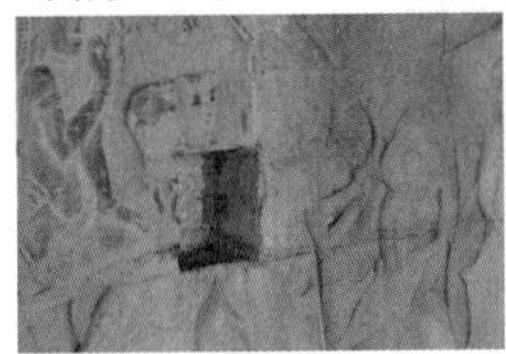

アンコール・ワットの第一回廊や第三回廊などに見られる不思議な穴

参道の石組みがガタガタしているのはなぜ?

西参道の石組みは、石の大きさや並び方がガタガタで不自然だ。これは、一方から力がかかっても力を分散させて石組みが一気にズレないよう構造的な安定を図るためと考えられている。また大きな石を無駄なくそのまま使う工夫もあったといわれている。

西参道の組み合わせたような石材。残念ながら西参道は2023年末頃まで修復工事のため通行止め

アンコール・ワットに財宝はあったのか?

アンコール・ワットから金や銀、宝石などが大量に発見され海外へ持ち去られたと信じているカンボジア人は多い。実際にフランスの発掘調査のとき、中央祠堂の真下を24m掘った地中から直径20cm余りの金の円盤が出てきたことが文献として残っているが、これは鎮物(しずめもの)(地鎮祭のときに土地神様や地霊を鎮めるために地中に埋めるお供え物)で、財宝が出てきたという文献はなく、財宝の話はただのうわさ話の域を出ていない。

そもそもなぜアンコール・ワットには謎が多いのか?

アンコール時代には紙はなく、文字は貝葉(ばいよう)(植物の葉を加工した記録用媒体)や動物の革に書かれていた。しかし、東南アジアの高温多湿の過酷な気候と虫食いなどでそれらのほとんどは朽ち果ててしまい、記録が失われてしまった。石に彫られた碑文も内容は断片的。13世紀末にこの地を訪れた中国人の周達観などの外交官などによる記述が各国に残ってはいるものの、いずれも滞在期間が短く、また内容も局地的。結果、うわさや言い伝えが歴史的な事実かどうかを検証できず、謎として残っているのだ。

刻々と変わる
アンコール・ワットの表情

アンコール・ワットにはさまざまな表情があり、見方、見え方がある。まずは代表的なアングルをおさえて神秘的な姿を探してみよう。

さまざまな自然条件を考慮し、緻密に計算されて建立されたアンコール・ワットは、季節や見るアングル、また時間帯によって実にさまざまな表情を見せてくれる。あるときは雄大で神々しく、またあるときは繊細で優美にと、対峙する者の意識に同調するかのように姿を変えてゆく。

ここでは観光や写真撮影のヒントとなる代表的なアンコール・ワットの姿を紹介しよう。また紹介した以外にもあらゆる場所に、あらゆる瞬間にアンコール・ワットは存在している。朝に夕に、晴れに雨に、見上げて見下ろして、立ち止まり、振り返り……、あなただけの特別な姿を探してみよう。

西参道正面のアンコール・ワット

誰もがイメージするアンコール・ワットを代表するアングルだ。参道から左右にズレれば3つの尖塔から5つの尖塔へと姿を変える(→ P.33)。

裏参道のアンコール・ワット

西参道（表参道）と比べると参道が短く、尖塔までの距離が縮まったぶんだけパースペクティブが変わった不思議な感覚になる。木立の枝葉に見え隠れする尖塔の景色も趣がある。

逆さアンコール・ワット

西参道の左右にある聖池にはアンコール・ワットが映り込み、逆さアンコール・ワットが見られることで知られている(→ P.35)。早朝、昼間とそれぞれに趣の異なる姿が見られる。

Column

日本人の見たアンコール・ワット

アンコール・ワットと日本の関係について話しておきたい。徳川第3代将軍家光より仏教の聖地「祇園精舎」視察の命を受けて、オランダ船に乗って出かけた日本人がいた。長崎の通詞（通訳）であった島野兼了がその人で、アンコール・ワットをインドの祇園精舎と思い込んで1枚の見取り図を作成している。それが当時の長崎奉行、藤原忠義によって模写され、その後転々と所有者が変わり、現在は水戸の彰考館に保存されている。

この図は明治時代の建築史学者である伊東忠太によって、アンコール・ワットであることが証明され、日本とカンボジアの結びつきが明らかになった。この見取り図が作成されたのは、正徳5年（1715年）のことで、最初にアンコール・ワットに足跡（落書き）を残した日本人として知られる森本右近太夫一房が訪れてから80年余りたってからである。当時の首都ウドン周辺やプノンペンには日本人町が形成されており、アンコール・ワットに参拝した日本人も少なくなかった。

この見取り図がおもしろいのは、石造の寺院をまるで日本の木造仏教寺院のように描いている点だ。中央祠堂を五重塔、シンハ（獅子）が唐獅子に、塔門のヴィシュヌ神が仁王に置き換えられている。これについて伊東博士は、島野が通訳としての職業柄、言葉だけでなく、「建築までも翻訳して描いた」とおもしろい指摘をしている。

この図には、現在ではその痕跡も残っていない居釈迦、寝釈迦を安置した重層建造物と寺（僧坊）が四隅に、四方に池（聖池）が描かれている。隣国タイの侵入後の増築も含まれていると考えられるが、翻訳されたこの図からは簡単には判断がつかない。13世紀末にこの地を訪れた中国の周達観の見聞録『真臘風土記』、19世紀のフランス人たちの探検記に加えて、日本人の残した1枚の図面から、異文化を捉える視点の違いを垣間見ることができる。

左／十字回廊に残る森本右近太夫一房が1632年に残した墨書による落書き。後世、何者かが意図的に消し去ろうとした痕跡もある。現在は歴史的意味合いも深く、大切に保存されている。ほかにもアンコール・ワット内には十数ヵ所に日本人の落書きが確認されている

右／森本右近太夫一房の落書きは第一回廊内側の北経蔵入口の柱にも残されている。砂岩の剥離が激しく全体は読み取れないが、内容は十字回廊のものの前半部分と同一内容と思われる。2ヵ所の落書きはそれぞれ日付が異なり、彼は10日間以上この地に滞在していたことがわかる

サンライズ（朝日）のアンコール・ワット（→P.128）

これほど季節や天候によって姿を変える時間帯はない。何度見ても、一度として同じ姿がないのがサンライズのアンコール・ワット。滞在中、一度は早起きをして見てほしい。下の写真は8月、西参道北側の聖池から見た朝焼け。

神の視点から見るアンコール・ワット

空から見下ろすことを「神の視点から見る」と称することもある。このアングルは、まさに神の宮殿でもあるアンコール・ワットを神の視点から見下ろすというもの。ジャングルの中に浮かぶアンコール・ワットは神秘的。右上の写真は気球（→P.136）からで、ほかにヘリコプターなどからも見られる。

プノン・バケン（→P.66）から見るアンコール・ワット

プノン・バケンの頂上から深い緑に囲まれたアンコール・ワットをはるかに望む。アンコール・ワットの建築に当たっては、ここからもその進行具合を確認しつつ建築の指揮を執ったともいわれている。肉眼でははっきりと見えにくいのが難点。

Column

遺跡崩壊のさまざま

アンコール遺跡群は建築後 800 ～ 1100 年の歳月が経過し、崩壊が進んでいる事例も多い。ひと口に崩壊といっても、構造体が大変形を起こし塔が崩れ落ちるような大規模なものから、構造には影響しないものの、石の表面の彫刻が剥がれるような小規模なものまでさまざまある。

大規模な遺跡崩壊の事例を以下 3 例挙げる。

❶アンコール・ワットの第一回廊南面「天国と地獄のレリーフ」のある回廊は、1947 年 6 月に約 50m にわたり崩壊した。

❷同西参道では 1952 年 10 月に北側側壁が 50m 以上も崩壊している。

❸近年では、アンコール・トム都城の城壁が、2011 年 10 月に計 4 ヵ所で総延長 70m を超える大崩壊を起こした。

過去の統計から、遺跡の崩壊は雨季の集中豪雨の時期に多発する傾向がある。このことから 6 月や 10 月は遺跡管理上の鬼門といってよい。崩壊は石組みの力の釣り合いのバランスが崩れると起きる。雨季に遺跡崩壊を起こす主要因は以下のふたつである。

石組みのわずかなズレは、レリーフの部分では顕著に現れる

❶石材が水分を含むと石そのものの強度が低下する。

❷基壇に染み込んだ水によって土圧に水圧が加わり、石組みが外に押し出され構造体が変形する。

遺跡が崩壊する理由は通常複合的である。構造的欠陥や施工不良に起因する場合もある。古代の河床跡に遺跡が建設されるなど、地盤・地質といった立地条件に難がある場合もある。ほかにも特殊な例としては、植物の根の繁茂、倒木による崩壊もある。タイとの国境にあるプリア・ヴィヘア遺跡（→ P.100）は、紛争による破損の事例といえる。昨今では、上水道の普及とともに地下水の過剰揚水による地盤沈下等の遺跡への影響も懸念されている。以上のように、崩壊の要因には天災・人災の二面がある。

アンコール・ワット第二回廊のデバターは砂岩の剥離が進み、見るからに痛々しい。剥離は修復困難で、剥離の進行を食い止める事だけが唯一の措置

小規模な崩壊の事例としては、アンコール・ワットに見られるデバター像の表面剥離の現象が挙げられる。これは石（岩石）の経年変化による風化が要因である。風化の様子や程度は、気温、湿度、日射、風（風向・風速）、降水量などの条件によって、大きく左右され、異なる結果をもたらす。このことから遺跡の石を保護することを目的として、遺跡エリアでの地道な気象観測を、継続 30 年を目標に続ける研究者がいる。

王と神の都市

アンコール・トム

Angkor Thom អង្គរធំ（オンコー・トム）

MAP P.26-1B、59　世界遺産

ក្រោលគោ
クロル・コー
プリア・カン
タ・ソム
ニャック・ポアン
詳細図はP.59
トマノン
バンテアイ・サムレへ（約5km）
バイヨンP.50
タ・ケウ
東メボン
チャウ・サイ・テボーダ
プレ・ループ
アンコール・トムP.50
タ・プローム
バクセイ・チャムクロン
バンテアイ・クディ
スラ・スラン
プノン・バケン
プラサット・バッチュム
プラサット・クラヴァン
アンコール・ワット
0　2km

アンコール・ワットの造営から半世紀後、クメールの覇者と呼ばれるジャヤヴァルマン七世によって、一辺約３kmの城壁で囲まれた王都が造られた。その王都は**アンコール・トム**と呼ばれ、その中心に位置するのが**バイヨン寺院**である。この四面仏頭の林立するバイヨン寺院は仏教寺院として、クメール人独自の宇宙観の中心に燦然と輝いた。

同時に領土内各地で寺院建設、道路網の整備、121ヵ所の宿駅、102ヵ所にも及ぶ施療院などが整備された。いわばクメールの帝国的支配の枠組みをつくり上げたのである。このような時代背景を頭に描きながら、ジャヤヴァルマン七世のつくり上げた世界を訪ねてみよう。

アンコール・トム３つの基礎知識

1 アンコール・トムとは?
クメール語で「大きな都」の意味。周囲約12kmの城壁に囲まれた都城で、アンコール王朝の最盛期を築いたといわれるジャヤヴァルマン七世が首都と定めた場所。城壁内には中心寺院であるバイヨンをはじめ大小さまざまな遺跡が残されている。

2 いつ建造されたのか?
1020年、スールヤヴァルマン一世の時代に都城の建造が始まり、バイヨンを建てたジャヤヴァルマン七世の時代に道路網や宿駅などが整備され、最盛期を迎えた。

3 宗教は?
基本的にヒンドゥー教だが、ジャヤヴァルマン七世によって建てられたバイヨン寺院など、仏教建築も混在している。

Column

5つの門に囲まれた都城、アンコール・トム

アンコール・トム（大きな都）は高さ約８m、周囲約12kmのラテライトの城壁に囲まれている。城壁内には十字に主要道路が配置され、その中央にバイヨン寺院がある。そこから少し北上した位置にかつての王宮があった（現在は消失）。王宮の正式な塔門は、象のテラス、ライ王のテラスと一体化して造られている。象のテラスはジャヤヴァルマン七世によるもので、バプーオンからライ王のテラスまで300m以上もある壮大な規模である。

王宮の正面は広場になっており、そこには５ヵ所の凸所があり、そのうち中央に位置する王のテラスは王族が閲兵するロイヤルシートであった。この正面の道路は戦地から凱旋してきた兵士たちが入城するための道路で、この凱旋道路に入る東の門は、勝利の門と呼ばれている。テラスが東向きなのは、宗教建築と同じヒンドゥー教の影響とみられるが、戦闘を繰り返したベトナムのチャンパ王国の方向に向かっているようでもある。

王宮広場を造ったジャヤヴァルマン七世と廷臣たちは、石造のテラスの上に木造の観覧櫓を設けて見物した。この広場では、町の人々を集めての王との謁見式や、王国の全土から神仏像が集められて王の臨席のもとで清める儀式も毎年行われていた。

2

3

❶アンコール・ワットからバイヨンへと続く道上に建つ南大門。四面塔は顔の長さだけでも約3mある　❷❹アンコール遺跡群のなかでも複雑な構造で、より神秘的な雰囲気をもつバイヨン　❸南大門前の道の両側には、神々と阿修羅がナーガの胴体を引き合う像（54体ずつ計108体）が出迎えてくれる。これは阿修羅像　❺今はひっそりと建つ勝利の門。かつては戦いに勝利した兵士たちがここを通って凱旋した　❻王のテラスから勝利の門へと一直線に凱旋道路が続いている　❼死者の門。鼻でハスの花をからめて遊ぶ３頭のゾウがきれいに残っている

宇宙の中心

バイヨン

MAP P.59-2B

Bayon បាយ័ន（バヨアン）

見学時間 1時間

創建者：ジャヤヴァルマン七世
創建年代：12世紀末
信仰：仏教、ヒンドゥー教
寺院形態：ピラミッド式

アクセス オールド・マーケットから 🚗=20分、🛺=25分

四面仏のほほ笑み多用される観世音菩薩の塔

バイヨンは都城アンコール・トムの中央にある。12世紀末に建設された、穏やかなほほ笑みをたたえた観世音菩薩のモチーフで有名な寺院である。この観世音菩薩の四面塔は、バイヨンだけでなくプリア・カン（→P.80）、タ・プローム（→P.70）、タ・ソム（→P.79）、バンテアイ・クディ（→P.69）など、バイヨン様式の寺院に共通して見られる。アンコール・ワットを訪れたあとでここに来ると、どこか心和む雰囲気を感じる。それはわれわれにもなじみのある仏教的な雰囲気があることや、全体を見渡せるヒューマンスケールの造形感からであろう。

バイヨンに秘められた宇宙観

アンコール・トムの中心にあるバイヨンは、メール山（須弥山）を象徴化している。メール山は古代インドの宇宙観によると神々のすむ聖域で、また神が降臨する場所でもあった。この宇宙観を正確に具現化することが王の重要な使命であった。東西南北に延びる幹線道路は、メール山から世界に向かう道を象徴し、城壁はヒマラヤの霊峰、城壁を取り巻く環濠は大海を表したものである。この宇宙観は解釈の仕方によって微妙に変化する。大乗仏教に深く帰依していたジャヤヴァルマン七世の宇宙観が、アンコール・ワットで表現された宇宙観と異なっているのは当然のことである。

建築上の特徴

伽藍（がらん）は対称形で、東西軸上に突き出したテラスがある東が正面である。参道の南北に配置された一対の聖池の痕跡を眺めながら、二重の回廊で囲まれた伽藍の中に入る。外観とは違って内部の構造はとても複雑である。アンコール・ワットのように参拝の順路が明快でなく、外光がほとんど差し込まない地下のような場所が多い。明らかに建設中、あるいは建設後に大幅な設計変更がなされている。上層にあるテラスで隠された部分に彫刻が施されていたり、人がようやく通れるほど狭い位置に経蔵があり、装飾が施された偽扉（開かずの扉）や、壁面彫刻が随所に見られる。

壁面の彫刻をたどって徘徊していると、自分のいる位置を見失ってしまうことがある。まるで迷路である。実はクメール建築には内部空間がほとんどない。しかし、バイヨンは技術的な制約を最大限に克服して内部的な空間を実現することが設計者の意図であった。

この寺院の構造は、第二回廊の中央テラスを囲む 16 基の尖塔をあたかも巡礼するような配置が計画されている。それぞれの尖塔の内部には国内各地の守護神が祀られていたらしい。この点にも大乗仏教の仏陀による人々の救済という宇宙観が、より具体的に示されている。中央祠堂と尖塔の頂部には、50 面を超える微妙に異なった表情の四面仏が刻まれ、バイヨンのどの位置にいても菩薩のあたたかい眼差しを感じる。

❶観世音菩薩の四面塔はテラスに 49、5 つの塔門を入れて全部で 54 ある。第二回廊のテラスでは見る位置によって 3 つの菩薩の顔が並んで見える　❷北門に座する仏陀像。これは後世に持ち込まれた像　❸開口部をフレーム代わりにして鑑賞してみる

バイヨンのレリーフは必見

最も外側にある第一回廊に施されたレリーフ（浮き彫り）にも注目してほしい。アンコール・ワットの浮き彫りが宗教・政治色が強いのに対して、バイヨンでは日常的な庶民の生活や貴族の暮らしが盛り込まれ、それらが生きいきと描かれている。ベトナム中・南部にあったチャム人の国、チャンパとの戦闘場面をよく見ると、後方では女性や子供たちが料理を作ったり運んだりしていて、家族ぐるみで戦場に移動していたことがわかる。また、建築場面では石材を運び、加工し、積み上げる工事の様子が詳細に描写されており、建築現場の様子を彷彿させてくれる。

バイヨン建設時の社会的背景

アンコール・ワットとバイヨンの違いは単に王の宗教観の違いだけではない。チャンパ軍に一時的に王都を占領された王朝内部では、恒久の平和を望む雰囲気が広がっていたはずである。また、その後の復興期には大胆な行政改革を行う必要性があった。長い間のヒンドゥー教支配により、祭祀を行うバラモン僧たちの権力は増大し、国政に対して大きな発言力をもち、私腹を肥やす者もいたに違いない。これらの社会構造を改革するためにあえて大乗仏教を積極的に取り入れ、新しい官僚システムの形成を図ったのが、ジャヤヴァルマン七世だったのではないか。バイヨンからはそんな意気込みを感じるのである。

❹最も有名な観世音菩薩像。これは 200R 紙幣に描かれている　❺上層のテラスに隠された観世音菩薩とアプサラの彫刻。普通は人の目に触れない所には彫刻はしないので、後世に上層が造られたことがわかる　❻第二回廊のテラスで見られる美しいデバター像。足先が真っすぐ正面に向いていることからも彫りの深さがうかがえる　❼第一回廊には当時の暮らしや戦いの様子がわかるレリーフが連なる。これは表情豊かに描かれたクメール軍の行進

information

● **ベストタイム**
バイヨンには屋根がないため、午前中の涼しい時間にレリーフをじっくり鑑賞するのが定番ルートとなっており、この時間は団体客が多い。

● **屋台・トイレ**
バイヨンの北側に食堂が十数軒並ぶ一画があり、トイレは西側にある。

● **バイヨン・ハット**
JASA（→P.134）が携わったバイヨンの修復の過程などを紹介した施設。
MAP P.59-2B 開 6:00～17:00
休 無休 料 無料
※第二回廊のテラスと中央祠堂は2023年2月現在、修復工事のため立入禁止。

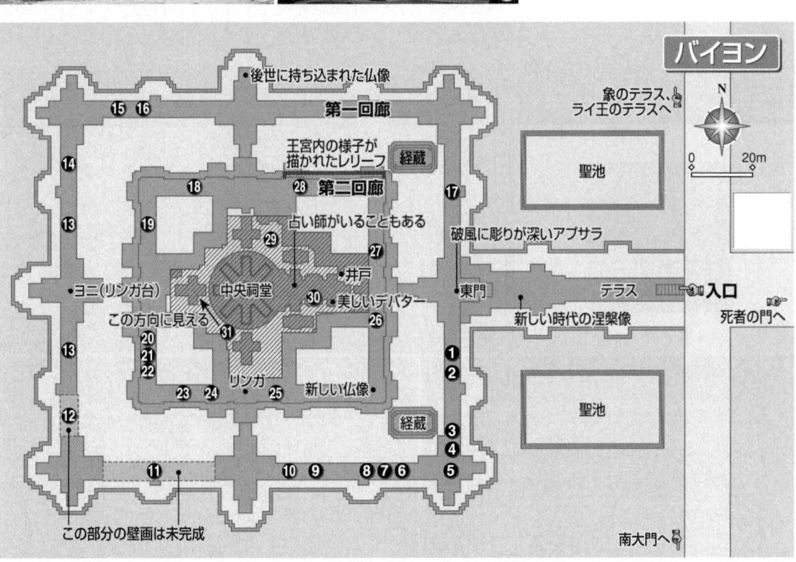

第一回廊

❶チャンパ軍との戦いにおけるクメール軍の行進
❷クメール軍に交じって中国人の軍隊の姿がある
❸生け贄にされる水牛（水牛の血の入った酒を飲むと戦争に勝利できると信じられていた）
❹中国人の宴会の様子
❺ハスの花の上で踊るアプサラ
❻上段はクメール軍とチャンパ軍の水上戦闘の様子。下段は商売や狩りをする人、魚を焼く人など
❼戦いに負けた人が海に落ちてワニに食べられる。下段はトラに襲われそうになって、木の上に逃げる人
❽病院内、病人を看病する人
❾生活を描いたレリーフ（市場内の商売の様子、出産シーン、闘鶏、投げ網、将棋など）
❿チャンパ軍との戦いの凱旋パーティ（調理風景など）。大工や石工の仕事風景のレリーフも
⓫ゾウに乗っての行軍、チャンパ軍との戦闘
⓬トラから逃げるバラモン僧
⓭クメール人同士の内戦
⓮瞑想するため森へ入る王の軍隊
⓯曲芸をする人々
⓰躍動感のあるレスリング
⓱ゾウに乗った軍隊の戦い

第二回廊

⓲カイラス山へ巡礼する人々
⓳乳海攪拌（にゅうかいかくはん）
⓴昔の建築方法がわかるレリーフ
㉑髪を結い化粧をする女官
㉒ガルーダにまたがるヴィシュヌ神（戦闘の様子）
㉓シヴァ神とヴィシュヌ神にささげ物をする人々。宙にはアプサラが舞う
㉔宮殿（神々の世界）の様子
㉕ゾウの調教
㉖ゾウに乗った軍隊の行進
㉗ライ王伝説が順を追って描かれている（義理の父親であるヘビ王を殺した王が、その血を浴びて病にかかり、治療をしている様子）
㉘魔王ラーヴァナがカイラス山を動かそうとしている。それを拒もうとするシヴァ神がカイラス山の上で瞑想をしている
㉙“クメールの微笑み”と称される有名な観世音菩薩
㉚窓から観世音菩薩の横顔が見える撮影ポイント
㉛3つの菩薩の顔が並んで見えるポイント（→の方向を参照）

▨ 2023年2月現在、修復工事のため見学不可。

※地図上①～㉛の番号はP.54～57のレリーフ写真のM番号に対応しています。

バイヨンの回廊は一大絵巻

第一回廊（東面）

クメール軍とチャンパ軍の決戦前夜。戦地に赴くクメール人歩兵の行軍を中心に描かれている。よく見ると戦勝祈願の生け贄の儀式も。

1

2

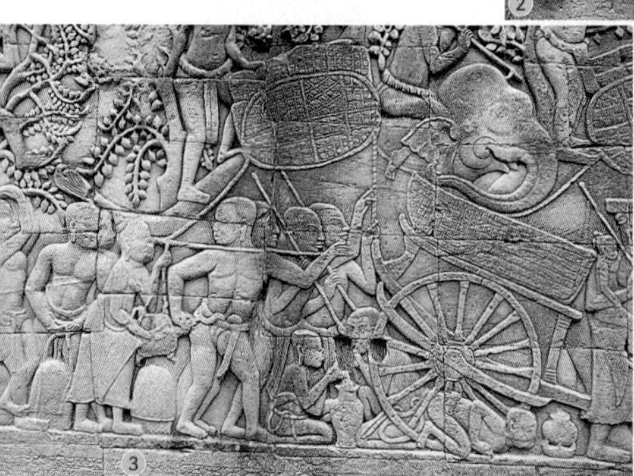

3

4

5

❶❷チャンパとの戦いへの行軍。北側にクメール人、その後方には中国人の列が続く。❶はクメール人。短く刈り込んだ髪、長く伸びた耳たぶが特徴。❷の中国人は髷を結った髪型、あごひげなどが特徴。クメールの兵士のほうが力強さを感じる（M1、2）

❸行軍の後方には食料運搬部隊が続く。女性や子供たちの姿もある。ご飯を炊いたり、甕（かめ）の酒を飲むふたりの人、その背後ではカメにお尻をかまれて振り向く人などほほ笑ましい姿も（M2）　❹王宮内の様子。女官のしぐさまで表現されていて、優雅な雰囲気が伝わる　❺生け贄にされる水牛。水牛の血の入った酒を飲むと戦いに勝てると信じられていた（M3）

※M：P.53 のバイヨン見取り図上の番号の位置に対応しています。

東西約160m、南北約140mの第一回廊の壁面は、12世紀のチャンパ軍との戦争を中心に、
兵士たちの戦闘の様子やそれを支えた人々の生活模様が多数描かれている。
漁、狩り、炊事、闘鶏、将棋に相撲、出産の場面まで飛び出す。
人物や動物の表情は生きいきと輝き、
石の表面からは、体温や匂いまでも伝わってくるようだ。
第二回廊はヒンドゥー教の神々の世界や、当時の宮廷内の様子が描かれている。

第一回廊（南面）

3層に分かれており、上層にはクメール軍とチャンパ軍のトンレサップ湖での戦闘の様子が、下層には庶民の生活が描かれている。

❻戦いの勝利を祝う凱旋パーティのための調理風景。中央で豚をゆで、右側でバナナを焼き、左側ではご飯を炊いている。スープを運ぶ人も（M10）　❼クメール軍とチャンパ軍の水上戦の一部。水中に落ちた兵士がワニに食われる（M7）　❽水上戦の下部には狩りの様子が見られる。これはトラに襲われた人（M6）　❾有名な闘鶏のシーン。左側がクメール人、右側が中国人。それぞれに金壺を持った胴元らしき男もいる（M9）　❿壁の上部には投げ網を打って魚を取る人がいる。現在のトンレサップ湖の生活と重なるものがある（M9）　⓫出産シーン。寺院に人間の誕生の様子を残すことは特別な意味があったのかもしれない（M9）　⓬凱旋のパーティ。下部には調理風景（❻の壁画）、その上段には料理を食べる人々が描かれている（M10）

第一回廊（南面・西面）

西面は未完成の壁画が多い。戦闘訓練をしたり、石を加工したりとチャンパ軍との戦いの前の様子が描かれている。

❶戦いの前の王宮の様子。将棋を指す人もいる（M9）　❷石を加工したり、木を打ちつけたり、建築工事の様子が描かれている（M10）　❸商売の様子。中国人の商人が何かを量り売りしており、買い手が何か言っている（M9）　❹トラに追われたバラモン僧が木に登って逃げる様子（M12）　❺クメール人同士の争い、内戦も起こったことがわかる（M13）

祀られた仏像やリンガを守るおばあさん

※ M：P.53 のバイヨン見取り図上の番号の位置に対応しています。

第一回廊（北面・東面）

レスリングをする人々、王様に曲芸を披露する人々、身づくろいをする女性など、宮廷内の様子が描かれている。

❻第一回廊は高さがあり、三段構造で壁画が展開する。建設時は屋根があったが、現在は落ちてしまい、開放的なギャラリーになっている ❼クメール軍（左側）とチャンパ軍（右側）の戦闘。ゾウ同士も激しく戦っている（M17） ❽レスリングも行われていたことがわかる。相撲を連想させる光景だ（M16） ❾壁画のなかでも珍しい曲芸を描いたもの。両手と頭の上に子供を載せたり、車輪回しなどの曲芸や手品を見物人が見つめる（M15）

第二回廊（南面・西面）

4辺はシヴァ神エリア（北面）、ヴィシュヌ神エリア（西面）、仏教エリア（南面）、王家のエリア（東面）に分かれている。

❿王宮の女官たちが化粧したり髪を結う姿。王宮の裏側の様子を垣間見るようで興味深い（M23） ⓫第二回廊は屋根が残っていない所もあり、レリーフの傷みが激しい。比較的よく残っているのが、このヴィシュヌ神にささげ物をする人々のレリーフ。宙にはアプサラが舞う（M21）

「隠し子」という意味をもつ

バプーオン

MAP P.59-2A

Baphuon ※ បាពួន（バプオン）

創建者	ウダヤーディティヤヴァルマン二世
創建年代	11世紀中頃
信仰	ヒンドゥー教（シヴァ派）
寺院形態	ピラミッド式

アクセス オールド・マーケットから 🚗=20分、🛺=25分

見学時間 30分

❶創建当時は中央に高さ約50mの塔があったといわれるが、その後倒壊した ❷参道は約200m。両サイドにあった池の水量が増すと、参道が浮かんでいるように見えたという ❸王宮内には破損した遺跡の石片が地面に散らばっている

3層からなるピラミッド式寺院で、かつてはバイヨン寺院（→P.50）よりも高かった（高さ50mくらい）といわれている。

東塔門を入ると、円柱列に支えられた長さ200mにも及ぶ「空中参道」が続く。装飾の施された高さ約2mの円柱が3列に並べられ、その上に敷石が載り、東塔門から中央部まで架け渡されている。参道は地上と天界とをつなぐ虹の架け橋の意味もある。参道を渡って内部へ進むと、中央のピラミッドの上にふたつの回廊で囲まれた祠堂が配され、この祠堂は、アンコール・ワットと同様メール山（須弥山）を表すものだ。

この遺跡はフランス極東学院によって1954年から断続的に修復工事が行われ、2011年にすべての修復工事を終えたが、中央祠堂の最頂部へは上ることができない。ここも、服装や年齢による入場制限があるので要注意。また上り用、下り用の階段も決められている。

CHECK

後世の仏教徒が造った寝釈迦像

祠堂の修復工事に先立ち、遺跡の裏側にある14世紀以降に造られた巨大な寝釈迦像（約70m）の修復工事も数年前に終了している。一般見学者が基壇に上ることはできないが、遠目に眺めるだけなら可能だ。寝釈迦像の上には人がやっと通れる小さな回廊が一部残っている。この回廊は機能よりもプロポーションを整えるための造形である。第二層の西門の壁面には『ラーマーヤナ』を描いた浮き彫りが残っている。

写真のラインを参考に眺めてみよう。左に頭、右腕、右に体が確認できる

空中参道はアンコール・ワット造営の建築的試作のひとつといわれている

Column

“隠し子”伝説

その昔、シャム（現在のタイ）の王とカンボジアの王は兄弟だった。あるとき、シャムの王は自分の子供をカンボジアの王に預けたいと申し出て、カンボジアの王も喜んでその申し出を受けた。しかし、カンボジアの廷臣たちは「これはシャムの王の謀略、将来はシャムの王子にこの国を奪われてしまう」と反対し、王はシャムの王子を殺してしまった。怒ったシャムの王はカンボジアに大軍を進攻させた。そのときカンボジアの王妃が自分の子供が報復としてタイ軍に殺されるのを恐れ、この寺院に隠した。それが“隠し子=バプーオン”のいわれとなった。

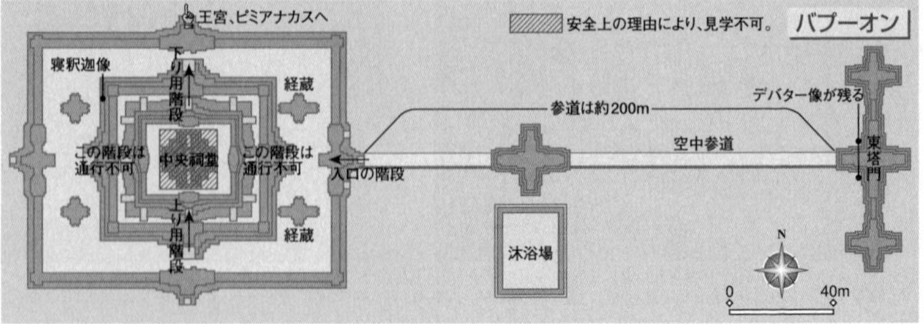

❶女池の縁の内側には彫刻が施されている。上段は神々、デバター、ガルーダ、ナーガなど、下段には魚、ワニなどが見られる　❷女池の内側、上段のレリーフ。王宮内を思わせる絵柄だ　❸女池より小さい男池には彫刻は施されていない

消失したかつての王宮

王宮

MAP P.59-1A

Royal Palace ⚙ វាំង（リアチ・ウェアン）

　バイヨンから北へ向かう道の西側、東西約600m、南北約300mの周壁に囲まれた場所は、アンコール期を通じて王宮があったとされている。重厚な周壁に付属した東の塔門をくぐると、中にはピミアナカス（天上の宮殿、→P.60）、男池、女池、王宮跡などが残っている（→下の見取り図）。

　王宮は木造であったために、その痕跡は残っていない。周辺には、木造の王宮に用いられた屋根瓦や陶器の破片などが散在しているのが目につく（出土物には手を触れないこと。文化財であることを忘れずに）。クメール王を誘惑した美しいナーギー神の伝説（→P.60）など、いにしえの王宮での生活に思いを巡らせ、歩いてみよう。

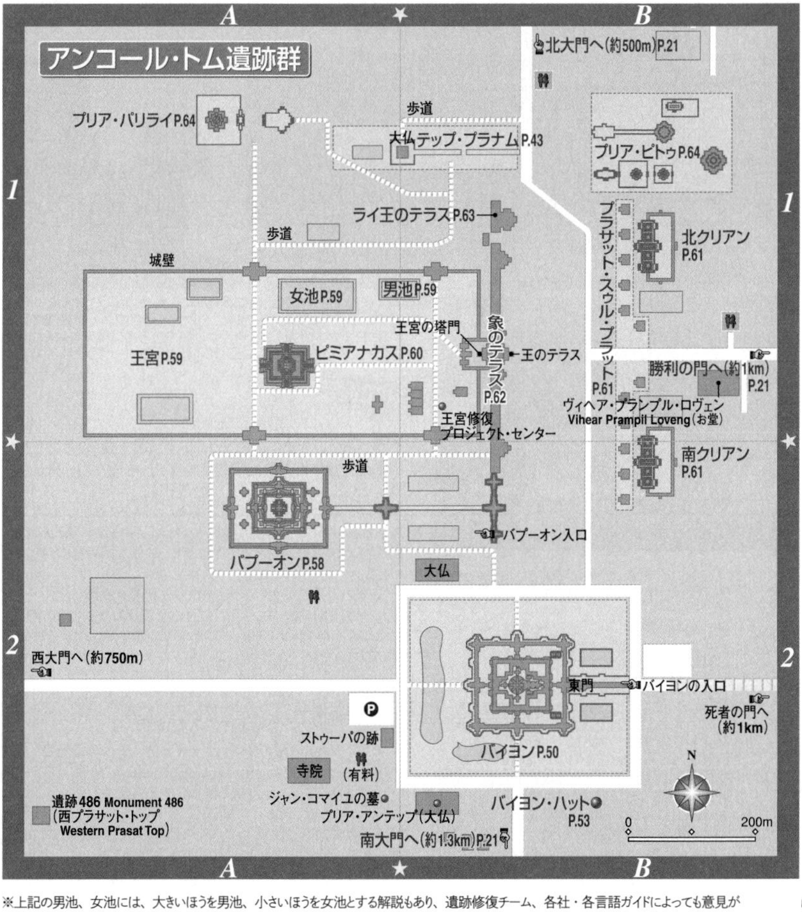

アンコール・トム遺跡群

A　B　1　2

北大門へ（約500m）P.21
歩道
プリア・パリライ P.64
大仏　テップ・プラナム P.43
プリア・ピトゥ P.64
ライ王のテラス P.63
歩道
プラサット・スゥル・プラット P.61
北クリアン P.61
城壁
女池 P.59
男池 P.59
王宮の塔門
象のテラス P.62
王のテラス
王宮 P.59
ピミアナカス P.60
勝利の門へ（約1km）P.21
ヴィヘア・プランプル・ロヴェン Vihear Prampil Loveng（お堂）
王宮修復プロジェクト・センター
南クリアン P.61
歩道
バプーオン入口
バプーオン P.58
大仏
西大門へ（約750m）
東門
バイヨンの入口
死者の門へ（約1km）
P
ストゥーパの跡
寺院
（有料）
バイヨン P.50
遺跡486 Monument 486（西プラサット・トップ Western Prasat Top）
ジャン・コマイユの墓
プリア・アンテップ（大仏）
バイヨン・ハット P.53
南大門へ（約1.3km）P.21
N
0　200m

※上記の男池、女池には、大きいほうを男池、小さいほうを女池とする解説もあり、遺跡修復チーム、各社・各言語ガイドによっても意見が分かれる。今のところ決着にいたる発見は出ていない。

天上の宮殿

ピミアナカス MAP P.59-1A

Phimeanakas ◈ វិមានអាកាស（ピミアン・アカーハ）

創 建 者：スールヤヴァルマン一世
創建年代：11 世紀初頭
信　　仰：ヒンドゥー教
寺院形態：ピラミッド式

アクセス オールド・マーケットから 🚗=20 分、🛺=25 分

見学時間 30 分

王宮周壁の中に、11 世紀初頭に創建されたピミアナカス寺院がある。正しくはピミアン・アカーハといい「天上の宮殿」、「空中楼閣」という意味がある。

王宮の正門である東の塔門をくぐると、王宮の中心部に赤く輝くように小さなピラミッド形の建物が見える。建物の構成はラテライトの基壇を 3 層に積み上げ、小さな祠堂を上に載せている。この寺院の頂上近くにもバプーオンと同様に、幅1m、高さ 2m ほどの回廊がある。この王都の中心施設には、地上から仰ぎ見るという視覚を意識したピラミッド形造形が採用された。

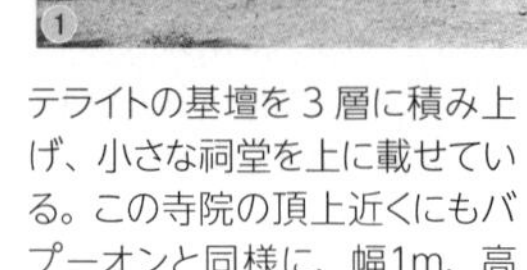

❶伝説によれば中央塔は金箔に覆われた「黄金の塔」であった　❷遺跡内への立ち入りは禁止されており、外からの見学のみ　❸基壇の四隅にはゾウが立つが、損傷が激しい　❹回廊や中央塔は歴史の重みに耐えかね、姿を変えている。ここでは王と蛇の精の伝説（→下記）を重ね合わせて見学したい

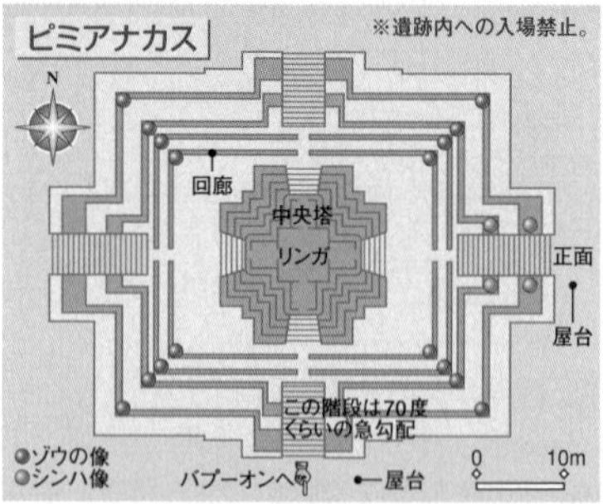

CHECK

造形に隠された秘密

建立当時は、プノン・バケン（→ P.66）の場合と同じように一部の王族だけが参加する儀式の場で、一般の人々は簡単には近づくことはできなかった。この造形は、当時のクメール王の宇宙観を象徴するメール山（須弥山）が縮小されたもので、神のすむメール山が王宮内に持ち込まれた。宗教が、秘められたものから、外部に向けて少しずつアピールされ始めたことがうかがえる。

王宮内に残る広大なプールのような男池、女池は男女それぞれの沐浴場であった。特に女池の階段状になった縁の内側には、デバターやガルーダ、ワニや魚の彫刻が残っているので、ぜひ見てみたい（→ P.59）。

ピミアナカス　※遺跡内への入場禁止。

N
回廊
中央塔
リンガ
正面
屋台
この階段は70度くらいの急勾配
●ゾウの像
●シンハ像
バプーオンへ
←屋台
0　10m

Column

ピミアナカスの伝説

ピミアナカスの塔の中にはナーギー神（9 つの頭をもった蛇の精）が宿っていた。その蛇は毎晩、美しい女性に姿を変えて王の前に現れ、王は妻と寝る前にまず彼女と交わらなければならなかった。もし、一夜でもこの行為を怠ったら王は早死にすると信じられていた。ここへは王の子供さえ立ち入ることを禁じられ、王のみが夜な夜な通う場所だった。

対になった遺跡

クリアン

MAP P.59-1B、2B

Khleang ឃ្លាំង（クレアン）

創 建 者：ジャヤヴァルマン五世、スールヤヴァルマン一世
創建年代：11 世紀初頭
寺院形態：平地式

アクセス オールド・マーケットから 車 =20 分、トゥクトゥク =25 分

見学時間 15分

勝利の門へ続く道を挟んで南北に対象形に造られた遺跡だが、用途はよくわかっていない。13 世紀末にこの地を訪れた中国人の周達観が著した『真臘風土記』では外国からの賓客の宿泊施設だったと紹介されている。

出入口の木製扉を支えるために木材が使われていることや、一部が積み直されていることから、後世に修復されたとみられる。

❶砂岩に彫られた彫刻は消えかかっている（北クリアン） ❷北クリアンのほうが南のものより古い ❸北クリアンは砂岩で造られた南クリアンとは違い、赤いラテライトも使われている ❹回廊状に延びる建物には連子状窓が用いられている（南クリアン）

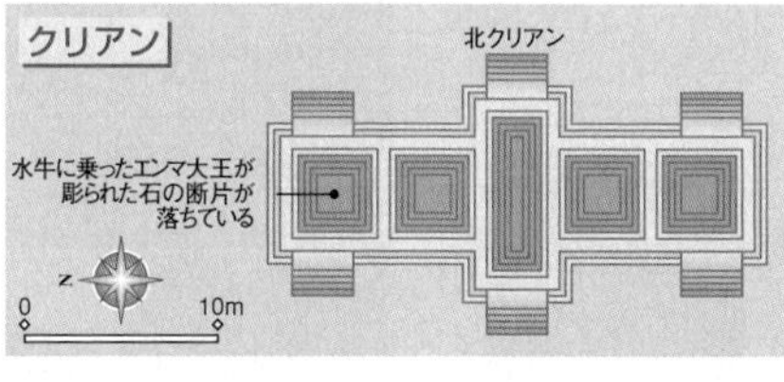

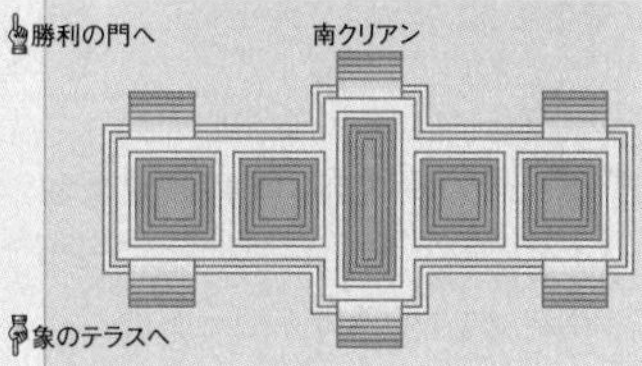

謎を秘めた 12 の塔

プラサット・スゥル・プラット

MAP P.59-1B ～ 2B

Prasat Suor Prat ប្រាសាទសួព្រ័ត（プラサート・スオ・プロアット）

創 建 者：ジャヤヴァルマン七世
創建年代：12 世紀末

アクセス オールド・マーケットから 車 =20 分、トゥクトゥク =25 分

見学時間 15分

「綱渡りの塔」という名で呼ばれており、王宮前広場に集まった観客のために塔の間に綱を張って綱渡りを見せたという話があるが、真偽は不明。12 の塔がラテライト（土の一種、→ P.114）を主要材料として造られており、王にささげられた宝物などを収納する儀式に用いられたと見られる。日本の JASA（→ P.134）によって考古学・建築学的な調査、修復が行われた。

❶裁判に使われていたとか、王に誓いを立てる場所だといった諸説がある ❷謎を秘めた 12 の塔は、横一列に並び建つ。綱渡りの話が本当なら、王は正面のテラスから眺めたのであろう

象のテラス

MAP P.59-1B

Elephant Terrace ៖ ពាន់ដំរី（リアン・チョル・ドムレイ）

創 建 者：ジャヤヴァルマン七世、ジャヤヴァルマン八世改修
創建年代：12 世紀末（13 世紀後半改修）

アクセス オールド・マーケットから 🚗=20 分、🛺=25 分

見学時間 30分

王宮広場に面したテラスは約 350m にも及ぶ。外壁にはガルーダやゾウの彫刻が連なる

王族たちが閲兵を行ったテラスで、王宮前にある。中央の階段には、ハスの花をつむ鼻を柱に模したゾウが 3 頭、砂岩に刻まれている。「象のテラス」、「ライ王のテラス」は、バプーオンと一体化するようにジャヤヴァルマン七世によって造られた。バプーオンで車を停めて、「ライ王のテラス」までの約 300 mを歩くとよい。

「象のテラス」では、ゾウに乗ったゾウ使いたちの躍動感のある姿が見られる。実際にゾウを使った狩りはクメール時代にも行われていたようだ。

また、ライオンとガルーダが一体化した聖獣のガジャシンハがテラスを支えているが、その表情もそれぞれ異なっている。よく見るとガジャシンハはガルーダの天敵であるナーガを握っている。飾りつけた騎馬で勇壮にポロゲームが行われている場面、ゾウがトラと戦う場面なども描かれている。

❶王宮の塔門の正面は王のテラスと呼ばれ、外壁にはガルーダとガジャシンハが交互に並んでテラスを支えている ❷躍動感のあるゾウのレリーフが外壁を飾る ❸王のテラス北側、ハスの花の彫刻があるテラスは彫刻も見応えがある。これは 3 つの頭をもつゾウがハスの花をからめ取っている

CHECK

テラスの内部に隠された名彫刻

テラス北側の内部には小部屋状の空間があり、保存状態のいい彫刻が見られる。5 つの頭をもつ馬、ゾウの鼻で遊ぶ子供、王の馬などの像がある。

王のテラスに立ってみよう

王宮の塔門前のテラスは、真正面に勝利の門から続く道が延び、王のテラスと呼ばれている。当時、戦いから戻り凱旋する将兵が王に謁見した場所であり、近隣各国の王を出迎える場所でもあった。当時に思いをはせてみたい。

テラスの内部にあるゾウの鼻で遊ぶ子供

ハスの花の彫刻のテラスは壁が二重になっており、興味深い彫刻がある。これは 5 つの頭をもつ馬（観世音菩薩の化身→ P.82）。馬やハクチョウ、ガルーダは天国、すなわち王の住まいを象徴している

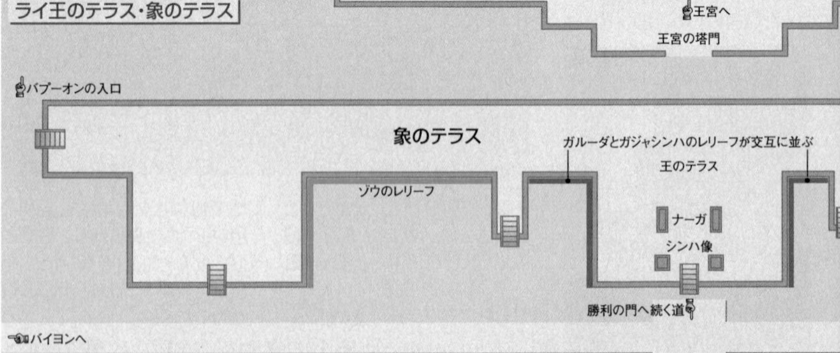

レリーフの迷路に迷い込む

ライ王のテラス

MAP P.59-1B

Leperking Terrace ស្តេចគម្លង់（リアン・スダイット・コムロン）

創 建 者：ジャヤヴァルマン七世
創建年代：12 世紀末

見学時間 30分

アクセス オールド・マーケットから 🚗=20 分、🛺=25 分

三島由紀夫の戯曲『癩（らい）王のテラス』でよく知られるテラスだが、1996 年にフランス極東学院によって本格的な修復が完了した。発掘調査の結果、現在のテラスが完成する前に一度崩壊したあと、再建築されたことが明らかになった。このことから 12 世紀末以前にすでにテラスの原型があり、それを後世に修復したことがわかった。そのため、新しいテラスによって隠されていたもともとの壁面も見学できるように、壁と壁の間に通路を設ける工夫を施して修復されている。

CHECK

迷路状の通路はメール山の内部!?

高さ約 6m のテラスの内部には、神々と阿修羅が一緒に描かれており、興味深い。最初に造られた壁面の彫刻と、あとから造られた彫刻とは、デバターの表情も彫り方も異なっているので、違いを比べてみよう。特に神々の装身具に注目すると違いがよくわかる。テラスの構造がわかるように通路が造られているので、じっくり観察してみよう。

❶テラスの高さは約 6m、一辺約 25m、ラテライトと砂岩で造られている ❷女神像は表情もさまざま ❸テラスの上のライ王像は、ライ病（ハンセン病）にかかった王だという説、ヒゲとキバがあることから閻魔（えんま）大王とする説もある。これはレプリカで本物はプノンペンの国立博物館（→ P.230）にある ❹内壁と外壁の間には通路があり、もともとの壁面を見られる。敵対して描かれることが多い神々と阿修羅がここでは一緒に描かれている ❺ 9 つの頭をもつナーガはプロポーションも見事だ

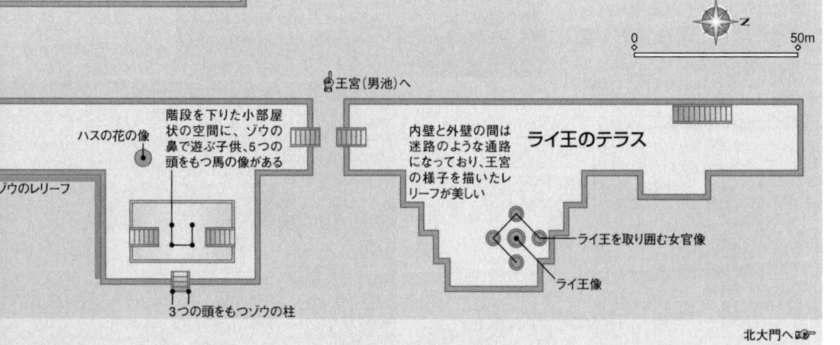

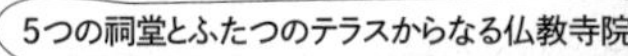

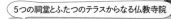

5つの祠堂とふたつのテラスからなる仏教寺院

プリア・ピトゥ

MAP P.59-1B

Preah Pithu ព្រះពិធូ（プレアハ・ピトゥー）

創建年代：12世紀初頭
信　　仰：仏教
寺院形態：平地式

見学時間 15分

アクセス オールド・マーケットから 🚗=20分、🛺=25分

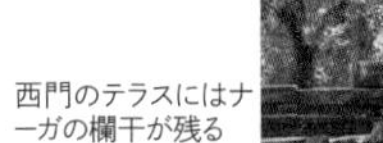

王宮の関連施設とみられている。定期的に草刈りが行われており参観可能だが、遺跡の傷みが激しいので足元に注意しよう。テラスや神殿の一部に残る彫刻はチャウ・サイ・テボーダ（→P.65）に似ているので、比べてみるとおもしろい。

西門のテラスにはナーガの欄干が残る

訪れる観光客は少ない。不思議な雰囲気をもつ遺跡だ

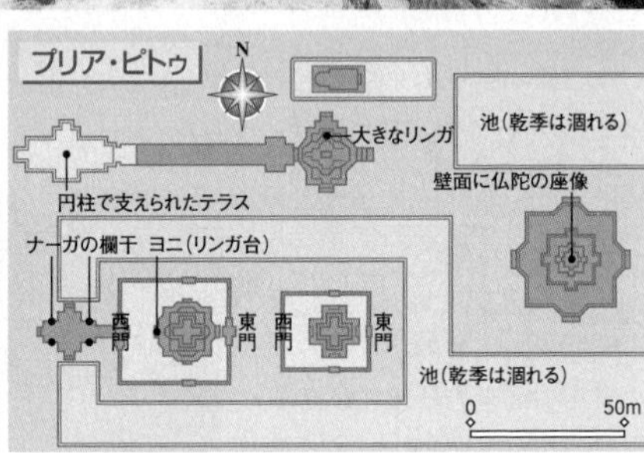

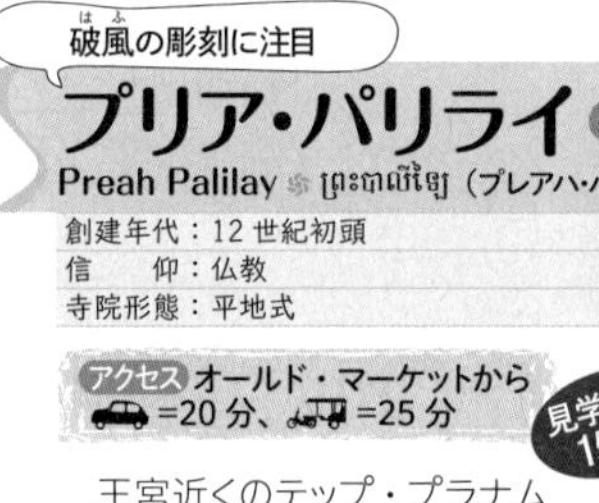

破風の彫刻に注目

プリア・パリライ

MAP P.59-1A

Preah Palilay ព្រះពាលីឡៃ（プレアハ・パリライ）

創建年代：12世紀初頭
信　　仰：仏教
寺院形態：平地式

見学時間 15分

アクセス オールド・マーケットから 🚗=20分、🛺=25分

王宮近くのテップ・プラナム寺院の奥に位置する仏教寺院。テップ・プラナムには後世に造られた上座部仏教の座像が安置されていて、村人の信仰対象となっている（→P.43）。

プリア・パリライはまだ整備されずに放置されている。ジャヤヴァルマン七世の造営した寺院に様式はよく似ているが、詳しいことはわかっていない。

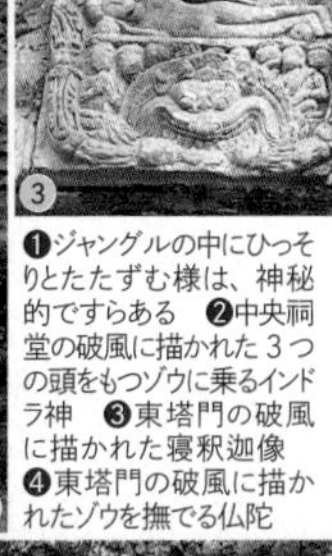

❶ジャングルの中にひっそりとたたずむ様は、神秘的ですらある　❷中央祠堂の破風に描かれた3つの頭をもつゾウに乗るインドラ神　❸東塔門の破風に描かれた寝釈迦像　❹東塔門の破風に描かれたゾウを撫でる仏陀

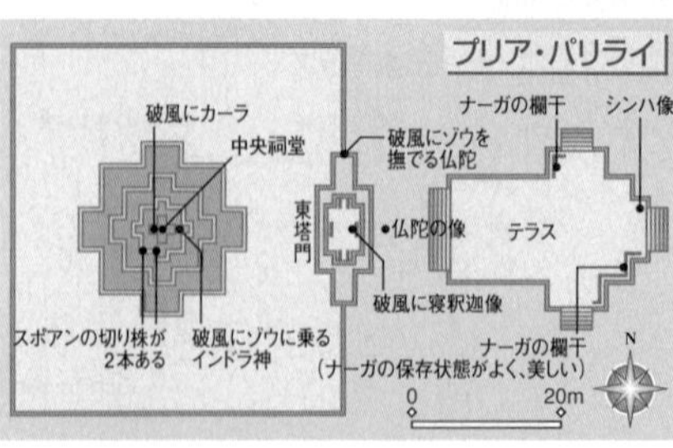

アンコール・トム周辺

世界遺産　Around Angkor Thom

クロル・コー P.83
プリア・カン P.80
タ・ソム P.79
ニャック・ポアン P.82
チャウ・サイ・テボーダ P.65
トマノン P.65
バンテアイ・サムレ（約5km）P.78へ
バイヨン
タ・ケウ P.68
東メボン P.77
タ・プローム P.70
アンコール・トム
プレ・ループ P.76
バンテアイ・クデイ P.69
スラ・スラン P.74
バクセイ・チャムクロン P.67
プノン・バケン P.66
プラサット・バッチュム P.74
プラサット・クラヴァン P.75
アンコール・ワット
チャウ・スレイ・ヴィヴォル（約3km）P.83へ
0　2km

❶平地式の造りだが、基壇の高さが 2.5m あり、意外に階段が多い　❷中央祠堂の周りには優美なデバター像が並ぶ　❸中央祠堂内部の破風のユニークなレリーフ。マカラの口からナーガが出て、ナーガの胴体からガルーダが現れ、そのガルーダの上にヴィシュヌ神が立つ

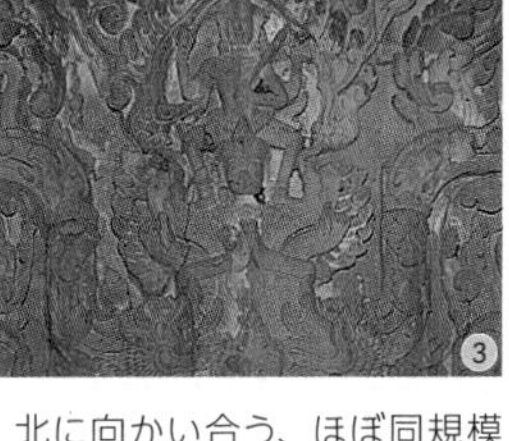

優美なデバター像は必見

トマノン

MAP P.28-2B

Thommanon　ធម្មនន្ទ（トアンマノン）

創 建 者：スールヤヴァルマン二世
創建年代：12 世紀初頭
信　　仰：ヒンドゥー教
寺院形態：平地式
見学時間 30分

アクセス オールド・マーケットから 🚗=25 分、🛺=30 分

王宮正面から勝利の門を出て東に進むと、道路を挟んで南北に向かい合う、ほぼ同規模の小さな寺院がある。北側がトマノン、南側がチャウ・サイ・テボーダである。トマノンに入ると中央祠堂に接続された拝殿、さらに東塔門が続く。西塔門は中央祠堂より少し離れて配置され、ラテライトの周壁で囲まれている。周壁の内部には1基の経蔵が南東隅に配され、東塔門にはテラスが付属している。コンパクトにまとめられた平地式の伽藍（がらん）配置で、特に中央祠堂は階段を四方に配する十字形の平面である。東側以外の三方には前房の付いた偽扉があるなど、さまざまな造形が組み合わされているのが特徴のひとつだ。

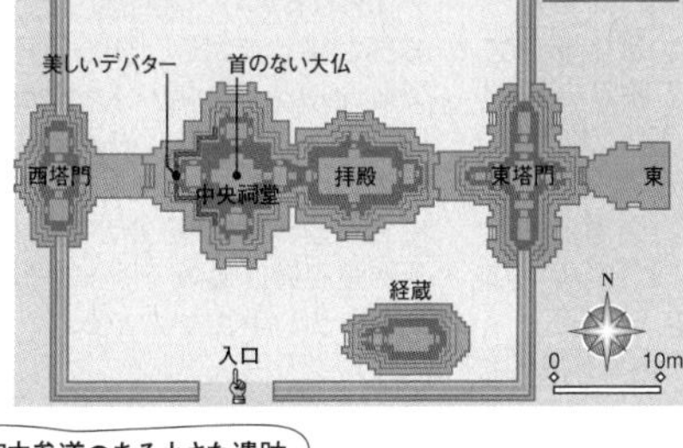

CHECK　チャウ・サイ・テボーダと比べてみよう

両方とも同時期の 12 世紀初頭に建設されたにもかかわらず、トマノンはほぼ建設時の姿が見られる。これは 10 年以上の歳月をかけてフランス極東学院によって修復がなされたことによる。

空中参道のある小さな遺跡

チャウ・サイ・テボーダ

MAP P.28-2B

Chau Say Tevoda　ចៅសាយទេវតា（チャウ・サーイ・テワダー）

創 建 者：スールヤヴァルマン二世
創建年代：12 世紀初頭
信　　仰：ヒンドゥー教
寺院形態：平地式
見学時間 30分

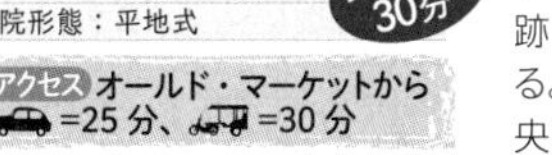

アクセス オールド・マーケットから 🚗=25 分、🛺=30 分

❶規模は小さいものの、円柱で支えられた空中参道はバプーオンと共通する
❷遠くからでも肉眼で赤い彩色跡は見て取れる。細かいレリーフが数多くある

チャウ・サイ・テボーダは、トマノンとほぼ同時期の同様な平地式寺院で、経蔵が南北にあり、テラスが四方の塔門と連続していたことが痕跡からわかる。ここでも中央祠堂と拝殿が連続しており、中央祠堂東の前房に、リンガを祀ったものと見られるヨニが配置されている。また、後に補強された可能性もあるが、バプーオン（→ P.58）の参道で見られた砂岩の円柱デッキを用いて東塔門と拝殿をつないでいる。

ここには優美なデバターのレリーフが多数ある。建立当時のものとみられる赤い彩色の残ったデバターの浮き彫りや、壁面の柱型や楣（まぐさ）（窓や出入口の上に渡した横材）に施された連続花葉文やデバターの王冠髪飾りは、彫りが深く精緻。

チャウ・サイ・テボーダ
彩色の残るデバター
経蔵
中央祠堂
拝殿
西塔門
東楼門
空中参道
東塔門
東
経蔵
N
0　20m

夕日観賞の名所

プノン・バケン

MAP P.28-3A

Phnom Bakheng ✣ ភ្នំបាខែង (プノム・バカエン)

創建者：ヤショーヴァルマン一世
創建年代：9世紀末
信仰：ヒンドゥー教（シヴァ派）
寺院形態：丘上ピラミッド式

見学時間 2時間

アクセス オールド・マーケットから =15分、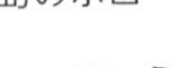=20分

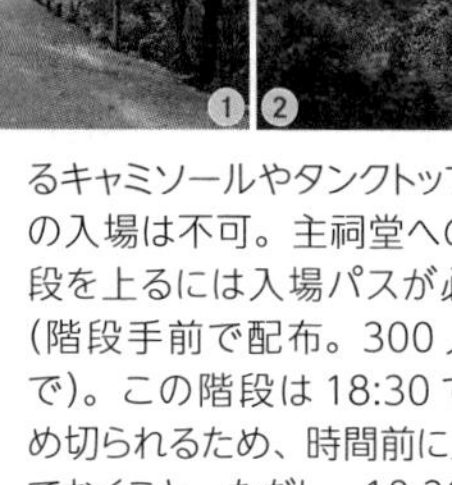

❶プノン・バケンの登山道。途中にベンチを備えた見晴らし台がある　❷プノン・バケンから樹海に浮かぶアンコール・ワットを望む

プノン・バケン山はプノン・クロム山、プノン・ボック山とともにアンコール三聖山と呼ばれている。高さ約60mの自然の丘陵を利用した急勾配の参道を上り詰めると、テラス状の広場があり、その奥にプノン・バケンがある。

CHECK

絶景を楽しむ遺跡

ここはほかのピラミッド式寺院と違って、地上から直接姿を仰ぎ見ることができない。その代わり、丘に登れば、南東の方向に樹海に埋もれたアンコール・ワットをはじめ、満々と水をたたえた西バライ（→P.84）までを見渡せる。ここでは下から見上げることよりも、逆に上から見下ろすことが意図されている。

ここはヤショーヴァルマン一世が、ヤショーダラプラの都の中心としてメール山（須弥山（しゅみせん））を表し建造した寺院。自然の地形を生かしながら6層の基壇が積み上げられ、中央に5棟の祠堂がある。最上部を除く5層には各12棟の小祠堂が配置され、最下段の周囲には44棟のれんが造りの祠堂が配されている。造形的にはインドネシア・ジャワ島のボロブドゥール遺跡と類似している。

ひざが見えるショートパンツ、肩が露出しているキャミソールやタンクトップでの入場は不可。主祠堂への階段を上るには入場パスが必要（階段手前で配布。300人まで）。この階段は18:30で閉め切られるため、時間前に上っておくこと。ただし、18:30前でも300人に入場パスを配布した時点で主祠堂への入場は閉め切られてしまうため、早めに丘を登っておく必要がある。丘を登る道は急坂ではないが、麓から30分くらいかかる。

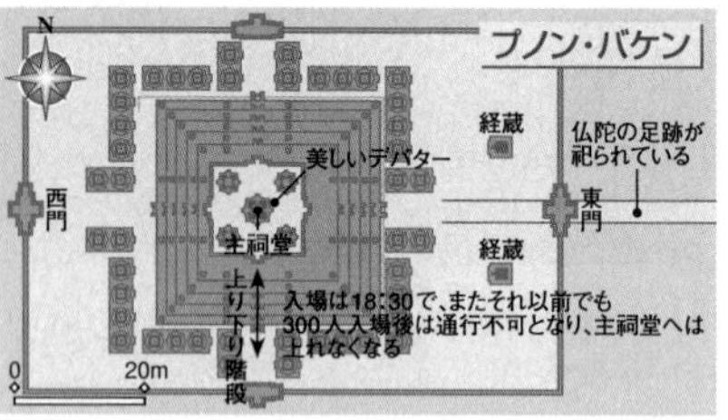

Column

プノン・バケンから360度のパノラマ

プノン・バケンへは遺跡観光の早い時期に上ることをおすすめする。この場所で、アンコール地域全体を見渡せるからだ。

まずはプノン・バケンから東の方向を眺めてみよう。南東のジャングルの中にかすかにアンコール・ワットの祠堂が見える。南の方向へ視線を移せばシェムリアップの町が広がり、さらに奥にはプノン・クロム（→P.85）の姿も見える。さらに西側を見るとシェムリアップ国際空港と西バライ（→P.84）が見える。北東に見える丘陵はプノン・クーレン（→P.92）だ。その丘陵の東側手前の山が、聖山プノン・ボック。ツアーでは昼間に上ることはないが、夕日を見るときにやや早めに上って、ゆっくりとパノラマを観賞しよう。

※2023年3月現在、プノン・バケンは一部修復工事が行われており、工事箇所の見学は不可。朝日、夕日を見る際は事前に状況を把握しておこう（→P.128～129）。

れんが造りのピラミッド式寺院

バクセイ・チャムクロン

MAP P.28-3A

Baksei Chamkrong បក្សីចាំក្រុង（バクセイ・チャムクロン）

創 建 者：ハルシャヴァルマン一世
ラージェンドラヴァルマン二世
創建年代：10 世紀初頭
信　　仰：ヒンドゥー教
寺院形態：ピラミッド式

見学時間 30分

アクセス オールド・マーケットから
車=15 分、トゥクトゥク=20 分

規模は小さいが、高さ約27m のすらりと伸びたれんが造りの構造は凜とした気品を漂わせている。ハルシャヴァルマン一世にささげられ、シヴァ神が祀られている。ほぼ同時期に 5 塔が直線状に並んだれんが造りのプラサット・クラヴァン（→ P.75）が造営されているが、この遺跡は 3 層のラテライトの重層基壇上に、もう 1 層の基壇を載せ、れんが造りの祠堂 1 塔のみで構成されている。

単純な構成ながら、神が降臨すると考えられたピラミッド上に祠堂を載せるという、後のピラミッド式寺院への模索がなされている。遺跡の上部へ上ると、神に近づいたという実感が湧いてくる。

見落としがちな小さな遺跡だが、特異なピラミッド形が印象的

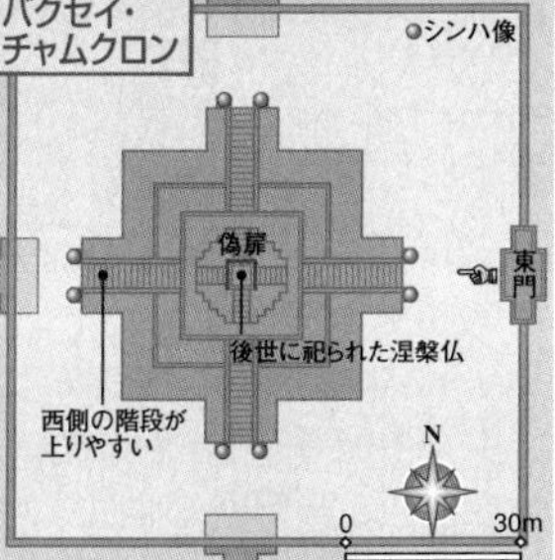

Column

鳥の伝説

昔、アンコールの都に敵の軍が攻めてきた際に、大きな翼をもつ鳥が現れ、その翼を広げて王を守った。鳥が舞う都という意味のバクセイ・チャムクロンの名はこんな伝説に由来しているという。

プノン・バケンからのパノラマ

ゴツゴツとした外観が特徴

タ・ケウ

MAP P.29-2C

Ta Kev ☸ តាកែវ (タ・カエウ)

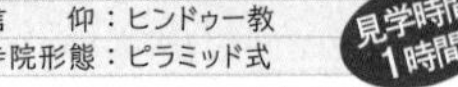

創 建 者：ジャヤヴァルマン五世
創建年代：11 世紀初頭
信　　仰：ヒンドゥー教
寺院形態：ピラミッド式

見学時間 1時間

アクセス オールド・マーケットから 🚗=25 分、🛺=30 分

「クリスタルの古老」という意味をもつタ・ケウ寺院は、アンコール・ワット造営の試金石として建てられたとされている。この寺院はジャヤヴァルマン五世によって 11 世紀初頭に造営が始められたが、王の突然の死によって、石材を積み上げた状態で未完成のまま放置されている。四方に副祠堂のある 5 塔主堂型の平面構成をもつ寺院で、ピラミッド式寺院の周囲に回廊を組み合わせるという新しい造形への挑戦がなされている。完成していれば、ピラミッド式寺院のなかでも造形上優れたもののひとつに数えられたであろう。

タ・ケウ（タ・プロームやタ・ソムも同様）の「タ」はおじいさんの意味で、直訳すればケウじいさん。地元ではプラサット・ケウと呼ばれている

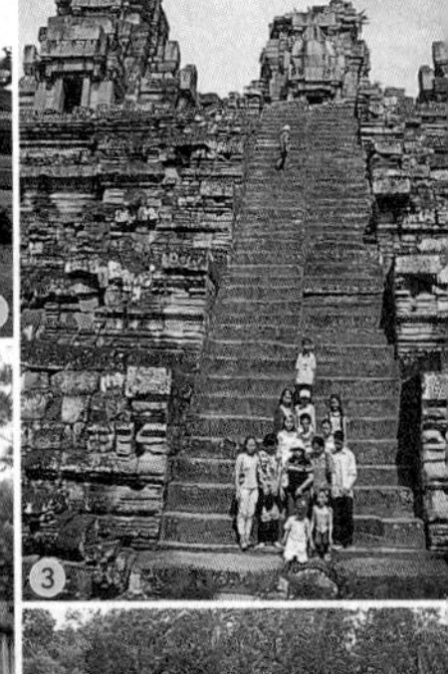

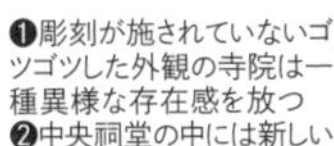

❶彫刻が施されていないゴツゴツした外観の寺院は一種異様な存在感を放つ
❷中央祠堂の中には新しい仏像が祀られている
❸中央祠堂へいたる階段。中央部の 5 つの塔はすべて 12m の同じ高さだ
❹第一回廊の窓は外側は偽窓だが、内側は開放的
❺石のなかでも最も硬い緑砂岩が使われたので彫刻に向かなかったという説、また建設中に中央祠堂に雷が落ち「これは神様の怒りで、建造すると悪いことが起こる」として建設を中断したという説もある

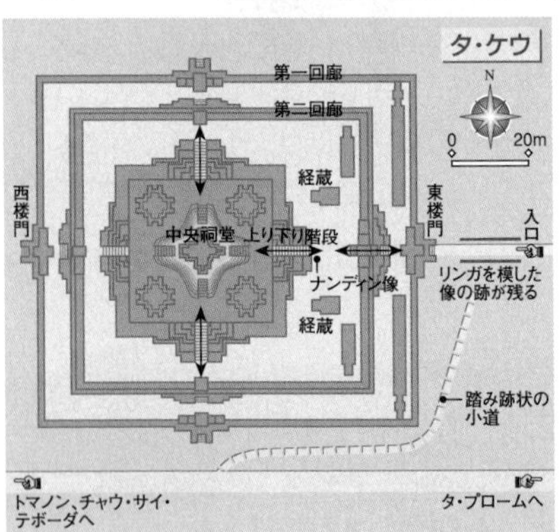

CHECK

ほかの遺跡とは違う雰囲気

伽藍を取り巻く回廊の外観部に偽窓を、内部に真の窓（採光や通気性のある窓）を配している。未完成のため想像する以外にはないが、その窓の構成がこの遺跡に全体として堅苦しい雰囲気を漂わせている。それは第一層目に柱列の並ぶ回廊がないことや、連子(れんじ)窓から光が入り込まないため、閉鎖的な印象を与えているのであろう。

建設途中で放置されたため壁面彫刻がほとんどない。そのため、当時は石を積み上げてから彫刻を施すという手法が採られていたことがわかる。頂上の祠堂まで上り、タ・ケウが造られていた 1000 年の昔に思いをはせるのもいい。

迷路のような通路を歩く

バンテアイ・クディ

MAP P.29-2C

Banteay Kdei បន្ទាយក្តី（ボンティアイ・クデイ）

創建者：ジャヤヴァルマン七世
創建年代：12 世紀末
信仰：ヒンドゥー教→仏教
寺院形態：平地式

見学時間 1時間

アクセス オールド・マーケットから 🚗=25 分、🛺=30 分

一番外側の外壁は東西約 700m、南北約 500m

東側には沐浴の池スラ・スラン（→ P.74）が位置する。バンテアイ・クディが造営される以前にはクティと呼ばれる僧院があったと考えられている。

寺院全体の構成はバイヨンの様式と共通しており、四重の周壁で囲まれた中に伽藍（がらん）が展開している。ラテライトの周壁で囲まれた東塔門を入ると、テラス、東楼門、踊り子のテラス、前柱殿、中央祠堂などの諸建築が東西軸上に並ぶ。中央祠堂は砂岩やラテライトの周壁で囲まれているが、設計変更もしくは増築されたとみられる。現在は十字形の回廊で囲まれた内部構成をしているが、当初は独立した祠堂として計画されていた。

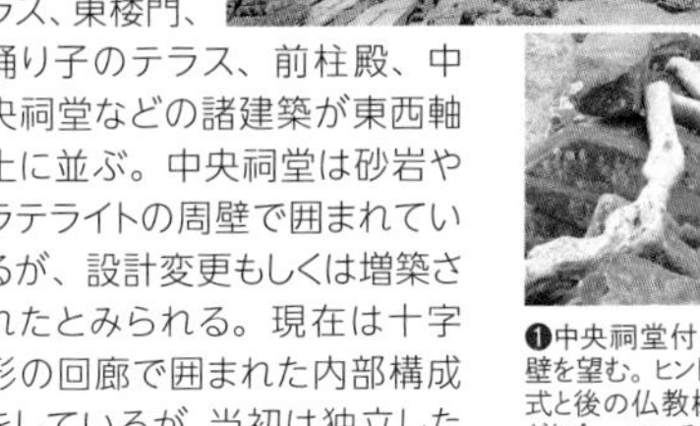

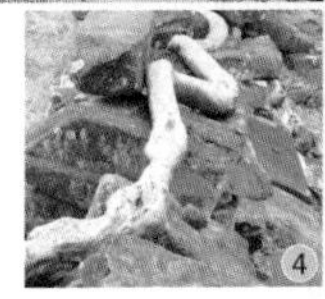

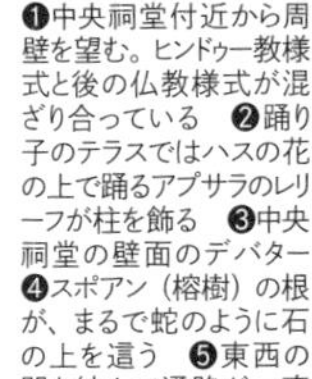

❶中央祠堂付近から周壁を望む。ヒンドゥー教様式と後の仏教様式が混ざり合っている ❷踊り子のテラスではハスの花の上で踊るアプサラのレリーフが柱を飾る ❸中央祠堂の壁面のデバター ❹スポアン（榕樹）の根が、まるで蛇のように石の上を這う ❺東西の門を結んで通路が一直線に延びる ❻中央祠堂の周辺には彫りの深いデバターがきれいに残っている

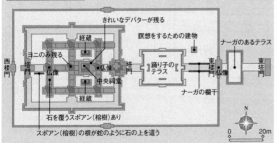

クメール建築では増改築が頻繁に行われており、創建年代を頼りに、造営時の状況を復元的に把握することは難しい。

定期的に上智大学アンコール遺跡国際調査団によって考古学・建築学的な調査が行われており、出土品はプリア・ノロドム・シハヌーク・アンコール博物館（→ P.171）に展示されている。

バンテアイ・クディ

きれいなデバターが残る
経蔵
瞑想をするための建物
ナーガのあるテラス
ヨニのみ残る
西楼門
塔門
仏像
中央祠堂
踊り子のテラス
東楼門
東塔門
ナーガの欄干
石を覆うスポアン（榕樹）あり
スポアン（榕樹）の根が蛇のように石の上を這う
N
0 20m

CHECK

宗教の変遷がわかる

「僧房の砦」という意味があるこの遺跡は、もともとはヒンドゥー教寺院として建てられ、その後ジャヤヴァルマン七世によって仏教寺院に改造された。さらにその後、僧侶が生活するために回廊などが改造されている。回廊にはリンガ、塔門内には後世に持ち込まれた仏像が安置されており、外側の周壁の内側も散策できるようになっている。内部は迷路のような構造になっていて、ちょっとした探検気分が味わえる。

神秘的な雰囲気が魅力

タ・プローム

MAP P.29-2C

Ta Prohm ※ តាព្រហ្ម（タ・プロム）

創建者：ジャヤヴァルマン七世
創建年代：1186年
信仰：仏教→ヒンドゥー教
寺院形態：平地式

見学時間 1時間

アクセス オールド・マーケットから 🚗=25分、🛺=30分

創建時はジャヤヴァルマン七世が母のために造った仏教僧院であったが、後にヒンドゥー教寺院に改造されたとみられる。そのため、仏教色の強い彫刻の多くが削り取られている。

東西約1000m、南北約700mものラテライトの壁に囲まれた広大な敷地の中にあり、建立当時、僧院には5000人余りの僧侶と615人の踊り子が住んでいたと伝えられる※。

創建されてからも建物の増築が続けられたとみられ、周壁の内部は迷路のように入り組んでいる。この遺跡では、砂岩がおもな建築材料として使われているが、周壁や住居建築にはラテライトが用いられている。

この遺跡は自然の力を明らかにするために、樹木の除去や本格的な積み直しなど修復がなされてこなかった。しかし、近年この方法は限界に達しつつある。巨大に成長したスポアン（榕樹）に押しつぶされながらも、かろうじて寺院の体裁を保っているが、熱帯で管理を行わないとどのようになるかという自然の脅威を、実際に見学してみると身に染みて感じるだろう。

この遺跡の状態は、人々の心を強く打つようだ。仙人が住んでいそうな神秘的な雰囲気が魅力的な遺跡である。

なお、通常、見学の際は西側から入るが、正規の入口は東側である。

※碑文によると寺院周辺には3140の村があったという。

❶タ・プロームは西門、東門どちらからでも入れる。これは西門を入った所　❷第一回廊の外壁には、後にヒンドゥー教徒によって仏陀像が剥ぎ取られた跡がポッカリ空いている

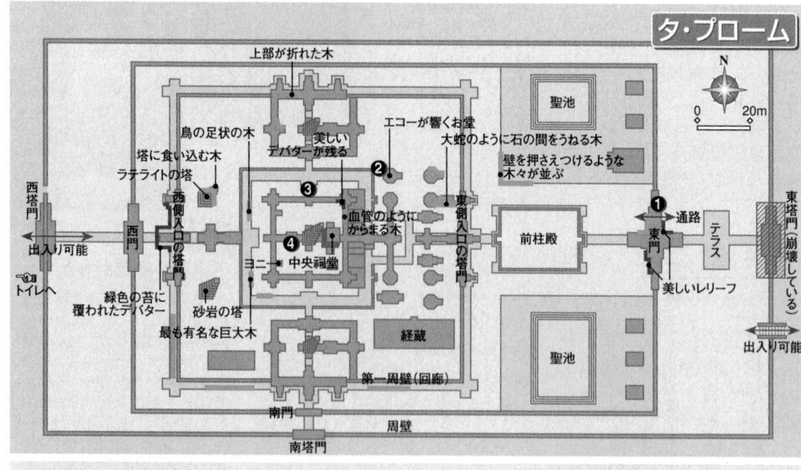

❶髪の長い女の子の伝説を描いたレリーフ
❷ブラフマー神とシカのレリーフ
❸4本の手に数珠を持つブラフマー神
❹破風に描かれていた仏陀が削られ、リンガに変えられている

■：見どころとなるスポアンの木
■：ヒンドゥー教徒によって削り取られた仏像のレリーフの跡
2023年2月現在、▨は修復工事のため見学不可。

タ・プローム3つの基礎知識

1 タ・プロームとは?
クメール語で「梵天の古老」を意味する仏教寺院。巨大な榕樹、スポアンがからみつき神秘的な雰囲気で人気の遺跡。

2 いつ何のために建てられたのか?
1186年、ジャヤヴァルマン七世が母親を弔うために建てた仏教僧院だが、のちにヒンドゥー教寺院に造りかえられている。

3 見どころは?
樹齢300～400年にもなる巨大榕樹が遺跡を侵食する様子は必見。詳細はP.72。

❸建造物を自然の力が押しつぶす過程をまざまざと目にする。まさに大木が遺跡を侵食している光景　❹東門の壁面に立つ美しいデバターにも注目　❺ヒンドゥー教徒によって仏像が削られ、代わりにリンガが彫られた破風（はふ）　❻エコーの響く祠堂の北側の破風には、ブラフマー神とシカのレリーフがある　❼タ・プロームは発見当時の姿のまま残されている。苔むし、薄暗く神秘的な雰囲気

❶中央祠堂の周りは美しいデバターの宝庫。この一角はデバターや精緻な彫刻に囲まれた中庭のよう　❷樹木のすき間からデバター像がのぞく　❸彫りが深く、妖艶なデバターを鑑賞したい

CHECK

エコーの祠堂

タ・プロームには39の祠堂、塔がある。そのなかの中央祠堂北東側に建つ祠堂内では、胸をたたくと反響してエコーが響くことで知られている。アンコール・ワットの空間(→ P.44)と同様のもので、こちらも試してみよう。

エコーが響く祠堂では、胸をたたいてみて反響音を聞いてみよう

金銀財宝の謎

碑文によると、タ・プロームには仏像や金銀財宝をはじめ、貴重な品々が納められていたとある。中央祠堂の内部には穴が無数に開いているのに気づくだろう。建立当時はここに宝石やガラスがはめ込まれていたとされる。上部に開いた穴から差し込む光に反射して、それはそれは美しく光り輝き、祠堂の外壁にはデバターがあやしくほほ笑む。宝石だったかどうかの真偽のほどは定かではないが、イマジネーションを膨らませてみるのも楽しい。

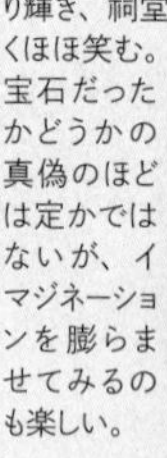

中央祠堂の内部には点々と穴が開いており、想像をかきたてられる

大自然の芸術を体感

驚異のスポアン鑑賞ポイント

鳥の足状の木

細くて筋張った足、爪先で建物をぐっと押さえつけているよう。中央祠堂の西側。

血管のようにからまる木

中央祠堂の近くにはスポアンの根の上にさらに別の植物の根が張り巡らされ、毛細血管のように見える。この周辺には彫りの深い美しいデバターがたたずんでいる。

塔に食い込む木

西側入口の塔門のそばにあるラテライトの塔には、根っこの一部が突き刺さっている。

タ・プロームでは自然の猛威を目の当たりにするだろう。スポアン（榕樹）が蛇のように石にからみつき、まるで石を食べる怪獣のようだ。ある種の“自然の芸術”ともいえる。この遺跡の発見者の驚きを体感してみよう。

東門の木

巨大なスポアンが回廊を踏みつけているような姿は、力強さがみなぎっている。

最も有名な巨大木

中央祠堂の南西側の回廊を踏みつけ今にも押しつぶしそうな光景を目の当たりにする。規模の大きな根っこが複数たれ下がっている。生き物のように見えるから不思議だ。

大蛇のように見える木

スポアンの根は石の間を押し広げて突き進む。その姿は奇妙で大蛇のようにも見える。これら大木は樹齢300～400年だという。この木を裏側から見ると、木の根にくぼんだ所があり、そこに人が立つと、まるで怪物にからめ取られているかのよう。おもしろい写真が撮れるポイントだ。東側入口の塔門のそばにある。

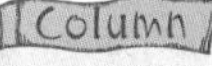

髪の長い女の子の伝説

東門の北東壁にある髪の長い女の子のレリーフ。ハスの花の上で髪を絞っている

東門の北東側には髪の長い女の子をモチーフにしたレリーフが数点ある。これはある説話によるもの。あるとき、お釈迦様が瞑想していると阿修羅がじゃまをしにやってきた。そこで髪の長い女の子が瞑想場所である池の水を髪の毛で吸い上げ、瞑想場所の周囲に水を移して水位を高くし、阿修羅が入ってこられないようにしたという。

この女の子の名はロムサイソーといい、以下のような伝承もある。

その昔、王が船で海に出た際、嵐に遭い船が沈没し、王のみバラモン僧が瞑想をする島に流れ着いた。バラモン僧が育てていた女の子が王を助け、やがて相思相愛の仲になった。一方、バラモン僧が飼っていたワニもこの女の子に恋心を抱いていたが、結婚はできないので妹のように思っていた。女の子は王との結婚を望むようになった。だが、王の行方を知らない王の両親は王と髪の長い女の子を結婚させたがっており、この髪の長い女の子、ロムサイソーに王を探しに行かせた。島で王を見つけたロムサイソーは、バラモン僧のところの女の子と喧嘩をし、王を奪って連れ帰ろうとした。女の子は海を渡れないのでどうすることもできずに泣いていた。そこでくだんのワニが、自分は身を引き、王との結婚を許したのに、どうして彼女を置き去りにするんだと怒り、島を離れようとする王の船の航行をじゃました。だがロムサイソーは髪の毛で海の水をすべて吸い尽くし、難を逃れた。海の水がなくなりワニは体がひからびて死んでしまったのだ。王は髪の長い女の子、ロムサイソーと結婚し、バラモン僧のところの女の子も死んでしまった。バッタンバンの郊外にはこのときに死んだワニやニワトリ、女の子の山があるとのことだ（→ P.285のワット・プノン・サンポーの項）。

王様の沐浴池

スラ・スラン MAP P.29-2C

Sras Srang ស្រះស្រង់（スラッハ・スロン）

創 建 者：ジャヤヴァルマン七世
創建年代：12 世紀末

見学時間 15分

アクセス オールド・マーケットから 🚗=25 分、トゥクトゥク=30 分

バンテアイ・クディ（→ P.69）の正面に位置し、王が沐浴するための池とされる。10 世紀中には原型が造られており、バンテアイ・クディが造られる前の僧院と関係した施設とみられる。その後バンテアイ・クディの本格的な工事完成と合わせて、テラスや池の周囲に砂岩の縁取りがなされている。

池の中央の塔に注目

池の中央を見ると、東メボン（→ P.77）と同様に塔が建っていたことがわかる。ほとんど壊れているが、その塔の位置とバンテアイ・クディの正面がずれていることから、以前にあった施設をうまく利用しながら、都市整備を行ったことがわかる。この塔は当時の王が瞑想を行う場所だったとされている（右記コラム参照）。

❶スラ・スランは東西約 700m、南北約 300m。ここからは季節によっては、すばらしい日の出が見られる　❷テラスから池を望む。ひと休みするのにもいい場所

テラスがある西側の対岸に当たる東側の周壁は、地元住民に人気の夕日スポット（→ P.129）。

Column

雨季は修養の時期

僧侶は雨季の外出を控え、寺院の中で過ごす。これは仏教の教えによるもので、この時期は瞑想、修行に努めなければならず、雨安居（うあんご）と呼ばれる。カンボジアでは 7 月から 10 月まで約 3ヵ月間。この間は一般の人も結婚式などを行うのは控えることが多い。

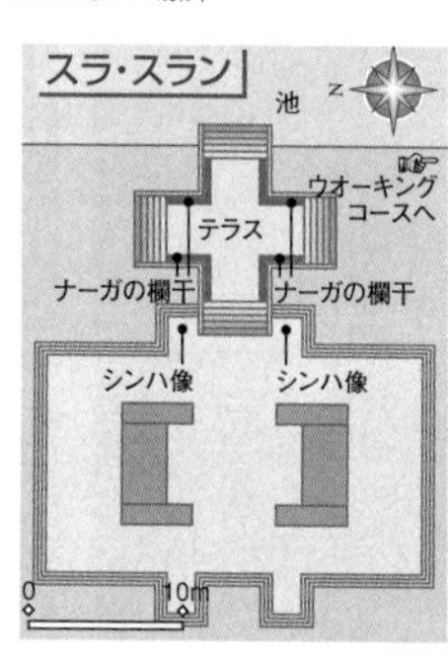

れんが造りの3つの塔が並ぶ

プラサット・バッチュム MAP P.29-3D

Prasat Bat Chum ប្រាសាទបាតជុំ（プラサート・バート・チュム）

創 建 者：ラージェンドラヴァルマン
創建年代：10 世紀中頃
信　　仰：仏教

アクセス オールド・マーケットから 🚗=20 分、トゥクトゥク=25 分

沐浴池スラ・スランの南にあるこの遺跡は、長らく道が整備されず訪れることができなかったが、1994 年にフランス極東学院とアプサラ機構・文化遺跡局の協力によって道路整備が行われた。この道は古い道で、ベン・メリア（→ P.94）に続いていた。

この仏教寺院は東メボン（→ P.77）を計画したのと同じ建築家が造ったことがわかっている。比較的碑文が多く残るクメール時代でも珍しく、名前のわかる唯一の建築家である。

同一基壇の上に東向きの 3 塔が並ぶ、3 主堂式のれんが造りの小さな遺跡だが、東には楼門、環濠（かんごう）、貯水池があった。開口部の補強材として砂岩が使われており、3 つの塔それぞれに石に刻まれた碑文が残っている。中央には日本の狛犬にも似た砂岩製のシンハ像が残っている。

❶中央塔の破風（はふ）に描かれたゾウに乗ったインドラ神。残念ながら頭部は残っていない　❷ 3 つの塔が東向きに建てられている。2023 年 3 月現在、遺跡内へは立ち入り禁止。遺跡周辺は人が少ないため、単独で訪れないほうがよい　❸開口部の砂岩には碑文が残されている

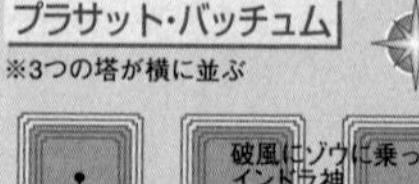

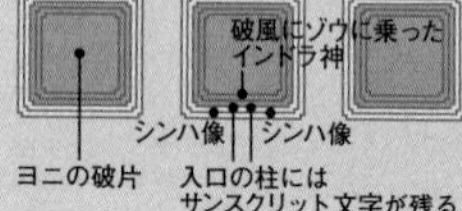

塔内部の浮き彫りが美しい

プラサット・クラヴァン

MAP P.29-3C

Prasat Kravan ប្រាសាទក្រវ៉ាន់（プラサート・クロワン）

創 建 者：ハルシャヴァルマン一世
創建年代：921年
信　　仰：ヒンドゥー教
寺院形態：平地式

見学時間30分

アクセス オールド・マーケットから 🚗=20分、🛺=25分

クラヴァンは香りのよい花の名前。シンプルな遺跡だが、壁画は迫力がある

すべてがれんが造りという特徴をもつ平地式の寺院。ひとつの基壇の上に5つの塔が東向きに一列に並んでいる。この寺院はヴィシュヌ神を祀ったもので、中央塔の内部にはヴィシュヌ神が浮き彫りにされている。また、一番北側の塔にはヴィシュヌ神の妻、ラクシュミーの立像が見られる。

1964年からフランス極東学院によって修復がなされ、保存状態もよい。内部に残る美しいラクシュミーなど、浮き彫りの保存がおもな目的だったため、修復の方法はまず塔を解体し、コンクリートで立方体の箱を造り、その両面に塔から取り外したれんがを積んでいる。修復精度は高く、クメールのれんが彫刻の展示室としても見応えがある。

❶北端の塔の内部には、ヴィシュヌ神の妻ラクシュミーの立像がある　❷ガルーダに乗るヴィシュヌ神（中央塔内、北面）　❸中央塔内にはヴィシュヌ神の三態がある。南面には4本腕のヴィシュヌ神が3歩で世界をまたぐ姿が描かれている　❹8本腕のヴィシュヌ神。周りで瞑想する人々の姿もある（中央塔内、西面）

Column

カーラにはどうして体がないのか

レリーフのモチーフによく登場する、顔と腕のみの怪物(?) カーラ（→P.127）は、実は体もあった。では、なぜ体がなくなってしまったのか。説話のひとつをお伝えしよう。

乳海攪拌（天地創造）（→P.42）のときに、それによって生じる不老不死の薬であるアムリタをひとり占めしたいと思ったカーラは、その薬を奪って逃げた。が、月と太陽だけはその企てを見ており、悪の化身のカーラが不老不死となったら大変とばかりに、すぐにヴィシュヌ神に知らせた。ヴィシュヌ神はブーメランのような武器を投げてカーラの首を落としたが、まさにカーラはアムリタを口にしているところだった。ちょうどアムリタはのどまで来ており、首をはねられたあとも、首から上は死ぬことなく生き続けた。

話はこれで終わらず、怒ったカーラは月と太陽を飲み込んでしまった。しかし悲しいかな、胴体のないカーラは飲み込んでもすぐにそれが体外に出てしまう。これが月食と日食の始まりだとこの説話は説いている。

また、カーラは大食漢で、あらゆる物を食べ尽くしてしまった。最後は自分の体まで食べてしまい、残ったのは顔だけになった、との説話もある。

破風（はふ）やレリーフによく登場するカーラはどこかユーモラス

CHECK

祠堂内はまるで彫刻のギャラリー

この遺跡はアンコール遺跡群のなかでも非常に珍しく、内部の壁面に浮き彫りが施されている。祠堂内に残る彫像は、その表情に多くの謎を秘めているようだ。

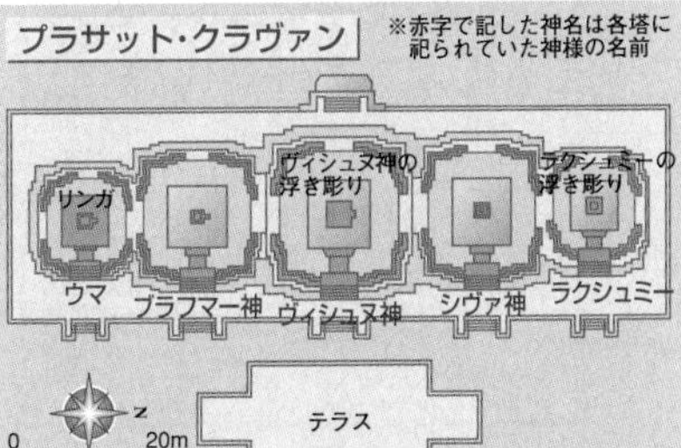

最上部からの眺めがすばらしい

プレ・ループ MAP P.29-2D

Pre Rup ប្រែរូប（プラエ・ループ）

創 建 者：ラージェンドラヴァルマン二世
創建年代：961 年
信　　仰：ヒンドゥー教（シヴァ派）
寺院形態：ピラミッド式

見学時間 1時間

アクセス オールド・マーケットから 🚗=25 分、トゥクトゥク=30 分

アンコール王朝で最後のれんが建築とされている

東メボン（→ P.77）の南約1.5kmの所にあるピラミッド式寺院。東メボンと同様の造りだが、こちらのほうが壮大だ。中央伽藍（がらん）と東塔門の間には死者を荼毘（だび）に付したという石槽が置かれ、火葬の儀式が行われていたといわれる。

造りは 3 層のラテライトの基壇上に 5 基の祠堂が並んでいる、ピラミッド式の寺院である。正確にいえば、3 層目の四方に 4 基の祠堂が配置され、中央にはさらに 2 段の小さな基壇があり、その上に中央祠堂が建てられている。周囲は四方に塔門のある二重の周壁に囲まれている。20 棟を超える経蔵や倉庫で囲まれた伽藍の中央に、12 基の小祠堂、4 基の副祠堂と中央祠堂が整然と配置された 5 塔主堂型の平面形式である。

5 基の祠堂群にはすべて、東側の開口部を除いて砂岩製の偽扉がある。偽扉は厳重に閉ざされた「開かずの扉」で、入ることを拒否している。さらに、装飾された楣（まぐさ）と付柱による装飾はほかの外壁面と同様で、遠目にはどこが入口なのか判断し難い。入口の造形上の意味を消去することにより、逆に入口のある方向に意味をもたせているのである。なぜ東向きに開口部があるのかは、太陽の昇る方向を示すなど、自然崇拝との関係などが指摘されているが、明らかではない。

❶死者の灰を流したといわれる場所　❷手の込んだ装飾の偽扉　❸南西部の祠堂にはイノシシの顔の女神、ラクシュミーが立つ　❹ 4 つの顔をもつブラフマー神の妻サラスヴァティー　❺寺院名はプレア・ループ（神の姿）という言葉に由来している（プレアは「神」、ループは「姿」の意）。最上部からの眺めは非常によく、夕日スポットとしても人気（→ P.129）　❻南東側の祠堂の破風（はふ）にはゾウに乗るインドラ神（雷神）のモチーフがある

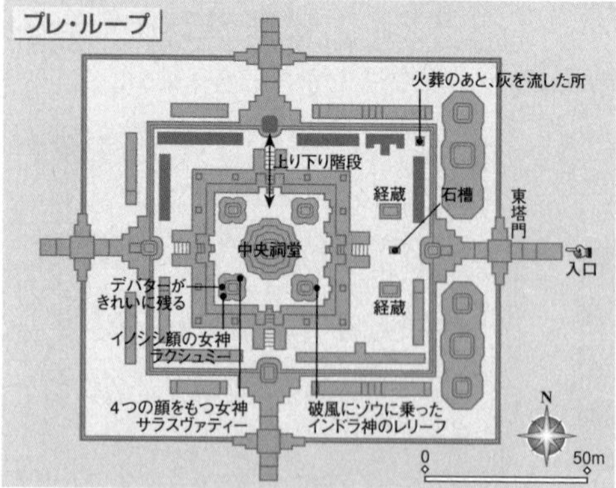

CHECK

女神たちの競演は必見

祠堂の四隅の壁面には、化粧漆喰を施した女神デバター像が刻まれている。どれも剥離が激しくて保存状態はよくないが、物悲しげな雰囲気を漂わすデバター像は、クメール王国の衰亡を憂いているようで魅惑的である。ヴィシュヌ神の妻、ラクシュミーがヴィシュヌ神の化身のイノシシに化けた姿を描いたデバターや、4 つの顔をもつデバター（→ともに上の写真）など、南西部の祠堂の珍しいレリーフにも注目したい。

かつては貯水池の中央に浮かぶ寺院だった

東メボン

MAP P.29-2D

East Mebon ◇ មេបុណ្យខាងកើត（メ・ボン・カーン・カウト）

創 建 者：ラージェンドラヴァルマン二世
創建年代：952 年
信　　仰：ヒンドゥー教（シヴァ派）
寺院形態：ピラミッド式

見学時間 1時間

アクセス オールド・マーケットから 車=25 分、トゥクトゥク=30 分

東バライ（貯水池）の中心部、大池の中央に浮かぶように建設されたのが東メボン寺院である（現在、水は涸れている）。この寺院は、952 年にラージェンドラヴァルマン二世によって建立されたシヴァ派の寺院で、9 年後に同王によってプレ・ループ（→ P.76）も造られている。東バライはヤショーヴァルマン治世時代（889 ～ 910 年）に造られているので、貯水池が先に造営され、そのあとに寺院が建築されたと考えられる。

遺跡はクメール建築の三大建築材であるれんが、砂岩、ラテライトが使い分けられ、れんが造りの屋根や木造屋根の痕跡などが残り、それぞれの構造も変化に富んでいる。

また、二重の周壁で囲まれ、周壁と周壁の間には各種の付属建築物が建ち並んでいる。内側の周壁はそのままピラミッドの1段目を構成し、その上に2段の基壇を重ねている。伽藍（がらん）はプレ・ループよりも単純で、ピラミッド式による視覚的効果は小さい。

ピラミッド式の東メボンは、遠くから見られることを意識して造られている

水位の変化が刻まれている

東バライは東西約 7km、南北約 1.8km もの灌漑用貯水池で、その中央部に浮かんだこの寺院は“ゴールデンマウンテン”と呼ばれたこともある。水につかっていた遺跡部分は変色しており、建立当時の水位の高さがわかる（最も外側の周壁の上部まで水があった）。祠堂のれんがの壁面に小さな穴が無数に開いているのが見て取れる。この穴には、ダイヤやルビーなどの宝石や金が埋め込まれていたとする説がある。しかし、実際は壁面を飾った漆喰を剥がれにくくするための穴だという。

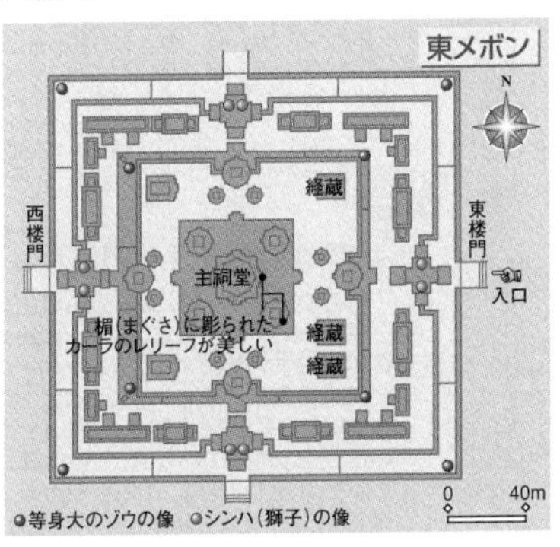

❶子供たちが遊ぶ姿に心が和む　❷ヴィシュヌ神の化身、ナラシンハが阿修羅を引き裂こうとしているレリーフ楣（まぐさ）　❸中央のカーラの口からナーガが湧き出ている。上部には水牛に乗ったヤマ（閻魔大王）がいる　❹巨大なゾウが周壁の四隅に立つ

バイヨンの原型ともいわれる

バンテアイ・サムレ

MAP P.27-1D

Banteay Samre ✻ បន្ទាយសំរែ（ボンティアイ・ソムラエ）

創 建 者：スールヤヴァルマン二世
創建年代：12 世紀初頭
信 仰：ヒンドゥー教（ヴィシュヌ派）
寺院形態：平地式

見学時間 1時間

アクセス オールド・マーケットから 🚗=35 分、🛺=40 分

比較的訪れる人も少なく、静かに遺跡と対峙したい人にはおすすめの場所

バンテアイ・サムレは「サムレ（ソムラエ）族の砦」という意味をもつ寺院だが、サムレには入れ墨の意味もある。環濠（かんごう）と高い塀で囲まれた砦の名にふさわしい重厚な外観である。内部は回廊に囲まれた中に中央祠堂が建つが、その回廊の周りにテラスが付属している。特に、中央祠堂には拝殿が付属しており、その拝殿は東塔門と近接して配置されている。中央祠堂と東西の塔門は分離して造られている。第一、第二周壁（回廊）にもそれぞれ東西南北の４つの塔門が配されており、第二周壁の内部には西向きに２棟の経蔵がある。同じ時期に造られたチャウ・サイ・テボーダやトマノン（→各 P.65）遺跡での祠堂と拝殿の連結手法を受け継いでいる。さらに、周壁と中央祠堂とを回廊で連結することがアンコール・ワットでは実践されている。

また、中央祠堂と拝殿の窓は２列に連子（れんじ）を５本並べた形式で、アンコール・ワット中央祠堂の窓の形式を踏襲している。しかし、テラス付きの回廊は外側には窓のない壁で、内側にだけ開放されており、全体は砦としての郊外型寺院の構成を継承している。

1

2

3

4

5

❶各塔の破風（はふ）の彫刻に注目したい　❷周囲を巡る塀が高いのも特徴。一番高い所で約 6m　❸方形の石の台は死者の灰を流すのに用いたとされる。排水口にはカーラの彫刻がある　❹ 8 本の腕をもつヴィシュヌ神が兄弟の阿修羅を組み敷くレリーフ（破風）　❺サルが阿修羅をつかまえてお尻にかみついている

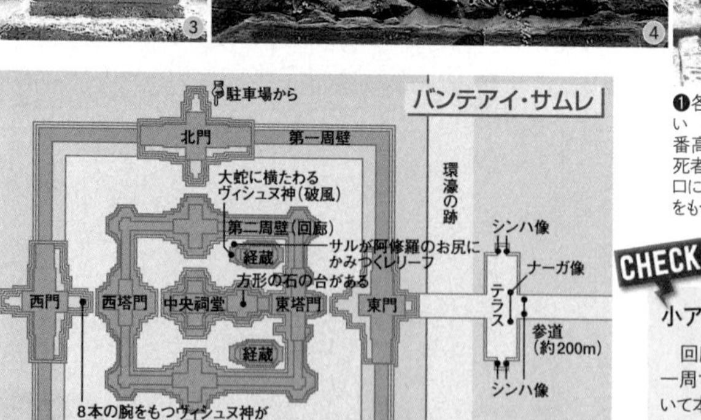

CHECK

小アンコール・ワットとも呼ばれる

回廊のテラスを歩けば伽藍内部を一周できるという発想は、バイヨンにおいて本格的に実現された。アンコール・ワット造営開始の直後に建てられたこの寺院で、すでにその原型が造られていたことは興味深い。なお、この遺跡にはサムレ族に伝わる「甘いキュウリの王」の伝説がある。詳細は→ P.116。

バラエティ豊富なデバターに合える

タ・ソム

MAP P.29-1D

Ta Som ✿ តាសោម (タ・サオム)

創建者	ジャヤヴァルマン七世
創建年代	12世紀末
信仰	仏教
寺院形態	平地式

見学時間 30分

アクセス オールド・マーケットから 🚗=25分、🛺=30分

ニャック・ポアンの東側にあるタ・ソム寺院は、もともと僧院だった。伽藍（がらん）の周囲には僧たちの住まいの痕跡が見られる。破壊が進んでおり、ほほ笑みをたたえていたバイヨン様式の東塔門の女神像の顔を植物の蔓（つる）が幾重にも締めつけていて、あたかも苦痛の悲鳴を上げているようにも見える。石組みが徐々にずれて、均整が崩れてしまった姿もまた魅力的であるが、このまま放置すれば、そのほほ笑みや悲痛な叫びを上げた姿さえ、この世から消滅してしまうことになる。

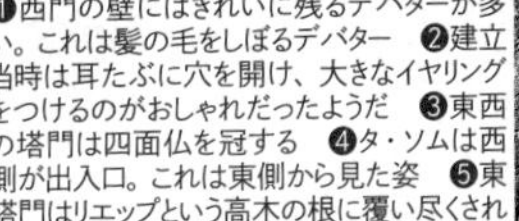

❶西門の壁にはきれいに残るデバターが多い。これは髪の毛をしぼるデバター ❷建立当時は耳たぶに穴を開け、大きなイヤリングをつけるのがおしゃれだったようだ ❸東西の塔門は四面仏を冠する ❹タ・ソムは西側が出入口。これは東側から見た姿 ❺東塔門はリエップという高木の根に覆い尽くされている

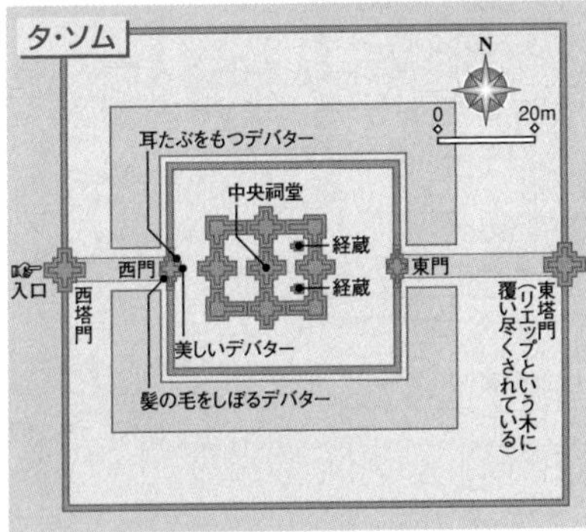

CHECK

材質から読みとる時代背景

この遺跡の西塔門では、3種類の色合いの異なった砂岩がひとつの建物に用いられている。材質が悪くて石灰質が溶け出し、表面が剥離したものが多い。これは建立当時、寺院造営のための材料の確保が困難になっていたことを示している。小さくて破壊が激しい寺院だが、自然の驚異と、人知れず眠り続けた時の長さを感じさせる。

また、この遺跡のデバター像はバラエティ豊富で目を楽しませてくれる。動きやしぐさが多彩に表現され、表情も豊か。

ギリシア神殿のような謎の建物は必見

プリア・カン

MAP P.28-1B

Preah Khan ព្រះខ័ន (プレアハ・カン)

創建者：ジャヤヴァルマン七世
創建年代：1191年
信仰：仏教
寺院形態：平地式

アクセス オールド・マーケットから 🚗=25分、🛺=30分

中央祠堂の北東に建つ建造物は非常に珍しい二層構造になっている。ここは図書館だったという説もある

プリア・カンという名は「聖なる剣」の意味があり、石碑文によるとジャヤヴァルマン七世がチャンパ軍との戦いに勝ったことを記念して建てたもので、王の父の菩提寺とされる。また、石碑文には10万人が寺院の運営に当たっていたと記されており、少々大げさにしても、当時の繁栄ぶりは相当なものであったと思われる。創建当時、単なる寺院ではなく、さまざまな職種の人が住む村を形成しており、ここは仏教の教義を学ぶ場でもあった。

伽藍（がらん）は三重の周壁に囲まれ、その内側に回廊を巡らした中央祠堂がある。東西の両参道にはリンガを模した砂岩彫刻が並べられ、日本寺院の灯籠の列を思わせる。東西の各入口から3つの塔門をくぐり抜けて、中心部に到達する。正面テラスに続く東第二塔門では3ヵ所でゲートを開いて、1ヵ所しか出入口のない西塔門と区別している。この東第二塔門中央の入口からは柱の建ち並ぶ前柱殿（踊り子のテラス）を通って中央祠堂へ。この柱の上部には13人の踊るアプサラのレリーフが描かれている。中央祠堂には創建当時は観世音菩薩が祀られていたとのことだが現在は残っておらず、16世紀頃に建立されたストゥーパが残っている。

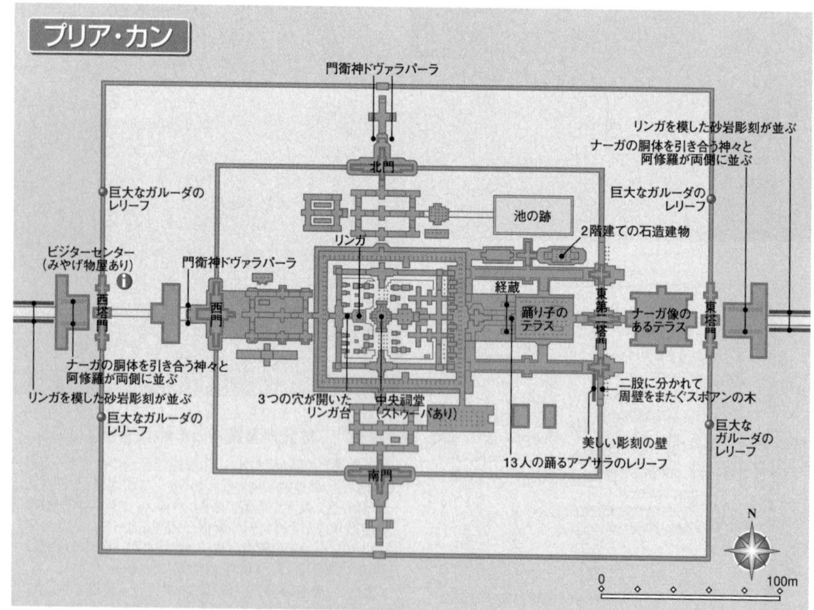

❶東西の参道に並ぶリンガを模した砂岩彫刻。土台部分にはガルーダが、上部には仏陀が彫られていたが、仏陀の多くは削り取られた（片側54基）❷プリア・カンは東西どちらからでも入れる ❸東第二塔門の裏側は美しい彫刻の壁となっている ❹東塔門を入るとテラスが広がる。ナーガにまたがるガルーダの欄干が見事 ❺周壁には巨大なガルーダが力強く立ち、ナーガを踏みつけている（東塔門）❻踊り子のテラスでは繊細なレリーフが楽しめる。これは13人の踊るアプサラ ❼3基のリンガが収められていたリンガ台は珍しい形態をしている。右（北）からヴィシュヌ、シヴァ、ブラフマーの各神を祀ったものとされる

CHECK

ほかにはない2階建ての建物

東側入口から入ると、北側に2階建ての石造建築物がある。木造建築の構造をそのまま石造りとしたものとして、ほかに例がない。まるでギリシアの古代神殿のようである。

ガルーダVSナーガのからみ合い

ガルーダ（→P.125）とナーガ（→P.126）は好敵手。喧嘩というよりもじゃれ合っているような場面が多く登場する。この寺院の東塔門、西塔門には巨大なガルーダがナーガを踏みつけている姿があり、見もの。ほかにもナーガにまたがるガルーダやナーガを持ち上げるガルーダなど、躍動感あふれる2頭の姿にも注目だ。

剥ぎ取られた仏陀像

内部に残る仏陀の彫像や苦行僧の像には、人為的にかき削られた痕跡があちこちに見て取れる。仏教を手厚く保護した王の死後、ジャヤヴァルマン八世の時代に宗教戦争が起こり、過激なヒンドゥー教のシヴァ派信徒によって破壊された跡だという。王の改革によって圧迫されたバラモン勢力の怨念が感じられる。

仏像のレリーフが人為的に削られた痕跡があちこちにある

同時期に建設された3遺跡

プリア・カン寺院の配置をマクロな目で見ると、伽藍の東西軸の延長線上に、ほぼ一直線に大池（ジャヤタターカ）、ニャック・ポアン（12世紀末→P.82）とタ・ソム（12世紀末→P.79）が並んで配置されている。同時期に造営された3つの建造物は、明らかに有機的な関係をもって計画された。

プリア・カンの貯水池に浮かぶ円形寺院

ニャック・ポアン

MAP P.29-1C

Neak Pean  (ニアック・ポアン)

創 建 者：ジャヤヴァルマン七世
創建年代：12 世紀末
信　　仰：仏教
寺院形態：平地式

見学時間 30 分

アクセス オールド・マーケットから 🚗=25 分、🛺=30 分

ニャック・ポアンには「からみ合う蛇(ナーガ)」の意味がある。2 匹の大蛇によって基壇を取り巻かれた祠堂が、中央の池に浮かんでいる。この寺院は、東西のバライ（貯水池）上に浮かぶ両メボン寺院（→ P.77、84）と同じ性格をもった、治水に対する信仰と技術を象徴する寺院である。一辺が約 70m の中央池の四方に小池が配置され、中央池から樋を通して四方に水が流れ出す仕掛けである。

観世音菩薩の化身、ヴァラーハ。天を駆ける神馬の下部には 18 人がしがみついている。そのなかのひとりがシンハラだ（→下記、ヴァラーハ伝説）

❶病を癒やす伝説の湖「アナヴァタープタ」を模したといわれる池の中心に中央祠堂が建つ　❷円形の基壇には 2 匹のナーガが巻きついている。後方で尻尾がからみ合う　❸石造りの人の頭部。ポッカリ開いた口から水が流れる。祠のようになっていて、線香や花がささげられている　❹南側のライオン（獅子）の頭部。ほかにゾウと馬の頭部をかたどった樋の口がある

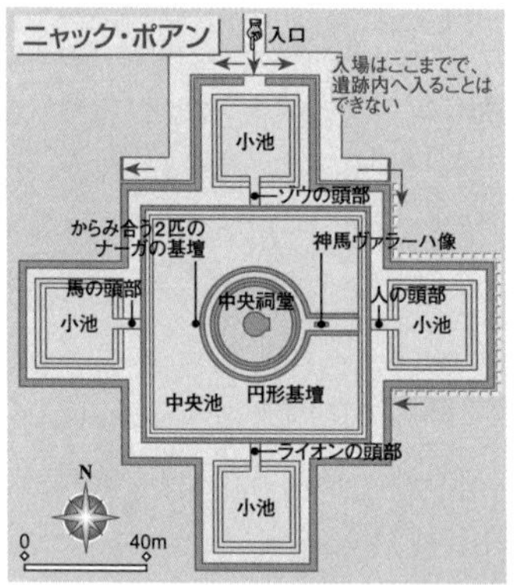

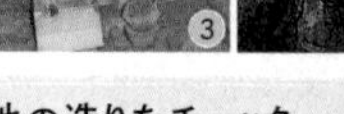

CHECK

池の造りをチェック

中央池には、インド神話を題材としたヴァラーハ（神馬）のほぼ実物大の彫刻がある。中央の大池から四方にある小池に、ゾウ、人、ライオン、馬の頭部をかたどった樋の口から水を流し込む手法は、治水に長けたクメールの農耕文化を象徴したもので、さらにその周囲を大池（ジャヤタターカ）が取り囲む。彫刻は物語性が強く、規模も人間の身体的サイズで、創作者の意図を感じ取りやすい。祠堂の基壇の上縁はハスの花をかたどり、池が水で満ちていた当時は、水に浮かぶハスの花の上に祠堂が建つ姿が見られた。

Column

観世音菩薩の化身“ヴァラーハ”伝説

昔、観世音菩薩をあがめていたシンハラという男がいた。ある日、商人の仲間たちと航海中に難破した後、美しい女に化けたラークシャシー（人喰い女）の夫にされてしまった。ある夜、部屋のランプから「彼女は人喰い女です。危険が迫っているので、海辺で待っている馬に乗って逃げなさい。ただし、向こう岸にたどり着くまで決して目を開けてはなりません」という忠告を受けた。彼は仲間たちとその馬にしがみつき逃げた。馬は天高く駆け、忠告どおり目を開けなかったシンハラだけが助かった。この馬こそ観世音菩薩の化身、ヴァラーハであった。

※ 2023 年 3 月現在、ニャック・ポアンは 2011 年の洪水の影響で一部崩落し、また今後も崩落の危険があるため、祠堂への立ち入りは禁止されている。一般見学は小池の周囲に整備された歩道から祠堂を眺めるだけとなっている。

倒壊の進んだ小さな遺跡

クロル・コー

MAP P.29-1C

Krol Ko ក្រោលគោ（クラオル・コー）

創建者：ジャヤヴァルマン七世
創建年代：12 世紀後半～ 13 世紀初頭
信仰：ヒンドゥー教

見学時間 15 分

アクセス オールド・マーケットから 🚗=25 分、🛺=30 分

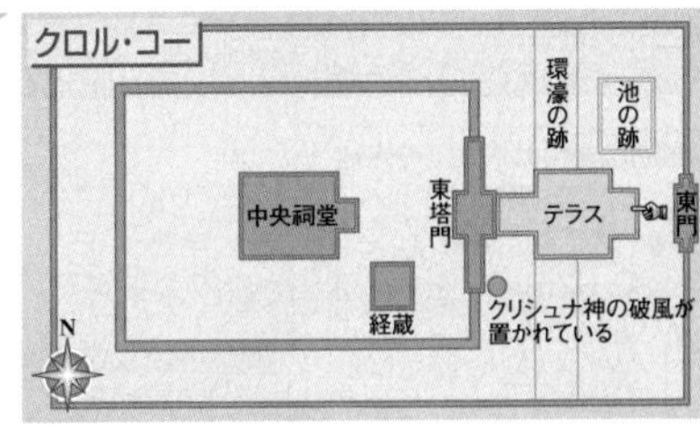

バイヨン様式の小さなヒンドゥー教遺跡。ラテライトの周壁に囲まれた中に、塔門、拝殿の付属した中央祠堂と経蔵が残る。

この遺跡の破風（はふ）にはクリシュナ神がゴーヴァルダナ山を持ち上げるインド神話が刻まれている。雷神インドラから牛飼いと牛たちを守るために、クリシュナ神が山を片手で持ち上げている姿だ。この題材はカンボジアでは好まれ、6～7 世紀頃から用いられているが、この時期になると、クリシュナ神から力強さが消え、ユーモラスな構図となっている。

密林に埋もれた遺跡

チャウ・スレイ・ヴィヴォル

MAP P.27-1D 参照

Chau Srei Vivol ចៅស្រីវិបុល（チャウ・スレイ・ウィボル）

創建者：スールヤヴァルマン一世
創建年代：11 世紀
信仰：ヒンドゥー教（シヴァ派）
寺院形態：丘上式

見学時間 30 分

アクセス オールド・マーケットから 🚗=1 時間

崩壊が激しい中央祠堂の背後に、現在の新しい仏教寺院が見える（写真右側）

アンコール・ワットから東に延びる古道沿いの遺跡で、高さ約 30m の小丘に建つ丘上式の寺院である。アンコール・ワットの東約 20km に位置し、ベン・メリア（→ P.94）との中間地点にある。最近までアクセスの悪さから訪問者は少なかった。ロリュオス遺跡群（→ P.86）とバンテアイ・スレイ（→ P.89）を結ぶ新しい道路が建設されたことで、シェムリアップから所要約 1 時間で訪問可能になった。

寺院周囲の環濠は長辺約 1500m、短辺約 1000m あり、アンコール・ワットに匹敵する規模である。古道はこの遺跡の環濠の北土手と重なる。環濠を渡る西参道から寺院敷地内へ入ると、右側にラテライト周壁、左側には現代の仏教寺院が見える。西楼門付近から周壁の中へ入ると、ラテライトのなだらかな階段が丘の上へ続く。現代寺院の建物を過ぎると遺跡がある。丘上の遺跡は中央祠堂、回廊、南北の経蔵、というシンプルな構成である。中央祠堂の崩壊は激しく歩くのにひと苦労する。北方を見ると聖山であるクーレン山が見える。寺院の東へ回ると、寺院とは不釣り合いなほど大きな楼門があり、ここも激しく崩壊している。丘の南麓には、ほかに例のない田の字形平面の独立した建物がある。

遺跡の管理者であるアプサラ機構は、この遺跡を「森に囲まれた野生動植物の楽園」にしたいと考えている。実際、周壁内は大きな木々が繁茂しひっそりと神秘的な雰囲気である。周壁の外では、昨今、日本企業の協力による植林なども行われている。こうした努力もあり、密林に埋もれる遺跡のイメージは今後も継承されていくであろう。森と遺跡と住民の共生は、アンコール遺跡群の最大の魅力である。この遺跡はその典型的な事例となる可能性を秘めている。

❶寺院の西楼門から丘上を目指し、なだらかに上る参道のラテライト敷き階段
❷寺院のある丘の南麓の田の字形平面をもつ建物。まれなタイプの建築である

シェムリアップ近郊
Around Siem Reap

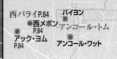

西バライ P.84
バイヨン
西メボン P.84
アンコール・トム
アック・ヨム P.84
アンコール・ワット
シェムリアップ
ロリュオス
ワット・アトヴィア P.85
プノン・クロム P.85
0 5km

大型の青銅像が発掘された人工貯水池

西バライ MAP P.26-1A ～ 1B 世界遺産

West Baray ⁂ បារាយណ៍ខាងលិច（バラーイ・カーン・レイット）

創 建 者：スールヤヴァルマン一世、ウダヤーディティヤヴァルマン二世
創建年代：11世紀末
信　　仰：仏教
寺院形態：平地式（西メボン）

見学時間 30分

アクセス オールド・マーケットから
🚗=20分、トゥクトゥク=25分

❶「横たわるヴィシュヌ神の胸像」が発見された古井戸　❷西メボンには、周囲に巡らされていた回廊が部分的に残っている

スールヤヴァルマン一世によって造られた東西約8km、南北約2kmの規模の大貯水池、西バライ。プノン・バケン（→ P.66）に登るとその壮大な規模を知ることができる。アック・ヨム寺院（→下記）から堤防に向かった水門の近くから船が出ているので、中心寺院である西メボンを訪れることもできる。西メボンは、遺跡そのものはあまり残っていないが、バプーオン（→ P.58）と同じ様式のすばらしい彫刻がある。

また西メボンには、プノンペンの国立博物館に収蔵されている「横たわるヴィシュヌ神の胸像」（→ P.231）が発見された古井戸も残っている。

2023年2月現在、西メボンは島全体が修復工事中で見学不可。わずかに周囲から金網越しの見学が可能だが、遺跡に近づいて見学することはできない。

information

西メボンまでは西バライのボート乗り場からエンジンボートが出ている。ボートは十数人乗りで、ひとりで借り切れば往復14US$～、2～3人ならひとり8US$～。片道約10分。また、ボート乗り場の西側はちょっとしたビーチのようになっていて、涼み小屋が並び貸浮き輪や貸パラソル（有料）もある。

CHECK

暑さを避けて夕方に訪問しよう

子供たちと一緒に水遊びをしたり、壊れた遺跡を散策しながら建設当時を想像するのは楽しい。

Column

寺、葬式でつるされるワニ？

カンボジアでは、寺や民家での葬式時にワニを模した布がつるされる（おもに白色）。その風習の背景にはこんな説話がある。

その昔、王様が西メボンでワニを飼っていたときの話。ある日、王女がワニの池に落ち、ワニに食べられてしまった。王様はワニを捕らえて腹を裂いたが、すでに王女は息絶えていた。王様は悲しみと怒りから、王女の葬式にそのワニをつるした。それが、いつしかワニを模した布に変わり、今に伝わっている。

寺につるされていた白布。確かにワニの形をしている

プレ・アンコール期のピラミッド式寺院

アック・ヨム MAP P.26-1A 世界遺産

Ak Yum ⁂ អកយំ（オーク・ユム）

創建年代：7世紀初頭
信　　仰：ヒンドゥー教
寺院形態：ピラミッド式

見学時間 30分

アクセス オールド・マーケットから
🚗=20分、トゥクトゥク=25分

西バライの南に位置する、7世紀初頭に建てられた歴史的価値の高いヒンドゥー教寺院で、アンコール地域に都が移される前の王都が、ここに造られていたと考えられている。西バライ建設のため大部分は池の中に沈んでしまった。れんがだけを積み上げて造られた3層のピラミッドの上に、れんが造りの祠堂の一部が残っている。

❶創建当時の構造が想像できないほど崩壊している　❷祠堂の下には、かろうじて聖水が流れ込む穴が確認できる

CHECK

祠堂の祭壇の下には……

井戸のように穴が開いていて、聖水が中に流れ込む仕組みになっている。西メボン、西バライの見学の際に立ち寄ってみるといい。

ヒンドゥー教の三大神を祀る

プノン・クロム

MAP P.26-3A

Phnom Krom ភ្នំក្រោម（プノム・クラオム）

創 建 者：ヤショーヴァルマン一世
創建年代：9世紀末～10世紀初頭
信　　仰：ヒンドゥー教
寺院形態：丘上式

見学時間 1時間

アクセス オールド・マーケットから 🚗=20分、🛺=25分

アンコール遺跡群から離れたトンレサップ湖畔の山の上にある。プノン・バケン（→P.66）、プノン・ボックと同様に、ヤショーヴァルマン一世によって造られた丘上式の寺院である。ラテライトの壁に囲まれた中央に、ひとつの基壇の上に載った3つの祠堂がある。その祠堂にはヒンドゥー教の三大神であるヴィシュヌ（北祠堂）、シヴァ（中央祠堂）、ブラフマー（南祠堂）が祀られ、三神一体のヒンドゥー教の世界観を表している。

❶西門側から見ると、北側（写真左）の祠堂にはヴィシュヌ神、真ん中にはシヴァ神、南側にブラフマー神が祀られている　❷雨季には、あたり一面水中に没する。眺めを楽しみながら登ろう。バイクタクシーなら頂上まで行ってもらうことも可能

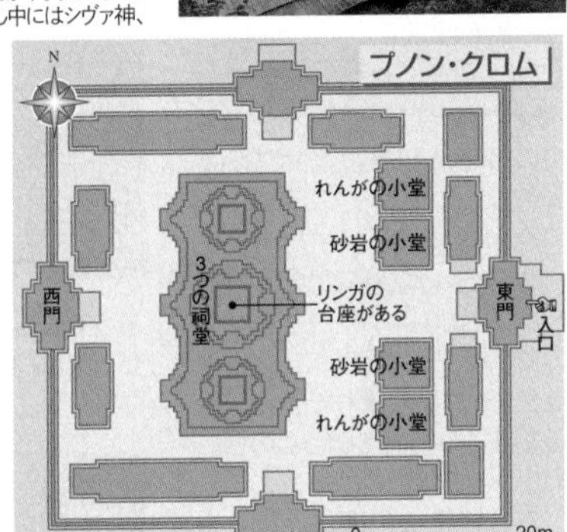

CHECK

訪れる時期と時間

雨季に大量の降雨のあとで訪れると、山の麓まで水につかっていることがある。まるで湖畔に浮かぶ神秘の小島のようだ。この遺跡はかつてトンレサップ湖を遡ってくる水軍を監視し、迎え撃つ場所で、1994年頃までカンボジア国軍が駐屯していた。クメール時代から最近まで、ここは軍事拠点であり続けたのである。東向きの伽藍（がらん）であることから、写真を撮るなら午前中が望ましいが、夕日もすばらしい（→P.129）。湖面に夕日が映り込み光り輝く光景は、トンレサップ湖がアンコール文明と切り離しては考えられないことを痛感させる。

アンコール・ワットと同じ西向きの

ワット・アトヴィア

MAP P.26-3B

Wat Athvea វត្តអធ្វា（ウォアット・アトウィア）

創 建 者：スールヤヴァルマン二世
創建年代：12世紀前半
信　　仰：ヒンドゥー教（ヴィシュヌ派）
寺院形態：平地式

見学時間 30分

アクセス オールド・マーケットから 🚗=5分、🛺=10分

シェムリアップの町とトンレサップ湖の中間、シェムリアップ川の西岸に位置する。周壁、中央祠堂、経蔵で構成され、西側を正面とする中規模の遺跡である。アンコール王朝の時代から、訪問者が湖を船で渡り、小舟で川を遡上したり牛車で北上したりして、最初にたどり着く休憩所がこの遺跡であった。

1972年、戦火がアンコール・ワットに迫り、遺跡の修復作業が継続できなくなったとき、カンボジア人保存官は町の南にあるより安全なこの遺跡で作業を継続した史実がある。遺跡を守ろうと懸命に努力した、若きカンボジア人専門家の魂を感じる場所でもある。

❶祠堂の破風（はふ）部分の彫刻は未完成のまま　❷修復もされ、草もきれいに刈り込まれている　❸中央祠堂の内部の壁面にはデバターが描かれ、柱にはサンスクリット文字も残る　❹ラテライトの壁で囲まれ、赤色と砂岩のグレーのコントラストが美しい

ロリュオス遺跡群

MAP P.27-3D 世界遺産 Roluos ប្រាសាទរលួស（プラサー・ロルオッ）

王都が現在のアンコール地域に移るまでは、シェムリアップから国道６号線を南東に約 13 ㎞行ったロリュオスに王都が築かれていた。この地域は 790 年頃、ジャヤヴァルマン二世によって礎が築かれ、インドラヴァルマン一世が王都として造営を始めた。メール山（須弥山）を模したバコンを中心に、王の両親にささげた寺プリア・コー、大貯水池インドラタターカの中央にはロレイが建立されている。

西バライ
西メボン
バイヨン
アンコール・トム
アック・ヨム
アンコール・ワット
シェムリアップ
ロレイ P.86
プリア・コー P.87
バコン P.88
ワット・アトヴィア
ロリュオス
プノン・クロム
0 5km

ロレイはかつて、アンコール都城の東西にあるメボン寺院と同じ意味をもっていた。北東の祠堂にはインドラヴァルマン一世が祀られている

東西メボンの原型

ロレイ

MAP P.27-2D

Lolei លលៃ（ロレイ）

創 建 者：ヤショーヴァルマン一世
創建年代：893 年
信　　仰：ヒンドゥー教（シヴァ派）
寺院形態：平地式

アクセス オールド・マーケットから 🚗=25 分、🛺=30 分

見学時間 30分

建立当時は、大貯水池の中央の小島の上に建設されていた（現在、水は涸れている）。この貯水池はヤショーヴァルマン一世の父、インドラヴァルマン一世の命により造成されたもので、その名を取って、インドラタターカと呼ばれた。この父王をはじめ祖先を祀ったのがこのロレイ寺院であった。

この建物の配置は、後に造られたアンコール地域にある東西メボン寺院の原型である。当初、祠堂は６基で構成される計画であったと推定されるが、現在は４基の祠堂が残る。南西の塔は破損がはなはだしい。大池の船着場の跡である東側の階段は、北側の２基の祠堂の延長線上にあり、島の中心と建物群の中心とが食い違っている。このことは、計画が途中で変更されたことを裏づけている。

現在は境内の一部に上座部仏教の僧房や新寺院が建設され、読経の声が絶えない。

❶４基の祠堂の樋の交点に配されたリンガ　❷日本の仏教では金剛力士と呼ばれる門衛神ドヴァラパーラ　❸穏やかなほほ笑みを浮かべるデバター　❹北西の祠堂の楣（まぐさ）部分。ガルーダの口からナーガが出ており、馬に乗った神様も出現　❺ロレイ遺跡の脇には古い寺院と新しく建てられた寺院があり、果樹園も造られている

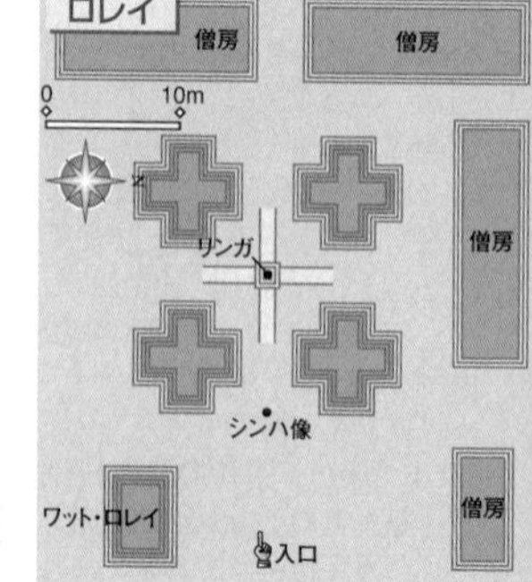

CHECK

見逃せないポイントは中央のリンガ

４基の祠堂の中央に十字形に配された、砂岩製の樋（水を送る長い管）がある。樋の交点にはリンガが設置され、その上に聖水を注ぐと、四方に流れ出す仕組みになっている。これはクメールの農業を支える原点であった治水技術を象徴している。ここでリンガに注がれた聖水をインドラタターカへと流れ込ませる儀式は、乾季に十分な水源の確保を祈ると同時に、クメールの治水技術を民衆にアピールする効果があった。

「聖なる牛」の意味をもつ

プリア・コー

MAP P.27-2D～3D

Preah Ko ព្រះគោ（プレアハ・コー）

見学時間 30分

創建者：インドラヴァルマン一世
創建年代：879年
信　仰：ヒンドゥー教（シヴァ派）
寺院形態：平地式

アクセス ロレイから
車=3分、トゥクトゥク=5分

プリア・コーは「聖なる牛」という意味で、この寺院に祀られていた聖牛ナンディンに由来する※。インドラヴァルマン一世が先王や祖先のために建立したとされる。崩れた楼門をくぐると、基壇上に6基の祠堂が並んでいる。この中央伽藍を囲むようにして、東西の楼門によってつながれた周壁がもう一重巡っている。東西軸に対して1対の経蔵が、参道脇の周壁に付属している。この経蔵は開口部を祠堂に向けて配置されている。また、南面、北面する2対の建物は、宝物庫などの機能をもつものと考えられる。

※本来の寺名はシヴァ神を意味するパラメシュヴァラであった。

規模は東西約500m、南北約400m。インドラヴァルマン一世が先祖を祀るために建造したが、特に先王のジャヤヴァルマン二世の供養という意味合いが大きい。手前の中央の祠堂にこの先王が祀られている

❶「聖なる牛」という意味のこの寺院には3体のナンディン像が並ぶ　❷門衛神ドヴァラパーラ像の上部には漆喰の部分が残り、その繊細な彫刻の一部が見られる　❸中央祠堂はれんが、砂岩、漆喰で造られている　❹中央のカーラが際立つ楣（まぐさ）の彫刻

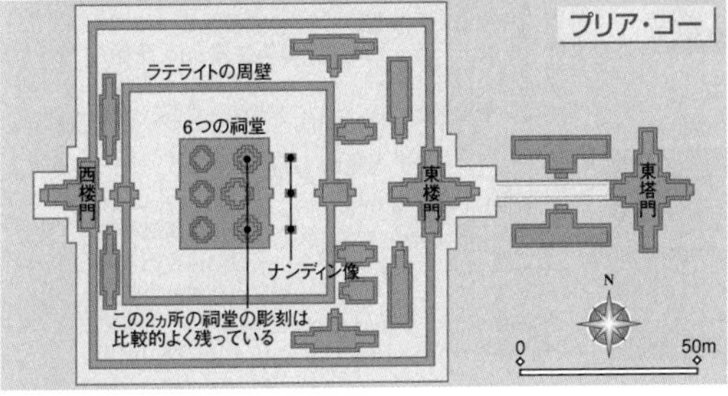

CHECK

祠堂の彫刻跡が語るもの

建物全体が真っ白な漆喰で覆われ、細かい彫刻が施されていたことを想像すると、全体のイメージは変わるはずである。南西隅にある祠堂の西面にも注目してみよう。ほかの5基の祠堂は砂岩が用いられているのに対し、この祠堂のみ、れんがを削って装飾した楣と偽窓がある。

また、6基の祠堂に対峙するように、基壇の前に3体の聖牛ナンディン像がある。ナンディンはシヴァ神の乗り物（ヴィハーナ）である。

かつての王都の中心

バコン

MAP P.27-3D

Bakong ꩜ បាគង (バコーン)

創 建 者：インドラヴァルマン一世
創建年代：881 年
信　　仰：ヒンドゥー教（シヴァ派）
寺院形態：ピラミッド式

見学時間 1時間

アクセス プリア・コーから 🚗=3 分、🛺=5 分

ロリュオス遺跡群で最も規模の大きな遺跡だ（東西約 900m、南北約 700m）

インドラヴァルマン一世がヒンドゥー教の神々に奉献した寺院である。このバコン寺院は、伽藍周囲に環濠を巡らせた最初のピラミッド式寺院として知られている。

中央祠堂を中心にして、東西にそれぞれ塔門を配置し、それらを結ぶ周壁で囲まれている。周壁はラテライトで造られており、三重に張り巡らされている。第三周壁内部には、れんが造りの祠堂が 8 基、僧房と見られる長方形の建物、入口を祠堂に向けた建物などが、幾何学的に配置されている。第三周壁の中央には、5 層のピラミッド形の基壇の上に、赤色砂岩造りの祠堂が1基、中央に載っている。この寺院を遠望すると、中央祠堂の規模が基壇に比べて小さいことがわかる。砂岩で覆われた基壇と中央祠堂は、後世に修復されたとみられている。

❶参道の両側には地面を這うナーガの欄干が配されている。これはナーガを欄干に用いた最初のものである
❷上部に登ると三重の周壁に囲まれていることがよくわかる。フランス極東学院によって、第三周壁の内部は積み直しや修復がなされている
❸基壇の外側に建つ祠堂
❹南側の基壇下部にはどっしりとした体躯のシンハが、よい状態で残っている

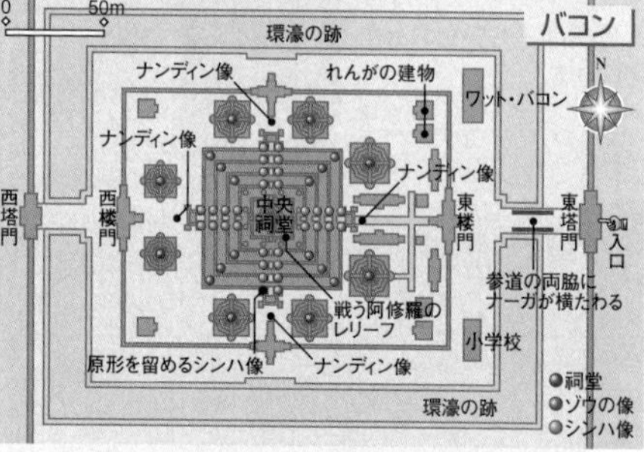

CHECK

絵画のように見えるポイント

第一層の基壇に接続して楼門が建っており、その破風の隙間から頂上に建つ中央祠堂が、まるで「額縁にはめ込まれた絵」のように見える。楣に負担をかけないように開けられた空間だが、ピッタリと中央祠堂の頂部をとらえている。

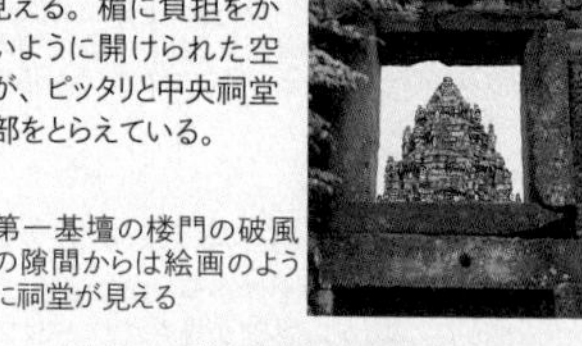

第一基壇の楼門の破風の隙間からは絵画のように祠堂が見える

クリアに残る阿修羅のレリーフ

第五層の壁面には、かつて美しい彫刻が施されていた。現在では南面東側の1ヵ所、阿修羅が戦うレリーフだけが不思議によく残っている。

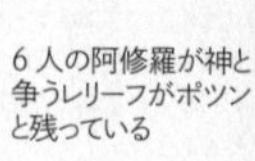

6 人の阿修羅が神と争うレリーフがポツンと残っている

建築上の構造

環濠に囲まれ、狭い参道を渡って天界であるピラミッド中心部へ参詣するという宗教施設へのアプローチは、天界を表現する環境装置として意図されていたはずである。アンコール・ワットで完成される、平面構成へのひとつの試金石と見ることができるだろう。

5層の基壇

各層には意味がある。

第一層（最下層）…………… ナーガの世界
第二層……………………… ガルーダの世界
第三層…………………… 夜叉（悪神）の世界
第四層…………………… 羅刹（オニ）の世界
第五層…………………………… 神の世界

※ 2023 年 3 月現在、バンテアイ・スレイ見学に当たっては、「順路は時計の逆回りで、東門から入り西門から出なければならない」（→ P.89 と 90 の地図）と決められている。しかし、これは午前中の見学者が多い時間帯だけにかぎられ、午後などの見学者の少ない時間帯↗

郊外の遺跡

Short Trip

「東洋のモナリザ」で有名

バンテアイ・スレイ

MAP 折 表-1B

Banteay Srei បន្ទាយស្រី（ボンティアイ・スレイ） 世界遺産

創 建 者：ラージェンドラヴァルマン二世 ジャヤヴァルマン五世
創建年代：967年
信　　仰：ヒンドゥー教（シヴァ派）
寺院形態：平地式

見学時間 1時間

アクセス オールド・マーケットから 🚗=45分～1時間

「女の砦」の意味をもつこの寺院は、摂政役だった当時の王師ヤジュニャヴァラーハの菩提寺として建設されたといわれている。シヴァ神とヴィシュヌ神にささげられた、周囲が約400mの小寺院で、外壁は赤色砂岩とラテライト、屋根の一部にはれんがも使用された美しい遺跡である。東正面から入ると赤い絨毯（じゅうたん）が敷き詰められているかのようなラテライトの参道が延び、その両側にはリンガを模した石柱が立ち並ぶ。この手法は中心部に対する期待を膨らませるに十分で、中央伽藍（がらん）を強調するためのパースペクティブな構図が表現されている。

第二周壁の塔門のレリーフは、『マハーバーラタ』（→P.39）を描いた秀作が揃っている。

information

観光のベストタイムは遺跡に光が当たる午前中。太陽の光が当たれば赤く燃えているように見える。また、雨にぬれれば朱色は一段と際立つ。開門時間は7:30～17:30。駐車場付近にアンコール・パス（→P.19）の販売所がある。

「東洋のモナリザ」と呼ばれるデバター。しなやかで柔らかい体の線と表情に魅せられる

❶塔門の破風の先端がうずを巻くスタイルが、この遺跡の特徴。蛇をモチーフにしているという　❷こちらも美しいデバター像。アンコール・ワットのものに比べると、彫りが深くて柔和　❸東西約115m、南北約95mと比較的小規模だが、ゆっくり時間を取って見学したい。芸術性の高い遺跡だ

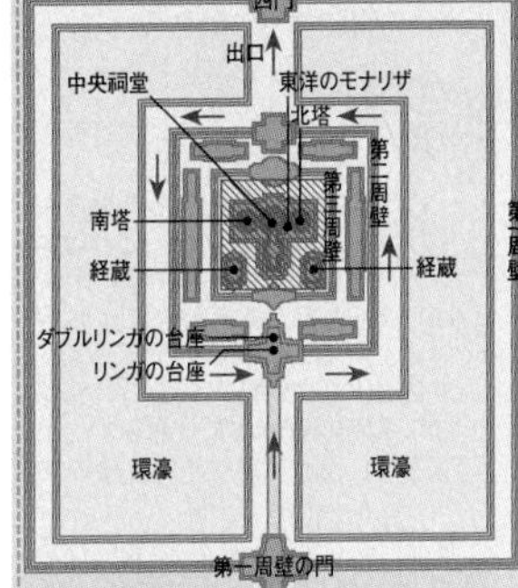

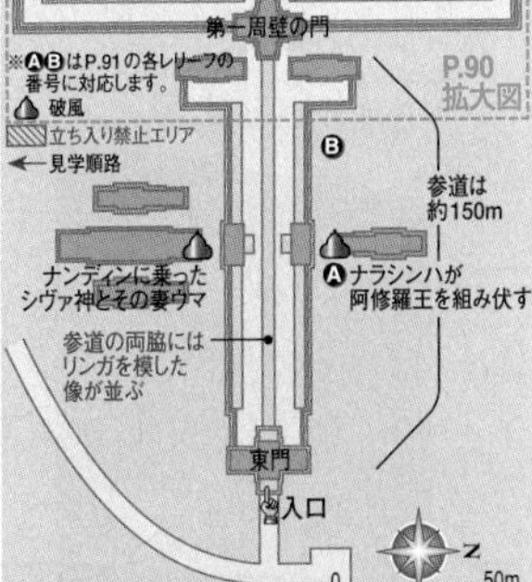

CHECK

優美なレリーフ「東洋のモナリザ」

この遺跡は規模は小さいが、ヒンドゥー神話を描いた彫刻は彫りが深く、ほとんどが赤色の砂岩で造られており、その造形美はアンコール遺跡のなかでも群を抜いて洗練され優美である。さらに保存状態も極めてよい。かつて、フランス人作家のアンドレ・マルローは、祠堂の壁面に施されたデバター像に魅せられ、1923年に盗掘して国外に持ち出そうとして逮捕された。後にこの事件をもとに『王道』という小説を著したことで有名な“いわくつき”の彫像である。「東洋のモナリザ」と呼ばれるこのデバター像（写真上）は、そんな逸話が残るほど魅惑的である。

※2023年3月現在、中央祠堂周辺は遺跡保護のためロープが張られ、立ち入り禁止となっている。よって「東洋のモナリザ」をはじめとするデバター像は間近で見ることはできない。

↘には係員がいても厳しく適用されておらず、自由に歩き回れるようだ。今後どうなるかはわからないが、一応はルールがあることは頭に入れておこう。

❹精緻な彫刻が数多く残っているのは、赤い砂岩の質がよかったためといわれている　❺第二周壁の塔門はその容姿、彫刻ともに最も美しいと評されており、50R紙幣に描かれた　❻この遺跡には実に豊富な動物神やそれにまつわる物語が詰まっている。これはカーラ（→P.127）の口から出てくるマカラ（→P.125）　❼マカラの口からナーガが出現するモチーフ

現在この破風（はふ）装飾の一部はプノンペンの国立博物館（→P.230）に展示されている。

ラテライト製の第三周壁の中央にある東塔門の破風には、2本の帯がたすき状にかけられた特異なモチーフが残されており、赤色砂岩に施された彫刻は洗練された美しさをもっている。この寺院にはほかの遺跡と類似性の少ない、独自のモチーフが随所に見られる。赤色砂岩とラテライトを多用することによって、中央の伽藍は燃える炎のように感じられる。

CHECK

スリット状の窓

この遺跡だけに見られる特殊なスリット状の窓に注目したい。これはラテライトを加工してスリット状に穴を開けたもので、多孔質なために手の込んだ細工の難しいラテライトを意図的に窓の材料に選んでいる。この写真の経蔵に見られるスリット状窓は、連子状窓への過渡期の技術と考えられる。このような技術的な意味からもアンコール遺跡群のなかにおけるバンテアイ・スレイの位置づけは、美術史だけでなく建築史上も極めて重要であるといえる。

窓枠にはめ込むための穴も確認できる

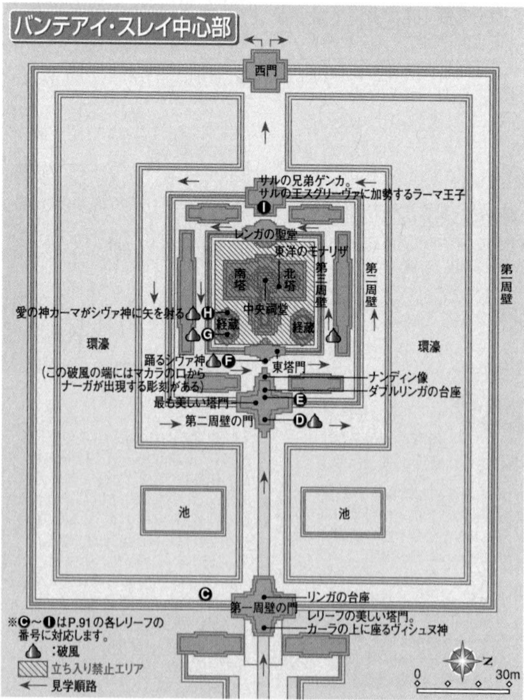

じっくり鑑賞したい神々の世界

レリーフ美の極致ともいえる芸術を心ゆくまで堪能しよう。有名なレリーフのおもなものは以下のとおり。

Ⓐ ヴィシュヌ神の化身「ナラシンハ」が阿修羅王を組み伏し、殺そうとしている

Ⓑ 魔王ラーヴァナがシータ姫を誘拐するところ（『ラーマーヤナ』の一場面）

Ⓒ ハクチョウに乗ったブラフマー神。両側にいるのはシンハ（獅子）

Ⓓ 最も美しいとされる塔門のレリーフ。カーラの上に座るヴィシュヌ神

Ⓔ ヴィシュヌ神の妻のラクシュミーがゾウの聖水で身を清めてもらっている。下部にはガルーダとナーガが描かれている

Ⓕ 踊るシヴァ神。左側に座っているのはカリーカラミヤという女性。たいへん美しい王妃であったが、王が亡くなったあと、あちこちの王がこの女性を奪い合い争った。憂いたカリーカラミヤは自分の魅力、美貌を破壊してくれとシヴァ神に頼み、シヴァ神は望みを聞き入れ美貌を破壊してしまった。右側では雷神インドラ神が太鼓をたたいている

Ⓖ カイラス山で瞑想するシヴァ神。抱きついているのは妻のパールヴァティー。下方では20本の腕と10の頭をもつ魔王ラーヴァナが、瞑想のじゃまをするためカイラス山を動かそうとしている。シヴァ神はカイラス山で瞑想し阿修羅をやっつけようとしていた。怖がるバラモン僧やトラ、ライオン、ゾウ、シカなどの様子も描かれている

Ⓗ 瞑想をするシヴァ神と妻のウマ。そのときバラモン僧が争いを始め世界は混乱に陥った。ウマは瞑想をやめたが、シヴァ神が瞑想をやめないので、ウマは愛の神カーマにシヴァ神の瞑想をやめさせるよう頼んだ。応じたカーマが弓矢でシヴァ神を狙ったそのとき、シヴァ神は額中央の第三の目から光を発し、カーマを焼き殺してしまった。ウマは自分のせいだと嘆き、シヴァ神にカーマをよみがえらせてもらった。このときよみがえったのはカーマの魂のみだが、愛の神の魂は消滅せずによみがえったことから、世界中の誰にでも愛は存在するとされている

Ⓘ『ラーマーヤナ』の一節。さらわれたシータ姫を探してラーマ王子が森へ入ると、サルの王スグリーヴァが泣いていた。理由を聞くと、兄ザルに妻を奪われ、王の座も奪われたという。気の毒に思ったラーマ王子がスグリーヴァに加勢した。中央が争うサルの兄弟、右側から矢を射るのがラーマ王子。この戦いで勝ったスグリーヴァがサルの王の座に戻り、今度はラーマ王子を助ける。

※写真のⒶ～ⒾはP.89とP.90の見取り図内のⒶ～Ⓘの位置に対応しています。

アンコール発祥の聖なる山

プノン・クーレン

MAP ㊓表-1B

Phnom Kulen ◈ ភ្នំគូលេន（プノム・クレーン）

創 建 者：ジャヤヴァルマン二世
創建年代：9世紀頃
信　　仰：ヒンドゥー教

アクセス オールド・マーケットから 🚗=2時間

見学時間 2時間

ヨニ(→ P.122のリンガ）を中心に無数のリンガが彫られているリンガ・ムイポアン

シェムリアップの北東に位置する川沿いの遺跡。北西から南東に高さ400mほどの砂岩でできた連山で、ライチの木が多いことから「ライチの山（プノン・クーレン）」と呼ばれる。802年にジャヤヴァルマン二世がこの山で神王として即位したことから「最高神、インドラ神の山（マヘンドラ・パールヴァティー）」とされる。

この山に点在するれんが造りの寺院はプレ・アンコールからアンコールへの過渡期に位置し、この後600年続くアンコールにおける王朝の幕開けの地とされている。

遺跡の見どころとしては、駐車場近くの川の中の岩に彫られたヴィシュヌ神像とブラフマー神像、その近くの滝、チェックポイントから1kmほど南へ進んだ川の中の岩に彫られたリンガ・ムイポアン(1000体のリンガ）など。また、リンガ・ムイポアン奥の巨大な砂岩から彫り出された高さ約9.4mのプリア・アントン（涅槃仏）も地元の人の信仰の対象になっている。

今後、世界遺産登録を目指し、観光省が国立公園として管理を進めていく方針。

❶川底の彫刻は、横たわるヴィシュヌ神とそのへそのあたりから生えたハスの花の上で瞑想するブラフマー神　❷大滝とその広い滝つぼで水遊びをする人々

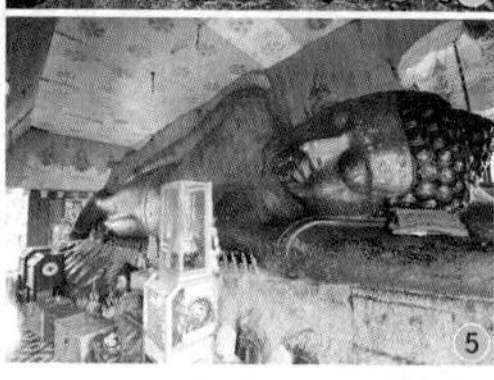

❸水量や水の透明度は季節によって大きく変わるので、事前に見学可能か確認したい　❹つり橋を渡ると、砂岩で造られた寺院の遺跡が現れる。訪れる人も少なくひっそりとしている　❺プリア・アントンと呼ばれる涅槃仏は16世紀にアンチャン一世が造らせたもの。この周辺を一巡する散策コースには、奇岩や仏像を祀る洞窟などがある

information

シェムリアップから北東へ約50km。観光客の増加とともに一般的なルートは問題なく通行できるよう整備されてきたが、ルート外には撤去されていない地雷が相当数残り、また治安も悪いため単独行動は慎むこと。シェムリアップからはバイクタクシーは避け、信用のおける現地の旅行会社の車をチャーターし、ガイドを付けること。アンコール・パスは必要ないが、ここ独自のチケット20US$が必要。料金所のチェックポイントの開門時間は6:00～12:00。無休。プノン・クーレン、クバール・スピアン（→ P.93）ともにベストシーズンは7～8月。乾季は水が少なくきれいではない。また本格的な雨季に入ると水が濁りよく見えない。よって雨季の最初の頃が最もよい。

CHECK

川底の神像と川の構造

ここには2段の滝がある。まずつり橋の近くの川底にヴィシュヌ神とブラフマー神の彫像があり、その一帯は王様の沐浴場であった。その先に小滝があり、一段下の平坦な水場は身分の高い人専用、その先に約20mの落差の大滝があり、滝つぼの浅瀬は兵士の水浴び場だったという。現在では涼を取る地元客の絶好の水遊びの場になっている。

では、なぜ川の中に神像を造ったのか。より神聖な場所に神を祀りたかった、そして神々のパワーが水を介してより多くの人々のもとに行き渡るようにという思いがあったとされている。

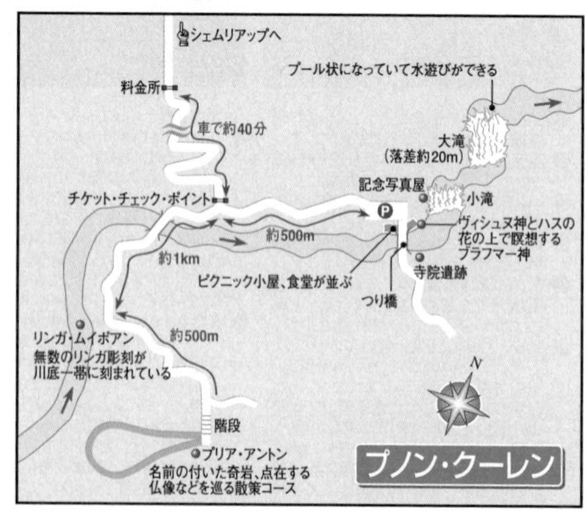

神々やリンガが彫られた水中遺跡

クバール・スピアン

MAP 折 表 -1B

Kbal Spean ក្បាលស្ពាន (クバール・スピアン)

創 建 者：ウダヤーディティヤヴァルマン二世
創建年代：11 世紀頃
信　　仰：ヒンドゥー教

アクセス オールド・マーケットから
🚗 =1時間30分

見学時間 2時間

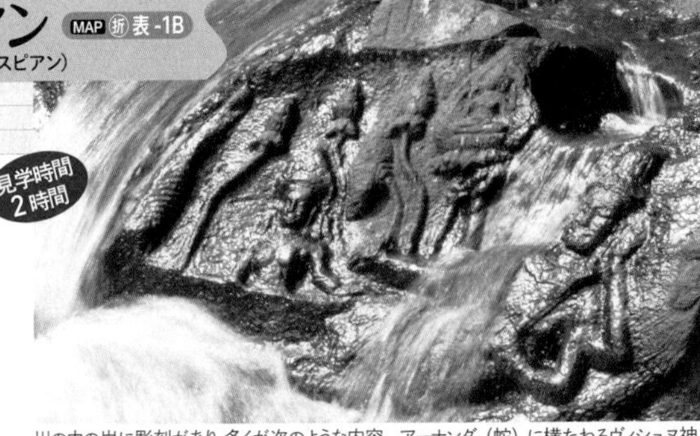

川の中の岩に彫刻があり、多くが次のような内容。アーナンダ（蛇）に横たわるヴィシュヌ神。そのへそからハスの花が生え、花の上ではブラフマー神が瞑想している

クーレン山の北西に、「川の源流」という意味をもつクバール・スピアンがある。ここは、その名のとおりシェムリアップ川の源流に当たり、クーレン山、シェムリアップ川、トンレサップ湖を、ヒマラヤ山脈、ガンジス川、インド洋に模して、古来から山と海とを結ぶ起点として重要視してきた。

遺跡へは駐車場から 40 分ほど山道を登らなければならないが、約 200m にわたり砂岩の川底、川岸に彫られた神々の彫刻群を川の流れとともに見られるおもしろさがある。リンガや彫像は、ヴィシュヌ神やシヴァ神などのヒンドゥー教の神々が彫られたもので、この地が川の源流としてだけでなく、特別な聖地と考えられていたことがわかる。

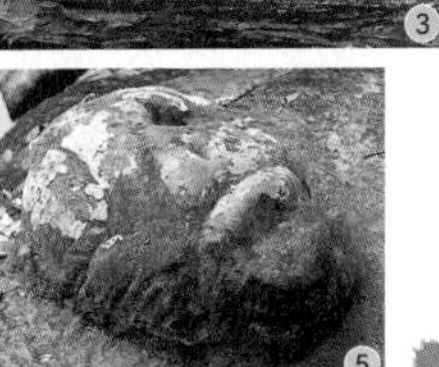

❶アーナンダに横たわるヴィシュヌ神とその妻ラクシュミー。シヴァ神が壊した世界が再生するのを待っているところだという　❷直径約 2m のヨニ（リンガ台）と 5 つのリンガ。このリンガは東メボン（→ P.77）の遺跡の配置と同じ　❸シヴァ神と妻のウマが聖牛ナンディンに乗って結婚式へ向かう場面が岩に彫られている　❹ここは 1968 年、フランス人によって発見された。この彫像はブラフマー神　❺バラモン僧が毒入りの水を飲もうとした際に、身を挺して救ったカエルの伝説がある。これはそのカエルの石像

information

シェムリアップから北東へ約 50km。駐車場から遺跡群までの山道には、木や岩に赤くペイントされた目印がある。これより山側は地雷撤去が完了していないので歩かないこと。町なかから距離があり、また、ひと気のない山道を歩くため、ガイドを付けることが望ましい 。ここへはアンコール・パスが必要。ゲートの開門時間は 6:00 ～ 15:00。無休。

CHECK

名前の由来

クバールは頭、スピアンは橋の意味だが、もともとの名前には「 千本のリンガの橋 」という意味があった。ここは 1059 年、ウダヤーディティヤヴァルマン二世によって開かれた場所で、聖なるガンジス川になぞらえている。つまり、この水で沐浴すれば病気が治ったり、幸せになれるということだ。リンガを流れた水は聖なる水となる。川底に無数のリンガを作れば、よりパワーのある水になると考えられた。

密林に眠る東のアンコール

ベン・メリア

MAP 折 表-1B

Beng Mealea ❖ បឹងមាលា（ブン・ミアリア）

創建年代：11 世紀末～ 12 世紀初頭
信　　仰：ヒンドゥー教
寺院形態：平地式

見学時間 1時間

アクセス オールド・マーケットから 🚗 =1時間～ 1 時間 30 分

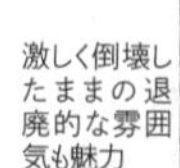
激しく倒壊したままの退廃的な雰囲気も魅力

アンコール・ワットから東へ直線距離で約 50km、現在も修復が施されないまま森の中にひっそりと眠る巨大寺院、ベン・メリア。さらに東へ約 50km 行けば、アンコール時代最大の寺院、コンポン・スヴァイの大プリア・カン（→ P.96）があり、これら 3 つの寺院は一直線上に並んでいる。往時この地はこれら東･西の大寺院、北西のクーレン山、北のコー・ケー（→ P.98）へ向かう交通の要衝として繁栄した。

クーレン山南東の石切り場に近く、良質な砂岩でていねいに造営されたベン・メリアは「花束の池」という意味をもち、三重の回廊、十字形の中庭などの伽藍（がらん）配置を取る。環濠の幅約 45m、周囲約 4.2km と規模は少し小さいが、アンコール・ワットと類似点が多く「東のアンコール」と呼ばれる。アンコール・ワット建造前の 11 世紀末～ 12 世紀初頭に平面展開型の寺院構成で造られたとされる。創建年代を明らかにする碑文はなく、東参道が大規模な貯水池に延びる配置形式や細部装飾などをアンコール・ワットと比べてみるとおもしろい。

深い森の中に埋もれた遺跡は崩壊が進み、歩ける範囲がかぎられている。そのため見学する際は、遺跡上に組まれた木の歩道を通るのが通例となっている。とはいえ、苔むした屋根の上を歩き、光の届かない回廊の中をたどる場所もあり、探検気分も味わえるとともに、遺跡発見当時の姿を目の当たりにできるのも、この遺跡の醍醐味だ。

珍しいマカラの排水口。これは地上と水上の交通の要衝を表すシンボルといわれる。マカラはガンジス川の女神の乗り物

Column

石切り場の痕跡を残すオー・トモーダップ

アンコール時代、ベン・メリア周辺の森の中で砂岩を切り出し、遺跡を建造した。石切り場の多くは密林に埋もれており訪問は困難だが、その一端を垣間見ることができる場所が幹線沿いのオー・トモーダップ（=「石を削った小川」の意）だ。ベン・メリアを出てコー・ケーへ向かう道を少し進むとクーレン山より流れてくる小川を通過するが、その河床が砂岩の岩盤で古代の石切り跡がしっかりと残っている（MAP P.95）。

CHECK

ベスト・オブ・ナーガ

東門テラスの欄干部分のナーガは必見。なぜかここのナーガは破損が少なく、きれいに残っている。細かい模様まで確認できる5つ頭のナーガは、遺跡の崩壊度とは対照的で不思議な驚きを与える。

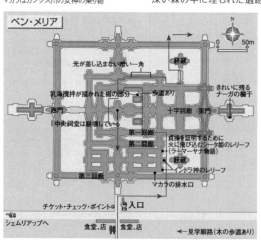

保存状態のいい 5 つ頭のナーガ。鋭い歯の描写まできれいに見える

ベン・メリア

N
0　50m
光が差し込まない暗い一角
経蔵
乳海攪拌が描かれた楣の部分
歩道あり
きれいに残るナーガの欄干
西門
十字回廊
東門
中央祠堂は崩壊している
第一回廊
第二回廊
貞操を証明するために火に飛び込むシータ姫のレリーフ（ラーマーヤナ物語）
経蔵
インドラ神のレリーフ
第三回廊
マカラの排水口
チケット・チェック・ポイント
入口
シェムリアップへ
食堂、店
食堂、店
←見学順路（木の歩道あり）

秘密の部屋

第二回廊の北側の一角には、窓が天井付近にあるため、ほとんど光が差し込まない場所がある。会議に使われていたという説もあるが、用途、意図など詳細は不明だ。

❶『ラーマーヤナ』の一節。身の潔白を証明するため火の中に飛び込むシータ姫。その上部はラーマ王子とサルの兄弟が描かれた破風（はふ）部分　❷ベン・メリアの観光客のピークは午前中。ゆっくりと観光したいなら午後に訪れたい　❸遺跡入口より木道を進むと間もなく左側破風にインドラ神の姿が見られる。木道のおかげで本来は見えなかった視線で目の前で彫刻を眺めることができる貴重な場所　❹木道の順路に沿って遺跡の上部へ　❺近年遺跡を管理するアプサラ機構の努力で、崩落していた部材の再構築が進む。南参道から入る際、右側のナーガはほぼ完全な形を保ち美しい　❻第一回廊内部には崩れ落ちた石が散乱。この石には神々と阿修羅の綱引き、乳海攪拌が描かれている

Column 白ゾウの物語とプラサット・コーン・プルック

ベン・メリアとコー・ケー（→P.98）一帯には、民間伝承として“白ゾウ伝説”が残る。白ゾウの王が、捕らえられた娘を探し求めベン・メリアの境内を走り回ったため遺跡はひどく破壊された。白ゾウは娘を追い遺跡の外へ出て、南参道入口から東へ約 3 ㎞ほど進んだ場所にある遺跡プラサット・コーン・プルック（=「象牙（プルック）をのせた場所」の意。MAP下図）で休み、その後コー・ケーまで追いかけるがそこで息絶えてしまう、というものだ。ベン・メリアが今日激しく崩壊していること、コー・ケーのピラミッド形建物プランの西裏手に土の墳墓（=白ゾウの墓）があることなどのゆえんを説明している。興味深いことに、アンコールから北方へ二筋に延びる王道の先であるラオスやタイにも同様の伝承が今も語り継がれている。

information

シェムリアップから東へ約 50km。道路は整備されたが、遺跡周辺では今もなお地雷撤去作業が行われている。信用のおける現地の旅行会社の車をチャーターし、ガイドを付けること。

アンコール・パスが必要（遺跡の手前でアンコール・パスを購入できる）。案内人が付く場合もあり、その際は少額のお礼を渡す。開門時間は 7:30 ～ 17:30。無休。

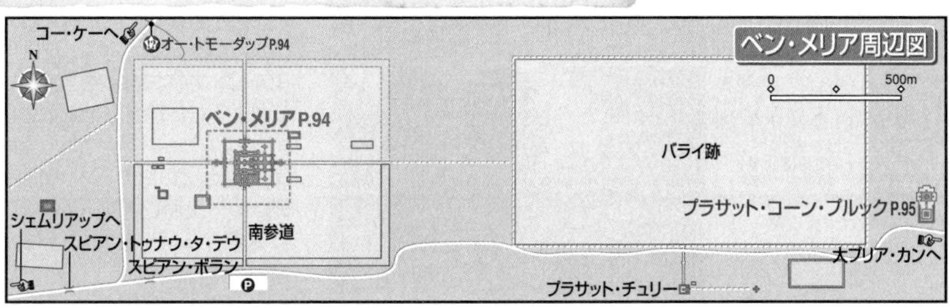

ブリア・ヴィヘア P.100
バンテアイ・チュマール P.102
バンテアイ・トアプ P.103
コー・ケー P.98
クバール・スピアン
プノン・クーレン
大プリア・カン P.96
バンテアイ・スレイ
ベン・メリア
アンコール・ワット
シェムリアップ
ロリュオス遺跡群
バッタンバン
サンボー・プレイ・クック P.104
トンレサップ湖 Tonle Sap Lake
50km

盗掘が繰り返された悲運の寺院

大プリア・カン

MAP 折 表 -1B

Preah Khan, Kampong Svay ព្រះខ័ននៅកំពង់ស្វាយ (プレアハ・カン・ナウ・コンポン・スヴァーイ)

創 建 者：スールヤヴァルマン一世
創建年代：11 世紀中頃
信　　仰：ヒンドゥー教
寺院形態：平地式

見学時間 2 時間

アクセス シェムリアップから 車 =5 時間

アンコールから出発し、ベン・メリア（→ P.94）を経由する古道を進み、さらに東へ約 50 ㎞の位置に大プリア・カンがある。地元の人たちはここをバカーンと呼ぶ。大プリア・カンは、一辺を約 4.8 ㎞四方の土塁壁に囲まれた都城の中央に位置する寺院である。19 世紀末、フランスの調査隊がここを訪れ多数の彫像を本国へ持ち帰り研究成果を挙げた史実があり、現在はパリのギメ東洋美術館のコレクションとなっている。プノンペンの国立博物館（→ P.230）所蔵の第一級品であるジャヤヴァルマン七世像頭部（通常非公開）はここから出土している。現在世界には 4 つのジャヤヴァルマン七世像が存在するが、うちふたつがカンボジアに残る。雨季には「陸の孤島」となり、長らくカンボジアで最も訪問が困難な遺跡のひとつであった。昨今、道路事情が大幅に改善され、訪問者が急増している。ここには永遠に残る「負の遺産」の側面として盗難者による破壊跡があることをあえて強調しておきたい。中央本殿周囲の彫刻はほぼ例外なく壊されている。石の素人が力ずくで引き剥がした結果である。

❶プリア・ストゥンの四面仏。祠堂付近は崩落の石塊が散乱し足場が不安定なため要注意　❷プリア・トコルのガルーダは非常に美しく、これを見るためだけでもこの地を訪れる価値はある。ただし雨季は水没した道なき道を進まなければならず、かなり大変

遺跡は大プリア・カン（中央寺院）に加えて、ほかに主要なものは以下の 4 つ。

①プリア・ストゥンはバライ（貯水池）の西テラスに当たる遺跡で、四面仏の塔をもつ。遺跡訪問時に必ず通過するので訪問は容易（写真①）。

②バライ中央のメボン（プリア・トコル）のガルーダ彫刻は迫力があり一見の価値がある。バライ内部は目標物に乏しくアクセス路がわかりにくいので要注意（写真②）。

③バライ南東隅部にゾウの彫像のあるプリア・ダムレイがあり、頂部よりバライの水面を見下ろすことができる（写真③）。

④高さ約 9.5 mの仏陀立像が四方に向かって立つプリア・チャトモック（写真④）。

この遺跡から東にかけての地域は、古代からクイという少数民族の居住地域であった。クイが鉄を生産し王朝に献上していたという記録も残る。20 世紀半ばまで実際に鉄を生産していたようだが現在では廃れてしまった。アンコール・ワットでも実は相当量の鉄が石材の固定のために使用されているが、この地域から運ばれた可能性が高い。

❸プリア・ダムレイのゾウの彫像。眼下にはバライが広がる。ダムレイとはゾウの意味　❹ 2018 年に副首相が資金提供し、修復されたプリア・チャトモックの姿は圧巻（三輪悟氏提供）　❺伽藍（がらん）中央付近の祠堂は崩れ落ち、足元が不安定なため要注意

attention

カンボジアの治安は改善されてきているが、特に遠方の遺跡では携帯電話の電波が届かない地域も多い。緊急時の連絡が取れずに事故・けがへの対応が困難であることは肝に銘じておきたい。また、地雷マークのあるエリアには絶対に立ち入らないこと。

❻大プリア・カンの中央寺院への入口となる東塔門　❼崩壊しかけた塔門をくぐって進むと、中央祠堂へいたる　❽乱暴に削り取られたデバター。残っていれば非常に美しいレリーフだったはずだ

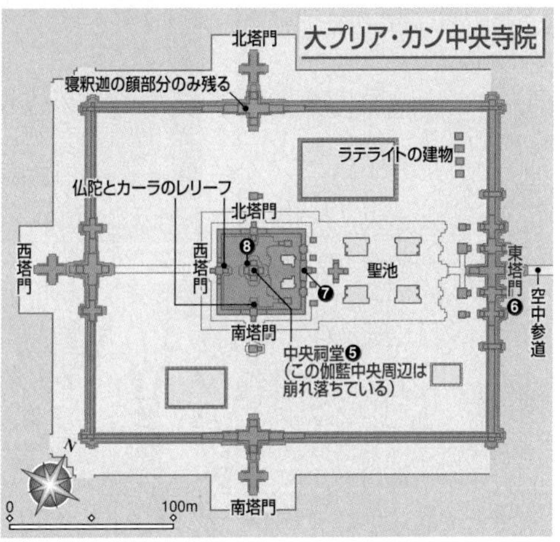

information

実際の遺跡訪問ルートは、シェムリアップから国道6号線を東へ進み、コンポンクディを過ぎ、次の町ストーンから北上するルート（片道約150㎞）が一般的だ。かつては未舗装部分が長く窪地も複数あったが、鉄筋コンクリートの橋が整備された。遺跡近くのタセン村とプリア・ヴィヘア州の州都を結ぶ道路も大規模に整備され、プリア・ヴィヘア州からの訪問も可能になった。

見学にはアンコール・パスは必要ないが、ここ独自のチケット5US$が必要。

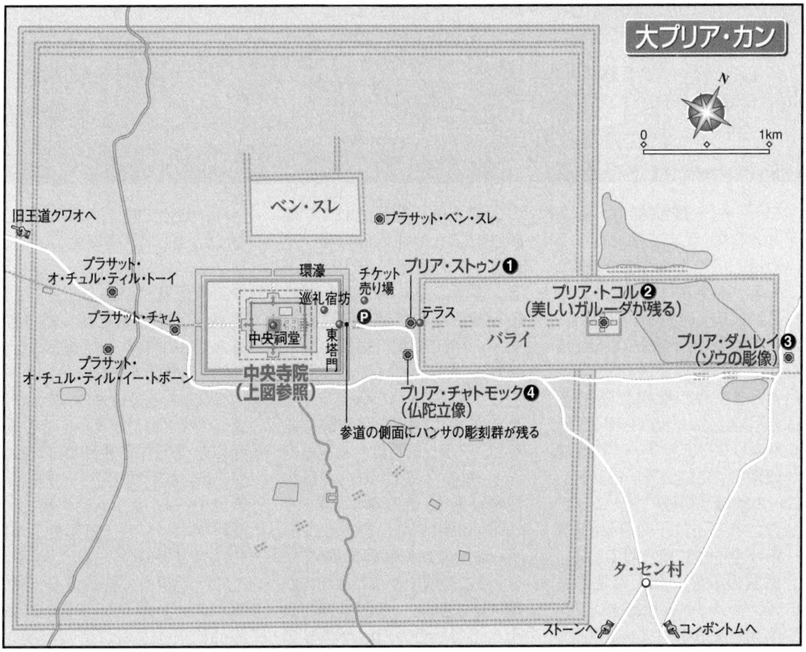

大プリア・カン

N
0
1km
ベン・スレ
プラサット・ベン・スレ
旧王道クワオへ
プラサット・オ・チュル・ティル・トーイ
環濠
チケット売り場
プリア・ストゥン❶
巡礼宿坊
プリア・トコル❷
(美しいガルーダが残る)
プラサット・チャム
P
テラス
中央祠堂
東塔門
バライ
プリア・ダムレイ❸
(ゾウの彫像)
プラサット・オ・チュル・ティル・イー・トボーン
中央寺院
(上図参照)
プリア・チャトモック❹
(仏陀立像)
参道の側面にハンサの彫刻群が残る
タ・セン村
ストーンへ
コンポントムへ

※地図上①～⑧の番号はP.96～97の写真の番号に対応しています。

高さ約35mの7段ピラミッドが見事

コー・ケー

MAP 折表-1B

Koh Ker ការកេរ្តិ៍ (コホ・ケー)

見学時間 2時間

創 建 者：ジャヤヴァルマン四世
創建年代：10世紀初頭
信　　仰：ヒンドゥー教（シヴァ派）
寺院形態：平地式（一部ピラミッド式）

アクセス シェムリアップから 🚗=2時間30分

見事なピラミッド式寺院のプラン。建設当時は頂上に中央祠堂が建っていたと考えられている

1

2 3

コー・ケー遺跡群は、921年から941年まで都となっていたほどの、この地方の拠点である。遺跡数は60ともいわれる。長らく道路状態が悪く、かつては訪問そのものが困難な地域であった。2005年7月からアプサラ機構が遺跡管理を担当していたが、2016年4月よりプリア・ヴィヘア機構が管理を引き継いでいる。アンコール地域と同様にゾーニングが施されており、約9㎞四方一帯が全面的に守られている。

都城の中央に最大寺院であるプラサット・トムがある。プノンペン国立博物館（→P.230）の入口正面に展示されている高さ約2mの巨大なガルーダ像は、この遺跡の出土品である。環濠（かんごう）に囲まれた伽藍（がらん）には、小ぶりのれんが造りの建物が並ぶ。中央祠堂には覆い屋が架かるが、これはれんがに残る古代の壁画彩色を保護するためである。寺院の西裏側に回ると、プランと呼ばれる高さ約35mもの7段ピラミッド形の建物があり、その姿は入場チケットに印刷されているほどコー・ケーを代表する景観となっている。ここの頂上からの樹海の眺望はすばらしい。2014年に頂上へ上るための階段が再整備され、安全に観光できるようになった。さらに背後に土の小山、プノー・ダムレイ・ソー（白ゾウの墓の意）がある。ここは、民話伝承で「娘を捜し続けて死んだ白ゾウの王が葬られた」とされる場所である。

ラハールと呼ばれる大きなバライ（貯水池）があり、その周囲にも見るべき遺跡が点在している。プラサット・リンガ1（プラサット・トゥナン）を代表とする巨大なリンガ（直径約1m）を包含する塔が一列に並ぶ。この巨石リンガ群は必見である。プラサット・クラチャップは、四面に破風（はふ）をもつ建物が美し

❶プラサット・プラムには木の根が血管のように巻きついている。今では希少な景観のひとつである　❷５万リエル紙幣にも描かれる、プラサット・ダムレイのゾウの彫像。首には鈴が付けられている　❸プラサット・クラチャップの破風。中央には水牛に乗るヤマが描かれている　❹直径約1m のプラサット・リンガ１（プラサット・トゥナン）　❺碑文柱が林立するプラサット・バンテアイ・ピーチョアン　❻「地雷危険」の立て札のあるエリアには絶対に立ち入らないこと

いプロポーションを見せる。プラサット・ダムレイは、ゾウの彫像が美しい。ラハール南のトラペアン・アン・クナー（池）は、池のほとりの岩盤に美しい彫刻が見られる。プラサット・ニエン・クマウは「黒い貴婦人」という意味で、ラテライトの美しい塔である。

information

シェムリアップから北東へ約 90 ㎞。道路状態は良好。コー・ケー遺跡群の入場には、アンコール・パスは必要ないが、ここ独自のチケット 10US$ が必要になる。遺跡周囲の森の中は地雷の危険が残るため、無用に道を外れないように注意が必要だ。開門時間は 7:30 ～ 17:30。

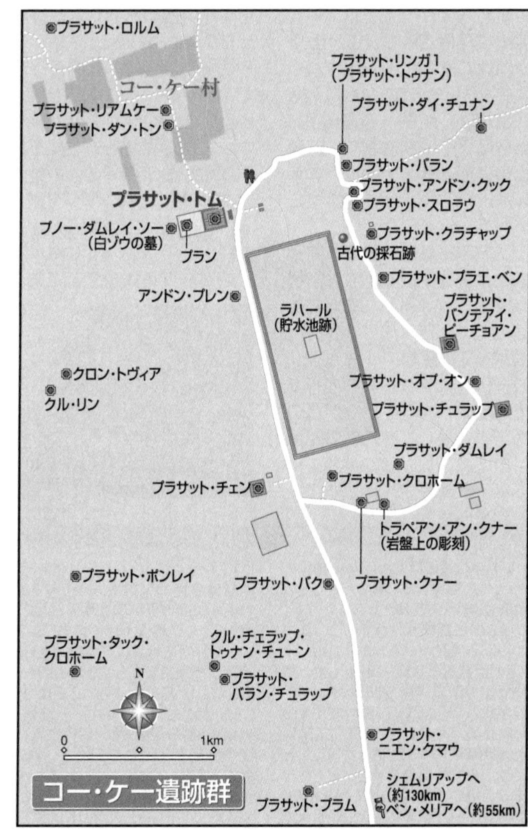

世界遺産の「天空の寺院」

プリア・ヴィヘア

MAP 折表-1B

Preah Vihear ព្រះវិហារ（プレアハ・ウィヒア）世界遺産

創 建 者：ヤショーヴァルマン一世
創建年代：9 世紀末
信　　仰：ヒンドゥー教
寺院形態：山岳テラス式

アクセス シェムリアップから
=4 ～ 5 時間

山頂からカンボジアの大地を見下ろす。この景色を見るためだけでもここへ来る価値はある

2008 年 7 月、カンボジアでアンコール遺跡群に続きふたつ目の世界遺産として登録された、ダンレック山地の北斜面を利用した山岳寺院。9 世紀末、ヤショーヴァルマン一世によって創建されたあと、11 世紀前半にスールヤヴァルマン一世によって大幅に改修された。一般的なクメール寺院とは異なり、ここでは例外的に南北軸が伽藍（がらん）の基軸となっている。大まかな全体構成としては、5 つの塔門が北から南へ水平距離約 800m にわたり、一直線上に配置されている。山頂へ向けて標高約 100m を登りながら参詣することになる。第一塔門から北側へ石段を下りた谷はタイとの国境で、南側山頂は断崖絶壁となり、広大なカンボジアの大地を見渡すことができる。

訪問時に最初に見える第一塔門は旧 2000R 紙幣の図柄に採用されており、構造美を見せる（2023 年 3 月現在、鉄パイプの足場で一部が見えづらい）。ここから東へ向けて古い小道があり、石段が山の裾野まで続く。歩行者のために木造の階段が整備されているが、標高差 500m 弱あるため体力に自信のない人にはおすすめできない。

第二、第三塔門は水平に伸びる姿が美しい。元来屋根は木造瓦葺きであったが、現在では失われて石造部分のみが残る。各塔門の破風（はふ）に残されたレリーフはすばらしい。

第五塔門はシヴァ神を祀る祠堂を中心に、回廊、塔門などで構成されている。

遺跡訪問の際、山の麓に着く直前、道は山の裾野を東から西へ迂回しながら進む。途中、右側に見える天空にそびえる海抜約 650m の山の雄姿はすばらしい。カンボジア側から訪れるときにしか見られない景観だ。

遺跡訪問の中継地点であるスラアエムの数 km 北側で「フンセン・エコ・ヴィレッジ」という開拓村を通過する。この村の一角に政府が国内で初めて独自に建設した博物館「エコ・グローバル・ミュージアム」が 2018 年に開館。大プリア・カン（→ P.96）出土の、両手を上げるシンハ像はユニークで一見の価値がある。遺跡周辺に住んでいた住民たちは、遺跡の管理目的のためにこの村に強制移住させられた。

❶第一塔門への階段にはナーガの欄干が　❷伸びやかなプロポーションの第一塔門。旧 2000R 紙幣の図柄にもなった　❸第二塔門の乳海攪拌のレリーフ　❹第三塔門の破風に描かれた、右手で山を持ち上げるクリシュナ神

attention

この寺院遺跡はカンボジアと隣国のタイとの国境線上に位置し、長年その領有権問題が懸案となっていたが、1962 年、国際司法裁判所によってカンボジア領と認められた。2008 年 7月の世界遺産登録を契機として、遺跡周辺の国境線画定問題について、再びカンボジアとタイ両国の間で緊張が高まり、同年 10 月以降、遺跡周辺では両軍による銃撃戦が何度も発生し、双方に負傷者が出た。2023 年 5 月現在、国境監視隊のみを残して両国の主力軍隊は撤収し緊張状態は和らいでいる。とはいえ国境付近の地雷は意図的に撤去されておらず、むやみに森の中へは立ち入らないこと。日本の外務省では、プリア・ヴィヘア遺跡周辺地域に「渡航の是非を検討してください」との危険情報を発出していたが、2014 年 12 月に解除した。2023 年 5 月現在、一般見学者はタイ側との往来は一切できない。国境のゲートはこの 20 年近く施錠と開錠を繰り返しており、それゆえカンボジアとタイ両国間の微妙な関係のバロメーターともいわれている。

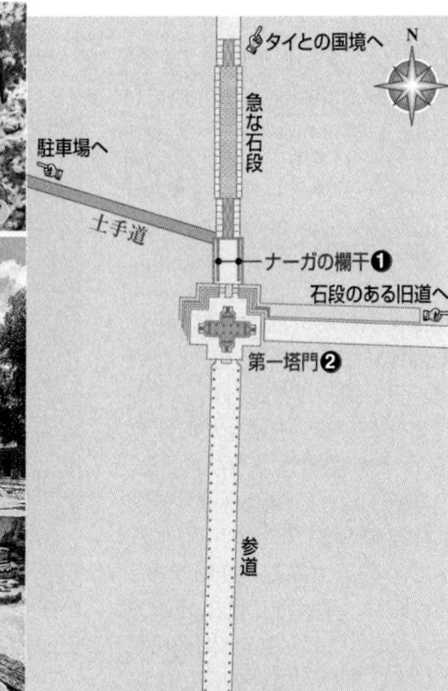

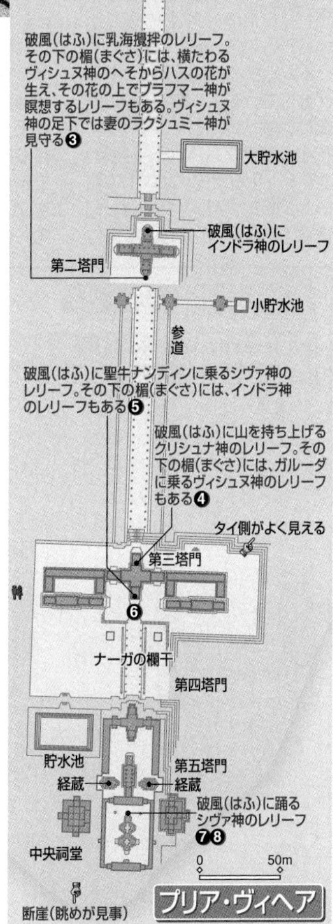

❺第三塔門の破風上部に小さく描かれた、聖牛ナンディンに乗るシヴァ神　❻第三塔門を過ぎるとナーガの欄干がある　❼中央祠堂の破風に描かれた、踊るシヴァ神　❽中央祠堂内では占いが行われていることもある

information

シェムリアップの町を起点としてプリア・ヴィヘア遺跡を訪れるにはいくつかの経路が考えられるが、現在はアンロンベン経由が一般的である。地図上の直線距離はわずか 140 kmほどだが、道のりは片道約 240 kmある。近年、道路はほぼすべて舗装されているが、季節にかかわらず不測の事態に備えて、四輪駆動車の使用をすすめる。遺跡への道は、最終的にすべてがスラアエムを経由し、そこから約 20 kmで遺跡のある山の麓に到着し、さらに約 6 kmの山道を上り、ようやく遺跡に到達する。

山を上る際は、地元の車やバイクに乗り換えることになり、定額のチケットを購入する（車 1 台 25US$、バイクタクシー 5US$)。遺跡見学のためのチケットは 10US$。チケット購入の際パスポートの提示を求められるので注意(2023 年 3 月現在)。

山の麓から頂部（第一塔門、標高約 575 m）までは、比高 500 mを上る道路が未整備ながら開通しているが、まれに崩落が起き、車両が通れなくなることもあるので注意が必要。

開門時間は 7:30 ～ 16:30。

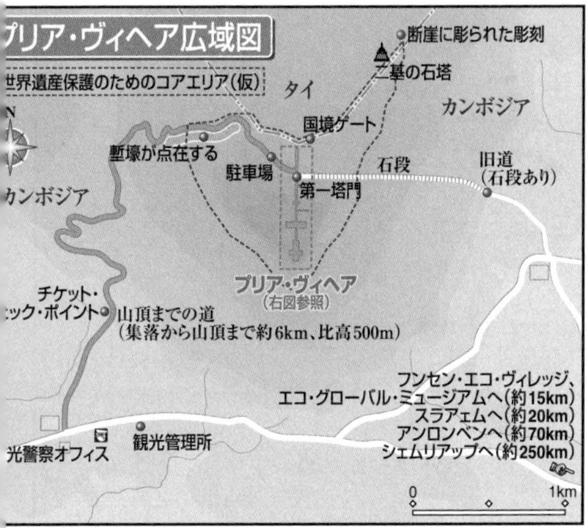

※地図上①～⑧の番号は P.100 ～ 101 の写真の番号に対応しています。

千手観音のレリーフが有名な

バンテアイ・チュマール

MAP 折 表-1B

Banteay Chhmar ※ បន្ទាយឆ្មារ（ボンティアイ・チュマー）

創建者：ジャヤヴァルマン七世
創建年代：12 世紀
信　仰：仏教

アクセス シェムリアップから 🚗=3 時間

1

　ジャヤヴァルマン七世が我が子の死を弔うために建立した寺院。アンコールと現在のタイのピマーイを結ぶ古道近くに建立され、その重要性がうかがえる。

　幅約 65m の環濠（かんごう）（堀）に囲まれる東西約 700m、南北約 600m の広大な敷地を有するこの寺院は、周囲を二重の環濠で囲まれ、正面が東向きに造られている。また、遺跡の東には東西約 1600m、南北約 800m のバライ（貯水池）も造られている。回廊の内側は激しく崩壊が進んでいるが、遺跡周囲の回廊には長大なレリーフがあり、有名な観世音菩薩（千手観音）やクメール軍とチャンパ軍の戦い、ジャヤヴァルマン七世と阿修羅の戦い、王宮内の様子などが描かれている。

　この寺院は 1990 年代に組織的な盗掘集団の被害に遭い多数の彫刻が剥ぎ取られ、今もその痕跡が生々しく残っている。回廊西面の観世音菩薩も 1998 年頃に盗掘被害に遭い、石塊が散乱していたが、現在、修復工事が進んでいる。2022 年 8 月には、プノンペンの国立博物館に展示されていた 2 体の観世音菩薩のレリーフが現地に運ばれ、設置された。計 6 体の観世音菩薩が並ぶ姿は、この遺跡最大の見どころとなっている。

　周囲には衛星寺院と呼ぶべき小寺院が東西南北に各ふたつずつ配されている。寺院南にあり最もアクセスの容易なプラサット・タ・プローム遺跡は四面仏の塔が美しい。またバライの中央には二重の環濠をもつメボン寺院

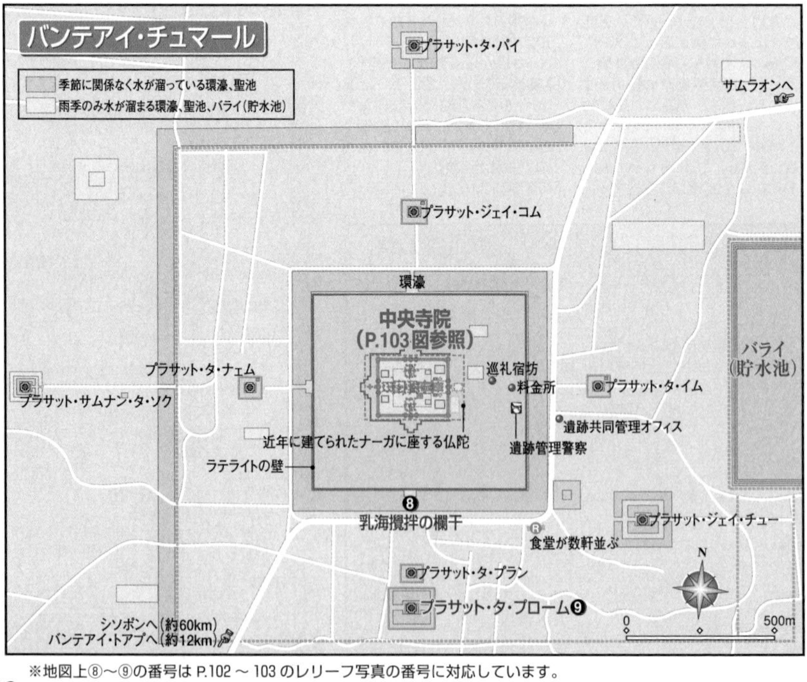

バンテアイ・チュマール

季節に関係なく水が溜っている環濠、聖池
雨季のみ水が溜まる環濠、聖池、バライ（貯水池）

プラサット・タ・パイ
サムラオンへ
プラサット・ジェイ・コム
環濠
中央寺院（P.103 図参照）
巡礼宿坊
料金所
プラサット・タ・イム
バライ（貯水池）
プラサット・タ・ナェム
プラサット・サムナン・タ・ソク
遺跡共同管理オフィス
近年に建てられたナーガに座する仏陀
遺跡管理警察
ラテライトの壁
⑧ 乳海攪拌の欄干
食堂が数軒並ぶ
プラサット・ジェイ・チュー
プラサット・タ・プラン
プラサット・タ・プローム⑨
シソポンへ（約60km）
バンテアイ・トアプへ（約12km）
0　500m

※地図上⑧～⑨の番号は P.102 ～ 103 のレリーフ写真の番号に対応しています。

があり、乾季には徒歩で訪問が可能だ。いずれも雨季にはアクセス路の多くがぬかるんで通行不能となる。南に約12kmシソポン方面に進むとバンテアイ・トアプ（MAP 折表-1B）という遺跡があり、ここには文様のついた木製の天井板が残り、貴重な資料となっている。

❶プノンペン国立博物館から戻された、2体の千手観音（三輪悟氏提供） ❷東塔門テラスのガルーダ像は美しい姿で残っている ❸楣（まぐさ）に描かれた、バラモンがブラフマー神とブラフマー神の乗り物とされる聖鳥ハンサにハープの音楽をささげるレリーフ。ブラフマー神のレリーフはカンボジア全体でも数が少なく、非常に貴重なものだ ❹破風に描かれた、魔王に矢を射るラーマ王子のレリーフ ❺戦争に向かうジャヤヴァルマン七世のレリーフ。馬車に乗り指揮を執るのがジャヤヴァルマン七世 ❻ジャヤヴァルマン七世と阿修羅の戦いのレリーフ。剣を振るうのがジャヤヴァルマン七世 ❼最も有名な観世音菩薩（千手観音）のレリーフ ❽修復が進む南参道の乳海攪拌の欄干 ❾プラサット・タ・プロームの四面仏の塔。遠目からでもその美しさが確認できる

information

シェムリアップから遺跡までは約170km。シソポンあるいはクララン経由で行くのが一般的。アンコール・パスは必要ないが、この遺跡独自のチケット5US$が必要。

現在、カンボジア政府文化芸術省が中心となり遺跡の修復作業を行っている。作業区画には立ち入らないこと。

遺跡の南東に市場や食堂がある。

attention

この地域は撤去されていない地雷が相当数残り、また治安も悪い。もし訪れる場合は、シェムリアップからツアーに参加するか、車をチャーターし、カンボジア人ガイドを同行すること。シソポンからバイクタクシーで訪れることは絶対にやめるべき。遺跡では崩落石材の上を歩くことになるので、足元に十分に注意すること。衛星寺院の位置はわかりにくいので要注意。

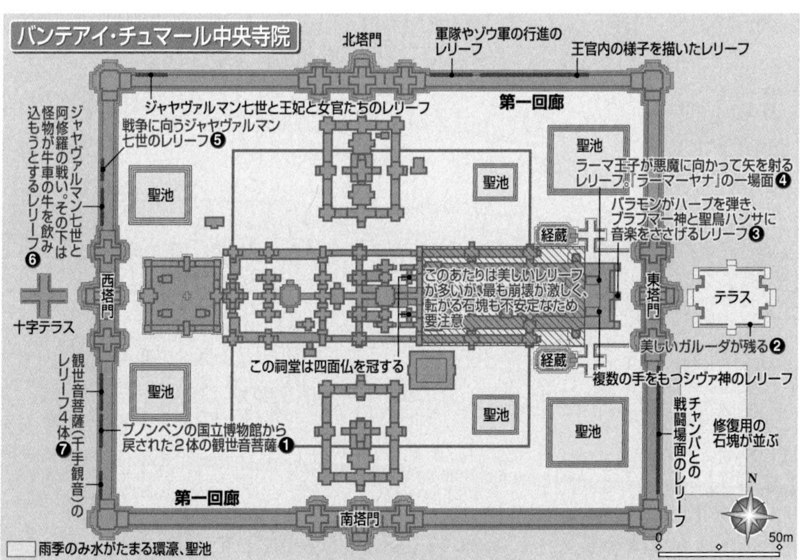

※地図上①～⑦の番号はP.102～103のレリーフ写真の番号に対応しています。

カンボジア 3 番目の世界遺産

サンボー・プレイ・クック

MAP 折 表-2C

Sambor Prei Kuk សំបូរព្រៃគុក（ソムボー・プレイ・クック） 世界遺産

創 建 者：イーシャーナヴァルマン一世
創建年代：7 世紀初頭～9 世紀
信　　仰：ヒンドゥー教
寺院形態：サンボー・プレイ・クック様式

見学時間 2時間

アクセス シェムリアップから 🚗=3 時間
コンポントム中心部から 🚗=30 分

❶プラサット・サンボーの N7 建物の全景。八角形の平面をもつ建物はクメール建築のなかではこの遺跡だけに見られる特徴

アンコール遺跡群、プリア・ヴィヘア（→ P.100）に続き、2017 年、カンボジア第 3 の世界遺産となった注目のプレ・アンコール遺跡。

プレ・アンコール期を代表するれんが造遺跡群は、7 世紀前半、イーシャーナヴァルマン一世（616 ～ 638 年）が創建したと考えられる。同じ頃日本では、聖徳太子が法隆寺を創建した（607 年）。現存する世界最古の木造建築である。

唐僧の玄奘（げんじょう）（602 ～ 664 年）が『大唐西域記』（646 年）の中で「伊賞那補羅国（=イーシャーナプラ都城）」に言及していることから、当時においてもここが国外に知られる存在であったことがわかる。

サンボー・プレイ・クック遺跡は、八角形の祠堂や「空飛ぶ宮殿（フライング・パレス）」のレリーフなど、クメール建築のなかではこの遺跡だけに見られる建築・美術様式が特徴で、20 世紀初頭よりフランスの研究者が注目し調査を行ってきた。

遺跡は東西 6 km、南北 4 km 以上にわたる広範囲に散在し、およそ 60 基のれんが塔が現存する。遺跡地域の西側には環濠に囲まれた都城跡がある。

観光の中心となるのは遺跡地域の東寄りで、主要伽藍が 3 つあり、おのおの**プラサット・サンボー**（北：N グループ）、**プラサット・タオ**（中央：C グループ）、**プラサット・イェイ・ポアン**（南：S グループ）の呼称がある。それぞれの見どころを紹介しよう。

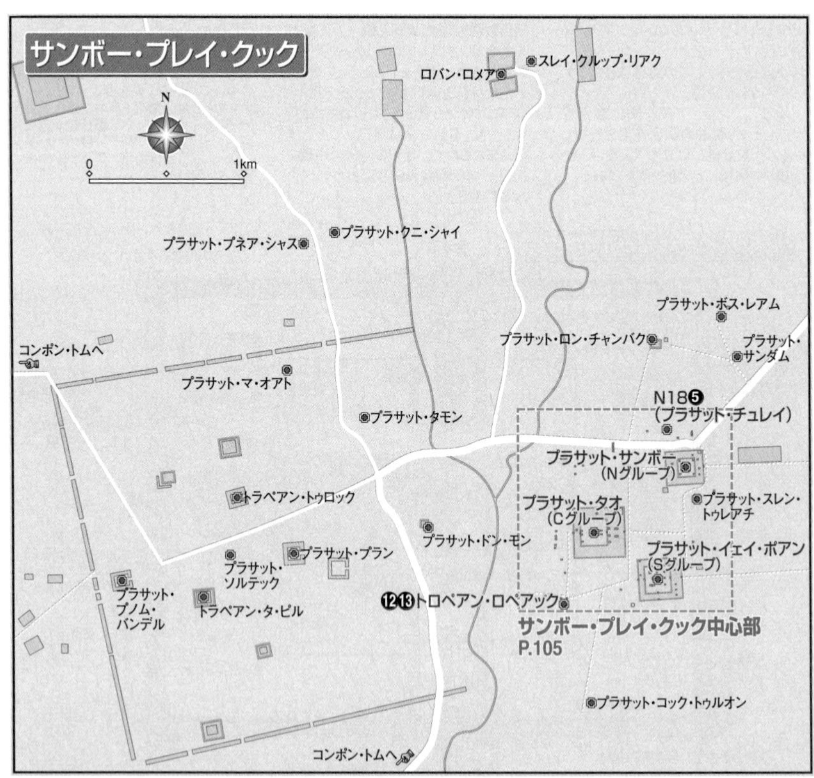

※地図上①～⑯の番号は P.104 ～ 107 の写真の番号に対応しています。

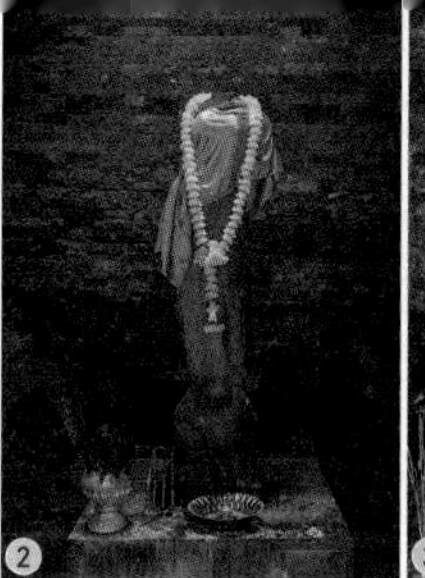

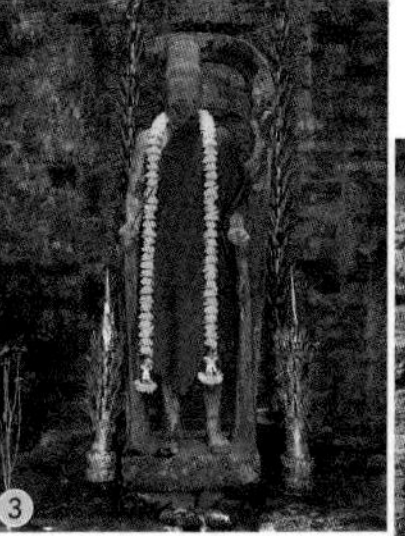

●プラサット・サンボー

N7の八角形の塔①には、宮殿のような建物を「グリフォン」※と思われる生物が持ち上げているような構図の「空飛ぶ宮殿④」などの彫刻が見られ興味深い。

N9には、シヴァ神の妻ウマの化身であるドゥルガー像のレプリカ②が、N10にはシヴァ神とヴィシュヌ神の合体神ハリハラ神の彫像のレプリカ③が置かれている。ちなみにどちらもオリジナルは、プノンペンの国立博物館(→P.230)にある。

❷戦う女神ドゥルガー像のレプリカ。官能的な腰のひねりにもヘレニズムの流れを感じられる（N9）
❸雨によって顔が削られてしまったハリハラ神像のレプリカ。この彫像はぜひ国立博物館のオリジナルを見たい（N10）
❹プラサット・サンボーのN7塔に見られる「空飛ぶ宮殿」の彫刻。下方にグリフォンの彫刻も見られる

※「グリフォン」とは古代オリエントに起源をもち、上半身が翼をもったワシで、下半身がライオンである空想上の生物。

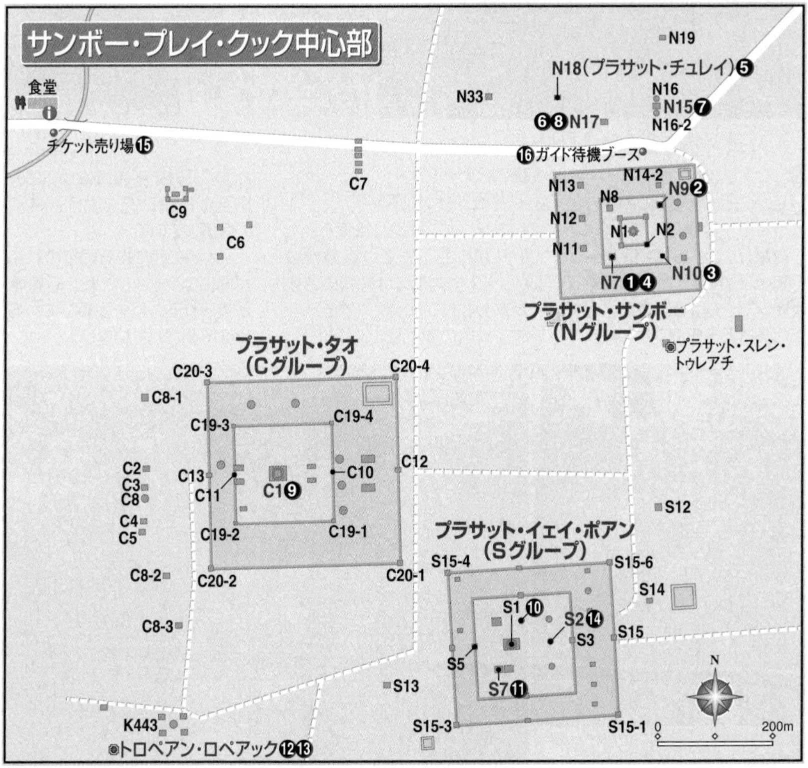

サンボー・プレイ・クック中心部

食堂
チケット売り場⑮
C7
C9
C6
N33
N19
N18（プラサット・チュレイ）❺
N16
N15❼
N16-2
❻❽N17
⑯ガイド待機ブース
N14-2
N13
N9❷
N8
N12
N1
N2
N11
N10❸
N7❶❹
プラサット・サンボー（Nグループ）
プラサット・スレン・トゥレアチ
プラサット・タオ（Cグループ）
C20-3
C20-4
C8-1
C19-3
C19-4
C2
C13
C10
C12
C3
C11
C1❾
C8
C4
C5
C19-2
C19-1
C8-2
C20-2
C20-1
C8-3
S12
プラサット・イェイ・ポアン（Sグループ）
S15-4
S15-6
S14
S1❿
S2⓮
S3
S15
S5
S7⓫
S13
K443
S15-3
S15-1
トロペアン・ロペアック⓬⓭
N
0
200m

※地図上①～⑯の番号はP.104～107の写真の番号に対応しています。

❺N18 建物北面。建物を樹木が締めつける典型的な様子が残されている。かつては多くの建物がこのような状態であった

●プラサット・サンボーの北

N15の「空飛ぶ宮殿」のレリーフ❼はきれいに残っており、この遺跡の入場チケットにもプリントされている。

N17は砂岩製の箱形建物❻で、屋根にヘレニズム風の顔❽が彫られ、西方文化との交流を感じさせる。

プラサット・チュレイ（N18）❺には、樹齢200年ほどの樹木が激しくからみ、整備前の姿をしのぶことができる。

❻N17の建物は新しく見えるが、初期に造られたとされる ❼「空飛ぶ宮殿」の中には三角帽子をかぶった人々の姿が多数。宮殿の出入口には門衛神の姿も（N15） ❽N17の屋根に彫られたヘレニズム風の顔。縁に手を添えているようにも見える

●プラサット・タオ

C1塔正面入口の両脇に立つライオン像❾は、クルクルとした鬣（たてがみ）やボリュームのある下半身など、独特のデザインで、しばしば遺跡群全体を代表するモチーフとされる。

●プラサット・イェイ・ポアン

アンコール遺跡には見られない八角形平面をもつ塔❿が多い。S2塔内部には独特の台座があり、N17と類似するヘレニズム風の顔面彫刻⓮がある。カンボジア文化芸術省は、この塔全体に覆い屋を設け、特別に保護している。

S7塔の西にある周壁のれんが面にはライオンと戦う図像⓫が見られる。何を表現しているかは解明されていない。

❾C1塔正面入口の両脇に立つライオン像
❿森の中にたたずむ八角形の塔

●その他

プラサット・イェイ・ポアンの西約 500 mの所にあるトロペアン・ロペアックという小さな遺跡群⑫⑬は、訪れる人も少なく神秘的な雰囲気。時間にゆとりがあれば足を延ばしたい。

遺跡地域の北端にロバン・ロメア、スレイ・クルップ・リアクと呼ばれるふたつの小グループがある。アクセスが悪いため訪問には四輪駆動車が必要。

information

シェムリアップから東へ約 180 ㎞。コンポントムの州都から北へ約 30 ㎞。

道路整備が進み、普通自動車での日帰りも可能。季節によっては悪路となることもあるので、事前に確認を。

アンコール・パスは必要ないが、ここ独自のチケット 10US$ が必要。案内表示が少なく、森の中の道はわかりにくいため、ブース⑯で待機している遺跡ガイド（2 時間 6US$ ～）の同行が望ましい。

下記旅行会社では、地域密着型のサンボー・プレイ・クック遺跡ガイドや遺跡周辺の農村でのホームステイのアレンジが可能。

ナプラワークス　Napura-works
☎092-165083（日本語可能）
E-mail info@napuraworks.com
URL sambortime.com

⑪ライオンと格闘する様子。れんがの壁に彫刻が施されている希少な事例だ（S7）　⑫⑬トロペアン・ロペアックは、自然と一体化した遺跡の姿が見られる　⑭ S2 塔内部の台座に見られる西方風の顔面彫刻。貴重な台座は 2006 年に S2 建物とともに崩壊したが、その後修復されている　⑮チケット売り場。道路を挟んでレストランとトイレがある　⑯英語ガイドが待機するブース

聖山の頂に建つ大祠堂

プノン・ダ

MAP 折表 -3C

Phnom Da ភ្នំដា（プノム・ダー）

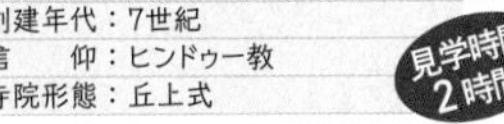

創建年代：7世紀
信　　仰：ヒンドゥー教
寺院形態：丘上式

見学時間 2時間

アクセス プノンペンから 🚗=1 時間 30 分

乾季は車で近くまで行けるが、雨季はボートで行くことになる。単独の行動は避け、信用のおける現地の旅行会社のガイドの同行が必要

タケオから東へ約 15km、プノン・ダの丘に連なる聖なる丘、プノン・バケン山にプラサット・プノン・ダ遺跡がある。山の頂上にラテライトとれんがで造られた大規模な祠堂が 1 塔建ち、この周辺からはプノン・ダ様式と呼ばれる最古のヒンドゥー教の彫像が多数発見されている。この聖山から西に続く小道を下りると、僧院と考えられているアスラム・マハー・ルセイがある。未完成のままであるが、内部の構造を二重にしてその外周を回るようにした平面設計は、インドに見られる神殿と共通している。彫刻は素朴で、インドの小規模な僧院のようだ。

プノン・ダから北西に約 3.5km の所にあるアンコール・ボレイの博物館には、この周辺の遺跡から出土した彫像やレリーフが展示されているので、あわせて見てみたい。

information

この遺跡はアンコール朝の誕生を語るうえで非常に重要な遺跡で、プノンペンなどからの参拝者、見学者も多い。見どころが点在しているわけではないが、個人で行った場合はどこをどう見ていいのかわからない。ガイド付きのツアーに参加するか、個人で行く場合はガイドを付けることが望ましい。ここへはアンコール・パスは必要ないが、独自のチケット 2US$ が必要。

Angkor Wat & Cambodia

アンコール遺跡の楽しみ方

アンコール遺跡の理解を深めるための

クメール建築解読術

1 遺跡へのアプローチ 方位、参道の歩き方

東西の軸線上に入口がある
アンコール・ワット

クメール建築では原則として東西の軸上に建物が配置されている。西側が正面のアンコール・ワットと、南北に入口を設けている経蔵を除けば、基本的に中心祠堂は東側が正面である。したがって、各建物の入口は東西軸上にあるが、それぞれの軸線が微妙にずれている場合もある。この軸線のずれは、造営途中での設計変更や後世の増築によるものとみられる。12世紀以降に支配の確立した王国の辺境地域には、軸線が東西ではなく山頂を目指す寺院もいくつかある。山を聖なるものとする山岳崇拝の影響を受けたものと思われる。これらの方位や軸線の違いは、寺院建設において異なった意図、例えば支配前の土着の信仰を組み入れて旧支配者や住民を抱き込もうとする意図などが反映されたと思われる。方位や軸線の決定にもさまざまな政治的背景や思惑が秘められているのだ。

アンコール期の遺跡年表

年　代	れんが系の遺跡	砂岩系の遺跡
	ロリュオス遺跡群	
879年	プリア・コー (P.87)	
881年		バコン (P.88)
893年	ロレイ (P.86)	
	アンコール遺跡群	
7世紀初頭	アック・ヨム (P.84)	
9世紀末		プノン・バケン (P.66)
9世紀末〜10世紀初頭	プノン・クロム (P.85) バクセイ・チャムクロン (P.67)	プリア・ヴィヘア (P.100) コー・ケー (P.98)
921年	プラサット・クラヴァン (P.75)	
952年	東メボン (P.77)	
961年	プレ・ループ (P.76)	
967年		バンテアイ・スレイ (P.89)
11世紀初頭		ピミアナカス (P.60) タ・ケウ (P.68) クリアン (P.61)
11世紀中頃		バプーオン (P.58) 大プリア・カン (P.96) チャウ・スレイ・ヴィヴォル (P.83)
11世紀末		西バライ (P.84)
12世紀初頭		アンコール・ワット (P.30) トマノン (P.65) チャウ・サイ・テボーダ (P.65) バンテアイ・サムレ (P.78) プリア・パリライ (P.64) プリア・ピトゥ (P.64) ワット・アトヴィア (P.85)
1186年		タ・プローム (P.70)
1191年		プリア・カン (P.80)
12世紀末		バイヨン (P.50) 象のテラス (P.62) ライ王のテラス (P.63) プラサット・スゥル・プラット (P.61) スラ・スラン (P.74) バンテアイ・クディ (P.69) タ・ソム (P.79) ニャック・ポアン (P.82)

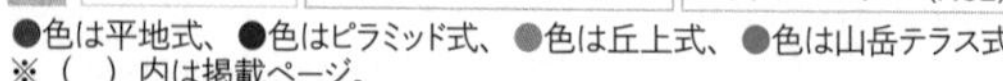
●色は平地式、●色はピラミッド式、●色は丘上式、●色は山岳テラス式
※（　）内は掲載ページ。

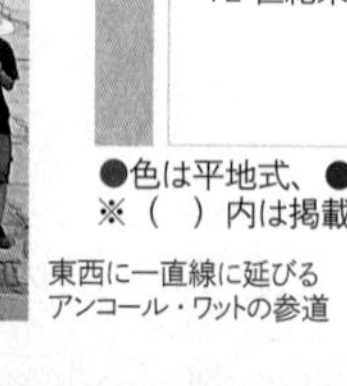
東西に一直線に延びる
アンコール・ワットの参道

2 どんな種類の建物があるのか 各建物の配置

宗教建築は宗教の示す教義や宇宙観を言葉としてではなく、形として表したものである。あるときは人々にわかりやすく、また、あるときは難解な謎解きのように表現される。建物は見て、触り、感じることができるために、言葉以上に宗教の本質を示すことができたのである。しかし、現在はそれぞれの建物がどのように使われたのか、ほとんどわかっていない。宗教はインドからもたらされたヒンドゥー教や仏教だが、土着の信仰と融合して、「クメール教」と呼ばれる、独自の宗教に変化していたためでもある。

現在残る建物から見ると、伽藍（がらん）の中心的な存在はヒンドゥーの神々を祀った**「祠堂（しどう）」**である。内部には王の権力とその永遠性を表現するために、ブラフマー神、ヴィシュヌ神など**ヒンドゥー教の神々が祀られた**。そのほかにも、シヴァ神の化身のひとつである**リンガ**（男性器の象徴）などが信仰の対象として納められていた。リンガ信仰は直接的に生殖を意味していたために、子孫の繁栄や部族の永続性にも通じるものとしてリンガは信奉された。

また、祠堂以外には、経文や宝物を納めた**「経蔵（きょうぞう）」**、ゲートの役を果たす**楼門や塔門**、祭祀を行う僧の生活の場である**「僧房」**、各種の**倉庫やテラス、回廊、周壁**などの付属建築群が縦横に組み合わされている。これらの付属建築物は幾度も増改築が繰り返されており、創建時そのままのものは少ない。この歴史的にも複雑にからみ合ったジグソーパズルを解き明かし、創建時の状態を想像してほしい。

上／中央部、一段と高い所に位置する中央祠堂（アンコール・ワット）　左下／リンガは多くの寺院で祀られている。ただしリンガの部分は損失し台座のヨニのみ残っていることが多い　右下／バイヨンの構造はとても複雑で、建立後に設計変更や増築されたことがわかる

上／四面仏を上部に設けた塔門も特徴的（タ・プロームの塔門）　下／バイヨンの回廊は規模が大きい。これは第二回廊

経蔵は軸線に対して左右対称に設けられていることが多い

宗教建築の工程

あくまでも推測の域を出ないが、クメールの宗教建築は次のような大きな流れで完成されたと考えられる。まず、祭祀のための小さな建物が聖なる山頂などに単独で建てられる。そして、徐々に付属する建築物が付け加えられていく。次に大きな変化として、周壁や回廊と呼ばれる宗教建築を囲む施設が建設される。この時点でやっと本格的な全体設計が必要になってくる。もちろん、以前からあった建物に次々と増改築して、建築物を付け加える手法は、その後も長く続けられた。

上部から眺めると建物の配置がよくわかる（アンコール・ワット）

3 何を感じるか 設計者の造形意図3つのタイプ

王はどのような場所を自らが神になる場所として選んだのだろうか。それは、敷地の種類によって大きく３つのタイプに分類できる。それは、ほぼ高低差のない場所に形成される**「平地式」**、山の頂部を用いる**「丘上式」**、山の斜面を使う**「山岳テラス式」**である。さらに祠堂の配置にはふたつのタイプがある。ひとつは何層にも積み重ねた基壇上に祠堂を配置する**「ピラミッド式」**、もうひとつは平面的に祠堂や付属建築物を配置する**「展開式」**である。

ピラミッド式の東メボン。基壇はラテライトで組まれている

９世紀以前のプレ・アンコール遺跡の多くは、丘上式か平地式であったが、その後、丘上式は自然の地形をも造形に取り込んで、ピラミッド式の基壇を造成した上に祠堂を設けるようになる。ラテライトや砂岩でピラミッド式の基壇を構築し、その上にれんがや砂岩を使った祠堂を設ける手法である。これは天と交信する神聖な場所であった丘陵までを人工的に構築したことを意味している。

大規模な平地式遺跡は、都市施設的な意味合いがある（プリア・カン）

丘上式遺跡のプノン・バケンからカンボジアの大地を見下ろす

4 無数のレリーフの意図は？ 空白を恐れる建築はキャンバスである

アンコール・ワットの華麗なる浮き彫りについて考えてみよう。この墳墓寺院の柱、壁、天井など、目に見える部材は、精緻な浮き彫りで埋め尽くされている。建物全体が「レースのベールで覆われたようだ」と表現する学者もいる。戦乱の続いた時代のカンボジアの人々にとっては、唯一の心の支えであり、精神的な宝石箱のような存在だったともいえるだろう。

古代クメールの王たちは、寺院を地上における一種の楽園として考えていた。そして、神々のすむ天界を夢想し、天上界における楽土を具現化したいと願っていた。それを実現しようとしたのがアンコール・ワットであった。寺院を創建した意図は以上のことから想像できるが、実現されたその壮大なスケールにはやはり驚かされる。それに加えてこの巨大な建造物の基壇から塔頂までを、浮き彫りで埋め尽くそうとした意志からは、かなり“病的な執拗さ”が感じられる。アンコール王朝の主権者は、建物のあらゆる場所に神話から抜け出してきた神々や、動物を描かせた。そしてそれらを引き立てるために、アラベスク状の文様や唐草、花葉文様などを周りにちりばめている。

アンコール・ワットはクメールの民に王の主権を示すと同時に、王自身の神に対する畏怖と尊敬の念を表現した宗教パビリオンでもあった。

復元されたアンコール・ワット第一回廊南面東側の天井は、花状紋のレリーフで埋め尽くされている

Column

王の神と土地神

古来、王は神聖なる場所を定めて絶対的宇宙の支配者である神々と交信した。その交信の手法は、宗教によって異なっていたが、交信場所はそれぞれ共通点があるようである。アンコール地域に残された多くの宗教遺跡は、一種の天界（宇宙）との交信場所であったといえる。それに対して、一般のクメールの人々にとっての神は身近な存在で、土地神ネアック・ター、家族神アラックなどは、彼らの住む村々のそばにある樹木、大きな石、洞窟などに宿っている。

あえて場所を選ばない庶民的な神々は、地域によってさまざまに姿を変え、体系化されていない。これらは本来は同根といえる神々が、王と民衆という信仰する側の立場の違いから、神々にもまた、支配者としての神と非支配者である神、非日常的な神と日常的な神といった違いが生まれてきたとみられる。クメールの神々が神聖視されているなかで、外来のヒンドゥー教や仏教がカンボジアの地に根づくまでには、庶民の神との融合を果たしたことは間違いない。

例えばクメールの土着信仰では、“ピエリ”という一種のナーガが信仰の対象とされている。ピエリは地球を造る神で、人間が死んだときにはピエリに許可を得ることが必要とされている。上座部仏教の説話のなかにもこのピエリは登場する。さらに深くクメールの神々を肌で感じるためには、ヒンドゥー教を学ぶと同時に、人々の生活のなかに根づいた土着信仰の掘り起こしが必要だ。

アンコール・ワットは昔も今も信仰の場

5 工夫が凝らされた建築材料の使い分け

れんがで造られたロレイの祠堂。壁面の彫像は砂岩でできている。当時のれんがは大きさが一定ではなく、厚さも幅も長さもさまざまだった。れんが同士の接触面を擦り合わせて平らにし、密着させて施工した

アンコール遺跡ではさまざまな建築材料が用いられている。おもな建築材料は、最も古くから使用された材料で、装飾と構造材の役割を兼ね備えた**「れんが」**である。そのほかに装飾および構造材としての**「砂岩」**、瓦屋根を支えたり、天井や扉などに部分的に用いられている**「木材」**、構造材としての**「ラテライト（紅土）」**、装飾用の**「漆喰（しっくい）」**の５種類である。

1. 装飾材に適したれんが

アンコール期以前の最も主要な建築材料であったれんがは、構造材であると同時に装飾材でもあった。れんがはすべてが粘土を窯で焼いて造られたものであった。９世紀前後には、砂岩が建築材料として部分的に使われ始めるが、まだれんがによる宗教建築が主流を占めていたようである。

上／鮮やかな赤色砂岩で造られたバンテアイ・スレイ　下／砂岩に施された彫刻(バイヨンの第一回廊のレリーフ)

2. 色合いの妙――砂岩

砂岩は、単に構造材としてだけでなく、彫刻の施しやすい赤色砂岩、青色砂岩、灰色砂岩などが仕上げ材として用いられている。建物の目に見える部分を砂岩で仕上げ、見えない部分は構造材としてラテライトを使うなど、**ふたつの材料を上手に組み合わせた**事例も多い。

もうひとつ見落とせないのは、時代の推移にともなう砂岩材の使われ方である。初期の遺跡では、色合いの似た砂岩材を丹念に組み合わせて積み上げる施工が行われているが、12世紀以降になるとしだいに色違いのものを無造作に積み上げるケースが増えてくる。建設資材が不足し始めていたのである。

そうした使われ方の違いはあっても、基本的な工法は変わらない。モルタルなどの接着材は用いないで、それぞれの接触面を丹念に擦り合わせて平らにし、密着させるシンプルな方法が採られている。

入口上部の楣（まぐさ）部分は緻密な彫刻で飾られていて、見逃せないポイント

上／アンコール・ワットの回廊内にも木材が使用されている箇所がある（第二回廊）
右／砂岩の壁の内部はラテライトで基礎が造られている（アンコール・ワット中央祠堂）

3. 見えない部分には木材も

木材は、石材を積み上げて建築物を造る組積造においては部分的にしか用いられていないが、宮殿建築など王族が日常生活を営む建物は、そのほとんどが木造建築であった。また、木材は木造建築としてだけでなく、組積造建築物の中では**出入口の開口部**に用いられたり、天井材や、扉などの建具としても用いられている。

4. 基礎はラテライト

ラテライトは、アジア地域だけでなく、赤道地域一帯に産出する土壌の一種である。建築材料として広く使用されているが、アンコール・ワットにおいては、主要な構造材料であった。カンボジアの南部では今でも住まいを造る際に土台として使われる。表面が粗く硬質

ピラミッド式のタ・ケウの基壇はラテライトを積んで築かれている

であることから、繊細な彫刻を施すのには適していないが、建築物の構造用や道路の舗装用として利用するには最適な材料である。

5. 年代の古いものに多用された漆喰

漆喰は、9世紀後半のロリュオス遺跡群、東メボン、プレ・ループなど、アンコール期の遺跡のなかでも、比較的古い年代の**建築物のれんが造りの外壁面の装飾**に用いられている。れんがの壁面に装飾を施す際には、大まかにれんがを削って下書きを行い、漆喰を塗って文様をつける方法が採られている。この方法はれんがに直接細かな彫刻を施すよりも、作業が簡単である。しかし漆喰は、剥がれやすく耐久性が低いことから、しだいに用いられなくなった。

偽扉の脇のデバターが剥がれ落ち、漆喰の跡のみ残る。壁面の穴は漆喰を剥がれにくくするためのもの（バクセイ・チャムクロン）

迫り出し構造で造られた入口上部（プレ・ループ）

6 施工技術の秘密 迫り出し構造

クメールの宗教建築では、組積造が基本である。しかし、組積造の場合には壁を造ることは容易であっても、屋根を架けるのは難しい。そのため当初は壁だけを組積造で造り、屋根は木材などの軽量の材料で架けたようだ。アンコール期になると恒久的な建築物を造るために、屋根も組積造で造ることが工夫されている。クメール建築では、**石材を少しずつ迫り出して屋根を架ける「迫り出し構造」**が一般的だ。隣国のチャンパやジャワなどでも、同じ構造が用いられている。

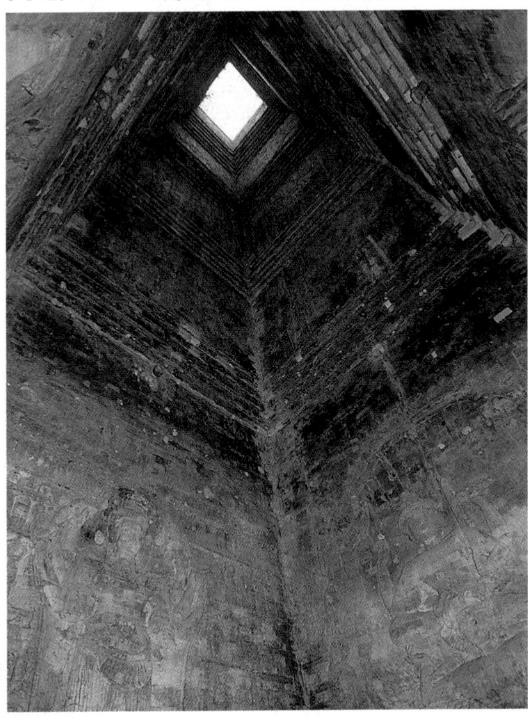

祠堂内に入ったら、天井を見上げてみよう。屋根も迫り出し構造で造られている（プラサット・クラヴァン）

7 手抜きの魅力
見える所から造る

完成すれば美しい浮き彫りになったと思われる、アンコール・ワット東塔門に残る未完成部分

クメール建築では、完成されたはずの建物のあちこちに、途中で仕事を放棄したような未完成部分が多く見られる。特に彫刻部分にはそうした箇所がはなはだしい。

王が急死して工事が途中でストップした場合を除いて、未完成部分が残された理由は明らかではない。アンコール・ワットのように完成度の高い建物でも、未完成部分は多く残っている。

宗教建築物は竣工期日が決まると、その日までに完成するように、全力で仕事が進められる。たとえ部分的に未完成であっても、儀式が済めばそのあとに工事を追加することはなかったらしい。そのため、彫刻などの最終的な作業工程は、まず見える所から進められた。竣工の期日が占いや暦の吉日によって決められたため、作業総量と作業時間が釣り合わなかった結果、未完成部分が残ったのだろう。

しかし、約30年の歳月をかけて完成されたとされるアンコール・ワットに手抜き箇所が多く見られることは、やはり納得できない。石工や彼らを統括した監督官だけでなく、いわば発注者である王やその一族にとっても、細部を含めたパーフェクトな完成は、それほど重要視されていなかったとも考えられる。

東南アジアの建築に共通する特徴のひとつに、「見られること」を強く意識した造形を挙げることができる。見えない所にまで神経を注いで仕事をする日本人の感覚と、東南アジアの感覚を安易に比較することはできない。しかし、極論すれば、アンコール・ワットは見られることの頂点を極めた建築である。さまざまな建築造形的なテクニックを用い、それらを凝縮した総合作品がアンコール・ワットである。この大宗教施設の完成後、人々はそのできばえに満足して、新たな創造へ挑戦するエネルギーを失ったのであろうか。造形意欲の衰退とともに、粘り強く作業を進める熱意も放棄してしまったようである。もうこれ以上の建築はできない、あんなにつらい仕事はこりごりだ、そんな退廃的な雰囲気がカンボジア世界に蔓延したのかもしれない。

ある意味ではいいかげんとも見える精神と、遺跡の各部に残された精緻な彫刻や独自の建築技術とのギャップが、クメール建築のもつ魅力であろう。

（重枝　豊）

Column

「甘いキュウリの王」の伝説

バンテアイ・サムレ（→ P.78）は「サムレ（ソムラエ）族の砦」という意味で、このサムレ族に伝わる有名な伝説がある。

サムレ族の娘、レンが畑仕事をしているところへ、森から出てきた隠者が通りかかった。レンの美しさにひかれ、隠者はその情念で彼女を妊娠させた。やがてレンは男の子を出産し、その子をバウと名づけた。隠者は森に帰り、バウは父親のことを知らないまま育ったが、母親に父親のことを聞き、森へ父親を探しに出かけた。森の中で瞑想する隠者に出会ったが、彼には父だということがわからない。隠者は息子だと気づき、バウにキュウリの種を与えた。

村に帰ったバウがさっそく種をまくと、とても甘いキュウリが実った（そのキュウリは現在もあり、トロソッスラウという）。その評判は高まり、王にも献上するようになった。王はこのキュウリがことのほか気に入り、ほかへは売らず自分のためだけに作るよう命じ、畑に泥棒が侵入したら殺すようにと槍を与えた。

雨季に入りキュウリの収穫が減り、王への献上も減少した。王は食欲を抑えきれず畑に忍び込む。泥棒だと思ったバウは槍を投げて王を殺してしまった。

王には後継者がおらず、王宮の高官たちは、神象といわれる白いゾウを放してゾウが背中に乗せた人を王にするという神意に任せる方法を採ることにした。ゾウは高官たちを無視し、バウの前にひざまずいて背中に乗せた。こうしてバウが王に選ばれ、バンテアイ・サムレという寺院を建てたという。が、高官たちはバウに敬意を払わなかったので、バウは彼らを処刑し、王宮は混乱を極めた。このことを知った隠者は、呪いをかけ、以後アンコールを都としないようにした。このあと、アンコールはさびれ、ほかの町が都となったという。

この伝承はカンボジアでは広く知られている。

左／アンコール・ワットの偽窓。デザインを重視しているのがわかる　右／時間帯によっては連子窓が光の模様を生み出す（アンコール・ワット第一回廊）

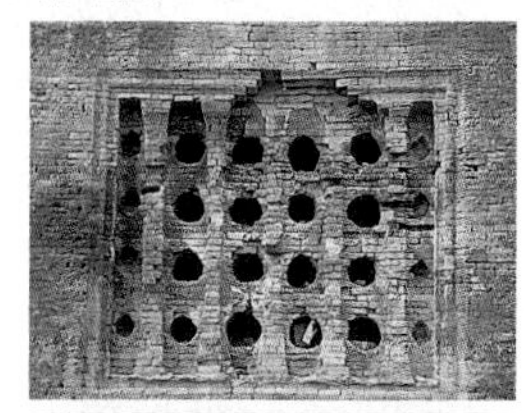

上／ロリュオス遺跡群のバコンの多孔型窓
下／プレ・ループのスリット状窓

8 建築の重要な要素 窓に隠された秘密

クメールの３つの窓

アンコール・ワットの魅力を解明するための重要な視点のひとつに、開口部、つまり窓の処理の方法がある。クメール建築における窓の処理は重要で、大きく３種類に分けることができる。

一番目は､砂岩製の側柱（または積み石）を両側に立て、その上に同じく砂岩の楣石を載せて処理する**楣式の開口部**である。この開口部を３～９本の格子で支えたものを**連子状窓**と呼ぶ。

二番目は副次的な窓に用いられる、いわば壁体に穴を開けた**多孔型（くり抜き型）**の窓である。多孔型窓は、砂岩やれんがなどの部材や壁に穴を規則的に開けて窓の効果を狙ったものである。

三番目は**スリット状窓**で、れんがやラテライトを壁から部分的に抜いて開口部を設ける手法である。９世紀末期のロリュオス遺跡群や、10 世紀中頃のプレ・ループなどで過渡的に用いられているが、12 世紀初頭のアンコール・ワットではまったく使用されていない。

デザインワードとしての連子状窓

ここでは連子状窓の処理に重点をおいて見てみよう。アンコール・ワットでは連子状窓が多く用いられているが、**開口部としての機能をもつ窓と、偽窓と呼ばれる本来の機能をもたない窓**の２種類がある。偽窓は、窓の形をひとつのデザインとして用いているだけで、開口部としての機能はまったくない。採光や通風という機能を果たしているのではなく、デザインの一部として処理されている。

あまり知られていないが、クメール建築の窓には、建物全体のプロポーションを整える以外に、さまざまな工夫が凝らされている。そのひとつは、各連子を建物の外壁の表面に揃えて配置していることである。構造的に考えると、上部の楣の安定的な支持のためには、連子は窓の奥行き幅の中央部に配したほうが効率的なはずである。それをあえて中心から外壁面にずらして設けているのは、外部から差し込む熱帯の強い光を遮り、“刳形”の施された連子から漏れてくる光線を、効果的に内部に引き入れるためである。このような意匠を実現するためには、窓に直接荷重がかからないように構造的に処理する必要がある。アンコール・ワットでは、開口部の処理を考慮に入れた構造の力学的解析がなされていたようである。ちなみに、“刳形文様”の施された連子は、別部材として切り出す場合と、窓枠を含めて連子まで一体化して彫り出す方法がある。これは偽窓でも同様である。

左／原始的な感じのするスリット状窓（東メボン）
右／下部のみ連子を装飾的に入れた偽窓もある（バイヨン）

連子越しに見る風景も格別（アンコール・ワット第三回廊）

重厚で無機質な印象のタ・ケウ

見える窓と見えない窓

それ以外の効果として、連子状窓は外部からは内部の状態を見にくくし、内部からは連子越しに見える外部の情景に視覚的なアクセントを与える。そして、さらにもうひとつ大きな効果をつくり出す工夫が隠されている。それは外観として見たときに、**連子窓の一つひとつに直線的な影ができることを防いでいることだ。**これまで見てきたように、アンコール・ワットの建築は、遠望を強く意識して計画されている。その際に、頂部にそびえる諸塔に目を向けさせることが意図されていた。これを最大限に達成するため、どちらかといえば壁自体は自らの意味をかぎりなく消した存在にする必要があった。光と影の錯綜した部分を無秩序に造らずに、しかも外光を内部に取り入れること。それが設計者の思いであったに違いない。

アンコール・ワット第一回廊の外側は列柱群が並び、開放感がある

建築の構造的な欠陥を補うための偽窓の手法は、あえて真の窓（窓の機能をもつ窓）との併用によってデザイン的に処理されている。そして、この窓が多用されている点も、クメール建築の特徴のひとつである。構造的な欠点を隠すのではなく、逆に**類似したデザインの多用によって、壁面の重苦しい感覚を消してしまう手法**がアンコール・ワットでは意図され、成功を収めているようだ。

連子状窓の模索

アンコール・ワット造営の試金石のひとつといわれている建物に**タ・ケウ遺跡**（→ P.68）がある。未完成の状態で放置されているが、構造はピラミッド式寺院の周囲に回廊を組み合わせた、**それまでの寺院とは異なった新しい造形への挑戦**がなされている。

ここで注目すべきことは、各層の回廊の外側には連子状の偽窓が用いられ、内部に連子窓が用いられている点である。タ・ケウ遺跡が未完成とはいえ、どこか重々しい雰囲気を醸し出しているのは、寺院の外側にある回廊部分が偽窓によってソリッドな印象を与えるからである。しかし、逆に、内部に入ると一種の安心感を得られる。外部からは排他的に見えても、外敵から身を守るための要塞のようなイメージがある。

それに対してアンコール・ワットは、外部には連子窓を多用し、底辺となる第一回廊には片持ちの迫り出しを支える列柱群を連続させている。そのために全体的に軽快な感じを与えている。　（重枝　豊）

Column

『マハーバーラタ』によるガルーダ

インドの叙事詩『マハーバーラタ』によると、ガルーダが生まれたとき、彼の母親はナーガ（蛇）族に支配されていた。かつて蛇族と賭けをして負けたために、このような境遇に追いやられたことを知ったガルーダは、自分たち親子を自由にしてくれるよう蛇族に求めた。そして、天界にある不老不死の霊水アムリタを持ってくれば自由にするという条件が出されたため、ガルーダは天界に昇り、神々や蛇たちを打ち負かしてアムリタを手に入れた。ところが、帰ろうとするガルーダの前に、ヴィシュヌ神が現れ、再度激しい戦いが繰り広げられた。決着のつかない勝負に、ヴィシュヌ神は「アムリタを与える代わりに、私の乗り物になるよう」という条件を出し、ガルーダがそれを受け入れたことから、ヴィシュヌ神とガルーダの主従関係が成立したという。

ナーガを踏みつけ両手で尻尾を持ち上げるガルーダ。ガルーダはナーガの天敵として描かれている（プリア・カン）

カメラ片手に巡りたい

アンコール3大遺跡のおすすめ撮影スポット

せっかくアンコール遺跡群を訪れるなら、ダイナミックで神秘的な姿をカメラに収めたい。
アンコール遺跡を代表する３つの遺跡のおすすめ撮影スポットをご紹介。

ベストスポットは北の聖地前

アンコール・ワット

朝焼けのアンコール・ワット。季節や天候によって趣が変わる

裏参道から見たアンコール・ワット。人が少ない穴場

水面にアンコール・ワットが映り込む「逆さアンコール・ワット」（→ P.48）や朝日を撮影するなら、北側の聖地前がベスト撮影スポット。アンコール・ワットの背後から太陽が昇り始め、ゆっくりと朝の光に包まれるその姿は息をのむ美しさだ。逆さアンコール・ワットを撮影するなら順光になる午後に訪れよう。東側の裏参道からとらえる静かな「裏アンコール・ワット」の撮影もおすすめ。

バイヨンの「クメールの微笑み」はマスト

アンコール・トム

「クメールの微笑み」と称される、バイヨンの観世音菩薩を近くで撮影できるテラスは、2023年２月現在立ち入り禁止。そのため173もの巨大な尊顔は回廊から見上げることになるが、おすすめのスポットは北門。北門からテラスに向かって撮影すると中央祠堂と尊顔がちょうどフレームの中に収まり、１枚の絵画のような写真が撮れる。また、雨季にはバイヨンの南西側に雨水がたまり、水面に映り込む逆さバイヨンを見ることができる。雨のあとは要チェックだ。バイヨンには日陰になる場所がないので、撮影は気温の低い午前中か夕方がおすすめ。

北門から中央祠堂を望むと額縁風に

雨季限定の逆さバイヨンが見られたらラッキー

巨大榕樹との記念撮影が鉄板

タ・プローム

遺跡を侵食する巨大木と一緒に記念撮影が定番。なかでも人気の撮影スポットは、東門の木（→ P.73）、中央祠堂近くの血管のようにからまる木（→ P.72）、中央祠堂南西側の回廊を踏みつける最も有名な巨大木（→ P.73）、東側入口の塔門付近にある遺跡を踏み潰しているように見える巨大木の４ヵ所。どの撮影スポットも混んでいるが、特に中央祠堂近くの血管のようにからまる木は大行列ができる。撮影するなら、観光客が少ない閉門間際の時間帯がおすすめ。

東門の木は映画『トゥームレイダー』にも登場

一番人気の血管のようにからまる木

東側入口の塔門付近にある、遺跡を踏みつけているような巨大木

遺跡の達人になろう！

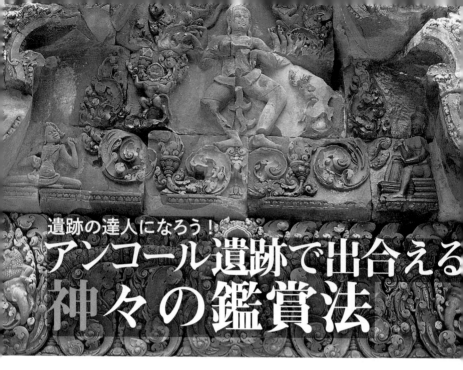

アンコール遺跡で出合える神々の鑑賞法

実はなじみ深い クメールの神々

ヒンドゥー教と仏教の微妙な関わり

異文化、特に宗教をイメージするのは容易ではない。ヒンドゥー教といっても、われわれには縁遠い存在で実感がもてない。しかし、吉祥天、梵天、帝釈天、自在天など仏教の神々と思い込んでいる、天部と呼ばれる仏教の守り神の多くが、インド古代神話に出てくるヒンドゥー教系の神々であることを知れば、少しはなじみやすくなるはずだ。日本の仏教においても、ヒンドゥー教などの異教の神々までを、仏教の宗教体系に再編成して取り入れているのだ。日本では天部は如来、菩薩よりも一段低い地位におかれている。しかし、例えば柴又の帝釈天のように、それらの神々の多くが、仏教そのものよりも庶民に親しまれてきたことは興味深い。

左／ガルーダに乗ったヴィシュヌ神は、レリーフでよく見られるモチーフだ（バイヨン）　右／アンコール・ワット第三回廊には７つ頭のナーガに座す仏陀の像がある

上／バンテアイ・スレイの経蔵の破風（はふ）に描かれた物語性のある壁画。中央で踊っているのがシヴァ神、右側で太鼓をたたいているのが雷神のインドラ神　下／アンコール・ワット第一回廊、乳海攪拌の壁画の中に登場するブラフマー神。頭が４つある

“寺院”の中に登場する神々

カンボジアへ到来したヒンドゥー教も、インドと同様に**ブラフマー、ヴィシュヌ、シヴァ**の三大神を中心に神格が形成されている。それに加えてほかの多くの神々が複雑にからみ合っている。ヒンドゥー教には三大神のほかにも、神の「妻」、「息子」という神も存在し、さらに、それらの神々はさまざまな姿に化身することで知られる。この家族的な構成を示す神々の体系は、異教の神を妻に娶る（めとる）という形で組み入れていった結果といえる。

本来、ヒンドゥー教の最高神であるブラフマー神は、なぜかインドと同様にカンボジアでもあまり彫刻の主題とされることがなかった。その代わりにヴィシュヌ、シヴァの両神が信奉された。これは実利的な効能の明らかな神に人気があったことを示している。

仏教に関して見ると、彫刻の形で表現される仏陀は法衣を着て、宝飾類で身を飾っている場合が多く、さらに王冠型の髪飾りがかぶせられている。仏陀がヴィシュヌ神の化身のひとつであるという解釈もおもしろい。仏陀は７つの頭をもったナーガの上に座した姿が多く、現在でもカンボジアの人々はこの形式の座像を好んで信仰している。

上／バイヨン内部には後世に祀られた仏像を守る老人がいて、線香が絶えない　右／遺跡では僧侶の姿も見かける

ひとめでわかるヒンドゥー神の家系図

複雑な神仏の関係に混乱してしまいそうだが、合体や化身を繰り返す神々の家族関係も、この図を見れば一目瞭然。専用の持ち物、乗り物があるので、それを覚えるのが神様判別の第一歩。

神	配偶神	子
天地創造の神・梵天（ぼんてん） **ブラフマー神** 持ち物…　数珠、水差し、弓など 乗り物………　ハンサ（鵞鳥神）	学問・技芸の神 **サラスヴァティー**	富の神 **クーベラ**
太陽神・維持の神 **ヴィシュヌ神** 持ち物…　棍棒、輪宝、ホラ貝など 乗り物………　ガルーダ（鳥神）	愛、美、繁栄の神 **ラクシュミー**	愛の神 **カーマデーヴァ（カーマ）**
破壊と創造の神 **シヴァ神** 持ち物……　ホラ貝、三叉戟（さんさげき）など 乗り物…　ナンディン（雄牛神）	知恵の神 **パールヴァティー（ウマ）**	軍　神 **スカンダ** 知恵の神 **ガネーシャ**

おさえておきたい

ヒンドゥーの5大神とアンコールの3大王

シヴァ神

シヴァ神は破壊を司るが、凶暴な性格と同時に温和な一面ももつ。聖山カイラス山にすみ、ナンディン牛を乗り物とする。また、額の中央には第三の目があり、三叉戟（さんさげき）、ホラ貝、鼓（つづみ）、斧、剣、楯、髑髏（どくろ）の杖などを持つ。本尊として祀られるときは、リンガという男根の形を取ることが多い。このことはシヴァ神が凶暴で破壊を司るだけでなく、一面では破壊後に創造を行う神とされ、生殖崇拝と結びついていたことを示す。この場合はヨニ（女性器の象徴）と組み合わされて、多くのヒンドゥー寺院で崇拝されている。

愛の神カーマ（右側）がシヴァ神に矢を射る（バンテアイ・スレイ）

どこで見られるか？

遺跡群内ではリンガの形で祀られる場合が多い。シヴァ神としては、アンコール・ワット第一回廊、バンテアイ・スレイ、クバール・スピアン、ベン・メリアなどでレリーフが見られる。

リンガ

リンガは男性器をかたどったシヴァ神の象徴。造形的には通常３つの部分に分けられ、下部は方形断面、中央部は八角形断面、上部は円柱状に造られている。このリンガは四角い台座のような形をしたヨニ（女性器の象徴）の上に置かれている。ヨニの側面には儀式の際にリンガに注ぐ聖水を流すための溝が設けられ、この溝を北に向けて安置している。一般に聖水は北に向かって流される。

どこで見られるか？

さまざまなヒンドゥー教の寺院遺跡で見られる。なかでも、コー・ケー遺跡群のプラサット・リンガ１は、ほかでは見られない巨大なもので、ロレイのリンガもほかとは違った形として知られている。また、プノン・クーレンやクバール・スピアンの川底に彫られたものも珍しい。

水中に彫られたリンガは、上から見た状態が意識されて描かれている（クバール・スピアン）

Column

アンコール朝の王と信仰

世界中のどんな文明でも、民を治めるためには、人間の力を超えた神の存在を必要とした。カンボジア地域においても同様で、アンコール朝の王たちは、ヒンドゥー教、および仏教をあつく信仰していた。しかし、この場合の神の存在は、単なる宗教的存在ではなく、実質的な利益をともなう必要があった。日本においても高僧たちが、ため池などの灌漑施設を造ったり、疫病の蔓延を防ぐための治療を行ったりしたが、人間が生きるための知恵を与えてくれるのが、宗教の役割であった。いわば宗教者たちは科学文明の先導者であり、宗教施設は神殿であると同時に、文明科学の実験室でもあった。

亜熱帯地域で国家運営を行うための最重要課題は農業のための治水であった。１年をとおして水さえふんだんにあれば、この王国は常に豊かであった。雨季の大量の降雨による河川の氾濫を抑え、乾季の水不足を解消するために巨大な貯水池であるバライが造られた。多くの寺院は、排水と貯水の技術や高水準の建築技術を示す展示場でもあり、また、宗教博物館でもあった。

宗教が気候風土に適した技術を発展させたように、宗教の教義そのものも変化していった。アンコール朝の宗教は、インドから彫刻や図像学の技法や概念を学んだことは間違いないだろう。その吸収時期は７世紀頃までとみられ、その後は日本の平安時代のように独自の美意識を醸成するようになる。

遺跡には、ヒンドゥー教、仏教のさまざまな神様が祀られている。
あるときは人の姿に似せて、またあるときは化身として、いろいろな姿で表現されている。
ここでは遺跡内でよく目にするヒンドゥー教の5大神と、クメールの3大王を紹介しよう。

ブラフマー神

本来は宇宙の創造神、言語の神としてバラモン教の最高神であった。インドの神話ではシヴァ神やヴィシュヌ神が魔神に苦しめられたとき、ブラフマー神に救いを求めたとされている。

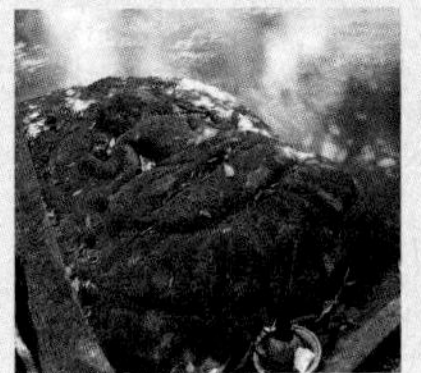
川底に描かれたブラフマー神（クバール・スピアン）

だが、中世のカンボジアではインドと同様、あまり人気がなかった。四面の顔と4本の腕、手には数珠、笏(しゃく)、水差し、蓮華、水壺、弓などを持っている。日本では梵天(ぼんてん)として知られている。

どこで見られるか？

見られる遺跡は少なく、アンコール・ワット、プノン・クーレン、クバール・スピアンなどでレリーフが見られる。

ヴィシュヌ神

アンコール・ワットの西塔門近くに立つヴィシュヌ神像は高さが約4mもある

ヴィシュヌ神は、太陽の光り輝く状態を神格化した神で、天・空・地を3歩で闊歩するといわれる。怪鳥ガルーダに乗り、4本の手をもつことが多い。それぞれの手にはホラ貝、輪宝、棍棒(こんぼう)、蓮華を持つ。神話のなかでは、シヴァ神が山岳地域と関係が深いのに対して、ヴィシュヌ神は海洋地域との結びつきが強い。比較的温和な性格で、信奉者に恩恵を施し、人類滅亡の危機の折にはさまざまな化身になって、世界を救済する神とされている。

どこで見られるか？

彫像としてはアンコール・ワット西塔門の南側に立つ高さ約4mのヴィシュヌ神像が有名。レリーフは、第一回廊の乳海攪拌(にゅうかいかくはん)をはじめ、バイヨン、プラサット・クラヴァン、バンテアイ・スレイ、プノン・クーレン、クバール・スピアンなどで見られる。プノンペンの国立博物館（→P.230）の「8本腕のヴィシュヌ神像」、「横たわるヴィシュヌ神の胸像」も有名。

ハリハラ神

ハリハラ神はシヴァ神とヴィシュヌ神を合体させた混合神。インドと同様に右半分がシヴァ神で、左半分がヴィシュヌ神の姿になっている。神格の違う二大神を合体させるというのは、なかなか大胆かつ合理的な発想で、東洋の宗教的風土をよく示している。

どこで見られるか？

遺跡群内ではほとんど見ることはできない。プノンペンの国立博物館に高さ約1.9mの彫像が展示されている。

レプリカのハリハラ神像（サンボー・プレイ・クック）

ラクシュミー

ヴィシュヌ神の妻。その類いまれなる美しさからインドでは理想的な妻、あるいは女性の典型として人気がある。神々と阿修羅がアムリタ(不老不死の霊水)を求め、乳海をかき回すと、海の中から現れたとされている。赤い水蓮の上に立ち、4本の腕にはそれぞれ蓮華、アムリタの瓶、ヴィルヴァの実、ホラ貝などを持つ。日本では吉祥天(きっしょうてん)と呼ばれている。

どこで見られるか?

プラサット・クラヴァンのレリーフや、プノンペンの国立博物館に展示されている、プリア・コーで発見されたラクシュミー像が有名。

れんがに描かれたラクシュミー
(プラサット・クラヴァン)

そのほかの神

上記のほかに遺跡群内では、仏陀、雷神のインドラ神、ヴィシュヌ神の化身クリシュナ神、シヴァ神の子供のガネーシャ神、シヴァ神の妻ウマ(パールヴァティー)、愛の神カーマ(カーマデーヴァ)などの像が見られる。

スールヤヴァルマン一世

1010～1050年頃に在位したアンコール朝の国王で、アンコール・トムの建造に着手。都城内の王宮を新築し、護国寺院であるピミアナカス(→P.60)を建立した。また大規模な貯水&灌漑施設である西バライ(→P.84)の開拓、タイのチャオプラヤー川下流まで支配を拡大したことでも知られる。

スールヤヴァルマン二世

1113～1150年頃に在位したアンコール朝の国王で、アンコール・ワットを建設、約30年かけて完成させる。在位時は、国内外の敵対勢力との争いが多く、西はビルマ国境付近まで、東はチャンパ王国(現在のベトナム中・南部)まで攻め入り、広い範囲を支配した。しかし多くの戦争とアンコール・ワット建造で経済的に疲弊し国内は低迷したともいわれる。

ジャヤヴァルマン七世

1181～1220年頃に在位したアンコール朝の国王で、王朝の全盛期を築き繁栄をもたらした。即位前に、アンコールを占領していたチャンパ王国の軍隊と戦闘を交え、アンコールを奪還する。即位後は戦争で荒廃した国の復興を目指し、都をアンコール・トムに定めた。王都の造営および国内の道路網の整備、その道路沿いに宿駅や施療院を建設したとされる。王朝初の仏教徒で、バイヨン(→P.50)やタ・プローム(→P.70)をはじめ数多くの仏教寺院を建立している。

天空の動物園
架空動物のパラダイス

遺跡には数々の架空の動物が登場する。「インド神話」に出てくるこれらの動物（神）は、ときにユニークに、ときに迫力や威厳も備えて石の中から浮かび上がる。
なかでも登場回数の多いベスト５を紹介しよう。

ガルーダ

インド神話に登場する怪鳥で、金色の羽をもち、天界を巡る太陽にその起源があるとされる。ヴィシュヌ神の乗り物で、聖なる鳥として知られており、体は人間の姿、頭とくちばし、翼と爪だけはワシの形を示す。ナーガの天敵で、ガルーダとナーガが格闘する姿を描写した場面が壁面彫刻に多く見られる。

ガルーダはヴィシュヌ神と組み合わせて描かれるが、カンボジアでは単独でも信仰の対象とされる。

どこで見られるか？

アンコール・ワットやバイヨン、象のテラスをはじめさまざまな遺跡で見られる。なかでもプリア・カン第一周壁、東塔門入口の左右に描かれたナーガの上に立つガルーダは、彫りが深く壮大だ。

ナーガを踏みつけるガルーダ（プリア・カン）

マカラ

マカラは水中および地上にある生き物の象徴で、その唐草模様状の表現によって植物、つまり地上を象徴する。同時にパックリと開いた口や、四足獣が座ったときの後肢のように見える表現は、水中の生態を表している。

神話のなかでのマカラは、神秘的、呪術的な力をもち、天上界や地上界における水神ヴァルナとガンジス川の女神ガンガーの乗り物とされる。

どこで見られるか？

アンコール・ワットの第三回廊にある排水口を飾るマカラは、水との関係を直接的に示した秀作である。また、バンテアイ・スレイのレリーフも非常に細かく、保存状態もよい。

カーラの口から出るマカラ（バンテアイ・スレイ）

ナーガ

インドの先住民に広く崇拝され、アーリア人の宗教にも広く取り入れられた蛇神で、その信仰が東南アジアに広まったとされている。猛毒があることや、動きが俊敏であることから神秘的な存在として恐れられると同時に、毎年脱皮することから「不死のシンボル」として崇拝されるようになった。神話のなかでは、人間の顔をもち、蛇の尾とコブラの首をもつ半神半獣的な存在である。

ベン・メリアのナーガは、アンコール遺跡群のなかでも最も美しいもののひとつに挙げられる

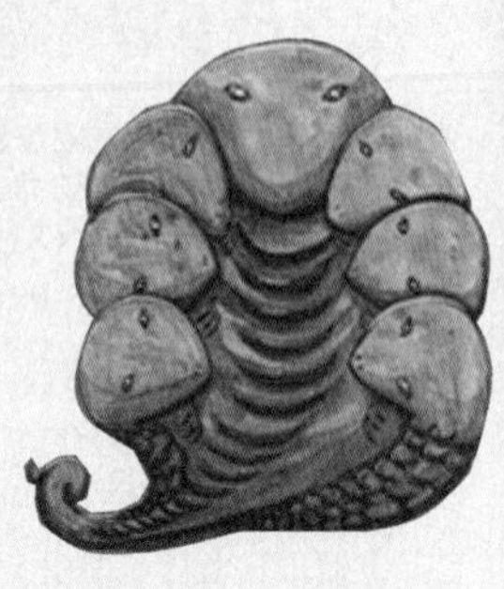

どこで見られるか？

アンコール・ワット、バイヨンの南大門、ニャック・ポアン、バコンなどをはじめ、あらゆる遺跡のレリーフや欄干で見られる 。なかでもベン・メリアのものは非常に美しい姿で保存されている。またスピアン・プラップトゥフ（→ P.130）のものも大きく、9 つの頭がはっきりと確認できる。

ハヌマーン

ハヌマーンはサルの神で、長い尾をもち、怪力と神通力を備え、空を飛んだり体の大きさを自由に変えたりすることができるといわれている。『ラーマーヤナ』のなかでは、ラーマ王子に忠誠を尽くすサル軍の将として登場し、魔王からシータ姫を救出する戦いで大活躍をする。

どこで見られるか？

アンコール・ワット第一回廊やバンテアイ・スレイの『ラーマーヤナ』のレリーフで見られる。

アンコール・ワット第一回廊の『ラーマーヤナ』の魔王軍を駆逐するハヌマーン

Column

生活と動物の関係

壁面彫刻には、神としてではないが、狩人、シカ、クジャクなどが随所に描かれている。シカとクジャクは乾季を代表する動物で、これらの動物を狩人が殺すという構図は、雨季に入ることを暗示している。雨季を代表する動物は牛とゾウで、特にゾウは恵みの雨を象徴する。クメールの図像では季節や生活が各種の動物と密接に結びついており、それぞれが独立した意味をもっているのではなく、相互に一連の流れをもった説話として語り継がれているのだ。

カーラ

カーラとマカラは代表的な装飾モチーフで、カーラは上部に、マカラは下部に組み合わせて配置される。カーラは「時間」を象徴する神で、死者の王である「ヤマ」の別名でもある。インド神話には食欲旺盛な怪物として登場し、自らの体までもを食い尽くしてしまい、顔面のみになったとされる。インドよりもむしろインドネシアのジャワやカンボジアで好まれており、恐ろしいというよりはユーモラスな存在である。仏教では死者の王としての閻魔(えんま)王に相当する。

どこで見られるか？

多くの遺跡の塔門や祠堂などの破風(はふ)や楣(まぐさ)の部分の装飾に頻繁に登場する。

カーラは、ほとんどの場合、顔のみで表現される（バンテアイ・スレイ)。顔と腕で表現される場合もある(→ P.75 コラムの写真)

ヴィシュヌ神の妻ラクシュミーにゾウが聖水を降り注いでいる。下部にはガルーダがナーガを抱え込む姿が描かれている（バンテアイ・スレイ)

Column

カンボジア人と「ナーガ」

「ナーガ」はインド、東南アジアで信仰(しんこう)されている蛇神で、カンボジアの神話や伝説では、畏怖される存在というよりも、人間に対して友好的な存在である。

水や雨と結びつきが強く、海、湖、泉、井戸などの守護神とされ、7つまたは5つの頭をもつコブラの姿で表されたり、7つの頭を広げて、禅定する仏陀を守る姿を示すこともある。

ナーガは人間の世界（地上界）と別の世界（天上界）をつなぐ虹（架け橋）とも考えられている。参道にナーガの意匠が用いられているのもこんな理由からだろう。アンコール・トムの南大門の前にある環濠は大海を、そこに架かるナーガの欄干は虹の架け橋を意味している。さらに、ナーガは神々と阿修羅が乳海を攪拌する際の大綱として用いられたり（アンコール・ワット第一回廊東面南側レリーフ)、世界の終焉のときに、眠っていたヴィシュヌ神を背に乗せて大海に浮かんだり、ヒンドゥーの神々と密接な関係がある。ナーガは今でもカンボジアの人々に愛されているモチーフのひとつである。

カンボジアの民族舞踊であるアプサラ・ダンス（→ P.138）の動きは、ナーガの動きを表現したものとされる。カンボジアの古老たちは、本来人間はナーガとして生まれ、仏門に入って初めて人間（大人）になるという。そのため、今でも結婚式では女性の犬歯（犬歯は蛇の牙と考えられている）を切る儀式が執り行われる。この儀式によって女性はナーガから人間へ、そしてよき妻になると信じられている。建築の意匠としてはナーガは土着神として破風（はふ）などの上部に描かれるが、外来神ガルーダは下部に描かれている。

王宮跡の女池に描かれたナーガ

朝日に浮かぶアンコール・ワット中央祠堂のシルエット。中央祠堂と朝日が重なる瞬間

ドラマチックな サンライズ、サンセットに感動

まばゆいばかりの星がまたたく夜空に、白い絵の具をにじませるように、静かに東の空が明けていく。暗くて何も見えなかった周りにアンコール遺跡群のシルエットが浮かび始める。やがて大地と空の境が白く光った瞬間、太陽が昇り始め、大地が照らされる。神々が目覚める瞬間だ。夕方、神々が眠りにつく頃には、くっきりと輪郭を浮かばせた真っ赤な太陽が西のジャングルに沈んでいく。何百年、何千年と毎日繰り返されてきたことなのに、なぜか、誰もがその瞬間だけは、特別な思い出として心に刻みつける。いにしえの人々も眺めたであろう日の光は、今も変わらず神々の大地を照らし続けている。アンコール遺跡で見るサンライズ、サンセットは壮大で、神々しく、一生心に残る体験となるだろう。そこで、アンコール遺跡群のなかで、美しく、感動的なサンライズ、サンセット・ポイントを紹介しよう。

サンライズ（朝日）

水面に朝日が映る、スラ・スランのサンライズ。アンコール・ワットとはひと味違う

アンコール・ワット

人気ナンバー1のポイントはやはりアンコール・ワット（→ P.30）だろう。とはいえ、広大なアンコール・ワットの中にはさまざまなポイントがあり、やみくもに歩き回っているうちに日が昇ってしまった、なんてことにもなりかねない。ポイントを絞ってじっくり構えよう。

その1　西参道から

西参道からは、大地から昇る朝日が見られるわけではないが、中央祠堂を含んだ全体像がシルエットとして浮かび上がり、時間とともに空の色が変わる感動的なアンコール・ワットが見られる。なかでも、西参道上の西塔門から聖池までの間がベストだろう。

ちなみに、年に2日、春分の日と秋分の日には、西参道から正面の中央塔に昇る朝日が見られる。運よくこの日にアンコール・ワットを訪れたなら、ぜひとも早起きをして緻密な計算のもとに造られたアンコール・ワットを堪能してほしい。

その2　北の聖池前から

ワットに向かって左側の聖池からも、5本の尖塔が姿を現し、見事なシルエットが見られる。この聖池には「逆さアンコール・ワット」が映ることでも知られ、朝日の観賞ポイントとしては一番人気がある。最前列で「逆さアンコール・ワット」を写真に収めたいなら、日の出の30分ほど前から場所取りが必要。そして午後、順光になってから再度訪れたい。

その3　南の聖池跡前から

西塔門～南の聖池跡前あたりからのサンライズは、朝日が昇りきって、ホテルへ帰る人も見られる頃からがドラマチック。ここからは5本の尖塔のシルエットが見られる。さらに中央祠堂と朝日が重なり、それはそれは感動的なアンコール・ワットが浮かび上がる。

その4　外堀から

参道を渡らず外堀のワットに向かってやや右側あたりからも一風変わったシルエットが見られる。

注意! 2023年4月現在、アンコール・ワットの見学は原則として5:00からで、6:00以前は西塔門から経蔵付近までの入場に限られる。また、完全に朝日が昇りきるまでは第一回廊より内側へは入ることはできない。

プノン・バケン

人気ナンバー2はプノン・バケン（→ P.66）。ここはアンコール三聖山のひとつにもなっている高さ約60mの山で、山頂の神殿からは360度開けた大パノラマが広がる。アンコール遺跡群のなかで、最も高い位置からサンライズが眺められるポイントだ。

注意! 2023年4月現在、プノン・バケンの見学は5:00～19:00で、300人の入場制限などの規則が定められている。訪れる際は規則を考慮した計画を立てよう。

スラ・スラン

人気ナンバー3、というほどの人気はないが、一風変わったサンライズが見られる遺跡としてスラ・スラン（→ P.74）が挙げられる。ここには王の沐浴場だったといわれている大きな池があり、スラ・スランの西側のテラスから見るサンライズはすばらしい。池の向こう側から朝日が昇り、水面がキラキラと輝く様はしばし言葉を失うことだろう。ただし、乾季は池の水が涸れることもあるため、要注意。

誰もが無言で時間の流れに身を委ねるプノン・バケンのサンセット

プノン・バケン

人気ナンバー1は何といってもプノン・バケン（→P.66）が挙げられる。眼下に広がる西バライ（→P.84）、さらにその向こうに広がるクメールの大地に沈む夕日……、まさに1日のクライマックスにふさわしい雄大なサンセットが見られることだろう。ここでは、サンセットの２時間ほど前から見物人が集まりだし、ちょっとした場所取り合戦が繰り広げられるが、写真を撮ることだけが目的でなければそれほど気にすることもない。

注意! 2023年４月現在、プノン・バケンは18:30までの入場、300人の入場制限などの規則が定められている。訪れる際はそれらの規則を考慮した計画を立てよう。

プレ・ループ

人気ナンバー２は、プレ・ループ（→P.76）。ここは一面のジャングルに囲まれ、中央祠堂からジャングルに沈む夕日が見られる。プノン・バケンほどメジャーではないが、リピーターに人気が高い。ただし、ここは町なかから離れた場所に位置するため、ひと気のない真っ暗な道を帰ることになる。そのため、バイクタクシー、トゥクトゥクでも、信用のおけるドライバーと同行すること。

プノン・クロム

人気ナンバー３に挙げたいのはプノン・クロム（→P.85）。ここは遺跡としても訪れる人はほとんどいないが、これが意外や意外……。プノン・クロムは南にトンレサップ湖を望み、ほかの三方はすべて広大な水田に囲まれている。そのため、雨季のトンレサップ湖の満水期や、田植えの時期にここを訪れると、水に囲まれた山となり、夕日が一面の水田に映り込み、燃えるようなサンセットが見られる。また、目線が高い、低いの違いはあるが、同じ水辺の条件として西バライ（→P.84）から（ボート乗り場からでも可能な時期あり）も、夕日が西バライに映り込み、感動的なサンセットが見られる。

番外編

旅行会社によってはサンセットに合わせてトンレサップ湖クルーズを行い、船上からサンセットを眺めるツアーを行うところもある。しかし、トンレサップ湖クルーズは基本的に18:00までとなっているため、サンセットタイムの個人での乗船は断られることもある。事前に旅行会社でアレンジしたほうがいいだろう。

また、遺跡から見る夕日とは少し趣が異なるが、スラ・スラン（→P.74）の東側の周壁からの夕日は水面がオレンジ色に染まり幻想的だ。

上／壮大で神々しい１日の終わり。まぶしいほどに水辺に夕日が映り込むプノン・クロムのサンセット　下／プレ・ループは西洋人に人気の夕日スポットだ

サンライズ、サンセットを見るための注意

サンライズは朝暗い時間、サンセットは日が沈んでからあっという間に暗くなるため、トラブルを防ぐためにも極力、単独行動は避け、信頼のおけるガイドやドライバーの案内を付けることが望ましい。また、プノン・クロムではレイプ事件、強盗事件も報告されており、ガイドを付けても女性だけでの行動は避けること。

プノン・バケンでのサンセットの帰りは、足元が安定しない道が長く続き、足元はほとんど見えない。懐中電灯を持参し、足元に細心の注意を払って歩きたい。

アンコール・パスは5:00から販売しているので、当日チケットオフィスに寄ってチケットを購入し、朝日観賞へ向かうというスケジュールでも間に合う。しかし5:00のチケットセンターは雨季でも行列していることが多く、前日までに購入しておいたほうがよい（翌日分のチケット購入は16:45～）。

最後に注意したいのは、毎日美しいサンライズやサンセットが見られるわけではないということだ。ベストシーズンといわれる乾季（11～5月）ですら、2～3日連続で雲がかかってしまうこともある。ましてや雨季（6～10月）ともなれば、1週間連続で雲がかかるなんてことも珍しくない。美しい朝日、夕日が見られるかどうかは、まさに神に祈るしかない。

すべての道はアンコールへ通ず

カンボジアというと誰もが世界文化遺産のアンコール遺跡群や自然豊かなトンレサップ湖を思い描く。ここでは、日頃あまり意識しない「道」や「橋」に注目してみたい。

スピアン・プラップトゥフの欄干のナーガ（蛇神）は9つの頭をもつ。2006年に車両専用の迂回路ができ、現在この橋は、歩行者、自転車、バイクのみが通行可能

古代橋から古の繁栄ぶりが見えてくる

少し古代に思いをはせてみる。アンコールが最盛期を迎えたジャヤヴァルマン七世(1181～1220年頃)治世下、王国は現在のタイやラオスの一部もその勢力下においていた。政治・経済・宗教の中心地であったアンコールは海からメコン川を遡上し、トンレサップ湖を経たその北、水運を活用できる北限に立地していた。また内陸においては、各地方の拠点へと通じる道路網を構築していた。

碑文によると沿道には121の宿駅、国内には102の施療院があったという。道路網を効率よく機能させるため、人や物資の動きを支える宿泊施設や休憩所が適宜配されていた。インフラの整備はただちに軍隊の派遣に効力を発揮し、流通を促進し経済発展を支えるという意味においても、王国の繁栄に重要な役割を果たした。

そしてこの道上には数多くの石造（ラテライト）の橋があった。現存する古代橋の点をつなぐと、線としての古道が浮かび上がり、当時の王国の姿を確認することができる。

田園風景のなか、道はスピアン・プラップトゥフへ続く

シェムリアップから国道6号線を南東に約300km行くと首都プノンペンに到達する。この間、特にロリュオス遺跡群(→ P.86)～コンポンクディ間の約50kmには、多くは崩壊が進んでいるが10余りの古橋が残っている。それらを含めた11の古橋に対し迂回路を設け、古橋を保護する道路整備を行った行政の英断は本当にすばらしい。特にチクレン川に架かるコンポンクディの橋は規模が大きく、建築文化遺産

左／車を降りると近所の人々が集まってくる。訪れる外国人が少ないことを実感する　上／「プノンペンへ252km」。コンポンクディの6号線上の標識

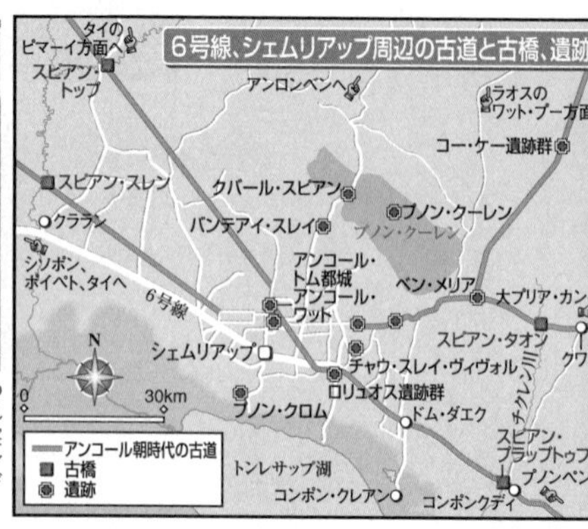

左／橋の下へ下りてみると、あらためてその大きさに驚く
右／国道6号線上には小さな古橋がたくさん残る

のひとつとして見応えがある。道中の風景が楽しめるだけでなく、遺跡として堪能することもできる。

シェムリアップの町を出ると、青空の下、カンボジアの牧歌的な田園風景が広がる。晴れた日は北方に聖山、プノン・クーレン（→P.92）が美しく見える。ロリュオスを抜けたあたりから素朴な草葺きの高床式の家がまばらに建ち、玄関先に腰かけ外を見つめる人がいる。床下ではニワトリが走り回り、川では水遊びに興じる子供たちが目に入る。プノンペンからやってくる対向車には、荷を満載しところ狭しと人々が鈴なりに腰かけている。

古（いにしえ）の人々も歩いたであろうその道は、今も変わらずその役目を果たしている

道中、中間地点のドム・ダエク市場で休憩や食事を取ることもできる。ここより北上するとベン・メリア（→P.94）に到達する。ここからさらに30分でコンポンクディの古代橋スピアン・プラップトゥフ（スピアンとはクメール語で「橋」の意）に到着する（MAP 折表-2B）。

精巧さと規模の大きさに驚かされる

スピアン・プラップトゥフの規模は全長約90m、幅約16m、高さ約10mもある。フランスの研究者によると、橋は上を通行する機能と同時に水を堰き止め水位を調整するダムの機能を兼ね備えていた。乾季には数cmだが、雨季には数mを超えるという大きな水位の変化に対応して水をコントロールする仕掛けだった。この橋は1960年代に補強修理され、さらに2006年、古橋の南側に迂回路となる新橋が建造された。古橋の上は歩行者、自転車、バイクのみが通行し、ほかの車両は迂回路を通ることで古橋を保護する政策が採られている。

橋をひととおり見終えたら、木陰に座り橋と行き交う人々を眺めながら、古代の軍隊の行軍、水位の季節変化や民衆の様子を想像するのもいいだろう。

川に架かる巨大な古代橋、そこから想起される古代の流通網は、すべて首都アンコールに通じていた。今後さらに研究が進めばアンコール遺跡群に匹敵するカンボジアの文化遺産のひとつになり得るだろう。カンボジア、タイ、ラオスという国域を超えた広域世界文化遺産登録も夢ではない。

三輪　悟（上智大学アジア人材養成研究センター）

※スピアン・プラップトゥフというカンボジア語には「方向を告げる」という意味がある。また、現地では一般的にスピアン・コンポンクディと呼ばれている。

その他の道に残る橋

1. スピアン・タオン

アンコール遺跡群より東へ、ベン・メリアを過ぎ大プリア・カン（→P.96）にいたる古道上にある。

スピアン・プラップトゥフの架かる同じチクレン川の上流約40kmの所に架かる橋。全長約65m、幅約13m、高さ約7mで森の中に静かにたたずむ。ベン・メリアから東へ約20km。2008年に赤土の道路ができて行きやすくなった。古橋の保護のため、迂回路の建設が検討されている。現在、カンボジア政府アプサラ機構が管理している。

2. スピアン・トップ

アンコール遺跡群よりピマーイ（タイ）方面への古道上にある。

国道6号線（クララン付近）から、68号線を北上し約50km、サムラオンへいたる中間地点にある。橋の側面に下りて初めてこの橋の全貌が見え、全長約150m、幅約16m、高さ約9mという、その規模の大きさに驚く。2015年頃よりカンボジア政府文化芸術省により、本格的な保守作業が行われている。近年、橋の保護のため迂回路が建設された。

3. スピアン・スレン

アンコール遺跡群の西バライ北西隅よりチャオプラヤー川（タイのロップリー）方面へいたる古道上にある。

過去の記録では、雄大な橋（全長約120m、幅約15m、高さ約8m）とあるが、ポル・ポト政権時代に橋自体は埋められて、現在は土手の中にあり、ごく一部の石材のみ見ることができる。しかし、橋に通じる道自体は周囲よりも数m高い土手が東西方向に長く続いていることから、古道と認識できる。国道6号線から68号線を北へ約10km行き、古代土手と交差したら、さらに西へ約10km。

注意！　左記の3橋は、研究者以外にはほとんど訪れる人はいない。橋周辺は治安上の問題があり、もし訪れる場合は事前に正確な情報を入手し、車をチャーターし、カンボジア人ガイドを同行すること。道路の状態や、増水時の橋の水没危険などを考えると、乾季が望ましい。周辺に人家が少ないため、すべては自己責任と考えて行動してほしい。

見学前に知っておきたい

アンコール遺跡群の世界遺産登録

アプサラ機構とゾーニング

世界遺産登録

アンコール遺跡群がユネスコの世界遺産（危機遺産）に登録されたのは、1992年12月である。カンボジアはその前年の1991年11月に世界遺産条約を批准した。世界遺産登録エリアは約400㎢で、そこに含まれる遺跡はすべて世界遺産と考えてよい。遺跡は単体（点）としてではなく、森（自然）や村（住民）も含めた地域（面）として広く保護されていることが特徴で、強いて遺跡数を挙げるならば100前後といえるが、その数字のもつ意味は薄い。あくまで地域登録に意義があるからである。遺跡地域以外にも、シェムリアップ川沿いの水利的景観やアンコール地域から地方へ延びる古道周辺も一定の規制で守られている。

登録の背景・経緯

1992年の世界遺産登録に際し、実は3年以内に実施すべき5条件が課せられた。その条件をクリアし、3年を遡る形で正式に登録が確定したのが1995年12月であったことはあまり知られていない。

5条件とは具体的に①「新文化財保護法の制定」、②「国立保護機関の設立」、③「ZEMP[※1]に基づく恒久的な境界の設定」、④「緩衝地帯の設定」、⑤「国際協力活動の監視と調整」であった。

ユネスコは「条件付きで危機遺産として登録する」ことで、予想される「無秩序な開発」から遺跡を保護したいと考えたのである。何より当時、いまだ遺跡の分布も十分には把握できていなかった。1993年10月の東京宣言[※2]を受け、同年12月にはプノンペンで第1回ICC国際会議[※3]が開催された。その後1994年5月、ゾーニング規制が発令された。さらに1995年2月、遺跡を管理する国の機関であるアプサラ機構が設立され、1996年1月、文化財保護法が施行され今日にいたっている。カンボジアでのICCは成功を収め、2003年からはアフガニスタンの文化遺産救済のために同様の手法が用いられるようになったことは特筆すべきである。

アプサラ機構

アプサラ機構の担当エリアはシェムリアップ州全体と広大である。活動内容は、遺跡保全に加えて、開発・観光・環境なども包括的に扱う横断的組織である。これはこの機構の誇るべき最大の特徴といえる。ゾーニングについては、実は5段階の設定がなされているが、おもな開発規制対象地域は下図の破線部分内である。2004年7月、アプサラ機構の自助努力を含め、遺跡を守る多くの国際支援努力が功を奏し、アンコール遺跡群は危機遺産指定を解かれている。

2004年8月、政府はゾーン管理を徹底すべく、地域住民に対して説明を行い、その後、取り締まりの体制を強化した。当初は、驚いた住民たちの猛反発を受けたが、森とともにある遺跡の価値を思えばこそ、困難を承知で取り組むべき最重要な課題との位置づけで、現在も粘り強く説得中である。2006年3月、アプサラ機構はISO14001（環境マネジメント規格）[※4]の認証を取得した。これは世界遺産地域初の先進的な取り組みであった。

将来

今後、ほかの地方の遺跡についても、保護の手が入り、世界遺産登録、観光地化が徐々に進むと考えられる。遺跡を守る人材育成には長大な時間を要する一方、国内のインフラ整備しだいではあっという間に観光地化が進み、遺跡保護の充実と観光地化とのスピードのバランスが崩れることが危惧されている。遺跡保護の重要性がいかに広く周知されても、まだまだ「保存問題」は「開発」に対してもろい現実がある。アンコール遺跡群の世界遺産登録時のユネスコの緊急的対応の歴史から学び、その経験をほかの遺跡の未来にも生かすべきであろう。

三輪　悟（上智大学アジア人材養成研究センター）

※1　ZEMP
「シェムリアップ地域のゾーニングと環境管理計画（Zoning and Environmental Management Plan for the Site of Angkor）」のこと。1992年以降、ユネスコが外国人専門家を中心に作成し、あらゆる分野の政策案が盛り込まれている。1994年2月にカンボジア政府が承認した。その後のアンコール地域の全政策に大きな影響を与えている。

※2　東京宣言
1993年10月12～13日、東京にて「アンコール遺跡救済国際会議」が開催され、アンコール地域の保護と発展のための国際協力のあり方について協議した成果。国際調整委員会：ICC（International Coordinating Committee for the safeguarding and development of the historic site of Angkor）が発足し、日本とフランスが共同議長となり、ユネスコが事務局を務める形ができあがった。10年後の2003年11月14～15日、今度はパリで会議が開催され、これまでの10年を総括し、今後の10年について議論された。

※3　ICC国際会議
東京宣言を受けて始まったICCという国際会議のこと。第1回会議は1993年12月22～23日、プノンペンにて行われた。会議は今日まで継続され、近年はシェムリアップで年2回開催されている。各国の専門家によりアンコール遺跡の保存問題をはじめ、都市開発や環境問題等幅広い議論が交わされる。

※4　ISO14001（環境マネジメント規格）
アンコール地域では、膨大なゴミの発生と不十分な処理、河川の水質悪化、森林破壊など、観光開発にも関連する環境汚染が大きな問題となっている。アプサラ機構は世界標準であるISO（国際標準化機構：International Organization for Standardization）のISO14001（環境マネジメントシステム：EMSに関する国際規格）の導入に取り組み、2006年3月に世界遺産地域で世界初の認証を受けている。

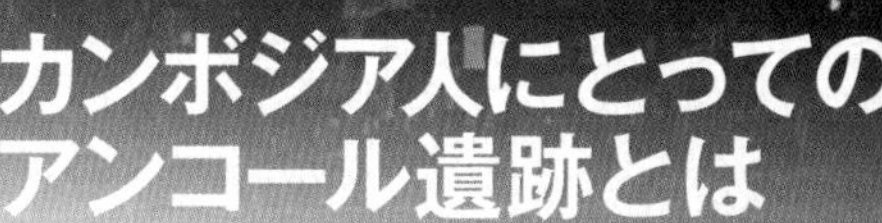

カンボジア人にとっての アンコール遺跡とは

アンコール・ワットのある国として知られているカンボジアだが、「アンコール・ワットをはじめとする石造遺跡はカンボジア人（クメール人）にとってどんな意味をもつのか?」とよく聞かれます。
ひと言では答えられない質問ですが、私はこう考えています。
プラサート、すなわち石造遺跡、特にアンコール・ワットはカンボジアの歴史・文化・伝統・風土を凝縮した存在で、クメール民族の魂であり、アイデンティティであります。それでは、カンボジア人はどういうときに自分がカンボジア人であると実感するのかを考えてみましょう。

カンボジア人のアイデンティティ

カンボジア人が長年にわたりカンボジア人であると意識できる具体的なイメージは、まず昔からの王国の存在、共通語であるクメール語、大湖、大河川、大平原という自然環境のなかの村落での生活、仏教寺院の存在、そして祖先の建立した石造りのアンコール時代の諸遺跡が各地に見られる風景であり、それらが、「カンボジア人がカンボジア人であると感じる瞬間」だと思います。

昔ながらのカンボジアの自然、生活の営み、伝統文化、そして信仰は途切れることなく代々受け継がれてきました。カンボジアの歴史を振り返れば、ごく最近まで民族存続の危機に瀕してきたにもかかわらず、その文化と魂は強固に継承され、カンボジア人の血の中にずっと流れ続けているのです。

遺跡は祖先と人々とを結ぶ絆

皆さんが、アンコール地域の南にあるトンレサップ湖に足を延ばせば、そこの自然や人々の生活がバイヨン遺跡の回廊の浮き彫りにある、昔の人々の暮らしと何ら変わらないことに気がつくでしょう。また、もし近辺の村々を訪ねたならば、昔ながらの牛車や家々が目に入るでしょうし、人々の笑顔は遺跡に描かれているアプサラ（天女）やデバター（女神）、あるいは四面塔に彫られた観世音菩薩のほほ笑みを連想させるでしょう。

カンボジア人にとって、遺跡は単なる石造建築物ではなく、祖先との出会い、祖先とのつながりを意味する存在なのです。たいていの遺跡内には寺があり、あるいは祖霊「ネアック・ター」の祠が置かれています。お寺参りや祖先の霊を祀ることによって絆を保つのです。また、日常生活においては病いや災いを絶つため、あるいは願掛けのために、遺跡内の仏像や神像に供物を供するのも同じことです。宗教祭儀のときや正月には、全国から何日間もかけてアンコール・ワットやバイヨンへ詣で、そのにぎわいはただごとではありません。

生活とも密着した存在

カンボジア人の家には、アンコール・ワットやバイヨンの四面塔、アプサラを模した彫刻が飾られているのがよく見られます。ホテルをはじめ、レストラン、ディスコ、写真屋、みやげ物店などの多くには遺跡の名称を冠する名前がつけられています。「バンテアイ・スレイ・レストラン」とガイドに正確に伝えないと、40kmも離れた「バンテアイ・スレイ」という名前の遺跡に連れていかれることもあり得るのです。旅行者の皆さんのなかには、このようなとんでもない体験をおもちの方はいませんでしょうか。要するに、祖先が残した遺跡はカンボジアの人々の生活の一部となっているのです。

カンボジアの魂の源であり、誇りでもある

一方、国家レベルでも同じことがいえます。カンボジア国旗にはアンコール・ワットのシルエットが描かれ、紙幣には遺跡がデザインされています。また諸遺跡には、国の守護神が宿っているとされ、国家の運命に関わる事件が発生するたびに祈りをささげます。

1994年にアンコール・ワットの中央塔に落雷があった際、政府の高官たちは国を災いから守るための祈りを執り行いました。また、1998年の総選挙で選ばれた議員たちもやはり、国王の前、そしてアンコール・ワットの神々の前で国家と国民への忠誠を誓う、宣誓の儀式を執り行いました。祖先の前では、どんな人でも正直になるのでしょう。

このように、アンコール遺跡はカンボジア国家そのものであり、カンボジア人の精神のよりどころであり、民族の統一の象徴であります。カンボジア人一人ひとりの誇りでもあります。

最後に、少しだけ気になることがあります。近年の観光ブームで、祖先の魂が宿っているアンコール遺跡から、地域住民が徐々に排除されているように感じられます。アンコール遺跡は地域住民の生活の場である「生きた遺跡」であり、経済第一主義の犠牲で「死んだ遺跡」にならないことを、ひとりのカンボジア人として願ってやみません。

皆さんも、以上の視点でアンコール遺跡を眺めてみてはいかがでしょうか。

ラオ・キム・リアン（上智大学アンコール遺跡国際調査団）

文化遺産修復と国際協力

アンコール遺跡見学の際、外国人の組織する遺跡修復や考古発掘の作業をしばしば見かける。限定されたひとつの地域にこれほど多くの外国チームが密集して活動するのは珍しいのではないだろうか。このことは、アンコール遺跡の魅力の証しともいえるし、同時に国際協力のあり方、現代人の求める何かがここでの活動にあることを物語っている。カンボジアの歴史や遺跡に関連する情報を体系的に現地で得ることは思いのほか難しい。そこで、現地から遺跡修復の概要を報告しておきたい。

プノン・バケンは大規模な修復作業が行われている

遺跡保存活動の経緯

古くはかつての宗主国であるフランスが、1908年以降、遺跡の保存維持活動を続けてきた歴史的経緯がある。内戦による活動中断のあと、おもに1990年代に入り、外国チームが活動を始めた。1992年にアンコール遺跡群は世界遺産リストに登録された。外国チームが一堂に会する国際調整会議はユネスコが事務局を担当し、1993年、東京で発足、年2回の会議を重ねている。

国際協力のあるべき姿

カンボジアの遺跡は本来カンボジア人によって守られるべきであるが、内戦時代に人材を失い、遺跡の維持管理、保存・研究・修復が機能する体制は失われてしまった。そこで多くのチームが「カンボジア人自身による修復」をその共通目標に掲げて活動している。カンボジア人の自立した活動には、プロジェクトを指揮する学者や技術者（建築・考古学など）や実際に作業を行う技能者（石工など）の人材育成が不可欠である。日頃カンボジア人と接していて思うことは、彼らの勤勉さ、潜在的な能力の高さである。要は才能を発揮する方法と場所が欠けているだけであるように思う。

カンボジア側の組織としてはAPSARA（アプサラ：アンコール地域遺跡整備機構）が1995年に設立され、アンコール地域の遺跡全体を、下記の外国チームも含めて統括・管理している。プノンペン王立芸術大学（内戦による閉鎖の後、1989年再開）を卒業した建築家や考古学者たちはいまや50代に入り、第一線での活動のかなりの部分を担っている。カンボジア側の組織が整備され、人材の育成が進みつつあることから、今後はカンボジア人が自分たちで、現状を把握・

アンコール・ワット西参道は、日本の上智大学アンコール遺跡国際調査団によって修復中

おもな活動組織とその遺跡

組織名	国	調査・修復遺跡
EFEO	フランス	ライ王のテラス（終）、バプーオン（終）、西メボン
ASI	インド	アンコール・ワット（終）、タ・プローム
上智大学アンコール遺跡国際調査団※	日本	バンテアイ・クディ、アンコール・ワット西参道、タニ村窯跡（終）
WMF	アメリカ	タ・ソム（終）、プリア・カン、プノン・バケン、アンコール・ワット回廊東面
奈良文化財研究所	日本	タニ村窯跡（終）、西トップ
JASA	日本	プラサット・スゥル・プラット（終）、アンコール・ワット北経蔵（終）、バイヨン
ITASA	インドネシア	アンコール・トム王宮塔門（終）
GACP	ドイツ	アンコール・ワット彫刻、プリア・コー
I.Ge.S	イタリア	プレ・ループ（終）、アンコール・ワット環濠護岸（終）
CSA	中国	チャウ・サイ・テボーダ（終）、タ・ケウ（終）、ピミアナカス、ベン・メリア
東京文化財研究所	日本	タネイ
GAP	オーストラリア	アンコール遺跡群の広域調査
BSCP	スイス	バンテアイ・スレイ
RAF	ハンガリー	コー・ケー
KOICA	韓国	プリア・ピトゥ
――――	北朝鮮	アンコール・パノラマ・ミュージアム（閉館中）

（終）は活動終了、それ以外は現在活動中。
※日本の上智大学ほか、複数の大学などで組織されている。団長は上智大学の石澤良昭教授（元学長）。

左／カンボジア人作業員たちには日本の地下足袋が人気（アンコール・ワット西参道）　右／一つひとつの石に番号をふるところから始まる。修復は地道で根気のいる作業だ（バプーオン）

分析し、目標設定を行い、今まで学んできたことを現実に即して実践していくことになる。

外国人による国際協力や援助に必要なことは、カンボジア人の成長をそっと見守ることのできる優しさ、外国の文化に接するきめこまやかな配慮ではないだろうか。疲弊した過去より立ち上がりつつある現在もなお、カンボジアはまだその将来像を模索途中である。純朴な彼らは今、あらゆる支援を取捨選択なく受け入れがちな側面もある。援助・協力する側の方法しだいでは、その結果がカンボジアのアイデンティティの喪失につながり、自主性の萌芽をつむことになりかねない。われわれ外国人にできることは、彼らの能力を最大限に引き出すための側面支援ではないだろうか。

将来への展望

「遺跡・人・自然の共生」、これがアンコール遺跡群を生かすべき方向性といえる。遺跡の魅力を損なうことのない開発・発展への道を探ってほしい。近年シェムリアップは、観光客の増加とともに急激な発展を見せており、町も遺跡も目を見張るほど大きな変化を遂げている。町と農村部との経済的格差、人々の生活や意識の相違もますます大きくなりつつある。観光という観点から見ると、シェムリアップの町はカンボジアにおいてむしろ例外的な発展を見せる観光地であることを念頭におくべきであろう。

21世紀の今、人類は地球規模の視点が求められ、かぎりある環境に配慮した文化協力活動が今後さらに活発になっていくであろう。その際、経済至上主義や政治的思惑の度が過ぎると、特に文化プロジェクトの場合は活動趣旨自体を危うくすることになりかねない。カンボジア経済が将来安定した後、次に求める「豊かさ」は「文化活動の充実」であることは、先進諸国の例を見れば明らかである。先を見据えたバランス感覚を常にもち、現在の段階を再確認しながら今後もさらによい方向に社会が発展することを願っている。

フランス人による遺跡管理開始以来110年以上を経過した今、カンボジア人主導の活動がようやく始動のときを迎え、新しい時代の幕開けを感じさせる。カンボジアの将来を担う若き専門家たちの成長と活躍をおおいに期待したい。

三輪　悟（上智大学アジア人材養成研究センター）

Column

バンテアイ・クディの遺跡発掘現場から

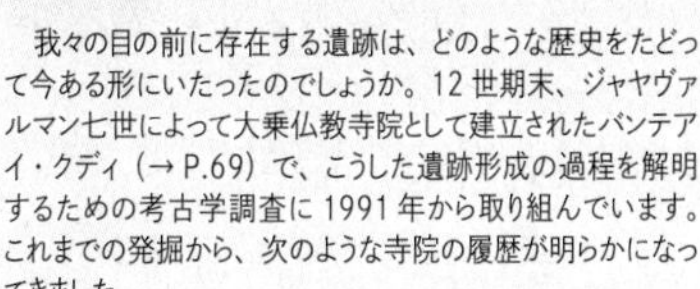

我々の目の前に存在する遺跡は、どのような歴史をたどって今ある形にいたったのでしょうか。12世期末、ジャヤヴァルマン七世によって大乗仏教寺院として建立されたバンテアイ・クディ（→P.69）で、こうした遺跡形成の過程を解明するための考古学調査に1991年から取り組んでいます。これまでの発掘から、次のような寺院の履歴が明らかになってきました。

造営に先立ち、あたり一帯に2m近く土を盛り上げ、石造建築の重量に耐えられるように土地を整えました。石造建築とともに瓦葺きの建物も併設されていたようで、出土資料の7割近くは瓦の破片です。尊像の一部が欠けた状態の仏像が270数点出土した仏像埋納坑も発見し（現在、プリア・ノロドム・シハヌーク - アンコール博物館にて展示）、これはジャヤヴァルマン七世没後のヒンドゥーを信奉する王による廃仏の痕跡であろう、と解釈しています。アンコール王朝が終わると、かつての寺院建築の石材を再利用し、上座仏教の仏殿が建造されるようになります。今は基壇のみが残るその仏殿周囲には、15～16世紀頃の中国製陶磁器が骨壺として用いられ埋葬されていました。19世期後半にここを訪れたフランス人旅行者の記録は、この仏殿に奉られた仏像へ僧侶たちが祈りをささげていた、と伝えています。

こうした調査成果を地元のカンボジアの人たちと共有するため、発掘調査ごとに現地説明会（文化遺産教育プログラム）を開催しています。プログラムの企画と運営は、すべてカンボジア人の大学生が担当、説明会の1週間ほど前から予行演習を繰り返し、当日は早朝から遺跡に待機し緊張は頂点に達しているはずです。しかし子供たちからたくさんの「なぜ?」「どうして?」が投げかけられた途端、案内役の大学生たちもやっと安心して一つひとつの疑問にやさしい言葉で答えます。

2015年8月に実施した現地説明会の様子（三輪悟氏提供）

現地説明会のもうひとつの目的は、遺跡と関わって生活してきた村の古老を皆に紹介することです。小さい頃から大人と一緒に祈りの場である境内を掃き清め、ときには環濠でおかずのための小魚を取っていました。内戦前はフランス人による修復現場で働き、今は発掘現場の作業員として、バンテアイ・クディとともに生きてきた村の人です。バンテアイ・クディは、考古学者にとっては遺跡ですが、カンボジアの人にとっては今もなお聖なる場所で、生活空間の一部です。遺跡がもつ多様な価値を我々も学びながら、これからも調査が続いていくことでしょう。

丸井雅子（上智大学総合グローバル学部）

遺跡との新たな出合いを求めて

乗り物から遺跡を楽しむ

通常ルートでの遺跡観光がひととおり済んだら、少し違ったアプローチで遺跡を楽しむのもおすすめだ。旅をさらに楽しいものにするスペシャルな体験が待っている。

アンコール・ワットが描かれた白い気球

気球に乗って空から眺める

アンコール・ワット（→P.30）正面から、田園風景を800mほど西へ進んだあたりから「アンコール・バルーン」と呼ばれる気球が上げられている。気球はロープでつながれたまま、約10分かけて120m真上に上昇。"神の視点"から悠然と広がる密林に潜む遺跡を見下ろす空の旅は、心に残る特別な経験になるだろう。

アンコール・バルーン Angkor Balloon
MAP P.28-3A
住 800m from Angkor Wat　☎092-765386、097-8965834
URL angkorballoon.com　営 朝日〜夕日（季節によって異なる）の間に頻発
休 無休　料 20US$、6〜12歳は10US$（サンライズ、サンセットは25US$、6〜12歳は15US$）
29人まで乗船が可能。サンライズは前日までの予約、サンセットは当日の予約の乗船にかぎられる。団体客による予約が多いので、サンライズ、サンセット以外でも事前の予約が望ましい。運行時間は季節や天気によって異なり、雨天、強風時は運行中止となるので事前に電話確認が望ましい。

気球からアンコール・ワットがよく見える

船上でハイティーやカクテルを楽しめるプランもある（55US$〜）

各ボートに船頭さんはひとり。簡単な英語なら話せる

ボートに乗って水上から眺める

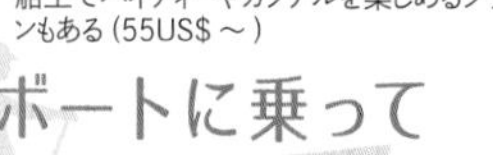
サンセットの時間は水面がオレンジ色に染まり幻想的。夕涼みにもおすすめ

バイヨンの壁画にも描かれているアンコール時代の戦闘舟を再現した手こぎボートに乗って、静けさに包まれたアンコール・トム（→P.50）のお堀をクルーズ。郷愁を誘う緑の森を眺めながら、王都の住人気分で王朝時代に思いをはせてみよう。バクセイ・チャムクロン近くの乗り場を出発し、アンコール・トムの南西角のプラサット・チュルン近くまで行き、乗り場へ戻ってくるトータル約1時間のコース。

コンキア・アンコール Kongkear Angkor
MAP P.28-3A　☎070-216569
URL www.kongkearangkor.com　営 7:00〜17:00　休 無休
料 4人乗りのボートはひとり17US$
水とおつまみ付き。通常のクルーズなら予約は必要ないが、食事付きプランは前日までに要予約。

乗馬スタイルで遺跡と一緒に記念撮影ができる。ワット・アトヴィアまでは牧場から片道約1時間

馬に乗って遺跡を目指す

50頭以上の馬を飼育する牧場を出発し、郊外にあるワット・アトヴィア（→P.85）まで乗馬体験。徒歩ともトゥクトゥクとも違う、ゆったりとしたスピードで進むのどかな田園風景には、伝統的な高床式家屋、ハスの花が浮かぶ美しい池、魚を取る子供たちと、中心部とはまったく違った表情がある。シェムリアップの魅力を再発見した頃、ワット・アトヴィアが見えてくる。

ハッピーランチ・ホースファーム
Happy Ranch Horse Farm
MAP P.210-3A
住 Group 4, Svay Dangkum
☎016-920002、012-920002
URL www.thehappyranch.com
営 5:00〜18:00　休 無休
料 1時間38US$〜
子供用の30分コース（30US$）と、1〜3時間の4つのコースがあり、遺跡を目指すのは3時間のテンプル・ライド（80US$）。前日までに要予約。

インストラクターが付いてくれるので初心者でも安心

Angkor Wat & Cambodia

クメール文化を探る

クメール文化の華 “アプサラ”の踊り

アンコール・ワットのデバター（女神）像とオーバーラップするアプサラ・ダンス

プログラムの最後は7人のアプサラによるダンス。終演後は記念撮影もできる

バイヨンの壁面には踊るアプサラのレリーフが見られる

カンボジアが誇るクメール文化の華「アプサラの踊り」。9世紀頃に生まれたこの宮廷舞踊は、アンコール遺跡のレリーフにも数多く登場する。アプサラは「天女・天使」とみなされ、踊りは神への祈りとしてささげられるものであった。

“アプサラ”の復活

踊り子は王室古典舞踊学院で養成されていたが、ポル・ポト政権時代に、300人を超す先生や踊り子のうち、90%もの人々が処刑の対象となってしまった。振り付けが記録された書物も、このときにほとんどが消失した。

だが、アプサラの踊りは、難を逃れた数人の先生によって息を吹き返した。1989年から伝統舞踊の復活を目的に、子供たちを中心とした“舞踊教室”が始められたのだ。

踊りの神髄

クメールの舞踊はインドネシアのジャワ島のヒンドゥー文化に影響を受け、遡ればインド文化がルーツといわれている。アンコール王国が15世紀にシャム（タイ）軍に滅ぼされたときに宮廷舞踊団もタイへ連れ去られ、アユタヤ朝の娯楽となった。それが後にカンボジアに還流し、今日にいたっている。

よく見ると、カンボジアとタイの踊りは似て非なるものということに気づく。カンボジアのほうが優雅でゆっくりとした動きに思えるのは、気のせいだろうか。

クメール宮廷舞踊のさまざまな演目は『ラーマーヤナ』（→P.38）がもとになっている。踊りのなかで、頭や腕、足の微妙な位置や、手・指のねじれ具合、広げ方すべてが意味をもつ。これらが魂の言葉として感情を表現している。

雄弁に物語る踊り子の手

踊り子の反り返った手と指の動き、形には、それぞれ意味がある。生命の営みを花の芽生えから実が落ちるまでにたとえて、以下のような意味を表している。

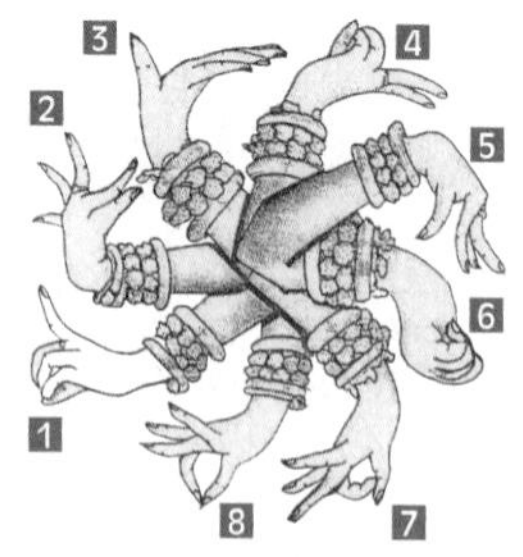

1 芽生え　2 新芽が芽吹く
3 葉が出る　4 枝が伸びる
5 花　6 つぼみ
7 実が熟れる　8 実が落ちる

ダンス・ショーのおもなプログラム

シェムリアップの劇場付きレストランでは、毎日約1時間のダンス・ショーが開催されている。劇場によって若干演目は異なるが、たいてい下記のなかから5～6つのプログラムで構成され、最後にアプサラ・ダンスが披露される。

●フラワー・ダンス

5人の女性がハスの花を蒔きながら優雅に舞うフラワー・ダンスは、もてなしの意味を込めて最初に演じられることが多い演目。

●ココナッツ・ダンス

ココナッツの殻を打ち鳴らして村の男女がリズミカルに舞う。カンボジア南東部にあるスヴァイリエン州が発祥で結婚式の際に踊っていた。

●メカラ・ダンス

水の神メカラが光り輝くクリスタルの光線を使って、雷を起こそうとする悪魔を退治するという勧善懲悪に基づいたストーリー。

●フィッシャーマンズ・ダンス

村の男女の恋愛の駆け引きをコミカルに描いた、カンボジア古来の民族舞踏。竹製の魚取りカゴを持って踊る。

●ピーコック・ダンス

カンボジアで幸福を象徴するとされるクジャクに扮して舞う伝統舞踏。宝石で有名なパイリン発祥とされ、仏教寺院で祭事の際に披露される。

●金の人魚のダンス

『ラーマーヤナ』(→P.38)の一節。シータ姫奪還のため、サル軍の将ハヌマーンが光り輝く金の人魚に助けを求めるシーン。

アプサラ・ダンス・ショーはどこで観られる?

カンボジアへ来たからには一度は観てみたいアプサラ・ダンス・ショー。市内の各レストランやホテル内で行われており、ここでは定期的に観られるおもな所をピックアップした。演目は基本的にどこでも同じだが、料理の内容や料金に違いがあり、各自の好みや予算を考慮して決めよう。またハイシーズン中は、中級以上のホテルでも行われることがある。

シェムリアップ

●クーレン Koulen

シヴォタ通りにあり便利。各国料理のビュッフェは約80品を用意しており、ライブキッチンもある。踊りのレベルが高い。
※2023年4月現在休業中、再開未定。
MAP P.212-2B ☎(063) 964424、092-630090
営18:30～20:30(ショーは19:30～20:30) 休 無休
料ビュッフェディナー付きで12US$ カード MV 予約 望ましい

●アマゾン・アンコール Amazon Angkor

約300席ある大型レストラン。舞台も大きく総勢40名の踊り子や歌い手によるショーは迫力満点。
MAP P.210-1B ☎012-966988
営18:00～21:00(ショーは19:30～20:30)
休 無休 料 ビュッフェディナー付きで18US$ カード JMV
予約 半日前までに要予約

●アプサラ・テラス Apsara Terrace

「ラッフルズ・グランドホテル・ダンコール」(→P.197)のガーデンに舞台が設けられている。200名収容可能な大きな会場で、ホテルの宿泊客以外も申し込み可能。アジア料理やバーベキューなどのディナー付き。
MAP P.213-1C ☎(063)963888
営19:00～22:00(ショーは19:30～20:45)
休 水～日曜(4～10月は水・金・日曜のみ) 料 ディナー付きで35US$
カード AJMV 予約 要予約 ドレスコード スマートカジュアル

●ポア・キュイジーヌ Por Cuisine

市内から少し離れた所にあるモダンなレストラン。コース料理を味わいながらゆっくり鑑賞できる。
MAP P.211-3C ☎078-969997
営6:00～22:00(ショーは19:30～20:40) 休 無休
料コース料理付きで20～30US$ カード MV 予約 要予約

●アンコール・モンディアル Angkor Mondial

シェムリアップでも最大規模の1000席を誇るモダンな大型レストラン。国道6号線沿いにある。
MAP P.210-2B ☎(063)760875 営17:00～20:30(ショーは18:30～19:30) 休 無休 料 ビュッフェディナー付きで12US$ カード MV 予約 半日前までに要予約
※2023年4月現在休業中、再開未定。

ぜひ観ておきたいエンターテインメント。近年は食事のレベルも上がっている

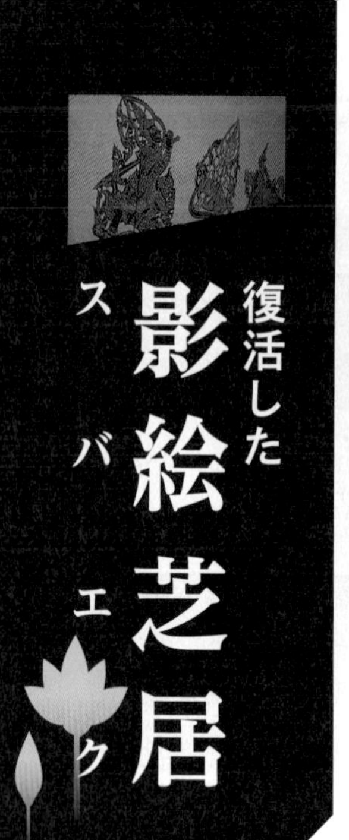

復活した影絵芝居 スバエク

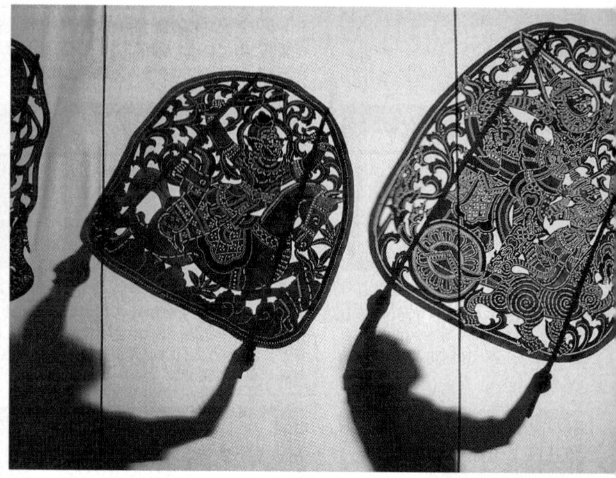

大きなスクリーン越しに上演されるスバエク・トムは迫力満点
写真はティー・チアン一座の練習風景

クメール・ルージュの時代に根絶の危機に遭い、滅びかけていたカンボジアの伝統芸能の影絵芝居が、シェムリアップで復活している。

伝統音楽の生演奏も興味深い

影絵芝居スバエクの歴史

カンボジアの影絵芝居、スバエク。スバエクとはクメール語で「牛革」を指し、文字どおり牛革の人形を使った影絵芝居のことをいう。スバエクには2種類あり、ひとつは大型の影絵人形を使ったスバエク・トムで、もうひとつは人形の手足が動くよう細工されたスバエク・トーイだ。発祥はどちらもシェムリアップ州といわれる。スバエクは芸能・芸術としてフランス統治時代に成熟期を迎えたが、ポル・ポト（クメール・ルージュ）政権下で演者、人形の彫り師とも数が激減し、消滅の危機に。戦後、伝統芸能保存のための動きが起こり、スバエク・トムは2005年にユネスコの世界無形文化遺産に登録された。

スバエク・トムとスバエク・トーイの違い

どちらも古典音楽に合わせてストーリーが進むが、大型の人形を使うスバエク・トムの演目は、インドの叙事詩『ラーマーヤナ』のカンボジア版『リアムケー』だけ。登場人物や演目の1シーンが彫られた大型の人形を持つ演者はセリフを発さず、語り部が物語を牽引する。基本的には野外で行われるもので、現在は定期公演がなく、大きな仏教行事や祭事でしか公演されない希少な古典芸能となっている。

一方、小型の人形を使うスバエク・トーイは、農民の生活を描いたコメディタッチの民話、神話など、さまざまなストーリーの短編を演目としている。どれもストーリーは明快でわかりやすく、人形の手足を操る演者がセリフを発しながら物語が進んでいく。現在は、シェムリアップのレストランなどで定期公演がある。

人形は手作業で一つひとつ作られる（左）。繊細な絵柄が美しいスバエク・トムの人形（右）

スクリーンの裏では、ひとりで複数の人形を操る

言葉はわからなくても、コミカルな人形の動きで十分に楽しめる

影絵が鑑賞できるところ

シェムリアップ

◉スバエク・トーイ

クリスタル・アンコール　Crystal Angkor

モダンな劇場付きレストラン。スバエク・トーイのショーは毎晩19:10 ～ 20:00。アプサラ・ダンスのショーもある。
MAP P.210-1B　住 Krous Village　☎012-786786
営 11:00 ～ 14:00、16:00 ～ 21:00　休 無休　料 コース料理付きで 10 ～ 35US$　カード MV　予約 要予約

バンブー・ステージ　Bambu Stage

中庭に設置された野外ステージで、オリジナルストーリーの影絵が見られる。コミカルな動きと勢いのあるセリフのやりとりが印象的。
MAP P.215-3C　住 Bamboo St.
☎092-718418、070-718418
URL bambustage.com　開 20:30 ～　休 日曜
料 12US$（ドリンク付き）　予約 要予約

◉スバエク・トム

ティー・チアン一座

伝統芸能を今に伝える貴重な存在。定期上演はないが、毎週土・日曜 18:00 ～ 19:00 にプオン&チュアン夫婦の工房で練習見学が可能なほか、影絵人形と同じ素材でブックマークを作成するワークショップも開催。　MAP P.210-2B　☎012-857532（クメール語のみ）　開 依頼に応じて上演

①食事とともに鑑賞できるクリスタル・アンコール　②コミカルな動きが楽しいバンブー・ステージ　③ティー・チアン一座の練習風景　④練習見学の際は節度をもって　⑤ティー・チアン一座のワークショップは 5US$

Column

シェムリアップの影絵芝居が人気！

幻想的な雰囲気に包まれる「スバエク・トム」

シェムリアップ州は、カンボジア影絵（スバエク）の発祥地。なかでも「スバエク・トム」と呼ばれる大型の影絵は、野外に大きな火をたいて行う壮大な芝居だ。使われる人形は、きれいになめした牛の革にノミを使って登場人物や背景を細かく彫り込んだもので、1体の大きさが1mから1.5 mほどもある。この大きな人形を 50 体から 80 体使い、物語を演じるのだ。幅 10 m、高さ 5 mの白布のスクリーンが舞台、その裏でココナッツの殻を盛大に燃やし、橙色の炎を光源として影を映し出す。打楽器を中心とする古典音楽と語り部の声が夜空に響き、物語が進んでいく。

ふと気づくと、村人も客席の周りに集まり、子供たちが舞台裏をのぞき込んで炎に目を奪われている。人形の背後に揺れる炎を眺めながら、芝居が作り出す場の雰囲気に浸るのが心地よい。

演目はただひとつ『リアムケー』という物語。インドの『ラーマーヤナ』（→ P.38）がカンボジアに伝わり、土地の習慣や好みを取り入れて変化したものだ。「スバエク・トム」ではこの中のエピソードを 7 晩かけて演じるのが本当の演じ方なのだが、観光客向けには 1 時間から 1 時間半に短縮した形で上演を行っている。

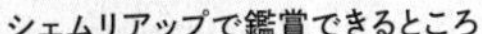

シェムリアップで鑑賞できるところ

「発祥地」といっても、シェムリアップにある「スバエク・トム」の一座はふたつだけだ。長い内戦のためにこの伝統芸能は途切れたままになっていた。社会が安定してきた 20 余年くらい前から少しずつ注目されるようになったことで、この 10 数年ほどでようやく観光客にも人気を呼ぶようになり、遅ればせながら国の文化芸術省も復興と保存に本腰を入れ出した。

ケマラ・アンコール・ホテル脇の細い道を南へ入ったサラ・コンサエン村

左はプオンさん。細かな技が生きる影絵人形は芸術的（右）

夜の闇に光と影の世界が浮かび上がる

にあるティー・チアン一座（→上記）はスバエク・トムの老舗一座である。その名のとおりティー・チアンじいさんという高名な語り部が率いていたが、このおじいさんは 2000 年に他界してしまい、その後は親戚や孫、近所の青年たちが力を合わせてあとを継いでいる。昔は演者は農家の人々が多かったが、町の様子が変わりつつある今は、レストランのウエーターや、バイクタクシーの運転手、そして影絵人形の制作を本職とする人が多い。

チアンじいさんの孫のプオンさん（チェン・ソバーン）は、上演の際には語り部をし、普段は人形の制作、販売をしている。上演で使用する人形のほか、おみやげ用の壁飾りやキーホルダーを彫る。プオンさんの家は、一座の事務所としても使われていて、影絵を紹介する写真なども展示されている。ここを見学することもでき、上演の申し込みもここでできる。ほかには、シェムリアップ川の東にあるワット・ボーという寺（MAP P.215-1D）にも一座がある。

小型の「スバエク・トーイ」はコミカル

カンボジアの影絵にはもうひとつ、「スバエク・トーイ」と呼ばれる小型の影絵がある。手足の動く小さな影絵人形を操るもので、コミカルなせりふの応酬を身上とする庶民的な芝居だ。外国人にはストーリーの理解がたいへんだが、カンボジア人にとても親しまれている。みんなが笑い転げるのを楽しむ気持ちで観るのもいい。こちらはシェムリアップのレストランや郊外にある子供のためのセンターなどで観ることができる。

（福富友子）

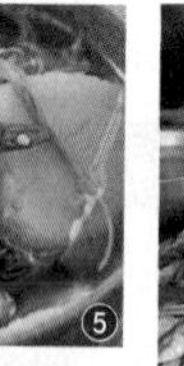

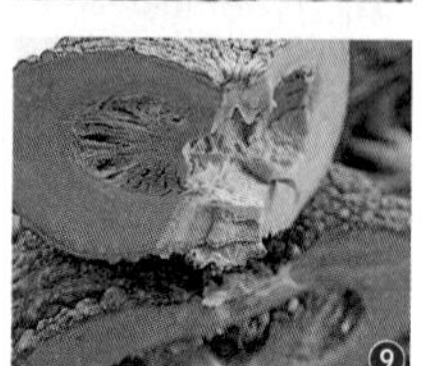

美食がいっぱい カンボジア料理を極める

❶人気メニュー、アモック。白身魚入りが定番で、鶏肉や野菜、海鮮バージョンもある　❷香辛料とココナッツミルクたっぷりのカレー　❸カニで有名なケップ（→P.296）では新鮮な海鮮を安く食べれられる　❹ヤシ砂糖にも種類がある。色の薄いほうがおいしい。濃い色のものは少し酸味がある　❺カンボジアのスープは種類豊富で具だくさんのものが多く、メイン料理ともいえる充実の内容　❻米粉とウコン、卵を混ぜて薄く伸ばして焼いた生地にひき肉やモヤシを挟んだ料理のバイン・チャエウはもとはベトナム料理　❼肉や魚のグリル料理もよく食べられる　❽食事どきになると、食堂にはたくさんのおかずが店頭に並ぶ　❾料理にもスイーツにも使われるカボチャ

東西の文化が交差するインドシナ半島。歴史をたどると、カンボジアは1世紀頃に扶南（ふなん）として国を興した東南アジアで最初の国である。カンボジアの食文化が周辺各国に影響を与え、時を経てカンボジアにも多様な文化が行き来した。こうしてカンボジア料理はさまざまな味や手法が混ざり合い、独自のスタイルを築き上げたといえる。決して華やかではないが、実に豊富な素材が組み合わされた味のハーモニーが楽しめる。極めるほどに奥が深い食の世界の扉を開けよう。

よく使われる香草、スパイス、乾物類

香草類

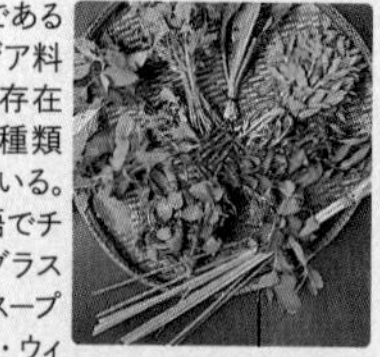

食欲増進のもとである香草は、カンボジア料理に欠かせない存在で、市場には7種類くらいが売られている。香草はクメール語でチィといい、レモングラス（スラックレイ）はスープに、バジル（チィ・ウィンカーンム）やドクダミ（チィ・チャアーム）はサラダ類などに使われる。ほかにも甘酸っぱい香りのチィ・ニェン・ボーンは、酸味を効かせるスープに用いられる。

スパイス・乾物など

赤ニンニク（写真左端）は色や香りもよく、サラダによく使われる。そこから時計回りに、コブミカンの葉（甘酸っぱいスープの香りづけに入れる）、焼き米（ソムロー・コッコォーというスープに入れる）、ショウガ、ウコン、別種のショウガ。

スルメはだしを取るために使い、赤ピーマンの乾物は辛味づけに、スターアニス（八角、写真右下）はカレーなどの香りづけに。中央の黄色いものはアダンの花で料理に添えて食べる。皿に入っているのが緑豆、緑豆の皮を取ったものが黄色い粒状のもの（右上）。白と黒の粒はコショウ。

こちらも欠かせないココナッツ。殻の内部の白い部分を削り、これに水を加えて搾り出したものがココナッツミルク（袋の中の液体）。カレーやスープ、アモックなどに広く使われる。削ったスライスは甘味やお菓子に使用。

カンボジア料理ってどんな料理？

タイ料理ほど辛くはなく、香草を使うがベトナム料理ほどではない、比較的食べやすい料理だ。家庭料理のような味わいがホッと和ませてくれる。

主食は米、おかずは魚が基本

バイヨン（→ P.50）の第一回廊のレリーフには、トンレサップ湖で取った魚を焼いたり、売り買いする様子が描かれており、当時からカンボジアの食文化の中心は魚料理だったことがうかがえる。トンレサップ湖は国の中心に位置する巨大な湖で、その漁獲高は世界でもトップクラスだ。そこで取れる淡水魚などの魚介は、欠かせない食材である。

魚料理の種類は驚くほど多く、鮮魚だけでなく、保存食にもなる干し魚や燻製の種類も豊富。特に干し魚が入ったスープやサラダはカンボジア人が好んで食べる代表的な料理だ。淡水魚は生臭さを取るために、念入りな塩洗いがなされる。

また、料理に欠かせないのが、小魚を塩漬けにして発酵させたプラホックとトゥック・トレイ（魚醤）だ。プラホックはクサヤのような臭いだが、カンボジア料理を特徴づける大事な調味料で、慣れるとクセになる味わい。

これが強烈な臭いのもと、プラホック

味の決め手となる調味料

1 カンボジア料理の決め手はこのトゥック・トレイ（魚醤）。塩分が多く半透明。澄まし汁や煮物の隠し味に、また砂糖を入れてつけだれに使うことも　2 チリソース　3 醤油　4 ヤシ砂糖。煮物に使うとコクのある甘味に　5 チリソースとトゥック・トレイを混ぜたもの　6 カンボジア産黒コショウ。どんな料理にも合い、味と香りを高める　7 酸味のもと、タマリンド　8 プラホック。伝統料理の必需品。日本の味噌のような役割を果たす　9 ライムの酢漬け　10 ケチャップ　11 ライム。ひと搾りすると臭みが抑えられる　12 塩

甘味と酸味が特徴

カンボジア料理は甘味や酸味の効いた料理が多い。例えば、サトウヤシから取れる天然のヤシ砂糖とトゥック・トレイ（魚醤）で味つけされる煮物は、甘くコクのある味わい。サラダやスープは酸味の効いたものが好まれ、レモングラスやタマリンドなどで酸味づけされることが多く、暑い日でもさっぱりと食べられる。

また、トマトやキュウリのほか、未熟なパパイヤやマンゴーといった果物をスープの具に用いるなど、日本では想像できない素材の使い方も特徴で、カンボジアの食材を巧みに生かした料理が種類豊富に揃っている。

パイナップルで酸味づけする場合もある

シェムリアップのアプサラ・ダンスを上演するレストランは一度に数百人が食事できる

どこでどんなものが食べられるのか

レストラン

種類豊富なカンボジア料理が食べられる。メニューには、スープ、サラダ、食材ごとに分けられたメイン料理、麺類、飲み物までズラリと並ぶ。屋内と屋外の席があることが多い。料理のあとにはサービスでフルーツや甘味が出されることも。シェムリアップやプノンペンには民族舞踊を上演する店もある。

食　堂

家庭料理をはじめ、その土地の郷土料理も食べられる。店の入口のガラスケースにおかずやスープが並び、食べたいものを指さし注文できる。英語のメニューが用意されている店もある。開放的な空間で、値段も1品2000Rくらいからと、気軽に利用できる。市場内やその周辺に多い。

作りたてを味わうなら開店すぐが狙い目

専門店

麺類の店、鍋料理の店、スープの店など。麺類は食堂形式で、店頭で麺や具を選べる店が多い。

活気あふれる麺屋の店頭キッチン

入店からお勘定まで
レストランの利用法

高級感あふれるレストランも増えている

店の見つけ方

さあ、カンボジア料理に挑戦！と町に繰り出したはいいが、カンボジア料理のレストランがなかなか見つからない、そんなことが意外によくある。それは「カンボジア料理店」と書かれている看板がほとんどないからだ。では、何を目印にしたらカンボジア料理店に行き着けるのか。

第一にクメール文字がやたらと目立つ看板を掲げているレストランだ。それともうひとつ、シェムリアップの場合、「バイヨン」「バンテアイ・スレイ」「クーレン」「コー・ケー」などの遺跡の名前をローマ字で大きく書いているレストランは、だいたいカンボジア料理を出す店である（※看板にはクメール文字のほか、ローマ字も併記されていることが多い）。

また、味のよい悪いはお客の入り具合で判断するとよい。地元の人でにぎわっている店はハズレはないと思ってよい。また、外国人客が多いレストランは、香草も少なめで食べやすくアレンジしてある所が多い。

注文の仕方

近年では、ほとんどのレストランにクメール語と英語を併記したメニューが置かれている。また、たいていは英語が話せるスタッフがいるので、比較的スムーズに料理の注文ができるだろう。メニューのない食堂では店頭に料理が並んでいるので、それを見て選ぶ。

まれに料理の値段がメニューに書いていないこともあるので、オーダーをする際にメニュー名を指さして「トライ・ポンマーン」（いくらですか?）と聞いておくとよい。シェムリアップの場合、値段の目安はだいたい1品5US$前後。市場などの食堂では1品2000Rくらい。

お勘定

支払いは現金が便利。クレジットカードも観光客の多い中・高級レストランでは使える場合が多い。「ソーム・クット・ルイ」（お勘定をお願いします）と言えば、伝票をテーブルまで持ってきてくれる。このときに注意することは、計算間違いがないか、つり銭が間違えられていないかを必ず確認すること。レストランでは基本的にチップは必要ないが、サービスがよければ会計の際に2000～4000R多めに支払ったり、つり銭の一部をチップとして置いていくといいだろう。

左／食事を提供するカフェやカジュアルなレストランも多い
右／食堂の各テーブルには調味料から箸・スプーン、ティーポット、ティッシュまで用意されている

Column

カンボジア人の食事を拝見

7:00、プノンペン市内のクイティウの店は出勤前の人たちや親子連れでいっぱい。クイティウのほかにもお粥や汁なしの米麺などが朝食の定番メニューだ。

カンボジアの職場はだいたい11:00頃から14:00頃まで長い昼休みがあるので、昼食は自宅に帰って食べる人が多い。主食のご飯にスープと何品かのおかず。1日の食事のなかでもウエートの大きい昼食は、ゆっくり時間をかけてたっぷり食べる。

家族みんなで鍋をつつく

午後、仕事も終わる17:00頃になると小腹もすいてくる。すると、絶妙のタイミングであちこちにお粥やカレー麺の屋台が立ち始める。おかず屋台では夕食の総菜を少しずつビニール袋に入れて持ち帰ったり、甘味の店で食後のデザートを買ったり。

近年はプノンペンでは一家揃って外食する姿も見られるようになったが、やっぱり食事は家で食べるのが基本のようだ。

食文化は巡る

東から西からやってきた食文化がミックスされているカンボジア料理。近隣のアジア諸国によく似た料理があるのも不思議ではない。例えばクイティウ麺はタイのクイティアオ、ベトナムのフーティウに似ているが、これらは皆華人とともに中国から渡ってきた米麺だろうし、お好み焼きのバイン・チャエウや生春巻、揚げ春巻はベトナムからやってきたもの。逆に酸っぱいスープのソムロー・マチューは、タイのトムヤムのルーツという説もある。

おいしいクメール語

ご飯……バーイ
スープ……ソムロー
パン……ヌム・パン
牛肉……サイッ・コー
豚肉……サイッ・チュルーク
鶏肉……サイッ・モアン
魚……トゥレイ
エビ……ボンコーン
カニ……クダァム
卵……ポン
野菜……ボンラエ
砂糖……スコー
塩……オンベル
唐辛子……ムテッヘ
甘い……プアエム
酸っぱい……チュー
辛い……ヘル
煮る……スガオ
焼く……アン
炒める……チャー
揚げる……ボンポォン
おいしい……チガィン

"珍味"三昧。あんなものやこんなものまで……

手前右が「コンテオンリン」、中央左が「コンテオトリン」、中央右が「チャンレットリン」、奥が「アビンリン」

食文化の違いを感じさせるのは、レストランや食堂の食事だけではない。市場の片隅でひっそりと売られている"昆虫"も、おおいにカンボジアを感じさせる。油で素揚げにした「チャンレットリン（コオロギ）」「コンテオトリン（タガメ）」「コンテオンリン（ゲンゴロウ）」「アビンリン（クモ）」などがそれで、東南アジア各国と同じように、カンボジアでもメジャーなおやつだ。味は……、各自で試食して確認してください。ちなみに、カンボジア人にも好き嫌いがあるようで、「チャンレットリン」が一番人気とのこと。"昆虫"はどこにでも売られているわけではない。シェムリアップではアンコール・ワット前の屋台街のほか、18:00頃からパブ・ストリート（→P.178）に登場する移動式屋台で売られている。プノンペンではセントラル・マーケット（→P.234）の正面入口の左側にある店が有名。

昆虫だけでなく「ボォプレイ（蛇の素揚げ）」や「スープボォ（蛇スープ）」「コンケップ・アン（カエルのミンチ肉焼き）」などのほか、カメやトカゲ、コウモリなどをメニューに並べるレストランもある。食文化とは実に多様で奥深いもの。気持ち悪いなんて言わないで、この際、ぜひカンボジアならではの珍味、野味に挑戦してみてはどうだろう。もっとも、これらの珍味、野味は胃腸に自信のある人向きではあるが……。

蛇の素揚げのボォプレイ。蛇専門の屋台で発見。小さいものは1匹2000R～

カンボジア鍋「チュナン・ダイ」指南

カンボジア名物のひとつ、「チュナン・ダイ」。直訳すればチュナン（鍋）、ダイ（土）で土鍋という意味になり、転じて昨今では鍋料理全般を「チュナン・ダイ」と呼ぶようだ。シェムリアップやプノンペンにはこの「チュナン・ダイ」の専門レストラン（→P.189）があり、連日、地元の家族連れでにぎわっている。ぜひ、名物の「チュナン・ダイ」も味わってみたい。

メインの具の種類

基本的に豚肉（サイッ・チュルーク）、牛肉（サイッ・コー）、鶏肉（サイッ・モアン）の3種類。店によっては魚、ウナギ、サメなどもメニューに並べる所もある。また牛の脳みそ（クゥ・コー）も鍋の具材として人気がある。それらの肉を、野菜、湯葉、キノコ、麺、春雨などと一緒に、だしを取ったスープを張った鍋で煮込み、各店の特製だれにつけて食べる。だしは本来、豚肉なら豚肉のだし、牛肉なら牛肉のだしを使うのが基本だが、今はどの肉にも同じだしを使う店が多い。

オーダー方法

まず席に案内されたら「チュナン・ダイ」と言い、鍋を食べたい旨を伝えよう。次に人数と食べたい肉の種類を伝える。ときどき、英語が通じない店員もいるが、前記の肉の種類を言えばたいていは理解してくれる。ちなみに、地元の人々は豚肉ならそれ1種類を注文し、ひとつの鍋に2種類以上の肉は入れないようだ。

調理方法

スープを張った鍋と各材料が運ばれてきたら、いよいよ鍋の醍醐味ともいえる調理の開始だ（写真1 2）。

まずは強火で湯葉、キノコ、春雨などを入れ、次に野菜類を入れる（写真3 4）。ひと煮立ちしたら肉類を入れるわけだが、生卵にからめて入れるのがカンボジア流（写真5）。蓋をして待つ間にたれを作っておこう。とはいえ、初めてのカンボジア鍋で何種類もの調味料が並ぶなかから好みの味を作り出すのは難しい。たれの調合は店員におまかせするのが無難だろう。鍋自体も具を入れるタイミングや順序がわからない場合は、店員がすべてやってくれるので心配はない。ただし、けっこうアバウトではあるが。

食べ方

鍋が煮立ったら火を弱くし、アクを取ろう。材料に火がとおったのを確認したら、食事開始。

まずは、各自でお碗に食べたい具を取り、それをたれにつけて食べるのが一般的（写真6）だが、あらかじめお碗にたれを入れておき、そこに具、スープを入れて食べる人も多い。鍋の具が半分ほどになったら麺を入れて、火を中火にする。麺は肉を入れるときに一緒に入れてもよい。このとき、スープを追加してもらうこともできる。もちろん具の追加注文も可能だ。

1 豚肉（サイッ・チュルーク：右上）、牛肉（サイッ・コー：手前）、鶏肉（サイッ・モアン：左上） 2 テーブルいっぱいに並んだ具材。これは2人前 3 4 まずは野菜類から。店員がすべてを仕切ってくれる店もある 5 肉は卵にからめてから鍋へ 6 各自、お碗に具を取ったら「いただきます」

カンボジア料理メニュー42

指さし注文もOK！

本格的なカンボジア料理の店に行くと、メニューに載っている料理の種類の多さに、きっと誰もが驚くことだろう。サラダにしろ、スープにしろ、具や味つけによってさまざまなメニューがある。日本人の口に合うものが多く、いろいろな料理を味わってみたいし、そのなかからお気に入りを見つけたい。

※ここに紹介するメニューがすべての店にあるわけではありません。また、シェムリアップではカニ、エビ、イカといった魚介は少なく、逆にプノンペンでは魚介メニューが揃っています。

オススメ マークはおすすめ人気メニュー

スープ Soup

1 豚肉のサワースープ
សម្លម្ជូរសាច់ជ្រូក

ソムロー・マチュー・サイッ・チュルーク

オススメ

プラホックをベースにレモングラス、ショウガ、ウコンを混ぜ合わせた独特の風味

2 カボチャのスープ
សម្លប្រហើរត្រឡាច

ソムロー・プラハァ・トゥレイ・チャー

カボチャの実と花や、ヘチマなどが入った、優しい味の具だくさんスープ

3 ニガウリの肉詰めスープ
ស្ងោរម្រះ

スガオ・マリャッ

オススメ

体を冷やす作用があるニガウリは好んで使われる。日本人の口にも合う

4 海苔のスープ
សម្លផ្កាថ្ម

ソムロー・プカー・トモォウ

干しエビのだしが効いた、海苔たっぷりのあっさりスープ。日本人好みの味

5 鶏肉と発酵ライムのスープ
សម្លរណាំងួវ

ソムロー・ナァム・グァウ

塩漬けにしたライムをだしに加え、酸味と苦味が効いたさっぱりとしたスープ

6 雷魚のサワースープ
សម្លម្ជូរយួន

ソムロー・マチュー・ジュオン

メインの具は焼き雷魚。パイナップルやトマトで彩りを出し、タマリンドで酸味をつける

7 バナナの花と鶏肉のスープ
ស្ងោរត្រយ៉ូងចេកជាមួយសាច់មាន់

スガオ・トロヨォン・チェイク・チアモォイ・サイッ・モアン

とろけるくらい軟らかい鶏肉と、胃によいといわれるバナナの花が入っている

8 ハスの茎のスープ
ស្ងោរក្រអៅឈូក

スガオ・クロアゥ・チュウ

オススメ

サクサク歯触りのいいハスの茎を、鶏がらスープに入れた家庭料理の代表メニュー

9 青いマンゴーと干し魚のサワースープ
ជ្រក់ក្រៅឆ្នាំង

チュルッ・クラァウ・チュナン

細切りの青いマンゴーと干し魚にお湯を注いだ、酸味のあるスープ

サラダ／前菜 *Salad / Appetizer*

10 青いマンゴーと干し魚のサラダ

ញាំស្វាយ
ニョアム・スワァイ
オススメ

カンボジア料理を代表するサラダ。マンゴーの酸味と干し魚の塩気が食欲をそそる

11 バナナの花と鶏肉のサラダ
ញាំត្រយ៉ូងចេក
ニョアム・トロヨォン・チェイク

バナナの花とゆでた鶏肉を合わせたさっぱりサラダ。カンボジアらしさが感じられる料理

12 柑橘フルーツのサラダ
ញាំម្កាក់
ニョアム・マッカァッ
オススメ

ミカン科の果実、マッカァッと干し魚をあえたもの。ジューシーで食べやすい

13 小エビと春雨のサラダ
ញាំមីសួរបង្គា
ニョアム・ミィ・スゥア・ボンキィア

春雨と小エビを合わせたさっぱりとしたサラダ。なじみのある味だ

14 生春巻
ណែម
ナァエム

カンボジア版生春巻はやや小ぶり。香草少なめで、小エビ、米の麺がぎっしり

15 揚げ春巻
ចាយ៉
チャー・ヨォー

しっかりひき肉が詰まっていて、ビールに合うメニュー

野菜＆卵料理 *Vegetable & Egg*

16 ナスとひき肉の炒め物
ឆាត្រប់
チャー・トロアップ

ゆでたナスと豚ひき肉を、プラホック、ガーリックなどで炒めた人気メニュー

17 空芯菜のニンニク炒め
ឆាត្រកួន
チャー・トロォコオン

トゥック・トレイ(魚醤)を使って炒めている。おかず料理の定番でご飯に合う

18 ハスの茎の炒め物
ឆាក្រអៅឈូក
チャー・クロアゥ・チュウ

トゥック・トレイで炒めればアクもなくおいしく仕上がる。相性のいい豚肉入り

19 野菜のカシューナッツ炒め
ឆាបន្លែជាមួយគ្រាប់ស្វាយចន្ទី
チャー・ボンラエ・チアモォイ・クロアップ・スワァイ・チャンティ

カシューナッツの香ばしさと野菜の歯応えが楽しめる一品。優しい味つけ

20 塩漬け魚入り卵焼き
ត្រីប្រមាចៀនពងទា
トゥレイ・プロォマー・チィエン・ポン・ティア
オススメ

しょっぱい味の卵焼きはご飯が進む。生野菜と一緒に食べる

21 ニガウリ入り卵焼き
ឆាម្រះជាមួយពងទា
チャー・マリャッ・チアモォイ・ポン・ティア

トゥック・トレイと塩コショウで味つけ。体にもいいメニュー

肉料理 *Meat*

22 牛肉のサイコロ・ステーキ
ឡុកឡាក់
ルック・ラック
オススメ

甘辛いたれで味つけされており、さらに塩コショウにライムを搾った調味料をつけて食べる

23 カンボジア風カレー
សម្លការី
ソムロー・カリー
オススメ

ココナッツミルクたっぷりでまろやかな味なので、子供でも大丈夫。鶏肉入りがポピュラー

24 プラホック・クティ
ប្រហុកខ្ទិះ
プラホック・クティッ

プラホックをベースに豚ひき肉と小ナスをココナッツミルクで合わせながら、炒めた料理

25 豚肉とタケノコの煮物
ខទំពាំងសាច់ជ្រូក
コォー・トンペアン・サイッ・チュルーク
オススメ

ヤシ砂糖とトゥック・トレイ（魚醤）を使って甘辛く煮た料理。日本の煮物に近い味

26 豚の角煮
ខសាច់ជ្រូក
コォー・サイッ・チュルーク

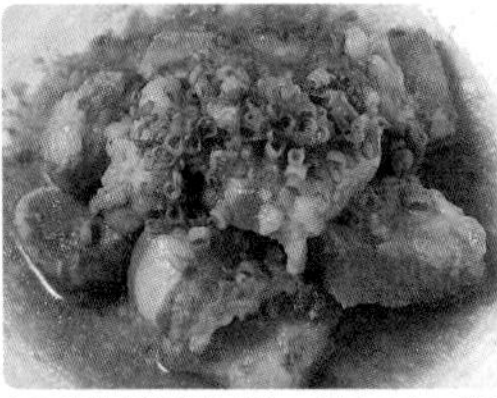

ヤシ砂糖を使用し、優しい甘さのカンボジア風豚の角煮。ご飯に合う

27 焼き鶏
មាន់អាំង
モアン・アン

地鶏一羽を丸焼きにした豪快な一品。屋台で売られている

魚介料理 *Fish and Seafood*

28 アモック
អាម៉ុកត្រី
アモック・トゥレイ
オススメ

雷魚のココナッツミルク蒸し。まろやかでクリーミーな味わい

29 イカの生コショウ炒め
ឆាមឹកម្រេចខ្ចី
チャー・ムック・マレイッ・クチャイ
オススメ

世界一おいしいともいわれるカンボジアのコショウの風味を思いっきり味わえる一品

30 魚の煮付け
ខត្រី
コォー・トゥレイ

ヤシ砂糖とトゥック・トレイを使って甘辛煮にしてある。ナマズやフナを使うことが多い

31 雷魚のフライ
ត្រីរស់បំពងទឹកត្រីស្វាយ
トゥレイ・ロッ・ボンポォン・トゥック・トレイ・スワァイ
オススメ

青いマンゴーのスライス入りトゥック・トレイで食べればさっぱり味。1匹で2〜3人分

32 カニの黒コショウ炒め
ក្ដាមឆាម្រេច
クダァム・チャー・マリッ
オススメ

香りのよいカンボジア産の黒コショウで炒めたカニは、身の甘味とともに風味も楽しめる

33 トゥック・クルン
ទឹកគ្រឿង
トゥック・クルゥン

焼き魚とプラホックを細かく砕き、湯を注ぎライムをかけたもの。野菜と一緒に食べる

朝食メニュー Breakfast

35 汁なしクイティウ
គុយទាវគោក

クイティウ・コォーツ

スープが別になったドライタイプのクイティウは暑い日におすすめ。トゥック・トレイ(魚醤)味の豚ひき肉とエビ入り

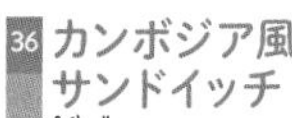

36 カンボジア風サンドイッチ
នំបុ័ងប៉ាតេ

ノンパン・パテー

フランスパンのサンドイッチ。具はハム、豚肉のパテ、青マンゴーの塩漬け、ピクルスなど

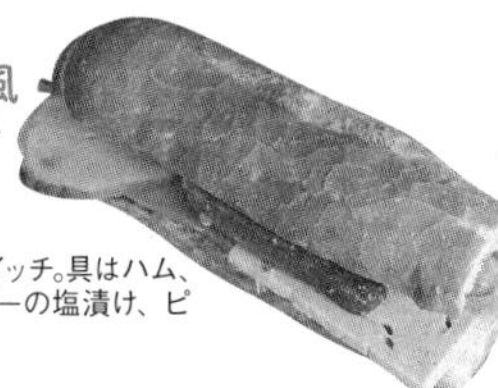

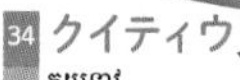

34 クイティウ オススメ
គុយទាវ

クイティウ

豚骨やスルメでだしを取った米のスープ麺。豚ひき肉入り、牛肉、牛肉団子など具が選べる

37 お粥
បបរ

ボッボー

しっかり味がついたお粥は朝ご飯の定番。鶏肉入り、シーフード入りなど数種類ある

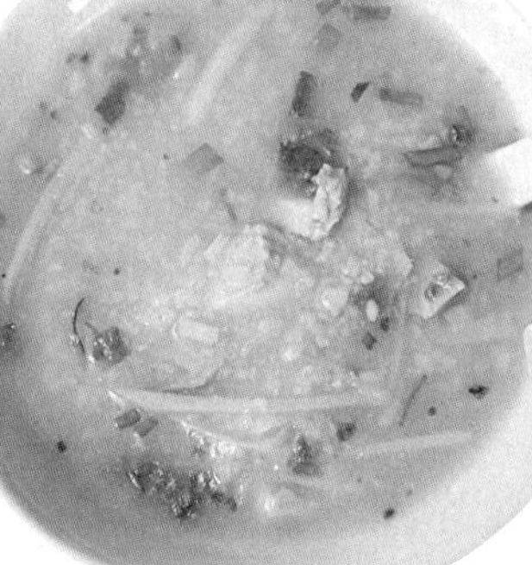

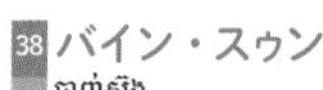

38 バイン・スゥン
បាញ់ស៊ុង

バイン・スゥン

米の粉から作った麺の上にゆで豚肉をのせて、砂糖を入れたトゥック・トレイをかけて食べる

39 ココナッツミルクスープ麺
នំបញ្ចុកសម្លខ្មែរ

ノォム・バン・チョッ・ソムロー・クマエ

ココナッツミルクスープ入りの米の麺は伝統的な朝食。マイルドであとを引くうまさ。雷魚の細切れが入っている

オススメ

40 豚肉のせご飯 オススメ
បាយសាច់ជ្រូក

バーイ・サイッ・チュルーク

ニンニク醤油で味つけされた豚肉はご飯に合う。スープ付き

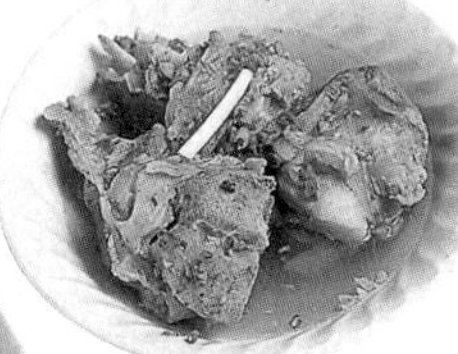

41 豚足スープ
ឆ្អឹងស៊ុប

チェン・スゥープ

じっくり煮込まれた肉はとろけるような食感、スープはコクがある。元気の出るパワーメニュー

42 チキンライス オススメ
បាយអាយណាំ

バイ・アーイ・ナァム
(バイ・ルゥン・モアンスガオ)

鶏がらスープで炊いたご飯の上にゆでた鶏肉をのせた"チキンライス"。鶏だしのスープが付く。鶏肉は身が締まっていて美味

屋台料理を食べ歩こう！

何でもありの路上パラダイス

簡単にさっと食べられ、安くてボリューム満点。意外にイケるものもあり、品数も豊富。何より現地の人と肩を並べて食べる体験は、思いがけない発見や出会いへと導いてくれるはず。裸電球が誘う屋台をのぞいてみよう。

❶甘味屋台は市場の中にある　❷フルーツシェイクの屋台。選ぶのは数種類ミックスでも１種類でもいい　❸昆虫のフライもごく普通に売られている　❹バナナの天ぷら（チェイク・チエン）は１個1000R。アツアツホクホクがおいしい　❺香ばしい匂いに誘われる肉や魚のグリル屋台。焼き鶏は手羽、モモ肉、胸肉など部位ごとに売られている。1羽まるごとの照り焼きは圧巻　❻蒸し器付きの肉まん屋台。肉まん（ノンパァウ）の中にはウズラの卵が入っている（1個4000R）　❼その場で作ってくれるフランスパンのサンドイッチ（ノンパン・パテー→P.149）。中に入る具によって1000R～

フルーツシェイクは1000R～

※屋台では衛生面の注意を忘れずに。必ず火をとおしたものを食べるようにし、また胃腸の弱い人は屋台の利用は控えたほうがよい。甘味やフルーツジュースは氷を入れるので、要注意だ。

屋台で食べられるもの

料　理

チャーハン、焼きうどん、焼きそば、クイティウ（→P.149）から始まって、サイコロステーキ、鶏肉入りのお粥など。

スナック系

孵化寸前のアヒルの卵をゆでたもの、焼き鶏、肉まん、ゆでトウモロコシ、フランスパンサンド、虫の揚げ物（→P.145、上記写真③）など。

甘　味

カボチャプリン、寒天のココナッツミルクがけ、サトイモやもち米の甘味などがある。いずれも自分が食べたいものをトッピングしてもらうことができる。

飲み物

「アンコールビール」は、シェムリアップならどこの屋台でも置いている。人気はフルーツシェイク。好みの果物を選ぶと、その場でミキサーで作ってくれる果汁100%のシェイクだ。

左／孵化寸前のアヒルの卵をゆでたポンティア・コォン（1500R）。丸いほうを上にして殻を割り、ライム汁に塩コショウを混ぜたもの、香草とともに食べる。食べてみるとオツな味　右／焼きうどん、ロー・チャー（4000R）は屋台の人気メニュー

目玉焼きがのった焼きクイティウ（クイティウ・チャー）は 4000R。黄色い麺の焼きそば(ミー・チャー）もある

トウモロコシはゆでたもの（ポーッ・スガオ。1000R）が多いが、炭火焼きのトウモロコシを売る店もある

牛肉の炭火串焼き（サイッ・コー・アーン）はたれが決め手。1 本 500R

屋台の出る場所

プノンペン

●オールド・マーケット周辺
（MAP P.263-1D）

市場をぐるりと囲むように焼き鳥、総菜、麺料理、軽食などの屋台が出る。夕方が最もにぎわう。8:00 頃～ 20:00 頃。

スイーツの屋台も出る

●オルセー・マーケット前
（MAP P.266-1A）

麺、焼きそば、チャーハン、焼き鶏、焼肉などの屋台が並ぶ、プノンペン随一の規模を誇る屋台街。17:00 頃～ 22:00 頃。

オルセー・マーケット前の屋台街。節約旅行の外国人の姿も見られる

●ワット・プノン近く St.88
（MAP P.261-3A）

数十メートルほどの小さな路上市場で、家庭料理のおかず屋台や麺料理の屋台が並ぶ。8:00 頃～ 19:00 頃。

おかず 2 種とご飯で 6000R が目安

シェムリアップ

プラウ・ホックセップの屋台街（→ P.189）が有名。そのほか大衆食堂が数店集まったエリアが複数ある。どこも英語メニューがあり外国人旅行者の姿も多い。定番の炒め料理から、鍋料理を出す店もある。詳しくは P.189 を参照。

シェムリアップのオールド・マーケットにも安くておいしい食堂が並ぶ一角がある

市場の食堂は利用価値あり

どの市場にも食堂街がある。新鮮、早い、おいしい、安いと 4 拍子揃った“おふくろの味”の食堂は、毎日カンボジア人、在住外国人、はたまた旅行者でにぎわっている。食材は市場で調達するのだから、鮮度は高い。すでにできあがったおかずがガラスケースに並ぶので、注文後料理はすぐに運ばれてくる。おかずは 1 品 2000R ～とリーズナブルだ。

注文は並んだおかずを見て食べたいものを指さし注文すればいいわけだから、旅行者にも利用しやすい。支払いは食べ終わってから、テーブルでお勘定をしてもらい、料金を払う。

特にシェムリアップのオールド・マーケット北側の通りに面した一角には評判のよい食堂が並んでいる。

1 ガラスケースには約 15 種類が並ぶ（日替わり料理もあり）。店で食べるということと何人分かを伝えれば OK　2 鍋の中にはその日のスープや煮物が入っている　3 これで 3 ～ 4 人分の料理。どれも家庭料理の味わい　4 シェムリアップのオールド・マーケットの食堂は地元の人にも外国人にも人気

その他のプノンペンのおすすめ食堂・屋台：プノンペンではバタナック・キャピタル・タワー近く（MAP P.262-1B）に食堂・屋台が並ぶ一角があり、昼食時は周辺で働く地元客でにぎわう。食堂の場合、ご飯とおかず 1 品で 6000R ～。

体に優しい

甘味＆フルーツ

コーヒーは食堂や屋台で飲める。ミルク入りはコンデンスミルクが入っている。3500R～

カンボジアンスイーツはカボチャやサトイモ、あずき、緑豆、寒天などを用いた体にいい栄養満点なものが多い。仕上げはタピオカやココナッツミルクをかけてできあがり。どこか懐かしくて素朴な甘味を食べ歩こう。

左／サトウキビジュースの屋台。手動の圧搾機でサトウキビを搾ってくれる 右／ココナッツミルクと素材とのハーモニーが楽しめる甘味の数々

甘味屋でひと休み

カンボジア人は甘いものが大好き。男女を問わず甘味屋でひと休みする。では、どんな甘味がどこで食べられるのか、簡単に紹介しよう。

市場の中の甘味屋

まず、代表選手は日本でも人気のカボチャプリン。本家本元の味をぜひ楽しみたい。カンボジアのスイーツの特徴は、ココナッツミルクをたっぷりかけること、あずきやもち米、寒天類を使ったものが多いこと。つまりはカンボジアの自然の恵みが存分に生かされている。

そんな甘味が食べられる甘味どころはというと、店は大きな看板を掲げているわけではないので、見つけにくいし、甘味専門店はごくわずか。最も手頃なのが、市場内の屋台風の店である。店先に並べられた銀色の洗面器は、前述のココナッツミルク系やもち米デザートで満たされている。寒天類の種類の豊富さはこのうえなく、色鮮やかなものもあれば、薬草のゼリーもある。寒天類はおなかの調子をよくするといわれ、健康オタクのカンボジア人は好んで食べている。もちやサトイモ入りのものはけっこうヘビーでおなかも満たされる。

注文の仕方は、食べたいものを指さして伝えればいい。1碗 2000R ～。

屋台も見逃せない

フルーツシェイクの屋台では、カットした果物を出す店や、ココナッツゼリーを置いている所もある。また、ワッフルや焼きバナナの屋台も見つけたら要チェック。数少ない洋風菓子のワッフルは、午前中にしか売られていないことが多い。しかも市場の中に必ずあるというものでもない。小・中学校近くの屋台で出合えることもある。

移動販売車もある

プノンペンやシハヌークビルでは菓子パンやロールケーキ、お菓子類の移動販売車が人の集まる所に現れる。近年プノンペンには、アイスクリームの販売車も登場、数種類のアイスや飲み物類を販売している。

ワッフルの屋台は若者に人気。焼きたてのワッフルに練乳をかけて食べる

もち米をクレープで巻いたバーイ・ソーイ

焼きバナナ。ココナッツミルクをかけて焼く。2串2000R

炭火で焼くワッフル（ノォル・ポォム）の屋台。神出鬼没なので見つけたら即ゲット。1枚 2000R～

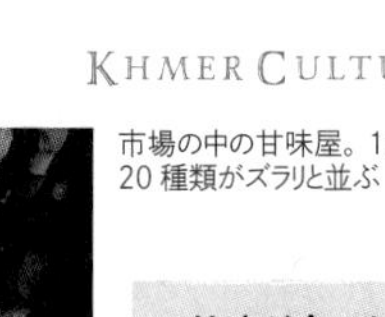

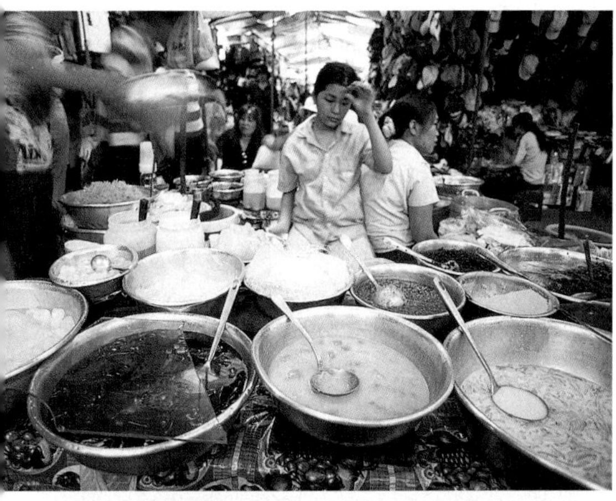

市場の中の甘味屋。15～20種類がズラリと並ぶ

甘味が食べられる店・屋台

プノンペン

●「クメール・デザート」(→P.243)には代表的な甘味が揃う。A

●カボチャプリンのおいしい屋台。シャルルドゴール通りとSt.107の交差点南側の屋台（MAP P.262-3B 営だいたい10:00～20:00)。B

シェムリアップ

●オールド・マーケット内の甘味屋にはカボチャプリンがある。C

●「スラトム」(→P.182)はローカル甘味の種類が豊富。D

●「クメール・タイム」(→P.188)には、マンゴーやスイカをはじめとした新鮮なフルーツを使ったデザートメニューが豊富。E

※P.154～155の各甘味メニューの説明文末に記したアルファベットは上記の店（文末のアルファベット）で食べられるメニューであることを示しています。

左・中／町なかの路上コーヒースタンド。エスプレッソマシンを備えた本格的な店もある
右／アイスクリームの移動販売車

フルーツいろいろ

南国の陽光をいっぱい浴びたフルーツは、とても甘くて美味。1年で最も暑い3～5月が特においしい果物が出回る時期だ。

バナナ（プラエ・チェイク）
果物として食べるバナナは3種類。モンキーバナナ、青皮バナナ、それとトウモロコシのような形をしたバナナだ。1年中ある。

ザボン
(クローイ・トロン)
直径15～20cmもあるザボンは食べ応えあり。1年中あるが、9～10月が美味。

オレンジ
(プラエ・クロォイ)
バッタンバン産のオレンジは、甘くて果汁たっぷり。1年中あるが、3～5月が最もおいしい。

ランブータン
(プラエ・サウマウ)
真っ赤な皮をむくと、ジューシーな白い果実が。甘さ控えめで上品な味。7～9月が旬。

シュガーアップル
(釈迦頭。プラエ・ティェプ)
その名のとおり、お釈迦様の頭に似ている。皮をむくと甘い実がぎっしり。雨季の8～9月が食べ頃。

ライチ
(プラエ・クレーン)
カンボジア産ライチは、甘味がありジューシー。4～5月の一番暑い時期しか出回らない。

リュウガン
(龍眼。プラエ・ミエン)
実は小さいが、甘くて果汁たっぷり。4月頃が最もおいしい。

ドリアン
(プラエ・トゥーレーン)
カンポット州で取れるドリアンは、小さいが糖度は高く、クリーミー。3～4月が食べ頃だ。

ナツメ
(ポットリィヤァ)
リンゴのように甘酸っぱい。3～5月が食べ頃。

ドラゴンフルーツ
(プラエ・スロカーネアック)
ピンクの皮の中は白いキウイに似た果実。これはベトナム産だ。1年中ある。

そのほか、マンゴー（プラエ・スワァイ）やパパイヤ（プラエ・ラーホォン)、パイナップル（プラエ・モノアッ)、スイカ（プラエ・アウラック）など日本でもおなじみのものもある。

甘味＆ドリンクメニュー Sweets & Drink Menu

ココナッツミルクたっぷりのデザートや南国のフルーツをふんだんに使ったドリンクは、カンボジアならでは。暑い日の町歩きや遺跡観光の合間にぜひ試したい甘味＆ドリンクをご紹介。

※ P.154 ～ 155 の各甘味メニューの説明文に記したアルファベットは P.153 の店（文末のアルファベット）で食べられるメニューであることを示しています。ほとんどのものは市場の店でも食べられます。

甘味 Sweets

カボチャプリン
ល្ពៅសង់ខ្យា
ロッパウ・ソンクチャー

くり抜いたカボチャの中に、アヒルの卵で作ったココナッツミルク風味のプリンが入ったカンボジアデザートの定番。ココナッツミルクをかけて食べる B C E

バナナのココナッツミルク煮
ចេកខ្ទិះ
チェイク・クティッ

チェイク・ナンワーという短いバナナをココナッツミルクで煮た代表的な一品 A D

サトイモともち米のデザート
បបរត្រាវ
ボッボー・トラーヴ

かなりボリュームがあるので、シェアしたほうがいいかも A

あずきともち米のデザート
បបរចែធូវ
ボッボー・チャーエ・ダァヴ

あずきともち米を煮込んだ人気の一品。ココナッツミルクをかけて食べる A C D

緑豆のココナッツミルクがけ
បបរសណ្ដែក
ボッボー・ソォムダェク

皮なしの緑豆にココナッツミルクをかけたヘルシーなデザート。皮付き版もある A

緑豆あんの白玉団子
បាញ់ជំនៀក
バイン・チュムヌゥト

黄色い豆のあんが入った白玉団子にココナッツミルクをかけたもの A

寒天入りココナッツミルク
លោតអង្គរខ្យាយ
ロート・オンコォ・クサーイ

ぷにゅぷにゅした食感の寒天入りココナッツミルク。のど越しもよく、つるつるいける A C

仙草ゼリーのココナッツミルクがけ
ចាហួយខ្មៅ
チャー・フォーイ・クマウ

ゼリーはさほど漢方臭くなく、ツルンとしていて、のど越しがいい A

ドリンク Drink

さとうきびジュース
ទឹកអំពៅ
トゥック・オンプウ

注文後、圧搾機で搾ってくれる。この屋台は多い。1000～1500R

オレンジジュース
ក្រូចច្របាច់
クロイ・チョロォ・バイッ

その場で搾ってくれる果汁100%のフレッシュジュース。3000R

フルーツシェイク
ទឹកផ្លែឈើ
トゥック・プラエ・チュー

これはパパイヤ、パイナップル、リンゴの人気セレクション。3000R

緑豆の豆乳
ទឹកសណ្ដែកខៀវ
トゥック・ソォムダエク・キーウ

緑豆の香りがいい。大豆の豆乳やカボチャ入りもある。1000R C

ココナッツジュース
ទឹកដូង
トゥック・ドォーン

自然の甘味がしみわたる。ヤシの種類によって大小ある。1500R～

砂糖ヤシの実のココナッツミルクがけ
បបរត្នោត
ボッボー・トナオト

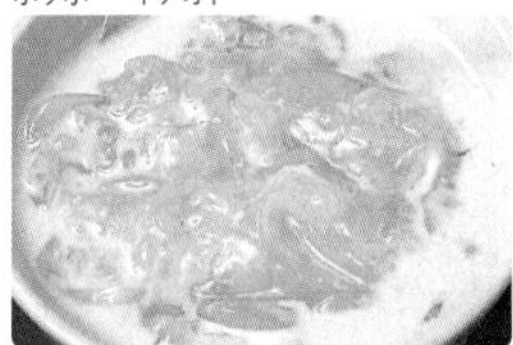

砂糖ヤシの実の中に入っている半透明のプリプリした実のココナッツミルクがけ A

タピオカとトウモロコシのココナッツミルクがけ
បបរពោត
ボッボー・ポォット

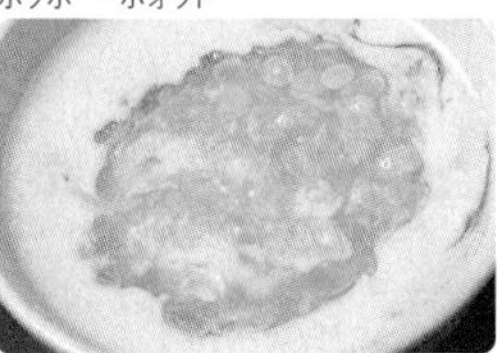

タピオカとトウモロコシのふたつの具材の食感がおもしろい。食べ応えあり A

緑豆もちのデザート
នំគូខៀវ
ノォム・コォ・キーウ

トッピングされたココナッツミルクと白ゴマがメインのもちを引き立てる A

練乳氷で作るフルーツかき氷
(フレッシュ・フルーツ・ファクトリー→P.188)
Ice Mountain

練乳氷を削って作るふわふわ食感のかき氷。フレッシュな果物ソースがおいしい

マンゴーかき氷
Mango Kakigoori

かき氷にマンゴーアイスや角切りマンゴーなどをのせた、マンゴー尽くしの一品 E

トロピカル・フルーツバスケット
(カンボジア・ティー・タイム→P.194)
Tropical Fruits Basket

ドラゴンフルーツをくり抜いた器に、季節の果物と手作りアイスクリーム入り

ココナッツゼリー
ចៅហ៊ួយខ្ទិះ
チャー・フォーイ・クティッ

ほどよい甘さのゼリーは食感もいい。肌にもいいといわれ、女性に人気

アイスクリーム
ការ៉េមស្វាយ、ការ៉េមដូង、ការ៉េមម្នាស់
カァレーム・リィー

フルーツのアイスクリーム。これはマンゴー（スワァイ）、ココナッツ（ドォーン）、パイナップル（モノアッ） E

カンボジアシルクに魅せられて

カンボジアのシルクは使う糸によって風合いが違う

カンボジアの絣（かすり）は世界有数の高レベル

カンボジアの絹絣「クロナット・ソウット・ホール」の美しさと芸術性の高さが、世界でも高いレベルにあることはあまり知られていない。

タイのシルクを一躍世界的に有名にしたシルク王ジム・トンプソンも東北タイ、イサーンに住むクメール系の人々の作る絹絣や、バンコクの運河沿いに移住した亡国の民、チャムの人々が作る絹絣に、心を奪われていた。それらの布はタイ固有のものというよりは、カンボジアやラオスのものでもあり、古くは遠くインドや西アジアから流れ着き、現在もあとから引かれた国境を流動的に行き交うものなのである。

布の種類と用途

ホール

ホールは絣という意味で、カンボジアの伝統的なスカート「ソンポット・クマエ」に用いるために織られる絹絣。カンボジアを代表する布だ。タケオ州のプノン・チソール周辺、またはコンポンチャム州とプレイベン州にまたがるプレーク・チョンクランが産地として有名。コンポンチャム州のチャム人（→ P.368）の村でもチャム独特の絹絣を織っている。タケオ州ではさまざまなバリエーションの絣が織られている。古い絣布から起こした、凝った古典的な柄が裕福なカンボジア人の間ではやっているが、若い女性の間ではナチュラルカラーのものが人気だ（どちらも数は少ないが、天然染料で染められたものもある）。プレーク・チョンクランの柄は赤と黄色と黒を基調にした特徴的なもので、日本人には少しなじみにくいかもしれないが、カンボジアでは品質が高いことで有名。年配の人を中心に根強い人気がある。一般的に赤、黄、緑、黒を基調にした暗めの色合いのものがより伝統的で年配の人に好まれ、きれいな色が若い人に好まれる傾向がある。

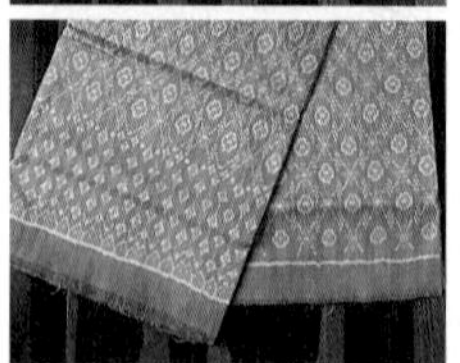
上／プレーク・チョンクランで織られた絣　下／ナチュラルカラーの絣

ピダン

「ソンポット・クマエ」として用いられる絣以外に「ピダン」と呼ばれる絵絣がある。お寺や王宮、供え物、天女、ゾウ、馬などの神聖なモチーフが描かれている。お寺の祭壇や壁にかけられる絣布である。正式にはお寺の仏像の真上に天蓋としてかけられるものだが（ピダンは天井の意味がある）、現在ではそのように使われることはほとんどなく、市場ではおもにおみやげ用のタペストリー（壁飾り）として売られている。

シルクのピダン。複雑な模様の上物は完成まで半年くらいかかる

パームオン

裾柄入りのシルクのスカート用の布を一般的に「パームオン」というが、本来は「都の布」という意味があり、王宮での正装として宮仕えの人々が着用した。経糸と緯糸を違う色の糸で織ることにより玉虫色のような光沢を出した布を指す。紋織で織り出された裾柄入りのものを「パームオン・チョー・チューン」、間隔の開いた水玉のようなドットが入ったものを「パームオン・ボントック」、無地のものを「パ

光沢のあるパームオン・チョー・チューン

プノンペンやシェムリアップに並ぶみやげ物店で、ひときわ目を引くのはホール（絣）やパームオン（玉虫色の布）と呼ばれる手織りのシルクだ。熱帯の強い日差しに輝く花々のような、極彩色に染められた生地が店の天井まで整然と積まれている。

売り子がスカートのようにぐるりと腰に巻きつけて見せてくれると、たたんであった状態とはまた違う表情を見せる。熱帯に咲く花々のように強烈だが美しい。昔から、そして今なおシルクは宝石と同じように女性を魅了する。

ームオン・リエット」と呼ぶ。産地はカンダール県で、プノンペンの対岸にある島、コッダイが有名。アプサラ・ダンスのダンサーが着用しているのは金糸や銀糸の総紋織になっているもので「チョラバップ」と呼ばれる。

スン

綿（または化繊）で織られ、裾にパームオンと同じように紋織の裾柄が入っている物。ラオスの紋織生地「パ・シン」からきているともいわれている。パームオンがおもにフォーマルな場で用いられるのに対して、スンは普段着として着用されてきた。しかし、近隣諸国からの安価な布や既製服に押されて着用する人が減っている。パームオンと同じ地域で織られている。

スン（これは混織）

サロン

自宅でくつろぐときに部屋着の腰巻きとして着用されるのがサロン・ソート（シルク・サロン）。格子柄のものは男性用で、女性はタイ製やインドネシア製のプリントやバティック柄のコットンのものを着用する。また、チャム人がイスラム教の教義に沿って織ったサロン・チャムと呼ばれているものもある。

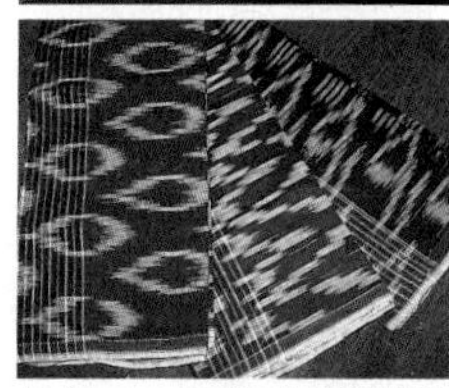

上／サロン。この手の格子柄は男性の腰巻きに使用される
下／コットン製のサロン・チャム

クロマー

カンボジア式スカーフ。農村部では手ぬぐいのように、汗拭きや帽子代わりに首や頭に巻き、また水浴びや水泳をするときに、体を覆ったり、タオル代わりに体を拭いたりする。そのように日常的に使われるものには「クロマー・コンポン・チャム」と呼ばれる、白と赤や青のギンガムチェックで吸湿性のよいコットンで織られたものが人気。シルクのものはよそゆきだ。パーティなどの華やかな席には絹でできたものをストールとして使う。最近は絣柄の「クロマー・ホール」や紋織の「クロマー・パームオン」が種類も豊富で観光客にもおみやげとして人気がある。

左／万能かつ生活必需品のクロマー
右／シルクのクロマーはよそゆき用

何でもありのクロマー活用法

ほこりよけ、日よけに巻いたクロマーの上から帽子をかぶるのもよくあるパターン
年配の女性は帽子代わりに頭に巻く人が多い
肩かけ袋にもなる
サロン（腰巻き）として着用

シルクの購入&オーダーメイドに挑戦

値段の目安

カンボジアシルクは 3 ～ 3.8m の長さがあり、それをクバンという単位で呼ぶ。値段は品質や柄によって異なり 1（ムォイ）クバン 30US$ ～。化繊や目が詰まっていない場合 10US$ ～のものもあるが、それ以下はカンボジア製でない可能性が高い。布は市場やシルク専門店で売られている。

オーダーメイド方法

専門店または市場内のテーラーに作りたい服のサンプルや写真と布を持ち込もう。所要 1 日～ 1 週間。値段は市場内の店でブラウス 3US$ ～、専門店ならスカート 10US$ ～。必要な布の長さの目安はソンポット・クマエ 1.5 m、スカート 1 ～ 2 m、ブラウス 1.5 ～ 3.5 m、ワンピース 2 ～ 4 m。

オーダーメイドができる生地屋

●ニアリー・クメール・アンコール・ショップ Neary Khmer Angkor Shop
MAP P.170 住 No.666, Hup Guan St.
☎ (063)964673 営 8:00 ～ 20:00
休 無休 カード J M V

シェムリアップにある、約 20 年の歴史をもつカンボジアシルク専門店。オーダーメイドは所要 2 日～。

絹織物の特徴と作り方

複雑な模様になると織りに３ヵ月くらいを要する

結婚式に出席していた女性たち

ビーズや刺繍をあしらうのもはやり

モダンな装い

ホールのスカートにレースのブラウスを合わせるのは定番スタイル

織物の製作工程

カンボジアの伝統的なスカート「ソンポット・クマエ」のために織られる「ホール」と呼ばれる絣布は、絣の柄を出すための染色からその工程が始まる。緯糸の束を生地幅の木枠に平らに張り、モザイクを描く要領で柄を細いひもでくくり出していく。ひもでくくられた部分は染液につけても染め残る。柄に複数の色が使われている場合、くくって染め、一度ほどいてから次の色のためにくくり直し、色を重ね、染め分けていく。このような気の遠くなるような作業を何度も繰り返す。しかも、これらの生地は現在も手織り機で織られており、柄をくくる作業で染め分けられた緯糸の柄を、ひと織りひと織り合わせながら織っていくのである。これらのくくりや織りなどのメインとなる作業以外にもさまざまな綿密な作業があり、どの工程も気が抜けない。柄が複雑になれば全工程を終えるのに1ヵ月から半年はゆうにかかるという。

染料を作る。本来は木の皮やココナッツなど自然のものを染め材に使う

左／蚕を育てるのにも長年の経験と知識が必要
右／「黄金のシルク」と称される、繭から引いたばかりの糸

伝統衣装と現代の装い

伝統衣装とは

伝統的かつ正式な衣装は、儀式などで王族が着用しているもの、結婚式で新郎新婦が着ているもの、アプサラ・ダンスでダンサーが着ている豪華絢爛な衣装を見ていただきたい。女性の衣装はアンコール・ワットのレリーフにあるデバターのものと共通している部分もある。

男性、女性ともに着用するチョン・クバンと呼ばれる巨大なオムツのような伝統的な腰巻きは 3.5m くらいの1枚の長い布を腰に巻き、両端を引っ張り持った状態で一度腰のあたりをしばり、持った布の端をきれいにたぐりながら股下にくぐらせ腰の後ろに挟み込み、ベルトで固定させるもの。タイやラオスでも着用されている。このチョン・クバンは見た目より動きやすく実用的だ。農作業にも適している。高級ホテルではドアマンがこのチョン・クバンで出迎えてくれるところもある。

①アプサラ・ダンスのアプサラの衣装は遺跡のデバター（女神）の衣装に通じている　②アンコール遺跡のデバターの衣装にも注目　③高級ホテルのドアマンの制服もチョン・クバン　④伝統衣装のチョン・クバンと呼ばれるスカートをつけた男女

今の流行は

さて、今どきのカンボジアの人々は布をどのように仕立てているのか気になるところである。カンボジアの女性たちは親戚や友人の結婚式やパーティ、式典などがあると準備に余念がない。何週間も前から服を仕立て、当日は美容院に行って髪を結い上げ、寸分の隙もなく化粧をし、靴とバッグとアクセサリーをコーディネートする。本当に気合いが入っている。

風土や自然を織り込む

多様な絣の柄、それぞれの意匠の大胆さ、その色使いや種類の豊富さにも驚かされる。この国の花鳥風月が見事に織り込まれているのだ。ナーガのウロコやからみ合うナーガを表したものが基本となるが、それらはジャスミンの花、ジャックフルーツのとげ、明けの明星、クジャク、チョウ、アマガエルなど自然の風物と吉祥物が組み合わされ、豊穣を願う人々の祈りが込められている。カンボジアの農村生活のなかでときに愛らしく、ときに荘厳に存在するものが表現されている。これらの柄はアンコール遺跡に見られるレリーフや装飾とも共通するものがある。

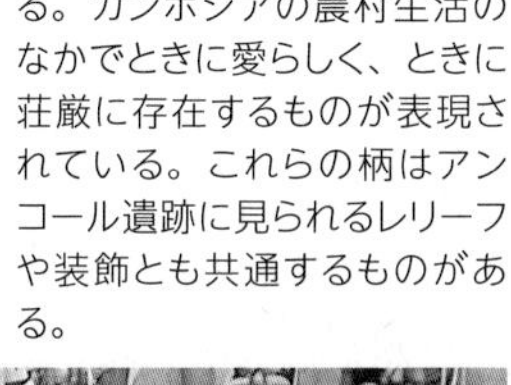

上／糸を合わせて太い糸を作ったり、糸によりをかける作業
下／糸に染め柄を出すために、ひもで糸の束を結んでいく。手が模様を覚えているという

織りには緻密な計算が必要

絹織物の長い歴史

カンボジアの絹絣はインドネシアのイカット同様、海のシルクロードを経て、インドの経緯絣「パトラ」から発展したとも、陸のシルクロードを経てアフガニスタンなどの西アジアの絣からの影響が強いともいわれている。その精緻な技法は、アンコール文化がインドからのヒンドゥー文化を受け入れつつ、独自にその様式を花開かせていったように、緯絣の綾織という技法を用いつつ、さまざまな外からの文化を吸収し、その影響を受けながらカンボジアで独自の絣文化を花開かせていったと思われる。

アンコール王朝が興る以前から、絹織物は高い価値で取り引きされており、王族の儀式や宗教的な儀礼にも使われていたと思われる。

絹織物の最盛期は 100 ～ 200 年前、もしくはそれ以上前といわれているが、はっきりしたことはわかっていない。1960 年代、東洋のプチパリと称されたプノンペン。古きよき時代であったといわれる当時は、市民のよそゆき着として、冠婚葬祭用に、また王族のために特別豪華な布を織ることも盛んであったといわれている。そして平和な時代を象徴する絹織物も 1970 年代以降、次々とカンボジアに降りかかる苦難とともに歩むことになる。

村では高床式住居の床下で機織りが行われる

内戦後の復興

絹織物の産地であるタケオ州のプノン・チソール周辺やコンポンチャム州とプレイベン州にまたがるプレーク・チョンクランでは、母から子へと代々この伝統の技が伝えられてきた。高床式の木造家屋の中で、小さい頃から経験豊富なおばあちゃんに教わりながら、少しずつくくりや織りを肌で覚えていく。おばあちゃんは古くから伝わる絣の柄をその記憶の中に蓄えていて、ゆっくりと時間をかけて後世に伝えていた。しかし、長い内戦はその連綿と続いてきた親から子への伝播の流れを遮り、堰き止めてしまった。昔ながらの高い技術や、古くから伝わる美しい柄を知っているお年寄りの数も少なくなっており、技術や柄の保存や継承が課題になっている。

盛り上がるシルク熱

カンボジアの復興が進み、人々の生活にゆとりが戻ってきている。そんななかでカンボジアの女性たちにとって結婚式などのパーティに着ていくためのとっておきの一枚を伝統の絹織物で仕立てることは最大の関心事となっている。彼女たちはより美しい柄の絣を求めるようになった。また、美しいカンボジアの布を求めてやってくる外国人も増え、織り手たちもその声に刺激を受け、より技術の高い古い柄に挑戦してみたり、新しい色や柄を取り入れてみたりと奮闘している。

このときに着用されるのがホールやパームオンの布で作られたフォーマルウエアだ。最も一般的なのはレースやノースリーブのブラウスにパームオンやホールのスカートを合わせるもの。このときスカートはカンボジアの伝統的なスカート「ソンポット・クマエ」に仕立てる。最近では少し裾が広がった A ラインやマーメイドラインのスカートに仕立てるのが若い人には人気だ。スカートの丈はくるぶしの下までくる。また、年代を問わずロングドレスに仕立てるのも流行中だ。無地のシルクにビーズやスパンコールをあしらったり、刺繍を入れたりとセレブ志向はエスカレートしている。大音量の音楽が流れるパーティ会場でさまざまなドレスで着飾った女性たちを見ていると、彼女たちにはまぎれもなくアンコール・ワットのアプサラの血が流れているなぁと思うのである。

文化や暮らしを垣間見る

カンボジアみやげ

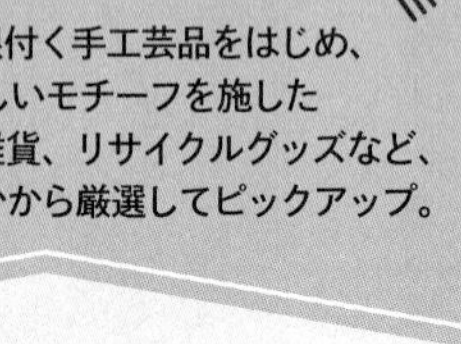

人々の暮らしに根付く手工芸品をはじめ、カンボジアらしいモチーフを施したおしゃれなデザイン雑貨、リサイクルグッズなど、豊富なアイテムのなかから厳選してピックアップ。

雑貨&コスメ Goods & Cosmetics

シェムリアップ郊外に工房がある「クロマーユーユー」の手織りクロマー(19US$)。高品質かつ丈夫 J

ひざまずき、合掌するなめらかな質感の木彫りの像(159US$)。手に乗る小さなサイズ A

ニキビケアに効果ありと口コミ評価が高い石鹸(各3US$)。左はターメリック、右はアロエベラ配合 L

伝統工芸のひとつである銀細工のボックスは人気のおみやげ。カンボジアの語源とされるカボチャ形は15US$ A

5枚買うと1枚10US$になりお得

バイク、アボカド、クメール文字がデザインされたハンドプリントのティータオル(各12US$) H

カンボジア人女性によるヴァージンココナッツオイルブランド「THORANY」(30mL 12US$など) I

クメール語の基本となる子音文字のパズル(1万1000R)はなかなかの難易度。ピースをはめ込みながら楽しくクメール語が学べそう K

女性の職人たちを支援する自然素材を使ったブランド「MANAVA」の内布付きバッグ(72US$) E

アンコール・ワットが刺繍されたくるみボタンのヘアゴム(各4US$)。色使いがかわいい I

ニワトリをかたどったミトン(8US$)。手作りならではのぬくもりと「CAMBODIA」の刺繍にほっこり J

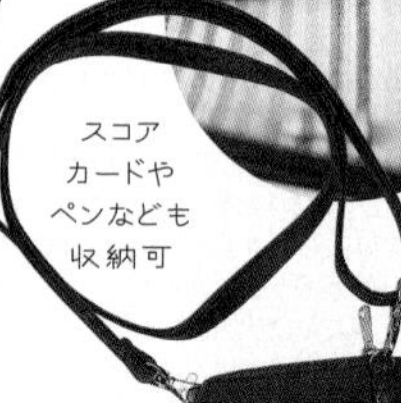

スコアカードやペンなども収納可

ストラップ付きで肩からかけられるゴルフ用革のスコアカードホルダー(50US$) F

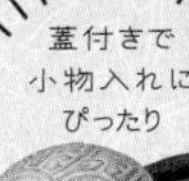

シェムリアップで作られた陶磁器。3サイズある(S15US$、M19US$、L23US$) **E**

「LolaOla」のバティック布とポンポンをあしらったバンブーバスケット(40US$) **E**

夏に大活躍
してくれそうな
バスケット

英語&クメール語で「I♡Cambodia」とデザインされたホーローマグカップ(13US$) **I**

クロマー生地を使ったネクタイ(各15US$)。蝶ネクタイもある(→P.247) **F**

カンボジア人アーティストがカンボジアの人々や家を描いたカラフルなポストカード(各4US$) **G**

バティック生地が華やかなポーチ(10US$)は「ベリー・ベリー」のオリジナルアイテム。トートバッグなどもある **J**

弾丸の空薬きょうを溶かした真鍮から作られたピアス(各8US$) **I**

バナナの幹の繊維から作る「アシ」のポーチ。優しく素朴な風合いがすてき(15US$) **B I**

クメール文字が大きくデザインされたボトル(10US$)。カラビナ付きで便利 **G**

ココナッツの殻を使用した器(各1.5US$)。内側には貝殻でアンコール・ワットやゾウのアートが施されている **C**

カンボジア発の自然派コスメブランド「KAMBIO nature」のココナッツオイル(7.25US$) **E**

繊細なタッチで描かれたカンボジアの古典劇「ルカオン・カオル」モチーフのコースター(各7US$) **D**

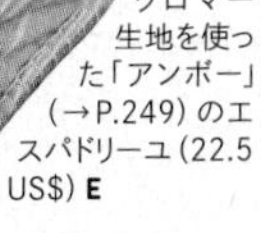

着脱が楽々!
かかとも踏める
スリッポン

クロマー生地を使った「アンボー」(→P.249)のエスパドリーユ(22.5US$) **E**

※写真説明の文末のアルファベットは商品を扱う以下の店に対応しています。

- **A** アーティザン・アンコール→P.191、247
- **B** アシ→P.193
- **C** オールド・マーケット→P.173
- **D** グリーン・ストア240→P.249
- **E** シャック・コレクティブ→P.246
- **F** スイジョー→P.247
- **G** チュナイ・マーケット→P.248
- **H** ドムライ→P.248
- **I** ニョニュム・ショップ→P.246
- **J** ベリー・ベリー→P.192
- **K** リーリー・ワット・ボー・ブックショップ→P.193脚注
- **L** リフィルストア・バイ・ダイ・クメール→P.249

フード
Foods

自然な甘さでおいしいオーガニックカシューナッツ(5US$)。モリンガ、トムヤム味など数種類あり E

「ラ・プランテーション」(→P.292欄外)の黒コショウをまぶしたドライマンゴー(4.5US$) J

生コショウの塩漬け「ペッパー・キャビア」(7US$)。プチプチとした食感とフレッシュなコショウの香りが新感覚 K

「ボー・ツリー」(→P.292欄外)のカンポット・ペッパー。左から白・黒・完熟(各3US$～) D

ハンドペイントの瓶とクロマーの蓋カバーがかわいい「ソンバイ」のリキュール(9US$)はヤシの葉で編んだケース付き G

カンボジアのカシューナッツをたっぷり使用したアンコール・クッキー(20枚入り13.2US$)は定番みやげ A

完熟トマトのリキュール「Umami」がおすすめ！

カンボジア生まれのジン「JASON KONG」(15US$)と「SEEKERS」(18US$) F

ジェイソンコンはバタフライピーで色づけ

「キャンディ・アンコール」のアンコール・ワットやクメール文字のカラフルなキャンディは、瓶入り3.5US$～ A

バラマキみやげにもぴったりな小サイズ

「ワット・チョコレート」のチョコレートバーセット(15US$)。カシューミルク、ピーナッツバター、シーソルトなど5種類のフレーバーが楽しめる L

珍しいバナナシュガー(3.9US$)。パームシュガーなどに比べると甘さ控えめ B

黒&燻製はグリル料理やステーキに！

左からミル付き完熟コショウ(8US$)、燻製黒コショウ(5US$)、黒コショウ(6.5US$) J

※写真説明の文末のアルファベットは商品を扱う以下の店に対応しています。

A アンコール・クッキー→P.194
B イオン・モール・プノンペン→P.250
C オールド・マーケット→P.173
D カンポット・ペッパー・ショップ→P.295
E クメール・オーガニック・コーポラティブ→P.250
F シャック・コレクティブ→P.246
G ソンバイ→P.193
H チュナイ・マーケット→P.248
I ベリー・ベリー→P.192
J ラ・プランテーション→P.295
K レイズ・ショップ→P.194
L ワット・チョコレート→P.194、249

スーパーマーケット

商品数は多くはないが、カンボジア産グルメみやげやスキンケア商品はスーパーマーケットでも手に入る。いち押し商品をチェック!

※以下の商品はおもにシェムリアップとプノンペンのスーパーマーケットで。値段は目安。

ほどよい甘味とサクッとした食感がお値段以上のカシューナッツ・クッキー(1.75US$)。マンゴーやドリアンフレーバーもある

カンポット産のコショウ(各1.6US$)はバラマキみやげにおすすめ。上は完熟コショウ、下は黒コショウ

さっぱりしていて飲みやすい

カンボジアで製造されている人気ビール各種(左2900R、中・右2500R)

遺跡巡りに必須の虫よけミスト(左6.5US$、右1.3US$)は、自然素材のものを選びたい

カンボジアのキリロム産のドライマンゴー(1.2US$)は、砂糖、着色料、保存料不使用

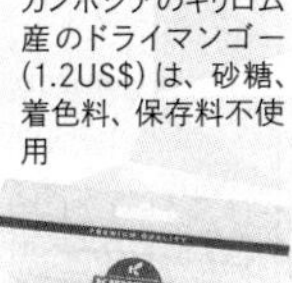

カンボジア産のロースト・カシューナッツ(2.65US$)は少し渋味のある薄皮付き

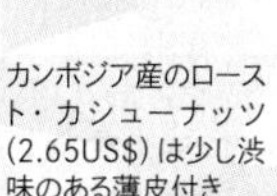

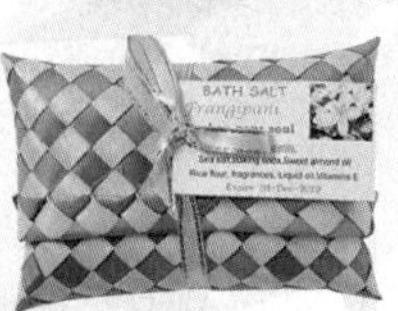

ヤシの葉に包まれたパームシュガー(1.2US$)は滋養たっぷり。そのまま食べても料理に使ってもOK

ヤシの葉を編んだケース入りのバスソルト(1.2US$)。フランジパニーやレモングラスなど種類豊富

パッケージにバイヨンが描かれた緑茶(0.5US$)はリーズナブルさもうれしい

素朴な味わい

カンボジアブランドのインスタント麺(各0.7US$)。左からチキン、ポーク、ビーフスープ

読者投稿

グリーン・イー・バイク（→ P.207）について

遺跡でのイー・バイクの駐輪は、遺跡スタッフらしき人に聞くと、スタッフが待機している椅子の近くに無料で停めさせてくれることも多かったです。

配車アプリ利用の注意点

プノンペンでパスアップやグラブを使ってトゥクトゥクを利用しましたが、1度だけ嫌な思いをしました。やってきたドライバーが「目的地はわかるから、キャンセルする」と言って、アプリのキャンセルボタンを押しました。結果、普通の料金交渉制のトゥクトゥクになりました。さらに、途中でほかの人を乗せたり、また目的地がわからなかったようで、私が地図を見ながらナビをすることに。ドライバーのなかには、適当に言いがかりをつけて普通の料金交渉制へもっていく人もいるので注意。

（以上、千葉県　りさ　'19）['23]

アンコール遺跡群のチケットについて

7日間チケットはラミネート加工されるようだが、1日、3日チケットはされない。遺跡ごとにチケットのチェック・ポイントがあるし、ぬれて顔写真などの情報が読めなくなると、再度購入する必要があるため、首からかけることができて、なおかつ防水性に優れたチケットホルダーを持っていくと便利。

また、チケットの種類ごとに購入する際のブースは異なる。混んでいるときはわかりにくいので注意。

第三回廊への階段は傘、帽子禁止

アンコール・ワットの第三回廊（→ P.45）への階段は、傘と帽子の使用が禁止されている。カッパはOKだが、大雨の場合は階段の昇降はできない。7月に行ったとき、第三回廊見学中に激しい雨が降り、1時間程度足止めされた。その間に、カッパ売りが現れ、1～3US$程度で販売していたが、カッパ持参がおすすめ。（以上、奈良県　KD　'15）['23]

森の遺跡「サンボー・プレイ・クック」

7世紀初頭に建造されたサンボー・プレイ・クック（→ P.104）。遺跡のある森に道路脇から一歩入ると、しんとした空気に包まれる。木々の間をすり抜ける白くやわらかな光が幾筋にもからみ、幻想的な雰囲気だった。プノンペンから車で3～4時間。

（プノンペン在住　食人とし　'16）['23]

シェムリアップ発バンコク行き直行バス

カンボジア・ポイペトでの出国手続きは簡単だったが、タイ側のアランヤプラテート（→ P.322）では係官が少ないせいか、入国審査で1時間30分ほど待たされた。審査を終えると約300m先にバスが待機しており、スタッフの誘導もあって非常にスムーズ。国境で乗り換える場合は、バイクタクシーなどでバスターミナルへ移動しなければならないので、直行バスが便利だと思った。

（茨城県　高宮孝志　'15）['23]

ベン・メリア（→ P.94）は昼から観光すべし！

ツアーだと午前中の訪問が多いですが、中国人の団体客の数がすごく、ゆっくり見て回れません。団体客が引き上げる昼前か午後から行ったほうがいいです。午後からは静かで、本当に神秘的な雰囲気に浸ってゆったりと観光したり、人が映らない遺跡の写真を撮ったりできます。日差しも直射ではないので、午後からが絶対におすすめです。

（奈良県　マッチョ雅夫　'18）['23]

シェムリアップのクロラン

カンボジアには、もち米と豆、ココナッツミルクを竹筒に入れて蒸し焼きにした「クロラン」と呼ばれるおこわがある。竹は手で簡単に裂けて、中身のおこわも手で食べられる。これがおいしくて、おやつにもってこい！　シェムリアップではなぜか町なかでは見かけない。アンコール・ワットの参道前、ワットを背にしてやや右あたりに自転車の荷台にカゴを載せて売っている。大きさもいろいろあっておなかの減り具合で選べるのがうれしい。午後遅い時間にはいなくなってしまうので、狙い目は午前中。

（福岡県　匿名希望　'12）['23]

クバール・スピアン（→ P.93）を登る際の注意

サンダルと白い靴は避けたほうが無難。石がとても多く、その石がとても滑りやすいのと、地面が赤土のため白い靴底が赤くなってしまい、洗っても落ちなかった。それから標識らしい標識は矢印くらいしかなく、何の説明もないので登る前に地図を確認するといい。また、山頂の売店には誰もおらず、飲み物と食べ物は持っていったほうがいいと思った。

（東京都　ロンドン在住旅好き人　'16）['23]

バイク乗車はヘルメット必須

シハヌークビルでバイクをレンタルした際に、警官にヘルメット無装着とのことで止められ、罰金ひとり15US$と言われた。交渉したら罰金の額が12US$まで下がり、結局罰金はなくなったが、前につかまった欧米人は罰金を払っていたようだった。

（神奈川県　かわかみ　'17）['23]

キリング・フィールド（→ P.233）へ行ってみて

ポル・ポト率いるクメール・ルージュがいかに人権を無視した残忍な行動を行ってきたかを、その背景とともに実感できる。日本語の音声ガイドの説明もすばらしく、見学しながら人命、人権の大切さ、普通に生きられる幸せをかみしめることができた。自分の人生のなかで最もつらく、最も有意義な時間のひとつになった。（東京都　鈴木 徹　'16）['23]

町歩きガイド

多くの観光客が訪れる、アンコール遺跡群の観光拠点

シェムリアップ Siem Reap

សៀមរាប ｜シアム・リアプ

MAP 折表-1B

シェムリアップの市外局番

063

空港から市内へ

2023年10月に開業したシェムリアップ・アンコール国際空港から中心部までのタクシーは定額で、乗用車35US$、ミニバン40US$（23:00～翌6:30は5US$加算）。空港と中心部の「CDF Duty Free Store」を結ぶエアポートバスも運行しており、空港発は9:30～22:00の間に8便、片道8US$。所要約1時間15分。

空港使用税

国際線、国内線ともに航空券の代金に含まれており、空港で支払う必要はない。

ツーリズムインフォメーション・センター
Tourism Information Center

MAP P.213-1D
住Rd. to Angkor Wat
☎078-939434
開8:00～11:00、14:00～17:00
休無休

MAP P.213-1C
住National Rd.6, inside Royal Independence Garden
☎012-963461
開7:30～11:00、14:00～17:00
休無休

政府観光局が運営するツーリズムインフォメーション・センターが2ヵ所にある。各国語のガイド紹介（英語1日35US$～、日本語1日45US$～）、車の手配（1日30US$～）、トゥクトゥクの手配（1日15US$～）のほかは、シェムリアップとアンコール遺跡の地図が入手できる程度で、他国のツーリストインフォメーションのような幅広い観光案内は行っていない。

オールド・マーケットでの買い物もシェムリアップの旅の楽しみのひとつ。定番から洗練されたおみやげまで何でも揃う

シェムリアップはプノンペンから北西へ約250km、飛行機で約45分のトンレサップ湖の北側にある町だ。この小さな町がアンコール遺跡群の観光拠点となる。2020年末～2021年にかけてシェムリアップ中心部では国を挙げての道路整備が行われ、町は急激に進化を遂げた。とはいうものの、プノンペンからこの町へやってくると、なぜか安らぎに似た感覚に包まれ、ホッとする。

ここは、はるか昔から歴代の王がその力を競い合うかのように都城を築いた地であり、町の周辺には数々の遺跡が点在している。世界的に有名なアンコール・ワットへは町なかから北へ約7km、車で約20分。また、国道6号線を南東へ約13km行くとロリュオス遺跡群があり、南へ約10km行くとトンレサップ湖にいたる。アンコール観光以外に、この町は昔から魚介類の産地としても有名だ。大自然の宝庫であるトンレサップ湖は、人々にさまざまな淡水魚や自然の恵みを与えている。

シェムリアップの町は、南北に流れるシェムリアップ川を挟んで両側に開けている。公共機関や政府の建物が多いのは川の西側で、南北に走るシヴォタ通りがメインストリートだ。この通り沿いにはレストランやホテル、銀行、マッサージ店が並び、旅行者の姿も多い。対して川の東側は民家が多く、細い道が張り巡らされていて、のどかなたたずまいだ。中心部だけなら半日もあれば歩いてひと回りできる町である。さらに中心部から一歩外れれば、美しい田園と、天に向かって花開いたようなノッポの砂糖ヤシ、神秘的なまでに深い緑の森が残り、まさに神々の庭である。

Access

シェムリアップへの行き方

飛行機

2023年10月、シェムリアップの町の中心部から東へ約45kmの場所（MAP折表-2B）にシェムリアップ・アンコール国際空港が開港し、国際線・国内線ともに新空港発着となっている。従来のシェムリアップ国際空港（MAP P.26-1A～1B）は閉鎖されたので注意。新空港～オールド・マーケット間は車で約1時間15分。未舗装の道もあるので、トゥクトゥクでの移動はおすすめしない。

2024年7月現在、日本とカンボジアを結ぶ直行便は運行していない。

国際線 タイのバンコクからはバンコク・エアウェイズが毎日3便、タイ・エア・アジアが3便あり、所要約1時間。ベトナムのホーチミン市からはカンボジア・アンコール航空とベトナム航空の共同運航便が毎日1～2便、ベトナム航空が週1便あり、所要1時間～1時間20分。同ハノイからはカンボジア・アンコール航空とベトナム航空の共同運航便が週4便、ベトナム航空が1便あり、所要1時間45分。ほかにシンガポール、クアラルンプールなどから便がある（→P.320）。

国内線 プノンペンからはカンボジア・アンコール航空が毎日2便あり、所要約45分。シハヌークビルからはカンボジア・アンコール航空が毎日1便あり、所要約1時間（→P.337）。

バス

プノンペン、バッタンバン、ポイペトなどから旅行会社のバスが運行。詳しくは各町のAccess欄参照。

シェムリアップには各社のバスがいっせいに発着するバスステーションはなく、ボレイ・シンナム・シティ南のバス発着所（MAP P.27-2C）か、自社のバス乗り場や自社オフィス前に到着する。到着後に各ホテルへ送るサービスがある会社もある。

乗合タクシー、ミニバス

プノンペン、バッタンバンをはじめとする各町から頻発。詳しくは各町のAccess欄参照。

船

シェムリアップ～バッタンバン間には、トンレサップ湖を経由するスピードボートが運航。バッタンバンの発着所は、市内北側のサンカー川沿い、バッタンバン州病院向かいにあり、毎日1便運航。7:30発、30US$、所要約6時間。シェムリアップのボート発着所（チョンクニア、MAP P.26-3B参照）から町なかまではトゥクトゥクで4US$～、バイクタクシーで2US$～、所要約30分。

シェムリアップからの交通

飛行機

国際線 行き方の項（→左記、P.320）。

国内線 プノンペンへの行き方の項（→P.337）。

バス

数社の旅行会社がプノンペン（6US$～、所要約5時間）、ポイペト（6US$～、所要約3時間）、バッタンバン（6US$～、所要約3時間）行きなどのバスを運行している。プノンペン、ポイペト、バッタンバン行きともに6:00～15:00（会社によってさまざまな便あり）の間に出発する。またバンコクまでのバスを運行する会社もあり、35US$～、所要約8時間30分。チケットは前日までにチケットオフィスかウェブサイトで予約をしたほうがよい。

シェムリアップには各社のバスがいっせいに発着するバスステーションはなく、バスは市内から国道6号線を東へ約3.5kmの所にあるボレイ・シンナム・シティ南のバス発着所（MAP P.27-2C）か、町なかにある各社のバス乗り場から出発する。また各ホテルへ無料のピックアップサービスがある旅行会社もあるので確認しておこう。

乗合タクシー

シェムリアップの乗合タクシーは、昨今ほぼ借上げ利用となっている。ボレイ・シンナム・シティ手前の6号線沿い（MAP P.27-2C）からと、シェムリアップ川沿い（MAP P.213-1D）から、6:00～15:00頃に頻発している。プノンペン（75US$～、所要約5時間）、バッタンバン（60US$～、所要約3時間）、ポイペト（45US$～、所要約3時間）、シソポン（20US$～、所要約1時間30分）など。

※（　）内は車1台の料金。

ミニバス

ミニバスは、本数は少ないが上記の乗合タクシー乗り場から走っている。プノンペン（12.5US$～、所要約5時間）、ポイペト（8.75US$～、所要約2時間30分）行きなど。

船

町なかから南側へ約11kmのチョンクニアにあるボート発着所（MAP P.26-3B参照）からバッタンバン行きのスピードボートが毎日1便運航。7:30発、30US$、所要約6時間。チケットはボート発着所では販売されておらず、町なかの旅行会社で前日までに購入しておくこと。シェムリアップでは、事前のチケット購入者には無料のピックアップサービスがあり、ホテルまでミニバスが迎えに来てくれる。

シェムリアップ州警察
ツーリスト・ポリス
MAP P.26-2B
住Mondol 3, Sror Kram
☎012-402424（英語可）
開24時間　休無休

シェムリアップ州警察
外国人課
MAP P.26-2B
☎012-555205（日本語可）

シェムリアップの薬局
ユーケア・ファーマシー
UCare Pharmacy
MAP P.179
住1F, Near Old Market
☎095-888562
営8:00～24:00　休無休
カードMV
シェムリアップで最も薬の品揃えがいい薬局。シェムリアップには空港内を含めて3店あり、ここは最も大きな1号店。店内は明るく清潔で、薬はもちろん、サプリメントや化粧品、シャンプーなどのヘアケアやスキンケア商品なども揃っている。スタッフは英語が話せる。

ココナッツオイルを使ったカンボジア発のスキンケアブランド「Kambio nature」のアイテムも豊富

メジャー・シネプレックス
Major Cineplex
MAP P.217-3A
住Sivatha St.
☎081-666210
営9:00～23:00　休無休
料2.5～3.5US$
3つのスクリーンを有するシネコン。ハリウッド映画、カンボジア映画、タイ映画などを上映。話題のハリウッド映画が日本より早く上映されることもある。

韓国系ベーカリーカフェの「トレジュール」や携帯ショップの「Smart」も入店

歩き方  Orientation

オールド・マーケット周辺　MAP P.217

この町の核ともいえるのが、町の南側に位置するオールド・マーケット（→P.173）だ。7:00頃からにぎわうマーケットには、さまざまなみやげ物店が集まる一角がある。この周辺はフランス統治時代の洋館が残り、外国人向けのしゃれたレストランやカフェ、みやげ物店が続々とオープンしている。特にパブ・ストリート（→P.178）周辺はシェムリアップいちのナイトスポットで、ショッピングや食べ歩きに出かけたい場所だ。

おしゃれな路地「アリー・ウエスト」（→P.178）は、頭上にカラフルな傘が

オールド・マーケットの南側にみやげ物店が集中している（左）。コロナ禍で息をひそめていたパブ・ストリート。徐々に観光客が戻り、バーやクラブも営業を再開。通りは勢いを取り戻しつつある（右）

シヴォタ通り周辺　MAP P.212、214

メインストリートはシェムリアップ川の西500mほどの所を南北に走るシヴォタ通り。この通り沿いにはスーパーマーケットやホテル、レストラン、銀行、マッサージ店、食堂などが建ち並び、シェムリアップで最も変化の激しいエリアだ。通りを南下していくとパルラ・アンコール・ナイト・マーケット（→P.176）へ右折する五差路がある。この周辺は夕方からマッサージ店やバーがオープンし、にぎわいを増す。さらに南下すると、ナーガ（蛇神）の噴水ロータリーがあり、その周辺にはバス会社やミニホテル、ゲストハウスが並び、外国人旅行者の姿も多い。さらに進めばプノン・クロム（→P.85）を経てトンレサップ湖（→P.180）にいたる。

2020年末～2021年にかけて行われた道路整備で、シヴォタ通りにも歩道が設置された（左）。ホテルやレストラン、ショップ、マッサージ店が建ち並び、数ヵ月単位で姿を変えるシヴォタ通り（右）

大コウモリがすむ樹：国道6号線沿い、プレ・アンチェー、プレ・アンチョムの裏に立つ数本の樹に大コウモリ（ライルオオコウモリ）がすんでいる（MAP P.213-1C）。昼間は枝にぶら下がって「ギャーギャー」と鳴いているだけ。↗

アンコール・ワットへの道周辺

MAP P.216

旅行者の誰もが通る道。自転車で遺跡に向かう旅行者も見かける

ロイヤル・レジデンス（王様の別荘）前のニアッキー像（MAP P.213-2C）から北へ真っすぐに約5km進むとアンコール・ワットだ。この道沿いには大型のリゾートホテル、みやげ物店などが並んでいる。とはいえ民家はほとんどなく、歩いてそれほど楽しい通りではない。外国人旅行者の多くは、遺跡の行き帰りに車やトゥクトゥクで通るのみで、歩いている人は少ない。

ロイヤル・レジデンスとロイヤル・インディペンデンス・ガーデンの一部は柵で囲まれ、歩行者のみ入れる

国道6号線周辺

MAP P.210-1A、2B～211-2C、2D

国道6号線はシェムリアップを東西に貫く大動脈だ。空港から市内へ向かう際に通る西側には、ここ10年くらいの間に建設された高級リゾートホテルにゲストハウス、観光客向けの大型レストランなどがズラリと並び、ツーリスティックなエリアとなっている。一方、シェムリアップ川を越えた東側は地元の人々の生活に密着したエリアで、シェムリアップ最大のマーケット（クメール語でプサールー、→P.173）を中心に、板金屋、家具屋、卸問屋、車やバイクの修理工場、診療所などが並ぶ。外国人旅行者の姿は少ないが、1本横道に入れば静かなゲストハウスも点在する。

国道6号線沿いに立つアンコールアイ（→P.172）はシェムリアップの新名所（左）。6号線の東側、マーケット周辺は、買い物にきた地元の人のバイクや自転車でごった返す（右）

ワット・ボー通り周辺

MAP P.213、215

シェムリアップ川とワット・ボー（MAP P.215-1D）に挟まれたエリアを南北に走る道がワット・ボー通りだ。この通り周辺には、地元の人や節約旅行者に人気のローカルレストランが点在している。またワット・ボー通りと交差して走るストリート26には「バンレ」（→P.183）やカクテル・バーの「ミス・ウォン」などおしゃれな店が増加中。通りの北東側には外国人旅行者に人気のゲストハウスが建ち並ぶエリア（MAP P.213-2D）があり、欧米人の姿も多い。

ストリート26の「フットプリント・カフェ」は在住外国人に人気（上）。ワット・ボー通り北東側のゲストハウス。数軒の安宿が並ぶ（下）

石の村、プリア・ネット・プリア

MAP 折表-1B

シェムリアップから国道6号線を西へ約85km行った道沿いに、プリア・ネット・プリアと呼ばれる小さな村がある。この村周辺は砂岩が採掘されることで知られ、その昔、アンコール期の寺院建立にもこの石が使われた。現在も採掘されており、道沿いには石像を売る小さな店が並んでいる。

シェムリアップでの洗濯

衣類はホテルやゲストハウスで洗濯してくれる。料金の目安は、24時間仕上げで柔軟剤なし1kg1US$～、同柔軟剤あり、きれいにたたんで1kg2.5US$～、3時間仕上げで柔軟剤なし1kg3.5US$～など。もちろんアイロンがけも可能だ。ちなみに昔ながらの洗濯屋も民家の軒先に「Laundry」の看板を出しており、こちらは1kg1US$～が目安だ。

「YEAKSA」はクリーニングのチェーン店。1kg 4000R

↘ところが、夕方からはいっせいに飛び始める。羽を広げると1mにもなる大コウモリが飛び回る様はなかなか壮大だが、コウモリはさまざまな病原体をもっているので不用意に近づかないようにしたい。

ソクサン通りの「スパ・シェムリアップ」（→下記）の屋上には奇抜なルーフトップバーが

スパ・シェムリアップ
The Spa Siem Reap
MAP P.214-2A 住Sok San Rd. ☎016-892316 営9:30～23:30 休無休 カードMV

もともとホテルだった建物を利用した大型スパ。全個室にシャワー、トイレ付きで広々としているので、帰国前にスーツケースを持って訪れてもOK。クメール・マッサージ8US$（1時間）など。

ソクサン通り周辺 MAP P.217-3A

ナーガの噴水の少し北から西へ入るソクサン通りSok San Rd.は、かつて風俗街として有名だったが、ここ5年ほどでレストランやバーが取って代わり、在住外国人たちの集うグルメ通りとして有名に。オールド・マーケットやパブ・ストリートは徒歩圏内で、この通りに宿泊する観光客も増加中。

カンダール・ヴィレッジ周辺

MAP P.212-3B～3C

かつてセントラル・マーケット（クメール語でプサー・カンダール）という市場があった界隈に、2014年頃から外国人経営のブティックや雑貨店、カフェが増加中。ハップグアン通りHup Guan St.を中心としたこのエリアは「カンダール・ヴィレッジKandal Village」と名づけられ、注目を集めている。通りに並ぶおしゃれショップやカフェを巡ってみよう。

パステルカラーの建物が連なるハップグアン通り（上）。「スラマイ」（→P.193）は人気店（下）

カンダール・ヴィレッジ

タップ・ヴォン通りTap Vong St.（アチャミーン通りAchamean St.）
リトル・レッドフォックス・エスプレッソ
フランジパニーP.195
Le Water Villa
花紋
Andkow & Co.
Ja
シリヴァン
ガーデン・オブ・ディザイア
Manava
The Village Bakery & Cafe
Jトラスト・ロイヤルP.209
メイビー・レイター（メキシコ料理）
ハップグアン通りHup Guan St.
マンマ・ショップP.186
Lotus Dream Spa
ソワリーズ・ドゥ・メコンP.193
ニアリー・クメール・アンコール・ショップP.157
Shop 676
スラマイP.193
スルオイースダイ
U-ダラ
Bao Kandal
コモン・グラウンズ
Labo
アンコール・リビエラ
ポコンボー通りPokambor Ave.
シェムリアップ川
St. 6
DSK the Workshop
クロマーツアーズ・シェムリアップP.207
ハイドアウト・バリスタ&ラウンジ
Soben G.H.
0 50m

INFORMATION 市内交通

トゥクトゥク（→P.340）、バイクタクシー（→P.341）

メーター制タクシーやシクロはなく（ホテル、旅行会社所有のものはある）、トゥクトゥクやバイクタクシーが町の足となる。トゥクトゥクの外国人料金の目安は、オールド・マーケット（MAP P.210-3B）からマーケット（MAP P.211-2D）の約3kmで1.5US$～。バイクタクシーなら1US$～。パスアップやグラブなどのアプリで配車すればそれよりも安く行ける（→P.340）。たいていのゲストハウス、ホテルでは遺跡巡りで1日チャーターすることができる。その場合はトゥクトゥクで12US$～、ふたり14US$～、バイクタクシーで10US$～。この料金はP.26～27の地図内のみで、バンテアイ・スレイ（→P.89）やベン・メリア（→P.94）などの郊外の遺跡へはプラス10～30US$の別途料金が必要となる。

レンタサイクル（→P.341）

町なかの自転車屋や雑貨店、ホテルやゲストハウスで借りられる。1日1US$～。店によってはデポジット（10～30US$程度）かパスポートを預けることになるが、パスポートを預けることはリスクが高いため、デポジットを預けるようにしたい。ただし、町なかは交通事故が多発しており（→P.350）、運転する場合は細心の注意を払うこと。最近は運転免許不要の電気自転車を貸し出す自転車屋もあり（→P.207のグリーン・イー・バイク）、外国人旅行者に人気だ。また、バイクの運転には国際運転免許証が必要なうえ、トラブルも少なくないので安易に借りることは控えたほうがいい。

車のチャーター（→P.339）

遺跡巡りをする際、旅行会社（→P.207）やツーリズムインフォメーション・センター（→P.166欄外）などをとおして車をチャーターできる。その場合はドライバーと車（セダンタイプ）で1日30US$～が目安。車の場合も郊外の遺跡へはプラス10～30US$の別途料金が必要となる。

カンボジア人民党オフィス横（MAP P.213-3C）や、ロイヤル・インディペンデンス・ガーデン横（MAP P.213-1D）では、毎日5:30と17:30の2回、それぞれ約1時間、エアロビクスダンスが行われている。特に夕方は数百人の老若男女が集↗

見どころ Sightseeing

アンコール遺跡のすべてがわかる
MAP P.216-3A

★★★ アンコール国立博物館

សារមន្ទីរជាតិអង្គរ ◆ サラモンティー・チアット・オンコー

アンコール遺跡から出土した石像、レリーフ、碑文石などが展示された博物館。館内は広く、歴史から考察したアンコール遺跡、宗教から見たアンコール遺跡、おもだった王をとおして見るアンコール遺跡など、コンセプト別に展示室が分かれており、細かくわかりやすい展示内容だ。各石像の説明文は英語とクメール語のみだが、凝った照明やビデオ上映（日本語も選べる）による視覚効果をうまく使った展示は、まるで美術館のよう。貴重で美しい石像を駆け足で眺めるのはもったいない。時間を取ってじっくりと観て回りたい。館内にはTシャツやバッグ、シルク製品などを販売するショップも併設されている。

石像の生きいきとした表情までもが間近で見られる（左）。古代クメール人の衣装、装飾品がどのように現代に受け継がれているのかがわかる展示（右）

数々の仏教美術を収蔵する博物館
MAP P.211-1D

★★ プリア・ノロドム・シハヌーク‐アンコール博物館

សារមន្ទីរអង្គរព្រះនរោត្តម សីហនុ ◆ サラモンティー・プレアハ・ノロッドム・シハヌック・オンコー

館内にはジャヤヴァルマン七世期に建造された仏教寺院バンテアイ・クディ（→P.69）から出土した貴重な彫像の数々が展示されており、現代、過去それぞれの「祈りのかたち」をキーワードに展示が組まれている。

2階のメイン展示室。これほど多くの仏像がひとつの穴から発見されたことにあらためて驚かされる

バンテアイ・クディ境内の回廊には、かつて多くの仏像が奉納され仏教徒たちが参詣していたと考えられている。しかし、それらの多くはジャヤヴァルマン七世没後の「廃仏毀釈※」によって破壊されてしまう。ところが「廃仏」という王命ではあったが、畏れ敬う気持ちをもち続けたアンコールの民たちは、壊された仏像群をバンテアイ・クディ内にていねいに埋納して塚を築いたと推察されている。2001年、日本の上智大学の調査チームがこの塚から274点の仏像やその破片を発掘し、それにより、埋納当時の社会情勢や人々の信仰心までをも解き明かしたのはたいへんに興味深い。この博物館にはそのなかからえりすぐりの101点を展示。訪れる人が少ないため、心ゆくまでゆっくり鑑賞できるのもうれしい。

※廃仏毀釈（はいぶつきしゃく）とは、経典や仏像を破毀し、僧侶の権限を小さくする仏教排斥運動。

アンコール国立博物館
住 No.968, Vithei Charles de Gaulle, Khum 6, Svay Dangkum ☎(063) 966601
URL www.angkornationalmuseum.com 開 8:30～18:00（10～3月は～18:30）
休 無休 料 12US$（11歳以下は6US$） カード D J M V
館内は撮影禁止のため、カメラやビデオカメラは入口で預けること。日本語の音声ガイド機（5US$）あり。

規模の大きな博物館。夜はライトアップされる

プリア・ノロドム・シハヌーク‐アンコール博物館
住 Phum Boeung Don Pa, Khum Slakram Sruk
☎(063) 763575 開 8:00～17:00（チケット販売は16:30まで） 休 月曜 料 3US$（11歳以下は無料） カード 不可
館内は撮影禁止。

8:30～17:00にアンコール遺跡の彫刻（レプリカ）の拓本体験ができる。所要約30分5US$

1008体の座像が彫られた千体仏石柱。2007年の博物館完成記念式典に臨席したシハモニ国王も、この千体仏石柱の前でお祈りし、線香と花をささげている

↘まってくる。在住外国人の姿も見られ、皆真剣にインストラクターの動きに合わせて汗を流している。もちろん飛び入り参加も可能だ（1000R～）。

アンコールアイ
住Box Ville, National Rd. 6, Svay Dangkum
☎(063) 210770
URL www.angkoreye.com
URL www.facebook.com/angkoreye
営14:00～20:00（祝祭日は営業時間が変更になる可能性があるので、事前にフェイスブックで要確認） 休無休
料12US$（3～11歳6US$、2歳以下無料） カードMV

ゴンドラは4人乗り。エアコンが効いていて快適。乗車は約18分間

★★★ 360度のパノラマビューに感動！ MAP P.210-1A

アンコールアイ
Angkor Eye

2020年3月に国道6号線沿いに開業した観覧車。もともと北九州のスペースワールドにあった観覧車を解体、シェムリアップに運んで再建したもので、懐かしさを感じる人も多いだろう。世界遺産の景観を保護するため高層建築物が認められていないシェムリアップにおいて、全高85mのアンコールアイは一番高い建物といえる。視界を遮られることなく360度見渡せる大パノラマや、アンコール遺跡群が潜む密林を一望できるのは唯一無二の体験になりそう。地平線に沈むドラマチックな夕日を望むのが特におすすめ。

カンボジア初の本格的な観覧車。ゴンドラは全48カプセルあり、夜はライトアップされて幻想的。中心部からトゥクトゥクで約5分でアクセスできる（左）。ゴンドラからはシェムリアップ中心部の町並みや田園風景、天気がよければプノン・クロムやトンレサップ湖、クーレン山まで見渡せる（右）

アンコール・グリーン・ガーデンズ・パーク
住National Rd. 6, Svay Dangkum
☎081-999258
開8:00～17:00 休無休
料2.5US$ カード不可

★ カンボジアの歴史や文化を紹介したテーマパーク MAP P.210-1A

アンコール・グリーン・ガーデンズ・パーク
Angkor Green Gardens Park

緑に囲まれた約2ヘクタールの広大な公園。クメール人の生活様式や儀式を紹介した伝統建築物のほか、フローティング・ヴィレッジ、ダイナソー・ガーデンズ、中国寺院に涅槃像など、何でもありでおもしろい。ろう人形館と歴史博物館ではカンボジアの歴史や偉人について解説。プノンペンの王宮やセントラル・マーケットをミニ模型で再現したエリアも必見。

ろう人形館のアプサラ・ダンスの展示（上）。水辺に浮かぶフローティング・ヴィレッジ。週末はピクニック客でにぎわう。公園の隣にホテルもある（下）

MGCアジアン・トラディショナル・テキスタイル・ミュージアム
住Ave. 60M
☎(063) 765574
開8:30～16:00 休火曜
料3US$（11歳以下は無料）

インドのラジャスタン州の神様であるパブジーが描かれた幕（パド）

★ アジア6ヵ国の布の歴史に触れる MAP P.211-1D

MGCアジアン・トラディショナル・テキスタイル・ミュージアム
MGC Asian Traditional Textiles Museum

カンボジア、インド、ラオス、ミャンマー、タイ、ベトナムの6ヵ国の伝統織物や民族衣装を展示した博物館。カンボジアの黄金のシルクや、インドのミラーワークが施された刺繍布など、各国の美しい布が集められ目を楽しませてくれる。布や織物の特徴や文化をスタッフが英語で解説してくれるので、一緒に展示を見て回ろう。実際にハンドプリントを体験できる施設もある。布好きは訪れる価値あり。

シェムリアップではお笑い芸人でありマラソンランナーの猫ひろし氏がトレーニングでランニングをしている姿を見かけることもある。しかし、それはお笑い芸人の「猫ひろし」ではなく、アスリートの「チュマールひろし」。トレ↗

★★★ シェムリアップ観光の大定番！　活気あふれる市場　MAP P.217-3B

オールド・マーケット

ផ្សារចាស់ ◆ プサー・チャハ

町の南側、シェムリアップ川のそばにある、小規模ながら、人々の台所と密着した市場。7:00 頃から生鮮食品が運び込まれて買い物客で大にぎわいとなる。市場の北側、道路に面した所には、麺やぶっかけご飯の食堂が並び、人々の朝食の場所となっている。キラキラ輝く小魚がカゴやざるいっぱいに盛られ、市場の中央の細い通りは色鮮やかな野菜が占領している。品定めする人々と、行き交う人々で身動きが取れないほどだ。市場の中央部へ入ると、塩辛を強烈にしたような発酵食品の臭いが鼻をつく。トンレサップ湖名物の干し魚、発酵調味料（プラホック→ P.143）、魚醤（トゥック・トレイ→ P.143）などが臭いの源だ。これぞ、この市場独特の臭いである。日用雑貨、お菓子、調味料などはタイ製品が多く、品揃えは豊富だ。豊富な食材、買い物の仕方に、人々の暮らしの一端を垣間見る。みやげ物店は南側と西側に集中しており、おもなカンボジアみやげはここで揃ってしまう。年々、日用雑貨や食料品売り場がみやげ物売り場になり、「地元の人の市場」といった雰囲気は消えつつある。それでも値切り交渉も楽しめるとあって外国人観光客に人気の市場だ。また市場が閉まってからの 18:00 ～ 23:00 頃は市場の周辺にクレープや焼き鶏の屋台やトゥクトゥクを利用した移動式バーが並ぶ。

赤い三角屋根が目印

市場中央の食堂。朝は特ににぎわう

★ ディープなローカル市場　MAP P.211-2D

マーケット

ផ្សារលើ ◆ プサー・ルー

中心部から国道 6 号線を東へ約 1km 行った所にある、シェムリアップ最大の市場。魚や肉、乾物、日用雑貨、衣料品、薬、漁具、工具にいたるまで、あらゆる店が広い敷地の中に並んでいる。日用品やお菓子、調味料などはタイ製や中国製の物も見られる。また市場の周囲は生鮮食料品の屋台がびっしりと並んでいる。みやげ物店はなく、人々の生活に根ざした商品構成で、町で一番のにぎわいを見せる所でもある。外国人旅行者の姿はほとんど見かけず、市場内では英語も通じにくい。それゆえにどっぷりとローカルに浸れる場所だ。

市場は早朝から大にぎわい

オールド・マーケット
営 店によって異なるが、だいたい 7:00～18:00（食堂、みやげ物店は～20:00）　休 無休

カンボジア産のコショウを売る店もある

ローカルスイーツやフルーツをつまみ食いしながら市場を見学するのも楽しい

ルビーやサファイアの原産国とあって、貴金属店には宝石がズラリ。偽物には要注意

マーケット
営 店によって異なるが、だいたい 6:00 ～ 18:00　休 無休

市場周辺に並ぶ果物屋には南国フルーツが山積み

その他のマーケット

サマキ・マーケット（プサー・サマキ）
MAP P.211-2C
営 店によって異なるが、だいたい 7:00 ～ 18:00　休 無休
市場は空き店舗が目立つ。生活雑貨、衣料品、フルーツが中心で食堂もある。

ニュー・アンコール・マーケット（プサー・アンコール）
MAP P.210-1A
営 店によって異なるが、だいたい 7:00 ～ 17:00　休 無休
生鮮食料品、生活雑貨、衣料品、屋台がある小さな市場。コンビニも併設されている。

↘ーニング中は真剣なため、応援の声援を送る程度に。とはいえ声援を送ると芸人魂が頭をもたげ、ときには写真撮影に応じてくれることもある。

シェムリアップのスーパーマーケット&コンビニ

アジア・マーケット
Asia Market
MAP P.217-1A 住Sivatha St.
☎012-920325
営7:00～24:00 休無休
カード M V
シヴォタ通りにあるスーパーマーケット。規模は小さいがおみやげやコスメの種類も豊富。

テンプル・ミニマート
Temple Mini Mart
MAP P.210-3B 住Sok San Rd. ☎070-808070
営24時間 休無休
カード M V
食品、アルコール、おみやげ、生活用品などを扱う規模の大きなコンビニ。24時間営業で便利。

地雷博物館
住Banteay Srei ☎015-674163
URL www.cambodialandminemuseum.org
開7:30～17:30 休無休
料5US$（12歳以下は無料）
場所はシェムリアップからバンテアイ・スレイ（→P.89）へ向かい、その約6km手前。地雷博物館のみの入場ならアンコール・パスは必要ない。

戦争博物館
住Kacam Village
☎012-873666
開8:00～17:30 休無休
料5US$（9歳以下は無料）
英語による無料のガイドツアーあり。時間は決まっておらず、数人集まれば開始となる。

砲弾や撤去された地雷も展示されている

キリング・フィールド
☎なし
開8:00～17:00 休無休
料3US$（12歳未満は無料）

カンボジアが抱える地雷問題を見つめる
★★
地雷博物館
MAP 折表-1B
សារមន្ទីរមីនអាគីរ៉ា ◆サラモンティー・ミーン

平和が訪れたとはいえ、長い年月に及ぶ内戦の傷跡はこの国のあちこちに残っている。なかでも地雷の被害は深刻だ。ここは、より多くの人にカンボジアの地雷除去問題について知ってほしいというアキー・ラー館長の熱意で、政府からの援助はなしで造られた博物館だ。クメール・ルージュの元戦闘兵で、現在はシェムリアップで地雷除去のボランティア活動を行っているアキー・ラー氏が現在までに除去し、安全処理を施した約5000個の地雷や武器がここに展示されている。アキー・ラー氏は地雷除去作業で不在のことも多いが、タイミングが合えば、地雷除去問題や、カンボジアが抱えるさまざまな問題について日本語で説明してくれる。

博物館の中央には小さな池があり、池に浮かぶ小屋には地雷がぎっしりと詰め込まれている（左）。クメール・ルージュの兵士の人形（右）

戦争の歴史を戦車や武器で振り返る
★
戦争博物館
MAP P.26-2B
សារមន្ទីរសង្គ្រាម ◆サラモンティー・ソンクリアム

インドシナ戦争時、カンボジア内戦時に使用された旧ソ連製や中国製の戦車やヘリコプター、小銃や手榴弾、地雷まで、大小さまざまな兵器が展示されている。

1954年にソ連で造られたT-54戦車

ポル・ポト政権下では処刑場だった場所
★★
キリング・フィールド
MAP P.216-1A
វាលពិឃាត ◆ウィアル・ピキアット

ポル・ポト政権下の“粛清”に名を借りたクメール・ルージュによる虐殺は、この地でも行われ、1975～1979年の5年間に、ここで数千人もの人々が殺されたといわれている。ワット・トゥメイの脇にあるクリーム色の2階建ての学校のような建物がポル・ポト政権時代、刑務所として使われていた所で、この周辺から大量の人骨が見つかっている。現在、建物は僧院となり、僧侶の姿が見られる。1997年に鎮魂の意を込めて、ここに寺院が完成した。

ワット・トゥメイの本堂。寺の敷地内には仏教学校や僧坊がある

左の慰霊塔の中には人骨と遺品が安置されている

✉ 8月は雨季で雨を心配していたが、どこも緑が美しいと感じた。ベン・メリア（→P.94）はシェムリアップから少し遠いが、青々としたコケが生え比較的観光客も少なく、静かでかなりおすすめです。また道中では高床式住居↗

カンボジア式おみくじ「コンピー」が有名なお寺 MAP P.213-1C

★★ プレ・アンチェー、プレ・アンチョム

ព្រះអង្គចេក ព្រះអង្គចម ◆プレア・オンチェー、プレア・オンチョム

このお寺にはプレ・アンチェーとプレ・アンチョムと呼ばれる対の立像が祀られており、1日中参拝者が絶えない。もともとは16世紀頃にプノン・ボック（MAP P.27-1D）近くの寺に祀られていた立像で、その後ワット・ダムナック（MAP P.215-3C）に移され、現在はこの地に祀られている。その間に何度も盗難に遭いそうになったが、賊が持とうとすると突然に重くなるという不思議な力が働き、賊の手に渡ることはなかったとの逸話も残されている。銅製のため重かったからというのが真実のようではあるが。また、ここではコンピー（→P.43）が有名で、参拝に来たカンボジア人の多くはここで占いを受けていく。

巨大な涅槃像が祀られた極彩色の寺院 MAP P.215-1C

★ ワット・プリア・プロム・ラス

វត្តព្រះព្រហ្មរ័ត្ន ◆ウォアット・プレア・プロム・ロアット

1915年建立の町なかでは比較的古い寺。入口を入るとまず、チャン・ハイ・ホイの立像（→欄外）がある。境内は、ぐるりと壁一面に仏陀の一生、仏陀の逸話が極彩色で描かれている。さらに本堂に入ると大きな仏陀が鎮座しており、その後ろには涅槃像が祀られている。このユニークなレイアウトには、以下のような逸話が関係している。

15世紀の頃、ウドン（→P.273）の近くのロンウェイにチャン・ハイ・ホイと呼ばれる高僧が住んでいた。あるとき彼の乗った舟がサメに襲われて舟はふたつに割れ、僧も舟も水中に沈んでしまった。人々は彼をしのんで「きっとあの世でゆっくりと寝ているだろう」と、寝釈迦と彼の寝姿とを重ね合わせてこの寺に涅槃像を奉納した。ちなみに、ふたつに割れた舟の一方は彼ともども沈んでしまったが、もう一方はコンポンチュナン（MAP 折表-2B）に流れ着いた。現在もコンポンチュナンのワット・ボー・リー・ボーにはチャン・ハイ・ホイの立像が祀られている。

涅槃像は全長5mはある

市街地に残る貴重なアンコール遺跡 MAP P.216-2B

★ ワット・プリア・エン・コサイ

វត្តព្រះឥន្ទ្រកោសា ◆ウォアット・プレア・アン・カオサー

10世紀頃に建立されたと考えられているれんが造りの寺院。ここの見どころは本堂裏のれんが造りの2基祠堂だ。これは修復されたものではなく建立当時のオリジナルのまま。さらに楣（まぐさ）には乳海攪拌（→P.42）が風化することなく美しい状態で残されている。実は乳海攪拌のレリーフが確認されているのは、シェムリアップ周辺ではアンコール・ワット（→P.30）、ベン・メリア（→P.94）、プリア・ヴィヘア（→P.100）とここの4ヵ所のみで、非常に貴重である。境内の周辺には環濠の跡が残されており、新しい本堂も古い時代のラテライトの基礎をそのまま利用しているのが見て取れる。柱には古い碑文も残されており、小さいながら歴史的に貴重な遺跡である。

訪れる観光客は少ない。敷地内には小学校も併設されている

プレ・アンチェー、プレ・アンチョム
開5:00～21:00 休無休
料無料

左がプレ・アンチェー、右がプレ・アンチョム

ワット・プリア・プロム・ラス
開4:00～21:30（読経時間4:00～5:00、17:00～17:30）
休無休
料無料（少額の喜捨を）

チャン・ハイ・ホイの立像。托鉢のボウルからご飯の湯気が出ていることからチャン（托鉢ボウル）・ハイ・ホイ（湯気）と呼ばれていた

ワット・プリア・エン・コサイ
開敷地内だけなら24時間
休無休 料無料

ミス・ジェイ・テエット（ヤー・テップ・シュライン：Ya-Tep Shrine）を祠る菩提樹
MAP P.213-1C
プレ・アンチェー、プレ・アンチョムを祀る寺のそばに、大きな菩提樹がある。カンボジアでは菩提樹には神様が宿ると信じられており、この菩提樹には16世紀頃にシェムリアップに実在したといわれるミス・ジェイ・テエットと呼ばれる女性が祀り崇められている。生前から人の願いをかなえる不思議な力をもっていたといわれる彼女はカンボジアでは誰もが知る神話的存在。ここに絞めた鶏をお供えすると願いがかなうといわれている。特に商売に御利益ありとか。

菩提樹を護るようにライ王像が鎮座する

↘に住む人々の様子を見ることができ、村の生活を感じることもできるのでぜひ行ってほしい。（兵庫県　依藤尚子　'14）['23]

パルラ・アンコール・
ナイト・マーケット
営18:00頃～23:00頃
休無休

アンコール・ワットと水面に映る逆さアンコール・ワットをシンプルな線で表現した「ハリハラ」のTシャツ

チョコ・ウイークエンド・マーケット
住56 Chocolate Rd.
営土・日曜9:00～17:00頃（カフェは月～木曜7:00～19:00、金～日曜～21:00）
URL www.facebook.com/chocolateroadgardensr

ライブなどのイベントが行われることもある

メイド・イン・カンボジア・マーケット
住Om Khun St.
営12:00～20:00　休無休

その他の
ナイト・マーケット
シェムリアップ・アート・センター・ナイト・マーケット
Siem Reap Art Center Night Market
MAP P.214-2B
営9:00頃～23:00頃　休無休

みやげ物店、宝石店、マッサージ店、レストランなど約250軒が並ぶ大型マーケット。午前中から営業しており、屋根もあるので雨でも大丈夫。

リサイクル素材で作ったバッグや小物雑貨の店

個性派ショップでお宝探しが楽しい！

★★★ パルラ・アンコール・ナイト・マーケット

MAP P.214-1A

Phalla Angkor Night Market

2017年オープンの規模の大きなナイト・マーケット。コロナによる閉鎖を経て、2023年2月に営業再開。まだまだ100店舗ほどが営業していた全盛期の規模とまではいかないが、数十軒の店舗が営業しており、今後さらに増えていくことが期待される。ここではTシャツやクロマー、エスニックウエア、手工芸品といった定番みやげのほか、カンボジアの風景や文化にインスピレーションを受けたオリジナル雑貨の「ハリハラ」(→P.193)や、バナナの幹の繊維を加工したバナナペーパーで作るアイテムが揃う「アシ」(→P.193)など、個性的なショップに注目。毎晩19:00頃からにぎわうので、夕食後に訪れよう。周辺にはコンビニやバーもある。

宝探し感覚でのぞいてみよう（左）。神様や動物をかたどった、牛革の影絵人形(→P.140)を販売する店。制作過程も見られる（右）

旬が詰まったウイークエンド・マーケット

★★ チョコ・ウイークエンド・マーケット

MAP P.211-3C

Choco Weekend Market

伝統家屋を利用したカフェやショップ、図書館、子供の遊び場などが点在する「チョコレート・ガーデンズ」で週末に開催されるマーケット。10店ほどの小規模なマーケットだが、ハンドメイドの手の込んだアイテムが並び、どれもカンボジアみやげにぴったり。週末に滞在するならぜひ立ち寄ってみたい。

オーガニック・アロマキャンドルの「Sensuous Smells」

“カンボジア産”にこだわる上質なアイテムがズラリ

★★ メイド・イン・カンボジア・マーケット

MAP P.212-2B

Made in Cambodia Market

シンタ・マニ・ホテル　(→P.199)隣接のクラフト・マーケット。規模は小さいものの、市場やほかのナイト・マーケットのものとは一線を画す洗練された品揃えが光る。ちょっといいおみやげを探しに訪れてみたい。

ファッション系の店が多い（上）。アプサラやハヌマーンの編みぐるみがキュートな「Cambodia Knits」（下）

★★★ シェムリアップを代表するエンターテインメント MAP P.210-3A

ファー・ザ・カンボジアン・サーカス

Phare, The Cambodian Circus

バッタンバン（→P.286）の職業訓練学校のNGOが母体となるサーカスショー。大がかりな仕掛けはないが、アクロバティックな大技あり、コミカルな笑いありの多彩な演目構成で、見る者を飽きさせない。クメール・ルージュ時代に両親を亡くした女性が主人公のストーリー「Ponleu Samnang」、カンボジアの田舎の村での日常生活を描いた「Khmer Angkor Village」など、サーカスにカンボジアの文化や風習に根差した物語を演劇調にして加え、ひとつの大きなストーリーに仕上げている。演目は約5日間で替わる。カフェやショップも併設している。

左は「Eclips」、右は「White Gold」の一場面。演目はウェブサイトで確認でき、チケットの購入もウェブから可能

ファー・ザ・カンボジアン・サーカス
住Ring Rd., South of the Intersection with Sok San Rd.
☎092-225320、015-499480
URL pharecircus.org
開20:00～21:00（カフェやショップは17:30～）
休無休
料A席38US$（18US$）、B席28US$（15US$）、C席18US$（10US$）、4歳以下は無料。バックヤードの見学付きチケットは63US$（43US$）。
※（ ）は5～11歳の料金。
カード J M V 予約 望ましい

サーカスはオールド・マーケットからトゥクトゥクで約5分の所にある専用会場で行われる

★ カンボジア初のアクアリウムが誕生 MAP 折表-2B

アンコール・ワイルドライフ&アクアリウム

Angkor Wildlife & Aquarium

近代的なアクアリウム（上）。トンネル型の水槽はフォトジェニック（下）

2022年11月、シェムリアップ中心部から車で約40分の所にオープンしたカンボジア初の水族館。約100ヘクタールの敷地に、カンボジア、タイ、ベトナム固有の数百種類の水生動物と、トラ、マレーグマといった陸上の動物が大集合。見どころは、絶滅の危機に瀕しているシャム・タイガーや、体長3mのメコンオオナマズなど。

アンコール・ワイルドライフ&アクアリウム
住National Rd. 6, Phum Kboun, Kum Khchas, Srok Sotnikom Khet Siem Reap
☎081-502555
URL angkorwildlife.com
開8:00～17:00 休無休
料20US$、3～11歳11US$、2歳以下は無料
カード J M V

INFORMATION シェムリアップのゴルフ場

アンコール・ゴルフ・リゾート
Angkor Golf Resort

ニック・ファルドが設計したコース。ラッキー・ドロー・ホールもある。レンタルクラブ、レンタルシューズあり。左利き用は少ない。

MAP P.26-2B
☎063-218288、063-218289、097-9608855
URL www.angkor-golf.com

ポキットラー・カントリー・クラブ
Phokeethra Country Club

池が多く配置され、難度が高い。コース内にアンコール朝時代に造られた橋がある。全18ホール。PGAアジアツアーのジョニー・ウオーカー・カンボジア・オープン発祥の地で、クラブハウスともに国際標準。レンタルクラブ、レンタルシューズあり。左利き用は少ない。

MAP P.26-1A参照
☎(063)964600
URL www.phokeethraangkor.com

シェムリアップ・ブーヨン・カントリー・クラブ
Siem Reap Booyoung Country Club

日本人の設計で、日本のゴルフ場に似た雰囲気。クラブハウスには大浴場があり、日本料理も食べられる。レンタルクラブ、レンタルシューズあり。
※2023年5月現在休業中、再開未定。

MAP P.27-2D
☎092-635765、093-625632
URL www.siemreapbooyoung.com

シェムリアップいちのナイトスポット

パブ・ストリートへ

オールド・マーケットの北側（MAP P.214-1B ～ 2B）に「パブ・ストリート」と呼ばれる通りがある。
わずか百数十mのこの通りにはレストランやバーが立ち並び、
一本南の通り「パッセージ & アリー・ウエスト」にはおしゃれなショップが多い。
一大ナイトスポットの注目レストランとショップをご紹介。※掲載店のMAP P.179。

おすすめレストラン&カフェ

RESTAURANT ビバ Viva

老舗のメキシコ料理店。本格的な味わいの料理はどれもボリューム満点でリーズナブル。タコス(1.5US$)、ドラフトビール（0.75US$）など。
☎092-209154　営7:00 ～ 23:00

コロニアル建築を利用した店。店内にはチチェン・イッツァのオブジェが

RESTAURANT キッチン 2002 Kitchen 2002

カンボジア料理から西洋料理まで 100 種類以上のメニューが揃う。ワインリストも充実。風が気持ちいい 2 階のテラス席がおすすめ。
☎077-997699　営8:00 ～ 24:00

右はラクレットバーガー(9US$)、右下はココナッツミルクを使ったビーフチークカレー（10US$）

BAR レッド・ピアノ The Red Piano

映画『トゥームレイダー』撮影時にアンジェリーナ・ジョリーが通ったことで有名。赤で統一された店内やテラス席には籐の椅子が並び南国ムード満点。
☎092-477730
営7:00 ～翌 0:30

2 階には名前の由来である赤いピアノがある（上）。アンジェリーナ・ジョリー絶賛のカクテル「トゥームレイダー」は 2.75US$（下）

CAFE ジェラート・ラボ Gelato Lab

無添加のイタリアンジェラートが楽しめるカフェ。カンボジア産の果物やコショウなどオリジナルフレーバーのジェラートは 1.5US$ ～。
☎085-757590
営9:30 ～ 22:30

さわやかな酸味のパッションフルーツとココナッツジェラート

おすすめショップ

SHOP アンコール・キャンドルズ
Angkor Candles

バイヨンやガネーシャなど、遺跡のレリーフをかたどったハンドメイドのキャンドル専門店。キャンドルは小さいもので5US$～。
☎なし
営13:00～20:00

バイヨンのご尊顔モチーフ。カラーやサイズはさまざま

SHOP ガーデン・オブ・ディザイア
Garden of Desire

カンボジアの自然や遺跡をモチーフにした一点物のアクセサリーを販売。とっておきのおみやげを見つけられそう。
☎なし　営10:00～21:00

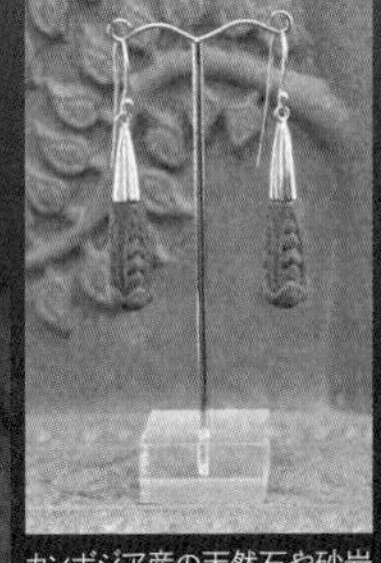

カンボジア産の天然石や砂岩を使用したアイテムが人気

SHOP ブラッシュ・ブティック
Blush Boutique

肌触りの滑らかな薄手のコットンで仕立てたオリジナルドレスは、リゾートで大活躍すること間違いなし。
☎081-316042
営11:00～22:00

プリント地のドレスは30US$くらいから

ハンドメイドのワンピース49US$

SHOP エー＆エヴァ・ファッション
A & Eva Fashion

インドのブロックプリントの生地を用いたオリジナルウエアを扱うブティック。リゾート感たっぷりのワンピースは30US$～。
☎092-671792　営8:00～23:00

パブ・ストリート

N
0 30m
みやげ物店
みやげ物店
アサナ P.190
ザ・レーン The Lane
みやげ物店
The Phlok
クメール・ファミリー
テンプル・マッサージ
ダクシンズ P.187
スナックの屋台が並ぶ
レッド・ピアノ P.178
Hanuman's King
Goal Sports Bar
キッチン2002 P.178
モンスーン
Temple Club
ボディア・スパ P.195
パブ・ストリート Pub Street
ユーケア・ファーマシー（1F）P.168欄外
ボディア・ネイチャー
チアーズ
Vデザイン
テンプル・フード&ビバレッジ
Pizzeria Villaggio
1960
アンビエンス
El Toro Grill
Hot Stone
イージー・スピーキング・カフェ
アンコール・ホワット？
Paper Tiger
シェムリアップ・ブック・センター
Dragonfly
ジェラート・ラボ P.178
クメール・キッチン（2号店）P.184
ブラッシュ・ブティック P.179
みやげ物店
チャムカー
Temple Club
Curry King
オーセンティック・クメール・フード
アンコール・キャンドルズ P.179
Beatnik
Happy Day
アリー・ウエスト Alley West
ザ・パッセージ The Passage
Isop Spa
La Plantation
ラ・クレープリー・ブルトンヌ
ガーデン・オブ・ディザイア P.179
みやげ物店
金屋（両替商）
ボディア・スパ
クメール・キッチン P.184
Nails Box
Viva
FTB
Pasta Master
貴金属店（両替商）
メガネ&時計店
ビバ P.178
Elia Greek Kitchen
オールド・マーケット P.173
エー＆エヴァ・ファッション P.179へ（約50m）

アンコール遺跡にも刻まれた大湖でクルーズ

トンレサップ湖へ
Tonle Sap

遺跡見学がひと段落したら、
カンボジアが誇る巨大な湖「トンレサップ湖」へ行ってみよう。
アンコール・ワットやバイヨンにも刻まれたトンレサップ湖で、
悠久の昔に思いをはせながらゆったりと過ごすひとときは格別だ。
トンレサップ湖を満喫する3つのクルーズコースをご紹介。

トンレサップ湖辞典

トンレサップ湖(MAP ㊗表-2B)はカンボジアの中央に位置する大湖。「伸縮する湖」といわれ、乾季の4～6月は約3000㎢の大きさだが、雨季の8～10月には3倍以上の約1万㎢の面積にまで膨れ上がる(MAP P.26～27参照)。湖には約300種類の淡水魚が生息し、東南アジアで最も淡水魚の種類が多いといわれている。とはいえ近年、水質汚染や乱獲で生態系の変化もささやかれ、魚の数も減りつつあるという。

クルーズの時期

トンレサップ湖のクルーズは、雨季の6～11月は水位が高く、特に8～10月が最もおもしろい。乾季でもそれなりに楽しめるが、水が干上がってしまう所もある。

コンポン・プルックのマングローブ林

コース1 コンポン・プルック
Kampong Phluk

左／シェムリアップでマングローブ林のクルーズを楽しめるのはここだけ　下／途中クメール寺院にも立ち寄る

家々の基礎柱の高さから、トンレサップ湖の増水時の水位の高さがうかがえる。写真は8月の水位

高さ数mの基礎柱の上に家を建てた、水上高床式の家が並ぶ村を巡るボートクルーズを楽しんだあと、手こぎの小舟に乗り換えてマングローブ林を遊覧する。マイナスイオンたっぷりのマングローブ林の中で、気持ちのよい空気を全身で感じよう。

左／村の小学校。このあたりに住むのはほとんどがカンボジア人で、漁業を営んでいる　右／昼過ぎにシェムリアップを出発して、夕日を観賞するツアーもある(要事前予約)

DATA
シェムリアップ市内から国道6号線をプノンペン方面へ進み、ロリュオス遺跡群を越えたあたりで右折。そこから約4㎞進んだ所にボートチケットの販売所があり、そこでチケットを購入すると船主のもとへ案内される。トゥクトゥクで往復15US$～。
MAP P.27-3D　☎089-782808　営 朝日～夕日(5:30～18:00頃)　休 無休　料 入域料2US$、エンジンボートは7人乗り18US$、12人乗り28US$、19人乗り33US$(各1隻の値段)。乗船時間は約2時間。途中で乗る手こぎボートはふたり乗りで、ひとり5US$。乗船時間は約30分。グループツアー参加の場合は、ホテルまでの往復バス送迎付きで15US$～。

コース2 チョンクニア Chong Khneas

湖に浮かぶ漁師の水上家屋や商店、小学校などを横目に水路を走り、トンレサップ湖で広大な景色を楽しむ。その後養魚場で休憩し、ボート乗り場へ戻る、所要約1時間30分のコースが一般的。町なかからボート乗り場までの道沿いにはヤシやバナナの木々、ハス池など牧歌的な風景が広がる。

水上の教会。チョンクニアの住人はほとんどがベトナム人

人々の暮らしを垣間見ることができる

養魚場の屋上から水路を見下ろす

日没を船上から眺めるサンセットクルーズを開催する旅行会社もある。サンセットのベストシーズンは11～12月

乗り場には大小さまざまなクルーズ船がやってくる

DATA シェムリアップ市内から約11㎞南下した所にボートチケットの販売所があり、そこでチケットを購入し乗船する。トゥクトゥクで往復10US$～。MAP P.26-3B参照 ☎012-772656、011-886696 営7:00～18:00 休無休 料エンジンボートは約1時間30分の乗船で、ひとりで乗った場合30US$、2～8人は各25US$、9～20人は各20US$、21～41人は各15US$。※チョンクニアクルーズは、途中で立ち寄る小学校や、船主から高額のチップを請求されるトラブルが多発している。旅行会社を通してガイド付きのクルーズに参加するのがいいだろう。グループツアー参加の場合は、ホテルまでの往復バス送迎付きで13US$～。

こちらもチェック

プレック・トアール Prek Toal

年間を通して渡り鳥なども含め、大小約100種類以上の鳥が生息する"野鳥の楽園"でバードウオッチング。ウオクイワシ、コハゲコウなど非常に珍しい種類もいる。カンボジアの野生動物や大自然に触れられ、豊かなカンボジアの一面が見られる。

DATA チョンクニアからエンジンボートで約1時間15分でプレック・トアールに到着。ここでボートを乗り換えて約30分でバードウオッチングの櫓に到着。乾季は干上がった湖底を歩くこともある。所要約7時間。MAP 折表-2B 料エンジンボートはひとりで乗った場合50US$～、ふたりなら各35US$～、3人なら各30US$～。ボートは個人手配が難しく、旅行会社を通すかガイド同伴で。個人ツアー参加の場合は、ホテルまでの往復送迎付きで150US$～。

特に12～1月は産卵時期のため最も野鳥の数が多い

R ハイセンスな空間で味わう伝統料理　カンボジア料理

チャンレイ・ツリー Chanrey Tree

MAP P.215-1C

2階建ての古民家を利用した、アジアチックでおしゃれな雰囲気のカンボジア料理店。厳選素材にカンボジアの民族料理やフレンチのテイストを加えたモダンクメール料理は上品な味わいだ。プレゼンテーションも洗練されており、旅行者に大人気。プリプリの地鶏の焼き鶏（13US$）は、シェフ考案のアジア風ソースが鶏肉のうま味を引き立て美味。サラダは7.5US$～、メイン料理は9US$～。夜は建物がライトアップされ、さらにムード満点。

手前はフィッシュ・アモック（10US$）、中央右はライムソースと塩コショウでシンプルに仕上げたトンレサップ・スチーム・フィッシュ（12US$）（左）。古民家をリノベーションした一軒家ダイニング（上）

住 Pokambor Ave.
☎ 081-799587、017-799587
営 11:00～14:30、18:00～22:30
休 無休　カード J M V　予約 望ましい

R カンボジア家庭料理をスタイリッシュに味わう　カンボジア料理

マリス Malis

MAP P.215-1C

カンボジアの家庭で日常的に食べられる「カンボジア料理」を提供するのがコンセプト。カジュアルな料理がまるで高級料理のように美しく盛りつけられ、コロニアルな調度品が配された優雅な空間で楽しめる。魚の切り身がたっぷり入ったアモック・フィッシュ（11US$）、タケノコと燻製魚のスープ（10US$）など、料理はどれも素朴で親しみやすい。雰囲気がよく、味のレベルも高い人気店だ。6:30～10:30はローカル朝食メニューもある。

プレゼンテーションもすてき。中央左がアモック・フィッシュ（左上）。スーパーフードのモリンガ・スープはカボチャ入りでまろやか（左下）。高級感あふれる店内。バーカウンターや個室も完備（上）

住 Pokambor Ave.　☎ 015-824888
営 6:30～22:30　休 無休
カード A M V　予約 ディナーは要予約

R 地元の人も通う、お値打ちレストラン　カンボジア料理

スラトム Slatoum

MAP P.215-2C

木造の高床式家屋に水車が回る水路など、ノスタルジックなカンボジアの雰囲気が漂うレストラン。朝食から夕食まで約50の家庭料理がメニューに並び、朝食の麺料理は2.5US$～とリーズナブル。日替わりセットメニュー（6.5US$）や、上階のバーでは食後の一杯が楽しめるのもうれしい。味、雰囲気、価格、すべての満足度が高く、地元住民にも愛されている。

干し魚、野菜、ハーブなどが入った具だくさんのスープ Somlor Proher（手前、4.9US$）、サイコロステーキのルック・ラック（中央、6.9US$）などがおすすめ

室内席のほか、シェムリアップ川を望む2階のテラス席、緑豊かなオープンエアのテラス席がある

住 St.27, Wat Bo Village
☎ 011-676734
営 7:00～23:00
休 無休　カード M V
予約 不要

R トロピカルなガーデンでおいしい料理を　カンボジア料理

ヘヴン HAVEN

MAP P.215-3D

若者の自立支援を目的に、スイス人夫婦がオープンさせたトレーニングレストランは、のんびりとした時間が流れるオアシスのよう。おもてなしの心がこもったていねいな料理が味わえると、世界中の観光客が訪れる人気店だ。驚くほど柔らかいルック・ラック(6.5US$)やクリーミーなノォム・バン・チョッ(3.75US$)など、厳選された地元の食材を使って、ローカル料理を洗練の味わいに仕上げている。ビーガンやアレルギーにも対応してくれるなど手厚いサービスもうれしい。

手前がルック・ラック。後方右のフィッシュフィレ・グリーンマンゴーサラダ（8US$）など西洋料理もある（左）。広々とした敷地には、1950年代の家屋をリノベートした室内席と緑いっぱいのパティオ席がある（上）

住 Chocolate Rd.　☎ 078-342404
営 10:00 ～ 22:00（朝食メニューは～16:00）
休 月曜　カード MV
予約 ディナーは望ましい

R 伝統料理をモダンにアレンジ　カンボジア料理

マホープ Mahob

MAP P.216-2B

店名の「マホープ」はカンボジア語で「料理」。店名のとおりカンボジアならではの食材、食文化を生かした創作料理が自慢だ。なかでも、12時間かけて300℃に加熱した火山石でカンボジア牛を焼き上げる豪快なグリル料理、レモングラス・ビーフ(9.5US$)と、ココナッツの殻に入れて蒸し上げるアモック(9US$ ～)がおすすめ。牛肉とアリの炒め物やカエル料理など、野趣に富んだ地元の食にも触れられる。店の隣のバーベキューレストラン「ホット・ストーン」は同経営。

手前がレモングラス・ビーフ、後方はフィッシュ・アモック（左）。エアコンの効いた室内席とテラス席がある。欧米のツアー客利用が多いので、事前に予約したほうがよい（上）

住 No.137, Traing Village
☎ (063)966986　営 11:00 ～ 23:00
休 無休　カード AMV　予約 望ましい

R カンボジア料理×ベジタリアン　カンボジア料理

バンレ Banlle

MAP P.215-2C

動物性の食材は一切使用せず、野菜の魅力を存分に引き出した洗練のベジタリアン料理が味わえる。契約農家から仕入れる野菜や、レストランのガーデンで育てたハーブを使用し、カンボジア人オーナーシェフが腕を振るうヘルシーでおいしい料理にファンが多い。牛肉の代わりにマッシュルームを使用したルック・ラック(5US$)や、レモングラスやノニリーフといったハーブを効かせたアモック(4US$)など、ひと味違うカンボジア料理が体験できる。1品3.5～5US$とリーズナブル。

エディブルフラワーをのせたビーツ＆トマトタルタル（4US$）（左上）。具だくさんのモリンガ・スープ（4.5US$）（左下）。伝統家屋を改装したガーデンレストラン（上）

住 St. 26　☎ 085-330160
営 11:00 ～ 14:00、17:00 ～ 21:30（ラストオーダー 21:15）　休 火曜　カード MV　予約 不要

コストパフォーマンス抜群！　カンボジア料理

クメール・テイスト Khmer Taste

MAP P.217-3A

その名のとおり、伝統的な家庭料理が堪能できる庶民派レストラン。フライドライスは1.5US$～、メインは3US$～と、同じ価格帯のレストランは多いものの味のよさは別格で、何を食べてもおいしい。ホテルやレストランが多いソクサン通りにあり、常に外国人旅行者でにぎわっている。朝はクイティウなどのローカル朝食、夜は生ビール（0.5US$）とイカの生コショウ炒め（5US$）と、1日中利用できるのも人気の理由。本格的なピザ（8US$～）など洋食メニューも充実。

イカの生コショウ炒め（手前）、パイナップル・フライドライス、トムヤムスープ（後方）などが人気（左）。バナナの葉に包んで蒸し上げたアモックは2.5US$～（上）

住 Sok San Rd.
☎ 012-830102
営 7:30～23:00
休 無休　カード MV
予約 不要

家庭的な雰囲気がうれしい　カンボジア料理

クメール・キッチン Khmer Kitchen

MAP P.179

化学調味料を使わない料理と、カジュアルな雰囲気が旅行者に人気の店。パブ・ストリート（→P.178）にありながら1品4～6US$と価格も手頃。代表的なカンボジア料理を揃えており、メインを注文すればご飯は食べ放題。食べきればすぐにスタッフがサーブしに来てくれる。写真付きメニューもあるので、カンボジアでの初めての食事にもおすすめ。17:00以降はビーフ、チキン、ポークなどのバーベキュー（5US$～）も提供。店の西側約100mの所に2号店（MAP P.179）がある。

手前はフィッシュ・アモック。この店のアモックはスープ状（左）。コロニアル建築を利用したオープンな雰囲気の店（上）

住 Corner of 2 Thnou St. & St.9
☎ 012-763468
営 9:00～23:00
休 無休　カード 不可
予約 不要

地元の人に支持されるローカル食堂　カンボジア料理

チャンレアス・ドップ・マカラ Chan Reash 10 Makara

MAP P.212-3A

ローカル度は高いが、シヴォタ通りにあり、写真付きメニューもあるので旅行者にも利用しやすい。朝から晩まで定番のカンボジア料理が味わえて、特におすすめなのが7:00～10:00の間限定の朝食メニュー、バーイ・サイッ・チュルーク（豚肉のせご飯、2US$）。しっかりと味つけされた豚肉と薄焼き卵、野菜のピクルスでご飯が進む。自家製のニンニクチリソースで味変しながら最後まで楽しもう。オームクン通り（MAP P.212-2A）に支店がある。

手前がバーイ・サイッ・チュルーク。後方のコーコー（3US$）は、ハーブのスパイス「クルーン」やプラホックで味つけした具だくさんスープ（左）。アンコール・ワットの壁画で飾られた店内（上）

住 Sivatha St.
☎ 012-925530　営 7:00～22:00
休 無休　カード 不可　予約 不要

R シェムリアップ屈指の高級ダイニング　カンボジア料理

1932 1932

何世紀にもわたって王宮の料理人たちによって受け継がれてきた宮廷料理のコース(89US$)が味わえる。素材はもちろんのこと、調味料を入れるタイミングや火にかける時間まで計算し、ていねいに仕上げた伝統的な料理は、同じメニューでもほかとは一線を画す味わい。感動すら覚える食体験が待っている。

宮廷料理コースは前菜3品、スープ、メイン5品、デザートが付く

MAP P.213-1C　住No.1, Vithei Charles de Gaulle, Khum Svay Dangkum(ラッフルズ・グランドホテル・ダンコール内)　☎(063)963888　営18:30〜22:30　休無休　カード A J M V　予約コースは要予約　ドレスコード スマートエレガント

R 味よし雰囲気よし　カンボジア料理

クロヤー Kroya

テラス席にブランコソファが並ぶ、居心地のよいレストラン。トンレサップ湖で取れた魚介や地元のハーブなど、新鮮な素材にこだわったえりすぐりのメニューはどれも絶品。ランチはクメール風ダックカレー(18US$)やアモック(15US$)などのアラカルト、ディナーはコース(30US$〜)を提供。14:30〜17:00の間はアフタヌーンティー(15US$)も楽しめる。

緑豊かな庭を眺めながら、のんびり過ごせる

MAP P.213-2C　住Junction of Om Khun & St.14(シンタ・マニ・アンコール・アンド・ベンスリー・コレクション・プール ヴィラズ内)　☎(063)968590　営6:30〜22:30　休無休　カード A J M V　予約不要

R カンボジア×フレンチの絶品コース　カンボジア料理

キュイジーヌ・ワット・ダムナック Cuisine Wat Damnak

静かな環境にある、隠れ家的な雰囲気の一軒家レストラン。フランス料理のエッセンスを加えたモダンカンボジア料理のコースが楽しめる。シェフは長年高級ホテルで料理長を務めたフランス人で、その味は在住フランス人も通い詰めるほど。旬の食材を厳選した8品のセットメニュー(38〜45US$)は月替わり。

高床の伝統家屋を改装した、モダンでおしゃれな店

MAP P.215-3D　住Behind of Wat Damnak, Between Wat Damnak & Angkor High School　☎077-347762　営18:30〜23:00(ラストオーダー 21:00)　休月曜　カード J M V　予約望ましい

R ヘルシーな創作カンボジア料理　カンボジア料理

スプーンズ Spoons

竹を基調とした開放感のある空間で、ストリートフードや家庭料理をアレンジした見た目も美しい料理や、地元の食材を使ったユニークなカクテルが味わえると話題の店。食べられるウオーターヒヤシンスの花を使ったメニューや、米粉のたこ焼きのようなスナックNum Krok(3US$)など、ほかでは出合えない味を召し上がれ。

手前はカンボジアの伝統的な発酵調味料と鶏肉、ウオーターヒヤシンスの花を混ぜてご飯と一緒に食べるTuk Kroueng(4.25US$)

MAP P.215-3C　住No.142, Group 5, Pave Rd.(Bamboo St.)　☎076-2776667　営11:00〜22:00　休月曜　カード不可　予約不要

R "キング・オブ・アモック"はココ！　カンボジア料理

シュガー・パーム The Sugar Palm

吹き抜けのモダン木造建築内には、店名にもなっているパームシュガーの木から作られたテーブルや椅子、骨董品や仏像が並び、洗練の空間をつくり上げている。カレー、ナスとひき肉の炒め物などのオーセンティックな料理は「何を食べてもおいしい」と評判で、特に注文を受けてから40分かけて作る本格的なアモック(→P.148)は絶品！ メイン料理で7US$〜が目安。

この店のアモックは、魚、エビ、豆腐の3種類(8〜9US$)。蒸してふわふわのムース状にするのが特徴

MAP P.215-2D　住St.27　☎012-818143　営17:30〜21:30　休月曜　カード J M V　予約望ましい

R カンボジアの"おふくろの味"　カンボジア料理

バンテアイ・スレイ Banteay Srey

正統派のカンボジア料理が味わえる老舗レストラン。戦場カメラマンの一ノ瀬泰造が通った店として知られており、彼が撮影した写真を展示した部屋もある。料理は1品4US$〜。味はカンボジア人も認めるほどおいしく、朝食メニューのクイティウ(→P.149、3US$)も人気がある。

手前はマッシュルーム、海苔、豆腐入りの中華風スープ、中央右はビーフ・ルック・ラック(各4.5US$〜)

MAP P.212-1A　住No.108, National Rd.6　☎012-682832　営6:00〜14:00、17:30〜21:00　休無休　カード不可　予約不要

R プリプリの鶏を求め有名人も訪れる カンボジア料理

モロッボ・ルッサイ Mlobb Russei

西バライ（→P.84）周辺は地鶏がおいしいことで知られ、この店は最も有名な鶏専門店。メニューはモアン・アン（焼き鶏）、モアン・ドッ（蒸し焼き鶏、ともに1羽16US$。ご飯、野菜付き）など。田んぼの真ん中に小屋を建てただけの店で、食後は小屋につるされたハンモックでひと眠り。場所がわかりにくく英語も通じないので要注意。西バライの駐車場前にも鶏専門店が数軒ある。

モアン・アンは手づかみで大胆に食べよう。ふたりなら1羽で十分

MAP P.26-1A　住 Chrey Village, Tuek Vil
☎012-829410、012-615349　営 11:00～18:00
休 無休　カード 不可　予約 不可

R ビュッフェ形式のBBQレストラン カンボジア料理

メン・バーベキュー Meng BBQ

炭火で熱した鉄板で肉を焼き、鉄板の回りに張られたスープで野菜や麺をゆでて好みのたれで食べるという、一度で二度おいしいカンボジア式焼肉の店。客はほぼローカルだが、各自で取る形式なので言葉が通じなくても大丈夫。牛、豚、鶏などの肉、魚、エビ、タコ、貝、野菜、キノコなどのなかから好みの具材を好きなだけ選んで、テーブルの鍋で焼いて食べよう。時間無制限で大人ひとり7.5US$。

チャーハンや生春巻などの食事やデザートもある。缶ビールは1US$～

MAP P.215-1D　住 Tap Vong St.　☎012-891164、099-989696
営 15:00～22:30　休 無休　カード 不可　予約 不要

R 自家製生パスタがおいしい イタリア料理

マンマ・ショップ Mamma Shop

MAP P.217-1B

イタリア人オーナーが、「母の味」を再現した老舗。伝統的な手法で作る自家製生パスタは、ニョッキ、ラビオリ、ラザニアなど種類豊富で迷ってしまいそう。アラビアータ（5.5US$）、カルボナーラ（7.5US$）といった日本人にも親しみのあるメニューも。リゾット、ピザ、小麦粉生地でハムやチーズなどの具材を包む、イタリア版タコスのようなピアディーナ（4US$～）など、多彩なメニューでイタリアへトリップ。デザートには本場のティラミス（5US$）をどうぞ。

手前は牛肉のカルパッチョ（7.5US$）、後方左は自家製パンチェッタとキノコのタリアテッレ（Tagliatelle Ai Funghi E Pancetta、8.5US$）（左）。室内席とテラス席がある（上）

住 No.678, Hup Guan St.　☎088-4138649
営 11:30～22:00（ラストオーダー21:30）
休 日曜　カード J M V
予約 望ましい

R 正統派からフュージョンまで フランス料理

オリーブ Olive

MAP P.217-3B

天井のファンやれんが造りの壁がおしゃれなフランス料理店。オーセンティックなフランス料理はもちろん、グリーンペッパーやバンテアイ・スレイ産のバニラといった地元の食材を使ったメニューや、ホーリーバジルやワサビを味つけに取り入れるなど、この店ならではの新感覚フレンチもメニューに並ぶ。おすすめはタイガープロウンのベーコンとホーリーバジル巻き（14.5US$）、リブアイステーキのグリーンペッパー添え（28US$）など。ボリューム満点のお得なセットランチも好評。

セットランチ（16US$）の一例。メニューは3日おきに変わり、詳細はフェイスブックで確認できる（左）。大きな窓から光が差し込む明るい店内（上）

住 Olive St.　☎061-678994
URL www.facebook.com/Olivecuisinedesaison
営 11:30～21:30（ラストオーダー）
休 無休　カード M V　予約 不要

R プノンペンの人気フレンチの支店　フランス料理

ケーマ・アンコール Khéma Angkor

MAP P.215-1C

「上品な料理を優雅な空間で」というコンセプトのもと、伝統的なフランス料理を提供。9種類の薬味やドレッシングが付くステーキ・タルタル(11US$)や、タイのグリル(13.5US$)といったアラカルトメニューもあるが、おすすめはフリーフロー（食べ放題）の朝食とランチ。朝食は毎日7:00～10:00の間、西洋&カンボジアの朝食メニューや焼きたてのパンが13.5US$で食べ放題。フリーフローのランチ(14.5US$)は平日11:00～15:00。※2024年7月現在クローズ。

人気メニューのフィレステーキ（Steak-frites Café de Paris、11US$）はワインと一緒に味わいたい（左）。モダンで洗練された雰囲気の店内にはベーカリーも併設。焼きたてのパンやケーキは絶品（上）

住Achar Sva St.
☎015-416888　営8:00～22:00
休無休　カード A M V　予約不要

R 南北インド料理を食べ比べ　インド料理

ダクシンズ Dakshin's

南北インド料理が味わえる店。人気メニューはリッチな味わいのバターチキンカレー(8US$)や、ナスのカレー、バインガン・バルタ(4.5US$)。南インド料理を味わいたいなら三角帽子のような形のドーサ(米粉のクレープ、3US$)や南インドのワンプレートメニュー、ベジタリアン・ターリー（7US$)を。

手前はベジタブル・サモサ、中央左はホウレン草とチーズのパラク・パニール（6.5US$)、中央がバターチキン

MAP P.179　住House No. 99, Mondul 1 Village
☎092-974968　営11:00～14:30、17:00～22:15
休無休　カード A M V　予約不要

R おいしいスイーツと人柄に和む　カフェ＆洋食

カフェ・ロリーポリー CAFE Roly Poly

緑に囲まれた少し奥まった静かなロケーションにたたずむ一軒家カフェ。コロニアルなタイルや大きな窓から差し込む光に包まれ、友人の家に来たかのような心地よい空気が流れる。オーナーパティシエが作るこだわりのティラミス(3.5US$)と一緒に、自家焙煎コーヒー(2US$)でほっとひと息。食事もおいしい。

手前はオムライス（6US$)。中央左は植木鉢風のティラミス、後方はカンボジアのワイルドハニーを使ったクレームブリュレ（3.5US$)

MAP P.214-3B　住Concrete Rd., Wat Damnak Village
☎012-226300　営10:00～18:00
休火・水曜　カード不可　予約不要

R 在住日本人に大人気の日本食店　日本料理

スシバー心 Sushi×Bar SHIN

在住日本人が足しげく通う人気店。本格的な寿司はもちろん、おつまみや鍋、締めのラーメンまで約100種類に及ぶ日本食を提供。カウンター、掘りごたつ、ルーフトップ席までさまざまなシチュエーションで活用できる。焼き魚や、寿司&天ぷらなどが食べられるランチセット(6US$～)もある。

手前は寿司盛り合わせ(11.5US$)、後方はカリフォルニアロールとスパイシーツナロール（各5US$)

MAP P.217-2A　住Angkor Night Market St.
☎010-634620　営11:30～14:30、17:00～23:00
休火曜　カード J M V　予約不要

R 朝から晩まで使えるオールマイティ食堂　各国料理

モロッポー・カフェ Moloppor Café

川沿いにある老舗のレストラン&カフェ。横並びに2店舗あり、どちらもメニューは同じ。向かって右が新店。左の店舗の2階は座敷席でくつろげる雰囲気がうれしい。メニューはカンボジア料理、西洋料理、日本料理と幅広く、カレー、焼き鳥、ハンバーガー、ピザなど何でもあり、シェイクも20種類以上揃う。メインは3US$～という価格も魅力。

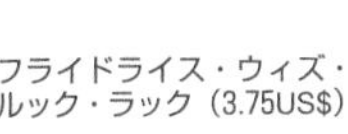

フライドライス・ウィズ・ルック・ラック（3.75US$)

MAP P.215-1C　住Achar Sva St.　☎012-703200
営6:00～24:00　休無休　カード不可　予約不要

R 路地裏に潜む隠れ家ベーカリーカフェ　カフェ

バイヨン・コーヒーショップ Bayon Coffee Shop

カンボジアの女性にパン作りを教える職業訓練校に併設されたベーカリーカフェで、飲食代は学校の運営費に充てられる。生徒が作ったパンやお菓子はどれも本格的でシェムリアップではトップレベル。特にアーモンドクロワッサン（1.5US$）とマンゴーパッションクランブル（2.5US$）が人気。コーヒー（1.75US$～）と一緒に味わいたい。

ドリンク2杯、パンやキッシュから好みの3品、フルーツサラダが付くブランチセット（8US$）が人気

MAP P.212-1A　住 Taphul Rd.　☎077-806229
営 7:00～18:00　休 無休　カード 不可　予約 不要

R フォトジェニックなかき氷が話題　カフェ

フレッシュ・フルーツ・ファクトリー Fresh Fruit Factory

カンボジアのフルーツを贅沢に使ったスイーツや創作メニューが味わえる、日本人経営のアットホームなカフェ。おすすめは練乳氷で作る、口当たりのよいフルーツかき氷のアイス・マウンテン（5.25US$～）。マンゴーやドラゴンフルーツといった南国果実の素材本来の甘さはもちろん、見た目も楽しめる一品だ。

手前はマンゴー＆パッションフルーツ・パンケーキ（5.5US$）。後方は3種のフルーツがのったフルーツ・コンボ（7.25US$）

MAP P.212-2A　住 No.155, Taphul Rd.　☎081-313616
営 11:00～19:00（ラストオーダー 18:30）
休 月曜　カード 不可　予約 可

R 遺跡の帰りに寄り道したい　カフェ

クメール・タイム Khmer Time

アンコール・ワットへの道沿いにある、日本人経営のスイーツカフェ。人気No.1はマンゴーかき氷（3.5US$～）。フレッシュなマンゴー果肉、マンゴーシャーベット、マンゴージェラートが一体になった、マンゴーをまるごと楽しめる贅沢な一品だ。素朴な甘さがクセになるカボチャプリン（3.3US$）や全9種類のスムージーもおすすめ。

手前はココナッツかき氷（3.5US$）。スイーツはすべて保存料、着色料不使用

MAP P.216-2B　住 In Front of Sofitel Angkor Phokeethra Golf & Spa Resort　☎017-976660　営 9:30～19:00
休 無休　カード J M V　予約 不要

R 5つ星ホテルで優雅なティータイム　カフェ・バー

コンサーバトリー The Conservatory

本格的なアフタヌーンティーが楽しめる。サンドイッチ、スコーン、ケーキなどがのる3段トレイのシグネチャー・アフタヌーンティーと、ココナッツケーキやサテーなどがのったワンプレートのローカル・クメールティーなど全3種類。18:30～22:30はピアノ演奏もある。

シグネチャー・アフタヌーンティー（25US$）。店内はリラックスできる雰囲気

MAP P.213-1C　住 No.1, Vithei Charles de Gaulle, Khum Svay Dangkum（ラッフルズ・グランドホテル・ダンコール内）　☎（063）963888　営 7:00～23:00（アフタヌーンティーは14:30～17:30）
休 無休　カード A J M V　予約 不要　ドレスコード スマートカジュアル

R 地元で大人気のカフェ　カフェ・バー

テンプル・コーヒー・アンド・ベーカリー Temple Coffee n Bakery

シェムリアップ川沿いでひときわ異彩を放つカフェ＆ベーカリー。奇抜な外観と対照的に、メニューはオーソドックス。焼きたてのパンや軽食とともに、約30種類のコーヒー（1.75US$～）、スムージーが味わえる。シェムリアップでは珍しくアイスティーの種類も豊富。ルーフトップはスカイバーになっており、ライブが行われることもある。

光が差し込む店内は、天井が高くソファがゆったり配された開放的な空間

MAP P.215-1C　住 Achar Sva St.　☎090-999955、096-9996000
営 7:00～翌1:00（スカイバーは17:00～翌2:00）
休 無休　カード M V　予約 不要

R 使い勝手のよいおしゃれカフェ　カフェ

ブラウン・コーヒー Brown Coffee

プノンペンに10以上の店舗をもつコーヒーチェーン店。Wi-Fiは無料でエアコンも効いている。本格的なコーヒー（1.85US$～）はもちろん、フラッペ、スムージーなど常夏の国にふさわしいメニューも充実。フルーツパンケーキやスープ麺（各4US$）といった朝食メニューから、パスタやサンドイッチまで揃う。自家製のパンやケーキもおいしい。

手前はアイス・アメリカーノ（2.65US$）。ボリュームのあるサラダメニュー（奥）は4.5US$～

MAP P.212-1B　住 No.260, National Rd.6　☎098-999818
営 6:30～21:00　休 無休　カード 不可　予約 不要

R 旬のレストランやカフェが集うグルメスポット　　レストラン＆カフェ集合施設

ヘリテージ・ウオーク The Heritage Walk

MAP P.212-1B

弧を描く吹き抜けが美しい個性的な建物内には、寿司やバーベキューのレストランやカフェ、「ラッキー・スーパーマーケット」（→P.194）、雑貨店「メイソウ」などが入店。特にカフェは充実しており、シェムリアップで2店目となる「スターバックス」や、ベーカリーカフェ「トレジュール」、ローカルに大人気の「カフェ・アマゾン」などよりどりみどり。3階に映画館がある。

おみやげ買いにも使える「ラッキー・スーパーマーケット」（左上）。「スターバックス」は1階にある（左）。中央広場ではイベントが行われることも（上）

「スターバックス」ではカンボジア限定のマグカップ（19US$）も販売

住National Rd.6
☎095-474731、071-9888888
営10:00～22:00　休無休
カード 店によって異なる

シェムリアップの屋台街＆食堂

シェムリアップにはプノンペンと比べると規模の大きな屋台街は少ないものの、旅行者でも入りやすい大衆食堂は多い。メニューはフライドヌードルやフライドライス（2US$～）といった定番物から、鍋料理やバーベキューを出す店もある。以下に代表的な屋台街とおすすめの食堂をご紹介。

●ローカルな屋台街 プラウ・ホックセップ

アンコール・パスのチケットオフィス付近の大通りが、夕方以降約500mにわたって屋台街に変身。麺、フルーツ、揚げ物、串焼き、焼き鶏などの定番グルメから、カエル、蛇、タニシといった珍味、衣料品まで数百軒の屋台が並び、ちょっとした遊園地まである。地元では「キョンギュウ」と呼ばれ、老若男女に親しまれている。英語は通じにくいが、屋台を散歩して現地の人々の暮らしに触れてみよう。

米麺と野菜を炒めた、カンボジア版焼きうどん(ロー・チャー) 3000R

MAP P.27-2C　営18:00頃～22:00頃　休無休

ワイルドな鶏の丸焼き（モアン・アン）は1羽6US$～（上）。コオロギやクワガタは地元で人気のおやつ（右）

●朝ご飯ならオールド・マーケット（→P.173）

豚肉のせご飯は2US$くらいから

市場北側の食堂は朝早くから営業しているので、遺跡巡り前のエネルギーチャージにぴったり。市場内でフルーツを買うのもいい。

フルーツは全部で2US$

●カンボジア鍋「チュナン・ダイ」ならこの店 モアット・ストゥンII

具材は牛肉、豚肉、肉団子、野菜、湯葉など

時代の流れとともに専門店が減ってきているチュナン・ダイ（→P.145）を食べてみたいならこの店へ。お客は100%ローカルで英語も通じないが、メニューはチュナン・ダイ1種類のみ。席に着けば勝手に鍋と人数分の具材が運ばれてくるので安心。鍋は2～3人前10US$。

MAP P.210-3B　住Vihear Chen Village　☎012-705488
営17:00～21:00　休無休　カード不可　予約不要

壁画に彩られたガーデンでチルタイム　バー

ワイルド WILD

MAP P.214-3B

クリエイティブなカクテルと、春巻をはじめとするフィンガーフードを提供するガーデンバー。10種類ほどある揚げ春巻(3.5US$～)は、ダック入りやブリトー風のタコロコが人気。カンポット・ペッパー風味のチョコレートの揚げ春巻といった変わり種も。野菜たっぷりの生春巻(3.95US$)はサラダ感覚で食べられる。ピーチリキュールとマンゴーピューレのカクテル、カリフォルニケーションには赤トウガラシとチリジュースを添えるなど、遊び心あふれるカクテル(4.5US$)が楽しい。

右がカリフォルニケーション、左はモクテルのアリス・イン・ディズニーランド(3.5US$)(左)。左からチキンとパルメザンチーズの生春巻、タコロコ、ベジ・スプリングロール、ワイルドポテト(3.25US$)(上)

住 Wat Damnak Village　☎099-360579
営 11:00～23:00　休 無休
カード J M V　予約 不要

できたてのクラフトビールが味わえる　レストラン・バー

ポム Pomme

ビール工房を併設したレストラン・バー。風が気持ちいいガーデン席で、カンボジアのパッションフルーツやマンゴーを使ったフレッシュなクラフトビール(3.5US$)を楽しみたい。ビールの種類は常時4種類ほど。フレーバーは店内の黒板をチェックしよう。フードはカンボジア&西洋料理があり、ルック・ラック(4.5US$)、ビーフバーガー、イングリッシュ・ブレックファスト(各6.75US$)などがおすすめ。

ナチョス(5.25US$)とクラフトビールは相性抜群!

MAP P.211-3C　住 No.0123, Group 4 Sala Kamreuk Rd.
☎088-5666103　営 8:00～23:00(フードのラストオーダー22:00)　休 無休　カード J M V　予約 不要

ハーブ入りオリジナルカクテルが絶品　バー

アサナ Asana

カンボジア人オーナーがデザインした倉庫のような空間が楽しい一軒家バー。シェムリアップの醸造所で造ったクメール焼酎「ソンバイ」(→P.193)を使ったカクテルや、カンボジア産のハーブ入りカクテルなど、ここでしか飲めないオリジナルカクテル(4.75US$～)がおすすめ。フードは揚げワンタンやミー・シアムといった創作アジアンタパスを提供。

毎晩18:00、20:00からハーブを使ったカクテル作り教室あり(18US$、所要約90分)。4時間前までに要予約

MAP P.179　住 St. 7, The Lane　☎092-987801
営 16:00～24:00　休 無休　カード 不可　予約 不要

大人空間でとっておきのカクテルを　バー

エレファント・バー Elephant Bar

店内はソファがゆったりと配され、各所に置かれたゾウをかたどった調度品もおもしろい。カクテル(8US$～)が豊富で、シンガポールの「ラッフルズ・ホテル」の「ロング・バー」で誕生したかの有名なシンガポール・スリングや、ゾウをかたどった器でサーブされるオリジナルカクテルのアイラバーター(各12US$)などが人気。

静かにひとりで飲みたいときに使える大人のバーだ

MAP P.213-1C　住 No.1, Vithei Charles de Gaulle, Khum Svay Dangkum(ラッフルズ・グランドホテル・ダンコール内)　☎(063)963888　営 16:00～24:00　休 無休
カード A J M V　予約 不要　ドレスコード スマートカジュアル

ロックな夜に酔いしれる!　ライブバー

ハード・ロック・カフェ・アンコール Hard Rock Cafe Angkor

ワールドワイドに展開するハード・ロック・カフェのシェムリアップ店。おしゃれなインテリアとエアコンが効いた店内には心地よいロックミュージックが流れ、カンボジアとは思えない異空間を演出。18:00からは川風が気持ちいい2階のバルコニー席もオープンする。ライブは月～土曜19:30～23:00。Tシャツやキーホルダーなどのオリジナルグッズを扱うショップを併設。

食事のレベルも高く、特にボリューム満点のハンバーガー(12.5US$～)が人気

MAP P.215-2C　住 Achar Sva St.　☎(063)963964
営 16:00～24:00　休 無休　カード M V　予約 不要

S カンボジアの旬のブランドが集結 カンボジア雑貨・フード

サートゥー SATU

MAP P.213-2C

高品質かつサステナブルをキーワードに、メイド・イン・カンボジアの約50のブランドが大集合。雑貨、ウエア、アクセサリー、インテリア小物、コスメ、フード、キッズ用品など、ありとあらゆる個性豊かなアイテムが並ぶ店内は、小さな市場を見ているようで楽しい。カンボジアの日常を描いたイラストをグッズにした「モンスーン・イラストレーション&デザイン」や、カンポット・ペッパー農園「ラ・プランテーション」（→P.292欄外）の完全有機栽培のコショウなどに注目。

2022年オープンのコンセプトストア（左上）。プノンペンの醸造所「Samai」のラム酒（左下）。「モンスーン・イラストレーション＆デザイン」のポーチ（15US$）（上）

住Next to Royal Residence, Pokambor Ave. ☎099-325067
営9:00～19:00（日曜10:00～）
休無休 カード M V

S モダンなセンスの伝統工芸品 カンボジア雑貨・工房

アーティザン・アンコール Artisans Angkor

MAP P.214-2A

カンボジア人の自立支援を目的とした伝統工芸品の技術学校&ショップ。木彫り、石彫り、漆塗りなどの制作工房を見学できる。ショップにはシルク製品、銀細工、漆製品、陶器など上質なオリジナル商品が揃い、特にシルク製品の品揃えはシェムリアップ随一。スカーフやショールはもちろん、ポーチや名刺入れもある。シルクの染色や機織りが見学できる「アンコール・シルク・ファーム」（MAP P.26-1A参照）への無料送迎バスはここから出発する（要予約）。

海外に輸出するほどのクオリティを誇るカンボジアシルクのスカーフは28US$～（左）。肌触りがよく、夏でも着られるシルクワンピース（上）

住Steung Thmey St.
☎085-638679
営8:00～17:00
休無休 カード J M V

S ナチュラルコスメとオーガニック食品 コスメ・フード

セントゥール・ダンコール Senteurs d'Angkor

MAP P.217-3B

フランス人オーナーがプロデュースしたナチュラルコスメは、品質、センスのよさともにシェムリアップでトップクラス。新製品の開発にも余念がなく、オリジナル石鹸（2.5US$～）は毎年、新作が店頭に並ぶ。石鹸やエッセンシャルオイルなどのコスメのほか、2階にはスパイスやコーヒーといった食品類も豊富。数は少ないが小物雑貨もある。国道6号線沿いにワークショップ（MAP P.26-2A）があり、店からワークショップまでのトゥクトゥクは無料（8:30～17:30）。

コロニアル建築を利用した2階建ての店。隣には同経営の「カヤ・スパ」（→P.196）がある（左）。おみやげによいミニサイズの石鹸や陶器入りのバームも種類豊富（上）

住Opposite Old Market
☎011-686217 営8:30～22:30
休無休 カード M V

S 一生物のシルクに出合える　シルク・工房

クメール伝統織物研究所 Institute for Khmer Traditional Textiles

カンボジアシルクに魅せられた織物研究家の故森本喜久男氏が始めたシルク工房。自然の素材を追求し、昔ながらの工程で織られたシルクは、手触りも光沢も格別。ここでしか再現されていない織物もある。スカーフは100～300US$。1階の工房は、見学可能(7:00～11:00)。また森の再生から織物に取り組むプロジェクトの「伝統の森」も見学できる(メールで要予約)。

ほかのシルク店とは一線を画する高品質な品揃え

MAP P.214-3A　住 No.472, Viherchen Village, Rd. to Lake
☎(063)964437　営 8:00～18:00（日曜は工房見学不可）　休 無休　カード J M V　［伝統の森］ MAP 折表-1B　☎012-924617
E-mail iktt.info@gmail.com　営 8:00～17:00　休 日曜

S おみやげに最適な雑貨やフードがズラリ　カンボジア雑貨

ベリー・ベリー Very Berry

路地裏の隠れ家ショップ。「カンボジアの本当にいいもの」をコンセプトに、日本人女性オーナーがデザイン&セレクト。伝統布のクッションカバーや、ウオーターヒヤシンスを編み上げたバッグ、肌触りのよいシルクボールのネックレスなど、女性ならではの視点でセレクトされた、キュートで上質なアイテムをラインアップ。ココナッツオイルやハーブティー、カシューナッツといったフードみやげも豊富。

おしゃれなオリジナル雑貨やプチプラみやげ、食品など何でも揃う店

MAP P.217-3B　住 Old Market Area　☎077-850602
営 10:00 ～ 19:00　休 無休　カード J M V

S 農村の女性たちが作った一点物　カンボジア雑貨・バッグ

サラスースー SALASUSU

カンボジア・メイドの雑貨やバッグを扱うブランド。「旅」をテーマに、シンプルさと機能性を追求したキャンバス生地のバッグを展開する「サラスースー」のアイテムと、カンボジアのい草で作るカラフルな雑貨ラインの「ホリデイ・バイ・サラスースー」のアイテムを扱っている。工房見学ツアーも催行(10 ～ 20US$)。

「ホリデイ・バイ・サラスースー」のい草サンダルは南国感たっぷり

MAP P.217-3B　住 Old Market　☎016-808712、016-610066
営 9:00 ～ 21:00（日曜～17:00）　休 無休　カード J M V

S ハーブのパワーできれいになる　コスメ

クル・クメール Kru Khmer

アンコール朝の時代からカンボジアに伝わる、ハーブを使った医療文化に基づいたオリジナルのハーブ製品を販売。800種類以上のなかから厳選・調合されたハーブと、マンゴーやココナッツオイルといった天然素材のみで作られる商品は、着色料や保存料、香料、化学鉱物は一切不使用。手作り石鹸やハーブティーなど、良質なオリジナル製品がズラリと並ぶ。スパ・クメール(→P.195)も同経営。

アンコール遺跡をイメージして開発された「イセキメグリ」シリーズの瓶入りミニソープ(各 5US$)

MAP P.217-3B　住 Old Market　☎092-829564（日本語可）
営 10:00 ～ 21:30　休 無休　カード D J M V

S オーストラリア人女性がデザインする　アクセサリー

クレイカルト Claycult

カンボジアの土で作るセラミックビーズのアクセサリー専門ショップ。シェムリアップの工房で粘土の掘削から絵付けまで、1点1点手作業で仕上げる。1200℃で8時間焼き、彩色する過程を2度繰り返すため、完成まで約1ヵ月を要するというビーズには、カンボジアの大地のパワーがみなぎっている。曼荼羅や扇子をイメージしたユニークなデザインも魅力的。

デザインにより異なるが、ピアス、ブレスレットは 15US$～、ネックレスは 40US$ ～

MAP P.217-3B　住 Old Market　☎なし
営 9:00～22:00　休 無休　カード M V

S クメール焼制作体験もできる　陶器

クメール・セラミックス Khmer Ceramics

アンコール朝の時代に繁栄したクメール陶芸の技術を、フランス人オーナーが再現。職業訓練の場にもなっており、多くの若者がクメール焼の制作に取り組んでいる。カンボジアの土と、木灰や青磁などの釉薬を使い、1300℃で焼き上げたクメール焼は熱に強く、食洗器や電子レンジの使用もOK。クメール文字やアンコール遺跡のレリーフ風の装飾が施されたシンプルなものが多く、湯飲みは5US$ ～とリーズナブル。

バンテアイ・スレイ（→ P.89）風の装飾が施されたぐい飲み(5US$)

MAP P.216-2B　住 No.207, River Rd.
☎(063)210004　営 8:00 ～ 18:00　休 無休　カード J M V

S 注目のバナナペーパーブランド　カンボジア雑貨

アシ Ashi

若き事業家、山勢氏の「カンボジアのゴミ山で働く人々に仕事を」という思いが形となったブランド。ゴミとして処理されるバナナの茎の繊維から作るバナナペーパーを使ったバッグやポーチは耐久性・耐水性に優れ、年単位で使用できるという。アンコール・ワットや遺跡のレリーフ、クロマーなどカンボジア愛あふれるデザインは50種類以上。カンボジア旅行の思い出に連れて帰りたい。

カンボジアのアイコンをちりばめたポーチが人気

MAP P.214-1A　住 Phalla Angkor Night Market
☎087-428965（日本語可）　営18:00～22:30　休日曜
カード J M V

S キュートな手作り雑貨にときめく　カンボジア雑貨

ハリハラ Hari Hara

パルラ・アンコール・ナイト・マーケット（→P.176）内にある人気のハンドメイド雑貨店。日本人オーナーがカンボジアをイメージしてデザインしたオリジナル雑貨は、看板商品のアンコール・ワット柄Tシャツをはじめ、クロマー生地のシュシュやスタイ、「クメール伝統織物研究所」（→P.192）のシルクを使った上品なピアスなど、誰かに贈りたくなるセンスのよいものばかり。

クメール文字をプリントしたミニトートバッグもおすすめ

MAP P.214-1A　住 Phalla Angkor Night Market
☎なし　営17:30～22:30　休無休　カード 不可

S フランスのエッセンスを加えた伝統のシルク　シルク

ソワリーズ・ドゥ・メコン Soieries du Mekong

フランスのNPOが運営するエシカルなスカーフブランド。ここのスカーフはすべて、古くからシルクの手織り文化が根付いていたバンテアイ・チュマール村で作られたもの。フランス人デザイナーのエスプリの効いたデザインと、カンボジアらしい鮮やかな色彩と繊細な手仕事が融合したシルクスカーフは、「BALLY」とコラボするなど、世界から注目を集めている。プノンペンの「アンボー」（→P.249）のスリッポンも取り扱いあり。

エレガントなシルクスカーフは40US$～

MAP P.170　住 No.668, Hup Guan St.　☎069-933214
営10:00～18:00　休日曜　カード M V

S クロマー＆織物好きは要チェック　カンボジア雑貨

スラマイ SRAMAY

クロマーや伝統織物のベッドカバーをはじめ、クロマー生地を使ったポーチや伝統織物のトートバッグなど、カンボジアならではのアイテムが見つかる。店に並ぶナチュラルな風合いの商品はすべてハンドメイドの一点物で、耐久性もある優れもの。お気に入りを探して持ち帰りたい。大・中・小の3サイズあるポーチ（3.3US$～）はすべて揃えたくなるかわいらしさ。

伝統織物にレザーの取っ手を合わせたトートバッグは22US$～

MAP P.170　住 No.640, Hup Guan St.　☎086-975425
営10:00～18:00　休無休　カード 不可

S ハイセンスなリサイクルバッグが話題　バッグ

スマテリア Smateria

2006年の誕生以来、多くの人に愛されるカンボジア発のエコブランド。店内を彩るカラフルなバッグは、蚊帳や漁業で使用された廃棄処分予定のネット、工業用ごみ袋をリサイクルして作ったもの。イタリア人デザイナーが手がけたスタイリッシュかつ丈夫なバッグは現在は国内の4店舗、世界10ヵ国以上で販売されている。

バッグは20US$くらいから。ファスナー付きの小銭入れは4US$～。シェムリアップ国際空港にも店舗あり

MAP P.217-1B　住 Tap Vong St.　☎(063)964343
営10:00～19:00　休無休　カード J M V

S 南国フレーバーの自家製焼酎　焼酎

ソンバイ Sombai

伝統的な米焼酎に、地元の果物やスパイス、コーヒーなどを漬け込んだクメール焼酎が大人気。フレーバーは、ピニャコラーダ風のココナッツ&パイナップル、エキゾチックなフレーバーが楽しめるガランガル&タマリンドなど全8種類。ローカルアーティストによる手描きボトルも味わい深い。試飲は無料。メイド・イン・カンボジア・マーケット（→P.176）でも購入可能。

100～700mLの4サイズあり、9US$～。ワークショップも開催（要予約）

MAP P.214-3B　住 Wat Damnak Village　☎095-810890
営12:00～22:00　休無休　カード 不可

リーリー・ワット・ボー・ブックショップ Lyly Wat Bo Book Shop：クメール語の書籍のほか、文具や玩具も扱う書店。
MAP P.215-1D　住 Wat Bo St.　☎012-353783　営7:00～20:00　休無休　カード 不可

S カンボジアみやげの定番 フード

アンコール・クッキー Angkor Cookies

アンコール・ワット形の手作りクッキー（→P.162）は、極力地産の材料にこだわり、カンボジア産のカシューナッツをたっぷりと使用。カシューナッツにカンボジアコショウをまぶした「ペッパー・ナッツ」などおつまみによい商品もあり、毎年新製品も発売している。クッキーの賞味期限は約10ヵ月間あるので、おみやげに最適だ。

ダークチョコレート・ウィズ・アンコール・クッキーは2021年発売開始の新商品（8枚13.2US$）

MAP P.216-2B 住 In Front of the Sofitel Angkor Phokeethra Golf & Spa Resort ☎(063)964770、012-315804（日本語可） 営7:00〜19:00 休無休 カード J M V

S 伝統菓子を現代風に再現 フード

カンボジア・ティー・タイム Cambodia Tea Time

カンボジアの伝統菓子「ノム・トム・ムーン」（8本6US$）を再現し、製造・販売する工房兼ショップ。万全な衛生管理のもとで製造されており、賞味期限は約3ヵ月。日本人経営で常に日本人スタッフが駐在し、言葉の心配もない。ラタナキリ産のコーヒーやチョコレートなども人気。カンボジア雑貨をセレクトしたコーナーもある。

チョコレートでコーティングしたノム・トム・ムーン（16本13US$）。製造過程も見学でき、お菓子作りにも挑戦できる

MAP P.216-1B 住 No.59, Kokchork, Tropangses ☎(063)761397（日本語可） 営10:00〜19:00 休無休 カード J M V

S チョコレート工房見学もできる フード

ワット・チョコレート・シェムリアップ WAT Chocolate Siem Reap

カンボジア産の材料で作られるチョコレートブランド。シェムリアップの工房兼ショップではカカオの選別やローストからパッキングまでの過程を見学したり試食したりすることができる（有料・要予約）。チョコレートバーはカカオ含有量46〜100%まで23種類あり、おすすめは生コショウ入りのソルテッド・ペッパー（4.7US$）。

カカオはモンドルキリ産。チョコレートバーは4.7US$〜。「アンコール・マーケット」（→下記）でも購入できる

MAP P.210-3B 住 Angkor Night Market St. ☎096-6870538 営9:00〜17:00 休日曜 カード不可

S 農薬不使用のオーガニックコショウ フード

レイズ・ショップ RAYS SHOP

日本人女性オーナーが始めたカンポット・ペッパー専門店。世界でも特に質のよいコショウの産地といわれるカンポットの伝統農法で育てられたコショウは、豊潤な香りとほどよい刺激が絶妙。ひと振りでどんな料理もおいしくしてくれそう。コショウの塩漬け（→P.162）もおすすめ。コショウを使った料理を提供するカフェを併設。

かわいらしい内装のカフェ

コショウは黒（50g5US$）、白、赤（各50g8US$）の3種類。試食可能

MAP P.214-2A 住 Angkor Night Market St. ☎015-384745（日本語可） 営10:00〜18:00 休月・火曜 カード J M V

S 旅行者に人気のスーパー スーパーマーケット

ラッキー・スーパーマーケット Lucky Supermarket

シヴォタ通り沿いのショッピングセンター「ラッキー・モール」1階にあるスーパーマーケット。食品、スナック、香辛料、お酒、そしてカンボジアの名産品や雑貨まで揃っていておみやげショッピングに便利。コンパクトにまとまっているのでサクッと見て回れるのもポイント。※2024年7月現在クローズ。

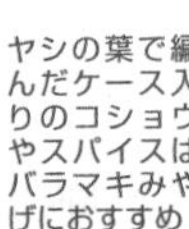

ヤシの葉で編んだケース入りのコショウやスパイスはバラマキみやげにおすすめ

MAP P.212-2B 住 Sivatha St. ☎081-220201 営9:00〜21:00 休無休 カード M V 〔ヘリテージ・ウオーク店〕MAP P.212-1B

S シェムリアップ最大級 スーパーマーケット

アンコール・マーケット Angkor Market

国道6号線沿いにある2階建ての大型スーパー。シェムリアップで最も輸入雑貨や食品が揃い、生鮮食品コーナーには刺身も並ぶほど。シャンプーや日焼け止めなど旅行中に必要な生活雑貨ならたいていの物が見つかるうえ、地酒、果実酒、スパイス、ココナッツオイル、ドライフルーツやナッツ、フレーバーティーといったフードみやげも種類豊富。

1階には食料品やアルコール、日用雑貨のほか、薬局やベーカリーもある。2階は文具、食器、洗剤など

MAP P.210-2B 住 National Rd.6 ☎092-573503 営7:30〜20:30 休無休 カード J M V 〔シヴォタ通り店〕MAP P.212-2B

ハーブ療法を体験できる隠れ家スパ　町スパ

スパ・クメール Spa Khmer

MAP P.211-3C

「クル・クメール」(→P.192)が経営するガーデンスパ。5棟のヴィラのみという完全プライベート空間で、天然ハーブを使用したメニューを体験できる。事前に診断を行い、体質に合ったハーブをカスタム。チュポンと呼ばれるカンボジア伝統のハーブサウナ、アロママッサージ、ハーブスクラブ、フェイシャルが組み込まれたデトックス180(132US$、3時間)が一番人気。5時間30分のワンデイ・リトリート(187US$)もおすすめ。無料のピックアップサービスあり。

チュポンは素焼きの壺で十数種類のハーブを煮詰めた蒸気を体に当てる伝統療法(左)。ハーブスクラブやアロママッサージなどメニュー多数(上)

住Thmor Meas Rd.　☎011- 345039
営10:00～20:00　休水曜　料アロマオイルマッサージ55US$(70分)、ガーデンツアー33US$(30分)など　カード J M V　予約要予約

町なかにある便利なスパ　町スパ

ボディア・スパ Bodia Spa

MAP P.217-2B

シェムリアップ、プノンペンに複数の店をもつカンボジアの人気スキンケアブランドが経営するスパ。料金、清潔さ、技術、立地などのトータルバランスがよく、天然素材の自社ブランドのオイルを使用したアロママッサージ、ボディア・クラシック(33US$、1時間)は、テラピストの技術力が実感できるおすすめメニューだ。併設のショップ「ボディア・ネイチャー」ではエッセンシャルオイルやスクラブ、石鹸といったオリジナルの自然派プロダクツが購入できる。

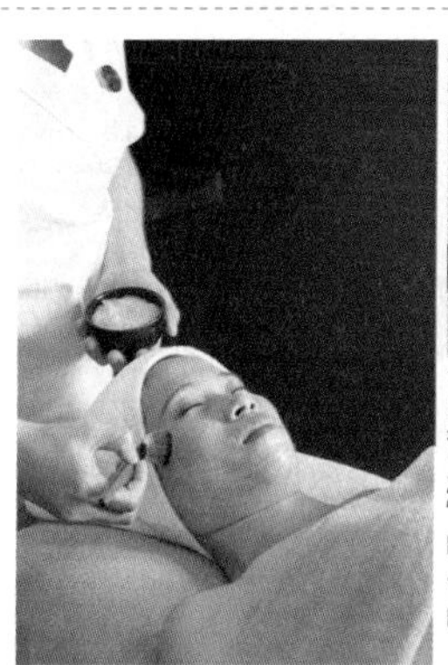

マンゴーやヨーグルトなど自然素材のみを使ったフェイシャルは、フルーティな香りで癒やし＆美肌効果抜群(左)。バスタブ付きのカップルルームをはじめ、20の個室を完備(上)

住Near Old Market, above UCare Pharmacy
☎092-973951　営10:00～23:00　休無休
料フルーツ・ビタミン・フェイシャル32US$(1時間)など　カード M V　予約望ましい

技術力に定評のある実力派　町スパ

フランジパニー Frangipani

MAP P.212-3B

一軒家を改装して造られており、ロビーにある水路から聞こえる水の音や、館内に流れる民族音楽は癒やし効果抜群。メニューは豊富で、カンボジア産コショウとヨーグルトを使ったスクラブといったオリジナルメニューや、遺跡観光で疲れた体をほぐす、アフター・アンコール・ワットなどのパッケージが人気(63US$、2時間)。マッサージの腕がよいのはもちろん、アットホームな雰囲気も人気の理由。すべてのメニューが男性にも対応可能。

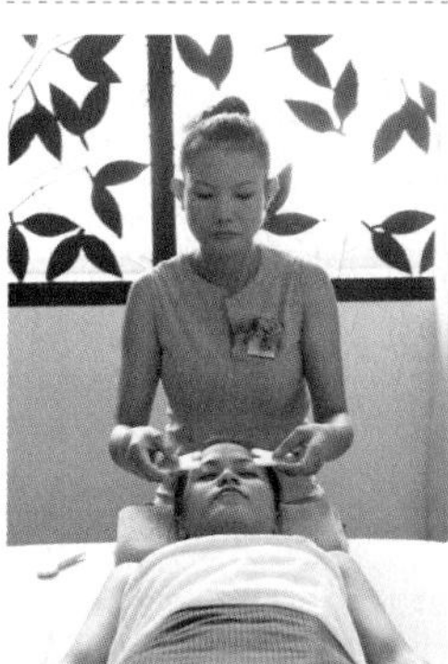

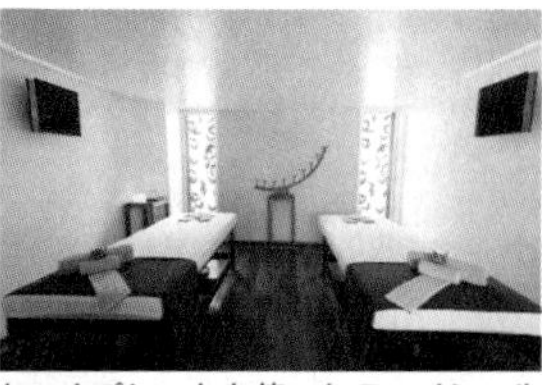

かっさプレートを使ったフェイシャル(66US$、75分)は小顔効果が期待できる(左)。かわいらしい内装にテンションアップ。テラスとバスタブ付きの部屋もある(上)

住No.24, Hup Guan St.　☎(063) 964391、012-982062　営11:00～20:00(最終予約19:00)
休月曜　料アロマテラピー・マッサージ35US$(1時間)など　カード M V　予約要予約

ゴージャスな気分に浸れる　ホテルスパ

ラッフルズ・スパ Raffles Spa

豪華な雰囲気と、きめ細かなサービスに定評がある。メニューは約40種類。内容も細かく分かれており、特に、ラッフルズオリジナルのオイルを使ったパッケージのアンコール・エスケープ(199US$、2時間30分)が人気。パッケージを予約すれば、ホテルのプールが無料で使える。

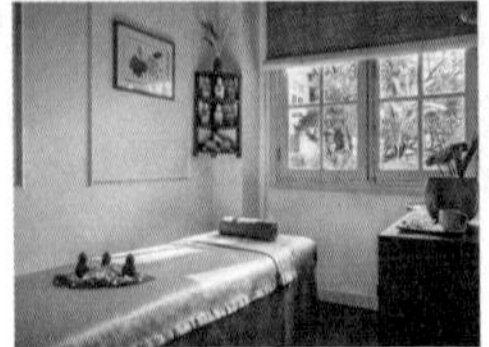

伝統的なクメール・マッサージやハーブスクラブなど、カンボジアらしいメニューも豊富

MAP P.213-1C　住 No.1, Vithei Charles de Gaulle, Khum Svay Dangkum（ラッフルズ・グランドホテル・ダンコール内）　☎(063)963888　営 10:00～22:00　休 無休　料 ラッフルズ・グランド・シグネチャー・マッサージ135US$（1時間30分）など　カード A J M V　予約 前日までに要予約

非日常空間へトリップ　ホテルスパ

ソフィテル・スパ Sofitel Spa

カンボジアで唯一、ロクシタンの製品を使用したトリートメントが受けられる。日本人にはソフトタッチのオイルマッサージ、リラクシング・アロマコロジー・マッサージ(50US$、1時間)や、マッサージとフェイシャルをミックスしたソ・ウェルなどが人気。日本語メニューあり。

贅沢なひとときが過ごせると旅行者に人気の VIP ルーム

MAP P.216-2A　住 Vithei Charles de Gaulle, Khum Svay Dangkum（ソフィテル・アンコール・ポキットラー・ゴルフ&スパ・リゾート内）　☎(063)964600　営 10:00～22:00　休 無休　料 エグジラレーティング・ボディマッサージ55US$（1時間）など　カード A J M V　予約 半日前までの予約が望ましい

ラグジュアリーな一軒家スパ　町スパ

ソカ・スパ・リバーサイド Sokkhak Spa River Side

川沿いに建つモダンなスパで、極楽トリートメントタイムが過ごせる。ほどよい力強さで筋肉を優しくほぐすクメール・トラディショナル・マッサージは遺跡観光で疲れた体にぴったり。カボチャを使用したボディ・スクラブやボディ・ラップ、ハーバルボールを使ったハーバル・コンプレス・マッサージなどカンボジアならではのスペシャルなメニューを体験しよう。

全 17 部屋でカップル利用も OK

MAP P.215-1C　住 Pokambor Ave.　☎017-597575　営 10:00 ～ 22:00（最終予約21:00）　休 無休　料 クメール・トラディショナル・マッサージ42US$（1時間30分）、フォーハンズ・マッサージ48US$（1時間）など　カード M V　予約 望ましい

全 44 部屋の大型高級スパ　町スパ

ムディタ・スパ Mudita Spa

カンボジアの伝統様式とモダンなデザインが混ざり合った、きらびやかな町スパ。ボディマッサージ用のオイルは10種類から選べ、予約をすればホテルへの往復送迎無料など、きめ細かなサービスが行き届いている。おすすめはふたりのセラピストが同時に施術を行うムディタ・シグネチャー・トリートメント。

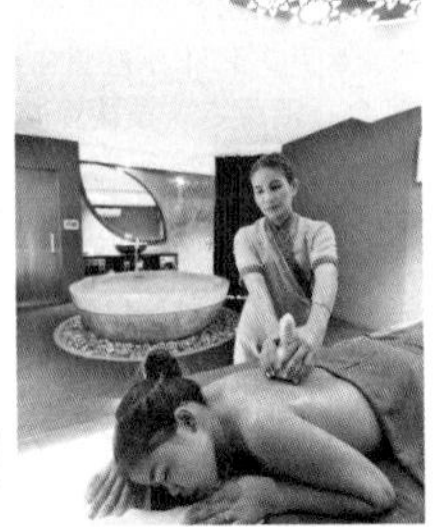

全室シャワー付きで、カップルルームには石のバスタブもある

MAP P.213-2D　住 Wat Bo St.　☎015-426222　営 10:00 ～ 23:00　休 無休　料 ムディタ・シグネチャー・トリートメント70US$（1時間30分）など　カード A M V　予約 望ましい

高い技術力と立地が魅力　町スパ

カヤ・スパ Kaya Spa

「セントゥール・ダンコール」（→P.191）が経営する町スパ。オールド・マーケットの前にあり、観光の合間にも利用しやすい。気分と体調に合わせて6種類のナチュラルオイルからチョイスできるアロマテラピー・マッサージ(24US$、1時間)は、ツボを心得た絶妙な力加減のボディマッサージのあとにヘッドマッサージも付き、思わず眠ってしまう心地よさ。

フレンチコロニアル風のおしゃれな建物を改装したスパ

MAP P.217-3B　住 Opposite Old Market　☎(063)966736　営 12:00 ～ 22:30（最終予約21:30）　休 無休　料 ハーバル・コンプレス・マッサージ37US$（1時間30分）など　カード J M V　予約 望ましい

安いのにうまいお値打ちマッサージ　マッサージ

セラピー・マッサージ・センター Therapy Massage Center

1時間5US$の価格帯の格安マッサージ店のなかで、在住日本人の評判がよい。エアコンが効いた店内は、足マッサージ、ボディマッサージ、アロママッサージ用の部屋に分かれる。マッサージ用のズボンも貸してくれるので、ショッピングの合間に立ち寄りやすい。約20人のスタッフが待機しており、予約なしでもOK。基本のハンド、フット、ボディマッサージはすべて1時間5US$の一律料金となっている。オイルマッサージもある。

ゆったりとした大きなソファでリラックス。Wi-Fi 無料

MAP P.217-3A　住 No.217, Sivatha St.　☎012-732220、092-961492　営 14:00 ～ 23:00　休 無休　料 アロママッサージ8US$（1時間）など　カード 不可　予約 不要

H ラグジュアリーホテルのトップに君臨し続ける名門

高級ホテル

ラッフルズ・グランドホテル・ダンコール Raffles Grand Hotel d'Angkor

MAP P.213-1C

造りと調度品に歴史と風格を感じるランドマーク・ルーム

1932年創業の歴史と伝統を誇るホテルが、2019年にリノベーションを終え再オープン。外壁は白く塗り替えられ、かつてのコロニアルな内装や調度品にモダンな雰囲気が加わり、ラグジュアリーに生まれ変わった。施設はリゾート感あふれる「ラッフルズ・スパ」(→P.196)、プール、フィットネスジム、サウナなどがあり、館外の「アプサラ・テラス」(→P.139)ではダンスショーをはじめ、シーズンごとにさまざまなイベントが行われる。宮廷料理の「1932」(→P.185)をはじめ「コンサーバトリー」(→P.188)、「エレファント・バー」(→P.190)など飲食施設も充実。

中庭のプールサイドはヤシの木が立ち並び、プルメリアの花が咲く

住 No.1, Vithei Charles de Gaulle, Khum Svay Dangkum
☎ (063) 963888
URL www.rafflessiemreap.com
料 Ⓢ Ⓣ Ⓦ 300US$〜 スイート700US$〜(+税・サービス料20.05%。朝食付き)
カード A J M V 全119室 Wi-Fi

H 町の中心部に建つ白亜のデザインホテル

高級ホテル

パーク・ハイアット・シェムリアップ Park Hyatt Siem Reap

MAP P.217-1A

コロニアル風な外観とは対照的に、館内はカンボジアのモダンアートが配された近未来的な空間で大人のリゾートといった趣。ホテルのシンボルツリーである生命の木のオブジェがひときわ存在感を放つ客室は、白を基調としたシンプルなデザインで、シャワーブースとバスタブが分かれているなど使い勝手がよい。館内にはプール、スパ、カフェ、レストランがあり、ラウンジ「リビング・ルーム」では、14:00〜17:00の間アフタヌーンティー(28US$〜)が楽しめる。シヴォタ通りに面した「グラスハウス・デリ」の自家製ジェラート(2US$〜)はシェムリアップ随一との呼び声も高く、ぜひ試してみたい。

都会的なデザインとカンボジアの伝統的なデザインが融合

遺跡をイメージしたプールの隣にスパ棟がある

住 Sivatha St.
☎ (063) 211234
URL parkhyattsiemreap.com
料 Ⓢ Ⓣ Ⓦ 272〜415US$ スイート455〜1800US$(+税・サービス料22.2%)
カード A M V 全104室 Wi-Fi

H クラシックとモダンが融合する優雅な空間

高級ホテル

ソフィテル・アンコール・ポキットラー・ゴルフ&スパ・リゾート Sofitel Angkor Phokeethra Golf & Spa Resort

MAP P.216-2A

広大な敷地にはロビー、レストラン棟と客室棟が分かれて建ち、その周辺にプールと木々の緑が深いふたつのラグーンが配され、リゾートを感じさせる。クラシックなインテリアが施されたロビーはゴージャスな雰囲気で、まるで別世界。客室には上品な調度品が配され、全室バスタブとシャワーブース付きで、設備も申し分ない。フランス料理の「ムオードリーム」、アフタヌーンティーが楽しめる「エクスプロラーズ・テイルズ」をはじめとした7つの飲食施設は味、雰囲気ともにハイレベル。アプサラ・ダンスのディナーショーや「ソフィテル・スパ」(→P.196)などもある。車で約40分の所にゴルフ場も有する(→P.177)。

大きな窓と磨かれた床、明るい雰囲気は、リゾートホテルならでは

シェムリアップ最大級のプールではリゾート気分を満喫できる

住 Vithei Charles de Gaulle, Khum Svay Dangkum ☎ (063) 964600
URL www.sofitel-angkor-phokeethra.com 料 Ⓢ Ⓣ Ⓦ 260〜520US$ スイート430〜2500US$(+税・サービス料21.18%)
カード A J M V 全238室 Wi-Fi

H 大自然と最新デザインが調和した癒やしのリゾート　高級ホテル

ザニエ・ホテルズ・プム・バイタン Zannier Hotels Phum Baitang

MAP P.26-2B

　ホテル全体をひとつの村に見立てた一風変わったコンセプトホテル。運営はラグジュアリーホテルを手がけるフランスのZANNIERグループで、センスのよさとスペシャル感は群を抜く。8ヘクタールに及ぶ広大な敷地の中には手入れの行き届いた水田や畑が広がり、水牛やかかしも点在。まるで本物の村に迷い込んだような気分に包まれる。宿泊施設はすべてコテージタイプのヴィラで、プライベートプール付きのプールヴィラと、プールなしのテラスヴィラの2タイプ。館内にはレストラン、バー、50mのインフィニティプール、スパ、ジムも完備。敷地内移動のための無料のレンタサイクルや電動自動車もある。日常を離れてのんびり過ごしたい。

50 mのインフィニティプールは田園風景に不思議とマッチしている

モダンなインテリアが配されたベッドルーム。エキストラベッド利用でファミリーステイにも対応

住Neelka Way
☎(063) 961111
URL www.zannierhotels.com/phumbaitang 料テラスヴィラ385US$〜 プールヴィラ500US$〜（朝食付き）
カード A M V　全45ヴィラ　Wi-Fi

H 新コンセプトのテントリゾート　高級ホテル

ザ・ベージ THE BEIGE

MAP 折表-1B

テント内はプラスチックフリーで環境にも配慮されている（上）。地上5 mの高さに設置された森に浮かぶようなインフィニティプール（下）

　滞在自体が旅の目的になる、ラグジュアリーなテントスタイルのリゾート。中心部から車で約30分の手つかずの自然に囲まれた10ヘクタールの敷地内にわずか7棟のテント、インフィニティプール、スパ、ライブラリーなどが点在。オーガニック素材で作られたテント内には、ベッドルーム、バスルーム、エアコン完備、メイドスタッフが24時間体制でサポートしてくれる。アンコールの森に浮かぶインフィニティプールで泳いだり、緑の中でヨガを楽しんだりと、このホテルならではの体験が待っている。

ゾウと一緒に朝食を食べたり、ゾウに乗って遺跡へ行ったりできるスペシャルなプログラムも

住Svay Chek Rd.　☎099-297298
URL the-beige.com
料テント375US$〜（朝食付き）
カード A J M V　全7棟　Wi-Fi

H 大人の隠れ家リゾート　高級ホテル

サラ・ロッジ Sala Lodges

MAP P.211-3C

ホテル内は緑豊かで、農村にホームステイしているような気分になる（上）。オリジナルの造りを生かしてリノベート。あえてテレビは置いていない（下）

　解体される運命にあった伝統的な高床式の木造家屋11棟を移築&改装し、新たな命を吹き込んだユニークな隠れ家リゾート。1950～1980年代に建てられた家屋はそれぞれ造りやインテリアが異なる。ホテルのホームページで各家屋の歩んできた歴史やインテリアについての詳細が確認できるので、気に入ったヴィラを予約しよう。各ヴィラは3～4名滞在可能で、エアコン、バスタブ、冷蔵庫を完備。のんびりとくつろげる雰囲気が魅力。

屋外プールやスパ、評判のよいカンボジア料理店「モノリス＆バー」もある

住No.498, Sala Kamreuk Rd.
☎012-705300
URL www.salalodges.com
料Ⓢ Ⓣ Ⓦ 220US$〜（朝食付き）
カード A J M V　全11ヴィラ　Wi-Fi

H ビル・ベンスリー氏がヴィラのデザインを手がけたブティックホテル　高級ホテル

シンタ・マニ・アンコール・アンド・ベンスリー・コレクション・プールヴィラズ Shinta Mani Angkor and Bensley Collection Pool Villas

MAP P.213-2C

モノトーンを基調としたデラックス・ルーム（上）。広々とした屋外プール（下）

シェムリアップにおけるブティックホテルの先駆け的存在。洗練されたデザインときめ細かなサービスで快適なホテルライフが期待できる。道路を挟んでふたつのホテルセクションと、建築家ビル・ベンスリー氏が手がけたプライベートプール付きのヴィラセクションがある。ふたつのスイミングプール、レストラン、バー、スパを完備。プールヴィラは24時間専属バトラーサービス付きで、ワンランク上の特別な滞在ができる。

緑豊かなプライベートガーデンに囲まれた２階建てのプールヴィラは全10棟ある

住Junction of Om Khun & St.14
☎(063) 964123
URL www.shintamani.com/angkor
料ⓈⓉⓌ210～1450US$（朝食付き）
カード A J M V　全115室　Wi-Fi

H 大人の休日を満喫できる　高級ホテル

アマンサラ Amansara

リゾートの代名詞ともいうべきアマングループが手がける。1960年代に造られた王族の迎賓館を改築した建物は、邸宅といった趣。客室も施設もシックでアーティスティックだが、随所にクメール文化が息づく。自然とモダンが調和した空間で、非日常の時間が過ごせるだろう。きめ細かなホスピタリティは、全12室という客室数、遺跡へのツアーなどが料金に含まれることからもうかがえる。

プールサイドではマッサージも受けられる

MAP P.213-1D　住Rd. to Angkor Wat　☎(063)760333
URL www.aman.com/resorts/amansara
料スイート1425～1975US$（＋税・サービス料23.42%。朝食付き）　カード A J M V　全12室　Wi-Fi

H 洗練された高級リゾートホテル　高級ホテル

ラ・レジデンス・ダンコール・ア・ベルモンド・ホテル・シェムリアップ La Résidence d'Angkor, A Belmond Hotel, Siem Reap

緑あふれる中庭のプールを囲むように客室棟が建つ。客室は現代建築とカンボジアの伝統デザインがマッチし、上品なインテリア。飲食施設やスパ施設も充実。客室はプールサイドとリバーサイドがある。2024年7月現在、改装中。

中庭のプールは静かでプライバシーが保たれている

MAP P.213-3C　住Achar Sva St.　☎(063)963390
URL www.belmond.com/hotels/asia/cambodia/siem-reap/belmond-la-residence-dangkor　料ⓈⓉ395～442US$　スイート571US$（朝食付き）　カード J M V　全62室　Wi-Fi

H 11ヘクタールの敷地をもつ巨大リゾート　高級ホテル

アンコール・パレス・リゾート&スパ Angkor Palace Resort & Spa

客室タイプはデラックス、プレミアデラックス、スイート、ヴィラに分けられ、全室バルコニー付き。伝統的な高床式の宮廷料理レストラン「Phum Kreus Khmer」をはじめとした6つの飲食施設に加え、「カイヌーラ・スパ」、プール、テニスコートなどアクティビティ施設も充実。朝食を日本食にすることも可能(要予約)。

ヴィラはプライベートプール付き

MAP P.210-1A　住No.555, Khum Svay Dangkum
☎(063)760511　URL www.angkorpalaceresort.com
料Ⓢ300～350US$　Ⓦ350～400US$　スイート500～600US$　ヴィラ750～2000US$（＋税・サービス料17%。朝食付き）
カード A J M V　全260室　Wi-Fi

H とっておきの隠れ家ホテル　高級ホテル

ジャヤ・ハウス・リバー・パーク Jaya House River Park

シェムリアップ川沿いにたたずむ、こぢんまりとしたブティックホテル。行き届いたサービスと居心地のよさが話題を呼び、オフシーズンも連日満室になるほど。センスよくシンプルにまとめられた客室は、全室バルコニー付きでエスプレッソマシンも完備している。ミニバー、ランドリー、1日60分のスパトリートメント、町へのトゥクトゥク、空港への往復送迎は無料。

ふたつの屋外プールがある

MAP P.216-3B　住River Rd.　☎(063)962555
URL jayahousehotels.com
料ⓈⓉⓌ281US$～　スイート306US$～（朝食付き）
カード A J M V　全36室　Wi-Fi

H アート好きにはたまらない 高級ホテル

ツリーライン・アーバン・リゾート Treeline Urban Resort

カンボジアの自然と現代アートの融合がテーマのこのホテルは、館内のいたるところに現代アートが配され、まるで美術館のよう。ミニマルで都会的なデザインの客室に、木や石を使ったインテリアやアート作品をちりばめ、贅沢な空間を演出している。地元の食材を使った料理が味わえる「シード」や人気コーヒーチェーンの「ブラウン・コーヒー」など飲食施設も充実。

シェムリアップ川を見下ろす屋上のインフィニティプール

MAP P.215-1C 住 Achar Sva St. ☎(063)961234
URL treelinehotels.com 料 Ⓢ Ⓣ Ⓦ 200US$～ スイート320US$～（朝食付き） カード A J M V 全48室 Wi-Fi

H タイ発のラグジュアリーリゾート 高級ホテル

アナンタラ・アンコール・リゾート&スパ Anantara Angkor Resort & Spa

全室スイートルームで調度品、設備ともに申し分なし。オーガニックのカンボジア料理のほか西洋料理をサーブするレストラン、プール、スパなどリラクセーション施設も整う。ヨーロッパ調のインテリアと、都会的で贅沢な開放感ある空間には、非日常の時間が流れている。ぜひのんびりとホテルライフを楽しみたいホテルだ。

上品なクメール様式で飾られたテラス・スイート

MAP P.210-1A 住 National Rd.6 ☎(063)966788
URL angkor.anantara.jp 料 スイート 200～1300US$（＋税・サービス料20.05%。朝食付き）
カード A J M V 全39室 Wi-Fi

H モダンで都会的なデザインが人気 高級ホテル

ロータス・ブラン・リゾート Lotus Blanc Resort

ロビーホールはモダンなデザインで、広々とした中庭は開放感がある。レストラン、スパ、プール、バーなどの施設が揃っており、特にスパ施設が充実。客室はウッドフロアでインテリアも都会的。全室バルコニー付きなのもうれしい。遺跡へのプライベートツアーに力を入れており、トゥクトゥクから12人乗りのリムジンまでウェブから手配可能。

エメラルドグリーンを基調とした客室。写真はランドマークルーム

MAP P.210-1A 住 National Rd.6, Kruos Village
☎015-430222 URL www.lotusblancresort.com
料 Ⓢ Ⓣ Ⓦ 180US$～ スイート230US$～（朝食付き）
カード A J M V 全177室 Wi-Fi

H 町の中心部に建つ5つ星ホテル 高級ホテル

ジェイ・セブン・アンコール J7 Angkor

カンボジアの英雄ジャヤヴァルマン七世にインスピレーションを得てデザインされたホテル内は、遺跡を彷彿とさせるデザインがちりばめられたユニークな世界観。各部屋にはレインシャワーとバスタブが備わり、広さも60㎡～と快適。5つの飲食施設や、「モリンガ・ウェルネス・スパ」など施設も充実している。

ジャクージ付きの屋外スイミングプールを囲むように、客室やレストランが配置されている

MAP P.213-2C 住 National Rd.6 ☎087-878977
URL www.j7hotel.com 料 Ⓢ Ⓣ Ⓦ 190～219US$ スイート289～355US$（朝食付き） カード J M V 全90室 Wi-Fi

H クメール様式で飾られた由緒あるホテル 高級ホテル

ソカ・アンコール・リゾート Sokha Angkor Resort

町なかでは最も客室が多い大型ホテル。ロビーをはじめ館内はゴージャスな造りとインテリアで、町の喧騒を忘れるほど。本格和食が味わえる高級店「竹園」をはじめとするレストラン、塩水プール、フィットネスジムなどの施設も完備。客室の調度品もモダンで、全室、シャワーブースとバスタブがセパレートタイプになっていて、使い勝手がいい。

中庭のプールは宿泊客だけの特別な空間

MAP P.212-1B 住 National Rd.6 & Sivatha St., Junction
☎(063) 969999 URL www.sokhahotels.com.kh/angkor
料 Ⓢ Ⓣ 200～300US$ スイート500～2000US$（＋税・サービス料17%。朝食付き） カード A J M V 全275室 Wi-Fi

H アンコール遺跡観光に最適な巨大リゾート 高級ホテル

ソカ・シェムリアップ・リゾート&コンベンション・センター Sokha Siem Reap Resort & Convention Center

3つの宿泊棟をもつ大規模な5つ星ホテル。オールド・マーケットまでトゥクトゥクで約15分と中心部からは若干距離があるものの、アンコール遺跡のチケット売り場の向かいに建ち、遺跡へのアクセスは便利。また、ホテル滞在そのものを楽しめる施設が充実しており、リゾートムードに浸ることができる。

全室バスタブと独立シャワーを備えるなど設備も十分

MAP P.211-1D 住 Rd.60 ☎(063)961999
URL www.sokhahotels.com.kh/siemreap
料 Ⓢ Ⓣ Ⓦ 150～200US$ スイート400～2500US$（＋税・サービス料17%。朝食付き） カード A J M V 全776室 Wi-Fi

ゆったり贅沢に過ごすのに最適　高級ホテル

メモワール・パレス・リゾート&スパ Memoire Palace Resort & Spa

中心部から南にローカルエリアを5分ほどトゥクトゥクで進むと現れる極上リゾート。デスティネーション・リゾートがコンセプトとあって、豊かな緑に包まれた敷地内にはカンボジアいちの面積を誇る2000㎡のプール、スパ、ヨガスタジオ、レストラン、バー、ラウンジなどを完備。スパや食事、ヨガ、遺跡観光が組み込まれたユニークな宿泊プランも要チェック。

全室スイート仕様でルームサービスは1日2回。バルコニー、バスタブ、独立シャワー付き。最高品質のリネンでぐっすり眠れる

MAP P.26-3B　住 Psar Kraoum Rd.　☎069-203888
URL www.memoirepalace.com　料 ⓢⓉⓌ150～450US$（朝食付き）　カード AJMV　全88室　Wi-Fi

ヘリテージ・スイーツ

コロニアルな隠れ家ホテル　高級ホテル

ヘリテージ・スイーツ Heritage Suites

外観はコロニアル調、内装はフランス人オーナー自らの手によるもので、デコラティブながら空間を広く感じさせる造りだ。スイートルームはリビングルームとベッドルームをカーテンで仕切るユニークなレイアウト。さらにバスタブは室内に、シャワーは各部屋のプライベートガーデンに配置され、自然との一体感も演出。レストランやロビーラウンジも吹き抜けで開放感がある。

スタイリッシュなバンガロースイート（200US$）

MAP P.216-3B　住 Wat Polanka Rd.　☎(063)969100
URL www.heritagesuiteshotel.com
料 ⓢⓉⓌ140US$～　スイート200US$～（朝食付き）
カード AJMV　全26室　Wi-Fi

モダンなデザインホテル　高級ホテル

ゴールデン・テンプル・レジデンス Golden Temple Residence

シェムリアップでレストランやホテルを展開するテンプル・グループのいち押しホテル。抜群のロケーションに加え、無料のアプサラ・ダンス・ショーを開催したり、市内通話用の携帯電話のレンタルやレンタサイクル無料など、旅行者のニーズを捉えたサービスが好評だ。

伝統的なクメール様式をモダンに取り入れた、デラックス・スイート

MAP P.214-2A　住 Sok San Rd.　☎(063)212222
URL www.goldentemple.asia/residence
料 ⓢⓉⓌ130US$～　スイート160US$～（朝食付き）
カード AJMV　全28室　Wi-Fi

ハイセンスなブティックホテル　高級ホテル

エフ・シー・シー・アンコール FCC Angkor

2003年開業の老舗ホテル。かつてフランス総督の邸宅だったコロニアル建築を利用したこのホテルは、凛とした静かな時間が流れる別世界。中庭の屋外プールはゆったりとリゾート気分を楽しむのに最適だ。バー「スクライブ」からはホテルの前を流れるシェムリアップ川が一望でき、ロマンティック。「ヴィサヤ・スパ」もハイレベルな施術が受けられると評判。

コロニアルな内装のデラックスルーム

MAP P.213-2C　住 Pokambor Ave., next to Royal Residence
☎(063)760280　URL www.avanihotels.com/en/angkor-siem-reap　料 ⓢⓉⓌ115US$～　スイート205US$～（朝食付き）　カード AJMV　全80室　Wi-Fi

ポップなデザイナーズホテル　中級ホテル

アヴィアリー The Aviary

町なかにあるおしゃれなブティックホテル。"鳥かご"を意味するホテル名にちなんで、館内にはいたるところに鳥にまつわるアートが配され、客室には国内に生息する鳥の名前がついている。全室バルコニー付きで広さや設備も申し分ない。カンボジアフュージョン料理の「プルマージュ」、とんかつの「ふみぜん」などのレストラン、プール、ルーフトップバー、スパがある。

最上階のスイートルーム。モノトーンにビビッドなイエローが映える

MAP P.217-1B　住 No.9, Tap Vong St.　☎012-241602
URL theaviaryhotel.com
料 ⓢⓉⓌ110US$～　スイート199US$～（朝食付き）
カード AMV　全43室　Wi-Fi

立地とコスパ重視ならおすすめ　中級ホテル

ソマデビ・アンコール・リゾート&スパ Somadevi Angkor Resort & Spa

町の中心部のシヴォタ通り沿いに建ち、ショッピングや食事に便利。レストラン、プール、スパなど基本的な施設は揃い、日本からのツアーでもよく利用される。客室はシンプルな造りで、設備は十分。全室バルコニー付きで、シャワーとバスタブも別々に設置されていて使い勝手がよい。

火・木・土曜の19:00からプールサイドでアプサラ・ダンス・ショーあり

MAP P.212-2B　住 Sivatha St.　☎(063)967666
URL www.somadeviangkor.com
料 ⓢ100、120US$　ⓉⓌ120、140US$　スイート130～200US$（＋税10%。朝食付き）　カード AJMV　全170室　Wi-Fi

町なかにあるリゾートホテル　中級ホテル

クーレン Koulen

町なかにあり、観光にも町歩きにも便利なリゾートホテル。1～4ベッドルームの4タイプの客室があり、全室スイート仕様。一番小さいラグジュアリー・ダブル・スイートでも80㎡と広々。リビングと寝室に分かれ、キッチン、バルコニー付き。ベッドルームとバスルームが4つずつある客室はファミリーやグループ旅行に最適だ。レストラン、スパ、屋外プールを完備。

コーヒーメーカー、電気ケトル、電子レンジなどを備える

MAP P.212-2B　住 Om Chhay St.　☎ (063) 965199
URL www.koulenhotel.com
料 Ⓢ Ⓦ 100US$　Ⓣ 200US$　3人部屋200US$　4人部屋400US$　カード J M V　全66室　Wi-Fi

欧米人に人気のブティックホテル　中級ホテル

ヴィロース・ヴィラ Viroth's Villa

洗練された空間とサービスに定評があるヴィロース・グループのヴィラ。現代的な建築と豊かな緑、1950～60年代のカンボジアをイメージしたレトロモダンなインテリアが調和し、唯一無二の空間をつくり出している。ビンテージのリムジンでの空港送迎や遺跡観光を含むパッケージも人気。館内のインテリアを販売するショップ「OKOギャラリー」(MAP P.215-2D)ものぞいてみたい。

プール、スパ、レストランを完備

MAP P.215-1C　住 St. 23, Wat Bo Village　☎ (063) 761720
URL www.viroth-villa.com
料 Ⓢ Ⓣ Ⓦ 95US$　スイート235US$
カード J M V　全19室　Wi-Fi

注目のリトリート滞在が可能　中級ホテル

ナブツ・ドリームス・リゾート&ウェルネス・リトリート Navutu Dreams Resort & Wellness Retreat

隠れ家風プチリゾート。広い敷地内は芝生の緑がまぶしく、3つのプール、ヨガルーム、スパ、レストランなどが点在し、ホテルライフも充実しそうだ。客室のデザインやインテリアは、イタリア人オーナーのアイデアも盛り込まれ、ユニークでアーティスティック。客室は独立したヴィラタイプ。広々としていて家族旅行にもおすすめ。

リトリート目的の滞在も可能で、オーガニックの食事付きの3日間ヨガコースなどを実施

MAP P.26-3B　住 Angkor High School Rd.　☎ (063)964864
URL navuturesorts.com/siem-reap　料 Ⓢ Ⓣ Ⓦ 130～240US$（朝食付き）　カード M V　全28室　Wi-Fi

モロッコへトリップ　中級ホテル

サライ・リゾート & スパ Sarai Resort & Spa

カンボジアにいながらモロッコ気分が味わえる個性的なリゾート。ホテルに到着した瞬間、真っ白な壁やモロッコタイルが別世界へ誘う。客室はもちろん、プール、スパ、レストランなどすべての施設に鍵穴モチーフがちりばめられ、エキゾチックな雰囲気。東南アジア料理の「ゴートツリー・ガーデン」は人気店。

プライベートプール付きのプレジデンシャル・プール・スイート

MAP P.211-3C　住 Sangkat Sala Kamreuk Rd.
☎ 093-962200　URL www.sarairesort.com
料 Ⓢ Ⓣ Ⓦ 80US$～　スイート250US$～（+税・サービス料19%。朝食付き）　カード A J M V　全48室　Wi-Fi

村をイメージしたエキゾチックなホテル　中級ホテル

アンコール・ヴィレッジ Angkor Village

広い敷地内には、ハスが浮かぶ池を囲むように木造の伝統的な高床式の棟が点在し、小さなコテージ村のような造りだ。「自然を感じてほしい」との配慮から、客室にはテレビは置かれていない。レストラン、屋外プールのほか、アプサラ・ダンスのためのレストラン・シアター「アプサラ・シアター」もある。

窓が大きく日差しがいっぱいに入り込むウオータービュー・ダブルルーム

MAP P.215-2D　住 St. 26, Wat Bo St.
☎ 012-333472　URL www.angkorvillagehotel.asia
料 Ⓢ Ⓦ 90～151.2US$　スイート214.8US$（朝食付き）
カード A M V　全43室　Wi-Fi

川沿いのブティックリゾート　中級ホテル

リンナヤ・アーバン・リバー・リゾート & スパ Lynnaya Urban River Resort & Spa

ホテルのすぐ目の前にはシェムリアップ川が流れ、のんびりとした雰囲気が魅力。緑に囲まれたホテル内には屋外プールを囲むように客室棟とロビーが配されている。評判のよい「ニルヴァーナ・スパ」のマッサージもぜひ体験してみたい。併設の創作カンボジア料理レストラン「パレット」の屋上テラス席では、シェムリアップ川を眺めながら食事が楽しめる。

屋外にバスタブが配されたジュニア・スイート

MAP P.213-3C　住 Achar Sva St.　☎ (063) 967755
URL www.lynnaya.com　料 Ⓢ Ⓣ Ⓦ 90～160US$　スイート150～220US$（朝食付き）　カード A J M V　全46室　Wi-Fi

H 夜遊び派にもってこい エコノミーホテル

ストゥン・シェムリアップ Steung Siem Reap

オールド・マーケットのすぐそばに建つ、このあたりでは老舗のホテル。にぎやかな通りから脇道に入った場所にあるため、観光エリアのど真ん中ということを感じさせない。建物は道を挟んで2棟あり、旧館にレストラン、プールがある。インテリアには木が多用され、クラシックであたたかい雰囲気を感じるのも老舗ならでは。

バルコニー付きのデラックスルーム

MAP P.217-2B 住 St. 9 ☎ (063)965167 ～ 9
URL steungsiemreaphotel.com 料 Ⓢ Ⓣ 75US$～ スイート250US$～（朝食付き） カード J M V 全76室 Wi-Fi

H コスパ抜群、ファミリーも安心 エコノミーホテル

メモワール・ダンコール・ブティック Memoire d'Angkor Boutique

シヴォタ通りのど真ん中に建つ、白く美しい宮廷風建築が印象的。館内はクメール文化とモダンアートが混ざり合ったエキゾチックな空間だ。どこへ行くにもアクセスがよく、隣にはスーパーがありとても便利。部屋数が少ないため団体旅行客が少なく、静かに過ごせるのもポイント。サービスも行き届いている。プール、レストラン、スパ、ヘアサロンがある。

小粋なデザインが光るデラックスルーム

MAP P.212-1B 住 No.54, Sivatha St. ☎ (063)766999
URL www.memoiredangkor.com 料 Ⓢ Ⓣ 75US$～ スイート80US$ ～（朝食付き） カード M V 全48室 Wi-Fi

H お値打ちリゾートホテル エコノミーホテル

クメール・ハウス・リゾート Khmer House Resort

人気のホステル「ワンダーズ」（→P.204）がオープンさせたリゾートホテル。フロントや客室は木を基調としたクメール様式のインテリアで飾られ、敷地には緑がいっぱい。ホテルが建つシェムリアップ川南側のエリアはここ数年でホテルの数が急増したものの、まだまだのんびりとした田舎気分が味わえる。ホテルから町の中心部へのトゥクトゥクは無料。

ふたつの屋外プール、レストラン、バーを完備

MAP P.26-3B 住 Palm St., Trapeang Treng Village, Sala Kamreuk ☎ 088-6674104、087-548778 URL sites.google.com/view/khmer-house-oasis-secreto 料 Ⓢ Ⓣ Ⓦ 40US$ ～ スイート70US$ ～（朝食付き） カード A M V 全35室 Wi-Fi

H 日本からのツアーによく利用される エコノミーホテル

ロイヤル・クラウン Royal Crown

日本人のツアーにもよく利用されており、リピーターの多いホテル。木を多用した客室は居心地抜群。全室バスタブ、バルコニー付き。レストラン、バー、ふたつのプール、マッサージルームがあるほか、全館禁煙なのもここの大きな特徴。新館のルーフトップバーは開放感がある。オールド・マーケットやパブ・ストリートにも徒歩数分の好立地。

バイヨンをモチーフにした像がおもしろい屋外プール

MAP P.215-2C 住 7 Makara St., Wat Bo Village
☎ (063)760316、760212 URL www.royalcrownhotel.com.kh
料 Ⓢ Ⓣ Ⓦ 50 ～ 70US$ スイート95 ～ 120US$（朝食付き）
カード M V 全140室 Wi-Fi

H シンプルでスタイリッシュ ミニホテル

アプサラ・センターポール Apsara Centrepole

レストランやバー、ホテルが急増中のソクサン通り（→P.170）に建つブティックホテル。パブ・ストリートやナイト・マーケットなど、どこへ行くにも便利。客室は広くはないがシンプルで清潔に保たれており、レストラン、プールもある。全19室のこぢんまりした規模だけに、心の込もったサービスに定評がある。

広々としたテラス付きのスイートルームがおすすめ

MAP P.217-3A 住 No.522, Sok San Rd.
☎ (063)968096 E-mail book@apsaracentrepole.com
料 Ⓢ Ⓣ Ⓦ 35 ～ 95US$（朝食付き）
カード M V 全19室 Wi-Fi

H 路地裏のミニホテル ミニホテル

ページーズ Pages

「アヴィアリー」（→P.201）などシェムリアップのおしゃれブティックホテルを手がける「ASMA Architect」がデザイン。コロニアルタイルが敷き詰められた客室は、極めてミニマルなデザインながらもしゃれた雰囲気。キッチン付きのアパートメントもある。プール、カフェ・バーを併設。

スーペリア・ガーデンビューの客室。窓からのぞく緑に癒やされる

MAP P.215-2D 住 St.24 ☎ (063)966812
URL www.pages-siemreap.com
料 Ⓢ Ⓣ Ⓦ 45 ～ 88US$（朝食付き）
カード J M V 全11室 Wi-Fi

H あたたかいサービスが自慢 ミニホテル

ブリス・アンコール The Bliss Angkor

ワット・ボー近くに建つコンパクトなブティックホテル。プールサイドにはヤシの木が立ち、アジアンリゾートの趣たっぷり。シンプルでクリーンな客室にはシャワールームとは別に、仕切りなくバスタブが配され開放的な雰囲気。全13室と規模が小さいので行き届いたサービスを受けられるのも人気の秘密。レストランあり。

中央のプールを囲むように客室が配され、どの部屋からもアクセスしやすい

MAP P.211-2C 住 Wat Bo St., Near Sovannaphumi School ☎(063) 600699、089-290295 URL www.facebook.com/profile.php?id=100086093346314 料 Ⓢ50～60US$ ⓉⓌ60～70US$（朝食付き） カード JMV 全13室 Wi-Fi

H アットホームなおもてなし ミニホテル

ビヨンド・ヤンゴン・ブティック・イン Beyond Yangon Boutique Inn

ミャンマー人とカンボジア人の夫婦が営むミニホテル。客室の扉にはハヌマーンの彫刻が施され、ベッドライナーにはミャンマーの伝統布を用いるなど、両国の文化を取り入れたインテリアが楽しい。ミャンマー料理も食べられるレストラン、小さな屋外プール、屋上に休憩スペースを完備。

湯沸かし器、ミニバー、セーフティボックスなどを完備。デラックス・クイーンベッドルームはバスタブ付き

MAP P.215-3C 住 Wat Damnak Market St. ☎093-704425 URL beyondyangon.com 料 ⓈⓉⓌ35～55US$（朝食付き） カード DJMV 全12室 Wi-Fi

H オールド・マーケットは徒歩圏内 ミニホテル

ゴールデン・バタフライ・ヴィラ Golden Butterfly Villa

コスパ重視の旅行者におすすめのミニホテル。何をするにも便利な立地だが、路地を入った所にあるので夜はとても静か。ただしエレベーターはなく、向かいが小学校なので日中はにぎやか。客室は毎日しっかり清掃してくれ、スタッフの対応もスマートで全体的にお得感がある。遺跡観光のトゥクトゥクの手配や空港への送迎手配も可能。

赤い外観が目印。1階はレセプション、2～4階が客室になっている

MAP P.214-2A 住 Angkor Night Market St. ☎092-646439 URL www.facebook.com/GoldenButterflyVillaSiemReap 料 Ⓢ20～25US$ ⓉⓌ30～35US$ カード MV 全26室 Wi-Fi

H 新世代のブティックホステル ゲストハウス

ツイスト・ライフスタイル・ホステル The Twizt Lifestyle Hostel

町の中心部にオープンしたテーマパークのようなブティックホステル。通りの片側を占めるほど巨大なホステル内には、女性専用ドミトリー、ミックスドミトリーとトイレ、シャワー付きの個室があり、屋上のインフィニティプールやライブが行われるバー、人口の砂浜、レストランも完備。世界中の旅人とワイワイ交流したい人にはうってつけ。宿泊は15歳以上限定。

屋上プールの奥にはバー「AKAS」がある

MAP P.212-3B 住 16th Avenue St. ☎(063) 961559 URL www.thetwizt.com 料 ⓈⓉⓌ20US$（トイレ、シャワー共用）、40US$（トイレ、シャワー付き） Ⓓ10US$ カード JMV 全98室 Wi-Fi

H ラグジュアリーなホステル ゲストハウス

ワンダーズ・シェムリアップ Onederz Siem Reap

日本人経営の大型ホステル。共用スペース、男女別シャワーがあり、ドミトリーには大型ロッカー、各ベッドにコンセント、読書ライトが備わっている。バスルーム付きの個室も30室ある。眺めのよい屋上プールに加え、1階には新たにプール&バーがオープン。向かいにある個室棟（料26US$～）と合わせて合計3つのプールがあるのも大きな魅力。

屋上のプール。館内にはセキュリティカメラも設置

MAP P.217-2A 住 Next to Angkor Night Market ☎097-2117100 URL onederz.com/siem-reap 料 Ⓓ7US$（12人部屋）、8US$（4、6人部屋） カード AMV 全24室 Wi-Fi

H タイ発の人気大型ホステル ゲストハウス

ラップディー Lub d

クリーンかつラグジュアリーなブティックホステル。ドミトリーと個室があり、どちらも上質なマットレスで安眠を約束。ドミトリーには女性専用フロアもある。プール、バー、ランドリー、24時間利用できるビジネスルーム、チェックアウト後も利用できるクール・ルームなどファシリティは4つ星ホテル並み。映画鑑賞会やストリートフード・ツアーなど、日替わりで無料のアクティビティプログラムを実施。

トンレサップ湖の高床式家屋（→P.180）をモデルにしたという個性的な建物

MAP P.215-2C 住 7 Makara St. ☎012-477177 URL lubd.com/destination/cambodia-siem-reap 料 ⓈⓉⓌ19US$～ Ⓓ5US$～ カード DJMV 全87室 Wi-Fi

✉「ロイヤル・クラウン」（→P.203）に2泊したがおすすめです。ふたつの部屋を見たが、窓からの景色の違いだけのようだった。何よりもお湯の出がよかった。ほかのホテルでは水回りのトラブルが多いなか、気持ちよくお湯が使え、排水も問題なかった。↗

H ボレイ・アンコール・リゾート&スパ Borei Angkor Resort & Spa 高級ホテル

MAP P.211-2C 住No.369, National Rd.6 ☎(063)964406
URL www.boreiangkor.com 料Ⓢ Ⓦ300～400US$ スイート700US$～（＋税12%。朝食付き）
カード M V 全188室 Wi-Fi

本館と新館どちらの客室も十分な広さがあり、近代的な設備にフローリングでバルコニー付き。スタッフの衣装、館内音楽、香りなどは、クメールの伝統スタイルにこだわり、館内は情緒豊か。大規模なスパ棟あり。

H アンコール・ミラクル・リゾート&スパ Angkor Miracle Resort & Spa 高級ホテル

MAP P.210-1A 住National Rd.6 ☎(063)969900
URL www.angkormiracle.com
料Ⓢ Ⓣ Ⓦ220～270US$ スイート510～960US$（朝食付き）
カード J M V 全324室 Wi-Fi

客室は木を基調としたクメール様式のインテリアで飾られている。各国料理の「コンキア・レストラン」などの飲食施設、プール、ジャクージ、屋外テニスコート、ジム、ビューティサロンなどを完備。

H エンプレス・アンコール・リゾート&スパ Empress Angkor Resort & Spa 中級ホテル

MAP P.210-1A 住No.888, National Rd.6 ☎(063)963999
URL www.empressangkor.com
料Ⓢ Ⓣ Ⓦ180US$～ スイート580US$（＋税・サービス料22%。朝食付き） カード M V 全392室 Wi-Fi

国道沿いに建つ大型ホテル。日本からのツアー利用が多い。木を多用した造りで、部分的にクメール伝統建築の要素が盛り込まれている。客室も木目調でシックな雰囲気。プール、スパ、ジムなど施設も充実。

H アンコール・センチュリー・リゾート & スパ Angkor Century Resort & Spa 中級ホテル

MAP P.216-3A 住Komay Rd. ☎(063)963777
URL angkorcentury.com 料Ⓢ120、140US$ Ⓦ140、150US$ 3人部屋170US$ スイート280、380US$（朝食付き）
カード A J M V 全189室 Wi-Fi

日本人宿泊客が多く、館内説明などには日本語も併記。木のあたたかみを感じる客室はカンボジアのテキスタイルで彩られておりキュート。デラックスルーム以上はバルコニー付き。屋外プール、レストラン、スパがある。

H ソカ・ブティック・リゾート Sokkhak Boutique Resort 中級ホテル

MAP P.216-1A 住Kok Chork Village ☎092-765697
URL sokkhak-boutiqueresort.com
料Ⓢ Ⓣ Ⓦ82.15US$ ～ スイート128.7US$ ～（朝食付き）
カード J M V 全12室 Wi-Fi

静かな環境にたたずむプール付きの一軒家リゾート。全12室というアットホームな雰囲気が魅力。客室はシンプルながらもアーティスティックで機能性が高い。レストラン、スパがある。

H ソカーライ・アンコール・ヴィラ・リゾート Sokhalay Angkor Villa Resort 中級ホテル

MAP P.210-1A 住National Rd.6 ☎(063)968222
URL www.sokhalayangkor.com
料Ⓢ Ⓣ120～400US$（朝食付き）
カード J M V 全262室 Wi-Fi

緑あふれる広大な環境のなか、伝統木造家屋が建ち並ぶヴィラリゾート。敷地内は静かで、電気カートや自転車での移動となるほど広い。大きなドーナツ形プール、レストラン、ジム、スパなどがある。

H シャトー・ダンコール・ラ・レジデンス Château d'Angkor La Résidence 中級ホテル

MAP P.212-2B 住Om Chhay St., Mondul 2 Village
☎(063)966060 URL www.chateau-angkor.com
料スイート170～280US$（朝食付き）
カード M V 全28室 Wi-Fi

4階建ての館内、客室ともにフレンチ・コロニアル・スタイルで異国情緒たっぷり。全室スイート仕様で、ベッドルームとシャワー＆トイレが2室ずつある2ベッドルーム・スイートは優雅な雰囲気だ。

H タラ・アンコール Tara Angkor 中級ホテル

MAP P.216-2A 住Rd. to Angkor Wat ☎(063)966662
URL www.taraangkorhotel.com
料Ⓢ Ⓣ60US$～ スイート140US$～（朝食付き）
カード A J M V 全206室 Wi-Fi

オフシーズンでも満室になることが多い、人気のラグジュアリーホテル。館内は都会的でスタイリッシュなデザインで、客室は広々としており、設備も近代的。レストランやプールサイドもアーティスティックな雰囲気だ。

H ニタ・バイ・ヴォー・ラグジュアリー Nita by Vo Luxury 中級ホテル

MAP P.216-1A 住Sivatha St. ☎098-892888
URL www.nitabyvo.com
料Ⓢ Ⓣ Ⓦ129US$ ～ ファミリー 210US$ ～（朝食付き）
カード M V 全14室 Wi-Fi

市内北部にあり、アンコール遺跡群へのアクセスがよく、アンコール・ワットでの朝日観賞に便利。木とれんがを基調としたあたたかみのある客室は、全室スイート仕様で広々としている。

H パラダイス・アンコール・ヴィラ Paradise Angkor Villa 中級ホテル

MAP P.211-2D 住St.60, Chong Kao Sou Village, Slor Kram Commune ☎(063)967222
料Ⓢ Ⓣ Ⓦ90～105US$ スイート150US$ ヴィラ320、405US$
カード M V 全141室 Wi-Fi

広い敷地にプールを囲むようにメインビルとヴィラが点在し、プチリゾートといった雰囲気。ヴィラは複数の部屋を有し、ファミリーにぴったり。2023年5月現在改装中、再オープン未定。

H アンバー・アンコール・ヴィラ・ホテル&スパ Amber Angkor Villa Hotel & Spa エコノミーホテル

MAP P.213-3D 住No.603, Wat Bo St. ☎(063)900006
URL www.amberangkor.com
料Ⓢ Ⓣ Ⓦ45 ～ 70US$（朝食付き）
カード A M V 全87室 Wi-Fi

隣り合わせのふたつのビルからなり、ひとつはスパ棟になっている。ガーデンに囲まれた館内は静かでリラックスできる。客室もコンパクトにまとまりかわいらしい雰囲気。プール、レストランあり。

H タ・プローム Ta Prohm エコノミーホテル

MAP P.217-3A 住Pokambor Ave. ☎(063)760087
URL www.taprohmhotel.com
料Ⓢ Ⓣ Ⓦ50US$～ 3人部屋80US$～ スイート110US$～（朝食付き） カード J M V 全76室 Wi-Fi

創業約30年の老舗ホテル。オールド・マーケットやパブ・ストリートに近く、買い物や食事に便利。造りはやや古く感じるが、客室は広く設備も充実している。レストラン、プール、スパあり。

↘朝食もビュッフェだったが、豊富に並び満足できる内容だった。（奈良県 suzuka '14）['23]

H グロウ・イン・シェムリアップ Glow Inn Siem Reap

ミニホテル

MAP P.217-3A 住 No.143, Stueng Thmey Village
☎ 017-361000 URL www.glowinnsiemreap.com
料 ⓈⓉⓌ25US$～　スイート45US$～（朝食付き）
カード JMV　全26室　Wi-Fi

白とスカイブルーを基調としたかわいらしいホテル。部屋ごとにテーマカラーが異なり、扉やインテリアが緑や黄色などポップなカラーで統一されている。屋外プール、レストランあり。

H ネスソチェアータ Neth Socheata

ミニホテル

MAP P.217-3B 住 No.10, 2 Thnou St.　☎ (063)963294
URL www.nethsocheatahotel.com
料 Ⓢ30US$　ⓉⓌ40US$　3人部屋55～60S$
カード JMV　全22室　Wi-Fi

オールド・マーケットへは徒歩数十秒で、周辺にコンビニやスーパーあり。遺跡観光も町歩きも楽しみたい人におすすめだ。スタッフの応対や管理もよく、客室は清潔で心地よい。

H デンホテル・トトノウ・シェムリアップ DEN HOTEL TOTONOU Siem Reap

ミニホテル

MAP P.212-3A 住 No.497, Taphul Rd.　☎ 092-530143
URL den-hotel-totonou.com
料 ⓈⓉⓌ15US$～
カード JMV　全30室　Wi-Fi

日本人経営の観光に便利な立地でパブ・ストリートまでは徒歩7分。日本人支配人常駐でシェムリアップ観光の相談に乗ってくれる。ホテル前のタプール通りには人気飲食店多数。公式 LINE から問い合わせできる。ID：@620liwan

H バベル G.H. Babel G.H.

ゲストハウス

MAP P.213-2D 住 No.738, Wat Bo St.　☎ 078-858469
URL www.babelsiemreap.com
料 ⓈⓉⓌ30US$～　3人部屋36US$～　4人部屋39US$～
カード MV　全22室　Wi-Fi

エコフレンドリーを掲げる、欧米人に人気のゲストハウス。4階建てで、客室はシンプルながら清潔で静か。ちょっとした前庭は涼しげな雰囲気。レストラン＆カフェ、プールもある。

H イキイキ G.H. IKI IKI G.H.

ゲストハウス

MAP P.212-1B 住 Salakonseng Village　☎ 012-614678（日本語可）
URL www.facebook.com/ikiikigh　料 ファン：Ⓓ3US$　Ⓢ10US$　Ⓣ14US$　3人部屋18US$　エアコン：Ⓢ15US$　Ⓣ18US$　3人部屋26US$（朝食付き）　カード 不可　全14室　Wi-Fi

日本語堪能なカンボジア人オーナー家族が営む日本人に人気のゲストハウス。あたたかなサービスが人気で、お母さんの手作り料理は絶品。さまざまな部屋タイプがあるので確認を。

H タケオ G.H. Takeo G.H.

ゲストハウス

MAP P.212-1B 住 No.258, Taphul Village　☎ 012-922674、089-369605　E-mail takeoguesthouse@gmail.com
料 Ⓢ7～12US$（7US$はファン）　Ⓣ15US$　3人部屋35US$（朝食付き）　カード 不可　全17室　Wi-Fi

老舗の日本人宿。日本語だけで滞在でき、しかも自由な雰囲気で快適とあって、日本人バックパッカーに人気。約1000冊の日本語の本、無料のランドリーサービスあり。遺跡ツアーのアレンジも可能。

旅行会社

旅行会社はおもに団体ツアーの手配業務がメインだが、現地でのツアーアレンジや車のチャーター、ガイド手配なども可能（数日前までの予約が望ましい）。しかし、なかには旅行業のライセンスを取得せず旅行会社まがいの業務を行うグループもあり、それらはトラブルが多くおすすめできない。特にインターネットのみで予約を行う会社に多い。以下は、実績のある旅行会社。

●クロマーツアーズ・シェムリアップ
Kroma Tours Siem Reap

MAP P.170
住 No.628, Hup Guan St.
☎ (063) 760960、015-890960、012-890960
URL cambodia.sketch-travel.com
営 9:00〜18:00 休 無休
カード J M V（＋4%の手数料がかかる）

1名から参加できる遺跡ツアーが半日30US$、ベン・メリア観光55US$〜。シェムリアップの市街地や田舎道をセグウェイで回り、カンボジアの文化や生活を知る特別ツアーも催行。20分〜2時間の5コースがあり、15US$〜。日本人が常時駐在。プノンペン店（→ P.257）もある。総合旅行業務取扱管理者在籍。公式LINEから問い合わせ可能。ID：krormatours

● SKY hub ツアーラウンジ
SKY hub Tour Lounge

MAP P.215-2C
住 No.586, St. 26
☎ (063) 965291
URL www.facebook.com/h.i.s.siemreap.cambodia.jp
営 8:00〜12:00、13:00〜17:00（土曜〜12:00）
休 日曜、祝日
カード J M V

HISが運営するツアーラウンジ。プライベートツアー、レンタカー、ガイドの手配、レンタサイクル、カンボジア衣装のレンタルなどが可能。アンコール・クッキーやアンコール・キャンディなど、みやげ物も豊富に揃っており、おみやげショッピングにも便利。

●カンプ・ジェイ・エッチ・シー
KAMPU JHC Co. Ltd.

☎ 012-800512
URL web.facebook.com/Jayavarman7 営 9:00〜17:00
休 土・日曜、祝日 カード V

日本人スタッフもいる日系の旅行会社。カンボジア人スタッフも全員日本語が堪能。2023年5月現在、定期観光ツアー「とらバス」は運行停止中だが、ツアーアレンジが可能。

●キャピトル・ツアー
Capitol Tour

MAP P.217-3A 住 No.503, Mondol 1, Group 7
☎ 092-277311 営 6:00〜23:00
休 無休 カード 不可

プノンペンの老舗旅行会社「キャピトル・ツアー」のシェムリアップ支店。プノンペン（8.45US$）、バンコク（12.5US$）、バッタンバン（7.5US$）行きなどのバスを運行している。アンコール遺跡を巡る1日グループツアー（15US$〜）なども催行しており、郊外遺跡への個人ツアーの手配も可能。

●ラリタ・エクスプレス
Larryta Express

MAP P.27-2C 住 Chong Kao Sou, No.752, National Rd. 6
☎ 016-202020 URL www.larryta.com
営 6:30〜24:00 休 無休 カード M V

サービスがよく車両もきれいと評判のバス会社。プノンペン（13US$〜）、シハヌークビル（27US$ ※プノンペン経由）行きのリムジンバスを運行。オンラインで予約すれば席の指定が可能。

●ジャイアント・アイビス・トランスポート
Giant ibis Transport

▶チケットオフィス
MAP P.214-3A
住 National Rd. 63
☎ 095-777809、096-9993333
URL www.giantibis.com
▶チケットオフィス＆バスステーション
MAP P.216-3A
住 Behind of The Angkor Century Resort & Spa
☎ (063) 765602
営 6:00〜24:00 休 無休 カード D J M V

バスのクオリティやサービスがいいと近年、外国人旅行者に人気が高まっているバス会社。シェムリアップからはプノンペン行き（15US$）を運行。

●ヴィリャック・ブンタム・エクスプレス
Virak Buntham Express

MAP P.217-3A
住 St.10, Mondol 1, Svay Dangkum ☎ 017-790440、015-958989 営 24時間 休 無休 カード 不可

ベッドシートの寝台バスを運行するバス会社。プノンペン（15.4〜17.6US$）、シハヌークビル（19.25〜20.35US$）、モンドルキリ（23.1US$）、バンコクへのデラックスシートのVIPバス（29.7〜37.4US$）などを運行する。

●グリーン・イー・バイク
Green e-bike

運転免許は必要ないが、16歳以上の制限あり

MAP P.217-2A
住 No.159, Sivatha St.
☎ 095-700130
営 8:00〜19:00
休 月曜
カード 不可

貸電気自転車の店。1日10US$。フル充電で45kmの移動が可能とされている。遺跡エリアにはレストランに併設された充電ポイントが数ヵ所ある（MAP P.29-2D、P.29-3C）。ランチや休憩の間に充電しておくと安心。借りるに当たっては要パスポート。

アットホームなトレーニングホテル＆レストラン

シェムリアップで20年続くトレーニングホテル＆レストラン。17～23歳までの若者が一流のシェフやホテリエを目指して2年の訓練を積んでいる。自身で育てた野菜を使った料理をサーブするレストランやスパ、客室が5室があり、運営のほぼすべてを生徒たちが担う。心あたたまるサービスに触れてみて。

サラバイ・ホテル&レストラン・スクール
Sala Baï Hotel & Restaurant School

MAP P.26-3B 住 Wat Svay, Tonle Sap Rd.
☎092-360710 URL www.salabai.com
営 レストランは月～金曜12:00～14:00（ラストオーダー13:30）
料 Ⓢ Ⓣ Ⓦ 35～60US$（朝食付き） 予約 すべて要予約

レストランではクメールフュージョン料理を提供（左）。川沿いの緑に囲まれた場所にある（右上）。壁画が華やかなスパ（右下）

シェムリアップ郊外の農村を訪ねてみよう

アンコール遺跡を満喫したあとは、カンボジアの原風景を感じられる農村で、伝統的な家屋にホームステイしてみるのはいかが？ 遺跡から車で40分ほどの所にあるクナーポー村（MAP 折表-1B）では、JICAの協力を経て観光を通じた女性の生計向上のための活動が継続している。クメール料理やほうき作り、昔ながらの精米などカンボジア流のおもてなしを体験。牛車ツアーや森林散策も楽しめる。プライベートツアーのアレンジが可能なので問い合わせてみよう。

●問い合わせ先
Khnar Po Community-based Tourism CBT Office
☎061-947105（英語可）
URL www.facebook.com/KhnarpoCommunity
E-mail Khnarporcommunity@gmail.com

INFORMATION

銀行

カナディア・バンク　Canadia Bank
MAP P.217-1A　住 Sivatha St.　☎(063) 964808
営 8:00 ～ 20:00　休 無休
　日本円と US ドルの現金の両替が可能。マスターカード、ビザカードでのキャッシングが可能。

Jトラスト・ロイヤル・バンク
J Trust Royal Bank
MAP P.212-3B　住 No.566&568&570, Tap Vong St.　☎(023) 999000（プノンペンの代表番号）
営 8:00 ～ 16:00（土曜～ 12:00）　休 日曜
　日本円と US ドルの現金の両替が可能。

カンボジア・アジア・バンク
Cambodia Asia Bank
MAP P.212-1B　住 Sivatha St.　☎(063) 964741
営 8:00 ～ 16:00（土曜～ 11:30）　休 日曜
　日本円と US ドルの現金の両替が可能。マスターカード、ビザカードでのキャッシングも可能。

ヴァタナック・バンク　Vattanac Bank
MAP P.217-2A　住 No.888, Sivatha St.　☎(063) 767333　営 8:00 ～ 16:00（土曜～ 11:30）　休 日曜
　日本円と US ドルの現金の両替が可能。
※ US ドル、日本円ともに、銀行よりも市場周辺やシヴォタ通り沿いの両替商のほうが両替レートはよい。したがって、クレジットカードからのキャッシング利用以外は銀行の利用価値は少ない。ただし、両替商によってはガイドと口裏を合わせて、ガイドが連れてくる客には低いレートで両替をさせ、差額をガイドとふたりで懐へ、という所もあるので、ガイドの案内があってもレートと金額は極力自分で確認し、自分で両替するようにしたい。ちなみに、シヴォタ通り沿いの両替商での被害が多数報告されている。
　また市内各所に設置されている ATM 機でもマスターカード、ビザカードで US ドル、リエルのキャッシングが可能だ。基本的にどこの ATM も 24 時間利用できるが、ATM のカード差し込み口にカード情報を読み取る機械をかぶせて不正に情報を取得し、その情報をもとに第三者によって不正に現金が引き出される、という事件も起きている。ATM を利用する場合は、極力銀行内の ATM を利用するようにしたい。

病院・診療所

ロイヤル・アンコール・インターナショナル・ホスピタル
Royal Angkor International Hospital
MAP P.26-2B　住 National Rd.6
☎(063) 761888、012-235888（緊急 24 時間）
URL royalangkorjhd2020.wixsite.com/royal-angkor
E-mail info@royalangkorhospital.com
営 24 時間　休 無休　カード A M V
　タイ人、カンボジア人医師は英語が話せ、24 時間無休で内科、外科、小児科など複数診療科の診察に対応。レントゲン、CT、病理検査といった各種検査室、院内薬局、入院施設も完備。日本、外資系大手の保険会社の提携病院で、対象の海外旅行保険加入者はキャッシュレスでの受診が可能。病院内に日系の日本語窓口デスクがあり日本人常駐のため、日本語での受診が可能。

ホテル・ドクター・サービス
Hotel Doctor Service
住 No.320, Group1, Stueng Thmey Village, Svay Dangkum　☎017-713690
URL www.hotel-doctor-service.com
営 24 時間　休 無休
　電話一本で日本人看護師と医師が宿泊先のホテルまで往診。海外旅行保険対応で対象保険はキャッシュレス可能。治療費の一部を利用してカンボジアの子供たちに医療支援を実施。LINE での問い合わせも可能。ID：Hotelds

航空会社

バンコク・エアウェイズ　Bangkok Airways
MAP P.217-1A　住 No.28-29Eo, Sivatha St.
☎(063) 965422～3　営 9:30～12:30、13:30～19:00
休 無休　カード J M V

カンボジア・アンコール航空
Cambodia Angkor Air
MAP P.217-1B　住 Tap Vong St.
☎(063) 969268、6363666　営 8:00 ～ 12:00、13:30 ～ 17:30　休 土・日曜　カード 不可

郵便・宅配

郵便局
MAP P.213-2C　住 Pokambor Ave.　☎017-374645（国内配送）、012-849925（EMS）　営 7:30～17:30
休 無休
　EMS のオフィスあり。郵便局の荷物配送バンに相乗りしてプノンペンなどへ行くことも可能（10.5US$、問い合わせ先 ☎077-342223）。

ディーエイチエル　DHL
MAP P.217-1A　住 No.15A, Sivatha St.
☎(063) 964949、012-799432　営 8:00 ～ 17:30（土曜～ 17:00）　休 日曜　カード J M V

領事館

在シェムリアップ日本国領事事務所
MAP P.211-1D
住 Rd.60（ソカ・パレス・シェムリアップ 3 階）
☎(063) 963801 ～ 3
URL www.kh.emb-japan.go.jp/itpr_ja/00_000091.html
開 8:00～12:00、13:30～17:15（領事窓口受付時間 9:00～11:30、14:00～16:30）
休 土・日曜、祝日
　ビザやパスポート、帰国のための渡航書（→ P.352）の発給業務を行っている。

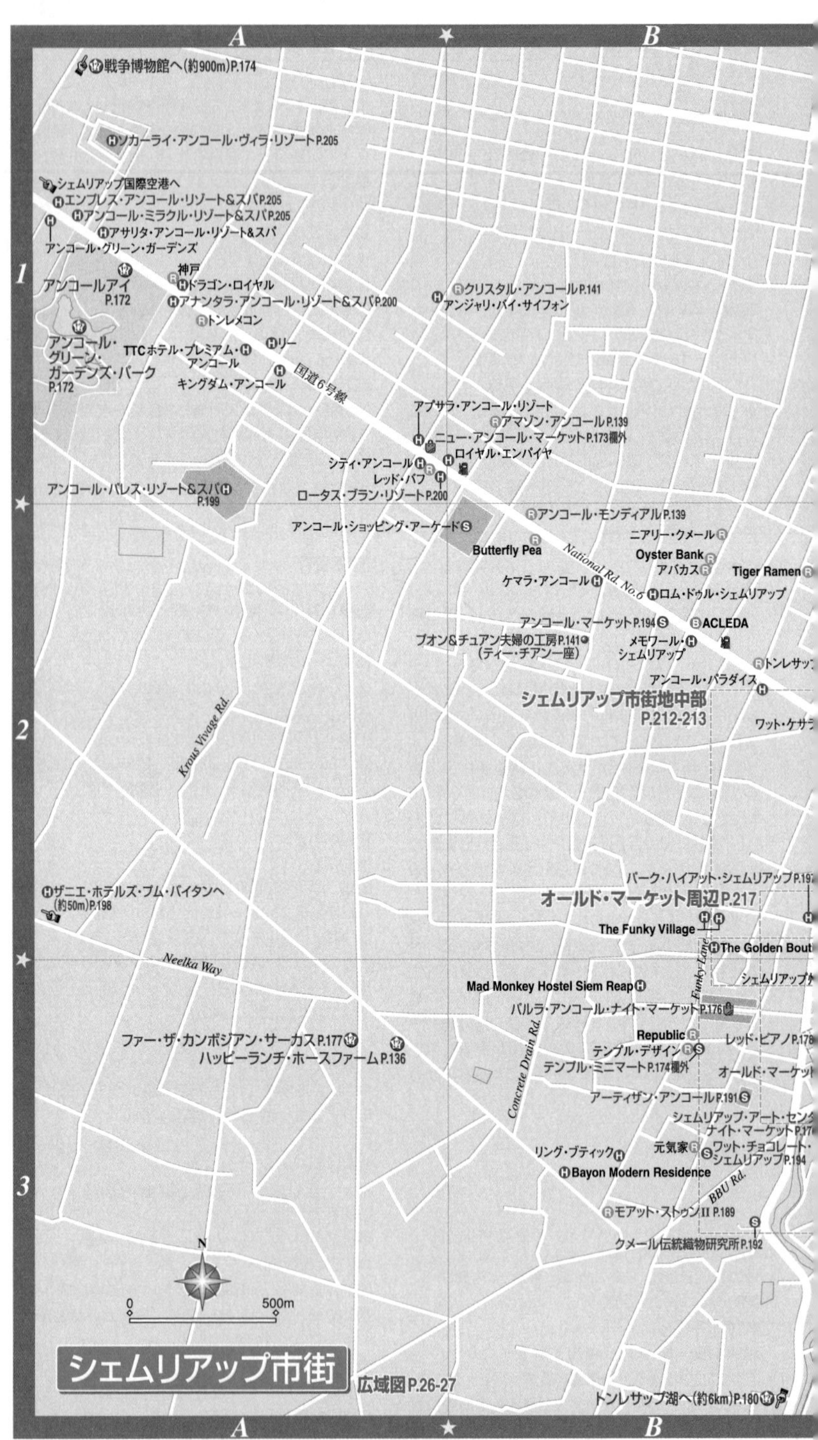

シェムリアップ市街
広域図P.26-27
戦争博物館へ(約900m)P.174
ソカーライ・アンコール・ヴィラ・リゾートP.205
シェムリアップ国際空港へ
エンプレス・アンコール・リゾート&スパP.205
アンコール・ミラクル・リゾート&スパP.205
アサリタ・アンコール・リゾート&スパ
アンコール・グリーン・ガーデンズ
アンコールアイ P.172
アンコール・グリーン・ガーデンズ・パーク P.172
神戸
ドラゴン・ロイヤル
アナンタラ・アンコール・リゾート&スパP.200
トンレメコン
リー
TTCホテル・プレミアム・アンコール
キングダム・アンコール
国道6号線
クリスタル・アンコールP.141
アンジャリ・バイ・サイフォン
アプサラ・アンコール・リゾート
アマゾン・アンコールP.139
ニュー・アンコール・マーケットP.173欄外
ロイヤル・エンパイヤ
シティ・アンコール
レッド・パフ
ロータス・ブラン・リゾートP.200
アンコール・パレス・リゾート&スパ P.199
アンコール・ショッピング・アーケード
アンコール・モンディアルP.139
ニアリー・クメール
Butterfly Pea
National Rd. No.6
Oyster Bank
アバカス
Tiger Ramen
ケマラ・アンコール
ロム・ドゥル・シェムリアップ
アンコール・マーケットP.194
ACLEDA
ブオン&チュアン夫婦の工房P.141 (ティー・チアン一座)
メモワール・シェムリアップ
トンレサッ
アンコール・パラダイス
シェムリアップ市街地中部 P.212-213
ワット・ケサラ
Krous Vivage Rd.
パーク・ハイアット・シェムリアップP.19
オールド・マーケット周辺P.217
ザニエ・ホテルズ・ブム・バイタンへ (約50m)P.198
The Funky Village
The Golden Bout
Funky Lane
Neelka Way
シェムリアップ
Mad Monkey Hostel Siem Reap
パルラ・アンコール・ナイト・マーケットP.176
Concrete Drain Rd.
Republic
レッド・ピアノP.178
ファー・ザ・カンボジアン・サーカスP.177
ハッピーランチ・ホースファームP.136
テンプル・デザイン
テンプル・ミニマートP.174欄外
オールド・マーケット
アーティザン・アンコールP.191
シェムリアップ・アート・センター ナイト・マーケットP.17
リング・ブティック
元気家
ワット・チョコレート・シェムリアップP.194
Bayon Modern Residence
BBU Rd.
モアット・ストゥンII P.189
クメール伝統織物研究所P.192
N
0
500m
トンレサップ湖へ(約6km)P.180

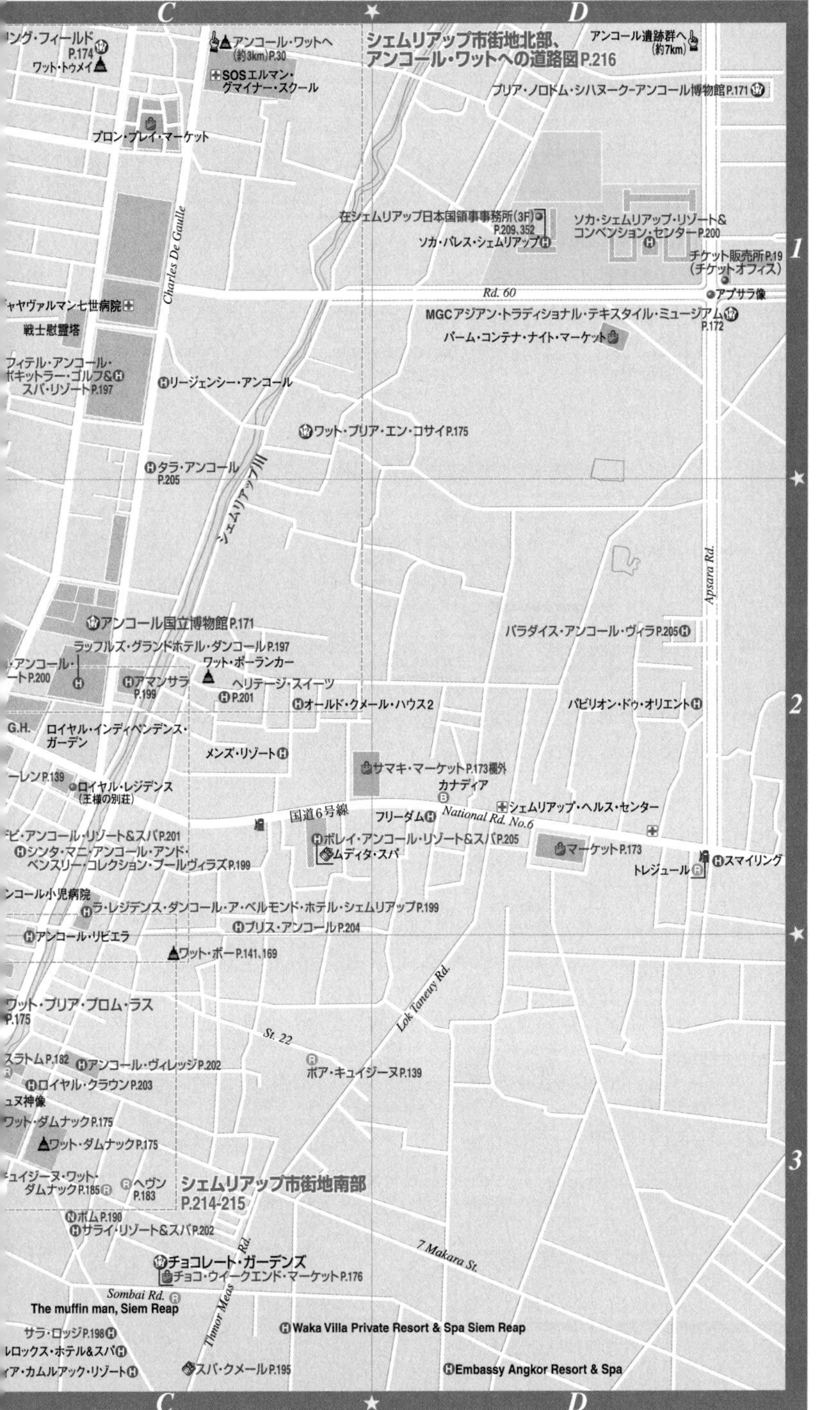
C
D
ワット・トゥメイ
P.174
アンコール・ワットへ (約3km)P.30
SOSエルマン・グマイナー・スクール
シェムリアップ市街地北部、アンコール・ワットへの道路図P.216
アンコール遺跡群へ (約7km)
プリア・ノロドム・シハヌーク-アンコール博物館P.171
プロン・プレイ・マーケット
Charles De Gaulle
在シェムリアップ日本国領事事務所(3F) P.209、352
ソカ・パレス・シェムリアップ
ソカ・シェムリアップ・リゾート&コンベンション・センターP.200
チケット販売所P.19 (チケットオフィス)
1
Rd. 60
アプサラ像
戦士慰霊塔
MGCアジアン・トラディショナル・テキスタイル・ミュージアム P.172
パーム・コンテナ・ナイト・マーケット
スパ・リゾートP.197
リージェンシー・アンコール
ワット・プリア・エン・コサイP.175
タラ・アンコール P.205
シェムリアップ川
Apsara Rd.
アンコール国立博物館P.171
パラダイス・アンコール・ヴィラP.205
ラッフルズ・グランドホテル・ダンコールP.197
ワット・ボーランカー
アマンサラ P.199
ヘリテージ・スイーツ P.201
オールド・クメール・ハウス2
パビリオン・ドゥ・オリエント
2
G.H.
ロイヤル・インディペンデンス・ガーデン
メンズ・リゾート
サマキ・マーケットP.173欄外
カナディア
ロイヤル・レジデンス (王様の別荘)
国道6号線
フリーダム
National Rd. No.6
シェムリアップ・ヘルス・センター
ボレイ・アンコール・リゾート&スパP.205
ムディタ・スパ
マーケットP.173
スマイリング
トレジュール
シンタ・マニ・アンコール・アンド・ベンスリー・コレクション・プールヴィラズP.199
ラ・レジデンス・ダンコール・ア・ベルモンド・ホテル・シェムリアップP.199
ブリス・アンコールP.204
アンコール・リビエラ
ワット・ボーP.141、169
Lok Taneuy Rd.
ワット・プリア・プロム・ラス
St. 22
アンコール・ヴィレッジP.202
ロイヤル・クラウンP.203
ボア・キュイジーヌP.139
ワット・ダムナックP.175
ワット・ダムナックP.175
3
ヘヴン P.183
シェムリアップ市街地南部 P.214-215
ボムP.190
サライ・リゾート&スパP.202
7 Makara St.
チョコレート・ガーデンズ
チョコ・ウイークエンド・マーケットP.176
Sombai Rd.
The muffin man, Siem Reap
サラ・ロッジP.198
Thnor Meas Rd.
Waka Villa Private Resort & Spa Siem Reap
スパ・クメールP.195
Embassy Angkor Resort & Spa
C
D

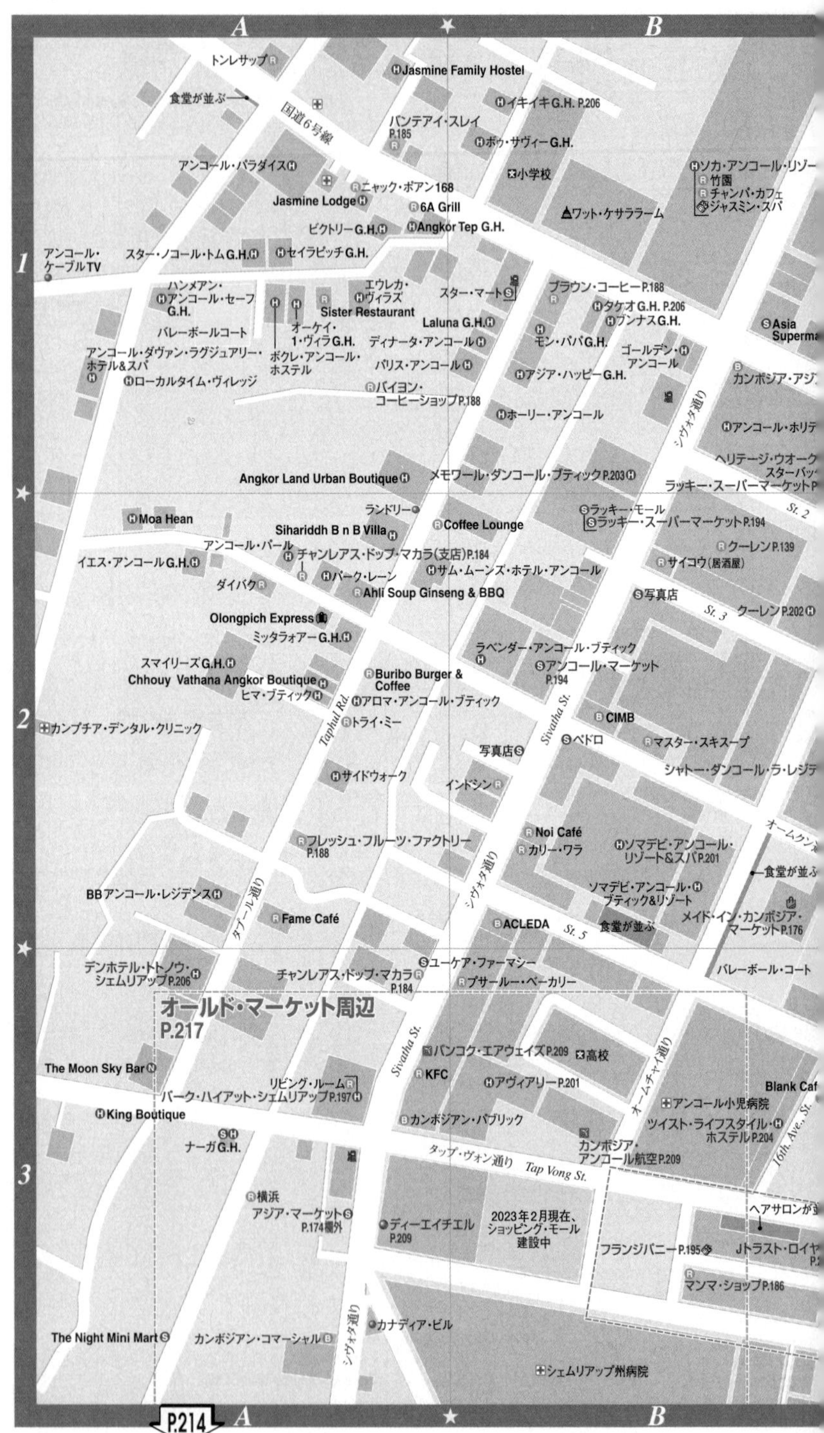
A
B
1
2
3
トンレサップ
Jasmine Family Hostel
食堂が並ぶ
国道6号線
イキイキG.H. P.206
バンテアイ・スレイ P.185
ボゥ・サヴィーG.H.
アンコール・パラダイス
小学校
ニャック・ボアン168
ソカ・アンコール・リゾー
竹園
チャンパ・カフェ
ジャスミン・スパ
Jasmine Lodge
6A Grill
ワット・ケサララーム
ビクトリーG.H.
Angkor Tep G.H.
アンコール・ケーブルTV
スター・ノコール・トムG.H.
セイラピッチG.H.
ハンメアン・アンコール・セーフG.H.
エウレカ・ヴィラズ
スター・マート
ブラウン・コーヒー P.188
タケオG.H. P.206
Sister Restaurant
ブンナスG.H.
バレーボールコート
オーケイ・1・ヴィラG.H.
Laluna G.H.
Asia Superma
モン・パパG.H.
ゴールデン・アンコール
アンコール・ダヴァン・ラグジュアリー・ホテル&スパ
ボクレ・アンコール・ホステル
ディナータ・アンコール
パリス・アンコール
カンボジア・アジ
ローカルタイム・ヴィレッジ
アジア・ハッピーG.H.
バイヨン・コーヒーショップ P.188
シヴォタ通り
ホーリー・アンコール
アンコール・ホリデ
ヘリテージ・ウオーク
スターバッ
Angkor Land Urban Boutique
メモワール・ダンコール・ブティック P.203
ラッキー・スーパーマーケット
ランドリー
St. 2
Moa Hean
Coffee Lounge
ラッキー・モール
ラッキー・スーパーマーケット P.194
Sihariddh B n B Villa
アンコール・パール
クーレン P.139
チャンレアス・ドップ・マカラ(支店) P.184
イエス・アンコールG.H.
サイコウ(居酒屋)
パーク・レーン
サム・ムーンズ・ホテル・アンコール
ダイパク
Ahli Soup Ginseng & BBQ
写真店
Olongpich Express
St. 3
クーレン P.202
ミッタラフォアーG.H.
ラベンダー・アンコール・ブティック
スマイリーズG.H.
アンコール・マーケット P.194
Chhouy Vathana Angkor Boutique
Buribo Burger & Coffee
ヒマ・ブティック
アロマ・アンコール・ブティック
Taphul Rd.
Sivatha St.
CIMB
カンプチア・デンタル・クリニック
トライ・ミー
ペドロ
マスター・スキスープ
写真店
シャトー・ダンコール・ラ・レジデ
サイドウォーク
インドシン
オームクン
Noi Café
ソマデビ・アンコール・リゾート&スパ P.201
フレッシュ・フルーツ・ファクトリー P.188
カリー・ワラ
食堂が並ぶ
シヴォタ通り
タプール通り
BBアンコール・レジデンス
ソマデビ・アンコール・ブティック&リゾート
Fame Café
メイド・イン・カンボジア・マーケット P.176
ACLEDA
St. 5
食堂が並ぶ
デンホテル・トノウ・シェムリアップ P.206
ユーケア・ファーマシー
バレーボール・コート
チャンレアス・ドップ・マカラ P.184
プサールー・ベーカリー
オールド・マーケット周辺 P.217
Sivatha St.
バンコク・エアウェイズ P.209
高校
オームチャイ通り
The Moon Sky Bar
KFC
リビング・ルーム
アヴィアリー P.201
Blank Caf
パーク・ハイアット・シェムリアップ P.197
アンコール小児病院
King Boutique
カンボジアン・パブリック
ツイスト・ライフスタイル・ホステル P.204
16th Ave. St.
ナーガG.H.
タップ・ヴォン通り
Tap Vong St.
カンボジア・アンコール航空 P.209
横浜
ヘアサロンが
アジア・マーケット P.174欄外
ディーエイチエル P.209
2023年2月現在、ショッピング・モール建設中
フランジパニー P.195
Jトラスト・ロイヤ
マンマ・ショップ P.186
シヴォタ通り
カナディア・ビル
The Night Mini Mart
カンボジアン・コマーシャル
シェムリアップ州病院
P.214

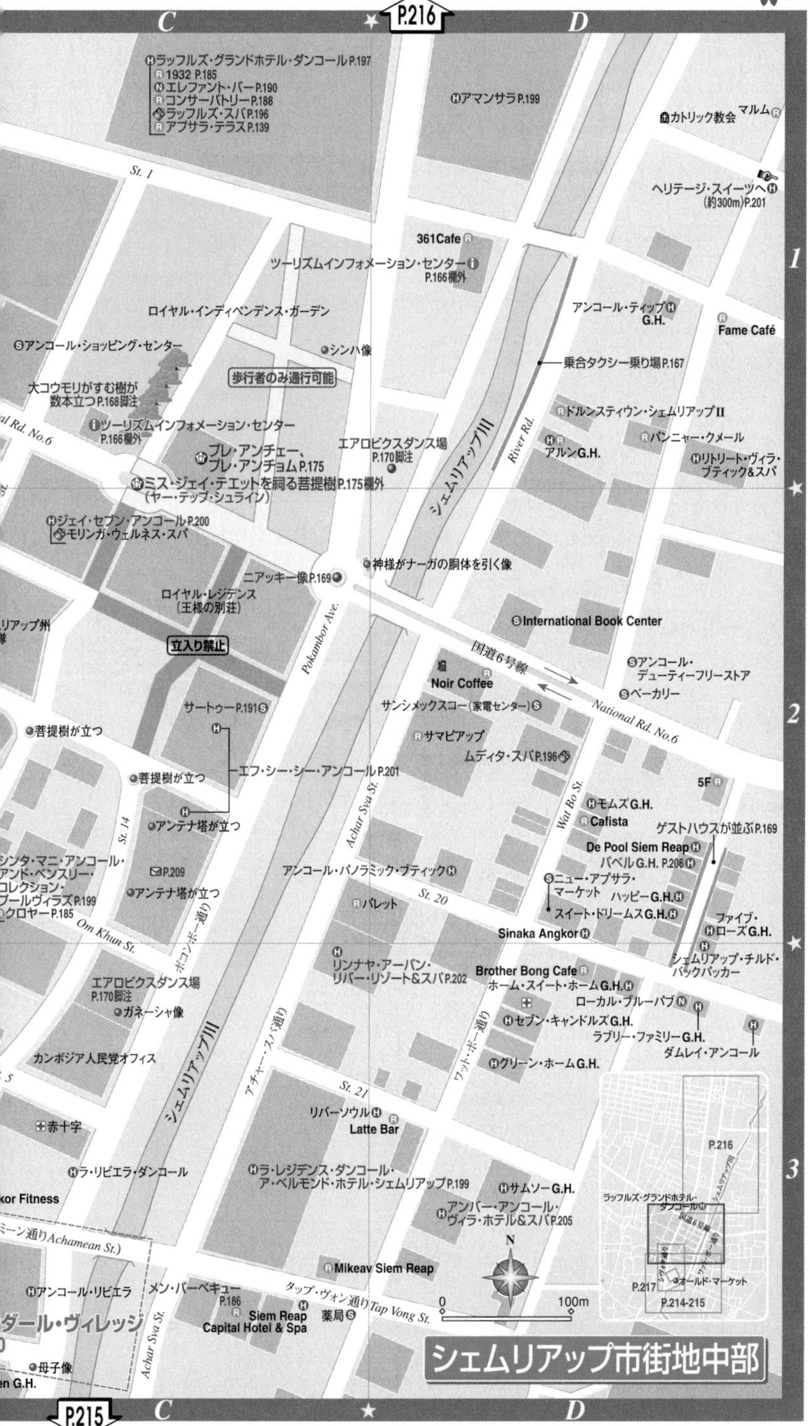
シェムリアップ市街地中部
P.216
P.215
C
D
1
2
3
ラッフルズ・グランドホテル・ダンコール P.197
1932 P.185
エレファント・バー P.190
コンサーバトリー P.188
ラッフルズ・スパ P.196
アプサラ・テラス P.139
アマンサラ P.199
カトリック教会
マルム
ヘリテージ・スイーツへ (約300m) P.201
St. 1
361Cafe
ツーリズムインフォメーション・センター P.166欄外
ロイヤル・インディペンデンス・ガーデン
アンコール・ティップ G.H.
Fame Café
アンコール・ショッピング・センター
シンハ像
歩行者のみ通行可能
乗合タクシー乗り場 P.167
大コウモリがすむ樹が数本立つ P.168脚注
ドルンスティウン・シェムリアップII
ツーリズムインフォメーション・センター P.166欄外
エアロビクスダンス場 P.170脚注
シェムリアップ川
River Rd.
アルン G.H.
パンニャー・クメール
リトリート・ヴィラ・ブティック&スパ
プレ・アンチェー、プレ・アンチョム P.175
ミス・ジェイ・テエットを祠る菩提樹 P.175欄外 (ヤー・テップ・シュライン)
ジェイ・セブン・アンコール P.200
モリンガ・ウェルネス・スパ
神様がナーガの胴体を引く像
ニアッキー像 P.169
ロイヤル・レジデンス (王様の別荘)
International Book Center
リアップ州
立入り禁止
Pokambor Ave.
国道6号線
Noir Coffee
アンコール・デューティーフリーストア
ベーカリー
National Rd. No.6
サートゥー P.191
サンシメックスコー (家電センター)
菩提樹が立つ
サマピアップ
ムディタ・スパ P.196
エフ・シー・シー・アンコール P.201
菩提樹が立つ
5F
Wat Bo St.
モムズ G.H.
Cafista
ゲストハウスが並ぶ P.169
St. 14
アンテナ塔が立つ
Achar Sva St.
De Pool Siem Reap
バベル G.H. P.206
シンタ・マニ・アンコール・アンド・ベンスリー・コレクション・プールヴィラズ P.199
P.209
アンコール・パノラミック・ブティック
アンテナ塔が立つ
ニュー・アプサラ・マーケット
ハッピー G.H.
クロヤー P.185
パレット
St. 20
スイート・ドリームス G.H.
ファイブ・ローズ G.H.
Om Khun St.
ポコンボー通り
Sinaka Angkor
シェムリアップ・チルドレンズ・バックパッカー
リンナヤ・アーバン・リバー・リゾート&スパ P.202
Brother Bong Cafe
ホーム・スイート・ホーム G.H.
エアロビクスダンス場 P.170脚注
ローカル・ブルーパブ
ガネーシャ像
アチャー・スバ通り
ワット・ボー通り
セブン・キャンドルズ G.H.
ラブリー・ファミリー G.H.
ダムレイ・アンコール
カンボジア人民党オフィス
グリーン・ホーム G.H.
St. 21
リバーソウル
Latte Bar
赤十字
ラ・リビエラ・ダンコール
ラ・レジデンス・ダンコール・ア・ベルモンド・ホテル・シェムリアップ P.199
サムソー G.H.
kor Fitness
アンバー・アンコール・ヴィラ・ホテル&スパ P.205
ミーン通り Achamean St.)
N
Mikeav Siem Reap
アンコール・リビエラ
メン・バーベキュー P.186
タップ・ヴォン通り Tap Vong St.
0
100m
ダール・ヴィレッジ
Siem Reap Capital Hotel & Spa
薬局
母子像
en G.H.
ラッフルズ・グランドホテル・ダンコール
P.216
国道6号線
オールド・マーケット
P.217
P.214-215

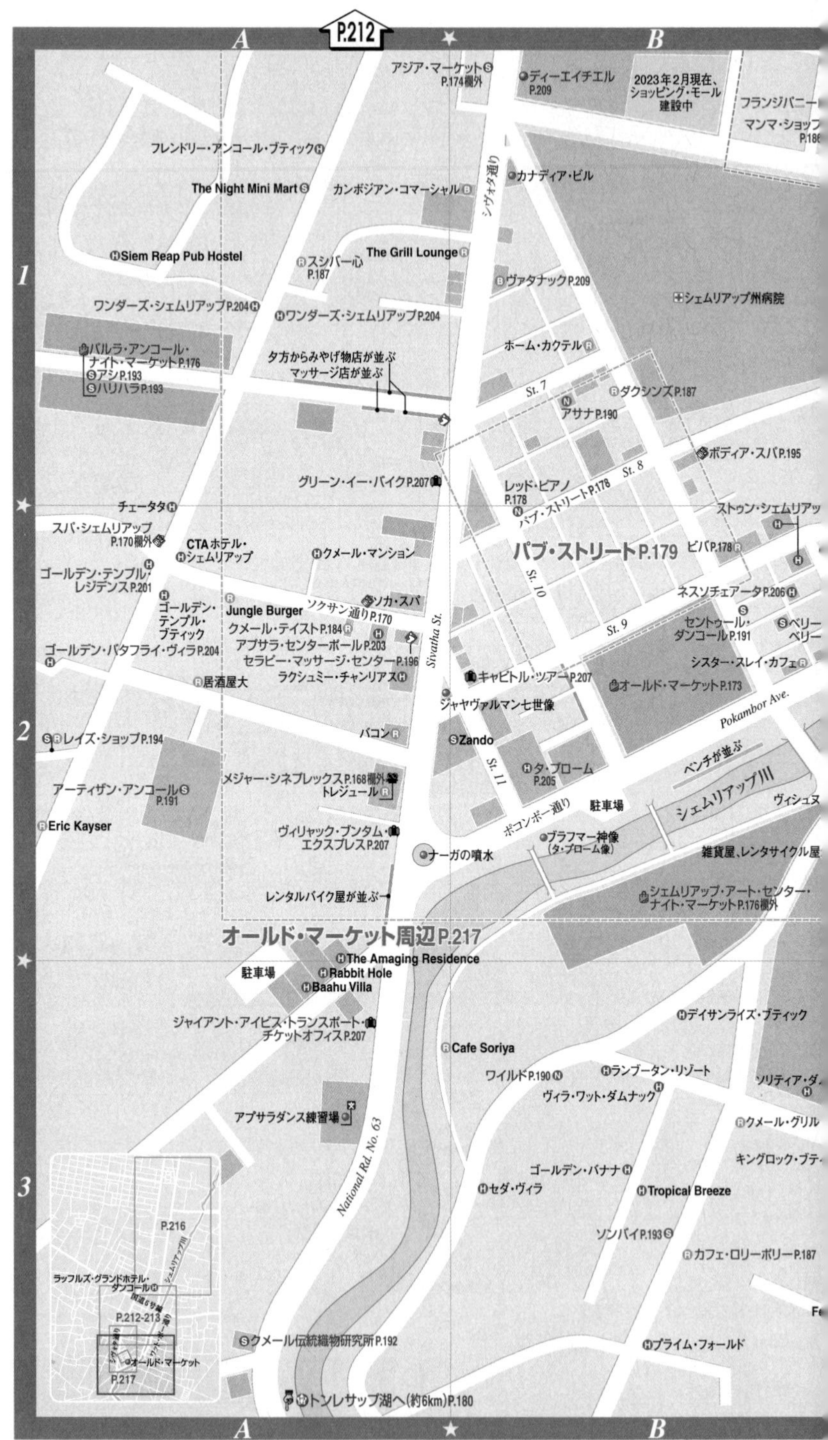
P.212
A
B
1
2
3
アジア・マーケット P.174欄外
ディーエイチエル P.209
2023年2月現在、ショッピング・モール建設中
フランジパニー
マンマ・ショップ
フレンドリー・アンコール・ブティック
The Night Mini Mart
カンボジアン・コマーシャル
カナディア・ビル
シヴォタ通り
Siem Reap Pub Hostel
スシバー心 P.187
The Grill Lounge
ヴァタナック P.209
シェムリアップ州病院
ワンダーズ・シェムリアップ P.204
パルラ・アンコール・ナイト・マーケット P.176
アシ P.193
ハリハラ P.193
夕方からみやげ物店が並ぶ
マッサージ店が並ぶ
ホーム・カクテル
St. 7
ダクシンズ P.187
アサナ P.190
ボディア・スパ P.195
St. 8
グリーン・イー・バイク P.207
レッド・ピアノ P.178
パブ・ストリート P.178
チェータタ
スパ・シェムリアップ P.170欄外
CTAホテル・シェムリアップ
クメール・マンション
パブ・ストリート P.179
ストゥン・シェムリアップ
ビバ P.178
St. 10
ゴールデン・テンプル・レジデンス P.201
ゴールデン・テンプル・ブティック
Jungle Burger
ソクサン通り P.170
ソカ・スパ
ネスソチェアータ P.206
クメール・テイスト P.184
アプサラ・センターポール P.203
セラピー・マッサージ・センター P.196
セントゥール・ダンコール P.191
ベリー・ベリー
St. 9
ゴールデン・バタフライ・ヴィラ P.204
Sivatha St.
シスター・スレイ・カフェ
ラクシュミー・チャンリアス
キャピトル・ツアー P.207
オールド・マーケット P.173
居酒屋大
ジャヤヴァルマン七世像
Pokambor Ave.
バコン
Zando
レイズ・ショップ P.194
St. 11
タ・プローム P.205
ベンチが並ぶ
メジャー・シネプレックス P.168欄外
トレジュール
アーティザン・アンコール P.191
シェムリアップ川
ヴィシュヌ
駐車場
ポコンボー通り
Eric Kayser
ヴィリャック・ブンタム・エクスプレス P.207
ブラフマー神像（タ・プローム像）
ナーガの噴水
雑貨屋、レンタサイクル屋
シェムリアップ・アート・センター・ナイト・マーケット P.176欄外
レンタルバイク屋が並ぶ
オールド・マーケット周辺 P.217
The Amaging Residence
駐車場
Rabbit Hole
Baahu Villa
ジャイアント・アイビス・トランスポート・チケットオフィス P.207
デイサンライズ・ブティック
Cafe Soriya
ワイルド P.190
ランブータン・リゾート
ヴィラ・ワット・ダムナック
ソリティア・ダ
クメール・グリル
アプサラダンス練習場
National Rd. No. 63
キングロック・ブテ
ゴールデン・バナナ
セダ・ヴィラ
Tropical Breeze
P.216
ソンパイ P.193
カフェ・ロリーポリー P.187
ラッフルズ・グランドホテル・ダンコール
P.212-213
オールド・マーケット
P.217
クメール伝統織物研究所 P.192
プライム・フォールド
トンレサップ湖へ（約6km）P.180

シェムリアップ市街地南部

P.213

C
D
1
2
3

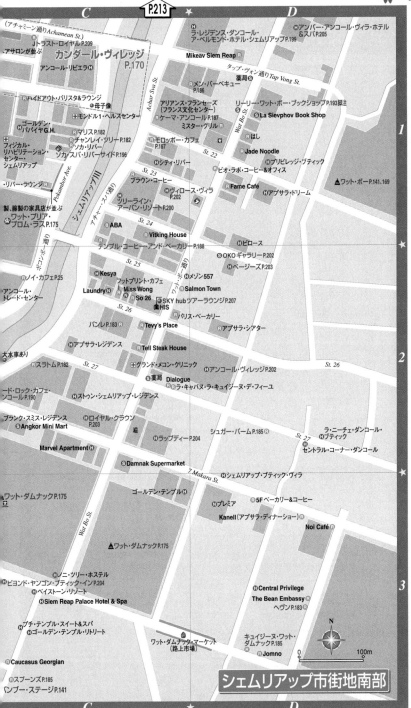

(アチャミーン通り Achamean St.)
Jトラスト・ロイヤル P.209
アサロンが並ぶ
カンダール・ヴィレッジ P.170
アンコール・リビエラ
ハイドアウト・バリスタ&ラウンジ
母子像
モンドル1・ヘルスセンター
ゴールデン・パパイヤG.H.
マリス P.182
チャンレイ・ツリー P.182
ソカ・リバー
ソカ・スパ・リバーサイド P.196
フィジカル・リハビリテーション・センター・シェムリアップ
Pokambor Ave.
シェムリアップ川
・リバー・ラウンジ
製、籐製の家具店が並ぶ
ワット・プリア・プロム・ラス P.175
ポコンボー通り
Achar Sva St.
アチャー・スバ通り
ラ・レジデンス・ダンコール・ア・ベルモンド・ホテル・シェムリアップ P.199
アンバー・アンコール・ヴィラ・ホテル&スパ P.205
Mikeav Siem Reap
タップ・ヴォン通り Tap Vong St.
薬局
メン・バーベキュー P.186
アリアンス・フランセーズ(フランス文化センター)
ケーマ・アンコール P.187
ミスター・グリル
リーリー・ワット・ボー・ブックショップ P.193脚注
Wat Bo St.
La Sievphov Book Shop
はし
モロッポー・カフェ P.187
St. 22
Jade Noodle
シティ・リバー
プリビレッジ・ブティック
ビオ・ラボ・コーヒー&オフィス
St. 23
ブラウン・コーヒー
ヴィロース・ヴィラ P.202
Fame Café
アプサラ・ドリーム
ワット・ボー P.141, 169
ツリーライン・アーバン・リゾート P.200
ABA
St. 24
Vitking House
ピロース
テンプル・コーヒー・アンド・ベーカリー P.188
OKOギャラリー P.202
St. 25
ページーズ P.203
ワット・ボー通り
メゾン557
ノイ・カフェ P.25
Kesya
フットプリント・カフェ
Miss Wong
Salmon Town
アンコール・トレード・センター
Laundry
So 26
SKY hubツアーラウンジ P.207
HIS
St. 26
パリス・ベーカリー
パンレ P.183
Tevy's Place
アプサラ・シアター
アプサラ・レジデンス
Tell Steak House
大水車あり
スラトム P.182
St. 27
グランド・メコン・クリニック
アンコール・ヴィレッジ P.202
St. 26
薬局
Dialogue
ラ・キャバヌ・ラ・キュイジーヌ・デ・フィーユ
ード・ロック・カフェ・ンコール P.190
ストゥン・シェムリアップ・レジデンス
ブランク・スミス・レジデンス
ロイヤル・クラウン P.203
Angkor Mini Mart
シュガー・パーム P.185
ラ・ニーチェ・ダンコール・ブティック
ラップディー P.204
St. 27
Marvel Apartment
セントラル・コーナー・ダンコール
Damnak Supermarket
7 Makara St.
シェムリアップ・ブティック・ヴィラ
ワット・ダムナック P.175
ゴールデン・テンプル
5F ベーカリー&コーヒー
プレミア
Kanell(アプサラ・ディナーショー)
Noi Café
Wat Bo St.
ワット・ダムナック P.175
ノニ・ツリー・ホステル
ビヨンド・ヤンゴン・ブティック・イン P.204
ベイストーン・リゾート
Siem Reap Palace Hotel & Spa
Central Privilege
The Bean Embassy
ヘヴン P.183
プチ・テンプル・スイート&スパ
ゴールデン・テンプル・リトリート
ワット・ダムナック・マーケット(路上市場)
キュイジーヌ・ワット・ダムナック P.185
Jomno
N
0
100m
Caucasus Georgian
スプーンズ P.185
バンブー・ステージ P.141

C
D

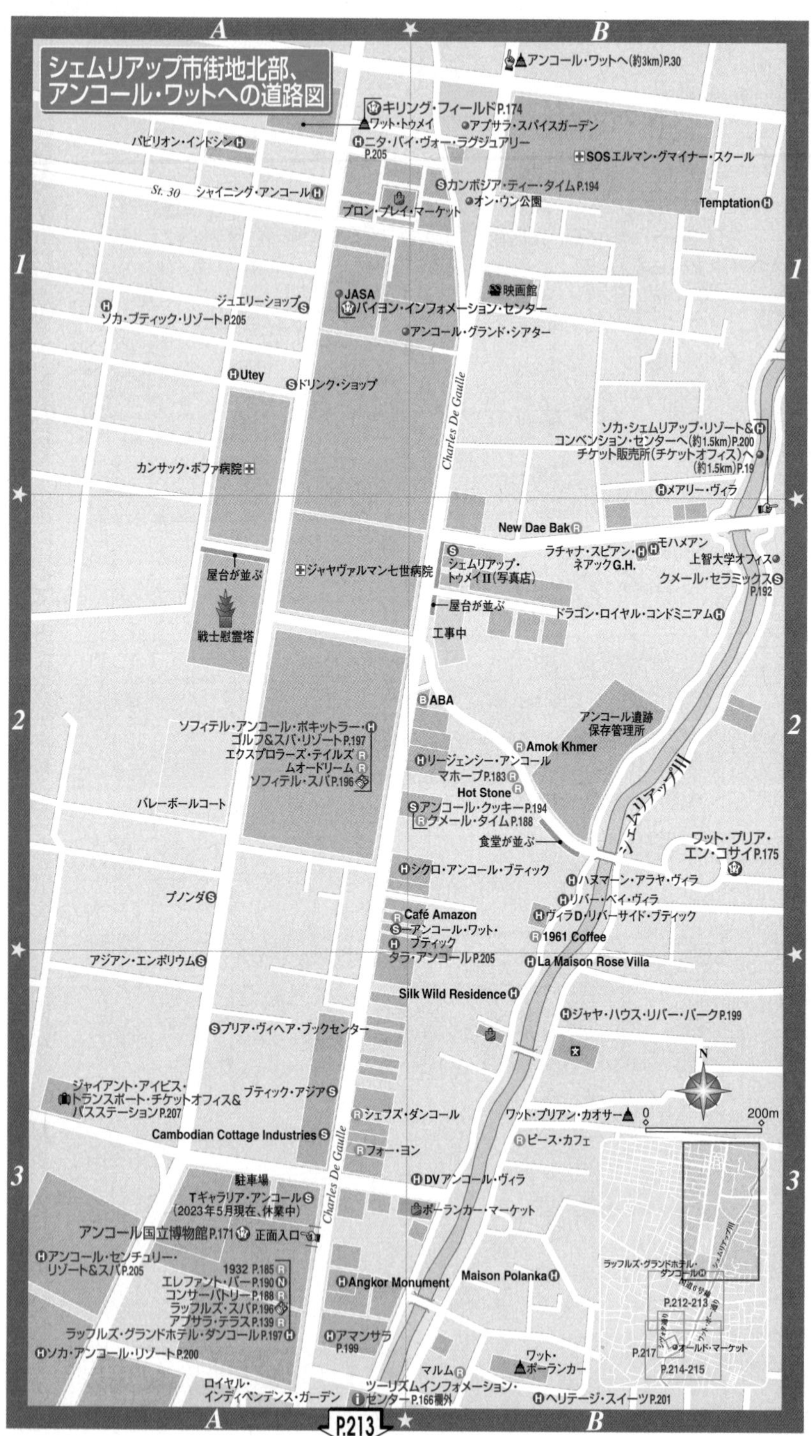
シェムリアップ市街地北部、
アンコール・ワットへの道路図
A
B
1
2
3
アンコール・ワットへ(約3km)P.30
キリング・フィールドP.174
ワット・トゥメイ
アプサラ・スパイスガーデン
パビリオン・インドシン
ニタ・バイ・ヴォー・ラグジュアリー
P.205
SOSエルマン・グマイナー・スクール
St. 30
シャイニング・アンコール
カンボジア・ティー・タイムP.194
オン・ウン公園
プロン・プレイ・マーケット
Temptation
映画館
JASA
バイヨン・インフォメーション・センター
ジュエリーショップ
ソカ・ブティック・リゾートP.205
アンコール・グランド・シアター
Utey
ドリンク・ショップ
Charles De Gaulle
ソカ・シェムリアップ・リゾート&
コンベンション・センターへ(約1.5km)P.200
チケット販売所(チケットオフィス)へ
(約1.5km)P.19
カンサック・ボファ病院
メアリー・ヴィラ
New Dae Bak
ラチャナ・スピアン・
ネアックG.H.
モハメアン
上智大学オフィス
シェムリアップ・
トゥメイII(写真店)
クメール・セラミックス
P.192
屋台が並ぶ
ジャヤヴァルマン七世病院
ドラゴン・ロイヤル・コンドミニアム
戦士慰霊塔
工事中
ABA
アンコール遺跡
保存管理所
ソフィテル・アンコール・ポキットラー・
ゴルフ&スパ・リゾートP.197
エクスプロラーズ・テイルズ
ムオードリーム
ソフィテル・スパP.196
Amok Khmer
リージェンシー・アンコール
マホーブP.183
Hot Stone
バレーボールコート
アンコール・クッキーP.194
クメール・タイムP.188
食堂が並ぶ
シェムリアップ川
ワット・プリア・
エン・コサイP.175
シクロ・アンコール・ブティック
ハヌマーン・アラヤ・ヴィラ
プノンダ
リバー・ベイ・ヴィラ
Café Amazon
アンコール・ワット・
ブティック
ヴィラD・リバーサイド・ブティック
1961 Coffee
タラ・アンコールP.205
アジアン・エンポリウム
La Maison Rose Villa
Silk Wild Residence
ジャヤ・ハウス・リバー・パークP.199
プリア・ヴィヘア・ブックセンター
N
ジャイアント・アイビス・
トランスポート・チケットオフィス&
バスステーションP.207
ブティック・アジア
シェフズ・ダンコール
ワット・プリアン・カオサー
0
200m
Cambodian Cottage Industries
ピース・カフェ
フォー・ヨン
駐車場
DVアンコール・ヴィラ
Tギャラリア・アンコール
(2023年5月現在、休業中)
ポーランカー・マーケット
アンコール国立博物館P.171
正面入口
アンコール・センチュリー・
リゾート&スパP.205
1932 P.185
エレファント・バーP.190
コンサーバトリーP.188
ラッフルズ・スパP.196
アプサラ・テラスP.139
ラッフルズ・グランドホテル・ダンコールP.197
Angkor Monument
Maison Polanka
アマンサラ
P.199
ソカ・アンコール・リゾートP.200
ワット・
ポーランカー
マルム
ロイヤル・
インディペンデンス・ガーデン
ツーリズムインフォメーション・
センターP.166欄外
ヘリテージ・スイーツP.201
ラッフルズ・グランドホテル・
ダンコール
P.212-213
P.217
オールド・マーケット
P.214-215
P.213

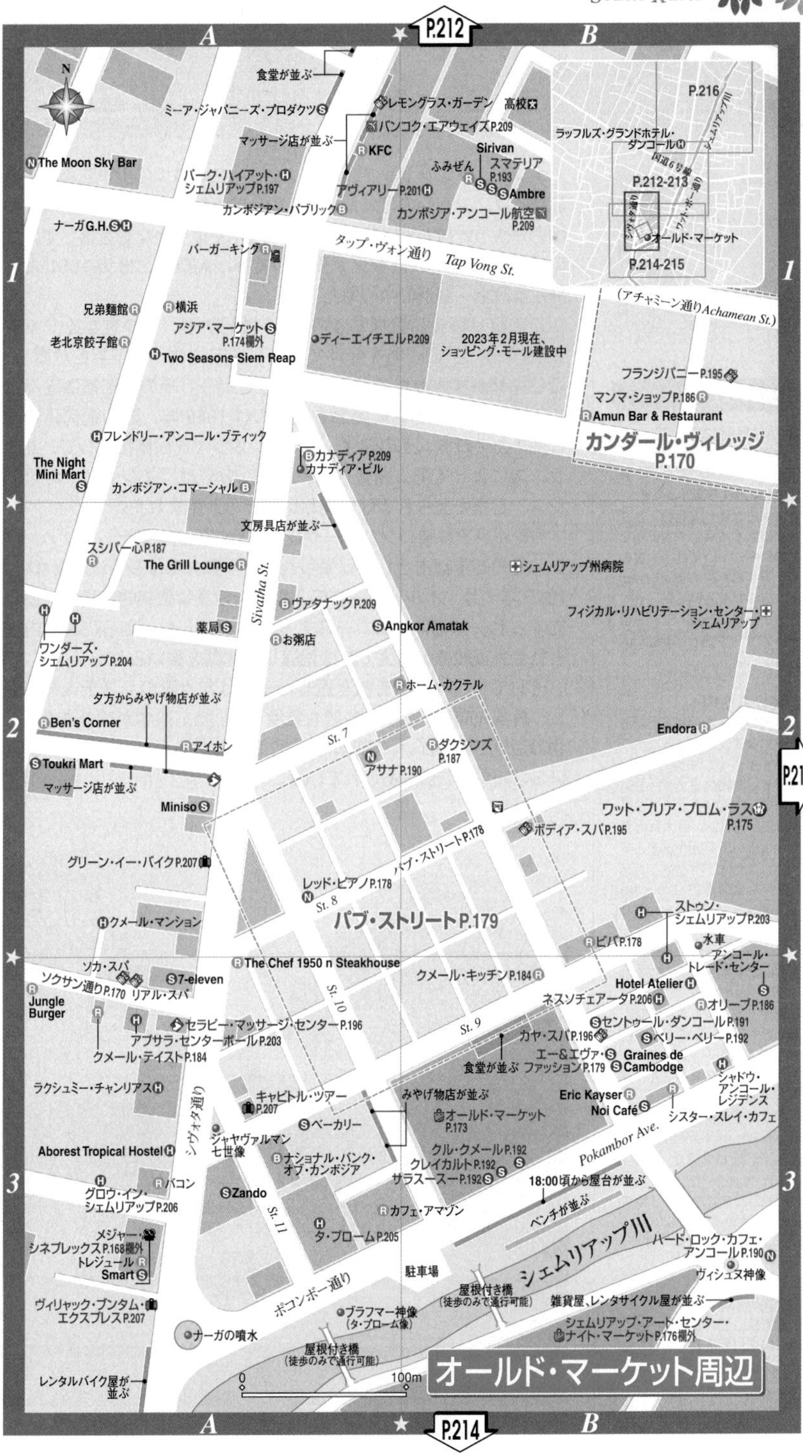

P.212

A B

オールド・マーケット周辺

食堂が並ぶ
ミーア・ジャパニーズ・プロダクツ S
レモングラス・ガーデン
高校
バンコク・エアウェイズ P.209
マッサージ店が並ぶ
R KFC
Sirivan
ふみぜん
スマテリア P.193
S Ambre
The Moon Sky Bar
パーク・ハイアット・シェムリアップ P.197 H
アヴィアリー P.201 H
カンボジアン・パブリック B
カンボジア・アンコール航空 P.209
ナーガG.H. S H
バーガーキング R
タップ・ヴォン通り Tap Vong St.
兄弟麺館 R
R 横浜
アジア・マーケット S P.174欄外
老北京餃子館 R
H Two Seasons Siem Reap
ディーエイチエル P.209
2023年2月現在、ショッピング・モール建設中

P.216
ラッフルズ・グランドホテル・ダンコール H
国道6号線
シェムリアップ川
P.212-213
ワット・ボー通り
シヴォタ通り
オールド・マーケット
P.214-215

（アチャミーン通り Achamean St.）
フランジパニー P.195
マンマ・ショップ P.186 R
R Amun Bar & Restaurant
カンダール・ヴィレッジ P.170

H フレンドリー・アンコール・ブティック
B カナディア P.209
カナディア・ビル
The Night Mini Mart S
カンボジアン・コマーシャル B
文房具店が並ぶ
スシバー心 P.187 R
The Grill Lounge R
シェムリアップ州病院
Sivatha St.
B ヴァタナック P.209
フィジカル・リハビリテーション・センター・シェムリアップ
薬局 S
S Angkor Amatak
R お粥店
ワンダーズ・シェムリアップ P.204
R ホーム・カクテル
夕方からみやげ物店が並ぶ
R Ben's Corner
St. 7
R ダクシンズ P.187
Endora R
R アイホン
S Toukri Mart
N アサナ P.190
マッサージ店が並ぶ
Miniso S
ワット・プリア・プロム・ラス P.175
ボディア・スパ P.195
パブ・ストリート P.178
グリーン・イー・バイク P.207
レッド・ピアノ P.178
St. 8
パブ・ストリート P.179
H クメール・マンション
ストゥン・シェムリアップ P.203
R ビバ P.178
水車
アンコール・トレード・センター
ソカ・スパ
R The Chef 1950 n Steakhouse
S 7-eleven
クメール・キッチン P.184 R
ソクサン通り P.170
リアル・スパ
Jungle Burger
Hotel Atelier H
St. 10
ネスソチェアータ P.206 H
R オリーブ P.186
セラピー・マッサージ・センター P.196
S セントゥール・ダンコール P.191
アプサラ・センターポール P.203
St. 9
カヤ・スパ P.196
S ベリー・ベリー P.192
クメール・テイスト P.184
エー＆エヴァ・ファッション P.179
S Graines de Cambodge
食堂が並ぶ
シャドウ・アンコール・レジデンス
ラクシュミー・チャンリアス H
キャピトル・ツアー P.207
みやげ物店が並ぶ
Eric Kayser R
Noi Café S
シスター・スレイ・カフェ
シヴォタ通り
S ベーカリー
オールド・マーケット P.173
ジャヤヴァルマン七世像
Pokambor Ave.
Aborest Tropical Hostel H
B ナショナル・バンク・オブ・カンボジア
クル・クメール P.192
クレイカルト P.192 S
サラスースー P.192 S
18:00頃から屋台が並ぶ
グロウ・イン・シェムリアップ P.206
R バコン
S Zando
R カフェ・アマゾン
ベンチが並ぶ
St. 11
シェムリアップ川
ハード・ロック・カフェ・アンコール P.190 N
メジャー・シネプレックス P.168欄外
タ・プローム P.205
トレジュール R
Smart S
駐車場
ヴィシュヌ神像
屋根付き橋（徒歩のみで通行可能）
雑貨屋、レンタサイクル屋が並ぶ
ポコンボー通り
ヴィリャック・ブンタム・エクスプレス P.207
ブラフマー神像（タ・プローム像）
シェムリアップ・アート・センター・ナイト・マーケット P.176欄外
ナーガの噴水
屋根付き橋（徒歩のみで通行可能）
レンタルバイク屋が並ぶ
0 100m

P.215

P.214

活気あふれるカンボジアの首都

プノンペン

Phnom Penh

ភ្នំពេញ ┆プノム・ペィン

MAP 折表 -2C

プノンペンの市外局番

023

通り名表記について

本書では、現地のアルファベット道路標示に基づいて各通りの名称を表記した。また、本文中で大通りの名称をカタカナ表記する場合やホテルなどの住所については、人名の前に冠された敬称（Samdach や Preah）を省略した。（例：V. Samdach Preah Sihanouk → シハヌーク通り Sihanouk Blvd.）

空港から市内へ

空港の到着ホールを出たあたりにタクシーとトゥクトゥクのチケットブースがあり、タクシーは市内まで 12US$、15US$、トゥクトゥクは 9US$、12US$、15US$。いずれも目的地によって料金が決まっている。たとえばワット・プノン（→ P.232）周辺、トゥール・トンポン・マーケット・エリア（→ P.226）へは、タクシーは 15US$、トゥクトゥクは 9US$。配車サービス（→ P.340）のグラブやパスアップを使って車やトゥクトゥクを呼び出すことも可能。空港から市内へは所要 20 ～ 30 分。夕方の渋滞に巻き込まれると 1 時間以上かかることもある。

また、空港前の大通りにある「Phnom Penh International Airport」のバス停からプノンペン・ナイト・マーケット（→ P.227）までを結ぶ 3 番の路線バスが 5:30 ～ 20:30 の間に 10 ～ 15 分間隔で運行。1500R、所要約 45 分。

空港使用税

国際線、国内線ともに航空券の料金に含まれており、空港で支払う必要はない。

メコン、トンレサップ、バサック――この３つの川が交わる地に広がるプノンペンの町。たくさんの仏教寺院とフランス統治時代の面影が残る洋館が混在し、火炎樹の並木が涼やかな影を落とす。この緑豊かな町がカンボジア王国の首都、人口約 228 万 1951 人を擁する政治・経済の中心地だ。

この町が歴史に登場するのは 15 世紀前半。たび重なるシャム（現在のタイ）の侵略を受けて衰退したアンコール王都を放棄し、ここに都が移されたのがその始まりという。その後王都は転々とし、再びプノンペンに遷都されたのは 1866 年、国の近代化を推し進めたノロドム王の時代。当時カンボジアを保護領としていたフランスによって町は開発され、“東洋のパリ”“インドシナのオアシス”とたたえられるほど美しい町並みが生まれた。

カンボジアは後のシハヌーク政権時代に独立を果たし、プノンペンはその商業都市として繁栄したが、平和な時は長くは続かない。1975 年 4 月、ポル・ポト軍の入城で全住民は強制的に農村へ追い立てられ、首都は一時ゴーストタウンと化した。さらに続く内戦と社会主義政権の誕生で町は荒廃し、沈黙を強いられた……。

そして今、再び息を吹き返した王都は年々町のシステムを整備し、外国人向けのホテルや店も急増している。町中が行き交う人と物の活気でいっぱい。南国の強烈な日差しにも負けないくらい、若いエネルギーに満ちあふれている。

プノンペンの名前の由来ともなったワット・プノン（→ P.232）

Access

プノンペンへの行き方

飛行機

国際線 全日空が成田国際空港～プノンペン国際空港間の直行便を運航していたが、2023年5月現在、運休。タイのバンコクやベトナムのホーチミン市などの経由便がある（→P.320）。

国内線 2023年4月現在、シェムリアップからはカンボジア・アンコール航空が毎日2便運航。所要約45分。

バス

数多くのバス会社が、近郊の町とプノンペンを結ぶ冷房付きバスを運行している。詳細は各町のAccess欄参照。プノンペンには各社のバスがいっせいに発着するバスステーションはなく、バスは各社のバス乗り場に発着する。市内に複数のバス乗り場をもつ会社もあり、出発方面によって乗り場が変わる場合もあるので要注意だ。

乗合タクシー、ミニバス

シェムリアップ、シハヌークビル、バッタンバン、コンポンチャムなど各町から運行している。詳しくは各町のAccess欄参照。

列車

プノンペン～シハヌークビル間を結ぶ南線とプノンペン～バッタンバン間を結ぶ北線の2路線がある（→P.337）。

プノンペンからの交通

飛行機

国際線 行き方の項（→上記、P.320）。

国内線 行き方の項（→上記、P.337）。

バス

ジャイアント・アイビス・トランスポート（→P.257）

シェムリアップ行き 8:45、12:30、22:30、23:00発、17US$、所要約6時間。

シハヌークビル行き 8:00発、15US$、所要約3時間30分。

カンポット行き 8:00、14:45発、10US$、所要約4時間。

ケップ行き 8:00、14:45発、12US$、所要約4時間10分。

ベトナムのホーチミン市行き 8:00、9:45発、35US$、所要約6時間30分。

タイのバンコク行き シェムリアップで乗り継ぎが必要。シェムリアップ発バンコク行き7:45発、18:15着、60US$。所要約14時間30分。

ヴィリャック・ブンタム・エクスプレス（→P.257）

シェムリアップ行き 0:30～23:55の間に、15便、14.85～18.15US$、所要5～8時間。

シハヌークビル行き 0:30～19:00の間に15便、13.2～15.4US$、所要3～5時間。

カンポット行き 6:30、8:00、12:00、15:30発、9.9US$、所要3～5時間。

コンポンチャム行き 7:00～23:00の間に11便、8.8US$、所要1時間30分～3時間。

バッタンバン行き 6:30～22:00の間に14便、13.2～15.95US$、所要5時間30分～7時間。

ベトナムのホーチミン市行き 7:00、11:00、15:00発、34.1US$、所要約7時間。

タイのバンコク行き 6:00～22:00の間に9便、39.6US$、所要11時間30分～14時間。

※上記以外にバス会社各社がバスを運行。バスは各社のバス乗り場から発着するが、行き先によって乗り場が変わる会社もあるので要注意。各ホテルへのピックアップサービスがある会社もあるので、確認しておこう。各バスの出発時間は時期によって変わるので必ず現地で確認を。また、カンボチケット（URL camboticket.com）などのバス予約サイト&アプリ（→P.321）でバスの予約ができる。

乗合タクシー

セントラル・マーケットの北西側（MAP P.262-2B）と同南西側（MAP P.262-2B）から4:00～16:00の間に頻発。シェムリアップ（85US$～、所要約6時間）、バッタンバン（80US$～、所要約5時間）、シハヌークビル（85US$～、所要約3時間30分）、コンポンチャム（50US$～、所要約3時間）など。カンポット行き（50US$、所要約3時間）はダムコー・マーケット西側（MAP 折裏-3A）から出発。

※（　）内の料金は車1台当たり。

ミニバス

上記の乗合タクシー乗り場と同じ場所から、4:00～16:00くらいまでの間に頻発。コンポンチャム（9US$～、所要約3時間）、バッタンバン（10US$～、所要約6時間）、シハヌークビル（12US$～、所要約3時間）、カンポット（8US$～、所要約3時間）など。

船

ベトナムのチャウドックへはハンチャウ・ツーリストがスピードボートを毎日12:30発の1便運航、所要4～5時間、35US$～。チャーターのみだがベトナムのカントーやホーチミン市への便もある。チケットはパッセンジャー&ツーリストターミナル（MAP P.261-3B）で購入できる。

ハンチャウ・ツーリスト Hang Chau Tourist

MAP P.261-3B
住 Passenger&Tourist Terminal, Sisowath Quay
☎ 098-629555、071-6307233
営 7:00～17:00　休 無休

列車

行き方の項（→左記、P.337）。

プノンペン市警察（プノンペン市警察ツーリスト・ポリス／プノンペン市警察外国人課）
MAP P.269-3D
住No.275, Norodom Blvd.
【プノンペン市警察ツーリスト・ポリス】
☎(023)726158、097-7780002
【プノンペン市警察外国人課】
☎095-676747（英語可）
開8:00～17:00 休 土・日曜

ダイヤモンド・アイランド
Diamond Island
MAP 折裏 -3C～4C
町の南東、トンレサップ川、メコン川、バサック川が交わる所にダイヤモンド・アイランド（コッ・ペッチ）と呼ばれる島がある。以前はスラム街があったが、現在は再開発が進み、大型展示場などの商業施設やオフィスビル、高層マンションなどが建設されその面影は見られない。

セントラル・マーケット周辺は古びた建物が並ぶ

プノンペンの薬局
ユーケア・ファーマシー
UCare Pharmacy
MAP P.222-3A
住No.26-28, Sothearos Blvd. (Corner of St.178)
☎095-888531 営8:00～22:00 休 無休 カード J M V
プノンペン市内やシェムリアップ、カンポットなど、カンボジアの主要都市に展開する薬局。特にプノンペンは支店が多く、ボンケンコン・エリア（MAP P.223-1A）やトゥール・トンポン・エリア（MAP P.226-1A）などにもある。店内はどの店舗も明るく清潔で、スタッフは英語を話せる。薬や新型コロナウイルス用の抗原検査キット、マスクなどのほか、シャンプーやサプリ、スキンケア化粧品などが揃う。

この看板が目印

歩き方 Orientation

都市計画に基づいて造られたプノンペンの町は、セントラル・マーケットを中心にして弧を描くように広がっている。町を貫いてモニボン、シハヌークといった歴代国王の名前を冠した大通りが東西南北に延び、それらに囲まれた区画内は整然と道が縦横に走っている。

大通りや中心部以外の道は、名称がなく単に番号がふられているだけの道が多い（名称と番号の両方ある道もある）。多少の例外と変則はあるものの、だいたい北から南へ行くに従って数が大きくなり、東西方向の道は偶数、南北は奇数という決まり。通りにはクメール語とアルファベット（または数字）を併記した青い道路標示も立っているし、おもな通りを頭に入れておけば、それほど迷うこともないだろう。

プノンペンの町は一広く、一度に全部歩いて回るのは無理。まずは町のヘソ、セントラル・マーケット周辺とにぎやかなモニボン通りから歩いてみよう。

モニボン通りとセントラル・マーケット周辺 MAP P.262～263

1日中交通量の多いモニボン通り。老舗ホテルが林立していたセントラル・マーケット近くには新しいホテルも増えた

町を南北に貫くメインストリートのモニボン通り。北はフランス大使館前から南はモニボン橋まで、約8kmにわたる長い通りだ。最もにぎわっているのは、セントラル・マーケット界隈。通りの両側には、銀行、ホテル、さまざまなショップやレストランなどが建ち並び、ひっきりなしに流れる車とバイクの喧騒にあふれている。活気あるこの通りを歩けば、急速に発展している町の今を肌で感じ取ることができるだろう。

もともとセントラル・マーケット一帯は、中国系住民の多い古くからの商業エリア。“○○大飯店”“○○酒店”といった看板が林立しているのも、華人資本のホテルが多いからだ。周りの路地にはゴチャゴチャと小さな店が並び、マーケットから西へ延びるカンプチアクロム通り、シャルルドゴール通りにも、漢字の看板を掲げた個人商店や食堂がびっしりと続く。

ノロドム通りと王宮周辺、シソワット・キー MAP P.263、264

モニボン通りの東に並行する大通りがノロドム通り。春には街路樹に薄紫の花が咲き誇り、各国大使館や省庁、銀行などの瀟洒な洋館が建ち並ぶ美しい通りだ。この通りの東側一帯は王宮やシルバーパゴダ、国立博物館などが集まる、いわば観光エリア。木々の緑に囲まれて優美なクメール様式の屋根が連なるこの一帯は、騒々しい中心街から見れば、

王宮近くにある最高裁判所の建物もクメール式

まるで別世界のよう。王宮前のトンレサップ河畔は、きれいな遊歩道が整備されており、夕方になると散歩をしたり、遊歩道沿いに腰かけたりして夕涼みを楽しむ人々でいっぱいになる。そこから川沿いにシソワット・キーを少し北へ行けば、外国人観光客でにぎわうリバーサイド・エリア（→P.222）がある。

シハヌーク通り周辺 MAP P.266-2A～267-3D

モニボン通りの交差点から通りを東側へ進んでいくと、在住外国人の姿も目につく、ちょっとインターナショナルな雰囲気に。シハヌーク通りは外資系ブランドショップが並んでいたが、ここ数年はやや閑散とした雰囲気。独立記念塔を越えると、カジノホテルのナーガ・ワールドがあり夜はライトアップされきらびやかに。シハヌーク通りの南側一帯のボンケンコン・エリア（→P.223）は、高い塀の邸宅が並ぶ高級住宅街。このあたりはしゃれたカフェや世界各国のレストランが集まっている。

シハヌーク通りに建つワット・ランカー

ワット・プノン周辺 MAP P.261

ワット・プノンを中心とするアンドゥオン通りから北側のエリアは、19世紀後半のフランス統治時代に開発された古くからの一画。郵便局、国立図書館、「ラッフルズ・ホテル・ル・ロイヤル」（→P.252）など、赤い屋根瓦の歴史ある洋館が建ち並び、当時の面影を残す。今ではそれらの多くは省庁や大使館として利用されており、緑豊かなゆったりとした区画の落ち着いたエリアだ。近年、古い建物は徐々に解体され商業ビルに建て替えられ始めており、近い将来は商業地区に変わっていく予定だ。

仏領時代の建物をレストラン・バーに改装した「ル・マノリス」（→P.244）

オルセー・マーケット南側周辺 MAP P.266-1A～2B

ここにはバックパッカーによく知られたゲストハウスの「キャピトル1」があり、1990年代初頭から世界各国から集まった外国人旅行者の姿が多く見られたエリアだ。以前はこぢんまりとした家族経営のアットホームなゲストハウスが中心だったが、現在はエレベーター付きのミニホテルが増えつつある。それでも古くからの住宅地で、ちょっとした路上市場があったり、リーズナブルな生地屋が並んでいたりと、下町のローカルな雰囲気が残っている。しかも町の中心部のわりに比較的静かなため、相変わらずバックパッカーに人気のエリアだ。

オルセー・マーケットの南側は毎日夕方から深夜にかけて屋台が並ぶ。地元のカンボジア人で大盛況だ

プノンペンでエクササイズ

カンボジア・ベトナム友好の塔が建つ広場（MAP P.265-2A）では夕方17:00頃から19:00くらいまで、複数のグループがエクササイズを楽しんでいる。エアロビ、カンボジアダンスなど、さまざまな種類のダンスがあり、どのグループもけっこう本格的で、真剣に汗を流している。参加費は1000～2000R程度。

外国人観光客の参加もOK

左の高さ188mの複合施設バタナック・キャピタル・タワー（MAP P.262-1B）には高級ブランド店や「ローズウッド・プノンペン」（→P.252）が入居

クリーム色の外壁が印象的な中央郵便局。周辺はコロニアル建築の建物が点在している

噴水と光のショー

カンボジア・ベトナム友好の塔の広場の噴水池（MAP P.265-2A）では毎週土・日曜の18:00～20:00の間に、約30分間隔で約15分間の噴水と光のショーが行われている。小さな規模ながら涼しげで、夕涼みにはピッタリの余興だ。もちろん見学は無料。また、この広場の西側には夕方から夕涼みに集まった人を当て込んだ屋台が並び、なかなかにぎわっている。

リバーサイド・エリア

MAP P.264-1A〜3B

トンレサップ川に面したシソワット・キー沿いには、オープンテラスのレストラン・バーが建ち並び、昼夜を問わず地元の人々や外国人客でにぎわっている。この通りは、内戦時代に外国人特派員クラブがあり、世界中からジャーナリストたちが集まっていた場所。以前は非常にのんびりとしたのどかな通りだったが、川の眺めがいいことに目をつけた外国人が住み始めた。

やがて、その外国人を当て込んだカフェやレストランがオープンし始め、1990年初頭から現在の姿となった。今でこそ家賃高騰などからこのエリアに住む外国人は少なくなったものの、食事や夕涼みの一杯に集まる在住外国人は多い。場末感のあるオールドスタイルのレストラン・バーも多いが、なかにはしゃれた内装で質の高い料理を提供する店も。またシソワット・キーと並行する川沿いは、遊歩道が整備され、地元の人々が夕涼みに集まるローカルな雰囲気も併せもっている。町歩きの途中に、食事、夕涼みにと歩いてみるとおもしろいだろう。特にシソワット・キーの北側では毎晩盛大にナイト・マーケット（→ P.227）も催され、この周辺はいっそうににぎわいを増す。

リバーサイド(シソワット・キー)

Phnom Penh Kopitiam
Yang Pov
ワンダーズ・プノンペン P.255
River Bistro
Big C mini
オスカー・ビストロ P.244
Kanazawa
River Quay
ドリーム・バー
シソワット・キー
Noodle House
Phuminh
ポイント
ゴールデン・ハウス
オララ
Lux Riverside
カフェ・バーが並ぶ
シグネチャー・スパ
ハリーズ
チェンマイ・リバーサイド
LM8 Travel & Tours（両替）
ニュー・デリー
ニュー・コーナー
タオ
ドット
ラ・クロワセット
Scoop
ABA Bank ATM
Positara
カンダル・マーケット
Jトラスト・ロイヤル
メトロ
路上市場
BGARI
オハナ・プノンペン・パレス
Mexicano Riverside
Padang Musantara
Le Bleue Residence
アマンジャヤ・パンカム P.253
Sombok
ル・ムーン・ルーフトップ P.244
トンレサップ川
Tonle Sap River
プリア・クラロン像
丸亀製麺
Pizza 4P's
Starbucks
Eric Kayser
ワット・ウナロム
313 Quayside
ソティアロス通り
Nice Burger
リバー・サイド・マッサージ
キングス・コート P.238脚注
ピンク・エレファント・ピザ
ナウインG.H.
銀製のみやげ物店が並ぶ
ユーケア・ファーマシー P.220欄外
Bodia Spa
7-Eleven
Smile
リバークラウン
ポップ・イタリアン P.241
indigo
オテルKVL P.254
WOORI
Britea English Tea House
ユネスコ・オフィス
Café Amazon

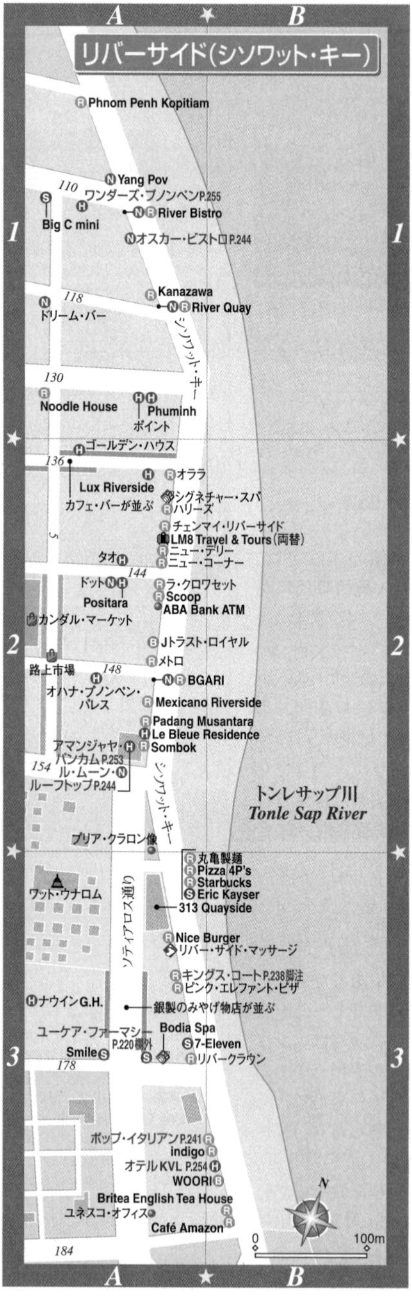

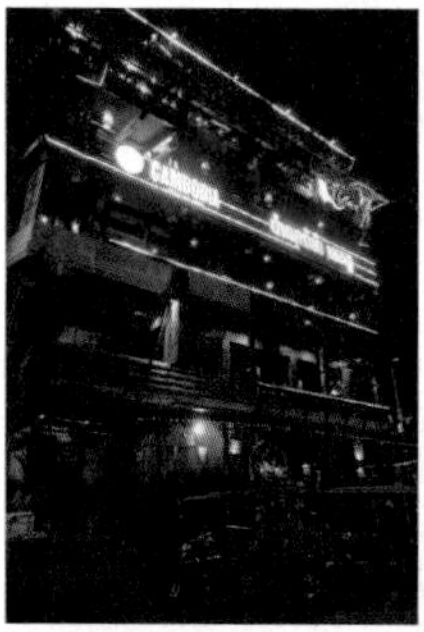

コロナ禍でバーの数は減ったが、どの店も夜遅くまでにぎわっている（左上）。リバーサイドからはサンセット・クルーズも楽しめる（右上）。シソワット・キーは交通量が多く、ひったくり事件も多発しているので要注意（下）

ボンケンコン・エリア

MAP P.266-2B ～P.267-3D

独立記念塔の南西の、シハヌーク通り、マオツェトン通り、ノロドム通り、モニボン通りに囲まれたボンケンコン・エリアは、プノンペン随一の高級住宅街として知られており、北側はボンケンコン1、南側はボンケンコン2と呼ばれている。この周辺は、もともと富裕層が多く住む静かな住宅地で、現在も瀟洒な建物が点在している。1990年初頭、このエリアの老舗ホテルに各国のNGO関係者や政府関係者が長期滞在し始めたのがきっかけで、カフェやレストラン、ゲストハウスがポツリポツリとオープンし始めた。当時は周辺の道路は舗装もされておらず、また住宅地だったことから不動産を手放したり貸し出したりする人も少なく、外国人流入の流れは緩やかだった。しかし、近年は道路が舗装され、外国人用アパートも建ち、一気にカフェやレストラン、みやげ物店、ヴィラ風ホテル、スパがオープン。その勢いはシハヌーク通り周辺からどんどん南下し始め、今やマオツェトン通り近くにまで及んでいる。在住者相手のレストランのため、味にブレがなく、また思わぬ所に雰囲気のいいカフェがあったりと、このボンケンコン・エリアは、注目の飲食店が集まり、最も変化が激しいエリアだ。

ボンケンコン・エリアには各国料理店が集まる

緑が多く、洗練された店が集まっている

コンビニエンスストアが急増

近年、プノンペン市内にはコンビニエンスストアが増えている。もともとガソリンスタンドの併設店が多かったが、独立店も増え、「セブン-イレブン」など外資系も進出。24時間営業店も珍しくない。飲料水やスナック菓子などの飲食物、シャンプーや石鹸などの生活雑貨が並び、ちょっとした買い物に重宝する。

コンビニのほか、冷凍食品や生鮮食品も販売するミニスーパーマーケットも多い。写真は24時間営業の「Super Duper」

「パティオ」（→P.255）のある路地にはしゃれた飲食店が並ぶ

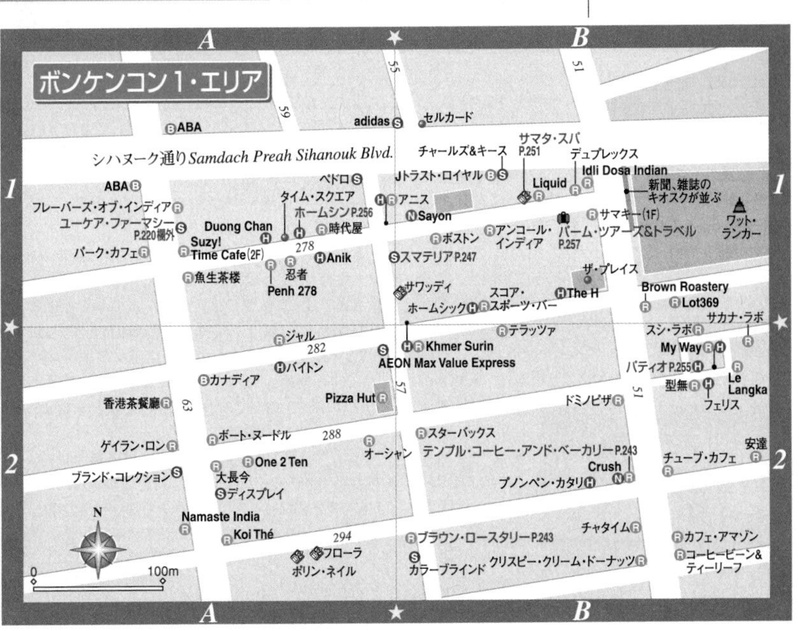

フューチャーズ・ファクトリー
Futures Factory
MAP 下図-1B 住St.13
営8:30～20:00 休 無休

ファッションの店、雑貨店、ネイルショップ、カフェなどが入る複合施設。期間限定で出店する店もあり、掘り出し物が見つかるかも。

定期的にイベントも開催されている

アートショップ通り

MAP P.263-3D、P.264-2A～3A

国立博物館（→P.230）の北側を通るSt.178（Preah Ang Makhak Vann St.）には、カンボジアやアンコール遺跡を題材にした絵画や木彫りのレリーフ、大理石の仏像などの店が並ぶ一角がある。1990年代初頭には、通りの南側の芸術大学の学生や先生の作品を並べた小さな店がいくつかあった程度だったが、それらを求める外国人客、地元のお金持ちが増えたため、店の数、作品数も増え始めた。店の数は以前に比べて減っており、似た品揃えの店が多いが、店頭で絵を描いたり、仏像を彫ったりと作業を見られることもあるので、国立博物館を訪れたついでに、散歩がてらのぞいてみるとおもしろいかもしれない。

通りの西側には仏像や石細工の店が集まっている

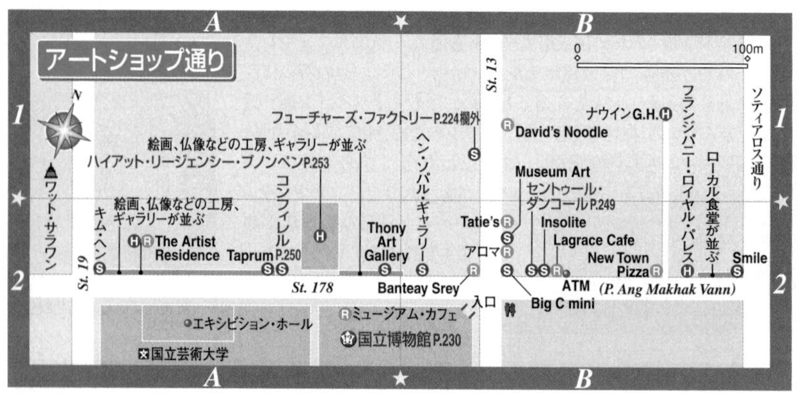

INFORMATION 市内交通

トゥクトゥク（→P.340）

市民の足として、観光客のおもな移動手段として最も多く利用されている。スマートフォンに専用アプリをダウンロードしてトゥクトゥクを呼び出せる配車サービスが便利。おもなアプリはグラブ（Grab）とパスアップ（PassAPP）で、料金はパスアップの場合、初乗り1kmまで3000Rでその後300mごとに360R加算される。どちらも、防犯性が高いインドのオートリキシャの車体を使用した小型トゥクトゥクを利用できる。従来の4人乗りトゥクトゥクを利用する場合は、乗車中のひったくりが多発しているため、座席の左右後ろにネットやカーテンの付いた車体を選ぼう。交渉制トゥクトゥクの料金目安は1kmで2US$～、1日チャーターは25～30US$。

オートリキシャタイプの小型トゥクトゥク

タクシー（→P.341）

トゥクトゥク同様、グラブとパスアップの配車サービスが利用できる（→P.341）。

また、プノンペン市内には複数のメーター制のタクシー会社があり、電話で呼び出して利用する。料金は会社によって多少の違いはあるが、おおよそ初乗り約2kmまで4000Rで、それ以降は約1kmごとに4000R。USドルで支払い可能。空港への送迎は片道12US$程度。おもなメーター制のタクシー会社は以下の2社で、各社とも24時間営業、英語を話すドライバーもいる（予約時に依頼）。

また、半日や1日単位でチャーターする場合は、旅行会社やホテルで手配できる。料金の相場は市内1日8時間で50US$～で、郊外への日帰り利用の場合は割り増しとなる。

タクシー・ルージュ　Taxi Rouge（Red Taxi）
☎096-6060602

ストリート 240 MAP P.267-1D～2D

ノロドム通りと王宮に挟まれた100m 余りの通り沿いに、外国人向けの瀟洒なバーやカフェ、雑貨店が軒を連ねるおしゃれな通りがある。1990 年代初頭は、在住フランス人が在住外国人のために開いた雑貨店やカフェが 2、3 軒並ぶ程度だったが、2000 年代になってそれらの店にリードされるように、ワイン専門店、ブティック、ジュエリーショップなども次々とオープン。街路樹の緑豊かな落ち着いた雰囲気も相まって、ますます店は増え続けている。品揃えや味のクオリティが高いのもこの通りの特徴だ。食事やショッピングのついでにぜひ散策してみたい。

アート関連の店も多い（左）。高級感あるインテリア雑貨の店（右）

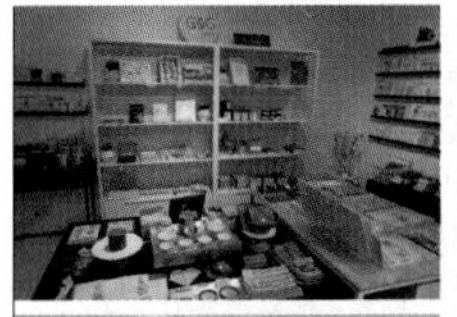

建物の2階に複数の店が集合したショップ「Shade」。ブティック、美容室、文房具のセレクトショップなどが入店（上・下）

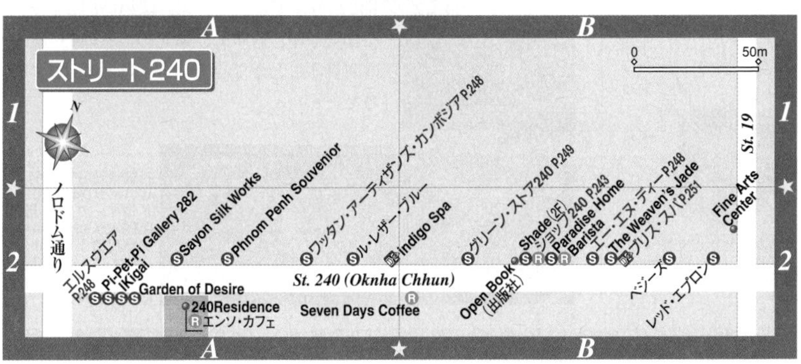

チョイス・タクシー　Choice Taxi
☎070-987070

路線バス

2023 年 4 月現在、13 路線が運行。カンボジア日本友好橋のたもとのロータリー前（MAP P.261-2A）からモニボン通りを南下したモニボン橋までを結ぶ 1A 番バス、プノンペン・ナイト・マーケット前（MAP P.263-1D）から南下しカンダール州都タクマウまでを結ぶ 2 番バス、プノンペン・ナイト・マーケット前からプノンペン国際空港の西側、国道 3 号線と 4 号線が交わるコーウカオまでを結ぶ 3 番バスなど。路線によって異なるが 5:30 ～ 20:30 の間に 5 ～ 20 分間隔で運行。運賃は一律 1500 Rで前乗りの乗車口で支払う。おつりは出ないので注意。車内アナウンスはないので行き先を車掌に告げておくと目的地が近づいたら教えてくれる。または、バス停の位置や路線、走行位置などが確認できるアプリ「Stops Near Me」があると便利。車体は中国援助のゴールド、日本援助のブルーなどさまざま。

プノンペン市バス　Phnom Penh City Bus
☎098-555581

バイクタクシー（→P.341）

慣れれば便利だが、トラブルも多い（→ P.347）。ホテルやレストラン前で客待ちしているドライバーには、片言の英語を話す人もいる。料金は交渉制で 1US$～。1 日チャーターすると 7 ～ 12US$。なお夜間の利用は避けたほうがよい。

シクロ（→P.341）

インドシナ半島の各国ではポピュラーな乗り物。料金はバイクタクシーよりも高く、1 日利用の場合 15 ～ 20US$ が目安。

レンタサイクル（→P.341）

交通マナーの悪さから事故が多く、プノンペン市内中心部ではおすすめできない。どうしてもという場合、ホテルやゲストハウスでレンタルできるところもある。1 日 5 ～ 7US$。

トゥール・トンポン・マーケット・エリア MAP P.268-2A ～ 3B

ここ数年、在住外国人や旅行者に人気なのが、マオツェトン通りの南側、トゥール・トンポン・マーケット（→ P.235）を中心とした一帯だ。トゥール・トンポン・マーケットは、かつて旧ソ連と国交があった時代に、市場には旧ソ連からの商品が多く並び、周辺にはロシアの人々が暮らしていたことから、通称「ロシアン・マーケット」とも呼ばれる。高級アパートが増え、外資系飲食店の出店が相次ぐボンケンコン・エリア（→ P.223）の家賃が高騰したこともあって、このエリアに移り住む在住外国人が増加。それに伴って市場周辺には、おしゃれなブティックや雑貨店、カフェやバー、世界各国料理の飲食店、旅行者向けのホステルなどが集まるようになり、現在、プノンペンで最もホットなエリアとなっている。味のいいローカルな食堂や屋台も多く、地元の人々の暮らしを垣間見ることができるのも、このエリアの魅力だ。

カジュアルな飲食店が多いがまれに高級店も

ファストフード的存在の中華チェーン店「カンフー・キッチン」（MAP P.226-1B）。水餃子が名物

清潔な店内の食堂が多い。多くは朝・昼のみの営業

籐や水草、竹などを使った製品を売る「Heang Lyhak」（MAP P.226-1A）のバッグ 5US$

各国料理店も揃う。珍しいイラク料理の「ミドルイースト」（MAP P.226-1B）（左）。ギリシア料理の「イリヤ・グリーク・キッチン」（MAP P.226-1B）は地元の若者にも人気（右）

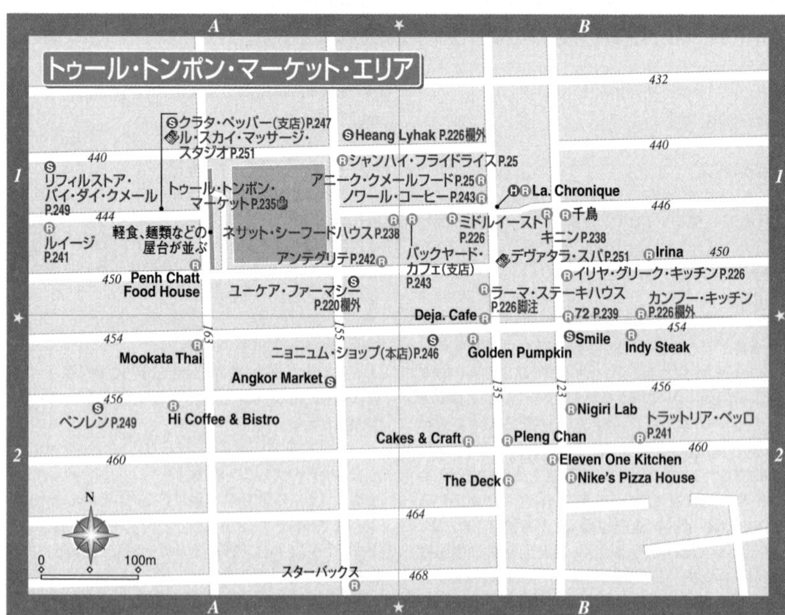

ラーマ・ステーキハウス　Rama Steakhouse：地元の若者に大人気のローカルステーキハウス。ステーキ（3.5 ～ 6US$）はチキン、ポーク、ポークチョップ、ビーフの 4 種類で、ご飯、サラダ、ポテト、2 種類のソースが付く。MAP P.226-1B↗

プノンペンのローカルナイトライフ

夕方になると、町のあちこちに屋台が立ち始め、夜までにぎわいを見せるプノンペン。せっかくだから、ローカルな夜を体験してみてはいかがだろう。初めてのカンボジア旅行でも安心の、地元流夜の過ごし方を紹介する。

プノンペン・ナイト・マーケット
Phnom Penh Night Market

オールド・マーケット近くの公園では、毎晩「プノンペン・ナイト・マーケット」が催され、カンボジア人の家族連れでにぎわう。おみやげにもうってつけなカンボジアの手工芸品や衣料品を売る店、飲食店などが出店し、縁日のような雰囲気だ。飲食店のメニューは豊富で人気がある。さらに、曜日によってはコメディショーや歌謡ショーが開かれ、やや地味ながらも地元の人には大人気だ。ショーはいずれも19:00頃から。

MAP P.263-1D
住 Sisowath Quay, Near Old Market ☎016-499922
営 17:00〜23:00 休 無休

地元の歌手による歌謡ショーも催される

露店は衣類がメイン。おみやげになりそうなウエアもある

マーケット奥の飲食エリアは 18:30頃から混み始める

家族連れや外国人観光客の姿も(上)。スナックやスイーツもある(右)

知っておきたい カンボジアの治安&安全対策

以前から外国人が巻き込まれる犯罪や事故が起こっているカンボジア。
プノンペンは拳銃を使った強盗事件も起きており、ひったくりも非常に多い。
P.346と併せて治安&安全対策をチェックしておきたい。

特に多いひったくり

プノンペンで特に多く、市内どこでも昼夜問わず頻発。バイクに乗ってすれ違いざまにひったくる手口が多いため、腕や肩からかけるバッグは使わないこと(リュックがおすすめ)。トゥクトゥク乗車時も車内に手を伸ばして強引にひったくるケースがあるので、左右後ろにドアや網などが付いたタイプの車両に乗り、乗車時も注意を怠らないようにしよう。また路上でのスマートフォン操作は極力控えること。

強盗に遭ったら

強盗に遭った場合は絶対に抵抗しないこと。相手が銃器を持っている可能性もあり、実際に事件も起きている。貴重品は持ち歩かないこと。夜遊びスポットのリバーサイド・エリア(→P.222)やバサック・レーン&バサック・ストリート(→P.245)は特に注意。夜はもちろん、日中でも人が少ない場所でのひとり歩きは避けよう。

カジノ周辺は要注意

カジノ周辺は総じて治安が悪いことが多い。特に夜間は強盗事件も発生しているため、カジノに行く人は安心できるタクシーを利用すること。カジノに用のない人は近寄らないようにしたい。なお、カジノ街があるシハヌークビルは近年治安が著しく悪化。銃撃事件、麻薬や人身売買、誘拐事件などが起きている。

その他注意したいこと

1年を通して気温・湿度ともに高いカンボジアでは、日中は厳しい暑さが続く日も。熱中症や脱水症状を防ぐためにも、帽子・サングラスを着用し、日差しに当たり過ぎないようこまめに休憩を。水分補給にはココナッツジュースがおすすめ。

↘住 No.62, St.135 ☎069-494411 営 9:00〜19:00 休 無休 カード 不可 予約 不要

王宮&シルバーパゴダ
☎なし 開8:00～11:00、14:00～17:00（最終入場は10:30と16:30）
休無休（式典時は入場不可）
料10US$（6歳以下は無料）
ひざが見える短パンやスカート、タンクトップやノースリーブシャツ、帽子着用では入場不可。また、大きなバッグも持ち込み不可。シルバーパゴダは土足厳禁で、内部の写真撮影禁止。即位殿の内部は入場禁止。英語、日本語ガイド（10US$／45～60分）も頼める。

P.228 地図❷：即位殿は新1000R札の裏に描かれている

見どころ Sightseeing

★★★ 現国王の公務&居住の場 MAP P.264-3A

王宮

វាំង ◆ウェアン

王宮の歴史は、1866年にノロドム王が当時の首都ウドンからプノンペンへ遷都したとき、この地に宮殿を築いたことに始まる(1870年2月落成)。当初は木造だったが、1919年、シソワット王の代にフランス人建築家によって今のスタイルに再建された。

1991年11月に前国王のシハヌーク殿下が帰還し、現在はシハモニ国王と王妃の公務と居住の場となっている。そのため中にある建物はすべて、特別な式典のとき以外は閉鎖されているが、そのうちのいくつかは前庭から風格ある外観を望むことができる。

そのひとつが広い敷地内のほぼ中央にどっしりと構えた「即位殿」。仏頭を頂いた高さ59mの尖塔と黄色い屋根が印象的なこのホールでは、戴冠式や国王誕生日など重要な王室行事が執り行われる。ちなみに、2004年10月29日、現国王のシハモニ国王の即位式もここで行われた。また、数ある建物のなかで最も異彩を放っているのが、「ナポレオン三世の館」と呼ばれる洋館。これはナポレオン三世の妻、ユージーヌ王妃からノロドム王への贈り物で、フランスから移築された建物。

なお、王宮への入場は正門からではなく、その南東側にあるシルバーパゴダと共通の入口から入る。

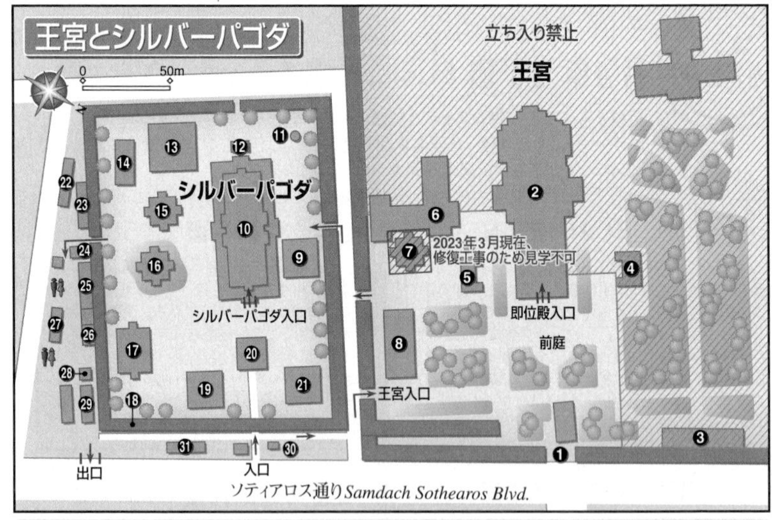

❶勝利の門
❷即位殿
❸チャン・チャーヤの館
❹ゾウ舎
❺宝庫
❻国王の執務室
❼ナポレオン三世の館
❽宴会ホール
❾図書館
❿シルバーパゴダ
⓫鐘楼
⓬ミニチュアのアンコール・ワット
⓭スラマリット王のストゥーパ
⓮王家式典の館
⓯カンタ・ボーファ王女のストゥーパ
⓰「カイラス山」を模した丘
⓱コエン・プリア・バット
⓲『ラーマーヤナ』の壁画回廊
⓳アンドゥオン王のストゥーパ
⓴ノロドム王の騎馬像
㉑ノロドム王のストゥーパ
㉒クメール文化・生活博物館
㉓クメールの伝統家屋と伝統衣装の展示
㉔伝統音楽の演奏
㉕ショールーム・オブ・ロイヤル・パランキーン
㉖ホワイト・エレファント・パレス
㉗エレファント・ボックス・ショールーム
㉘クメール伝統ハウス
㉙王家の写真展示館
㉚チケット売り場
㉛シハモニ王の展示館

P.228 ⑯：聖山カイラスを模した小さな丘。涼しくちょっとした休憩にいい

P.228 地図❽：さまざまな催し物が行われた宴会ホール

P.228 地図⑰：コエン・プリア・バット。黄金に光る巨大な仏足に圧倒される

★★★ 5329枚もの銀タイルを敷き詰めた MAP P.265-1A

シルバーパゴダ

វត្តព្រះកែវមរកត ◆ ウォアット・プレアハ・カエウ・モロコット

王宮の南側に隣接するこの寺は、王室の仏教行事が行われてきた場所で、正式名称は「ウォアット・プレアハ・カエウ・モロコット（＝エメラルド仏の寺院）」。1892～1902年にかけてノロドム王の治世下で創建された当時は、木材とれんがで造られていたが、1962年、大理石の支柱とテラスが美しい現在のスタイルに再建された。シャンデリアのともる内部には、宝石をちりばめた金銀の仏像など、約1650点もの宝物が納められている。その床は約20cm四方の銀タイル5329枚（1枚の重さ1.125kg）が敷き詰められており、そのことからこの寺は通称「シルバーパゴダ（銀寺）」と呼ばれるようになった。

内部中央に安置された黄金の宝冠仏が目を引く。重さ約90kg、王冠にはめられた25カラットの物を含め、表面に2086個のダイヤモンドがちりばめられたこの仏像は、1904年にシソワット王によって納められたもの。同王の兄であるノロドム王の死後、その遺言に従って純金の骨壺や貴金属を溶かして作られたという。

その背後にある仏殿には、この寺院の名前の由来となった小さなエメラルドの仏像が座している。その手前にはスリランカから持ち帰った仏舎利が納めてあるという小さなストゥーパや、仏陀の一生を表した小さな黄金像、さらに周囲には数え切れないほど多くの小仏像や各国の王室や高僧から贈られた宝物がズラリ。

敷地内にはパゴダのほかにもいくつかの見どころがあるので、ひと回りしてみよう。パゴダの北側の「図書館」には仏典が納められ、中央に聖牛ナンディンの像が祀られている。パゴダの南側には、黄金の巨大な仏足がある「コエン・プリア・バット」、聖なる「カイラス山」を模した人工丘の祠（ほこら）には仏足石が安置されている。その裏側には幼くして病死したシハヌーク王の愛娘「カンタ・ボーファ王女のストゥーパ」や「スラマリット王のストゥーパ」がある。また周囲を取り囲む回廊には、『ラーマーヤナ』（→P.38）を題材にした壁画が642mにわたってぐるりと描かれている。物語は東側の入口付近からスタートしているので、パゴダ見学のあとにゆっくり鑑賞して回ろう。また、出口付近には「クメール文化・生活博物館」もあり、カンボジアの伝統的な生活様式が再現されている。

P.228 地図❿：新100R札の裏にシルバーパゴダが描かれている

P.228 地図㉕：王族専用のさまざまな乗り物が展示されていて見応えがある

P.228 地図㉘：クメール伝統ハウスには伝統工芸品なども展示

近世～現代の歴代国王

アンドゥオン王
↓ （1847～59年）
アンチャン二世の弟

ノロドム王
↓ （1859～1904年）
アンドゥオン王の息子

シソワット王
↓ （1904～27年）
ノロドム王の弟

モニボン王
↓ （1927～41年）
シソワット王の息子

シハヌーク王
↓ （1941～55年）
ノロドム王の曾孫

スラマリット王
↓ （1955～60年）
シハヌーク王の父

シハヌーク王
↓ （再即位1993～2004年10月）

シハモニ王
（2004年10月～）
シハヌーク王の息子

国立博物館
住St.13　☎(023)211753
開8:00～17:00（最終入場16:30）　休無休　料10US$(10～18歳は5US$、9歳以下は無料)

館内はカメラでの写真撮影は禁止だが、スマートフォンでの撮影は可能。入口では、日本語のガイド（6US$～／60分）が頼める。日本語の音声ガイド機（5US$）の貸し出しは、2023年3月現在、停止中。

時間をかけてゆっくり見学したい

★★★ クメール芸術の至宝の数々を展示　MAP P.264-3A

国立博物館

សារមន្ទីរជាតិ ◆サラモンティー・チアット

王宮の北側に位置する、1920年開設の国立博物館。4つの小さな池をもつ緑豊かな中庭を囲むように回廊がある造りで、その回廊に、カンボジア全土から集められた歴史的価値の高い文化財が展示されている。

赤いクメール様式の美しい博物館。建築にも注目したい。初期はアルバート・サルー博物館と呼ばれていた

展示物は、先史時代（紀元前3～2世紀）からフランス植民地時代（17～20世紀前半）まで、おおよその年代別でエリアごとに分かれて並べられているが、最大の見どころは、彫像の数々だ。9世紀以前のプレ・アンコール期から12世紀後半～13世紀後半のジ

国立博物館ガイド

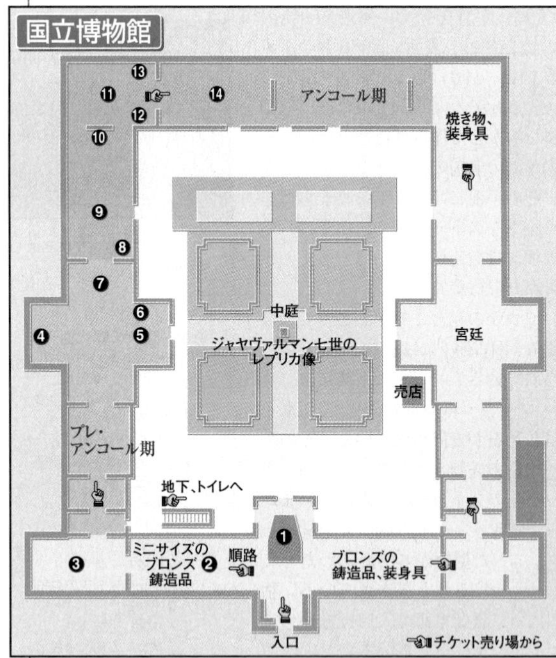

❶ガルーダ(10C、コー・ケー遺跡群)
❷プノン・バヤンのシヴァ神(?)の足(6C?、タケオ)
❸横たわるヴィシュヌ神(11C後半、西メボン)
❹8本腕のヴィシュヌ神(6C末～7C初頭、プノン・ダ遺跡)
❺ヴィシュヌ神(9C、プラサット・トマ・ダッ遺跡)
❻シヴァ神(9C、バコン遺跡)
❼ヤマと碑文(8C?、アンコール・トム遺跡)
❽シヴァ神(10C初頭、プノン・クロム遺跡)
❾ブラフマー神の頭(10C初頭、コー・ケー遺跡)
❿格闘する猿(10C、コー・ケー遺跡群)
⓫サハデヴァ(10C、コー・ケー遺跡群)
⓬ラクシュミー(吉祥天)(11C)
⓭ナーガ上の仏陀(13～15C、バイヨン遺跡)
⓮瞑想するジャヤヴァルマン七世(12C末～13C初頭、アンコール・トム遺跡)

時代ごとに比較してみるとおもしろい

入口を入ると左右両側のガラスケースに、ブロンズの鋳造品や装身具などが展示されている。ここは最後に観るとして、すぐに左側に向かおう。ここにはプレ・アンコール期の絶品がめじろ押しである。時間がない場合には、このスペースに最も時間を費やしてほしい。

次のスペースからはアンコール期の彫像が数多く並んでいる。バイヨンの創建者であるジャヤヴァルマン七世の座像（→P.230⑭）があり、この像は必見である。9世紀以前のプレ・アンコール期の彫像の表情と、12世紀に作られた物の表情とを比べてみるとおもしろい。両者には共通点はあるが、造形意識が大きく変化していることがわかる。

最後のブロックはアンコール衰亡後の王宮での生活用品が多く並んでいる。往時の宮廷生活の一端をしのぶことができる数少ない資料である。

博物館の中央には気持ちのよい中庭があるので、美術鑑賞に疲れたら中庭で気分転換をおすすめする。中庭側にも多くの逸品が展示されているので見逃さないように。

ャヤヴァルマン七世の時代のものまで、クメール芸術の至宝を目の当たりにできる。時代によって顔の作りや精巧さが異なるので時間をかけてゆっくり鑑賞したい。名称、出土場所、作られた時代のみで説明が記されていない展示品が多いため、日本語音声ガイド機(2023年3月現在、貸し出し停止中)またはガイドを頼むといいだろう。

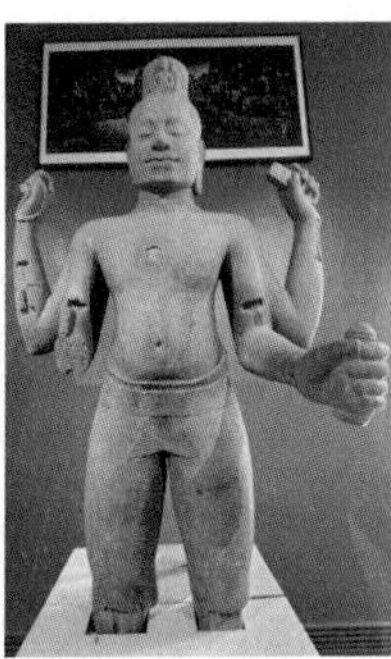

サハデヴァ像(→P.230 ⑪)。ニューヨークのメトロポリタン博物館から2013年に返還された(左)。ひとつの岩から彫られた観世音菩薩、ロケシュバラ像(12～13世紀、アンコール・トム遺跡)(中)。ヤマと碑文(→P.230 ⑦)。ライ王のテラス(→P.63)の像でライ王と呼ばれていたが碑文によるとヤマの像だという(右)

格闘する猿(→P.230 ⑩)

ブラフマー神の頭(→P.230 ⑨)。迫力満点の大きな二面像

クメール彫刻の解説書を携えて

博物館でのいわゆる“感動の仕方”を教えてくれる本は少ないが、日本語版のテキストとしてはJ・ボワスリエの著書『クメールの彫像』(連合出版)(→P.372)をおすすめしたい。この本は、80年を超えるフランスの極東研究の幅広さと奥行きを感じさせてくれる。著者のボワスリエ氏は東南アジアの美術史・図像学の世界的な権威で、博物館所蔵の代表作から24点を選び、クメール彫刻史の全体的な流れを平易な表現で解説。この本を片手に博物館内で半日を過ごせば、クメール美術に対する親しみは倍増するはずだ。自分自身の目で彫像やレリーフを一つひとつ確かめ、クメールの宇宙観をある程度イメージできるようにしてから、遺跡巡りへと旅立つことが、クメール文明を理解するための早道である。

これだけは見落とせない3点!

国立博物館には多くの彫像が収蔵され、どの作品にもファンが多い。しかし、見学時間がかぎられていて、すべては観られない人には、次の3点をおすすめしたい。

●8本腕のヴィシュヌ神像(→P.230 ④)

クメール美術に特徴的な馬蹄形の支柱に支えられたヴィシュヌ神で、腰を前方に張り出した伝統的なポーズを取っている。鷲鼻で目が細く厳格な表情からは、インド様式の模倣から独立した力強さが感じられる。やや足が短いのもクメール人の体型を表現したためであろう。

「8本腕のヴィシュヌ神像」は、高さ約2m70cmの大きな彫像

●横たわるヴィシュヌ神の胸像(→P.230 ③)

博物館に入って左側の奥にあるブロンズ製の胸像。体の部分が失われているが、横たわったヴィシュヌ神のへそからブラフマーが誕生する構図であった。この像は、穏和な表情と感性にあふれたしなやかな手が魅力的である。

「横たわるヴィシュヌ神の胸像」は、高さ約1m14cm。その大きさには圧倒されてしまう

●ジャヤヴァルマン七世像(→P.230 ⑭)

瞑想する姿のジャヤヴァルマン七世像。両手が失われているが、がっしりとした体格の壮年の王の姿が忠実に表現されている。不必要な装飾を極力なくし、王の威厳と秀麗さが見事に表現されている。

(重枝　豊)

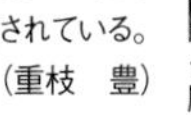

クメール彫刻のなかでも最も力強い彫刻といわれる「ジャヤヴァルマン七世像」は修復・復元作業が開始

ソーソーロー博物館（カンボジア経済貨幣博物館）
住No.19, St.106
☎085-856513
URL sosoro.nbc.gov.kh
開9:00 ～ 18:00（最終入場17:30） 休 月曜、祝日
料5US$
日本語の音声ガイド機（3US$）あり。

カフェ・クラン
Cafe Klaing
MAP P.263-1D
住No.19, St.106（入口はSt.102側） ☎093-882223
営7:00～17:00（食事 7:30 ～ 14:30）
休 無休 カード 不可
ソーソーロー博物館敷地内のカフェ。アラビカ 100%の厳選豆を使用したコーヒーが自慢で 4500R ～。貨幣がデザインされたモダンな店内のほか、緑に囲まれたガーデン席もある。

バターたっぷりのクロワッサンや食事系メニューも人気

ワット・プノン
開7:00 ～ 19:00 休 無休
料1US$
寺周辺は夕方以降は治安が悪くなるため、見学は日の高いうちに。

本堂に祀られた黄金の仏像

プノンペンの名前の由来
伝説によると、14 世紀末にペンという裕福な夫人がいた。ある日、夫人はメコン川の岸に流れ着いた流木の中に仏像が隠されているのを見つけ、近くの丘に寺を建立してその仏像を安置した。その丘は信心深い夫人にちなんで「ペン夫人の丘」、つまり「プノン・ペン」と呼ばれるようになり、それがこの町の名前となった。またその寺が現在のワット・プノンである。

本堂脇に鎮座するペン夫人の像

★★★ お金や経済に焦点をあてた博物館 MAP P.263-1D

ソーソーロー博物館（カンボジア経済貨幣博物館）

Sosoro Museum（Cambodia Museum of Economy & Money）

イーシャーナヴァルマン国王の名入り金貨。ほかにも複数の古代の硬貨が展示

プレ・アンコール時代から現代までのカンボジアの貨幣・経済にまつわる歴史をたどれるほか、基本的な経済や通貨の仕組みも学べる博物館。ドキュメンタリー風など豊富な映像展示、実物展示、タッチパネル展示などで非常にわかりやすく、見応えがある。特に注目すべきは、2012 年トゥール・トンポン・マーケット（→ P.235）近くから発見された、イーシャーナヴァルマン（Icanavarman）国王の名前が刻まれたカンボジア初とされる 7 世紀前半の金貨からひも解かれていく、プレ・アンコール期からアンコール期にかけての展示だ。アンコール王朝時代は物々交換だったことから、カンボジアでは近代まで通貨はなかったというのが定説だったが、このイーシャーナヴァルマン国王の金貨発見によって、その見解は覆された。その後、扶南（1 ～ 7 世紀）の中心都市であったアンコール・ボレイ周辺（現在のタケオ周辺）から約 2000 もの硬貨の発掘がされている。

1939 年からのカンボジア紙幣コレクションの展示

★★★ プノンペンの町の名の由来となった MAP P.261-3B

ワット・プノン

វត្តភ្នំ ◆ ウォアット・プノム

小高い丘に建つワット・プノンはこの町のシンボル

その名のとおり、ノロドム通り北端の小高い丘の上にあるワット・プノン（＝丘の寺）は、市内で最も歴史ある寺のひとつ。その始まりは 1372 年、この町の名前の由来となったペン夫人がここに寺を建立したことが起源といわれている（→欄外）。その後、幾度も再建されているが、今ある寺は 1927 年に再建され修復が加えられたもの。

丘の東側からナーガの階段を上っていくと、まず正面に本堂。内部中央には黄金の仏像、それを取り巻くようにたくさんの仏像が祀られ、壁面には仏陀の一生が描かれている。本堂の裏側（西側）にそびえ立つストゥーパはポニャー・ヤット王（在位 1421 ～ 1467 年？）のためのもの。シャムの侵略を受けたアンコール王都を放棄し、1434 年頃にこの地に都を移したポニャー王の遺灰が納められている。その南側には伝説のペン夫人の像を祀った小さな祠があり、人々のあつい信仰に守られて今も線香の香りが絶えない。

大コウモリがすむ樹：ワット・プノンの東側、チケット売り場近くに大コウモリ（ライルオオコウモリ）がすむ樹がある（MAP P.261-3B）。昼間は枝に鈴なり状態でぶら下がっているだけだが、夕方から付近を飛び始め、大きなものは羽を広げると↗

★★★ キリング・フィールドへ連行される前の尋問・拷問の場 MAP P.268-1A

トゥール・スレン虐殺博物館

សារមន្ទីរទួលស្លែង ◆ ラモンティー・トゥオル・スラエン

各部屋には拷問時に使用されたベッドと、壁にはその写真が張られている

1975年4月から3年8ヵ月に及んだポル・ポト政権下では、全土で無謀な社会主義改革が強行された。それを妨害する「反革命分子（スパイ）」とみなされた人々は家族とともに次々に捕らえられ、各刑務所で激しい拷問を加えられ尋問された。その"粛清"の舞台のひとつとなったここは、当時「S21（Security Office 21）」と呼ばれ、現在はポル・ポト派の残虐行為を後世に伝える博物館として公開。ユネスコ記憶遺産にも登録された。

高校の校舎を転用した4棟の建物のうち、正面から向かって一番左のA棟は尋問室。ポツンと残された鉄製のベッドが生々しい。続くB棟には収容された人々の顔写真が部屋の壁一面に張られている。C棟の1階と2階は狭い独房で、手足をつないだ赤さびた鎖が印象的だ。3階は雑居房跡、そしてD棟には残酷な拷問の様子を描いた絵や器具などが展示されている。

ここには記録にあるだけで約2万人が収容されたが、そのうち生還できたのはわずかに7人。虐殺されたのは農民、技術者、僧侶、教師、学生などあらゆる職業の罪なき人々。また、その多くは高級幹部を含む、党の忠実なメンバーたちだったという。D棟の2階には生還者のその後の人生と談話が写真とともに展示されている。

★★ クメール・ルージュによる大量虐殺地 MAP 折裏-4A 参照

キリング・フィールド

វាលពិឃាត ◆ ウィアル・ピキアット

プノンペンの南西約15kmのチュンエク村には、通称「キリング・フィールド」と呼ばれる場所がある。ポル・ポト政権時代、トゥール・スレン刑務所（現在は博物館→上記）に収容された人々はここに運ばれて処刑され、遺体は村の129ヵ所に埋められた。後にその一部が掘り返され、地面にはそのときにできた大きな穴がそのまま残っている。その近くには、掘り出された8985柱の遺骨を安置した慰霊塔が建つ。また、写真中心の展示室もあり、ポル・ポト政権時代や遺体が掘り出された当時の写真が展示されている。音声ガイド機には施設の解説のほか、生存者たちの体験談やクメール・ルージュの元番兵で刑執行人の証言なども収録されており、時間の許すかぎり耳を傾けたい。このような虐殺場所はカンボジア全土に300ヵ所以上確認されている。

大量の遺体が発見された埋葬地（左）。慰霊塔内は17段に分かれている。これはポル・ポト派がプノンペンを占領した1975年4月17日の「17」を表す（右）

トゥール・スレン虐殺博物館
住 St.113
☎ (023) 6555395、077-252121
開 8:00～17:00　休 無休
料 5US$（10～18歳は3US$、9歳以下は無料）

日本語の音声ガイド機（5US$）あり。英語ガイド（10US$／約45分）を頼むことも可能。またD棟3階では、9:00と15:45からポル・ポト政権下を生き延びた人々の体験談を中心とした約1時間のドキュメント映画を上映。

ノースリーブ、半ズボンは入場不可。入口で半袖シャツ、長ズボンの貸し出しもしている（有料）。

元高校の校舎は当時のまま保存されている。学び舎と刑務所、そのギャップがさらに残酷さを増す

キリング・フィールド
☎ 012-576872、012-341237
(023) 305371
開 7:30～17:30　休 無休
料 6US$（日本語音声ガイド機付き）

正式名称は「Choeung Ek Genocidal Center」という。英語ガイドを頼むこともできる（要チップ）。

公共の交通機関はないので、トゥクトゥクで行くことになる。トゥクトゥクで往復20US$～。片道所要45分～1時間。旅行会社（→P.257）のツアーもある。

展示室での映画上映

展示室では9:00～12:00、13:00～16:00の間に、約15分間の虐殺にまつわる映画（英語）が上映されている。無料。

遺体を掘り出した穴は埋められずそのまま残されている。雨季には遺骨や衣類が見えることもある

↘1m近くにもなる。コウモリはさまざまな病原体を持っているので、不用意に近づかないようにしたい。

セントラル・マーケット
営 店によって異なるが、だいたい7:00～17:00
休 無休

市場内中央のドーム内には時計塔が立ち、時計塔を囲むように宝石・貴金属店が並ぶ。時計塔近くには両替商もある

色とりどりの果物がズラリと並ぶ。カンボジア人の生活に欠かせないバナナは、数種類以上ある

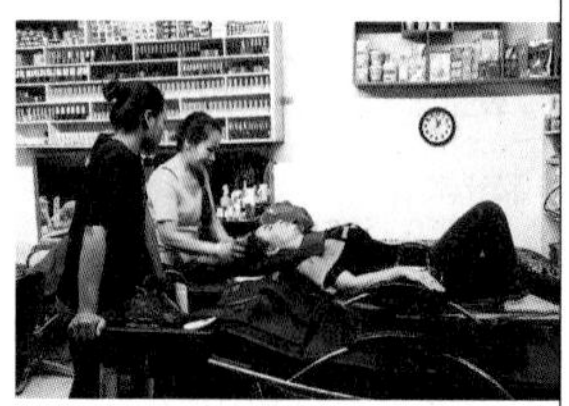
場内には美容室まであり、シャンプーやネイルもできる

揚げ物や海鮮グリルの屋台（上・下）

★★★ ドーム形のユニークな建物の中央市場

MAP P.262-2B ～ P.263-2C

セントラル・マーケット

ផ្សារធំថ្មី ◆ プサー・トゥメイ

プノンペンの中心街、商店が軒を連ねる商業地区の核となっているのがセントラル・マーケットだ。中央にはドーム形建物、そこから四方へ棟を延ばしたユニークな建築で、現地では「プサー・トゥメイ（新市場）」と呼ばれている。創建は1937年のフランス統治時代と歴史ある建造物だが、2009～2013年の改装工事により、外装・内装ともに一新され、通路も整備された。

アールデコ様式で建てられたセントラル・マーケット

中央部のクリーム色のドーム内には、宝石や貴金属の店がひしめき合い、ゴールドやルビーがきらめいている（ただし、ニセ物や粗悪品も多いので注意！）。そのドームからタコの足のように延びる通路。建物の外側まで、ぐるりと取り囲む売り場。人の流れに乗って歩いていると方向感覚が薄れ、自分がどこにいるのかわからなくなってしまう。びっしりと積み上げられた食料品、雑貨、電化製品、衣料品……。文字どおり中心街のヘソともいえる場所にあって、ありとあらゆる物があふれている。

みやげ物探しならドームの東側へ回ってみよう。通路両側にTシャツやクロマー（カンボジア式スカーフ）、民芸品などのみやげ物店が軒を連ねている。もちろん値段は交渉次第だが、客の大半は外国人観光客なので、どこもなかなか手ごわい。

時計塔近くの宝石店。偽物もあるが、ラタナキリブルーと呼ばれる宝石、カンボジア産ジルコンを売る店もある（左上）。絵画販売の店も（右上）。フレッシュココナッツジュース（1US$）は果肉ありとなしが選べる（左下）。みやげ物はタイ産も多いがカンボジア産もある（中下）。Tシャツはまとめ買いすると安くなる（右下）

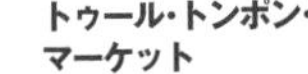

★★★ ロシアン・マーケットの名で親しまれる　MAP P.268-2A

トゥール・トンポン・マーケット

ផ្សារទួលទំពូង ◆プサー・トゥオル・トンプーン

通称「ロシアン・マーケット」とも呼ばれるこの市場は、骨董品の店がたくさんあることで有名で、外国人旅行者の姿も多い。市場がどんどんと新しく建て直されているプノンペンにあって、いまだ平屋の昔ながらの市場の雰囲気を残す市場だ。狭い通路沿いには日用雑貨、衣料品の店のほか、ブロンズの神像や陶磁器、古民具、古銭、古絹などがゴチャゴチャと並べられている。骨董品などはまさにマニア垂涎……と言いたいところだが、大半はみやげ物用に作られたコピーなので念のため。ちなみに骨董品店、外国人旅行者向けのみやげ物店、シルク店は市場の南側、南西側に集まっている。骨董品以外にも金・銀製品、民芸品、シルク製品などの種類はセントラル・マーケットより豊富で、見て回るだけでも楽しい。品揃えの豊富さ、値段の安さともに、みやげ物の買い物ならプノンペンでNo.1の場所といえるだろう。

スバエク（→ P.140）の影絵人形も販売

トゥール・トンポン・マーケット
営 店によって異なるが、だいたい 7:00 ～ 17:00
休 無休

ミシンを並べた仕立て屋が集まるエリア

掘り出し物を探しに来る外国人客も多い

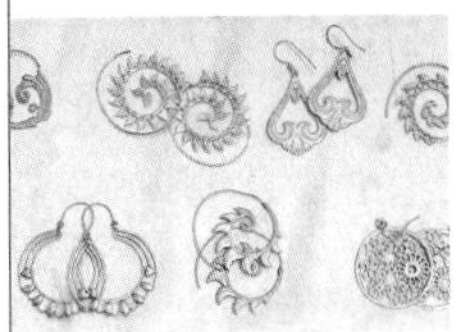
使用済み薬きょうをアクセサリーにアレンジした商品が人気

キッチュなアプサラ人形（左上）。工芸品も多く、質のいいものもある（右上・左下）。市場周辺は路上市場になっており、屋台も多く出る（中下・右下）

★★ 市場周辺の屋台街で有名　MAP P.266-1A

オルセー・マーケット

Orussey Market

セントラル・マーケット（→ P.234）の南西約 1.2km にある周辺の屋台街（→ P.151）が有名な市場。市場内部は日用品がメインでごちゃごちゃとしてローカルな雰囲気。

オルセー・マーケット
住 St.182
営 店によって異なるが、だいたい 8:00 ～ 17:00
休 無休

市場周辺は交通量が多く人も多いため、スリには要注意

細い通路に商品が積み重なったひと坪ショップがびっしりと並ぶ（左）。市場内入口付近にも軽食やスイーツの屋台が出る（中・右）。

独立記念塔
☎ なし
開 入場不可（敷地内へは入れないが周辺から遠望することはできる）
休 無休　料 無料
※3万R札の裏に独立記念塔が描かれている。

夜はライトアップされ昼間とは別の表情を見せる

フランスからの独立を記念して建てられた

★★★ 独立記念塔

វិមានឯករាជ្យ ◆ ウィミアン・アエク・リアィット

MAP P.267-2D

1953年11月9日に達成されたフランスからの完全独立を記念して1958年に建造された塔。祖国のために戦い亡くなった兵士たちを祀る慰霊塔でもあり、毎年11月9日の独立記念日にはここで式典が執り行われる。シハヌーク通りとノロドム通りが交わるロータリーに堂々とそびえ立つその姿は、アンコール・ワットの尖塔をも彷彿とさせる。なお、塔の建つ敷地内には入れない。

塔の東側はトンレサップ川まで続く公園で、市民の憩いの場となっている。

プノンペンのランドマークでもある独立記念塔

サンセット・クルーズ
住 Sisowath Quay（乗り場）
営 17:00 ～ 21:00 の間に30分間隔で運航（チケット売り場 8:00 ～ 20:00）
休 無休
料 5US$（ソフトドリンク付き）　カード 不可
シソワット・キー沿いから複数の船が出ているが、どれも5US$。音楽を爆音で流す船もあるので乗船前に確認を。

プノンペンの町並みを船から楽しむ

★★ サンセット・クルーズ

Sunset Cruise

MAP P.261-3B

船のデッキからのんびりとした町の景色とともに夕日が楽しめる観光船が複数運航。どの船もシソワット・キー沿いの乗り場を出発し、メコン川と交わる所にあるダイヤモンド・アイランド（MAP 折裏 -3C～4C）あたりまで下ったあと戻ってくる。45分～1時間の乗船。

簡素な船だが川風に吹かれながらのクルーズは気持ちがいい

シルク・アイランド
住 Koh Dach
シルク・アイランドへはカンボジア日本友好橋を渡り、国道6号線を北上した所にある船着場からフェリーで約5分。
コミュニティ・シルク・アイランド
Community Silk Island
住 Koh Dach　☎ 012-860182
開 8:00 ～ 17:00　休 無休
料 5000R

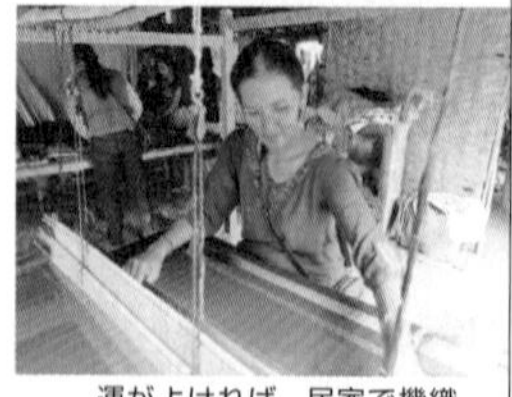
運がよければ、民家で機織り作業が見られるかも

牧歌的な風景に癒やされるシルクの村

★★ シルク・アイランド

Silk Island

MAP 折裏 -1C 参照

町の北側にあるカンボジア日本友好橋（→脚注）から北東へ約5km。牧歌的で素朴な風景が広がるシルク・アイランドと呼ばれる小さな島がある。その名のとおり、絹織物業が盛んな島だ。島内にはコミュニティ・シルク・アイランドという、絹織りの工程を紹介する屋外施設があり、現在でも使われている手織り機や繭玉などが展示されている。

コミュニティ・シルク・アイランドでは伝統的な染色工程を再現した展示がある（左）。民家でもシルク製品を販売（右）

カンボジア日本友好橋：町の北側、トンレサップ川に架かる全長約700mの橋。1973年にクメール・ルージュに破壊されたが1994年、日本の援助で修復され改名された。現地では、スピアン・チュローイ・チョンワーと呼ばれる。MAP P.261-1A ～ 1B

R 味も雰囲気も抜群の高級店　カンボジア料理

マリス Malis

MAP P.267-3D

伝統的なカンボジア料理を基本に、周辺国の影響を受けた現代のカンボジア料理を提供する有名店。美しく盛りつけられた料理の数々はスパイス控えめでどれも食べやすい。故ボーパ・デヴィ王女と親交のあったヘッドシェフが特別に王宮の秘伝レシピを教わったこともあり、それらの料理をマリス風に仕上げたひと皿もメニューに並ぶ。揚げ麺に豚肉をのせたロイヤル・マック・ミーもそのひとつで、ここでしか味わえない逸品だ。朝食メニュー（2.5US$～）も豊富。

ロイヤル・マック・ミー（13US$）。豚肉はスパイス＆ハーブでマリネした後、ココナッツミルクでじっくり煮込んでからグリルするという手の込んだもの（左）。夜の雰囲気も抜群（上）

住 No.136, Norodom Blvd.
☎ 015-814888　営 7:00～22:00　休 無休
カード J M V　予約 夜は要予約
ドレスコード スマートカジュアル

R 厳選食材を使用＆クメール宮廷料理も味わえる　カンボジア料理

クラバン Kravanh

MAP P.263-3C

さりげなくハーブやスパイスが香る上品な味わいの美食の数々が味わえる、知る人ぞ知る名店。素材にもこだわりがあり、自家農園で取れるオーガニック野菜をはじめ、カンボジア各地に足を運んで選び抜いた地場の食材のみを使用している。人気はタケオ産天然ロブスターのグリル(16US$)やフィッシュ・アモック(10US$)、カンボジアの国民食ともいえる麺料理のノォム・バン・チョッなど。4人以上ならクメール宮廷料理も楽しめる(24時間前までに要予約)。

米麺に白身魚のココナッツミルクカレーをかけて味わうノォム・バン・チョッ（12US$）。1品の量が多いのでシェアがおすすめ（左）。コロニアル建築のヴィラを改装したレストラン（上）

住 No.74, St.174　☎ 012-539977
営 11:30～14:30、17:30～20:30
休 無休　カード A D J M V　予約 不要

R メコン川の料理をおしゃれに提供　カンボジア料理

ラ・バーブ La'Baab

MAP P.262-1B

モニボン通り沿いにある古い建物の2階に店を構える隠れ家的レストラン。木造りであたたかみのある店内で供されるのは、カンボジア料理を中心にタイ、ベトナム、ラオスといったメコン川流域の伝統料理だ。盛りつけも美しく味もよいと地元の人々にも評判で、食事どきには満席になることも少なくない。メニューは写真付きで選びやすく、カンポット・ペッパーを使ったイカの生コショウ炒め(7.5US$)や竹筒入りのバーベキュー・チキン(6.8US$)などが人気。

焼きサバ、卵焼き、ゆで野菜をエビの発酵調味料ソースにディップしていただく素朴な料理もある（8.5US$）（左）。店内。店の外廊下からはプノンペン駅舎やバタナック・キャピタル・タワー（→ P.221 欄外）が見える（上）

住 2F, No.81E2, Monivong Blvd.
☎ 077-436436　営 11:00～14:00、17:00～22:00　休 無休　カード M V　予約 要予約

活きのいいおいしい海鮮料理を食べるならここ 海鮮料理

ネサット・シーフードハウス Nesat Seafood House

MAP P.226-1A

居心地がよくゆっくり食事を楽しめる。店の奥にも席があり、オープンキッチンでは調理風景も見られる

カンボジア×西洋の創作海鮮料理が味わえる大人気店。漁師の家をイメージした店内には緑に囲まれた小さな中庭席もあり、居心地のいい空間だ。船の形をしたソファ席、天然木のテーブル席、籠のランプシェードなど、海や自然を感じられるアイテムも楽しい。カンポット、シハヌークビル、ケップ産の活きのいい新鮮な魚介を使用しており、イカや貝類はミディアムレアで食べられるほどの鮮度のよさ。調理方法はバーベキューまたは炒め物が基本で、ソースや味つけが選べる。イカとエビはバーベキューの場合、各4.5US$～、炒め物の場合は各5US$～。盛り合わせのネサット・マッドネスも人気。

エビ、イカ、野菜のバーベキュー、カニのカンポット産コショウ炒め、ハマグリ入りトムヤムクン、ご飯がセットになったネサット・マッドネス（17.5US$）

住 No.72, St.446 ☎077-683003
営 11:00 ～ 16:00、17:00 ～ 22:00
休 日曜 カード 不可 予約 夜は要予約

在住フランス人が通う本格派 フランス料理

トパーズ Topaz

MAP P.269-1D

1997年から続く老舗の高級フランス料理店。フランス人シェフから直接手ほどきを受けたカンボジア人シェフによる非常に完成度の高い料理が味わえる。フォアグラのテリーヌ黒トリュフ添え（48US$）、但馬牛300gを使ったサーロインステーキのフォ・フィレ（135US$）などがおすすめ。お得なビジネスランチセット（25～33US$）もある。2022年の「アジアのベストレストラン50」でカンボジア初の90位にランクインした。

バターの風味たっぷりのオマールエビのグリル（22US$）（左）。サービスも非常にスマート。プノンペンにおけるフレンチを牽引してきた名店（上）

住 No.162, Norodom Blvd. ☎015-821888
営 11:00～14:00、17:00～21:30 休 無休
カード JMV 予約 要予約
ドレスコード スマートカジュアル

緑に囲まれたガーデンレストラン 創作料理

キニン Kinin

「キニン」という中庭に立つ大きな木から名づけられたガーデンレストラン。カンボジア料理と西欧料理を組み合わせたフュージョン料理がメインだが、ルック・ラック（6.5US$）などのカンボジア料理もある。鴨胸肉のステーキ、ハチミツとバルサミコ酢のソースがけ（写真、10.25US$）のほか、豚の角煮（6.5US$～）など、7～10時間じっくり煮込むスロークック料理も人気がある。

盛りつけも美しい。ランチは満席になることも多い

MAP P.226-1B 住 No.23, St.123 (Corner of St.446)
☎077-400846 営 11:00～23:00 休 月曜
カード 不可 予約 不要

川風が心地よい大型レストラン カンボジア料理

ボパー・プノンペン-タイタニック Bopha Phnom Penh - Titanic

トンレサップ川に面した客席は、夜になるとまるで船内のレストランで食事をしているよう。代表的なカンボジア料理が味わえ、人気はアモック（8.25US$～）やメコン川で取れるロブスター料理、1人前から注文できる鍋料理（6.95US$～）など。朝食メニュー（6:00～10:30）やセットメニュー（11.95US$）もある。席数の多い大型店だが川沿いの席は予約をしたほうがいい。

1回5分と短いが、アプサラ・ダンス（19:00～21:30）も楽しめる

MAP P.263-1D 住 Next to Siem Reap Ferry Dock, Sisowath Quay ☎ (023)427209
営 6:00～22:30 休 無休 カード MV 予約 望ましい

キングス・コート King's Court：安くて味がいいカンボジア料理店。メイン料理 4US$～。
MAP P.222-3A 住 No.341Eo, Sisowath Quay ☎012-545947 営 9:00 ～ 23:00 休 無休 カード 不可 予約 不要

R コロニアルホテルで本格料理を　カンボジア料理

ル・ロイヤル Le Royal

「ラッフルズ・ホテル・ル・ロイヤル」（→P.252）内の高級フランス料理店「ル・ロイヤル」が改装し、モダン・クメール・キュイジーヌとして生まれ変わった。メニューは毎月変わるが、洗練されたカンボジア料理とクメール宮廷料理をフィーチャーしており、高級食材を惜しみなく使ったメニューも多い。3品のコースで52US$など。

格式高い5つ星ホテルの中にあり、雰囲気抜群

MAP P.261-3A　住 No.92, Rukhak Vithei Daun Penh, Sangkat Wat Phnom（ラッフルズ・ホテル・ル・ロイヤル内）　☎（023）981888　営 18:30～22:30　休 月曜　カード ADJMV　予約 要予約　ドレスコード スマートカジュアル

R 地元の人が集う老舗　カンボジア料理

カルメッテ Calmette

上質の素材にカンボジア独特の味つけがマッチし、昔から地元のカンボジア人にはおいしい店として知られている。本格的なカンボジア料理に挑戦したいときにおすすめだ。アモック（写真奥、2万4000R）や揚げ春巻（写真手前左、2万4000R）、プラホック・クティ（→P.148、2万2000R）などを試したい。英語は通じないことが多いがメニューは写真付きで選びやすい。

スープ（手前右）は10種類あり2万4000R～

MAP P.261-2A　住 No.38B, Monivong Blvd.　☎ 092-123445、093-532561　営 5:00～20:00　休 無休　カード 不可　予約 不要

R カンボジア麺の専門店　カンボジア料理

オルセー・ヌードル Orussey Noodle

麺料理の専門店で、ワンタン麺（1万8000R）、牛肉団子入り麺（1万6000R）など、さまざまなカンボジアの麺料理を提供。麺は細い米麺、太い米麺、黄色い小麦麺など6種類から選べる。6:00～11:00にはスルメや豚骨でだしを取った米汁麺、クイティウ（→P.149）も食べられ、特に7:00頃は出勤前のカンボジア人でごった返す。市内に4店舗ある。

あっさりスープの牛肉団子入り麺。奥の肉まん（4000R）もおいしい

MAP P.262-3B　住 No.70Eo, St.217　☎ 012-796655　営 6:00～21:00　休 無休　カード 不可　予約 不要

R 牛肉の鉄板焼きが有名な食堂　カンボジア料理

イー・イー Yi Yi

カンボジア風鉄板ステーキのバイコールドット（Baykordot）専門店。鉄板ステーキは牛肉（7000R）、イワシ（7000R）、海鮮（1万R）の3種類あり、目玉焼きとご飯が付く。フライドチキン（3US$）や焼き豚（7000R）をのせたワンプレートご飯もあり、こちらも人気。食事時は混み合う人気店で、売り切れたら閉店なので早めに来店しよう。

熱々のできたてを味わえる。少し甘めのたれに漬けてある牛肉は軟らかくとても美味

MAP P.262-2B　住 No.49Eo, Corner of St.118 & St.61　☎ 012-977588、010-977588　営 6:00～14:30　休 無休　カード 不可　予約 不要

R 農村料理のおしゃれ食堂　カンボジア料理

ミァットプム Meatophum

野菜やハーブ、川魚などを使った農村料理を安くおしゃれに食べられる食堂で、ヘルシー志向の若い世代を中心に人気を集めている。1品4US$前後～で、店内はエアコンが効いたカフェのような内装。お昼時には会社員でいっぱいになる。メニューはクメール語のみだが、写真付きなので指さしオーダーも可能。

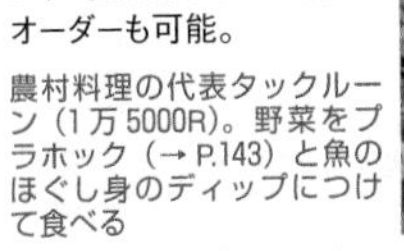

農村料理の代表タックルーン（1万5000R）。野菜をプラホック（→P.143）と魚のほぐし身のディップにつけて食べる

MAP P.268-1A　住 No.88-90AB, St.360　☎ 011-868010、016-868016　営 7:00～20:00　休 無休　カード 不可　予約 不要

R 安くてうまい大衆食堂　カンボジア料理

72 72

食堂の多いトゥール・トンポン・マーケット・エリア（→P.226）でも味がよく、安くておなかいっぱい食べられると地元の人や旅行者に人気。メニューの価格は一律、小サイズ2US$、大サイズ3US$で、1品注文するとお鍋に入ったご飯が付く。どれを食べてもハズレはないが、ナスとひき肉の炒め物（写真手前右）はご飯が進む味つけで看板メニューのひとつ。

スープは野菜がたっぷり取れるのがうれしい

MAP P.226-1B　住 Corner of St.123 & St.454　☎ 092-757008、061-901054（英語）　営 6:30～21:30　休 無休　カード 不可　予約 不要

ローカル食堂なら：清潔感があり、地元の人も多く利用する食堂はトゥール・トンポン・マーケット・エリア（→P.226）に多い。昼までの営業のところも多いので利用は朝・昼に。

R うま味たっぷり中国粥 中国料理

生記潮州砂鍋粥 Sang Kee Chaozhou Casserole Porridge

中国粥の人気店。粥は魚粥、オイスター粥など12種類で、どれも3サイズあり小サイズ(2〜3人前)6US$〜。グツグツと煮立った土鍋で提供されるので、お碗によそい、無料で付いてくる香菜やザーサイをトッピングして食べよう。お粥以外にも海鮮料理、肉料理、串焼きなど幅広いメニュー構成で本格中国料理が食べられる。メニューは写真&英語付き。

ピータンとひき肉のお粥（皮蛋痩肉粥）

MAP P.266-3B 住 No.565-567, Monivong Blvd. ☎095-778881 営16:00〜22:00 休 無休 カード 不可 予約 不要

R 羽根付き餃子で知られる 中国料理

鹿港小鎮 Lu Gang Xiao Zhen

台湾出身のオーナーが営む台湾料理店で、リーズナブルな価格と味のよさで、在住台湾人をはじめ在住日本人にも人気がある。甘味と酸味のバランスがちょうどいい糖醋排骨(酢豚、小6.5US$)やパリパリで薄皮の鍋貼(羽根付き焼き餃子、3US$／10個)、甘めのたれに辛さがあとから来る麻婆豆腐(小4.5US$)などが特に有名。写真付きメニューがある。

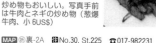

炒め物もおいしい。写真手前は牛肉とネギの炒め物（葱爆牛肉、小 6US$）

MAP 折 裏-2A 住 No.30, St.225 ☎017-982231 営7:30〜21:30 休 無休 カード 不可 予約 不要

R 中国風ラーメンが食べられる 中国料理

中國拉麺館 Chinese Noodle House

中国・江蘇省出身の店主が営む老舗の中国料理店。「安くてうまい」と、在住中国人もやってくる。小さく地味な店構えだが、常連客がいつも必ず食べている隠れた名店だ。麺料理がメインで、牛肉拉麺や鴨肉拉麺など全8種類あり、どれも中2.3US$、大2.75US$。麺料理以外にも、チャーハン(3US$)や餃子(2US$／12個)、炒め物などもある。英語メニューあり。

鴨肉拉麺。スープはあっさり、麺は太めで食べ応えがある

MAP P.266-3B 住 No.545Eo, Monivong Blvd. ☎012-937805 営9:00〜20:30 休 無休 カード 不可 予約 不要

R 肉汁たっぷりの餃子が美味 中国料理

江蘇人家 Jiang Su Ren Jia

モチモチとした厚めの皮を使用した餃子がおいしい中国料理店。具がたっぷり入った葱肉水餃(豚肉とネギの餃子、3US$／12個)がおすすめ。焼き餃子にすることもでき、カリッとした食感とあふれる肉汁がたまらない。獅子頭(土鍋で煮込んだ肉団子、2US$)も看板メニュー。店内は清潔で、写真付き&一部日本語メニューがあり、利用しやすい。

手前は海鮮焼き餃子（3US$）。左奥は揚州炒飯（4US$）

MAP P.262-3B 住 No.246Eo, Monivong Blvd. ☎011-435699 営9:00〜14:00、17:00〜21:30 休 無休 カード 不可 予約 不要

R 食べ放題の朝食とランチが人気 フランス料理

ケーマ・ラ・ポステ Khéma La Poste

本格フレンチが食べ放題の朝食(7:00〜10:00、13.5US$)とランチ(月〜金曜11:00〜15:00、14.5US$)が話題のカジュアル・フレンチダイニングの支店。金曜19:00〜21:00のワイン、コールドカット&チーズ、サラダ、メイン、デザートが食べ放題(25US$)も人気。食べ放題メニュー、アラカルトメニューともに、本店も同じ。価格は税・サービス料別途。

食べ放題ランチのメイン、ミラノ風カツレツ。朝食では自慢の卵料理をぜひ

MAP P.261-3B 住 No.41, Corner of St.13 & St.98 ☎015-841888 営7:00〜22:00 休 無休 カード J M V 予約 要予約 ドレスコード スマートカジュアル 〔本店〕 MAP P.267-2C

R 歴史ある建物で味わう フランス料理

パラ・デ・ラ・ポステ Palais de la Poste

仏領時代にカンボジア初のインドシナ銀行支店(本店はベトナムのハノイ)として建てられたコロニアル建築の建物を改装したフレンチの名店。海鮮を使った料理が得意で、おすすめは、シーフードスープ(10.5US$)や舌平目のムニエル(Sole Meuniere、65US$)など。パスタも人気がある。前菜、メイン、デザートのセットランチ(15US$)がお得。価格は税別。

郵便局のすぐそば。内部はクラシカルかつ重厚な雰囲気で、往時の雰囲気を残す

MAP P.261-3B 住 No.5, St.102 ☎016-735576、011-735576 営10:30〜14:00、17:00〜22:00 休 無休 カード D J M V 予約 不要

ノンパン・ニャック・ポアン Nam Pang Neak Poan：ひっきりなしに客がやってくる老舗のカンボジア風サンドイッチ、ノンパン・パテーの専門店。挟む具によって値段が異なり（1000〜6000R）、ポークハム&ミンチ、チキン↗

R 町角のイタリア食堂 イタリア料理

トラットリア・ベッロ Trattoria Bello

安くておいしい、気軽に利用できると大人気のピザ&パスタの食堂。焼きたてを味わえる自慢のピザはSサイズ2.6US$～、スパゲッティはMサイズ4.6US$～など。カンボジア産ティラピア&ライムのパスタ(5.6US$～)や地元精肉店のベーコンを使った、キノコとベーコンのシンプルピザ、フンギ(4.85US$～)などを試したい。自家製ニンジンドレッシングのグリーンサラダもおいしい。

+2US$ でサラダとドリンクが付くランチコンボあり

MAP P.226-2B 住No.17C, St.460
☎096-3410936 営12:00～14:00、17:30～21:30
休無休 カード A D J M V 予約望ましい

R こだわりの食材とレシピ イタリア料理

マッテオ Matteo

「日本で食べるイタリアンのよう」と在住日本人から絶大な人気を誇る一軒家レストラン。専用の石窯で焼き上げるピザは、小麦の香りが広がり、具材との相性も抜群。イカスミを贅沢に使った、コクのあるソースがからまるパスタ(写真右奥、8.2US$)は、必ずオーダーしてほしい逸品だ。ランチセットは好みのピザかパスタに有機野菜のサラダが付いて8US$。価格は税別。

メニューの価格は一部変更の可能性あり

MAP P.269-3C 住No.21Eo, St.466 ☎070-370672
営11:00～15:00、17:30～23:00 休無休
カード J M V 予約個室は要予約

R リバーサイドの老舗 イタリア料理

ポップ・イタリアン Pop Italian

1999年創業の小さなイタリア料理店で、在住外国人が多く訪れる。パスタは7～15US$で、特にニョッキやラザニアなどの8種類の自家製パスタが人気だ。なかでも、焼き上がるのに20～25分かかるラザニア(10US$～)は多くの客が注文する看板料理。店内の黒板にもおすすめメニューが記されているので要チェックだ。食後には絶品のティラミス(5.5US$)をお忘れなく。

ベーコン、トマト、タマネギのペンネ・アマトリチャーナ 9US$

MAP P.264-3B 住No.371, Sisowath Quay
☎077-789656 営11:30～14:00、17:30～22:00
休無休 カード J M V 予約不要

R カジュアルなピザ専門店 イタリア料理

ピッコラ・イタリア Piccola Italia

小さなピッツェリア(ピザ専門店)で、メニューはピザのみながら、店頭に並べたテーブルまで常に満席の人気店だ。ピザは31種類あり、Mサイズで4US$～、Lサイズで5US$～。生地はやや薄めだがMサイズでもボリュームがある。トゥール・トンポン・マーケット(→P.235)近くに2号店「ルイージ」(MAP P.268-2A)もある。

イタリアンソーセージやトマトがのったデレネッセはMサイズ 7US$

MAP P.267-3D 住No.36Eo, St.308
☎017-323273、068-478512 営11:30～14:30、17:30～22:30(月曜17:30～) 休無休 カード 不可 予約不要

R 代表的なベトナム料理がズラリ ベトナム料理

ゴン Ngon

ホーチミン市、ハノイで人気のベトナム料理店のカンボジア支店。広い中庭を囲むように屋台形式のキッチンが並び、まるで屋台村のよう。メニューは、麺料理、ご飯物、野菜料理、肉料理、甘味など200種類以上あり、ベトナム南・中・北部の代表的な料理を網羅。朝食には麺料理(1万5000R～)が人気で、中部フエのピリ辛麺ブン・ボー・フエ(1万6000R)、牛肉のフォー(1万6000R)など。写真付きメニューがあり選びやすい。

店内は開放感があり、中庭の緑が目を癒やしてくれる

MAP P.267-2D 住No.60, Sihanouk Blvd. ☎(023)987151
営7:00～22:00 休無休 カード M V 予約不要

R スープがおいしいフォー専門店 ベトナム料理

フォーチュン・フォー Fortune Pho

ドイツ人オーナーによるベトナム麺、フォーの店。バジルやノコギリコリアンダーなどの香草をたっぷり入れて食べるベトナム南部風スタイルで、化学調味料は不使用。人気は、肉団子入り牛肉のフォー(3.5US$)だが、レア牛肉、牛すね肉、肉団子、生卵などが入ったスペシャル・フォー(小4.5US$、大5.5US$)もおすすめだ。生春巻(3US$)や焼きそば(4US$)などもある。

牛肉のフォー。だしがしっかり効いたスープがおいしいと地元の若者にも評判

MAP P.267-2C 住No.128Eo, St.51 ☎092-767432
営7:00～19:00 休無休 カード 不可 予約不要

↘パテとネギ、キュウリのピクルスが付くものは5000R。MAP P.262-3B 住No.13B, St.81 ☎012-572697 営6:00～16:00 休無休 カード 不可 予約不要

R 本格的な料亭の味をカンボジアで　日本料理

雅　楽 Garaku

富山で料亭を営んでいた日本人板前が腕を振るう、本格的な日本料理店。日本から仕入れている新鮮な魚介が自慢で、白エビ、ズワイガニ、ホタルイカなど種類の豊富さはプノンペン随一。美しい庭園と個室を完備し、会席コースや一品料理も充実している。ランチは12US$～で、とんかつ御膳(12US$)や海鮮丼(15US$)などが、リーズナブルに楽しめる。

絶妙な火加減でミディアムレアに焼き上げるステーキが絶品のステーキ御膳(15US$。税別)

MAP P.269-2C　住 No.283, St.63
☎ (023)210428、061-210428　営 11:00～14:30、17:30～22:00
休 無休　カード D J M V　予約 夜は望ましい

R ボンケンコンの人気韓国料理店　韓国料理

シ　ゲ Sik Gaek

ボンケンコン・エリア(→P.223)にある人気の韓国料理店。値段はやや高めだが、夜になると在住韓国人や外国人でいっぱいに。2階まである客席はすべて個室でそれぞれに鉄板が設置されている。メニューはカルビやサムギョプサル、オージー牛のプルコギ(30US$～)といった焼肉から鍋料理、炒め物、カニのカンジャンケジャン(20US$)といった生ものまで幅広い。8品の日替わり無料おかず(パンチャン)もおいしい。

石焼きビビンバ (12US$)

MAP P.269-1C　住 No.231, St.63(Corner of St.352)
☎ 011-238933　営 11:00～22:00　休 無休
カード D J M V　予約 夜は望ましい

R 自家製ソーセージが有名　各国料理

ディグビーズ Digby's

肉料理が自慢のダイナー。看板メニューともいえるのが自家製のオーガニックソーセージだ。ジャーマン・ソーセージセットとアジアン・ソーセージセットの2種類あり、どちらも8.5US$。190gの和牛パテ、クリスピーベーコン、チーズを挟んだワークスバーガー (9.5US$) などのハンバーガーやステーキ、ボリューム満点のサンドイッチなども人気。

手前はキラーハムサンドイッチ (9US$)

MAP P.267-3C　住 No.197, St.63　☎ 098-772326
営 7:30～21:00(金・土曜～22:00)
休 無休　カード J M V　予約 不要

R ブルネイの家庭の味が楽しめる　ブルネイ料理

アンテグリテ Intégrité

香港とブルネイ、マレーシアをそれぞれルーツにもつオーナーカップルによる小さなレストラン。メニューはオーナー一家のレシピを基にしたブルネイ料理が中心で、おすすめは牛肉をスパイス、ココナッツミルクで煮詰めたシチューのビーフ・レンダン(6.5US$)やチキン・カレー(5.5US$)など。料理にはハウスブレンドのスパイスを使っており、異国情緒を感じられる。トゥール・トンポン・マーケット(→P.235)のすぐ近くにある。

こだわりのインテリア。カフェやバーの利用もおすすめ

MAP P.226-1A　住 No.67, St.450　☎ 078-288877
営 11:00～24:00　休 無休　カード 不可　予約 不要

R 鶏が放し飼いにされたガーデンカフェ　カフェ

ファーム・トゥ・テーブル Farm to Table

屋外席のみのガーデンカフェで、ハーブなどが植えられた庭では鶏が放し飼いにされ、のどかな雰囲気。子供用の小さな遊び場もある。ここではオーガニック農家と契約し、旬の食材を使ったメニューが楽しめる。おすすめは自家製ドレッシングがおいしいグリーンボウル(4.75US$)、ナスのグリル、フムス、フェタチーズ、ハーブなどが入ったラップサンド、グリルド・グリークラップなど。

グリルド・グリークラップ (6.5US$)

MAP P.269-1C　住 No.16, St.360　☎ 078-899722
営 8:00～21:00　休 無休　カード A D J M V　予約 不要

R ソースにこだわった絶品バーガー　西洋料理&カフェ

カズンズ・バーガー&コーヒー Cousin's Burger & Coffee

フランス人とカンボジア人の夫婦が営む、ボリューミーなバーガーが評判のカフェ。分厚いパテと生野菜たっぷりの手作りバーガーは10種類(4.9US$～)。パテとからまる自家製ソースが味を引き立て、飽きのこないおいしさだ。4種類あるセットメニューのうち、定番のクラシックは好きなバーガーとポテトに、ビールまたはサラダまたは水が選べて9.5US$。クレープ(3US$～)もおいしい。

ラクレットチーズが入ったシグネチャー・バーガー (6.5US$)

MAP P.267-1C　住 No.16, St.200　☎ 012-528126
営 11:00～22:00　休 日曜　カード J M V　予約 不要

地元人気のコーヒー・チェーン：本誌で紹介している「ブラウン」「テンプル・コーヒー・アンド・ベーカリー」「ノワール・コーヒー」(→すべて P.243) のほか、「Tube Coffee」も店舗が多く若者に人気。老舗カフェの「Park↗

R シェムリアップ発のおしゃれカフェ　カフェ

テンプル・コーヒー・アンド・ベーカリー Temple Coffee n Bakery

インダストリアル×ビンテージといった雰囲気のインテリアで統一された店内は広々。本やパソコンを持ち込み静かに過ごす人が多い。ドリンク、フードともにかなり多く幅広いラインアップで、写真付きのメニューはタブレットで見れる。やさしい甘さのパームシュガーラテ(2.65US$～)はシグネチャードリンクのひとつ。

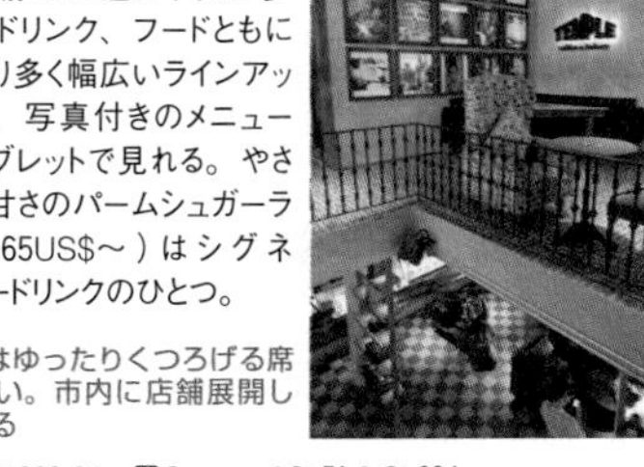

2階はゆったりくつろげる席が多い。市内に店舗展開している

MAP P.223-2B　住 Corner of St.51 & St.294
☎096-8986000　営 24時間　休 無休
カード 不可　予約 不要

R 素材にこだわるヘルシーカフェ　カフェ

バックヤード・カフェ Backyard Cafe

在住外国人が集う憩いのカフェで、ローフードやグルテンフリー、ビーガン向けのヘルシーなメニューを提供している。食事メニューが充実しており、アボカドトーストや玄米入りのアバンダンス・ボウル(7.5US$)などが人気。青マンゴー&バニラビーンズチーズケーキ(4.5US$)などのギルトフリーのデザート(2US$～)やコールドプレスジュース(4US$～)もおすすめだ。

アボカドトースト(7.5US$)

MAP P.265-1B　住 No.11B, St.246　☎078-751715
営 7:00～20:00　休 無休
カード MV　予約 不要　〔支店〕MAP P.226-1B

R さまざまなタイプの席がある　カフェ

ノワール・コーヒー Noir Coffee

シェムリアップ発のカフェがプノンペンに進出。市内に数店舗あり、ここトゥール・トンポン店は、店内の雰囲気がよく、広々としていて特に人気がある。光が差し込むモダンクラシカルなエアコンルーム、開放的な中庭、自然の風が気持ちいいログハウス風エリアなどがある。コーヒー1.9US$～で、アボカドアイスラテ(2.1US$～)などユニークなドリンクも試したい。

レトロなアイテムやカンボジアアートが飾られた店内

MAP P.226-1B　住 No.15, St.135 & St.446
☎016-715135　営 6:00～18:00　休 無休
カード 不可　予約 不要

R カンボジア生まれのコーヒーチェーン　カフェ

ブラウン・ロースタリー Brown Roastery

「雰囲気がよく、コーヒーがおいしい」とプノンペンの若者に支持される、カンボジア発のカフェ「ブラウン」の支店。その人気ぶりは今や市内に数十店舗以上を有するほど。店内はエアコンが効き、無料でWi-Fiが使える。コーヒー(2.35US$～)やスムージーなどのドリンクのほか、ケーキ(2.95US$～)、サンドイッチ、スパゲティなどの軽食もある。

静かで落ち着いた店内。地元の若者たちで常に混み合う

MAP P.223-2B　住 Corner of St.57 & St.294
☎098-883331　営 6:30～21:00　休 無休　カード 不可
予約 不要

R サンドイッチメニューが豊富　カフェ

ショップ240 The Shop 240

雰囲気がよく、居心地のよいカフェ。ストリート240(→P.225)にあり、散策途中の休憩にちょうどいい。メニューは軽食が中心だが、オールデイ・ブレックファスト(3.95US$～)のほかバゲットからピタサンド、チャバタ、パニーニと、サンドイッチ(5.25US$～)の種類が豊富。スペシャルメニューは、店内のボードをチェックしよう。コーヒーは1.95US$～。

欧米人に人気のカフェで、静かにゆっくりと過ごす人が多い

MAP P.225-2B　住 No.39, St.240　☎092-955963
営 6:30～20:30　休 無休　カード JMV　予約 不要

R カンボジアの甘味が食べられる　甘味

クメール・デザート Khmer Dessert

引きも切らずにお客が詰めかける、大人気の甘味屋。店内奥のガラスケースの中には十数種の甘味(1品2000、4000R)が並ぶ。素朴な味わいのカボチャプリン(4000R)もある。鉄板焼肉(7000R)を含む朝食&ランチもあり、料理は小皿で1品4000R～(ご飯1000R)。昔からの看板メニューであるココナッツミルクカレーのスープ麺、ノォム・バン・チョッ・ソムロー・カリー(8000R)も人気。

素朴な甘さでおいしい。何を頼んだらいいかわからないときはおすすめをたずねてみよう

MAP P.262-2B　住 No.51Eo, St.118　☎077-766288
営 10:00～20:00(甘味は8:00～)　休 無休
カード 不可　予約 不要

↘Cafe」は食事系が充実。

コロニアル建築で優雅にフランスワインを　ワインバー

ル・マノリス Le Manolis

カンボジア初のホテルとして1910年に建てられた歴史ある建物を改装。フランス産を中心に約200種類以上のワインを揃え、ワインに合うフランス、スペイン料理を提供。グラスワインで12.5US$～、タパス6US$～。チーズ（10US$～）やクロックムッシュ（9US$～）のほかフランスのリキュール、シャルトリューズで作るオリジナルアイス（5US$）も人気。ランチセット（16US$～）あり。

ムーディな店内。マッド・ディロン監督の映画『シティ・オブ・ゴースト』のロケ地としても使われた

MAP P.261-3B　住 No.6, St.13　☎ 085-369300
営 11:00～深夜　休 無休　カード MV　予約 要予約

市内最高層のルーフトップバー　バー

ソ　ラ Sora

遮る物のないプノンペンの夜景を堪能できるルーフトップバー。「世界のベストバー 50」と提携し、毎月ゲストバーテンダーを迎える。カンボジアの伝統デザートにインスパイアされたNom Slek Chak（10US$）などカクテルが特におすすめ。ソラ・タコス（12US$）や刺身などフードメニューも絶品。木・金曜はライブ演奏、水・土曜はDJプレイなどイベント（8:00～23:00）も開催。

週末は混み合うので要予約

MAP P.262-1B　住 37F, Vattanac Capital Tower, No.66, Monivong Blvd.（ローズウッド・プノンペン内）　☎（023）936860
営 17:00～深夜　休 無休　カード ADJMV　予約 週末は要予約　ドレスコード ビーチサンダル、ノースリーブのスポーツウエア不可

リバービューの屋上で乾杯　バー

ル・ムーン・ルーフトップ Le Moon Rooftop

「アマンジャヤ・パンカム」（→P.253）の屋上にあるルーフトップバーで、トンレサップ川の雄大な景色や都会のネオンを眺めながらお酒を楽しめる。市内に多くのルーフトップバーがあるなかで、上品な雰囲気と抜けのよい景色がここの魅力。金曜はカクテルを2杯注文すると3杯目が無料に。フィンガーフード（4～10US$）とともに楽しみたい。25～45US$が予算の目安。

ワット・ウナロム寺院を見下ろす抜群の立地

MAP P.222-2A　住 No.1, Corner of Sisowath Quay & St.154（アマンジャヤ・パンカム内）　☎ 087-600163
営 17:00～24:00　休 無休　カード AJMV　予約 望ましい

落ち着いた雰囲気の正統派バー　バー

エレファント・バー Elephant Bar

ゆったりとしたソファが配され、静かにお酒を楽しむ大人の隠れ家といった雰囲気。約150種類と、カンボジアで最も豊富なジン銘柄を揃え、オリジナルのジンもある。おすすめはファム・ファタール（Femme Fatale、16US$）、カフカフ・ジントニック（Kaf Kaf Gin & Tonic、18US$）など。ハッピーアワーは毎日16:00～21:00。価格は税・サービス料別途。

毎日17:30まではアフタヌーンティー（15US$）も楽しめる

MAP P.261-3A　住 No.92, Rukhak Vithei Daun Penh, Sangkat Wat Phnom（ラッフルズ・ホテル・ル・ロイヤル内）
☎（023）981888　営 15:00～24:00　休 無休
カード ADJMV　予約 不要　ドレスコード スマートカジュアル

深夜までDJプレイで盛り上がる　バー

オスカー・ビストロ Oskar Bistro

水・金・土曜20:00～翌1:00頃にハウス&ラウンジ・ミュージック中心のDJプレイがあり、レディス・ナイトの水曜は特に混み合う。カクテル（6US$～）のレベルが高いと評判で、オリジナルカクテルが人気。創作料理も楽しめ、1人前サイズの小さなココット（10US$～）は名物のひとつ。

木曜18:00～21:00はステーキメニューが30%オフ、土曜22:30～24:00は一部ドリンクが50%オフ

MAP P.222-1A　住 No.159, Sisowath Quay
☎（023）215179、078-215179　営 17:00～翌2:00（料理は水・金・土曜～24:00、それ以外～23:00）
休 無休　カード MV　予約 要予約

プノンペン産のクラフトビールが美味　ビアガーデン

ボタニコ Botanico

南国の植物が生い茂る、自然いっぱいのビアガーデン。プノンペンで醸造しているクラフトビールは10種類以上あり、原材料に米などを使ったカンボジアらしいビールも楽しめる。サイズは3展開（330mLで3.5US$～）で、アルコール度数（ABV）と苦味（IBU）を表示。ハチミツのビール、ラタナは、甘い香りが口に広がり幸せな気分に。朝から営業しているので、カフェ利用もできる。

その日に飲めるビールはメニューボードに記載

MAP P.267-3D　住 No.9B, St.29
☎ 077-943135　営 7:00～22:00
休 無休　カード 不可　予約 不要

ル・マノリス（→上記）：定期的に週末ハウス&テクノ音楽のイベントを開催。ワインセラー&ワインショップを併設しており、他店にはない珍しいワインの取り扱いもある。

プノンペンの夜遊びスポット

バサック・レーン&バサック・ストリート

プノンペンでお酒を楽しむなら、しゃれた小さなバーやパブが集まるバサック・レーン&バサック・ストリートへ！注目店とともにご紹介。

バサック・レーンの入口

夕方以降は歩行者天国になるバサック・ストリート

バサック・レーン&バサック・ストリートとは？

バサック・レーン（Bassac Lane）は独立記念塔の少し南にあるストリート308から入る路地に小さなバーが密集するバーエリアのことで、在住外国人や高感度な地元の若者が集まるナイトスポット。近年はストリート308にもバーが続々とオープン。バサック・ストリートと呼ばれ、こちらも多くの人でにぎわっている。MAP P.267-3D

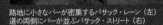

路地に小さなバーが密集するバサック・レーン（左）
道の両側にバーが並ぶバサック・ストリート（右）

N Mars Bar
R ピッコラ・イタリア P.241
バックストリート・バー P.245
R マリス P.237
TeamChas R
St.29
St.308
St.21
N ハリーズ P.245
バサック・ストリート
N ライブラリー P.245
バサック・レーン

バサック・レーンの注目店

開放的な2階屋外席がある
ハリーズ Harry's

アンティーク風の上品な家具やモノクロの写真が飾られた落ち着いた雰囲気のバー。1階はカウンターと革張りの椅子席とこじんまりとしているが、2階は半屋外の広々とした屋外席で開放的。

住 No.42, Bassac Lane　☎ なし
営 16:00～24:00　休 無休
カード 不可　予約 不要

外飲みの雰囲気が楽しめるブックバー
ライブラリー Library

ドアや窓が開け放たれ、開放感たっぷりのブックバー。カウンター席だけの小さなバーだが夜な夜な在住外国人が集まり、にぎわいを見せる。おすすめはエスプレッソ・マティーニ（6US$）。

住 Bassac Lane　☎ なし
営 16:00～24:00（日～木曜～翌1:00、金・土曜～翌1:30）　休 無休
カード 不可　予約 不要

バサック・ストリートの注目店

ライブ演奏が楽しめる
バックストリート・バー Backstreet Bar

DJやクイズなどさまざまなイベントが人気のバー。緑に囲まれた屋外席にはステージが設けられ、ライブ演奏も楽しめる。水・金・土曜にイベントが行われることが多いのでSNSでチェック。

住 No.14B, St. 308　☎ 088-9224731
URL www.facebook.com/backstreetkh
営 17:00～翌2:00（水・木曜～翌3:00、金・土曜～翌4:00）　休 無休
カード 不可　予約 不要

S カンボジアのいい物だけをセレクト　カンボジア雑貨

シャック・コレクティブ Shack Collective

MAP P.263-3D

カンボジア発のブランド&カンボジアメイドの品に着目し、カンボジアとフランスにルーツをもつオーナーが厳選した高感度なアイテムがズラリ。コレクションは多岐にわたり、布製品、ファッション、インテリア雑貨、アクセサリー、スキンケア用品、食品、アルコールなどが見やすくディスプレイされている。注目ブランドはハンドメイドで作る自然素材を使った布製品&陶器ブランドの「POASIA」や東南アジアの伝統布をアレンジしたプノンペン発の「LolaOla」など。

右の「POASIA」のブランケット（59US$）は手織りコットン100%で肌触りがよく色合いもすてき。左のバティック布のポーチ（15US$）は「LolaOla」のもの（左）。明るく広々とした店内（上）

住No.189, St.19　☎099-705984
営10:00～18:00　休月曜
カード M V

S カンボジアの手工芸品ならここ　カンボジア雑貨

ニョニュム・ショップ NyoNyum Shop

MAP P.226-2B

現地の日本語生活情報サイト「ニョニュム」（→P.314）が運営。手工芸品を中心にカンボジア各地の高品質なアイテムをセレクトし、約900もの商品を扱う。ぜひ手に取ってほしいのが、渋い色合いと素朴なたたずまいが魅力のコンポンチュナン焼。土鍋が作られてきたコンポンチュナン州に独自の焼き物を作る「カンボジア伝統陶器復興プロジェクト」の発起人として代表の山崎幸恵氏が携わり、誕生した焼き物だ。マグカップ5US$、ボウル10US$など。

籾殻から作られた香立て 7US$

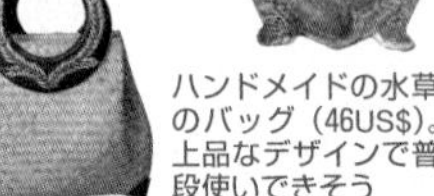

ハンドメイドの水草のバッグ（46US$）。上品なデザインで普段使いできそう

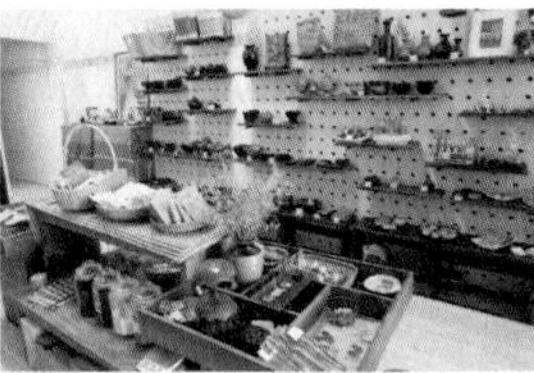

和食にも合いそうなコンポンチュナン焼。厚手の質感で重そうに見えるが意外に軽い。食洗機、電子レンジ、オーブン使用不可（左上）。本店はトゥール・トンポン・マーケット・エリア（→ P.226）にある（上）

住No.76, St.454　☎016-657290　営9:00～17:00　休日曜、祝日　カード J M V
〔イオン・モール・プノンペン店〕
MAP P.269-1D

S カンボジア人女性の自立支援でSDGsを実現　カンボジア雑貨

アメージング・カンボジア Amazing Cambodia

MAP P.269-1D

日本人女性オーナーえりすぐりの2000種類以上のカンボジアみやげが大集合。食品、スキンケア商品は特に品揃えがよく、クオリティの高いものが並ぶ。同店では2010年からカンボジア女性のための自立支援や夢を応援するデザインコンテスト「ドリーム・ガールズ・プロジェクト」を主催。受賞デザインはココナッツオイルブランド「ココ・クメール」（左写真上）や日本人パティシエールが技術支援して誕生したアメージング・クッキーなど、オリジナル商品のパッケージにもなっている。6店舗展開しており、プノンペンおよびシェムリアップの各空港内にも店舗がある。

アンコール・ワットの壁面をイメージしたデザイン

左、中央がアメージング・クッキー。ココナッツオイル、ハスの実などを使った自然な甘さで日本クオリティの味を実現。保存料や化学調味料不使用（左）。カンボジアのおみやげがワンストップで手に入る（上）

住1F, Aeon Mall Phnom Penh, No.132, Sothearos Blvd.　☎（023）992952
営9:00～22:00　休無休　カード D J M V

※ P.246 ～ 250 の各ショップの商品は P.160 ～ 163 のカンボジアみやげページでも紹介しています。

S デザイン＆縫製に定評がある　ウエア

スイジョー Sui-Joh

MAP P.265-3A

シンプルシャツに、カラーボタンを付けたり、襟や袖口の裏地にカンボジアの伝統布クロマーをあしらったりと、こだわりと遊び心を加えたデザインが楽しいカンボジア発のファッションブランド。縫製もしっかりしていて、普段使いできるデザインばかり。約60種類の生地から選べてオンリーワンのアイテムを作れるオーダーメイドも人気だ。料金は39US$～、所要2週間（特急料金で3日間も可能）。別途送料がかかるが日本への郵送もしてくれる。

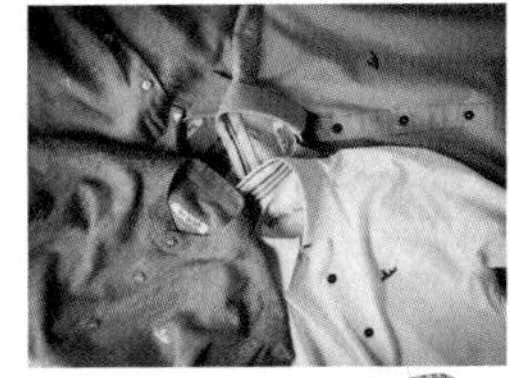

蝶ネクタイ各 15US$

表はリネン、裏はタオル生地のベビー前かけ各 20US$

ウエアは男性・女性向け両方あり、地元アーティストとコラボしたTシャツも人気。バッグや名刺入れ、ポーチなど小物類も豊富（左上）。日本人オーナーによるブティックで、店は路地裏にある（上）

住No.25Z, St.294　☎017-230583
営9:00～18:00　休無休　カード M V
〔支店〕MAP P.265-1B

S カンボジア産コショウ専門店　フード

クラタ・ペッパー Kurata Pepper

MAP P.226-1A

完熟コショウ（中央）はひと房に1、2粒しかできない貴重なコショウ。華やかでフルーティな香り

1960年代、世界で最も豊富な生産量を誇っていた、香り高いカンボジアのコショウ。内戦で生産量が激減し、品質低下に陥っていたが、倉田浩伸氏が1994年から試行錯誤を繰り返して復活させた。風味抜群でパンチの効いたコッコン産のコショウは黒（5US$）、白（8US$）、完熟（8US$）の3種類。緑コショウの酢漬け（4US$）や佃煮（6US$）もおすすめだ。また、毎年2月の第2日曜に自社農園でのコショウ収穫体験ツアーを行っている。時期が合えばぜひ参加してみよう。申し込み方法や料金など詳細はFacebookページで確認を。

トゥール・トンポン・マーケット・エリア（→P.226）の支店はビルの1階。店内では試食も可能。本店は市内北部にある

住No.149, St.444　☎081-737737
URL www.facebook.com/kuratapepper
営8:00～19:00　休無休
カード D J M V
［本店］MAP 折裏-2A参照

S 上質なカンボジア工芸品が揃う　カンボジア雑貨

アーティザン・アンコール Artisans Angkor

シェムリアップに本店（→P.191）をもつ、上質なカンボジア工芸品やシルク製品を販売する店。店の規模はシェムリアップよりも小さく、工房も併設されていないが、1階にはシルクの洋服やネクタイ、バッグ、アクセサリーなどのファッション関連アイテムが、2階には陶磁器、漆絵、銀細工、木彫りの像などの工芸品など、確かな品質のカンボジアメイドの品々がバラエティ豊かにセレクトされている。

銀製品はおみやげに人気。左の漆塗りの小物入れは49US$

MAP P.261-3B　住No.12AEo, St.13　☎099-555184
営9:00～18:00　休日曜　カード M V

S カラフルなリサイクルバッグ　バッグ

スマテリア Smateria

イタリア人がオーナー＆デザイナーのバッグ専門店。蚊帳や荷ひもなどのリサイクルプラスチック、漁網を使ったカラフルで涼しげなバッグ（23US$～）やポーチ（5US$～）、コインケース（5US$～）などはオリジナリティにあふれたデザインで、オンリーワンのお得感がある。素材のチープ感以上に作りはしっかりしており、日本でも活躍しそうだ。シェムリアップ市内およびプノンペンとシェムリアップの空港内にも店舗がある。

ショルダーバッグにもなるメッシュ素材の2ウェイバッグ 48US$

MAP P.223-1A　住No.8Eo, St.57　☎（023）211701、012-371763　営8:00～19:00　休無休　カード J M V

S ローカルデザイナーのセレクトショップ　カンボジア雑貨

チュナイ・マーケット Chnai Market

カンボジア国内の若手アーティストの作品や、スキンケア商品、Tシャツなど、ローカルブランドのプロダクトを集めた小さな店。注目はプノンペンの町並みを描いた額縁入りの絵(130US$)、ポストカード(4US$)など。家族経営の小規模な工房で作られる自然素材のバッグや容器など、店がサポートして販売しているアイテムもある。

手前右はシルクプロテイン、竹、オリーブオイルなどを配合した自然派シャンプー(18US$)。奥の内布付きのバンブーバスケットは22US$

MAP P.263-1D　住 No.128, St.110　☎ 093-842347、016-333287　営 9:00～18:00　休 無休　カード 不可

S ブロックプリントの布小物　布小物・ウエア

ドムライ Domlei

トゥクトゥクや南国フルーツ、クメール文字など、カンボジアにまつわるモチーフを版に彫り、一つひとつ手作業で布や紙に押し当てて作るブロックプリントの店。ポーチなどの布小物、クッション、リュックのほか、洋服もあり子供服もある。ポーチは特にサイズやカラー、デザインなど種類豊富で、4US$～。店は雑貨店「Jungle a Domicile」の奥の階段を上がった上階にあり、屋上にはカフェもある。

手前のポーチ4US$、奥のポーチ6US$、リボンのバレッタ各3US$

MAP P.263-1D　住 1F, No.91, St.110　☎ 015-670639　営 9:00～18:00　休 無休　カード M V

S ナチュラルなエシカルブランド　ウエア

ゴエル・コミュニティ Goel Community

草木染めのコットンやリネンの服飾雑貨を製造・販売するエシカルブランドで、店内は優しい風合いの自然派アイテムが並ぶ。ウエアはトップスやワンピースなど幅広い品揃えで、25～49US$の価格帯とお手頃。バッグ、ポーチやヘアアクセサリーなど小物類も充実している。スタイやベビーシューズなどの赤ちゃんグッズもあり、肌触りがよくギフトに最適。布地そのものも販売しており、m単位で購入できる。

一枚持っていると重宝するスカーフは店の人気商品。コットン22US$～、シルク38US$～

MAP 折 裏-4A　住 No.206B, St.12BT　☎ 017-444010、070-444010　営 8:30～17:30(土曜～12:00)　休 日曜　カード J M V

S 優しい色合いの布アイテム　布小物・ウエア

ワッタン・アーティザンズ・カンボジア Watthan Artisans Cambodia

ぬくもりを感じられる布小物やウエアを販売。特にベッドカバーやブランケットなど大判の布が豊富で、優しい色合いに染色された布はどれも高品質。ストールはコットン、シルク、シルク&コットン混紡の3種類があり、どれも15US$～。肌触りのいいブランケットは45US$、ベッドカバーは15US$～／1mなど。コショウや木の葉、マンゴーなどカンボジアの自然をモチーフにしたデザインがメイン。

クラッチ（上、18US$)、ポーチ（右下、9US$)、2つ折りの財布（左下、10US$)

MAP P.225-2A　住 No.67, St.240　☎ 085-528824、012-555974　営 8:00～20:00　休 無休　カード D J M V

S シルエットのかわいい服が多い　ウエア

エルスウエア Elsewhere

ストリート240(→P.225)にある、フランス人デザイナー兼オーナーによるブティック。カッティングやフォルムの美しいデザインが多く、シンプルながらもエレガントな大人の装いを演出してくれる。トップスは35US$前後～、ワンピースは45US$前後～。ノースリーブとショートパンツがセットになったパジャマ(32US$)は人気商品のひとつ。

定期的に新商品が登場する。写真のドット柄がアクセントのコットン素材の羽織り物35US$、ショートパンツ35US$

MAP P.225-2A　住 No.52D, St.240　☎ 078-770377　営 9:00～18:00　休 無休　カード M V

S 町で着たいリラックスウエア　ウエア

エー・エヌ・ディー A.N.D.

カンボジア国内の手織り業者から仕入れる高品質なコットンやシルクを使った涼しげなウエアや布アイテムを販売するフェアトレードショップ。トップスは28US$～、コットンやリネンのワンピースは40US$～。ポリオによる障がいをもつグループが手がけたアップサイクルバッグ、アクセサリーのほか、ブランケット、日本の古い陶器をはめ込んだ木製ボウル(22US$～)などにも注目。

カラフルなショッピングバッグもかわいい

MAP P.225-2B　住 No.31, St.240　☎ 078-854726、015-402015　営 8:00～18:00　休 無休　カード D J M V

S クロマーを使ったスリッポン　シューズ

アンボー Amboh

欧州で古くから親しまれているスリッポン型の靴、エスパドリーユの専門店。通気性がよく、肌に優しい黄麻のジュートを靴底に、カンボジアの伝統布クロマー生地を組み合わせているのが特徴だ。すべてハンドメイドで1足27.5US$。工房併設で、制作の様子を見学できる。カスタムメイド(35US$)も可能で、所要3日。

豊富なサイズ展開でキッズ、女性用、男性用を揃える。土曜は閉店のときもあるのでFacebookページで確認を

MAP P.269-1D　住 No.45, St.21　☎ 070-572094、096-7728147
URL www.facebook.com/amboh.cambodia　営 9:00～19:00
休 無休　カード 不可

S ガーリーでキュートなアクセ　アクセサリー

ペンレン Penh Lenh

カンボジア人女性とアメリカ人女性のふたりのデザイナーが立ち上げたハンドメイドアクセサリーのショップ。14金や色とりどりのジェムストーンを使った、上品で女性らしいデザインが得意で、価格帯は22～249US$と幅広い。人気はジェムストーンのピアス(79US$～)やXOXOネックレス(89US$)など。ストラップ付きミニトート(45US$)など小物類もある。2～4週間ごとに新商品が登場。

ペンレンはカンボジア女性の生活向上を支援するエシカルブランドでもある

MAP P.226-2A　住 No.34B, St.456　☎ 077-431298
営 10:00～18:00　休 日・月曜　カード J M V

S 地球環境に配慮したエココスメ　コスメ

リフィルストア・バイ・ダイ・クメール Refill Store by Dai Khmer

カンボジア人女性が立ち上げた自然派コスメブランド「ダイ・クメール」が運営するリフィルショップ。自然素材で作られたシャンプーやボディソープなど、詰め替え容器を持参すると好きな分量を買える。そのほかココナッツオイルベースのナイトクリーム(3.95US$)や石鹸などもあり、ニキビに効果があると口コミ評価が高いチャコール石鹸(3US$)はベストセラー商品。

上から時計回りに、炭の歯磨き粉（2.5US$)、日焼け止め（12US$)、デトックス・クレイマスク（3.95US$)

MAP P.226-1A　住 No.60, St.440　☎ 012-953563
営 10:00～18:00　休 月曜　カード 不可

S パッケージがかわいいコスメ＆フード　コスメ・フード

セントゥール・ダンコール Senteurs d'Angkor

1999年に設立されたカンボジアでは老舗のブランドで、マッサージオイルなどのスキンケア商品から、お香、カンボジアのスパイス各種やジャムなどの食料品まで幅広い商品展開。特にナチュラルコスメは、品質はもちろんパッケージもセンスがよくおみやげにぴったり。陶器の入れ物に入ったカンボジア版タイガーバーム(6US$／20g)、マーブル石鹸(5US$)、6種のスパイスセット(12US$)などがベストセラー。

箱入りギフトボックスも人気

MAP P.224-2B　住 St.178　☎ (023) 992512
営 9:00～18:30　休 無休　カード J M V

S ハンドメイド雑貨＆コスメ　コスメ・雑貨

グリーン・ストア 240 The Green Store 240

カンボジア国内の自然派スキンケアブランドやエコフレンドリーな雑貨を集めたショップで、特にコスメの品揃えがいい。店の入口横にリフィルコーナーが設けられ、カンボジアのオーガニックコスメブランドの「Kambio nature」のシャンプー、コンディショナー、ボディソープなどの量り売りをしてくれる(シャンプーは100mLで1.2US$～)。容器も販売しており2.25US$～。

リフィルコーナー。カンポット・ペッパーの量り売りもしている

MAP P.225-2B　住 No.49, St.240　☎ 012-997499
営 9:00～18:00　休 無休　カード D J M V(手数料＋2%)

S カンボジア産チョコブランド　フード

ワット・チョコレート・プノンペン WAT Chocolate Phnom Penh

カンボジアではまだ珍しい、カカオの仕入れからチョコレートになるまで一貫して製造するビーン・トゥ・バーのチョコレート専門店。モンドルキリ産のカカオを使い、カンポット産コショウ、塩やパームシュガーなどカンボジアの特産品を組み合わせたフレーバーがおもしろい。チョコレートバーは23種類あり4.9US$。カカオニブやパウダーも販売。カフェ併設。

左はカカオバター(9.5US$／150g)、右はカンポット産の塩が効いたチョコレートバー。試食も可

MAP P.269-1C　住 No.64, St.360　☎ 078-270914
営 10:00～19:00　休 無休　カード M V

S オーガニック食品のスーパー　フード

クメール・オーガニック・コーポラティブ Khmer Organic Cooperative

カンボジア国内の有機認定された果物・野菜のほか、ナッツ、ハチミツ、スパイスなど、800種類以上もの高品質な食品のみを扱うショップ。他店にはない商品も多く、食品みやげ探しに訪れたい。おすすめはマイルドな口当たりのクメール・オーガニック・カシュー(5US$～)、カンポット・ペッパー(5.6US$～)、優れた自然甘味料として知られるパームシュガーなど。

手前右がクメール・オーガニック・カシュー。ほどよい塩味で美味。モリンガフレーバーなどもある

MAP P.269-1C　住No.206, St.63　☎012-588479
営7:00～20:00　休無休　カード M V

S 有名コーヒーブランドの直営店　フード

カフェ・モンドルキリ Café Mondulkiri

カンボジア東部の高原地帯、モンドルキリ(→P.298)はコーヒーの産地として知られている。ここはモンドルキリに本店がある「MK」ロゴがトレードマークの誰もが知る有名コーヒーブランドの直営店。市内のスーパーマーケットやコンビニでも売られているが、直営店なら種類も豊富で安く、お得。アラビカ500gで5US$、ロブスタ500gで3.25US$、インスタントコーヒー4US$など。※2024年7月現在クローズ。

中央のスペシャルブレンド(5US$／500g)がおすすめ

MAP P.263-2C　住No.21ABE0, St.61　☎(023)6396633、012-540844　営8:00～17:00　休日曜　カード不可

S カンボジア特産品が集合　フード

コンフィレル Confirel

メイド・イン・カンボジアの食品のみを扱う店。国内の自然遺産の保護とローカルプロダクツのクオリティ向上などを目的にオープン。国のシンボル、シュガーパーム(ヤシ砂糖)で作るコンポンスプー州産のパームワイン(7US$／500mL)、カンポット産のコショウ、コショウのお茶など、これぞカンボジアの逸品という物ばかり。特にペッパーソースは60mL(2.3US$)のミニサイズからあり、おみやげにも最適だ。

パームシュガー商品が特に人気

MAP P.224-2A　住No.57, St.178　☎012-981724、093-981724、095-567017　営9:30～18:30　休無休　カード M V

S カンボジア最大のショッピングモール　ショッピングセンター

イオン・モール・プノンペン AEON Mall Phnom Penh

6万8000㎡の広大な敷地にはイオン・スーパーマーケットを中心に、シネマコンプレックスやボウリング場などのエンタメ施設のほかに、約190の専門店が集結。ローカル食が充実したスーパーのフードコート、日本料理店やカフェなどの飲食店、ブティック、スパ、さらには人気テレビ局のスタジオも入り、町のトレンド発信地となっている。

日本になじみのある店からカンボジア発の店まで多彩なラインアップ

MAP P.269-1D　住No.132, Sothearos Blvd.　☎(023)901091
営9:00～22:00(スーパーマーケットは8:00～、一部の店舗や遊技場は～24:00)　休無休　カード店によって異なる
〔2号店〕MAP 折裏-1A参照

S 輸入食品の品揃えがいい　スーパーマーケット

バイヨン・マーケット Bayon Market

世界各国から集められた輸入食品が豊富。特に日本食の品揃えがよく、そば、うどん、インスタント味噌汁、カレー、醤油、マヨネーズ、ポン酢、だしつゆ、スナック菓子、酒、チーズ、アイスクリーム、調味料まで何でも揃う。また、数あるスーパーマーケットのなかでも野菜をはじめとする生鮮食品はどこよりも新鮮なので、フルーツを買うなら立ち寄ってみよう。2階は鍋料理店とキッチンウエア店、キッズプレイコーナーがある。

中国やタイ、ベトナム、欧米からの輸入品も充実している

MAP P.262-2A　住No.33-34, Corner of St.114& St.118
☎015-832545　営8:00～20:30　休無休　カード D J M V

S 食品みやげも手軽に買える　スーパーマーケット

ラッキー・スーパーマーケット Lucky Super Market

輸入商品を含む食品、日用雑貨など幅広い品揃えで市内に展開するスーパーマーケット。ここシハヌーク通り店が本店。近年改装された店内は広々として通路が広く、商品も見やすく陳列されている。カンボジア産の食品みやげはやや種類は少ないが、カシューナッツ、ドライフルーツ、モンドルキリ産のハチミツのほか、カシューバターなどがある。

入口は通りから少し奥まった所にある

MAP P.266-3B　住No.160, Sihanouk Blvd.
☎(023)885722、081-222028　営8:00～22:00
休無休　カード M V

一軒家を改装した人気スパ 町スパ

デヴァタラ・スパ Devatara Spa

店内は抑えた照明で清潔、BGMも控えめでリラックスできる空間だ。すべての施術前にお茶、足湯&スクラブのサービスがあり、施術後はお茶&フルーツが振る舞われる。テラピストは片言の英語のみだが腕がよく、リピーターが多いのも納得。アロマオイルを使うマッサージ(25US$～、1時間)がおすすめで、オイルは4種類の香りから選べる。

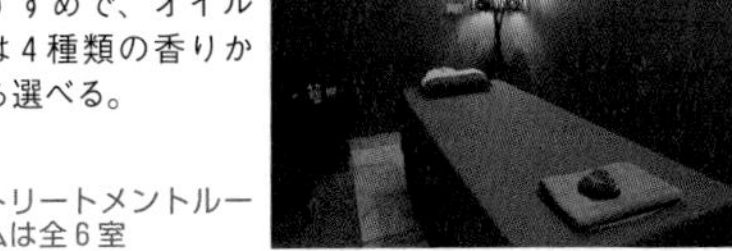

トリートメントルームは全6室

MAP P.226-1B 住No.66C, St.135 (Corner St.450)
☎092-707137 営10:00～23:00(最終予約22:00) 休無休
料ウオームオイル・リラクシングマッサージ28US$ (1時間)、足マッサージ20US$ (1時間)など カード不可 予約夜は要予約

マッサージの種類が豊富 町スパ

サマタ・スパ Samatha Spa

ボンケンコン・エリア1(→P.223)にある白い外観の一軒家スパ。設備、技術ともに申し分なく、有料でテラピストの指名もできる。クメールマッサージからハワイのロミロミ、ふたりのテラピストによるフォーハンズまでマッサージの種類が豊富で、歩き疲れた日には足マッサージまたは温めたハーブボールのマッサージ(70US$、1時間30分)がおすすめ。

モダンなデザインの館内

MAP P.223-1B 住No.7CD, St.278
☎077-751278 営10:00～23:00 休無休 料クメールマッサージ30US$ (1時間)、足マッサージ25US$ (1時間)など
カード A J M V 予約要予約

在住外国人に人気の小さなスパ 町スパ

ブリス・スパ Bliss Spa

癒やしを求めて在住外国人が多く訪れるかわいらしい雰囲気の小さなスパ。特に人気なのが、28～50US$のマッサージメニューと、「ブリス・ジャーニース」と名づけられたスパ・パッケージだ。ボディスクラブ、アロマテラピーマッサージ、スカルプマッサージの2時間コースで55US$など、リーズナブルだがレベルの高い施術が受けられる。

中庭にあるリラックススペース

MAP P.225-2B 住No.29, St.240 ☎012-613386
営9:00～21:00(最終予約19:30) 休無休
料ディープ・ティシュー・マッサージ28US$ (1時間)など
カード J M V 予約要予約

高品質の自然派コスメを使用 町スパ

ボディア・スパ Bodia Spa

100%自然由来のカンボジア産スキンケアブランド「ボディア・ネイチャー」のスパ。4種類あるアロマテラピー・マッサージは、イランイランなど5種類のエッセンシャルオイルから好みのものを選べる。一番人気は、アジアと西洋の技術をミックスしたボディア・クラシック(33US$、1時間)で血行促進が期待できる。市内に3店舗あるほか、シェムリアップにも店舗がある。

予約すると施術室の指定が可能

MAP P.269-1C 住No.40Eo, St.63(Corner St.352)
☎(023)210215 営10:00～22:00 休無休 料フットマッサージ25US$ (1時間)、ボディア・トニック31US$ (1時間)など
カード M V 予約望ましい

清潔&格安マッサージ店 マッサージ

ル・スカイ・マッサージ・スタジオ Le Sky Massage Studio

トゥール・トンポン・マーケット(→P.235)すぐ近くのホワイトとブルーを基調にした明るく、清潔感あふれるマッサージ専門店。メニューはクメール、フット、アロマオイル、肩&背中の4種類のマッサージのみで、1時間10US$～、最も高いメニューでも2時間35US$と格安でレベルの高いマッサージが受けられる。チップが必要。

トリートメントルーム。足マッサージはチェアでの施術

MAP P.226-1A 住No.149, St.444 ☎093-702067
営10:00～21:30(最終予約) 休無休 料クメールマッサージ10US$ (1時間)、足マッサージ10US$ (1時間)など
カード不可 予約要予約

視覚障がい者による極上指圧 マッサージ

ニカズ・シーイング・ハンズ・マッサージ・セラピーセンター Nika's Seeing Hands Massage Therapy Center

的確にツボを押してくれ、施術後は体の痛みが和らぎ軽くなると、地元の人や在住外国人の間で絶大な支持を得ているマッサージ店。オーナーのニカさんは、カンボジア初の目の不自由な女性テラピストで、日本で指圧の資格を取得したすご腕マッサージ師。スタッフは全員ニカさんの指導を受けておりハイレベルな施術が期待できる。

仕切りがなくベッドが並ぶ簡素な施術室だが清潔に保たれている

MAP P.268-2B 住No.75D, St.95 ☎012-948088
営8:30～21:00 休無休 料ボディマッサージ8US$ (1時間)、足マッサージ10US$ (1時間)など カード不可 予約要予約

プノンペンのスパ&マッサージ店でのチップについて:店によっては、チップが必要な場合がある。心づけとして、2～5US$を目安に考えよう。

コロニアル建築が美しい名門ホテル　高級ホテル

ラッフルズ・ホテル・ル・ロイヤル Raffles Hotel Le Royal

MAP P.261-3A

1929年のフランス統治時代に建てられた、カンボジアで最も歴史のあるホテル。チャールズ・チャップリンや作家のサマセット・モームなど、数々の著名人が宿泊し、カンボジア王室と縁が深いことでも知られる。近年、全館を改装し、客室のデザインは従来のフレンチ・クメール・コロニアルにモダンさが加わり、彩りもさらに洗練された。当時最先端のアールデコ様式を取り入れた建物は、観光スポットとしても有名。館内施設はいずれもすばらしく、最高級レストラン「ル・ロイヤル」(→P.239)やアフタヌーンティーも楽しめる「エレファント・バー」(→P.244)、豊富なメニューの「ラッフルズ・スパ」など。

優雅な時間が流れるロビー

広々とし、上品な調度品で統一されたバルコニー・スイート

住 No.92, Rukhak Vithei Daun Penh, Sagkat Wat Phnom
☎ (023)981888
URL www.rafflesphnompenh.com
料 Ⓢ Ⓣ Ⓦ スイート420US$～(＋税・サービス料19%)
カード A D J M V　全175室　Wi-Fi(一部)

プノンペンで最も高層階に位置する　高級ホテル

ローズウッド・プノンペン Rosewood Phnom Penh

MAP P.262-1B

高さ188mを誇る市内最高層ビル、バタナック・キャピタル・タワー(→P.221欄外)にある高級ホテルで、25～32階が客室。居心地のよさを追求しながらも洗練された雰囲気の館内で、内装デザインには東京の建築事務所も携わっている。全175室のうち、37室がスイートルーム。それぞれにテーマ性をもたせた贅沢な造りで、いずれも眺めは最高。リバービューの部屋からは、トンレサップ川の雄大な景色をひとり占めできる。プノンペン随一のルーフトップバー「ソラ」(→P.244)、高級日本料理の「イザ」、ステーキ&海鮮料理の「カッツ」など飲食施設も好評。スパ、ジム、プール、アートギャラリーも完備。

角部屋に位置するメコン・スイートは180度の眺望が楽しめる

いたるところにアートが配されている。35階のレセプションには、高速エレベーターであっという間に到着

住 Vattanac Capital Tower, No.66, Monivong Blvd.　☎ (023)936888
URL www.rosewoodhotels.com/en/phnom-penh　料 Ⓢ Ⓣ Ⓦ 240US$～スイート1250US$～(＋税・サービス料19.4%)
カード A D J M V　全175室　Wi-Fi

フランス系のデラックスホテル　高級ホテル

ソフィテル・プノンペン・ポキットラー Sofitel Phnom Penh Phokeethra

MAP P.269-1D

バサック川沿い、「イオン・モール・プノンペン」(→P.250)に隣接する12階建ての5つ星ホテル。フランスを拠点とするアコーホテルズの最高級ブランドらしく、館内全体からフレンチ・エレガンスの空気が漂う。広々としたロビーは天井が高く開放感があり、客室はパステル色を基調とした優雅な空間。「アワ・ソフィテル」と呼ばれる特別注文の寝具を使用し、心地よく睡眠できるよう配慮されている。部屋にはアイロンや肌触りのよいバスローブなどもあり、快適な滞在ができる。飲食店のバリエーションが豊富で、サンデーブランチ(65US$。税・サービス料別途)が人気の「La Coupole」、高級日本食店「八」、中華料理の「フルズ」など。

明るく品のあるフローリングの客室(ラグジュアリールーム)

プール、スパ、ジム、サウナ、テニスコートと施設が充実

住 No.26, Old August Site, Sothearos Blvd.　☎ (023)999200　URL www.sofitel-phnompenh-phokeethra.com
料 Ⓢ Ⓣ Ⓦ 357US$～　スイート657US$～(＋税・サービス料20.05%)
カード J M V　全201室　Wi-Fi

H プノンペン初のマリオット 高級ホテル

コートヤード・バイ・マリオット・プノンペン Courtyard by Marriott Phnom Penh

セントラル・マーケット(→P.234)南エリアに位置し、町歩きにも便利。20階建てと、このあたりでは高い建物で、屋上のプールやバーからは町が一望できる。部屋はウッディで落ち着きがあり快適な滞在ができる。プレミアム・コーナー以上の客室はバスタブ付き。館内施設はメインダイニングの「The Mekong」、屋上バーの「The Deck」、スパ、ジム、プールなど。

窓際にソファが配されたリラックス空間（デラックスルーム）

MAP P.266-1B 住No.115, St.214 ☎(023)238888
URL www.marriott.co.jp/hotels/travel/pnhcy-courtyard-phnom-penh 料Ⓢ Ⓣ Ⓦスイート158US$〜
カード A D J M V 全186室 Wi-Fi

H 半島に建つ大型シティリゾート 高級ホテル

ソカ・プノンペン・ホテル&レジデンス Sokha Phnom Penh Hotel & Residence

メコン川とトンレサップ川の間にある半島に位置する20階建ての超大型ホテル。白と金を基調にした客室は、上品かつ優雅な雰囲気に包まれている。全室リバービューでバスタブ付き、プレミアルームの客室ではバスタブにつかりながら景色を楽しめる。ホテル〜プノンペン・ナイト・マーケット(→P.227)間を結ぶ無料シャトルバスを運行している。

デラックスルームでも52㎡と広々

MAP ㊗裏-2C 住Keo Chenda St., Phum 1, Sangkat Chroy Changva, Khan Chroy Changva ☎(023)6858888
URL www.sokhahotels.com
料Ⓢ120US$〜 Ⓣ Ⓦ140US$〜 スイート350US$〜(朝食付き) カード M V 全744室 Wi-Fi

H 国立博物館至近の5つ星ホテル 高級ホテル

ハイアット・リージェンシー・プノンペン Hyatt Regency Phnom Penh

アートショップ通り(→P.224)に2021年にオープン。コロニアル建築のエントランスを抜けると14階建てのモダンな建物が目を引く。館内はコロニアル×コンテンポラリーなインテリアで統一され、カンボジアの現代アート作家FONKi氏の作品が彩る。5つの飲食施設、スパ、ジム、屋外プールを完備。

アプリで事前にチェックイン&スマホが客室キー代わりになる Hyatt Mobile Entry を採用

MAP P.224-2A 住No.55, St.178 ☎(023)6001234
URL www.hyatt.com/en-US/hotel/cambodia/hyatt-regency-phnom-penh/pnhrp
料Ⓢ Ⓣ Ⓦ279US$〜 スイート525US$〜(+税・サービス料19%)
カード A J M V 全247室 Wi-Fi

H 王宮&シルバーパゴダまで徒歩1分 高級ホテル

パレス・ゲート・ホテル&リゾート Palace Gate Hotel & Resort

王宮&シルバーパゴダすぐそばに建つ5つ星ホテルで、一部の客室からは王宮を眺められる。クメール文化を随所に散りばめたインテリアが印象的で、館内や客室にはアプサラ木像などのアンティーク品が飾られている。客室は最小でも45㎡と広々。快適な眠りにつけるよう選べる枕のサービスもうれしい。3つの飲食施設、スパ、ジム、プール、キッズクラブがある。

バルコニー付きのスイートルーム。6つあるカテゴリーのうち4つがスイートルーム

MAP P.265-1A 住No.44B, St.240 ☎(023)900011、900012
URL www.palacegatepp.com 料Ⓢ Ⓣ Ⓦスイート125US$〜(+税・サービス料19%) カード M V 全105室 Wi-Fi

H 前国王が建てた歴史あるホテル 高級ホテル

ホテル・カンボジアーナ Hotel Cambodiana

シハヌーク前国王の政策により1969年に創業した歴史ある4つ星ホテル。上階の客室やレストランから眺めるトンレサップ川の絶景が魅力だ。館内にはプール、スパ、サウナ、ジム、テニスコートを完備。飲食施設はフランス料理店、各国料理店など5つあり、「ロビー・バー」では、毎晩生バンド演奏が楽しめる。

広々としたテニスコートは近年改装

MAP P.265-1B 住No.313, Sisowath Quay
☎(023)426288、218189
URL www.hotelcambodiana.com.kh 料Ⓢ Ⓣ Ⓦ100US$〜 スイート155US$〜(+税・サービス料17%。朝食付き)
カード A D J M V 全237室 Wi-Fi

H トンレサップ川を望む上質空間 高級ホテル

アマンジャヤ・パンカム Amanjaya Pancam

川沿いに建つブティックホテル。2020年に改装を終え、中世カンボジアをイメージしたテイストが加わった館内は、木材や伝統テキスタイルが配され、より洗練された空間に。全室からトンレサップ川が眺められ、特に角部屋のパノラミック・スイートはバルコニー付きで眺めがいい。屋上には「ル・ムーン・ルーフトップ」(→P.244)がある。

客室の広さは40〜85㎡とゆったりとした造り

MAP P.222-2A 住No.1, Corner of Sisowath Quay & St.154
☎(023)214747、081-559748 URL www.amanjaya-suites-phnom-penh.com 料Ⓢ Ⓣ Ⓦ80US$〜 スイート125US$〜(朝食付き) カード A J M V 全21室 Wi-Fi

ホテルのランドリーサービス：プノンペンのホテルはビジネス滞在者が多いため、ほかの町のホテルと違いランドリーが無料のところもある。あえて無料とうたっていない場合もあるため、チェックイン時に確認しよう。

スタイリッシュなシティホテル　高級ホテル

オテルKVL Hôtel KVL

2022年、リバーサイド・エリア(→P.222)にオープンしたミニマルデザインのスタイリッシュなホテル。ダークブラウンが基調の客室は、イタリア製の家具とリネンで統一され、使い勝手と居心地のよさを追求。スペイン料理の「El Tapas」、コーヒーが自慢のカフェ「The Alchemist」、トンレサップ川に沈む夕日を眺められるルーフトップバーの「Up By KVL」など飲食施設も注目店ばかり。

客室は最小24㎡。写真はデラックス・シティルーム

MAP P.222-3B　住No.379, Sisowath Quay　☎(023)936333
URL www.hotelkvl.com　料ⓈⓉⓌ175US$〜　スイート230US$〜(朝食付き)　カード AJMV　全76室　Wi-Fi

日本品質にこだわった4つ星ホテル　高級ホテル

ホテル・エミオン・プノンペン Hotel Emion Phnom Penh

日本の「スターツコーポレーション」が手がける4つ星ホテル。全室にキッチンとダイニングテーブルが備わり、バルコニー付きの客室からはメコン川や王宮が眺められる。館内には無料で使える洗濯機があり、長期滞在にも最適だ。眺望がすばらしい最上階にはレストラン、バー、プール、ジム、キッズルームを完備。朝食には和食メニューも提供される。

客室はスタジオルームで44㎡、スイートルームは100㎡と広々快適

MAP P.265-1B　住No.192, Sisowath Quay　☎(023)227227
URL www.hotel-emion-phnompenh.com
料Ⓢ130US$〜　ⓉⓌ 140US$〜　スイート180US$〜(朝食付き)　カード ADJMV　全240室　Wi-Fi

ラグジュアリーな滞在ができる　中級ホテル

アルンリアス Arunreas

白亜の外観が美しいラグジュアリーホテル。シックなインテリアで調えられた客室は、よく眠れるようにと願いを込めて施されたベッド上の菩提樹の彫刻など、カンボジアの文化や伝統が調和した居心地のいい空間。全室に客室用iPhone、Boseのドッキングステーション完備など、最新設備が整う。館内にはフランス料理店「ケーマ」(→P.240)の本店がある。

リビングルーム付きのアルンリアス・マジェスティック。スパは客室で受けられる

MAP P.267-2C　住No.163, St.51　☎015-813888
URL www.arunreas.com　料ⓈⓌ105〜135US$
スイート195US$(朝食付き)　カード AMV　全12室　Wi-Fi

欧米人に人気のブティックホテル　中級ホテル

プランテーション・アーバン・リゾート&スパ The Plantation Urban Resort & Spa

1960年代のコロニアルな建物を利用した、欧米人に人気のブティックホテル。緑豊かな中庭が特徴で、リゾート感たっぷりだ。敷地内にはふたつのプールとレストラン、バー、スポーツジム、スパが併設されているなど、ブティックホテルのなかでは規模が大きく、スタッフの応対もスマート。客室の設備も申し分ない。

エントランスを入ると池を囲むように回廊があり、奥の建物がレセプション

MAP P.267-1C　住No.28, St.184　☎(023)215151
URL www.theplantation.asia
料ⓈⓉⓌ80US$〜　スイート250US$〜(朝食付き)
カード ADJMV　全84室　Wi-Fi

リゾート感あふれる隠れ家ホテル　中級ホテル

イロハ・ガーデン iRoHa Garden

カンボジア建築の黄金時代とされる1960年代のカンボジア・モダン建築の邸宅を改装した、プノンペンを代表するブティックホテル。旅好きの日本人オーナーが手がけた客室はリゾート感にあふれ、居心地がいい。本館のほか、カンボジアにゆかりのあるアーティストたちが携わったヴィラ「Theato」もあり、コンポンチュナン陶器など、随所にカンボジアの文化や自然を感じられ、特別な滞在が期待できる。

プールやジムを完備

MAP P.269-2C　住No.8, St.73　☎011-775752、(023)966330
URL www.irohagarden.com　料Ⓢ75US$〜　ⓉⓌ95US$〜
スイート140US$〜　ヴィラ140US$〜(朝食付き)
カード AJMV　全31室　Wi-Fi

仏領時代の洋館を改装　中級ホテル

パビリオン Pavilion

1930年代のコロニアル建築、1950年代の個人邸宅だった洋館など4つの建物からなるヴィラホテル。ゲートをくぐると南国の樹木が生い茂る中庭が広がり、一瞬にしてリゾート気分に。客室のインテリアにはカンボジアの伝統的なアートワークや絵画、工芸品が用いられ、洗練の空間。プライベートジャクージやプール付きの部屋もある。

客室の造り、サービス、雰囲気などすべてにおいてハイレベル

MAP P.267-2D　住No.227, St.19　☎(023)222280
URL www.thepavilion.asia　料ⓉⓌ98US$〜　スイート174US$〜(朝食付き)　カード JMV　全36室　Wi-Fi

H 緑に囲まれた都会のオアシス エコノミーホテル

ジャングル・アディション Jungle Addition

王宮&シルバーパゴダまで徒歩約7分、周辺には飲食店も多くどこへ行くにも便利な立地。南国の植物や花々に囲まれた屋外プールがあり、ゆったりとした時間が流れる。2022年に改装した客室はレトロなデザインタイルが目を引くコロニアル×モダンなインテリア。ミニバー、コーヒー&ティーセット、ドライヤーなど設備も十分。レストラン、キッズルーム完備。

30㎡～のジャングル・デラックスルーム

MAP P.265-1A 住No.70, St.244 ☎078-797028 URL www.jungle-addition.com 料Ⓢ Ⓣ Ⓦ60US$～ スイート83US$～(朝食付き) カード A D J M V 全18室 Wi-Fi

H 路地裏のデザインホテル エコノミーホテル

パティオ Patio

ボンケンコン・エリア1（→P.223）の路地に建つ人気のデザインホテル。こぢんまりとした造りながら、客室のデザインやインテリアはセンスがよく、シティリゾートといった感じだ。8階には雰囲気のいいレストラン&カフェ、9階の屋上にはリゾート気分が味わえる開放感たっぷりのプールがあって、ビジターも利用可能（有料）。小さなスパを併設している。

常に満室状態のため早めの予約が望ましい

MAP P.223-2B 住No.134Z, St.51 ☎(023)997900 URL www.patio-hotel.com 料Ⓢ Ⓣ45US$～ Ⓦ70US$～ スイート105US$～(朝食付き) カード M V 全45室 Wi-Fi

H ポップなデザイナーズホテル エコノミーホテル

アクエリアス・アーバン・リゾート Aquarius Urban Resort

クメール語のポップなタペストリーや、伝統の絵柄をアレンジしたデザインが粋なアーバンホテル。部屋はシンプルながら過不足なく、快適な滞在ができる。ノロドム通り（→P.220）に近いが、路地にあるため静か。カンボジア人アーティストによるモダンアートを展示したギャラリーや、在住外国人に人気のスカイバー「slla」もある。

セーフティボックスやコーヒーメーカーもある

MAP P.267-2C 住No.5, St.240 ☎(023)972088、092-559155 URL www.aquariushotel.asia 料Ⓢ Ⓣ Ⓦ54US$～ スイート130US$～(朝食付き) カード M V 全66室 Wi-Fi

H 和朝食&露天風呂が評判 エコノミーホテル

東屋プノンペン Azumaya Phnom Penh

ベトナムで人気の日系ホテル「東屋」のプノンペン支店。カフェ・バー、足マッサージ店併設に加えて、屋上にはサウナも備えた露天風呂を設置と、充実の設備を誇る。受付では日本語対応が可能で、清掃が行き届いた客室はシャワートイレ&バスタブ完備、日本の主要民放TVとWOWOWが視聴できるなど、随所に気配りが感じられ、快適な滞在ができる。ビュッフェ形式の和朝食も好評だ。

大好評の屋上露天風呂

MAP P.266-2B 住No.302, Monivong Blvd. ☎(023)218961 URL azumayacambodia.com 料Ⓢ Ⓣ Ⓦ45～60US$ (朝食付き) カード J M V 全82室 Wi-Fi

H プチリゾート気分が味わえる エコノミーホテル

ハウス・ブティック House Boutique

ボンケンコン・エリア（→P.223）の外れに建つ、モダンな外観のホテル。屋外プールを囲むように客室が配され、館内は緑豊か。規模は小さいながらもリゾート気分が味わえる。客室はカラフルなアジア風ファブリックに彩られ、最小でも20㎡と同クラスのホテルに比べて広々。セーフティボックスはないものの、その他の基本的な客室設備はひととおり揃う。レストラン併設。

最も安い20㎡のエコ・ルーム

MAP P.269-2C 住No.76, St.57 ☎(023)220884 URL www.houseboutiquehotel.com 料Ⓢ Ⓦ38.8US$～ ファミリー68.8US$～ カード M V 全25室 Wi-Fi

H 川沿いの大人気ホステル ゲストハウス

ワンダーズ・プノンペン Onederz Phnom Penh

カンボジアで5店舗を展開する、日本人経営の人気ホステル。全29室のうち、10室はドミトリーで女性専用もある。ドミトリーの部屋には大型ロッカー、各ベッドにコンセント、読書ライトが備わる。共用スペースの雰囲気がよく、トンレサップ川とプノンペンの町並みを一望できる屋上プールとレストラン&バーは特に人気がある。エレベーター完備。

風が気持ちいい屋上エリア。朝食は3US$～

MAP P.222-1A 住No.12-14, St.110 ☎086-911284 URL onederz.com/phnom-penh 料Ⓣ Ⓦ28US$～ Ⓓ8US$～ カード A M V 全29室 Wi-Fi

バスのピックアップサービス:「ニャンコア・ビレッジ」「プールトップ・プノンペン」（→各P.256）ともにジャイアント・アイビス・トランスポート（→P.257）のバスと提携しており、バスを予約すると無料でピックアップに来てくれる。

南国気分を味わえるプールが人気　ゲストハウス

ニヤンコア・ビレッジ Nangkol Village

2022年末、ボンケンコン・エリア1（→P.223）にオープンした新しいホステル。開放感たっぷりの屋外プール&カフェ・バーがあり、のんびりくつろげる雰囲気だ。客室はシンプルだが清潔で、基本的なバスアメニティなども揃う。バルコニー付きの部屋は25US$～。26室ある客室のうち4室はドミトリールーム。

南国リゾートの趣の屋外プール。カフェ・バーエリアにはビリヤード台もある。各地へのバス手配（→P.255 脚注）やバイクレンタルも可能

MAP P.267-3C　住 No.35, St.302　☎ 098-669779、061-669779
E-mail nangkolvillage.phnompenh@gmail.com　料 Ⓢ Ⓣ Ⓦ 20US$～　Ⓓ 7US$～　カード M V　全26室（28ベッド）　Wi-Fi

ボンケンコン・エリアで使い勝手がよい ミニホテル

ホームシン Homesyn

ボンケンコン・エリア1（→P.223）の便利な場所にあるミニホテル。近くには「ラッキー・スーパーマーケット」（→P.250）や複数の日本料理店をはじめとする飲食店、ランドリーもあり、リーズナブルに中・長期滞在するのに最適。部屋はシャワーとトイレが分かれている造りで、設備も新しく清潔だ。スタッフは親切で、1階にはジムやカフェも併設している。

部屋によっては窓がないので予約時に要確認

MAP P.267-3C　住 No.23AB, St.278　☎ (023) 211178
URL www.facebook.com/homesynhotel
料 Ⓢ 25US$～　Ⓣ Ⓦ 30US$～　カード J M V　全12室　Wi-Fi

プールトップ・プノンペン Pooltop Phnom Penh

ゲストハウス

MAP P.261-3B　住 No.40, St.90　☎ 081-904090、078-904090
E-mail pooltop.phnompenh@gmail.com
料 Ⓢ Ⓣ Ⓦ 23US$～　Ⓓ 7US$～
カード M V（手数料＋3%）　全32室（22ベッド）　Wi-Fi

ワット・プノン（→P.232）まで徒歩数分。屋上にプールとレストランがあり、トンレサップ川や町を見下ろせる。客室は清潔だが 23US$ の部屋は窓がなく暗いためバルコニー付きの 26US$ の部屋がおすすめ。

旅行会社

プノンペンの旅行会社は団体ツアーの手配がメインだが、個人旅行者に対してもプノンペン市内ツアー、アンコール遺跡ツアー、ビザの延長手続き代行、近隣諸国のビザ取得代行、航空券やホテルの手配などを行っている。

プノンペン市内1日の車のチャーターは50US$～、日本語ガイドは1日50US$～（英語ガイドは30US$～）が目安。ウドン（→P.273）などの郊外へ行く場合は、別途料金が必要となる。なお、車のチャーターやガイド（特に日本語ガイド）を手配する場合は、数日前までに申し込むのが望ましい。

●クロマーツアーズ・プノンペン
Krorma Tours Phnom Penh

MAP P.269-1C
住 2F, Mid No.235, St.63, Sangkat Beoung Keng Kang 1, Khan ChomKamorn
☎(023)964110、099-890960、081-890960
URL cambodia.sketch-travel.com
営 8:00～17:00（土曜～12:00）
休 日曜、祝日
カード MV

日本人が駐在する日系の旅行会社。ビジネスビザ、労働許可書申請代行、短期、長期車両手配など。一般的な市内ツアー、ウドン（→P.273）やプノン・タマウ動物園（→P.272）など郊外へのツアーも行っている。70US$～。各種視察旅行、学生旅行、バス、航空券手配も可能。総合旅行業務取扱管理者、ロングステイアドバイザー在籍。公式LINEから問合せ可能。ID: krormatourspp

●カンプ・ジェイ・エッチ・シー
KAMPU JHC Co., Ltd

☎012- 800512(日本語可)
E-mail ido@jhc.com.kh
営 9:00～17:00
休 土・日曜 カード V

日系の老舗旅行会社。アンコール遺跡群のツアーはもちろんのこと、郊外にあるマイナー遺跡にも強い。スタッフは全員、日本語OK。ていねいな対応と豊富なアレンジが人気だ。2023年4月現在、移転予定だが住所は未定。

●パーム・ツアーズ&トラベル
Palm Tours & Travels

MAP P.223-1B
住 No.1B, St.278
☎016-821168
URL www.facebook.com/PalmToursAndTravel
E-mail volak.pt@gmail.com
営 8:00～18:00（土曜～12:00） 休 日曜 カード 不可

ボンケンコン・エリア1（→P.223）にあるツアー会社。プノンペン周辺ツアー、車のアレンジ、バス&ボートのチケットや航空券手配、近隣国へのビザ手配などを扱っている。

●プノンペン・ヘリテージ・ツアー
Phnom Penh Heritage Tour

MAP P.261-3B
【集合場所】Corner St.102 & St.13、「パラ・デ・ラ・ポステ」（→P.240）前
☎017-915812、017-496213
URL www.phnompenh-heritage.com
休 無休

プノンペン市内のフランス統治時代の建造物などを見て回るヘリテージツアーを主催。電気自動車またはトゥクトゥクに乗り、ビデオガイド（日本語あり）の入ったタブレットを見ながら観光する。かつてインドシナ銀行だった「パラ・デ・ラ・ポステ」（→P.240）前からスタートし、郵便局、プノンペン駅など22のスポットを巡る。ツアー開始時間は9:00～、14:00～でどちらも所要約2時間15分。予約はウェブサイトまたは電話で、午前のツアー参加の場合は前日の16:00まで、午後参加の場合は当日9:00まで。料金は22US$（6～10歳は19US$）。

●ジャイアント・アイビス・トランスポート
Giant Ibis Transport

MAP P.263-1D 住 No.9Eo, St.106
☎096-9993333 URL www.giantibis.com
営 7:00～22:00 休 無休 カード MV

シェムリアップ（17US$）、シハヌークビル（15US$）、カンポット（10US$）、ケップ（12US$）、シェムリアップ経由のタイ・バンコク（60US$）行きのバスを運行。車種は41席の大型バスまたはナイトバス。スケジュールなどの詳細はP.219。

●ヴィリャック・ブンタム・エクスプレス
Virak Buntam Express

MAP P.261-2A
住 No.29, St.47
☎081-911911 URL vireakbuntham.com
営 6:00～20:00 休 無休 カード JMV

国内の主要な町へのバスを運行。P.219で紹介している町へのバスのほか、モンドルキリ、クラチェ、ポイペト、コッコン、ラタナキリ行きのバスも運行。バスの種類も大型、寝台、ミニバス、バンなどさまざま。

●ラリタ・エクスプレス
Larryta Express

MAP P.261-2A 住 No.21, St.47
☎016-202020、011-202020
URL larryta.com 営 6:00～23:30 休 無休 カード MV

シェムリアップ、シハヌークビルへ15シートのバンを使用したバスを運行。バンは新しく、サービスもいいと人気。シェムリアップ行きは6:30～19:30の間に30分間隔で運行、13US$、所要約6時間。30席の大型ナイトバスも22:00、22:30、23:00、23:30発の4便運行、16US$。シハヌークビル行きはバン利用で6:30発の後、7:00～17:00の間に1時間間隔で運行。14US$、所要約3時間30分。荷物に制限があり縦45cm×横45cm×幅25cm以内、20kgまで。

住所の通り名表記について：道路表示板の通り名と慣用的に使われる通り名は異なることが多いため、要注意。通り名になっている人名の頭に付く敬称（Samdach や Preah）は実際には略されており、本書でも省略した。

銀行

カンボジアン・コマーシャル・バンク
Cambodian Commercial Bank

MAP P.262-2B 住 No.26, Monivong Blvd. ☎(023) 213601、213602、426145 営 8:00～16:00 休 土・日曜

日本円とUSドルの現金の両替が可能。JCBカード、マスターカード、ビザカードでのキャッシングが可能。

PPCBankジャパンデスク
PPCBank Japan Desk

MAP P.266-1B 住 No.437, Monivong Blvd.(Corner St.214), Boeng Prolit, 7 Makara ☎061-444608
営 8:00～16:00(土曜～12:00) 休 日曜、祝日

USドルの現金の両替やカンボジアリエルからUSドルへの再両替が可能。ATMではビザカード、マスターカード、ユニオンペイカードでのキャッシングが可能。日本人スタッフが常駐し、日本語対応可。コーヒーショップ「Socials Coffee & Humanity」が併設。

Jトラスト・ロイヤル・バンク
J Trust Royal Bank

MAP P.262-2B 住 3F, No.20, Corner of Kramuon Sar & St.67 ☎(023) 999000(24時間対応)
営 8:00～16:00(土曜～12:00) 休 日曜

日本円とUSドルの現金の両替が可能。

カナディア・バンク　Canadia Bank

MAP P.262-1B 住 No.315, Ang Duong Blvd.
☎(023) 868222 営 8:00～16:00(土曜～11:30)
休 日曜、祝日

日本円とUSドルの現金の両替が可能。マスターカードとビザカードでのキャッシングが可能。

両替所

リー・ホー・エクスチェンジ
Ly Hour Exchange

MAP 折 裏-3B 住 No.314, St.217
☎095-818181 営 8:30～17:30 休 無休

レートがよい両替商で、日本円やUSドルの現金の両替が可能。オルセー・マーケット近くの本店のほか、ボンケンコン・エリア1近くの MAP P.267-2C など市内に15店舗ある。

その他の町の両替商

セントラル・マーケットの東側、南側、西側（MAP P.263-2C）、シャルルドゴール通りとモニボン通りの交差点付近（MAP P.262-2B）には両替商が多く、日本円やUSドルの現金の両替が可能。たいていは銀行よりも両替レートはいい。

病院

サンライズ・ジャパン病院・プノンペン
Sunrise Japan Hospital Phnom Penh

MAP 折 裏-1C
住 No.177E, Kola Loum St., Group 2, Phum 2,

Sangkat Chroy Changvar, Khan Chroy Changvar
☎078-260152、(023)260151／078-260151(救急24時間)、(023)260153(日本語、祝日を除く月～土曜の診療時間内のみ)
URL www.sunrise-hs.com 開7:30～16:00
休日曜、祝日 カード J M V

日系の総合病院で日本人医師が常駐。脳外科、総合内科、消化器科、小児科、産婦人科などの受診ができる。救急センターでは外傷や感染症などにも対応。手術室やICU、入院病床を完備し、海外旅行保険のキャッシュレス対応可。

ロイヤル・プノンペン病院 Royal Phnom Penh Hospital

MAP 折裏-2A参照
住No.888, Russian Confederation Blvd.
☎(023)991000、991222／098-991222(救急)
URL royalphnompenhhospital.com 開8:00～16:30(緊急時は24時間) 休無休 カード J M V

入院施設をもつ総合病院。各国からのドクターは英語が話せ、内科、外科、小児科、産婦人科、神経内科・脳神経外科、泌尿器科、消化器科、循環器科、美容に関するウェルネス診療科がある。ジャパニーズヘルプデスクあり(→下記囲み)。CTスキャンやMRIなどの最新医療設備を備える。タイのバンコク病院と提携しており、バックアップ態勢も万全。海外旅行保険のキャッシュレス対応可。

ラッフルズ・メディカル・カンボジア・クリニック Raffles Medical Cambodia Clinic

MAP P.267-2C 住No.161, St.51
☎012-816911、(023)216911
URL rafflesmedical.com.kh/ja
開7:00～19:00(緊急時は24時間)
休無休 カード D J M V

一般診療、耳鼻咽喉科、皮膚科、婦人科、小児科、婦人科、性感染症、健康診断などに対応。日本人医師が常駐するほか、日本語を話すカンボジア人の心臓専門医もいる。時間帯により日本語通訳も可能(要電話確認・予約)で、日本語問診票もある。海外旅行保険のキャッシュレス対応可。

ケン・クリニック Ken Clinic

MAP P.269-1C 住No.14A, St.370
☎(023)223843、223844(日本語・英語)、012-957205(日本語) URL www.kenclinic-cambodia.com
開8:30～13:00、15:00～19:00 休日曜 カード M V

カンボジア初の日本人医師によるクリニック。外科、内科、小児科などのほか、X線検査、超音波検査、胃カメラの対応も可。日本人看護師が常駐。海外旅行保険のキャッシュレス対応可。

サン・インターナショナル・クリニック Sun International Clinic

MAP P.267-3D 住No.18, St.302
☎069-268060(日本語)、(023)956777(英語)
URL siclinic.com
開9:00～18:00(日曜～15:00、要予約)
休無休(不定休あり) カード D J M V

日本人専門医が複数常駐する総合診療クリニック。海外旅行保険のキャッシュレス対応可。

新型コロナPCR検査ができる病院

以下の病院でPCR検査を受ける際はパスポート、出国便情報が確認できる書類が必要。

インターケア・メディカルセンター interCare Medical Center

MAP 折裏-3B
住Olympia Medical Hub, Bldg. C5 Tower, St.161
☎(023)996900 URL intercaremedicalcenter.com
開24時間(PCR検査7:00～17:00)
休無休 料50US$ カード M V 予約不要

7:00～11:00に受検した場合は同日17:00以降に、11:00～17:00に受検した場合は翌日17:00以降に結果が判明する。メールまたはTelegramでの証明書発行可。ジャパニーズヘルプデスクに事前連絡で日本語対応可(16.5US$)。

国立公衆衛生研究所 National Institute of Public Health

MAP 折裏-2A
住Lot 80, St.566(Corner St.289 & St.566)
☎(023)966449、012-605152、012-539106、012-938593、115
URL niph.org.kh/niph
開7:30～12:00、13:30～17:30(土曜～12:00)
休日曜、祝日 料50US$ カード不可 予約不要

7:30～11:00に受検した場合は同日15:00～17:00に、11:00～17:30に受検した場合は翌日10:00～11:00に結果が判明。証明書は直接受け取りのみ。

ロイヤル・プノンペン病院

料130US$ 予約不要
※その他の基本データは上記、病院紹介の項目参照

翌日8:00以降に結果が判明。メールまたはTelegramでの証明書発行可。ジャパニーズヘルプデスク(→下記)に事前連絡で日本語対応可(16.5US$)。

ジャパニーズヘルプデスク Japanese Help Desk

☎日本語スタッフ直通【ダヴリン】070-880331、078-880331(LINE:070880331)
【バン】087-444245(LINE:jhd-rph2022)
営8:00～17:00 休日曜、祝日

日本語で受診をサポートするサービスを提供。

※海外旅行保険のキャッシュレスサービスを利用する際は、保険証書とパスポートの持参を忘れずに。

INFORMATION

航空会社

アシアナ航空　Asiana Airlines
MAP ㊕裏-2A参照
住Inside of Phnom Penh International Airport(プノンペン国際空港内)
☎(023)862868　営8:00～12:00、13:00～17:00
休土・日曜　カード A D J M V(使用条件あり)

エア・アジア　Air Asia
MAP P.269-1D
住GF, AEON Mall Phnom Penh, No.132, Sothearos Blvd.(イオン・モール・プノンペン内)
☎(023) 983888、070-222288　営9:00～22:00
休無休　カード A J M V

カンボジア・アンコール航空 Cambodia Angkor Air
MAP P.269-2C
住No.206A, Norodom Blvd.
☎(023)6666787～9　営8:00～12:00、13:30～17:30
休土・日曜　カード J M V

スカイ・アンコール・エアラインズ Sky Angkor Airlines
MAP ㊕裏-2A参照
住5F, No.1679, Russian Blvd.
☎(023)234567、238130、095-279595(土・日曜ホットライン)
営9:00～17:00(土曜～13:00)　休日曜　カード J M V

大韓航空(コリアン・エア)　Korean Air
MAP P.262-3B　住No.F3-R03, Intelligent Office Center, No.254, Monivong Blvd.　☎(023)224047、087-888386　営8:00～17:00(土曜～12:00)　休日曜
カード A D J M V

タイ国際航空 Thai International Airways
MAP ㊕裏-2A参照　住Inside of Phnom Penh International Airport(プノンペン国際空港内)　☎(023)303868、214359(予約&発券)　営8:00～12:00、13:00～17:00　休土・日曜　カード A J M V

バンコク・エアウェイズ Bangkok Airways
MAP P.266-1B　住No.61B, St.214　☎(023)426707、096-6317948、096-6314579　営8:00～17:00　休土・日曜
カード D J M V

ベトナム航空　Vietnam Airlines
MAP P.267-1C　住No.41, St.214　☎(023)990841
営8:00～12:00、13:30～17:00　休土・日曜　カード J M V

ランメイ航空　Lanmei Airlines
MAP ㊕裏-2A参照　住No.575, Russian Federation Blvd.
☎093-822999　営8:30～18:00　休土・日曜　カード M V

郵便・運送

中央郵便局
MAP P.263-1D　住Corner of St.13 & St.102
☎(023)428080、088-8711827　営7:30～17:30　休日曜

イーエムエス　EMS
MAP P.263-1D
住Corner of St.13 & St.102(中央郵便局内)
☎(023)428080、723511
営8:00～17:00　休日曜
　受付カウンターは中央郵便局の正面から左側に回り込んだ別棟にある。

ディーエイチエル　DHL
MAP ㊕裏-2A参照
住No.174-175, Russie Blvd. (St.110)
☎(023)970999　営8:00～18:00(土曜、祝日～17:00)
休日曜　カード M V

フェデラル・エクスプレス Federal Express
MAP P.269-3C　住No.6, St.41
☎(023)923339　営8:00～17:00　休日曜

カンボジア日本通運株式会社 Nippon Express (Cambodia) Co., Ltd.
MAP P.265-3A　住Phnom Penh Center, Room No.361, 3F, South Bldg., Sothearos Blvd.
☎(023)223357　営8:00～17:00　休日曜　カード 不可

各国大使館

日本国大使館
MAP P.269-2C　住No.194, Norodom Blvd.
☎(023)217161～4　URL www.kh.emb-japan.go.jp
開8:00～12:00、13:30～17:15(領事窓口受付8:00～12:00、14:00～16:30)　休土・日曜、カンボジアの祝日
※パスポートの新規発給、帰国のための渡航書の発給→P.352

ベトナム大使館
MAP P.269-2C　住No.436A, Monivong Blvd.
☎(023)726274　開8:00～11:30、14:00～16:30
休土・日曜、両国祝日　※ビザ取得に関して→P.319

ラオス大使館
MAP P.269-2C　住No.15-17, Mao Tse Toung Blvd.
☎(023)997931　開8:30～11:30、14:00～16:30
休土・日曜、両国祝日　※ビザ取得に関して→P.319

タイ大使館
MAP P.269-2D　住No.196, Norodom Blvd.
☎(023)726306(自動応答)　開8:30～12:00、13:30～16:30※ビザ業務は9:00～10:00(申請)、14:00～15:00(受領)　休土・日曜、両国祝日　※ビザ取得に関して→P.319

緊急連絡先
外国人向け緊急電話

プノンペン市警察ツーリスト・ポリス
☎(023)726158、097-7780002
(月～金曜 8:00～17:00)
プノンペン市警察外国人課
☎095-676747(英語可)
警察 **117** ／ **012-999999**(英語不可)
消防 **118** ／ **666**　救急 **119**

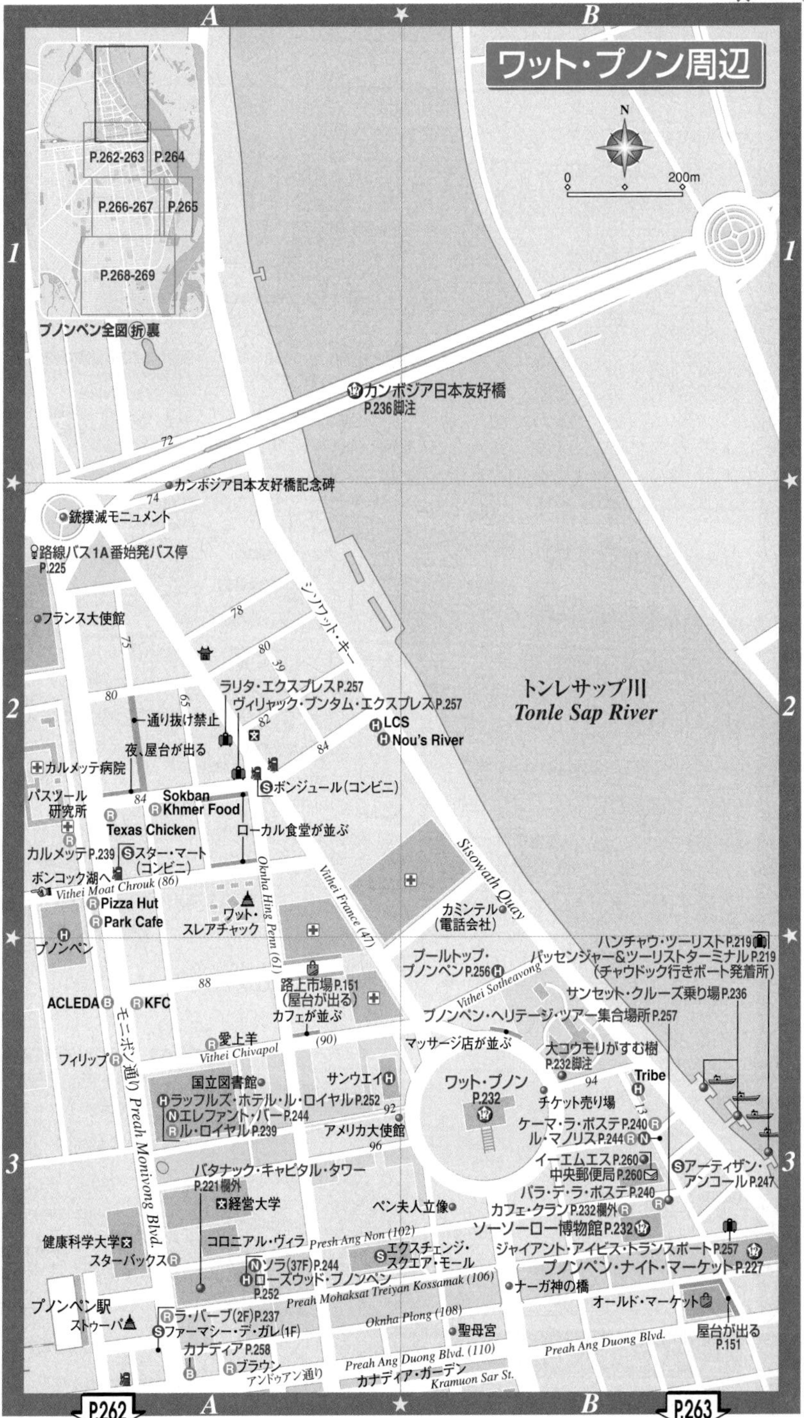

ワット・プノン周辺

P.262
P.263

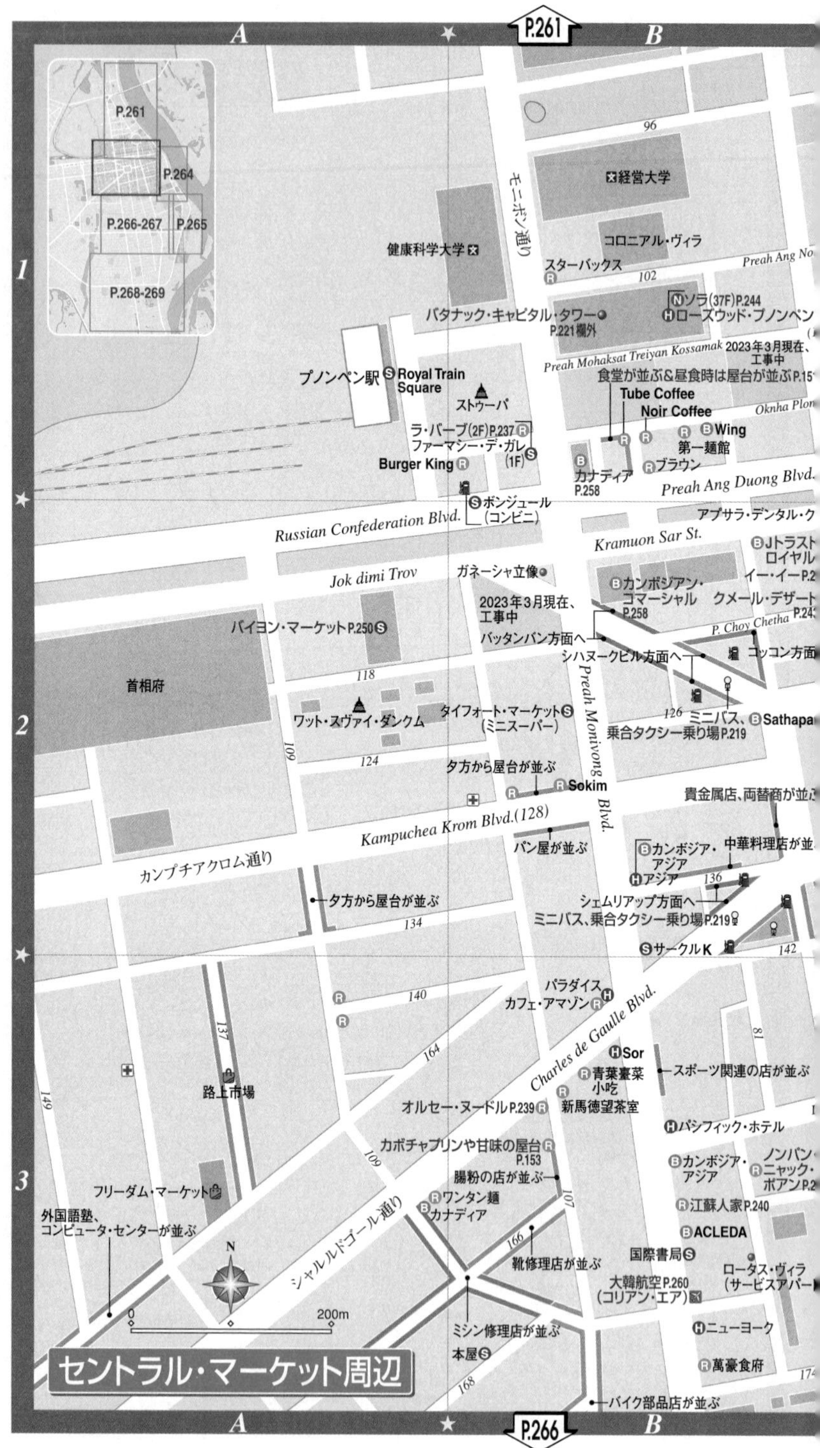

P.261
A
B
P.261
P.264
P.266-267
P.265
P.268-269
1
2
3
96
経営大学
モニボン通り
健康科学大学
コロニアル・ヴィラ
スターバックス
Preah Ang No
102
ソラ(37F)P.244
ローズウッド・プノンペン
バタナック・キャピタル・タワー
P.221欄外
Preah Mohaksat Treiyan Kossamak
2023年3月現在、
工事中
プノンペン駅
Royal Train Square
ストゥーパ
食堂が並ぶ&昼食時は屋台が並ぶ
Tube Coffee
Noir Coffee
Oknha Plon
ラ・バーブ(2F)P.237
ファーマシー・デ・ガレ
(1F)
Burger King
Wing
第一麺館
ブラウン
カナディア
P.258
Preah Ang Duong Blvd.
ボンジュール
(コンビニ)
Russian Confederation Blvd.
アプサラ・デンタル・ク
Kramuon Sar St.
Jトラスト
ロイヤル
Jok dimi Trov
ガネーシャ立像
カンボジアン・
コマーシャル
P.258
クメール・デザート
2023年3月現在、
工事中
バイヨン・マーケット P.250
バッタンバン方面へ
P. Choy Chetha
シハヌークビル方面へ
コッコン方面
首相府
118
Preah Monivong Blvd.
ワット・スヴァイ・ダンクム
タイフォート・マーケット
(ミニスーパー)
126
ミニバス、
乗合タクシー乗り場 P.219
Sathapa
109
124
夕方から屋台が並ぶ
Sokim
貴金属店、両替商が並ぶ
Kampuchea Krom Blvd.(128)
パン屋が並ぶ
カンボジア・
アジア
アジア
中華料理店が並ぶ
カンプチアクロム通り
136
夕方から屋台が並ぶ
シェムリアップ方面へ
ミニバス、乗合タクシー乗り場 P.219
134
サークルK
142
パラダイス
カフェ・アマゾン
140
Charles de Gaulle Blvd.
137
81
164
Sor
青葉臺菜
小吃
スポーツ関連の店が並ぶ
149
路上市場
オルセー・ヌードル P.239
新馬徳望茶室
パシフィック・ホテル
109
カボチャプリンや甘味の屋台
P.153
カンボジア・
アジア
ノンパン・
ニャック・
ボアン
腸粉の店が並ぶ
107
フリーダム・マーケット
ワンタン麺
カナディア
江蘇人家 P.240
外国語塾、
コンピュータ・センターが並ぶ
シャルルドゴール通り
ACLEDA
166
靴修理店が並ぶ
国際書局
N
大韓航空 P.260
(コリアン・エア)
ロータス・ヴィラ
(サービスアパー
0
200m
ミシン修理店が並ぶ
ニューヨーク
本屋
萬豪食府
セントラル・マーケット周辺
168
174
バイク部品店が並ぶ
P.266

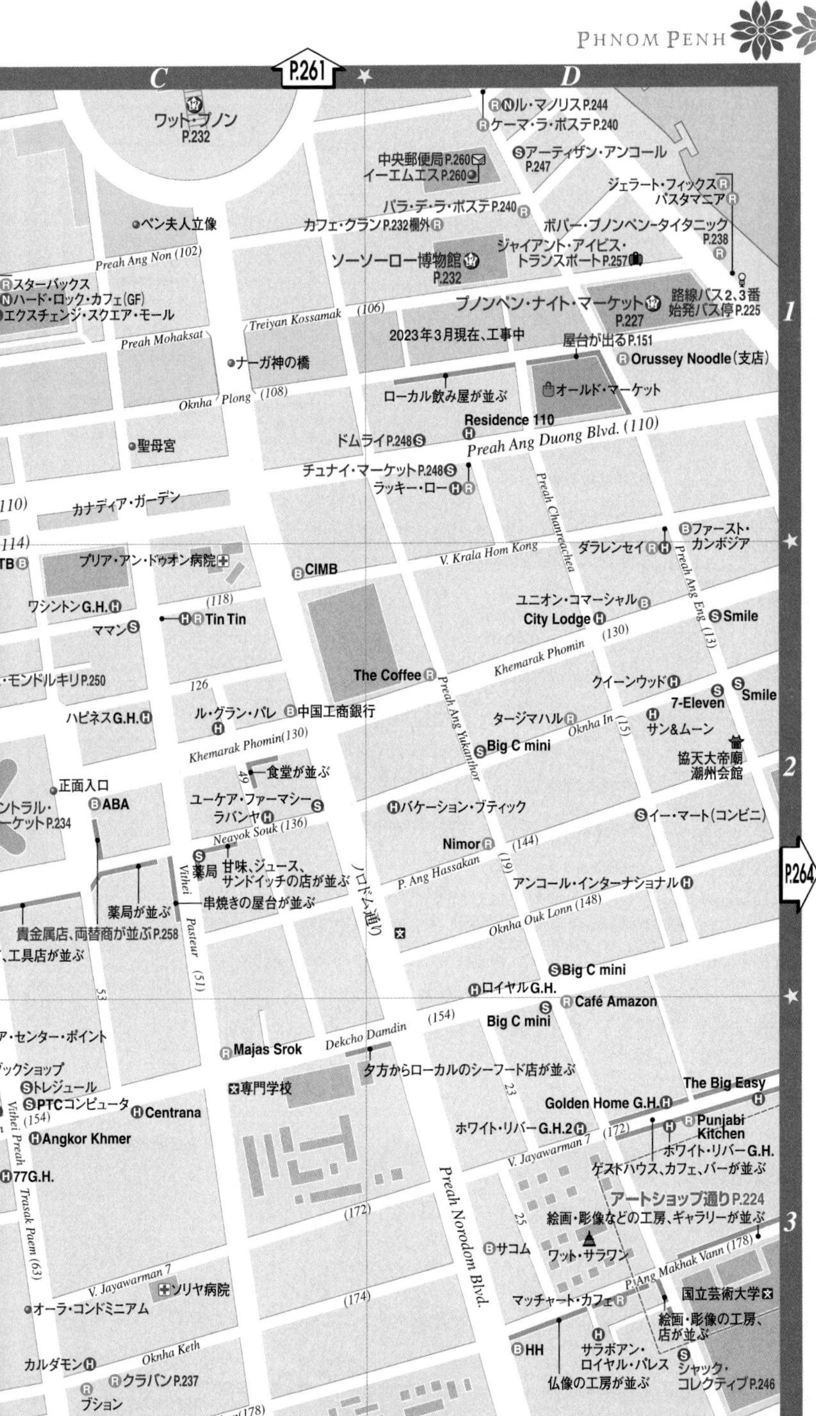
P.261
ワット・プノン P.232
ル・マノリス P.244
ケーマ・ラ・ボステ P.240
中央郵便局 P.260
イーエムエス P.260
アーティザン・アンコール P.247
ジェラート・フィックス
パスタマニア
パラ・デ・ラ・ボステ P.240
ペン夫人立像
カフェ・クラン P.232欄外
ボパー・プノンペン・タイタニック P.238
ジャイアント・アイビス・トランスポート P.257
ソーソーロー博物館 P.232
Preah Ang Non (102)
スターバックス
ハード・ロック・カフェ(GF)
エクスチェンジ・スクエア・モール
Treiyan Kossamak (106)
プノンペン・ナイト・マーケット P.227
路線バス2、3番始発バス停 P.225
Preah Mohaksat
2023年3月現在、工事中
屋台が出る P.151
Orussey Noodle(支店)
ナーガ神の橋
ローカル飲み屋が並ぶ
オールド・マーケット
Oknha Plong (108)
Residence 110
聖母宮
ドムライ P.248
Preah Ang Duong Blvd. (110)
チュナイ・マーケット P.248
ラッキー・ロー
カナディア・ガーデン
ファースト・カンボジア
ダラレンセイ
プリア・アン・ドゥオン病院
CIMB
V. Krala Hom Kong
Preah Chanreachea
Preah Ang Eng (13)
(118)
ワシントン G.H.
Tin Tin
ユニオン・コマーシャル
City Lodge
Smile
ママン
(130)
Khemarak Phomin
モンドルキリ P.250
126
The Coffee
クイーンウッド
7-Eleven
Smile
ハピネス G.H.
ル・グラン・パレ
中国工商銀行
タージマハル
Oknha In (15)
サン&ムーン
Khemarak Phomin(130)
Big C mini
協天大帝廟潮州会館
食堂が並ぶ
正面入口
ABA
ユーケア・ファーマシー
ラバンヤ
バケーション・ブティック
Preah Ang Yukanthor
イー・マート(コンビニ)
Neayok Souk (136)
Nimor
(144)
P.264
薬局
甘味、ジュース、サンドイッチの店が並ぶ
P. Ang Hassakan
ノロドム通り
Vithei Pasteur (51)
アンコール・インターナショナル
薬局が並ぶ
串焼きの屋台が並ぶ
(19)
貴金属店、両替商が並ぶ P.258
工具店が並ぶ
Oknha Ouk Lonn (148)
Big C mini
ロイヤル G.H.
53
Café Amazon
(154)
Big C mini
Dekcho Damdin
Majas Srok
夕方からローカルのシーフード店が並ぶ
トレジュール
専門学校
The Big Easy
PTC コンピュータ
Centrana
Golden Home G.H.
Angkor Khmer
ホワイト・リバー G.H.2
23
Punjabi Kitchen
(172)
ホワイト・リバー G.H.
V. Jayawarman 7
ゲストハウス、カフェ、バーが並ぶ
77G.H.
Vithei Preah Trasak Paem (63)
(172)
Preah Norodom Blvd.
アートショップ通り P.224
絵画・彫像などの工房、ギャラリーが並ぶ
25
サコム
ワット・サラワン
P. Ang Makhak Vann (178)
V. Jayawarman 7
ソリヤ病院
(174)
国立芸術大学
オーラ・コンドミニアム
マッチャート・カフェ
絵画・彫像の工房、店が並ぶ
HH
サラボアン・ロイヤル・パレス
シャック・コレクティブ P.246
カルダモン
Oknha Keth
クラバン P.237
ブション
仏像の工房が並ぶ
P. Sokun Meanbon(178)
P.266
P.267
C
D
1
2
3

ワット・ウナロム周辺
リバーサイドP.222
(シソワット・キー)
River Bistro
オスカー・ビストロP.244
ワンダーズ・プノンペンP.255
River Quay
Krala Hom Kong (118)
シソワット・キー
Khemarak Phomin (130)
ゴールデン・ハウス
オララ
Smile
Lux Riverside
Okhna In
カフェ・バーが並ぶ
Smile
7-Eleven
ニュー・コーナー
ラ・クロワセット
144
協天大帝廟
潮州会館
Vithei Ankor (5)
カンダル・マーケット
メトロ
BGARI
オハナ・プノンペン・パレス
路上市場
Okhna Ouk Lonn (148)
Le Bleue Residence
アマンジャヤ・パンカムP.253
ル・ムーン・ルーフトップP.244
夕方から屋台が並ぶ
カンダル・マーケット
Dekcho Damdin (154)
ソティアロス通り
プリア・クラロン像
夕方から屋台が並ぶ
Preah Ang Eng (13)
バーベキューレストランが並ぶ
ワット・ウナロム
313 Quayside
トンレサップ川
Tonle Sap River
屋台が並ぶ
ゲストハウス、カフェ、バーが並ぶ
ホームタウンスイート
銀製のみやげ物店が並ぶ
172
The Big Easy
7-Eleven
リバークラウン
ゲストハウス、カフェ、バーが並ぶ
ナウインG.H.
Smile
ユーケア・ファーマシーP.220欄外
フューチャーズ・ファクトリー
P.224欄外
ハイアット・リージェンシー・プノンペンP.253
Big C mini
アートショップ通り
P.224
ポップ・イタリアンP.241
オテルKVL P.254
コンフィレル
P.250
(178)
入口
Britea English Tea House
Café Amazon
P. Ang Makhak Vann
ミュージアム・カフェ
小さな寺院
絵画・彫像などの工房、ギャラリーが並ぶ
国立博物館
P.230
東屋
小さな寺院
国立芸術大学
Samdach Preah Theamak Lethrt Ouk (184)
Samdach Sothearos Blvd.
Sisowath Quay
王宮P.228
ツーリスト・インフォメーション・センター
19
王宮、シルバーパゴダの入口
0
200m
シルバーパゴダP.229
P.261
P.262-263
P.266-267
P.265
P.268-269
A
B
1
2
3
N

P.263
P.267
P.265

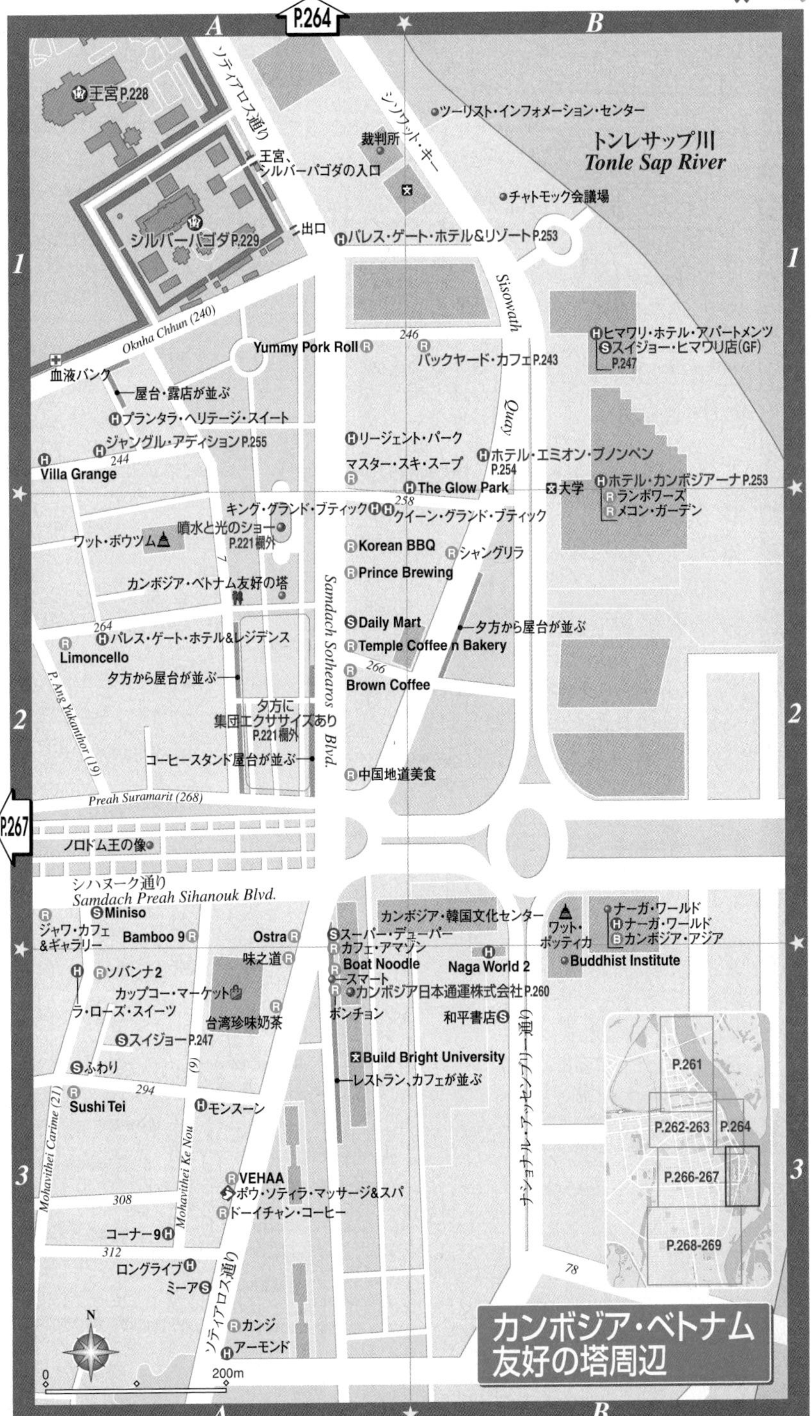
P.264
A
B
王宮P.228
ソティアロス通り
シソワット・キー
ツーリスト・インフォメーション・センター
トンレサップ川
Tonle Sap River
裁判所
王宮、
シルバーパゴダの入口
チャトモック会議場
シルバーパゴダP.229
出口
パレス・ゲート・ホテル&リゾートP.253
1
Sisowath
Oknha Chhun (240)
246
ヒマワリ・ホテル・アパートメンツ
スイジョー・ヒマワリ店(GF)
P.247
Yummy Pork Roll
バックヤード・カフェP.243
血液バンク
屋台・露店が並ぶ
プランタラ・ヘリテージ・スイート
Quay
ジャングル・アディションP.255
リージェント・パーク
244
ホテル・エミオン・プノンペン
P.254
マスター・スキ・スープ
Villa Grange
The Glow Park
大学
ホテル・カンボジアーナP.253
ランボワーズ
メコン・ガーデン
258
キング・グランド・ブティック
クイーン・グランド・ブティック
噴水と光のショー
P.221欄外
ワット・ボウツム
Korean BBQ
シャングリラ
Prince Brewing
カンボジア・ベトナム友好の塔
Samdach Sothearos Blvd.
Daily Mart
夕方から屋台が並ぶ
264
パレス・ゲート・ホテル&レジデンス
Temple Coffee n Bakery
Limoncello
266
夕方から屋台が並ぶ
Brown Coffee
P. Ang Yukanthor (19)
2
夕方に
集団エクササイズあり
P.221欄外
コーヒースタンド屋台が並ぶ
中国地道美食
Preah Suramarit (268)
P.267
ノロドム王の像
シハヌーク通り
Samdach Preah Sihanouk Blvd.
Miniso
カンボジア・韓国文化センター
ワット・ボッティカ
ナーガ・ワールド
ナーガ・ワールド
カンボジア・アジア
ジャワ・カフェ
&ギャラリー
Bamboo 9
Ostra
スーパー・デューパー
カフェ・アマゾン
味之道
Boat Noodle
Naga World 2
Buddhist Institute
ソバンナ2
スマート
カップコー・マーケット
カンボジア日本通運株式会社P.260
ラ・ローズ・スイーツ
ボンチョン
和平書店
台湾珍味奶茶
スイジョーP.247
ナショナル・アッセンブリー通り
(9)
ふわり
Build Bright University
レストラン、カフェが並ぶ
294
Sushi Tei
モンスーン
Mohavithei Carime (21)
Mohavithei Ke Nou
P.261
P.262-263
P.264
P.266-267
P.268-269
3
VEHAA
ポウ・ソティラ・マッサージ&スパ
308
ドーイチャン・コーヒー
コーナー9
312
78
ロングライブ
ミーア
ソティアロス通り
カンジ
アーモンド
N
0
200m
カンボジア・ベトナム
友好の塔周辺

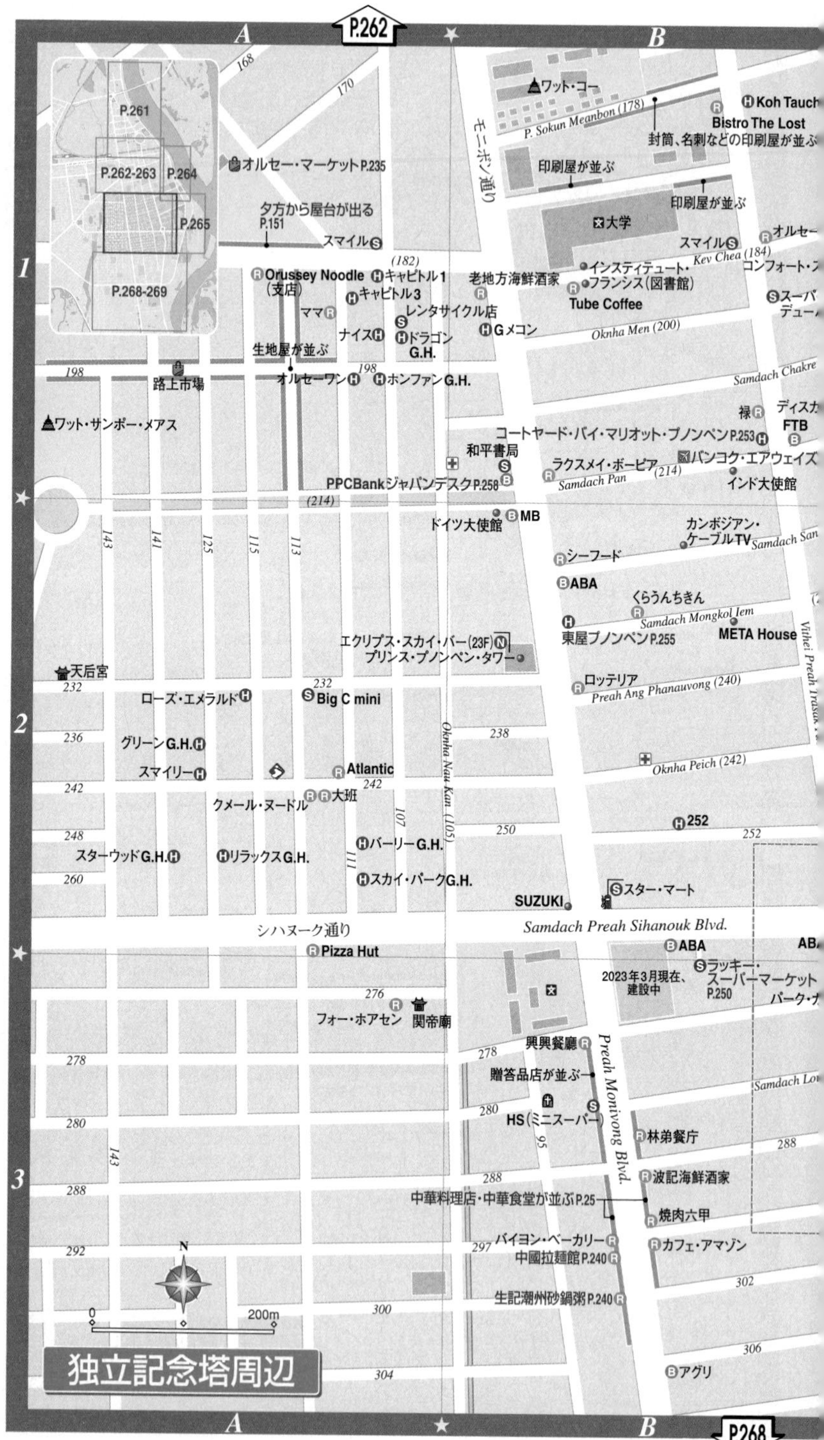
P.262
P.268
独立記念塔周辺
P.261
P.262-263
P.264
P.265
P.268-269
ワット・コー
P. Sokun Meanbon (178)
Koh Tauch
Bistro The Lost
封筒、名刺などの印刷屋が並ぶ
印刷屋が並ぶ
モニボン通り
大学
オルセー・マーケット P.235
夕方から屋台が出る P.151
スマイル
Kev Chea (184)
インスティテュート・フランシス(図書館)
Tube Coffee
Orussey Noodle(支店)
キャピトル1
キャピトル3
ママ
レンタサイクル店
老地方海鮮酒家
ナイス
ドラゴンG.H.
Gメコン
Oknha Men (200)
生地屋が並ぶ
オルセーワン
ホンファンG.H.
路上市場
Samdach Chakre
ワット・サンボー・メアス
禄
ディスカ
FTB
コートヤード・バイ・マリオット・プノンペン P.253
和平書局
ラクスメイ・ボーピア
バンコク・エアウェイズ
Samdach Pan
インド大使館
PPCBankジャパンデスク P.258
MB
ドイツ大使館
カンボジアン・ケーブルTV
シーフード
ABA
くらうんちきん
Samdach Mongkol Iem
東屋プノンペン P.255
META House
エクリプス・スカイ・バー(23F)
プリンス・プノンペン・タワー
天后宮
ロッテリア
Preah Ang Phanauvong (240)
ローズ・エメラルド
Big C mini
グリーンG.H.
スマイリー
Atlantic
Oknha Nau Kan (105)
Oknha Peich (242)
クメール・ヌードル
大班
252
スターウッドG.H.
リラックスG.H.
バーリーG.H.
スカイ・パークG.H.
SUZUKI
スター・マート
シハヌーク通り
Samdach Preah Sihanouk Blvd.
Pizza Hut
ABA
2023年3月現在、建設中
ラッキー・スーパーマーケット P.250
フォー・ホアセン
関帝廟
興興餐廳
Preah Monivong Blvd.
贈答品店が並ぶ
HS(ミニスーパー)
林弟餐庁
波記海鮮酒家
中華料理店・中華食堂が並ぶ P.25
焼肉六甲
バイヨン・ベーカリー
中國拉麺館 P.240
カフェ・アマゾン
生記潮州砂鍋粥 P.240
アグリ
200m

P.263
P.264
C
D
Samdach Preah Theamak Lethrt Ouk (184)
ノロドム通り
プランテーション・アーバン・リゾート&スパ P.254
王宮 P.228
Kev Chea (184)
ユーケア・ファーマシー
Okhna Men (200)
安達
カズンズ・バーガー&コーヒー P.242
KFC
マカオ・カフェ
(208)
ル・ボワン
Vithei Pasteur
ム・ドゥ・パン
Prei Speakeasy
Chip Mong
Brown Coffee
Oriental
Samdach Pan (214)
血液バンク
(240)
Yue Tai
トナム航空 P.260
豊隆
(51)
222
レッド・エプロン
P. Ang
薬局
ジャングル・アディション P.255
ブリス・スパ P.251
Villa Grange
SHB
228
ショップ240 P.243
Okhna Chhun
Box Office
244
ホップス・クラフト・ビアガーデン
(222)
ラッフルズ・メディカル・カンボジア・クリニック P.259
ストリート240 P.225
センズ
モニュメント・ブックス
ームケークス
アルンリアス P.254
ケーマ(本店) P.240
アクエリアス・アーバン・リゾート P.255
Yukanthor
Wat Damnak
240
Arita Garden
Capri by Fraser
Phanauvong
Preah Ang
パビリオン P.254
(19)
256
通行禁止
ホワイト・マンション
ソリスト(2F)
(242)
Preah Norodom Blvd.
264
95ディグリー
27
Limoncello
シンガポール大使館
Vithei Pasteur
フォーチュン・フォー P.241
パレス・ゲート・ホテル&レジデンス
Whistle
55
Oknha Peich
マグノリア
254
264
インドネシア大使館
Mad Monkey
通行禁止
(51)
リーホー・エクスチェンジ(支店) P.258
北朝鮮大使館
59
264
268
The Birdcage Boutique
P.265
ボンケンコン1・エリア P.223
独立記念塔 P.236
セルカード
Samdach Preah Sihanouk Blvd.
ジャワ・カフェ&ギャラリー
Jトラスト・ロイヤル
シハヌーク通り
PPCBank
ユネスコ
ゴン P.241
Miniso
ーバーズ・インディア
ペドロ
サマタ・スパ P.251
ラ・ローズ・スイーツ
278
アニス
ワット・ランカー
Garden
ソバンナ2
Nukカフェ
ホームシン P.256
スマテリア P.247
生茶楼
ACLEDA
Vithei Preah Trapean (57)
Khmer Surin
Samdach Louis Em (282)
(21)
ボタニコ P.244
スイジョー P.247
パティオ P.255
Mohavithei Carime
ふわり
Pizza Hut
288
ヤクン・カヤトースト
294
Sushi Tei
テンプル・コーヒー・アンド・ベーカリー P.243
オーシャン
安達
Tell
294
29
プノンペン・カタリ
バサック・レーン&バサック・ストリート P.245
Koi Thé
294
クリスピー・クリーム・ドーナッツ
イル・フォルノ
ブラウン・ロースタリー P.243
302
マリス P.237
308
ニヤンコア・ビレッジ P.256
サン・インターナショナル・クリニック P.259
ママ・ウォンズ
302
ナータ・スパ
デン
ピッコラ・イタリア P.241
312
306
丸亀製麺
ワット・プラユヴォン
ディグビーズ P.242
306
スーパー・デューパー
KFC
バーガー・キング
310
Crystal Jade
グロリア・ジーンズ・コーヒー
310
Carl's Jr.
ノロドム通り
大学
元気寿司
アンコール・スパ
322
メコン・プノンペン・クリニック
1
2
3
P.269

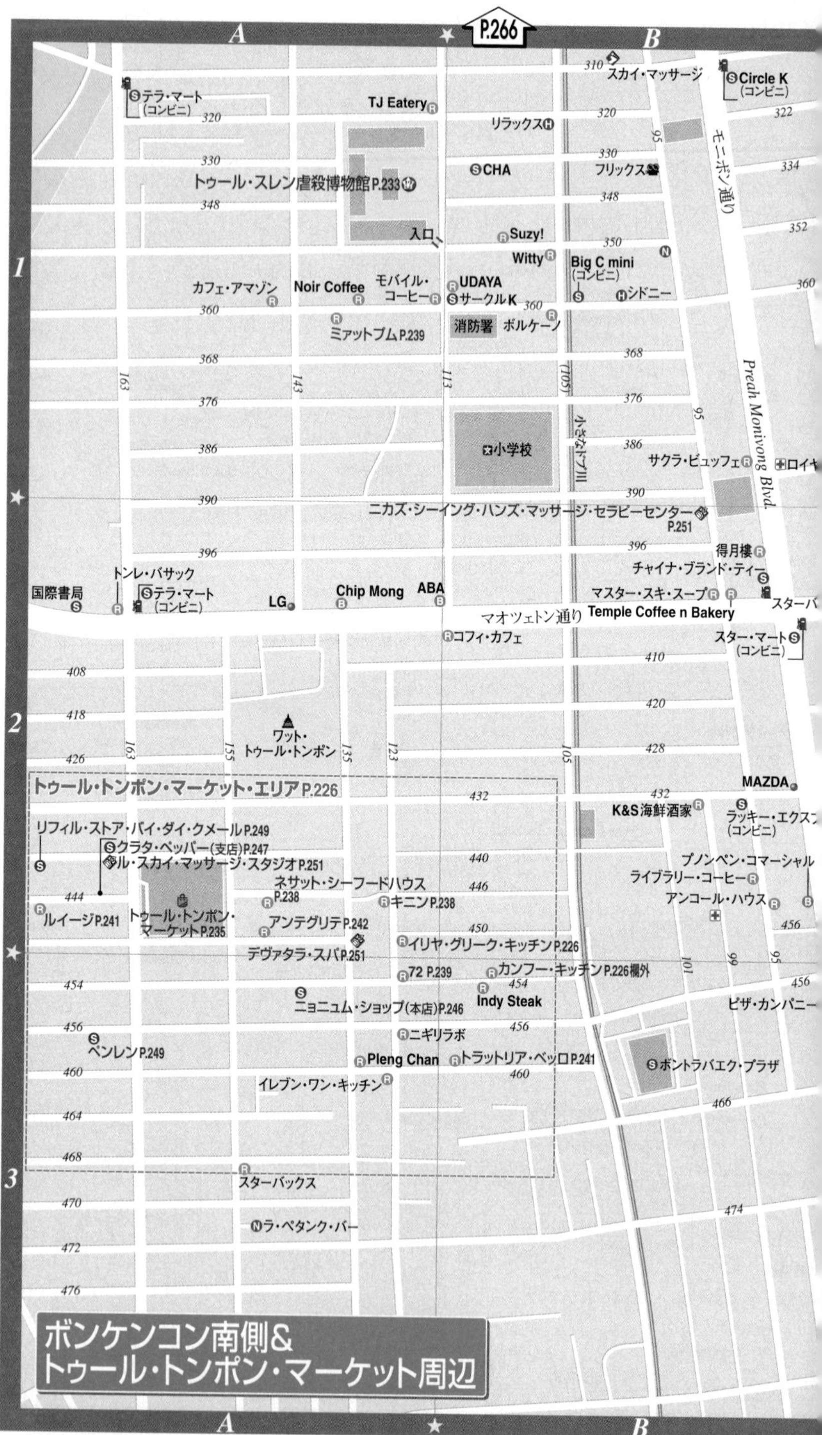
ボンケンコン南側＆
トゥール・トンポン・マーケット周辺
P.266
トゥール・スレン虐殺博物館P.233
トゥール・トンポン・マーケット・エリアP.226
テラ・マート（コンビニ）
TJ Eatery
リラックス
CHA
スカイ・マッサージ
Circle K（コンビニ）
フリックス
モニボン通り
Suzy!
Witty
Big C mini（コンビニ）
シドニー
カフェ・アマゾン
Noir Coffee
モバイル・コーヒー
UDAYA
サークルK
ミアットプムP.239
消防署
ボルケーノ
Preah Monivong Blvd.
小学校
小さなドブ川
サクラ・ビュッフェ
ニカズ・シーイング・ハンズ・マッサージ・セラピーセンターP.251
得月楼
チャイナ・ブランド・ティー
トンレ・バサック
国際書局
テラ・マート（コンビニ）
LG
Chip Mong
ABA
マスター・スキ・スープ
マオツェトン通り
Temple Coffee n Bakery
コフィ・カフェ
スター・マート（コンビニ）
ワット・トゥール・トンポン
MAZDA
K&S海鮮酒家
ラッキー・エクスプ（コンビニ）
リフィル・ストア・バイ・ダイ・クメールP.249
クラタ・ペッパー（支店）P.247
ル・スカイ・マッサージ・スタジオP.251
ネサット・シーフードハウスP.238
キニンP.238
プノンペン・コマーシャルライブラリー・コーヒー
アンコール・ハウス
ルイージP.241
トゥール・トンポン・マーケットP.235
アンテグリテP.242
デヴァタラ・スパP.251
イリヤ・グリーク・キッチンP.226
72 P.239
カンフー・キッチンP.226欄外
ニョニュム・ショップ（本店）P.246
Indy Steak
ピザ・カンパニー
ペンレンP.249
ニギリラボ
Pleng Chan
トラットリア・ベッロP.241
ボントラバエク・プラザ
イレブン・ワン・キッチン
スターバックス
ラ・ペタンク・バー
入口

P.267
C
D
クメール・オーガニック・コーポラティブP.250
カイフォン・イータリー
AトゥZマート
イレブン・ワン・キッチン
The Heli Boutique
ワット・チョコレート・プノンペンP.249
クロマーツアーズ・プノンペンP.257
本田
ママ・タイ
浦江亭
マックスバリュ・エクスプレス(ミニスーパー)
タイフォート・マート
ボディア・スパP.251
ブレッド・トーク
Pizza 4p's
北海道
パーク・カフェ
ユーケア・ファーマシー
ファーム・トゥ・テーブルP.242
牛角
Chip Mong Noromall
グリーン・ペッパー
L'es prit
Brasat by Temple
ケン・クリニックP.259
スター・マート
Koi Thé
オールド・タウン・ガーデン
アンボーP.249
トパーズP.238
ワット・スバイ・ポペ
ロシア大使館
イオン・モール・プノンペンP.250
アメージング・カンボジア(1F)P.246
ニョニュム・ショップ(GF)P.246
エア・アジア(GF)P.260
Samdach Sothearos Blvd.
ボンケンコン・マーケット
ノロドム通り
ソフィテル・プノンペン・ポキットラーP.252
八
フルズ
ラ・クポール
Noir Coffee
ワッタン・アーティサンズ・カンボジア
ワット・タン
ミャンマー大使館
木製家具店が並ぶ
タイフォート・マート
ハウス・ブティックP.255
カンボジア・アンコール航空P.260
ラオス大使館P.260、319欄外
ソティアロス通り
BQ Hotpot
Mao Tse Toung Blvd.
籐製の家具店が並ぶ
Preah Norodom Blvd.
ニューヨーク・ステーキ・ハウス
雅楽P.242
セガフレード・ザネッティ・エスプレッソ
通行禁止
キャスナ・ストリート
ひもの屋
麺屋武一
チャム・カー・モン・パレス
日本国大使館P.260、352
イロハ・ガーデンP.254
タイ大使館P.260、319欄外
バサック川
Bassac River
ノロドム通り
N
0
200m
Lamama
マッテオP.241
バサック・ガーデン・シティ
内務省
P.261
P.262-263
P.264
P.266-267
P.265
フェデラル・エクスプレスP.260
国家警察本部
プノンペン市警察
(プノンペン市警察ツーリスト・ポリス／プノンペン市警察外国人課)P.220欄外、352
マレーシア大使館
Vithei Preah Trasak Paem (63)
Vithei Preah Trapeang
Pasteur (51)

プノンペン近郊の見どころ Suburbs

キエンスヴァイ Kien Svay

កៀនស្វាយ ◆ キアン・スワーイ

MAP 折表-3C

Access

車

プノンペンから車をチャーターして片道 15US$ ～、所要約 30 分。

トゥクトゥク

片道 8US$ ～、所要約 30 分。

バイクタクシー

片道 5US$ ～、所要約 30 分。

涼み小屋

料 1 日 2 万 R ～

貸しボート

料 1 時間 1 万 R ～

チョロイ・アンピル村へ

キエンスヴァイからプノンペン方向へ約 3km。バイクタクシーで 2000R ～、所要約 10 分。

川沿いには焼き魚、焼き鶏、果物などの屋台がズラリと並ぶ

プノンペンの近郊には、市民が休日に家族や友達同士で遊びに出かける行楽地がいくつかあるが、プノンペンから国道１号線を車で約 30 分南東に走った、メコン河畔のキエンスヴァイもそのひとつ。日曜には、川に沿って延びる道の両側に果物や焼き鶏、焼き魚、甘味の屋台がズラリと店を出し、盛んに客引きをしている。また、キエンスヴァイ近くにあるチョロイ・アンピル村は伝統織物の盛んな村。豊かな緑とハイビスカスの生け垣が美しいこの村では、どの家も高床式住居の床下に織機が並んでいる。おもにクロマー（カンボジア式スカーフ）やサロンが織られ、製品はプノンペンのマーケットにも出荷される。

水上にせり出した涼み小屋。平日は閑散としており、にぎわう週末に訪れたほうがいい

トンレバティ Tonle Bati

ទន្លេបាទី ◆ トンレ・バティー

MAP 折表-3B

Access

車

プノンペンから車をチャーターして片道 20US$ ～、所要約 1 時間。

トゥクトゥク

往復 20US$ ～、所要約 1 時間 30 分。

バイクタクシー

往復 10US$ ～、所要約 1 時間 30 分。

トンレバティ

料 外国人入域料金 2US$

ワット・タ・プローム

料 無料

プノンペンから国道２号線を南へ約 35km。砂糖ヤシの林に囲まれた静かなトンレバティ湖畔は、日曜には屋台が並びにぎわう行楽地。プノンペンなどから遊びに来た人々は、湖上の涼み小屋を借りてのんびりと過ごす。ただ、平日に訪れてもひと気はなく、普通の小さな湖に過ぎない。湖の近くにはワット・タ・プローム、ワット・ジェイポーというふたつの遺跡（→下記、P.271）があり、小さいながらもなかなか趣がある。

湖上には涼み小屋が建ち並び、食事も作ってくれる

★★ バラモン教と仏教の混合寺院

ワット・タ・プローム

វត្តតាព្រហ្ម ◆ ウォアット・タ・プロム

MAP 折表-3B

12 世紀後半、ジャヤヴァルマン七世の時代に建てられた寺院の遺跡。規模は大きくはないが、ラテライトと砂岩で造られたバラモン教と仏教の混合寺院で、東西南北に塔門のある回廊で周囲を囲まれている。東側から入ると左右に経堂、中央にある祠堂内部には仏像が安置されていて、堂はそのまま西塔門に続く構造。その壁面には美しいデバター（女神）のレリーフが施されている。

規模は小さいが修復＆整備されている。敷地内では近所の子供たちが花売りをしており、買うまでねばられることも。花は１本 1US$

保存状態がいいデバター（女神）のレリーフが多い

✉プノンペンからトゥクトゥクでプノン・チソールとキエンスヴァイへ行った。日曜日だったためキエンスヴァイは人が多く、屋台料理も新鮮な物が並んでいた。天気はよかったが、国道２号線は幹線道路のため排気ガスとほこりがすごく、↗

12世紀頃に建てられた伝説が残る寺 MAP 折表-3B

★★ ワット・ジェイポー

វត្តយាយពៅ ◆ ウォアット・ジアイ・パウ

ワット・タ・プロームの北側、トンレバティ湖の近くにある小さな祠堂で、背後にはクメール様式の新しい寺院が控えている。12世紀頃、タ・プローム王の母ジェイ・ポーによって建てられたといわれ、内部には古い仏像が安置されていたが、1993年に盗難に遭ってしまった。この寺の建立には次のような伝説が残っている。

「昔アンコール都城からこの地へやってきた王は、美しい娘ジェイ・ポーを見初めた。だが、しばらくしてアンコールへ戻ることになった王は、別れるときに自分の指輪をポーに渡した。やがてポーに男の子が生まれたが、父親が誰なのかは秘密にしていた。時がたち息子のプロームが成長すると、母は出生の秘密を打ち明け、指輪を渡してアンコールへと送る。王はその指輪を見てプロームを王宮へ迎えた。その後、帰郷したプロームは、なぜか若く美しい姿のままのポーに会うが、母とは気づかず求婚してしまう。そこでプロームとポーの間でひと晩のうちに寺を建てたほうが結婚するかどうか決めようということになり、作業を始めた。ところがポーは夜中に明かりをともした気球を上げ、それを明けの明星と思い込んだプロームは作業をやめてしまった。ポーは寺を完成させ、息子はやっとそれがわが母だと気づく。そのときの寺がワット・ジェイポーなのだ……」

プノン・タマウ

ភ្នំតាម៉ៅ ◆ プノム・タ・マウ MAP 折表-3B

トンレバティから国道2号線をさらに10kmほど南下し、右折して未舗装の道を約4km進むと、ポッコリと小山が現れる。その麓には大きな岩がゴロゴロあって、山の木々で木陰になった岩場はひんやりとした格好の昼寝場所（？）だ。休日には食べ物屋台が並び、近郊やプノンペンからやってきた家族連れが、涼み台の上でお弁当を広げたりしてにぎわう。近くにはワット・プノン・タマウとプノン・タマウ動物園がある。

丘の上の小さな仏教寺院 MAP 折表-3B

★★ ワット・プノン・タマウ

វត្តភ្នំតាម៉ៅ ◆ ウォアット・プノム・タ・マウ

古い寺院はれんが造りだったためか、建立当時の構造が想像できないほど崩壊している

プノン・タマウ動物園（→ P.272）の料金所前の小さな丘の上に建つ仏教寺院。1984年に日本の援助によって建てられた。ここには273年に造られたという寺院の遺跡があったが、内戦時代にポル・ポト軍によって破壊されてしまった。が、新しい寺の境内には、その古い遺跡のレリーフの一部が残されている。損傷は激しいが、乳海攪拌（にゅうかいかくはん）とシンハの上に横たわるヴィシュヌ神のふたつのレリーフはたいへん貴重な物だ。

↘お金に余裕があるのなら車で行くべき場所だと感じた。（大阪府　匿名希望　'13）['23]

ワット・ジェイポー
料 無料

破風（はふ）にはシヴァ神のレリーフが施されている

祠堂の内部。伝説とオーバーラップさせると興味深い

Access

車
プノンペンから車をチャーターして片道30US$～、所要約1時間20分。

トゥクトゥク
往復25US$～、所要約2時間。

バイクタクシー
往復20US$～、所要約2時間。

ワット・プノン・タマウ
料 無料

シンハに横たわるヴィシュヌ神。へそのあたりから生えたハスの花の上でブラフマーが瞑想している

プノン・タマウ動物園
住 National Rd. No.2, Tro Pang Sap Village, Tro Pang Sap Commune, Bati Dist., Takeo Province
☎ 088-9585640
開 8:30 ～ 17:00　休 無休
料 5US$（子供 2US$）

ラングールの一種と思われるサルは人懐こく、近くまで寄ってくる

Access

車
　プノンペンから国道 2 号線を南下し約 60km、所要約 1 時間 30 分。プノンペンから車をチャーターして往復 40US$ ～。

トゥクトゥク
　往復 30US$ ～、所要約 2 時間。

バイクタクシー
　往復 25US$ ～、所要約 2 時間。

プノン・チソール
料 2US$

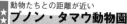

動物たちとの距離が近い

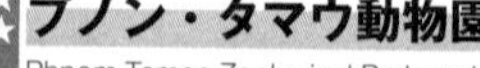

★★ プノン・タマウ動物園

Phnom Tamao Zoological Park and Wildlife Rescue Center

MAP 折表-3B

　広大な敷地内にさまざまな動物のエリアを設けている動物園。自然のなかに檻や柵を設けて、動物を放しているという感じで、一種サファリパークの雰囲気もある。サル、シカ、ゾウ、トラ、ライオン、クマ、大蛇から小動物まで種類も多い。遊歩道が設けられているエリアもあるが、大型動物の檻は点在しているので、園内の移動は車かトゥクトゥク、バイクタクシーで。

運がよければ、柵から出てきたゾウに触れられることも。また、日曜 10:30 からはゾウのダンスショーが行われている

ライオンやトラはなかなか姿を見せてくれないが、姿が見えるときは黒山の人だかり

プノン・チソール　Phnom Chisor

ភ្នំជីសូរ ◆ プノム・チソー

MAP 折表-3B

　11 世紀前半、スールヤヴァルマン一世によって建立されたヒンドゥー教（シヴァ派）寺院。標高約 140m の山の上に建造された丘上式の寺院である。現在の登山道はコンクリートの階段で、北西側と南西側からの 2 ルートがあるので、下山時には道を間違えないように注意が必要。寺院の正面は東でラテライト石が美しく積まれた 400 段以上の階段が麓から頂上まで続いている。山頂から東正面を見下ろすと、寺院から一直線に延びる参道が見え、その先には長方形のバライ（人工池）がある。見晴らしのよい景色が登ってきた疲れを忘れさせる。十字形平面の建物がふたつ見えるが、これは参道に付随する建物である。寺院本体は中央祠堂と周囲を取り巻く建物群、南北の経蔵等で構成されている。残念ながら中央祠堂と前室は現在立ち入りできない（2023 年 4 月現在）。1930 年代に修復されたが傷みが激しく、中央祠堂の頂部は著しく損壊し、前室の上は雨を防ぐトタン板で覆われており痛々しい。北経蔵をはじめ一部の建物は崩壊の危険があり、立ち入りが制限されている。

破風（はふ）に描かれているのはヴィシュヌ神（左上）。盗難に遭ったり、崩れたりと彫刻の保存状態のよいものはあまりないが、遺跡内を歩いていると無造作に置かれた状態のいいレリーフを見ることもある（左）。遺跡内部はところどころに立ち入り禁止区域があり、保存状態はあまりよくない（中左・中右）。頂上に着いたら東の正面入口から見下ろしてみよう。一直線の参道が見え、トンレオンと呼ばれるバライ（人工池）周辺には一面の水田が広がる（右）

キリロム国立公園　Kirirom National Park

ឧទ្យានជាតិគីរីរម្យ ◆ ウッティァン・チアッ・キリマロム　MAP 折表-3B

プノンペンから南西へ約120km。カンボジアでは珍しい松林が茂り、美しい滝が点在するキリロム国立公園は、涼を求めて多くの人が訪れる避暑地だ。1960年代にシハヌーク前国王によって保安林とされ、1993年にはIUCN（国際自然保護連合）の保護地域に指定された。公園内は緑豊かな自然にあふれ、周辺には高さ40mものチョンボックの滝や農村体験が楽しめるチョンボック村などがある。また、公園内にはグランピング&ヴィラをコンセプトにした、日系リゾート「ブイキリロム・パイン・リゾート」があり、併設のレストランでは創作クメール料理が楽しめる。

農家宿泊や牛車体験ができるチョンボック村（左）。ブイキリロム・パイン・リゾートのテント（中）。チョンボックの滝へ行く場合は歩きやすい服装で（右）

ウドン　Oudong

ឧដុង្គ ◆ ウッドン　MAP 折表-2B

プノンペンから国道5号線を北へ約40km。ウドンは1618～1866年の約250年間にわたり王都がおかれた古都で、歴代の王が王宮や100を超す寺院を周辺に建設し、今もその一部が残る。ウドンの見どころは丘上の仏教遺跡群。丘の北側には歴代の王が建てた4つの仏塔が建ち、北から順に、高名な僧侶の歯と骨が納められた2002年完成の仏塔、チャイ・チェター王（在位1618～1626年）が建てた仏塔、アンドゥオン王（在位1847～1859年）の遺骨が納められた仏塔、バイヨン式の四面仏が美しいモニボン王（在位1927～1941年）の仏塔と続く。丘の南側に建つのは、1911年にシソワット王が建てた「18腕尺（約9m）の仏陀のビハーラ」と呼ばれる仏教寺院だ。1977年にクメール・ルージュの砲撃で破壊されたが修復が進み、往時の姿を取り戻しつつある。

「18腕尺の仏陀のビハーラ」内に鎮座する大仏（左）。陶製タイルで飾られたり彫刻が施されたりと、各仏塔のスタイルが年代ごとに異なり興味深い（右）

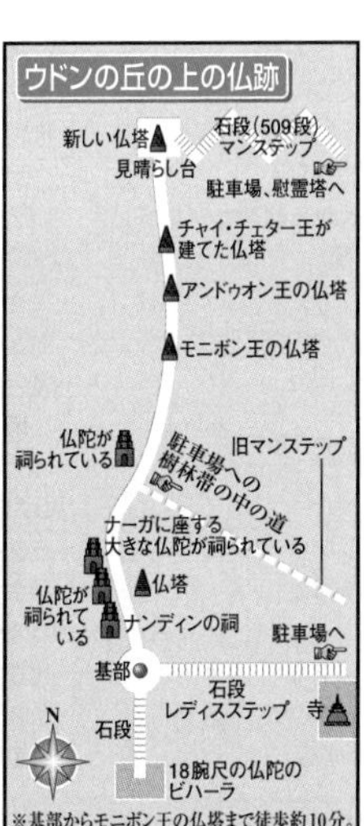

Access

車

車をチャーターして日帰り往復120US$～、1泊2日150US$～。所要2時間30分～3時間30分。

シャトルバス

ブイキリロム・パイン・リゾート利用の場合はプノンペン国際空港から9:00、16:00発の1日2便運行。往復30US$。所要約2時間。※2023年4月現在、運休

キリロム国立公園

開 24時間　休 無休
料 5US$

ブイキリロム・パイン・リゾート
vKirirom Pine Resort

住 Elephant Rd., Komsan Area, vKirirom Pine Resort, Preah Soramarith-Kosamak National Park (Kirirom), Phnom Srouch Dist., Kampong Spœ
☎ 078-777284、096-2222735
URL www.vkirirom.com
料 テント12US$～　ヴィラ100US$～　カード M V
全68棟、テント500張

Access

車

車をチャーターして往復40US$～。所要約1時間30分。

トゥクトゥク

往復30US$～、所要約2時間。

バイクタクシー

往復25US$～、所要約2時間。

登り道は3つある

丘の南端から基部にいたる整備された石段はレディスステップ（女性の道）、丘の北端から新しく建てられた仏塔にいたる509段のきれいな石段はマンステップ（男性の道）と呼ばれている。もうひとつ、丘の中腹の斜面に造られた山道がある（旧マンステップ）。どの道を通っても上り下りできるが、レディスステップから登り、マンステップから下りるルートがおすすめ。ただし、どのルートも18:00以降はひと気がなくなってしまうので注意。

ウドンの慰霊塔

この遺跡のある山の真下には、ポル・ポト軍の施設であった建物の跡が残っている。この付近でも大勢の人が殺され、その霊を鎮魂するための慰霊塔が建てられている。

マリンブルーの海が美しいビーチリゾート

シハヌークビル（コンポンソム） Sihanoukville(Kampong Som)

ក្រុងព្រះសីហនុ ¦ クロン・プレアハ・シハヌック（コンポン・サオム）　MAP 折表-3B

シハヌークビルの市外局番

ベストシーズン

天気も安定し、海もきれいなのは 11 ～ 4 月頃。

シハヌークビルの治安

カジノリゾートと化したシハヌークビルの町では治安が悪化。麻薬関連や誘拐、監禁、人身売買、詐欺といった犯罪が起こっている。2023 年初頭には日本人の特殊詐欺グループが逮捕された。特にカジノ周辺は治安が悪いため、カジノ目的でない場合は近づかないようにしたい。治安とトラブル対策については P.346 も参照。

どこまでも続く遠浅の海（ロンリービーチ→ P.279）

カンボジア随一のビーチリゾートがあるシハヌークビルは、プノンペンから南西へ約 230km、タイランド湾に面した町。透明度の高いマリンブルーの海、数 km にわたって続く白砂のビーチ、点在するダイビングスポットと、魅力ある観光地の要素をもっている。

しかし近年、中国資本による大規模な再開発が進み、町は様変わりした。かつてののどかさは影を潜め、大型ホテルやカジノ、高層アパートなどが建ち、カジノタウンへと変貌を遂げている。

一方、離島（→ P.278）ではユニークなリゾートや自然を満喫できる安価なバンガローが次々とオープンし、マリンスポーツも盛んとあって、外国人観光客は増えている。本土から頻繁にスピードボートが行き来しているので日帰りでの観光も可能だが、ぜひ 1 泊しのんびりとした滞在を楽しみたい。

Access

シハヌークビルへの行き方

飛行機

シェムリアップからカンボジア・アンコール航空が毎日 1 便運航。所要約 1 時間。

バス、乗合タクシー、ミニバス

プノンペン、カンポットなどから運行している。詳しくは各町の Access 欄参照。

列車

プノンペン方面から毎日 1 本運行している。時刻＆料金表は P.337 を参照。

シハヌークビルからの交通

飛行機

シェムリアップへカンボジア・アンコール航空が毎日 1 便運航。所要約 1 時間。

バス

プノンペン、シェムリアップなど各地へは各バス会社が運行。各社オフィスやバスステーション（MAP P.277-2B）に発着する。

ジャイアント・アイビス・トランスポート（MAP P.277-2B）はプノンペン行きが 13:30、19:00 発の 2 便、15US$。所要約 3 時間 30 分。シェムリアップ行きは 19:00 発の 1 便、28US$。所要約 10 時間。水＆軽食付き、座席指定、無料 Wi-Fi 完備。

ラリタ・エクスプレス（MAP P.277-2B）はプノンペン行きを 7:00 ～ 19:00 の間に頻発。14US$、所要約 3 時間。荷物の大きさ＆重さ制限があるので要注意。

そのほかカンポット行きなどもあり、カンボチケット（→ P.321）などでオンライン購入できる。

乗合タクシー、ミニバス

乗り場は、プノンペン、コッコン行きがバスステーション（MAP P.277-2B）で、午前中を中心に運行。乗合タクシー、ミニバスともに、プノンペン、コッコン行きどちらも 15US$ ～。カンポット行きはサムデラ・マーケット前（MAP P.277-2C）から運行。

列車

プノンペン方面へ毎日 1 本運行している。時刻＆料金表は P.337 を参照。

歩き方　Orientation

ゴールデン・ライオン・サークル周辺 MAP P.277-2B

シハヌークビルの町で目印となるのが金色のライオン像が建つゴールデン・ライオン・サークル。以前は観光客向けの飲食店やホテルが集まっていたが、中国資本のカジノホテルや飲食店が並び、建設中の建物が多い。このあたりは治安が悪く、特に見るべきものもないので滞在はあまりおすすめしない。

黄金のライオン像

南東側ビーチ周辺 MAP P.277-3B ～ 3C、P.276

町の南東方向に約 8km にわたって、セレンディピティ、オーチュティル、オートレスと、ビーチ（→ P.276）が続く。海の家が建ち、にぎわっているのはオーチュティルビーチとオートレスビーチ。

ダウンタウン MAP P.277-2B ～ 2C

町の中心部で、バスステーションや銀行、市場、飲食店、スーパーマーケットなどが集まる。カジノホテルや中国料理の大型店も点在し、交通量の多いエリア。

カジノタウン周辺 MAP P.277-2A ～ 2B

ゴールデン・ライオン・サークルの西側、ソカ・ビーチからインディペンデンスビーチ（→ P.276）の間あたりにカジノタウンがあり、大型カジノリゾートやショッピングセンターが林立している。カジノ客目当ての屋台も多いが、治安はよくない。

ロン島とロン・サムレム島 MAP P.275-1A ～ 2A

タイランド湾に浮かぶロン島（→ P.279）とロン・サムレム島（→ P.280）は、今やシハヌークビル観光のメインスポット。町の北西部にある港からスピードボートが運航している。

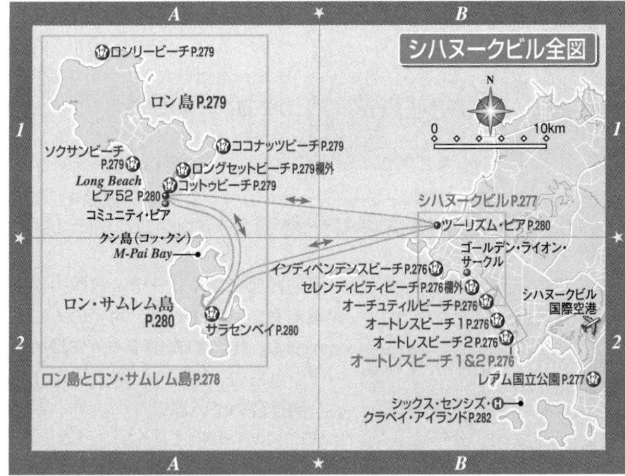

ゴールデン・ライオン・サークル周辺。オンラインカジノ等の営業許可発行停止となった 2019 年以来、建設工事が止まったままの建物も多い

海の家が並ぶオーチュティルビーチ

ダウンタウンには屋台が多く出る。市場周辺は特に多い

カジノホテルが建ち並ぶ。夜はネオンがギラギラと輝く

青のグラデーションが美しい海が見られるロン・サムレム島

トゥクトゥクを利用する際の注意

シハヌークビル市内では全体的な物価の上昇から交通料金も値上がりしている。パスアップなどの配車アプリ（→ P.340）に加入しているトゥクトゥクも走っているが、表示どおりの料金で行ってくれないドライバーもいる。配車アプリでそういったドライバーに当たった場合は、乗車をキャンセルして別のドライバーを呼び直すか、そのドライバーと料金の交渉をすることになる。交渉する場合、目安としては、バスステーションからセレンディピティビーチへは 4US$ ～。オートレスビーチへは 8 ～ 10US$ 程度。

各ビーチへのアクセス
　バスステーションのあるダウンタウン（→P.275）からオーチュティルビーチ、インディペンデンスビーチへはトゥクトゥクで3US$～、バイクタクシーで1US$～、所要約5分。やや遠いオートレスビーチはトゥクトゥクで8～10US$～、バイクタクシーは5US$～、所要約20分。

地元の子供たちも多いオートレスビーチ

見どころ

★★★ シハヌークビルで最も美しいビーチ
オートレスビーチ
Otres Beach

MAP P.275-2B、下図

　ゴールデン・ライオン・サークルから約7km南東にある、シハヌークビルの町では最も水の透明度が高いビーチで、美しいサンセットが見られる。オートレス1と2があり、以前は場所によってはビーチの幅が狭く、舗装されていない道沿いに隠れ家的なリゾートホテルやバンガローが建ち並ぶエリアがあったが、大きな幹線道路が通り、周辺は大きく整備された。人が少なく静かなビーチだったが現在は多くの人でにぎわっている。

美しい砂浜と抜群の水の透明度は健在（上）。週末はカンボジア人が多く訪れ、のんびり過ごしている（下）

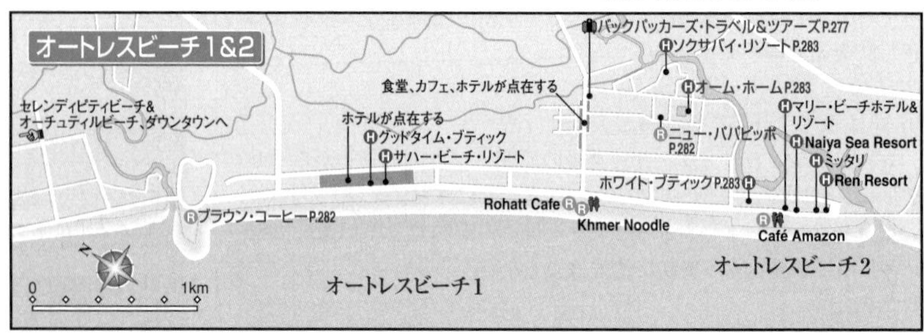

セレンディピティビーチ
Serendipity Beach
MAP P.277-3B
　ゴールデン・ライオン・サークルからすぐのところにある再開発中のビーチ。

2023年3月現在、再開発中

インディペンデンスビーチからも美しいサンセットが楽しめる

★★ ローカルな雰囲気でにぎやか
オーチュティルビーチ
Ochheuteal Beach

MAP P.277-3C

　海沿いには海の家が建ち並び、安くて新鮮な海鮮料理を出す店も多い。ややローカルな雰囲気で、地元の人やカンボジア国内から遊びに来たカンボジア人でにぎわう。

ウオーターアクティビティも充実

★★ 地元人気が高い穴場のビーチ
インディペンデンスビーチ
Independence Beach

MAP P.277-2A

　町の西側にあるビーチ。白砂の砂浜が続く美しいビーチで、地元の人に人気がある。比較的人が少なく穴場のビーチでもある。ビーチに並行するように公園が続いている。

組み立て式の浮桟橋はちょっとしたアクティビティ

サルやイルカなど野生動物に出合える

★★ レアム国立公園

MAP 折表-3B、P.275-2B

ឧទ្យានជាតិរាម ◆ ウティアン・チアット・リアム

海沿い約2万1000ヘクタールの広大な敷地内には、マングローブ林、白砂のビーチ、ふたつの島のほかに、沖合には珊瑚礁もある。手つかずの自然のなかでは、野鳥をはじめ、シカ、サルなどの野生動物が生息している。園内は旅行会社主催のツアーで回るのが一般的。

マングローブの森を散策

レアム国立公園
☎012-875096
開7:00 ～ 17:00　休 無休

シハヌークビルの町から東へ約23km。レアム国立公園のHQ（ヘッドクオーター：本部、受付）までは町なかからトゥクトゥクで往復20US$～。

INFORMATION

銀行

カンボジア・アジア・バンク
Cambodia Asia Bank

MAP P.277-2B　住No.208, Ekareach St.
☎(034)934120　営8:00～16:00　休無休

両替所

テ・リーホン　Te Leehong

MAP P.277-2C　住No.48, Makara St.
☎012-579737　営8:30～17:00　休無休

左記2ヵ所で日本円とUSドルの現金の両替可。

旅行会社

バックパッカーズ・トラベル&ツアーズ
Backpacker's Travel & Tours

MAP P.276　住Otres Village
☎016-995579　営7:00～20:00　休無休　カード不可

レアム国立公園1日ツアー（45US$）、タケウ島（Koh Takieve）など周辺の島巡りツアー（60US$）などを催行。バイクレンタル（1日6US$）あり。

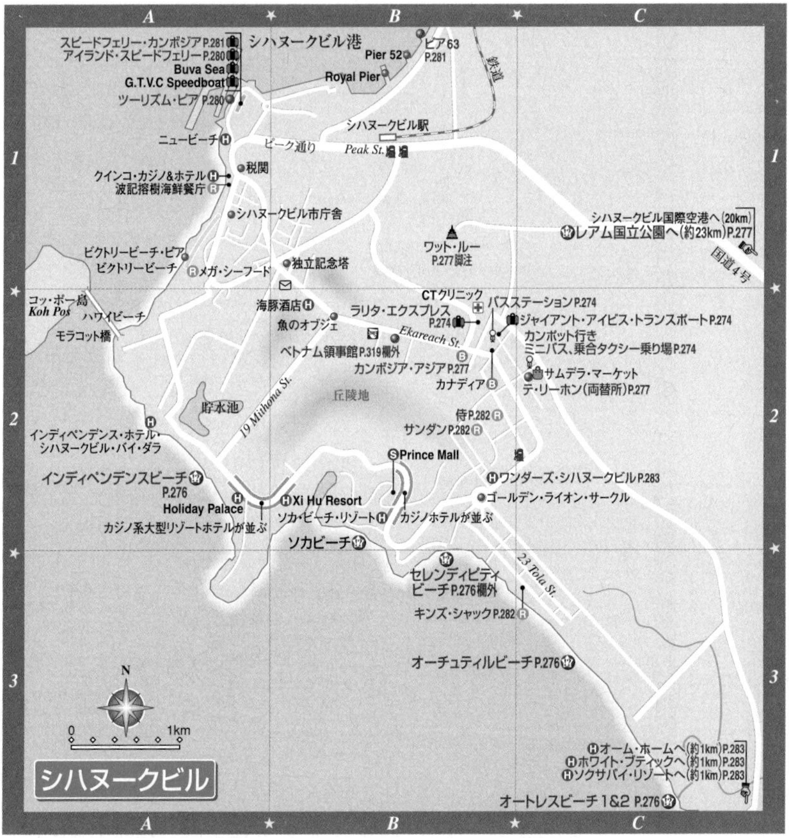

シハヌークビル

A B C
1 2 3

スピードフェリー・カンボジア P.281
アイランド・スピードフェリー P.280
Buva Sea
G.T.V.C Speedboat
ツーリズム・ピア P.280
シハヌークビル港
Pier 52
ピア63 P.281
Royal Pier
鉄道
シハヌークビル駅
ニュービーチ
ピーク通り
Peak St.
クインコ・カジノ&ホテル
税関
波記搭樹海鮮餐庁
シハヌークビル市庁舎
シハヌークビル国際空港へ(20km)
レアム国立公園へ(約23km)P.277
ワット・ルー P.277脚注
国道4号
ビクトリービーチ・ピア
ビクトリービーチ
メガ・シーフード
独立記念塔
コッ・ポー島 Koh Pos
ハワイビーチ
モラコット橋
海豚酒店
CTクリニック
バスステーション P.274
ラリタ・エクスプレス P.274
ジャイアント・アイビス・トランスポート P.274
魚のオブジェ
Ekareach St.
カンポット行き ミニバス、乗合タクシー乗り場 P.274
ベトナム領事館 P.319欄外
カンボジア・アジア P.277
カナディア
サムデラ・マーケット
テ・リーホン(両替所) P.277
貯水池
19 Mithona St.
丘陵地
侍 P.282
サンダン P.282
インディペンデンス・ホテル・シハヌークビル・バイ・ダラ
Prince Mall
インディペンデンスビーチ P.276
ワンダーズ・シハヌークビル P.283
Holiday Palace
Xi Hu Resort
ゴールデン・ライオン・サークル
ソカ・ビーチ・リゾート
カジノホテルが並ぶ
カジノ系大型リゾートホテルが並ぶ
ソカビーチ
セレンディピティビーチ P.276欄外
23 Tola St.
キンズ・シャック P.282
オーチュティルビーチ P.276
N
0 1km
オーム・ホームへ(約1km) P.283
ホワイト・ブティックへ(約1km) P.283
ソクサバイ・リゾートへ(約1km) P.283
オートレスビーチ1&2 P.276

町なかの夕日スポット：町を見下ろすシハヌーク山の頂上（標高132m）にあるワット・ルー（Wat Leu、MAP P.277-1B）は夕日ビュースポットとして知られている。

島の天気とベストシーズン

平均気温は25～40℃。ベストシーズンは11月中旬～2月で、湿度の低い晴天の日が続き30℃以下の日もあって過ごしやすい。3～5月初旬も天気がいいが、気温35℃以上の日もある。5月中旬～11月初旬は雨季で、晴れたり突然雨が降ったりと1日の中でも天気が変わりやすく、定期船が突然運休となることも多い。

シハヌークビルの離島 Sihanoukville's Islands

シハヌークビルの沖合約25kmに浮かぶロン島とロン・サムレム島。大規模開発でのどかなビーチタウンの趣が一変したシハヌークビルの町とは違って、のんびりとした島の雰囲気を楽しめ、透明の美しい海でのダイビングやスノーケリングを求めて多くの外国人観光客が訪れる。高級リゾートから安価なバンガローやドミトリー付きのホステルまで宿泊施設のバリエーションも豊富。ふたつの島へはシハヌークビルの町から定期船が運航している（→P.280）。

日帰りで島へ行くならロン島のコットゥビーチがおすすめ

ロン島とロン・サムレム島

A B 1 2 3

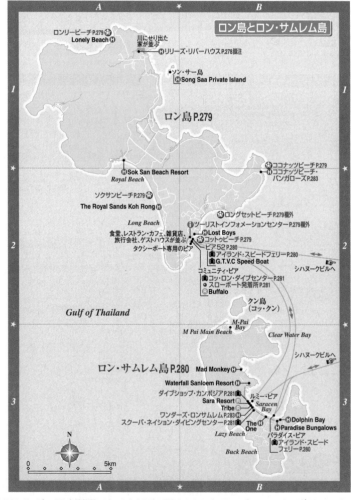

ロンリービーチP.279
Lonely Beach
川にせり出た家が並ぶ
リリーズ・リバーハウスP.278脚注
ソン・サー島
Song Saa Private Island
ロン島P.279
Sok San Beach Resort
Royal Beach
ココナッツビーチP.279
ココナッツビーチ・バンガローズP.283
ソクサンビーチP.279
The Royal Sands Koh Rong
ロングセットビーチP.279欄外
Long Beach
ツーリストインフォメーションセンターP.279欄外
Lost Boys
食堂、レストラン・カフェ、雑貨店、旅行会社、ゲストハウスが並ぶ
コットゥビーチP.279
タクシーボート専用のピア
ピア52 P.280
アイランド・スピードフェリーP.280
G.T.V.C Speed Boat
シハヌークビルへ
コミュニティ・ピア
コッ・ロン・ダイブセンターP.281
スローボート発着所P.281
Buffalo
クン島（コッ・クン）
Gulf of Thailand
M-Pai Bay
M Pai Main Beach
Clear Water Bay
シハヌークビルへ
ロン・サムレム島P.280
Mad Monkey
Waterfall Sanloem Resort
ダイブショップ・カンボジアP.281
ルミー・ピア
Sara Resort
Tribe
Saracen Bay
ワンダーズ・ロンサムレムP.283
スクーバ・ネイション・ダイビングセンターP.281
The One
Dolphin Bay
Paradise Bungalows
Lazy Beach
パラダイス・ピア
アイランド・スピードフェリーP.280
Buck Beach
N
0 5km

ロン島のロンリービーチの宿泊施設：ビーチすぐそばの野趣あふれるバンガロー「ロンリービーチ」のほか、ビーチからバイクで10～15分ほどの川沿いに建つ「リリーズ・リバーハウス」（MAP P.278-1A）がある。こちらもバ↗

ロン島 Koh Rong

MAP P.278-1A ～2B

島の面積約78㎢とカンボジアでは2番目に大きな島。島のメインエリアは定期船の発着所があるコットゥ（Kaoh Touch）ビーチ（MAP P.278-2B）だ。発着所付近にはレストラン、カフェ、ゲストハウス、雑貨店、旅行会社がびっしりと並び、ビーチ沿いにはビーチ・バーやバンガローが点在している。島北部で空港建設など開発が進められているが、幹線道路が通っている道はまだ少なく、自然が残る。ロン島でのメインアクティビティはダイビングやスノーケリング（→P.281）、ビーチでの海遊びなど。ビーチは複数あるが、公共交通機関がなく移動が大変なため、あらかじめ滞在するビーチと宿を決めて予約していくこと。

店が並びにぎやかなコットゥビーチ。欧米人観光客の姿が多い（左・右）

MAP P.278-1B

★★ ココナッツビーチ Coconut Beach

島の東側にある小さなビーチ。入江のようになっているため波が穏やか。宿泊施設は「ココナッツビーチ・バンガローズ」（→P.283）など数軒のみで、夜は夜光虫が見られる。

宿泊施設はビーチ沿いに並ぶ

MAP P.278-2A

★★ ソクサンビーチ Sok San Beach

島の西側にあり、歩くとキュッキュッと音がなる鳴き砂のビーチで、最も人が少なく穴場感がある。ゴミもなく、白砂の美しいビーチだが、乾季でも波はやや荒い。

周辺に海の家はなくやや不便

MAP P.278-1A

★★★ ロンリービーチ Lonly Beach

島の北側、ジャングルを進んだ先にありメインエリアから最も遠くアクセスが悪いが、人が少なく静かで穏やかなビーチ。ビーチの幅はかなり狭いが遠浅で波もほとんどない。

美しいサンセットが望める

島内の移動

島内の移動は、陸路ならトゥクトゥクまたはレンタバイク。ロンリービーチなど、トゥクトゥクでは行けない舗装されていない道が多く料金もかさむため、島内をあちこち回るならレンタバイクがおすすめ。コットゥビーチの桟橋にレンタバイクのブースが複数あり、24時間10US$～。また、複数ある桟橋のひとつがボートタクシー乗り場になっており、各ビーチへボートで行ける。コットゥビーチから近いロングセットビーチ（MAP P.278-2B）へはひとり5US$。

ボートタクシーはツーリストインフォメーションセンター（MAP P.278-2B）で手配できる

ココナッツビーチ

コットゥビーチからトゥクトゥク（20US$）またはバイクタクシー（10US$）で約30分。ボートタクシーは約30分、ひとり15US$、ふたり25US$。

ソクサンビーチ

コットゥビーチからトゥクトゥク（20US$）またはバイクタクシー（10US$）で約30分。ボートタクシーは約30分、ひとり10US$（最少運航人数3人）。レンタバイクでのアクセスがおすすめ。

ロンリービーチ

コットゥビーチからバイクタクシーで約1時間、15US$～。トゥクトゥクは途中までしか行けない。ボートタクシーは約50分、ボート1隻70US$。レンタバイクでのアクセスがおすすめ。ただし、日が暮れると街灯などは一切ない道を走ることになるため、夕方以降の移動はおすすめしない。

ヤシの木陰が気持ちいい静かなロンリービーチ

↘ンガロータイプの宿泊施設だが併設レストランの味がよく、客室も清潔で快適。カヤックも楽しめる。

海を眺めながら食事が楽しめる飲食店が多い

以前は料金の高めのホテルが多かったがリーズナブルに泊まれる宿泊施設が増えている

抜群の透明度を誇る

ロン・サムレム島 Koh Rong Sanloem

MAP P.278-3B

ロン島の南に位置するターコイズブルーの海が魅力の島。近年、少しずつ開発が進みつつあるものの、島の大部分は手つかずの自然が残る。メインエリアは定期船の発着があるサラセンベイ（Saracen Bay、MAP P.275-2A）。穏やかで遠浅の海はのんびり過ごすのに最適だ。約 3km にわたってゆったり弧を描く砂浜にカジュアルなリゾートホテルやバンガローが点在。「ワンダーズ・ロンサムレム」(→ P.283) 周辺にはバックパッカー向けの開放感あふれるビーチハットやホステル、バー、カフェ、旅行会社などが集まり、にぎわっている。

サラセンベイには高速船が発着する桟橋が複数あり、会社によって利用する桟橋が異なる。宿泊を予定している場合は、宿に事前連絡すれば桟橋までボートで迎えに来てくれる。

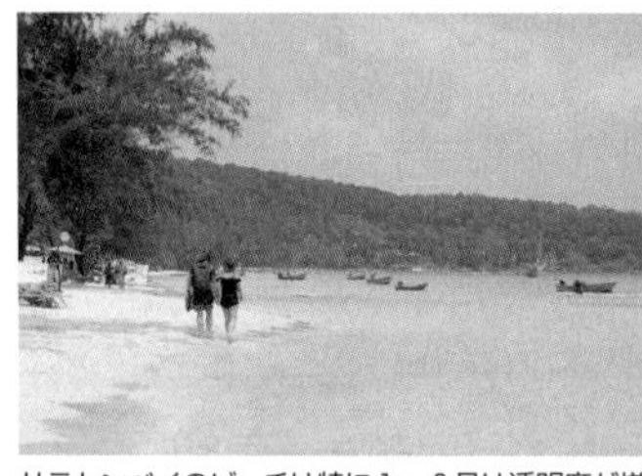

サラセンベイのビーチは特に 1 ～ 3 月は透明度が増す（左）。遠浅で波も穏やかなのでカヤックも楽しめる（右）

Access

ロン島、ロン・サムレム島への行き方

高速船

数社がシハヌークビルのツーリズム・ピア（MAP P.277-1A）～ロン島、ロン・サムレム島間を約 45 分で結ぶ高速船を運航している。会社によって運航ルートやスケジュールは異なるが、シハヌークビル→ロン島のコットゥビーチ→ロン・サムレム島のサラセンベイと各島を順番に回るルートが一般的（ロン・サムレム島→ロン島の場合もある）。コットゥビーチの桟橋は 3 つあり、各社の高速船が発着するのはピア 52（MAP P.278-2B）。ロン・サムレム島のサラセンベイは、会社によって発着する桟橋が異なり、各桟橋間は距離があるので発着する桟橋の場所は事前に要確認。会社や時期によってはロングセットビーチ（→ P.279 欄外）などロン島のメイン発着所以外のビーチへ行く船もある。

往復チケットは予約時に復路便を指定しないオープンチケットになっており（片道のみの購入も可）、復路は利用日の前日までに要予約。ロン島コットゥビーチのピア 52 には各社のブースがあり、ここで予約ができる。通常は宿泊施設で予約代行をしてくれる。

おもな高速船の会社は次の 2 社。アイランド・スピードフェリーは各島にブースがあり、利用しやすい。なお、高速船の運航ルートやスケジュールは当日の搭乗率や天候によっても大きく変わり、運休になることもある。

アイランド・スピードフェリー
Island Speed Ferry

MAP P.277-1A、P.278-2B、3B
☎015-811711、086-811711
URL www.islandspeedferry.com　営 8:00 ～ 17:00
休 無休　料 片道 14US$、往復 25US$

スケジュール

【往路】シハヌークビル発：8:00、9:00、12:00、15:00
【復路】ロン島発：8:45、10:30、13:30、16:30
【復路】ロン・サムレム島発：8:45、10:00、13:00、16:00

アイランド・スピードフェリーの小型船。各社とも小型&大型船があり搭乗人数によって変わる

ロン・サムレム島での高速船予約：「ワンダーズ・ロンサムレム」（→P.283）では宿泊していなくても高速船の予約が可能。

INFORMATION 離島でダイビング&スノーケリング

シハヌークビル沖のタイランド湾には小さな島々が点在しており、島を巡りながら透明度の高い海でスノーケリングやダイビングができる。

ロン・サムレム島周辺は、水深約15mと比較的浅く、ウミウシなどマクロライフのほか、スティングレイ、バラクーダ、バタフライフィッシュなどが見られて、おすすめ。ロン・サムレム島から南に4時間ほどのタン島（Koh Tang）やプリンス島（Koh Prins）まで来ると透明度はさらにぐっと高くなり、視界は15～30mと最もダイビングに適している。

コッ・ロン・ダイブセンター
Koh Rong Dive Center

MAP P.278-2B 住 Kaoh Touch Village, Koh Rong
☎096-5607362 URL kohrongdivecenter.com
営8:00～20:00 休 無休 カード 不可

ロン島コットゥビーチの桟橋にある5スターPADIのダイブショップ。ファンダイブ（95US$／2ダイブ）、ナイトダイブ（85US$～／1ダイブ）のほかライセンス取得コースがある。半日スノーケリング（25US$）も人気がある。「スピードフェリー・カンボジア」（→下記）と提携しており、高速船&スローボートの予約が可能。

スクーバ・ネイション・ダイビングセンター
Scuba Nation Diving Centre

MAP P.278-3B 住 Saracen Bay, Koh Rong Sanloem
☎071-7819266
URL www.divecambodia.com
営9:00～19:00 休 無休 カード 不可

ロン・サムレム島のサラセンベイにあるイギリス人経営のPADIのダイビングセンター。初心者向けからインストラクター向けまでさまざまなダイビングツアーを主催。日帰り（95US$／2ダイブ）のほか、タン島&プリンス島周辺での船泊のダイブツアー（各5ダイブ）もあり、380US$など。スノーケリングは日帰り30US$、船泊は170US$。ダイビング、スノーケリングツアーともに料金には食事、飲料が含まれている。

ダイブショップ・カンボジア
The Dive Shop Cambodia

MAP P.278-3B 住 Saracen Bay, Koh Rong Sanloem
☎097-7647222 URL www.diveshopcambodia.com
営8:00～16:00 休 無休 カード M V

PADIのダイブショップでロン・サムレム島のサラセンベイに移転。ロン・サムレム島での日帰り（80US$／2ダイブ）や体験（95US$／2ダイブ）のダイビングが人気で、日帰りスノーケリング（25US$、飲食込み）もある。PADIのライセンス取得コースでは、オープン・ウオーターコース（420US$）やアドバンス・オープン・ウオーターコース（360US$）などのほか、レスキュー・ダイバーコースやダイブ・マスターコースもある。

スピードフェリー・カンボジア
Speed Ferry Cambodia

MAP P.277-1A ☎081-466880
URL www.speedferrycambodia.com
営8:00～17:00 休 無休
料 片道14US$、往復25US$

スケジュール
【往路】シハヌークビル発：8:00、14:00
【復路】ロン島発：9:00、15:00
【復路】ロン・サムレム島発：9:30、15:30

黄色と白のスピードフェリー・カンボジアの船体

スローボート

シハヌークビルのピア63（MAP P.277-1B）からロン島コットゥビーチへの貨物船に乗れ、片道5US$（バイクは10US$）。14:00頃発、16:00頃着。遅延が多く人や荷物が集まらないと出航しないことも多い。スピードフェリー・カンボジア（→上記）でもスローボートの予約が可能。7.5US$。復路はロン島のコッ・ロン・ダイブセンター（→上記）がある桟橋（MAP P.278-2B）から7:30に出航。

ロン島～ロン・サムレム島間の船

ロン島で数時間滞在したあと、ロン・サムレム島へ移動する場合など、ふたつの島間の移動には別途船のチケットが必要。各島間の船は平日のみ運航しており、高速船は片道14US$、所要15～20分。スローボートは片道5～7US$、所要約1時間。高速船はロムニー（Romny）という会社が運航しており、アイランド・スピードフェリー（→P.280）などのブースで予約可能。運航スケジュールは頻繁に変わるので事前に要確認（→脚注）。ロン島からはボートタクシーを利用することも可能（ひとり10US$）。

ロムニー社の大型船

スローボート

スケジュール
ロン・サムレム島→ロン島：10:30（高速船）、13:30（スローボート）
ロン島→ロン・サムレム島：16:00（スローボート）

ロン島～ロン・サムレム島の船利用の注意点：運航スケジュールが当日に突然変わることも多いので、チケットを予約した場所の担当者に電話番号を伝えておき、変更があれば連絡をもらえるようにしておくといい。

レストラン Restaurant

NGO運営のトレーニングレストラン カンボジア料理

サンダン Sandan

外国人でも食べやすいようアレンジしたカンボジア料理を提供。海鮮は地場で取れた新鮮なものを使い、化学調味料は一切不使用。料理はどれもおいしく、ボリュームたっぷりなのに3.5～13US$とリーズナブル。人気はシーフードチャーハン(写真奥、6.5US$)やパームワインで煮込んだポークリブなど。クメールムスリムのビーフカレーも試したい。

手前がパームワインやアップルピューレなどと一緒に煮込んだポークリブ（10US$～）

MAP P.277-2B 住St.10311, One Block South of 7 Makara St. ☎098-454400 営10:00～22:00 休無休 カード M V 予約 不要

海鮮料理も食べられる海の家 カンボジア料理

キンズ・シャック Khin's Shack

オーチュティルビーチ(→P.276)に並ぶ海の家のひとつ。メニューはカンボジア・西洋・海鮮料理と幅広く、1品4US$～。人気はサラダ、ご飯またはフライドポテトが付くバーベキューメニューで魚の丸焼きバーベキュー（8US$）など。ふたり以上なら魚、エビ、イカ、ホタテのグリルが山盛りで供されるバーベキューシーフードプラッター（15US$）をぜひ。

ボリューミーなバーベキューシーフードプラッター

MAP P.277-3C 住No.49, Ochheuteal Beach ☎093-994213 営8:00～23:00 休無休 カード 不可 予約 不要

ニュー・パパピッポ New Papapippo
イタリア料理

MAP P.276
住Otres Village
☎069-906006 営8:30～21:30
休無休 カード 不可 予約 不要

オートレスビレッジ（→P.283 脚注）にある同名のホテル内にあるカジュアルイタリアン。ピザ 4US$～、パスタ 6US$～。スペシャルメニューで登場する自家製ラザニア（7.5US$）やダークチョコレートケーキ（4US$）が人気。

侍 Samurai
日本料理

MAP P.277-2B
住No.127, 7 Makara St.
☎（034）934879 営11:30～14:00、17:30～22:00
休無休 カード M V 予約 不要

寿司、刺身が中心のメニュー構成で、寿司2貫 1.9～5.9US$、刺身 3.9US$～。焼肉やすき焼きのほか、カレーライス（4.9US$～）、丼もの（5.5US$～）、そば・うどん（5.5US$～）、つまみ系や、お酒も充実している。

ブラウン・コーヒー Brown Coffee
カフェ

MAP P.276
住Building near Public Restroom No.4, Otres St.
☎086-223113 営6:30～21:00
休無休 カード 不可 予約 不要

カンボジア国内に展開するコーヒーチェーンで、オートレスビーチ1の見晴らしのいいビーチ沿いにある。コーヒー 1.85US$～、食事はクロワッサン（1.45US$）などのデニッシュ類のみ。

ホテル Hotel

プライベートアイランドの極上リゾート 高級ホテル

シックス・センシズ・クラベイ・アイランド Six Senses Krabey Island

MAP P.275-2B

部屋からは海や近くの島々が見渡せ、まさに絶景

シハヌークビルの南の沖に浮かぶ熱帯植物に覆われた小さな島、クラベイ島をまるごと利用した究極のリゾート。自然派ラグジュアリーリゾートの代名詞ともいえるシックス・センシズらしく、島の景観を生かした造りで小高い丘の中腹に40棟の独立型のプール付きヴィラが点在する。施設はふたつのレストラン、夕日を望むバー、ジム、ヨガスタジオ、スパ、ブティック、キッズクラブなど。カヤックなどのウオータースポーツ、近くのタキウ島（Koh Takiev）でのハイキング、アイランドホッピングなどアクティビティも充実している。

シハヌークビルの町に専用埠頭があり、そこからスピードボートで約15分でアクセス

住Koh Krabey
☎069-944888 URL www.sixsenses.com/en/resorts/krabey-island
料ヴィラ678US$～(朝食付き)
カード A D J M V 全40ヴィラ Wi-Fi

H オートレス2のウェルネスリゾート　中級ホテル

ホワイト・ブティック White Boutique

オートレスビーチ2(→P.276)の目の前に建つ白亜のホテル。客室は白とグレーでまとめられ、落ち着いた雰囲気。レジデンシャルスイートルーム2室はプライベートガーデン付きまたはオーシャンビューの広々とした客室で、リビングルーム、キッチン、屋外バスタブが備わる。屋外プール、ジム、スパ、レストラン「ファットグース」がある。

スーペリアルームはテラス付きの部屋もある

MAP P.276　住 Marina Rd., Otres 2　☎010-350377
URL wbhcambodia.com　料 Ⓢ Ⓣ Ⓦ 80US$～　スイート140US$～(朝食付き)　カード M V　全26室　Wi-Fi

H 静かなガーデンホステル　ゲストハウス

オーム・ホーム Om Home

オートレスビレッジ(→脚注)にあるフランス人女性が経営するアットホームなホステル。南国植物の生い茂る小さなガーデンにバンガローやクメール風の木造建築が並ぶ。各バンガローにはテラスがあり、ファンのみの小さな木造バンガローは最小限の設備で狭いが、リネン類、バスルームも清潔で居心地がいい。エアコンルームは天井が高く部屋も広々。

ファンのみのバンガロー。コーヒーは無料で飲み放題

MAP P.276　住 Otres Village　☎070-642526
URL www.facebook.com/OmHomeCambodia
料 ファン：Ⓢ Ⓦ 20US$、エアコン：Ⓢ Ⓦ 25US$　ファミリー30US$　カード 不可　全10室　Wi-Fi

H 緑に囲まれ静かな環境　ミニホテル

ソクサバイ・リゾート Sok Sabay Resort

オートレスビレッジ(→脚注)の外れにあるミニホテル。客室は独立型のバンガロー15室のみで、プールを囲むように竹造りのバンガローが並ぶ。それほど広さはないが、清潔でバスアメニティなど客室設備も整い、各バンガローには小さなテラスが備わる。ビリヤード台があるレストラン&バーの味もよく、リーズナブル。レンタバイク(1日7US$)あり。

川に面したファミリールーム

MAP P.276　住 Otres Village 4　☎016-406080
料 Ⓢ Ⓣ Ⓦ 25US$～　ファミリー 35US$～
カード A M V　全15室　Wi-Fi

H 市内中心部にあるホステル　ゲストハウス

ワンダーズ・シハヌークビル Onederz Shihanoukville

ゴールデン・ライオン・サークル(→P.275)すぐ近くにある。プノンペンやシェムリアップなどに展開する日本人経営のホステルで、他館同様、清潔で共有スペースの雰囲気がいいと大人気。簡易キッチン、映画鑑賞用ルーム、9m四方の中庭と小さなプールがある。10室のうち6室がドミトリーで各ベッドに読書灯、電源、ロッカーが備わる。

バスルーム付きの個室4室が新たにオープン

MAP P.277-2B　住 The Golden Lion's Circle
☎(034)933433、096-3390005
URL onederz.com/sihanoukville　料 Ⓢ Ⓦ 25US$　Ⓓ8US$
カード 不可　全10室　Wi-Fi

H 目の前はコバルトブルーの海　ゲストハウス

ワンダーズ・ロンサムレム Onederz Rong Sanloem

大人気ホステルがロン・サムレム島のサラセンベイ(→P.280)に登場。ビーチに面したレストラン&バーでは美しい海を眺めながら、近海で取れた海鮮バーベキューが楽しめる。客室は14室がエアコン付きの個室、10室がドミトリーで大型ロッカー、各ベッドに読書灯、電源が備わる。男女別シャワーあり。ダイビングなどのツアー予約やスピードボート、バスの予約が可能。

海を望むレストラン。朝食は3US$

MAP P.278-3B　住 Saracen Bay Beach, Koh Rong Sanloem
☎090-200400　URL onederz.com/koh-rong-sanloem
料 Ⓢ Ⓣ Ⓦ 35US$～　Ⓓ9US$～　カード 不可　全24室　Wi-Fi

H 海を望む抜群の立地　バンガロー&テント

ココナッツビーチ・バンガローズ Coconut Beach Bungalows

ロン島のココナッツビーチ(→P.279)にある。山の斜面に沿ってバンガローが建てられており、美しい海を眺められる。バンガローのほかに共有バスルーム利用のファンルームとテントがある。テントに宿泊するなら波の音を聴きながら眠りにつける海すぐ近くがおすすめ。レストランを併設。水シャワーのみ、24時消灯。

海近くのテントエリア。テント内は清潔

MAP P.278-2B　住 Derm Tkov Village, Coconut Beach, Koh Rong　☎077-766333、010-351248　URL www.facebook.com/coconutbeachbungalows　料 ファンルーム15US$～　テント10US$～　バンガロー 27US$～　カード 不可　全19室　テント10張　Wi-Fi

オートレスビレッジ：オートレスビーチ1と2（→P.276）近くにある。以前はバックパッカー向けのしゃれたホステルやバーなどが集まっていたが2023年3月現在、開発中でいくつかのホテルが点在するのみ。

コロニアル建築が残る、カンボジアの米どころ

バッタンバン Battambang

បាត់ដំបង｜バッドンボーン

MAP 折表-2B

バッタンバンの市外局番

053

ツーリストインフォメーション

MAP P.290-3B 住St.1
☎012-534177 開7:30～11:30、14:00～17:30 休土・日曜

MAP P.290-2A 住St.3
☎011-715332 開8:00～11:00、14:00～17:00 休土・日曜

バッタンバン周辺の観光マップなどが入手可能。

プノンペンから北西へ約300kmの所に位置するバッタンバンは、プノンペンに次いでカンボジアで2番目に大きな町。この周辺は反政府組織（ポル・ポト派）が最後まで抵抗した地域だったが、反政府組織が壊滅状態となったあとは、一般旅行者も訪れる町となった。トンレサップ湖に注ぐサンカー川沿いに開けた町は、3つの大きな市場を中心に活気に満ちている。おもだった見どころは町の郊外に点在しており徒歩での観光は不可能だが、年々、外国人観光客や在住外国人も増え、インフラ整備も進んでいる。今後の観光開発が期待されている地方のひとつだ。

バッタンバンの名前の由来となったター・ドンボーン・クロニューンの像（→P.286欄外）

Access

バッタンバンへの行き方

飛行機

2023年4月現在、バッタンバンへの飛行機はすべて運休中。

バス

各町からバス会社、旅行会社がバスを運行している。詳しくは各町のAccess欄参照。

乗合タクシー、ミニバス、ピックアップトラック

プノンペン、シェムリアップ、シソポン、ポイペト、パイリンなどから運行している。詳しくは各町のAccess欄参照。

船

シェムリアップから毎日1便運航している。詳しくはシェムリアップのAccess欄参照。

列車

プノンペン方面から毎日1本運行している。時刻＆料金表はP.337を参照。

バッタンバンからの交通

飛行機

2023年4月現在、バッタンバンからの飛行機はすべて運休中。

バス

各バス会社（→P.287）がプノンペン、シェムリアップなどへバスを運行している。

乗合タクシー、ミニバス、ピックアップトラック

乗合タクシー、ミニバス、ピックアップトラック乗り場（MAP P.290-1A）周辺から乗合タクシーが頻発している。プノンペン（75US$～、所要約5時間）、シェムリアップ（35US$～、所要約3時間）、ポイペト（25US$～、所要約2時間30分）、シソポン（20US$～、所要約1時間30分）行きなど。同場所からミニバスも頻発している。プノンペン（10US$～）、シェムリアップ（7US$～）、シソポン（3US$～）、ポイペト（5US$～）などで、所要時間は上記の乗合タクシーと同じ。ほかにピックアップトラックもある。プノンペン（荷台4US$～、車内6US$～）、シェムリアップ（荷台4US$～、車内6US$～）、シソポン（荷台2万R～、車内3万R～）、ポイペト（荷台3万R～、車内4万5000R～）行きなど。ただしピックアップトラックの本数は非常に少なく、探せば見つけられることもある程度だ。所要時間は乗合タクシーと同じ。パイリンへはアプサラ・ルウ・マーケット西側の乗合タクシー乗り場（MAP P.290-3A）から乗合タクシーが出ている（20US$～、所要約1時間30分）。

船

町の北、サンカー川沿い（MAP P.290-1B）から毎日1便シェムリアップ行きのスピードボートが運航している。7:30発、30US$、所要約6時間（乾季は約7時間）。

列車

プノンペン方面へ毎日1本運行している。時刻＆料金表はP.337を参照。

見どころ Sightseeing

★★★ 山頂からの絶景がすばらしい　MAP P.287-2A

ワット・プノン・サンポー

វត្តភ្នំសំពៅ ◆ ウォアット・プノム・ソンパウ

洞窟内には頭蓋骨と涅槃像が安置されている（上）。山頂付近の見晴台（下）

町の南西約25km、水田が広がる平地の中にポツンとサンポー山があり、その頂上にワット・プノン・サンポーと呼ばれる寺がある。約800段の階段を上った山頂からはすばらしい風景が望め、北西側にチキン・マウンテン（鶏山）、ダック・マウンテン（アヒル山）、西側にクロコダイル・マウンテン（ワニ山）など、動物の姿に見立てて名づけられた山々も眺められる（→P.73「髪の長い女の子の伝説」）。

寺の近くには「キリング・ケイブ」と呼ばれる洞窟が3つある。ここでポル・ポト政権時代には"粛清"に名を借りた虐殺行為が行われたといわれている。

★★★ 「乳海攪拌」のレリーフが残るヒンドゥー寺院　MAP P.287-1B

ワット・エク・プノン

វត្តឯកភ្នំ ◆ ウォアット・アエク・プノム

11世紀前半、スールヤヴァルマン一世によって建立された、ヒンドゥー教シヴァ派の中型寺院。砂岩の回廊に囲まれて、中央祠堂と前室が建つ。環濠に囲まれた寺院は、全体として崩壊は激しいものの、中央祠堂の周囲には、彫刻の美しい見事な楣（まぐさ）が多数残り、これを見るだけで十分に訪問する価値がある。

「乳海攪拌」のレリーフも残されているが、残念ながら左側の阿修羅の顔の部分は盗掘に遭っている

★★★ 標高約80mのバナン山に建つ丘上式寺院　MAP P.287-2B

ワット・バナン

វត្តបាណន់ ◆ ウォアット・バノーン

10世紀頃にヤショーヴァルマン一世によって建立されたヒンドゥー教シヴァ派の寺院。参道は町へ通じるサンカー川のほとりから寺院に向かって延び、山の斜面の約350段の階段を上る。頂上に田の字平面型の遺跡があり、田の字の中央と各辺の中央に計5つの塔が建つ。中央塔は薄い赤色の砂岩、ほかの塔はラテライトが基本材料である。デバター頭部は盗難に遭い削られているものが多い。ここは見通しの利く丘であり、内戦時代には高射砲が置かれ、軍の陣地となっていた。バナン山に加えて、川の西岸には、サンポー山や標高100～200m程度の小丘が点在する。

丘の上に5つの祠堂が建つワット・バナン

ワット・プノン・サンポー

料2US$。町なかからトゥクトゥクで所要約30分、5US$～。バイクタクシーは3US$～。料金所あたりから山頂までバイクタクシーで片道2US$、往復3US$。駐車場から寺や「キリング・ケイブ」までの歩道は何本にも分かれ、ひと気もないためドライバー、もしくは駐車場付近で声をかけてくる子供ガイドなどに同行してもらうのが望ましい(1～2US$)。外国人旅行者のレイプ被害も報告されており、十分に注意すること。

サンポー山には100万匹以上のコウモリがすむ洞窟があり、夕方頃ねぐらに帰るコウモリの群れが見られる。ワット・プノン・サンポーの料金所付近にはコウモリ見学用の路上カフェやバーが出現し観光スポットと化している。

ワット・エク・プノン

料1US$。町なかからトゥクトゥクで所要約30分、6US$～。バイクタクシーは4US$～。

ワット・バナン

料2US$。町なかからトゥクトゥクで所要約45分、8US$～。バイクタクシーは3US$～。駐車場付近でガイドと称する子供たちが声をかけてくる。寺院遺跡や洞窟を案内してもらって1～2US$が相場。

ワット・バナンから北東へ約5kmの所に、翼を広げると1mにもなる大コウモリ（ライルオオコウモリ）がすむバーイ・ダムラン・パゴダ（MAP P.287-2B）もある。

ガルーダを乗せたナーガの欄干（ワット・バナン）

プラサット・バサット
Prasat Basset

MAP P.287-1B　料無料

町の北東約15kmの所にある、砂岩で建てられた寺院遺跡。11世紀頃に建てられたと考えられているが、自然崩壊に加え、ポル・ポト政権時代の人為的な破壊もあって、現在では建築当時の構造が想像できないほど崩壊している。町なかからバイクタクシーで所要約40分、5US$～。

✉ワット・プノン・サンポーへは、駐車場から山の左側を登れば緩やかな坂道で登りやすかった。また、洞窟や道は無数にあり、子供に案内を頼むのがいいと感じた。（東京都　匿名希望　'10）['23]

★★★ 田園風景の中をお座敷トロッコで疾走！ MAP P.287-2B

バンブー・トレイン

ឡូរី ◆ ローリー（ノーリー）

竹でできたお座敷のような形状のトロッコ「バンブー・トレイン」は、世界でもここだけでしか体験できないバッタンバン旅行の醍醐味のひとつ。かつて人や家畜、生活物資の運搬用の乗合トロッコだったが、インフラの整備にともない今ではすっかり観光用の乗り物に。「ゴトンゴトン」という車輪の響きに揺られながら、のどかな田園風景の中を疾走するのは格別だ。トロッコはワット・バナンの北東にあるオゥドゥボン村（MAP P.287-1B）を出発し、オースロラウ村（MAP P.287-2B）までの約10㎞間を往復する。今までに事故はないとのことだが、利用する際は自己責任で。

道中日差しを遮るものがないので帽子やサングラスは必須（左）。オースロラウ村にはドリンクや民芸品を売る屋台が並ぶ。バンブー・トレインのＴシャツも販売（右）

★★★ サーカス学校の生徒たちが魅せる、迫力のショー MAP P.290-1A 参照

サーカス・ショー

Circus Shows

シェムリアップの人気サーカス「ファー・ザ・カンボジアン・サーカス」（→ P.177）の母体となるNGOが運営するサーカス学校がバッタンバンにある。この学校の生徒たちが週4回、そのサーカスの技を披露している。アクロバティックな大技やタンブリングあり、ジャグリングやコメディタッチの笑いありの多彩な演目で見る者を飽きさせない演出だ。開演前には、演者たちの練習風景も見られる。カフェ、ショップを併設。

小さな会場は一体感に包まれる（上）。手に汗握る炎のパフォーマンスも（下）

★ 約100年の歴史をもつ邸宅を見学 MAP P.290-3B 参照

ミセス・ブン・ルーンズ・エンシェント・ハウス

Mrs. Bun Roeung's Ancient House

親子3代にわたって受け継がれてきた1920年代創建の伝統的な木造建築を無料で一般開放している。当時の面影を残す邸宅内を家主が英語で案内してくれる無料ツアーあり（要少額の寄付）。

正面の階段はコンクリート、裏側の階段は木でできている（左）。邸宅の奥にあるキッチン（右）

バンブー・トレイン
営 9:00〜16:00 休 無休
料 往復ひとり10US$、3人15US$、4人20US$、5人25US$。料金は乗り場で係員に先に支払う。降車時は運転手に少額のチップを
　町なかからオゥドゥボン村のトロッコ乗り場まで、トゥクトゥクで所要約20分、往復5US$〜。
※ワット・バナン（→ P.285）の近くに「バナン・バンブー・トレイン Banan Bamboo Train」という施設がある。こちらもバンブー・トレインに乗れるが、商業的に造られたもので本家とは別物。オリジナルを体験することをおすすめする。

サーカス・ショー
住 Phare Ponleu Selpak, Anh Chanh Village, Ochar Commune ☎077-554413
URL www.phareps.org
開 月・水・木・土曜の週3回 19:00〜20:30（チケット窓口は18:00〜）※時期によって異なるので、ウェブで要確認。
休 開演日以外
料 14US$、子供7US$（チケットはホテルやゲストハウスでも販売しているところがある）
　町なかからトゥクトゥクで約10分、往復3US$〜。

バッタンバンの名前の由来
　その昔、米をおいしくする不思議な棒を持ったター・ドンボーン・クロニューンという名前の武将がいた。王位継承争いのときに、その棒を敵対する相手に投げつけ、なくしてしまった。それ以来、この地がバッドンボーン（バッ＝なくす、ドンボーン＝棒）と呼ばれるようになったといわれている。町の南東（MAP P.290-3B）には、伝説の棒を持った高さ約8mのター・ドンボーン・クロニューン座像（→ P.284 写真）がある。

コンピン・プイ
Kamping Puoy
MAP P.287-1A 料 無料
　ポル・ポト政権時代に農業の灌漑用水のために造られたダムで、現在でも利用されている。町なかからトゥクトゥクで約1時間30分、10US$〜。

ミセス・ブン・ルーンズ・エンシェント・ハウス
住 St.800, Vat Kor Village
☎017-818419 開 9:00〜17:00 休 無休 料 無料

町の中心部に建つ活気あふれる市場 MAP P.290-1A

★★ ナッ・マーケット

ផ្សារណាត់ ◆プサー・ナッ

アールデコ調の三角形の外観が目印。市場中央には食堂コーナーがあり、夜には市場周辺に焼き鶏や焼き魚などの屋台が並ぶので、ローカルフードを試してみたいならおすすめ。ローカル市場のためみやげ物はないが、シェムリアップなどでは見かけない柄のクロマーや、エスニックテイストのワンピースなどもあり意外に楽しめる。

市場周辺には仏領時代の面影を残すコロニアルな建物が多い

ナッ・マーケット
営6:00 頃～18:00 頃
休無休

ナイト・マーケット
Night Market
MAP P.290-1B
営18:00 ～ 22:00 頃

ナッ・マーケットの東側の川沿いのエリアで、毎晩ナイト・マーケットが開かれる。約 30 店ほどの洋服店と食堂が並び、食堂では代表的なカンボジア料理がリーズナブルに味わえる。

バッタンバン近郊の見どころ

パイリン　Pailin　MAP ㊟表-2A

タイとの国境に位置する特別市で、古くからルビーやサファイアなどの宝石を産出することで有名。現在も町なかには家内工業の研磨所や宝石店が点在している。のんびりとした田舎町風情が魅力で旅行者も増えつつあるが、この周辺はカンボジアでも有数の地雷残存地帯のため、道路以外の土地にはむやみに足を踏み入れないように。

アクセス：バッタンバンから乗合タクシーが運行している（20US$ ～）。

シソポン　Sisophon　MAP ㊟表-1A

町なかには特に見るべきものはないが、町の西側にひときわ高い丘、プノン・スバイ（Phnom Svay）があり、ここから一面に広がる田園風景がすばらしい。ちなみに町の北約 60 kmの所にバンテアイ・チュマール（→ P.102）があるが、道路未整備による事故、遺跡付近の地雷撤去未完了に加え、強盗事件も発生しているので、シソポンからの見学は絶対にやめること。

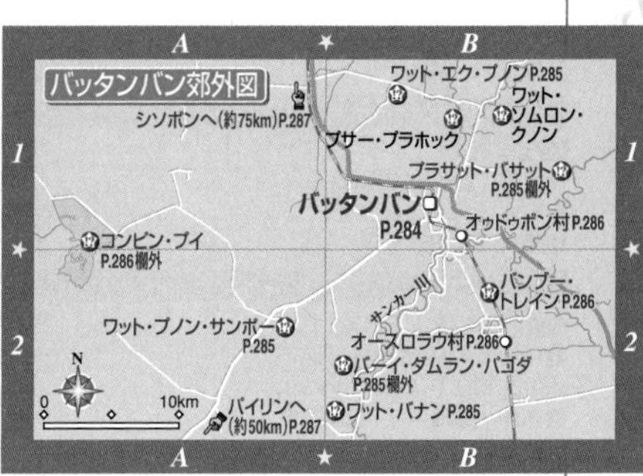

INFORMATION

バス会社

キャピトル・ツアー
Capitol Tour
MAP P.290-1A
☎012-404650、093-404650
営6:00 ～ 20:30　休 無休　カード 不可

ヴィリャック・ブンタム・エクスプレス
Virak Buntham Express
MAP P.290-1A
住Corner St.106 & St.101　☎017-333572
営6:00 ～ 21:00　休 無休　カード JMV

上記のいずれも各地へのバスを運行。プノンペン（13.2US ～）、シェムリアップ（11US$）、ポイペト（11US$ ～）など。

メコン・エクスプレス
Mekong Express
MAP P.290-1A　☎088-5767668
営6:00 ～ 21:00　休 無休　カード JMV

プノンペン（12US$）へのミニバスを運行。車は新しく快適。

銀　行

J トラスト・ロイヤル・バンク　J Trust Royal Bank
MAP P.290-1B

カナディア・バンク　Canadia Bank
MAP P.290-1B

カンボジア・アジア・バンク　Cambodia Asia Bank
MAP P.290-1A

上記のいずれも US ドルと日本円の現金の両替可能。ATM でマスターカード、ビザカードでのキャッシングも可能。

市場やその周辺の両替商では US ドル、日本円、タイバーツなどの両替が可能で、銀行よりもレートがよい。したがって、クレジットカードからのキャッシング利用以外は銀行の利用価値は少ない。

レストラン Restaurant

R 心あたたまるサービスとボリューム満点の食事　日本料理
カフェ・エイチ・オー・シー Café HOC

Hope of Children (HOC)という孤児院で育つ子供たちの職業訓練の場としてオープン。ここでは孤児院の畑で収穫した新鮮な無農薬野菜や、朝食ビュッフェ(3US$)で供される焼きたてのパンを味わいたい。日本人女性が指導に当たり、実際に日本で食の多様性に触れた子供たちとレシピを考えたとあって、さつまあげ(2US$)といったユニークなメニューも楽しい。

朝食ビュッフェはパン、お粥、果物、自家製ジャムやヨーグルトの食べ放題と好みの卵料理が付く

MAP P.290-1A　住St.106　☎012-591210　営8:00～14:00、17:00～20:00　休月曜　カード不可　予約不要

R 素材にこだわるおしゃれカフェ　カフェ
チャンバーイ Jaan Bai

オーストラリアのNGOが運営するカフェ。外壁にはグラフィティアートが描かれ、クーラーが効いた店内はフレンチタイルやアート作品で彩られておりアーティスティック。エビと豆腐のパッタイ(5.25US$)、日替わりのまかないメニュー「スタッフミール」(4US$)など多国籍でヘルシーなメニューがズラリ。地元の食材を使い、化学調味料を使用しないこだわりの料理が味わえる。

夜はテラス席もおすすめ

MAP P.290-1A　住St. 2　☎078-263144　営11:00～22:00(日曜11:00～14:00、17:00～22:00)　休無休　カード M V　予約不要

R ミーキウ Mykiu　カンボジア料理

MAP P.290-2A
住St.2　☎012-530695
営7:00～20:00　休 無休
カード 不可　予約 不要

バッタンバンでは誰もが知っている大型大衆食堂。カンボジア料理全般がメニューに並び、特に有名なのは麺類。朝食の代表メニューのクイティウ（2US$～、→ P.149）が1日中食べられる。ほかのカンボジア料理は2.5US$～が目安。

R リアルプレイス The Real Place　カンボジア＆各国料理

MAP P.290-2A
住St.2.5　☎096-5379599
営7:30～24:00　休 無休
カード 不可　予約 不要

サンドイッチ、ルック・ラック（→ P.148）などが安くておいしいと評判のカフェで、一番高いメニューでも3.5US$。朝食メニューも豊富で、パンケーキ（2.5US$）などの洋食のほかクメール式もある。バイクレンタルあり。

R リバー The River　カンボジア料理

MAP P.290-3B
住Near the Hun Sen Bridge
☎012-781687　営6:30～23:00
休無休　カード 不可　予約 不要

静かで川風が心地よい、サンカー川沿いのオープンテラスレストラン。朝食メニュー、カンボジア料理（3US$～）、パスタ、ステーキなどメニュー豊富。屋根付きスペースもあるので雨が降っても安心。

R ホワイト・ローズ White Rose　カンボジア料理

MAP P.290-2A
住No.102, St.2　☎012-536500
営8:00～22:00
休無休　カード 不可　予約 不要

地元の人、外国人旅行者に人気の2階建てのレストラン。カンボジア料理（3US$～）、タイ料理、西洋料理など多様なメニューが揃う。麺料理も豊富で、朝食や軽めの食事にも使える。屋外席か2階のテラス席がおすすめ。

R ロンリーツリー・カフェ The Lonely Tree Cafe　スペイン料理＆カフェ

MAP P.290-2A
住No. 56, St. 2.5
☎(053)953123、010-553755　営10:00～23:00頃
休無休　カード 不可　予約 不要

1階はハンドメイドの雑貨やウエアを扱うクラフトショップ、2階は居心地のよいカフェになっている。ガスパチョ（2US$）やトルティーヤ（4US$）といったスペイン料理のほか、西洋料理やカンボジア料理も提供。

R ゲッコー Gecko　多国籍料理＆カフェ

MAP P.290-3A参照
住St.1　☎089-924260
営12:00～20:00(土・日曜10:00～)
休木曜　カード 不可

町の中心部から約5km南に位置し、ワット・バナン（→ P.285）へ行く途中にある。寿司（セットで3.5US$～）やハンバーガーなどが食べられる。アクセサリーや少数民族の布小物などの雑貨も販売。

ショップ Shop

S ラッキー・スーパーマーケット Lucky Supermarket　スーパーマーケット

MAP P.290-1A
住No.9, National Rd.5(バナン・ホテル1階)
☎081-222068　営8:00～22:00
休無休　カード M V

このあたりでは大きなスーパーマーケット。スパイスや生鮮食品、お菓子、アルコール、日用品などたいていの物は揃い、カンボジアみやげのお菓子を扱うコーナーもあるので旅行中に重宝する。イートインコーナーを併設。

✉「バナン・ホテル」(MAP P.290-1A) はお値打ちでおすすめ。部屋の内装はゴテゴテとした中国風ですが、お湯は電気式の湯沸かし器なので出は少ないがなくなることはない。朝食を断ると5US$の割引がありさらにお得。(奈良県　suzuka　'14) ['23]

H コロニアルなヴィラホテル　ミニホテル

ラ・ヴィラ La Villa

バッタンバンの中心部に、隠れ家のようにひっそり建つ緑あふれるミニホテル。1930年代建築のフレンチコロニアルヴィラを改装しており、インテリアもアールデコ調。フレンチタイルが敷き詰められた7つの客室には、アンティーク家具や猫足バスタブなどが配され、インドシナ時代を彷彿とさせる。質の高いアジア&西洋料理のレストランは、泊まらずとも利用したい。

レストランに隣接したプールサイドでは、ゆったりとリゾート気分を味わいたい

MAP P.290-2B 住No.185, Pom Romchek 5
☎(053)730151 URL www.lavilla-battambang.com
料ⓈⓉ65～125US$(朝食付き) カード MV 全7室 Wi-Fi

H 上品な内装のヴィラホテル　ミニホテル

バンブー Bambu

伝統的なバッタンバンの建築とフレンチコロニアル風を組み合わせた、リゾート感あるヴィラタイプのホテル。客室をはじめ館内のインテリアはセンスがよく上品で落ち着いた雰囲気だ。全室にミニバー、セーフティボックス、DVDプレイヤーなどが備わり、テラスまたはバルコニー付き。併設のカンボジア&西洋料理のレストランの評判も上々。

開放感たっぷりの屋外プールもある。ホテル周辺は静かな環境

MAP P.290-2B 住Romchek 5 Village
☎(053)953900 URL www.bambuhotel.com
料ⓈⓉ80～110US$（朝食付き） カード MV 全16室 Wi-Fi

H VVホテル・バッタンバン VV Hotel Battambang　中級ホテル

MAP P.290-1A 住No.778, St.3 ☎(053)738888、736666
URL vvbattambanghotel.com
料ⓈⓉⓌ49.5US$～　スイート82.5US$～
カード MV 全68室 Wi-Fi

町の中心部に位置する13階建ての高層ホテルで、どこへ行くにも便利な立地。客室はシンプルだが上品なデザインで最小でも27㎡。屋上プール、レストラン、バー、サウナ、会議室と館内施設も充実している。

H クラッシー・ホテル & スパ Classy Hotel & Spa　中級ホテル

MAP P.290-2B 住No.159D, St.207 ☎(053)952555
URL www.classyhotelspa.com
料ⓈⓉⓌ50US$～　スイート105US$～（朝食付き）
カード MV 全128室 Wi-Fi

サンカー川沿いに建つ白亜のホテル。木を基調とした落ち着きのある客室からはサンカー川の眺めが美しい。屋外プール、スパ、サウナ、ジム、屋上のパノラマラウンジなど館内施設も充実。

H キング・フィ King Fy　エコノミーホテル

MAP P.290-2B 住No.306, St.155, Romchek 4 Village
☎(053)5000510、6669960
URL www.kingfyhotel.com 料ⓈⓉⓌ20～49US$　スイート49～130US$ カード DJMV 全65室 Wi-Fi

8階建てで、上階からはサンカー川や遠くワット・プノン・サンポーの山の眺めが見事。客室は木を多用した上品な造りで設備も十分。インドアプール、レストランあり。

H ストゥン・サンカー The Stung Sangke　エコノミーホテル

MAP P.290-1B 住National Rd. 5 ☎(053)953495～7
URL www.stungsangkehotel.com
料ⓈⓉⓌ35～60US$　スイート90～120US$（朝食付き）
カード MV 全130室 Wi-Fi

町なかの国道沿いに建つ規模の大きな5階建てホテル。プールやレストラン、スパ、マッサージも完備。客室は清潔で設備も十分。

H センフー Seng Hout　エコノミーホテル

MAP P.290-1B 住No.1008B, Rd. 2, North of Nat Market
☎(053)952900、012-530327 URL www.senghouthotel.com
料ファン：ⓈⓉⓌ10US$～　エアコン：ⓈⓉⓌ15～35US$
カード MV 全84室 Wi-Fi

ナッ・マーケットの北側に位置し、ロケーション抜群。屋外プールやレストラン、ルーフトップテラスがある。数十m南に新館があり、1階はコーヒーショップになっている。

H ロイヤル Royal　エコノミーホテル

MAP P.290-1A 住La Ei St. ☎016-912034、012-894862
E-mail royalasiahotelbb@yahoo.com
料ファン：Ⓢ8US$　Ⓣ9US$　エアコン：ⓈⓉ12～25US$
カード MV 全42室 Wi-Fi

清潔で欧米人に人気。全室エアコン付き。屋上にレストランあり。徒歩約5分の所にあるふたつのホテル「アジア」、「スター」（MAP P.290-1A 料5～25US$）も同経営。

H ビミアン・ソバンナプーム・リゾート Vimean Sovannaphoum Resort　ミニホテル

MAP P.290-1B 住Romcheck 4 Village ☎012-610908
料ⓈⓉⓌ25US$～　3人部屋40US$～　ファミリー55US$～
カード JMV 全16室 Wi-Fi

客室は広く、クメールスタイルとモダンデザインがうまくマッチ。同じくクメールスタイルのヴィラもある。プール、レストランあり。

H チャーヤ Chhaya　ゲストハウス

MAP P.290-1A 住No.118, St.3 ☎(053)952170、012-733204
料ファン：Ⓢ4～5US$　Ⓦ6US$　3人部屋9US$　Ⓓ2US$
エアコン：ⓈⓌ11～12US$　3人部屋15US$
カード MV 全84室 Wi-Fi

新館、旧館があり、ドミトリーを含め、さまざまなタイプの部屋がある大型ゲストハウス。欧米人の利用が多い。レンタサイクルあり。

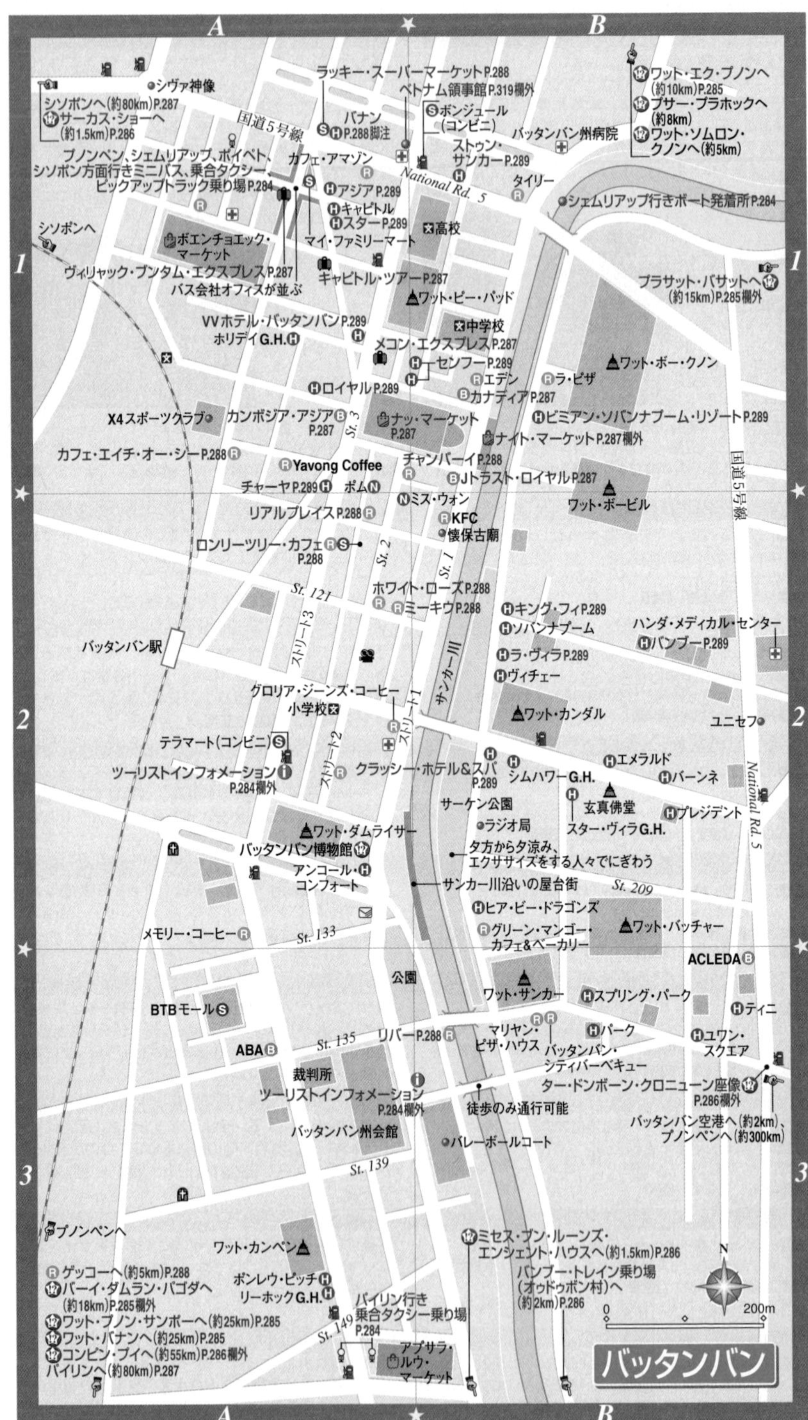
バッタンバン
A
B
1
2
3
シヴァ神像
シソポンへ(約80km)P.287
サーカス・ショーへ
(約1.5km)P.286
国道5号線
プノンペン、シェムリアップ、ポイペト、
シソポン方面行きミニバス、乗合タクシー、
ピックアップトラック乗り場P.284
ラッキー・スーパーマーケットP.288
ベトナム領事館P.319欄外
バナン
P.288脚注
ボンジュール
(コンビニ)
カフェ・アマゾン
ストゥン・
サンカーP.289
バッタンバン州病院
ワット・エク・プノンへ
(約10km)P.285
プサー・プラホックへ
(約8km)
ワット・ソムロン・
クノンへ(約5km)
National Rd. 5
タイリー
シェムリアップ行きボート発着所P.284
アジアP.289
キャピトル
スターP.289
高校
シソポンへ
ボエンチョエック・
マーケット
マイ・ファミリーマート
ヴィリャック・ブンタム・エクスプレスP.287
バス会社オフィスが並ぶ
キャピトル・ツアーP.287
ワット・ピー・パッド
プラサット・バサットへ
(約15km)P.285欄外
VVホテル・バッタンバンP.289
ホリデイG.H.
中学校
メコン・エクスプレスP.287
センフーP.289
エデン
ラ・ピザ
ワット・ボー・クノン
ロイヤルP.289
カナディアP.287
X4スポーツクラブ
カンボジア・アジア
P.287
St. 3
ナッ・マーケット
P.287
ビミアン・ソバンナプーム・リゾートP.289
ナイト・マーケットP.287欄外
カフェ・エイチ・オー・シーP.288
Yavong Coffee
チャンバーイP.288
Jトラスト・ロイヤルP.287
チャーヤP.289
ポム
ミス・ウォン
ワット・ボービル
国道5号線
リアルプレイスP.288
KFC
懐保古廟
ロンリーツリー・カフェ
P.288
St. 2
St. 1
St. 121
ホワイト・ローズP.288
ミーキウP.288
キング・フィP.289
ソバンナプーム
ハンダ・メディカル・センター
バンブーP.289
ストリート3
バッタンバン駅
サンカー川
ラ・ヴィラP.289
ヴィチェー
グロリア・ジーンズ・コーヒー
小学校
ストリート1
ワット・カンダル
ユニセフ
テラマート(コンビニ)
ストリート2
ツーリストインフォメーション
P.284欄外
クラッシー・ホテル&スパ
P.289
シムハワーG.H.
エメラルド
バーンネ
National Rd. 5
サーケン公園
玄真佛堂
ラジオ局
プレジデント
スター・ヴィラG.H.
ワット・ダムライサー
バッタンバン博物館
夕方から夕涼み、
エクササイズをする人々でにぎわう
アンコール・
コンフォート
サンカー川沿いの屋台街
St. 209
ヒア・ビー・ドラゴンズ
グリーン・マンゴー・
カフェ&ベーカリー
ワット・バッチャー
メモリー・コーヒー
St. 133
ACLEDA
公園
ワット・サンカー
スプリング・パーク
BTBモール
ティニ
リバーP.288
マリヤン・
ピザ・ハウス
パーク
ユワン・
スクエア
ABA
St. 135
バッタンバン・
シティバーベキュー
裁判所
ター・ドンボーン・クロニューン座像
P.286欄外
ツーリストインフォメーション
P.284欄外
徒歩のみ通行可能
バッタンバン空港へ(約2km)、
プノンペンへ(約300km)
バッタンバン州会館
バレーボールコート
St. 139
プノンペンへ
ワット・カンペン
ミセス・ブン・ルーンズ・
エンシェント・ハウスへ(約1.5km)P.286
バンブー・トレイン乗り場
(オゥドゥボン村)へ
(約2km)P.286
N
0
200m
ゲッコーへ(約5km)P.288
バーイ・ダムラン・パゴダへ
(約18km)P.285欄外
ワット・プノン・サンポーへ(約25km)P.285
ワット・バナンへ(約25km)P.285
コンピン・プイへ(約55km)P.286欄外
パイリンへ(約80km)P.287
ボンレウ・ピッチ
リーホックG.H.
パイリン行き
乗合タクシー乗り場
P.284
St. 149
アプサラ・
ルウ・
マーケット

香り高いコショウの産地として知られる

カンポット Kampot

ខេត្តកំពត | カンポート

MAP 折表 -3B

プノンペンから南西へ約150km、カンボジア南端に位置するカンポットは、川沿いに開けた小さな町だ。仏領時代にはフランス外務省がおかれていたこともあり、中心部には今も古びたフレンチ・コロニアル建築が並ぶ。町なかにはドリアンの像が建つロータリーがあり、ドリアン像より南西側が最もにぎわうエリア。レストラン、カフェ・バー、旅行会社、コンビニ、ホテルなどが集まっている。外国人観光客の姿が多く、レベルの高い飲食店も多い。

カンポットといえば、有機農法で栽培される世界的にも非常に評価の高いカンポット・ペッパーが有名だ。コショウ農園をはじめ、見どころは郊外に点在しているのでツアーを利用したりトゥクトゥクで効率的に回るのがいいだろう。

カンポットは天然塩も有名。乾季には手作業で塩を集める様子が見られる

カンポットの市外局番

033

※カンポットは場所によっては詳しい住所がありません。住所の記載がない物件は地図上で確認してください。

町なかのドリアン像

カナディア・バンク
Canadia Bank
MAP P.291-1B
住 Near Durian Monument
営 8:00 ～ 16:00（土曜～11:30） 休 日曜

USドルと日本円の現金の両替が可能。要パスポート。

ツーリストインフォメーション
Tourist Information
MAP P.291-1A
住 Riverside Rd. ☎ なし
開 8:00 ～ 20:00 休 無休

カンポット発のツアー予約やバスの手配ができる。ボーコール国立公園1日ツアー(30US$)、コショウ農園、プノン・チュヌーク、ケップを回る1日ツアー(20US$)など。サンセットクルーズが付くものもある。

ペアラ・トラベル&ツアーズ
Pheara Travel & Tours
MAP P.291-2A
住 St.729 ☎ 081-444860、011-808646 営 7:00 ～ 20:00 休 無休 カード 不可

自転車（1日2US$～）、バイク（5US$～）のレンタルが可能。国内はもちろん、ベトナムやタイ行きのバスの手配も可能。ベトナム国境のハーティエン行きバスは13US$、所要約2時間。

旅行会社：中心部には旅行会社が複数あり、ツーリストインフォメーション（→P.291欄外）と同様のツアーを扱う。バス手配やレンタバイク＆サイクルも行っているところが多い。

見どころ Sightseeing

廃墟タウンを散策
MAP ㊎表-3B、P.291-1A 参照

★★★ ボーコール国立公園

ឧទ្យានជាតិបូកគោ ◆ ウティアン・チアット・ボーク・コール

教会。内部にも入れる

カンポットからシハヌークビル方面へ約30km、原生林に覆われたエレファント連山の一部が、1993年に国立公園に指定されている。ここでのメイン観光は、広い高原に朽ち果てた建物が点在する"ゴーストタウン"散策だ。ボーコール・ヒル・ステーションと名づけられたこの町は、フランス植民地時代にフランス人が涼を求めて住み着いたのが始まりで、最盛期の1950〜1960年代にはホテル、教会なども建設された。今ではこれらの建物は廃墟と化し、朽ち果てた建物内に残る残骸から、当時の様子を想像するしかない。

周辺では現在、ゴルフ場や住宅地造成など、開発が進められている。

カンポット・ペッパー・ファームを見学

★★★ コショウ農園

Kampot Pepper Farm

完全有機栽培のカンポット・ペッパー（→欄外）の農園がカンポット郊外に点在。見学できる農園も多く、代表的なのが「ラ・プランテーション」と「ボー・ツリー」。どちらも栽培方法やコショウの種類、農園の成り立ちなどを説明しながら農園を無料で案内してくれる。自社製品を買えるショップ、カンポット・ペッパーを使った料理を楽しめるレストランも併設。「ラ・プランテーション」では料理教室も開催（要予約）。いずれもケップ（→P.296）中心部からのほうが近い。

コショウ農園では試食も可能。おもに黒・白・赤（完熟）・長コショウが栽培されている（左）。乾季に収穫される赤（完熟）コショウ（右）

ボーコール国立公園
カンポット中心部からトゥクトゥクで約1時間30分、往復25US$〜。

カンポット・ペッパーとは
山と海に囲まれ、適度な湿度に恵まれた気候から、カンポットでは古くからコショウが栽培されてきた。カンポット産のコショウは、芳醇な香りと存在感のある辛味が特徴の世界でも有数の高級コショウとして知られているが、「カンポット・ペッパー」のブランドを名乗れるのは、カンポット・ペッパー協会が定めた伝統的な完全有機栽培の条件をクリアし、認められたコショウのみ。カンポット・ペッパーは、世界水準として知られる有機認証「エコサート」も取得している。

ラ・プランテーション
La Plantation
MAP ㊎表-3B、P.291-2A参照
住 Overlooking Secret Lake – Pepper Rd., Bosjheng Village
☎017-842505
URL kampotpepper.com
開 9:00〜17:00（最終ツアー16:00） 休 無休
料 無料 カード MV

ボー・ツリー
Bo Tree
MAP ㊎表-3B、P.291-2A参照
住 Koun Sat, Tuek Chhou
☎012-691379
URL www.botree.asia
開 9:30〜16:00 休 無休
料 無料 カード MV
「ラ・プランテーション」「ボー・ツリー」ともにカンポット市内からトゥクトゥクで約1時間、片道2万3000R〜。ケップからなら約30分。どちらもカンポット市内に直営店がある（→P.295）。

Access

カンポットへの行き方

プノンペン、シハヌークビルなどからバス、ミニバス、乗合タクシーがある。詳しくは各町のAccess欄参照。

列車

プノンペン方面、シハヌークビルからそれぞれ毎日1本運行している。時刻&料金表はP.337を参照。

カンポットからの交通

バス

プノンペン、シハヌークビル行きは、タクシー乗り場（MAP P.291-2B）周辺の各バス会社が運行。ジャイアント・アイビス・トランスポート（MAP P.291-1A）など中心部にもバス会社が複数ある。プノンペン行きは終日頻発、8US$〜。所要約3時間。

乗合タクシー、ミニバス

タクシー乗り場（MAP P.291-2B）からプノンペン、シハヌークビル行きの乗合タクシー、ミニバスが運行。

列車

プノンペン方面、シハヌークビルへそれぞれ毎日1本運行している。時刻&料金表はP.337を参照。

オンラインバス予約：「カンボチケット　Camboticket」などでバスの予約が可能。スケジュールや料金比較にも使えて便利。アプリもある（→P.321）） URL camboticket.com

★★ 塩田での夕日観賞が人気 MAP P.291-1A 参照

塩田

Salt Field

中心部から約6km南にある、フィッシュアイランドと呼ばれる島（Trey Koh Island）には塩田が広がるエリアがあり、11月頃から5月頃までの乾季の間のみ、昔ながらの製法で作られる塩作りの風景が見られる。塩田周辺は赤土のため、時期によってはあたり一帯が夕日で赤く染まる美しい夕焼けが見られることもある。

手作業で塩を集め運ぶ重労働。見学する際は作業の邪魔にならないように注意しよう

塩田
住 Trey Koh Island
カンポット中心部からトゥクトゥクで約15分、片道3.5US$～。

夕方の塩田。周囲は赤土の舗装されていない道のため、マスクは必須

★★ 水の洞窟＆鍾乳洞がある MAP 折表-3B、P.291-2A 参照

カンポン・チャック洞窟

Kampong Trach Water Cave

中心部から東へ約38km。田園風景が続くのどかな村に石灰岩のゴツゴツとした岩山が連なるカルスト台地があり、その岩山のひとつが観光名所となっている。入口左側に水の洞窟があり、その奥に鍾乳石が連なる小さな洞窟があって、土地の精霊が祀られている。

水の洞窟では子供たちが水遊び（左）。鍾乳洞（中）。山の上からの眺めはいいが足場が悪く急勾配。周囲の岩が溶食でギザギザととがっているため登るのは非常に危険（右）

カンポン・チャック洞窟
住 Kampong Trach
カンポット、ケップいずれからもトゥクトゥクで約50分、片道10US$～。

★★ 7世紀前後に建立された洞窟寺院 MAP 折表-3B、P.293-2A 参照

プノン・チュヌーク

ភ្នំឈ្នក ◆ プノム・チゴーク

カンポット中心部から東へ約12kmの所に、7世紀前後建立の貴重な洞窟寺院が残っている。チュヌークとはクメール語で「上から見下ろす」を意味し、古代インドの叙事詩『ラーマーヤナ』（→P.38）の中に登場するサル軍の将、ハヌマーンが空を飛びながら“見下ろした場所”が名前の由来といわれている。

ヴォットロバイ村の寺院から田んぼのあぜ道を歩き、岩山が見えたらさらに階段を上って約5分。自然の芸術ともいえる見事な石灰洞に、れんが造りの祠堂がひっそりとたたずんでいる。高さ約4m、幅約2m。基壇のテラスの上に母屋、楣（まぐさ）、破風（はふ）部分までしっかりと残っていて、屋蓋（おくがい）部分は上部からの石灰岩に同化し、タ・プローム（→P.70）にも匹敵する巨岩と廃墟の天然アートに圧倒される。内部をのぞき込むと、中心にリンガが祀られ、天井からは鍾乳石が屋蓋を破ってからみ込んでいて、これまた圧巻！

プノン・チュヌークからの帰路途中に位置するプノン・セダ・アウン（Phnom Seda Aun MAP 折表-3B）にも石灰岩の洞窟がある。以前はここにも大きなれんが造りの祠堂があったが、ポル・ポト時代に破壊され、現在はれんがの一部が残るのみ。

プノン・チュヌーク
カンポット中心部からトゥクトゥク（往復15US$前後）か、バイクタクシー（往復10US$前後）で約30分。ヴォットロバイ村の寺院に着いたら、そこから田んぼのあぜ道を歩いて約15分。寺院の前で子供がプノン・チュヌークまで案内してくれる。チップは任意で1US$。
料 1US$（入場料は洞窟への上り口、階段の近くで支払う）
洞窟内部の見学に当たっては懐中電灯があると便利。雨季は雨などで周囲の水かさが増し、太ももほどの水位になることもあるので、乾季に訪れることをおすすめする。
プノン・セダ・アウンへは、プノン・チュヌークからトゥクトゥクかバイクタクシーで約15分。
料 1US$

前アンコール期の貴重なヒンドゥー教寺院。楣（まぐさ）にはマカラのレリーフが残る

マンション・スパ Mansion Spa：清潔で腕がよいマッサージが評判。全身マッサージ1時間12US$～、足は8US$～。
MAP P.291-1A 参照 住 Dragon St., Tvi Khang Cheurng ☎096-3391447 営 9:00～22:00 休 無休 カード 不可

R 水辺のテラス席が人気　カンボジア＆西洋料理

フィッシュ・マーケット・カンポット The Fish Market Kampot

1930年代は魚市場だった建物を改装した水辺のレストラン。川にせり出したテラス席からリバービューや遠くの山々の景色を楽しみながらゆっくり食事ができる。人気メニューは、ケップ風イカの炒め物（7.5US$）やシェアして食べたいスナッパーの醤油＆ショウガ蒸し（19US$）など。食事の予算は20US$くらいが目安。朝食メニュー（4.5US$～）があるほか、カフェやバーとしても使える。

肉料理も美味。写真はニュージーランド産ラム肉のラムラック（30US$）

MAP P.291-1A　住 Norodom Quay　☎012-728884
営 7:00～22:00　休 無休　カード ADJMV　予約 不要

R コショウをふんだんに使った海鮮料理　西洋＆カンボジア料理

カンポット・シーフード＆ペッパー Kampot Seafood & Pepper

カンポット・ペッパーを使った海鮮料理が味わえる人気店。ふたり以上ならシェル・プラッター（16US$）や450gのグリルロブスターに牡蠣グラタン、シーフードのビスクなどが付くセット（32US$）を試したい。カンポット・ペッパーを使った料理教室も開催（10:00～13:00、15:00～18:00の2部制、20US$、要予約）。

たっぷりの野菜とホタテ、生コショウをクリーミーなスープ仕立てにしたホタテのグリーンペッパーソテー（8.5US$）

MAP P.291-2A　住 No.12&14, St.710, Rd.27
☎069-251882、087-548900　営 9:00～23:00
休 無休　カード 不可　予約 不要

R 農園直送のコショウが絶品　カンボジア＆各国料理

アトリエ・カンポット Atelier Kampot

フランス植民地時代に建てられたコロニアル建築を改装したビストロで、フランス料理をベースにした創作料理のほかアジア各国の料理を食べやすくアレンジ。カンポットにコショウ農園をもち、そのコショウを使った料理も評判がいい。看板料理はカンボジア風牛肉ステーキをハンガーガーにしたルック・ラック・バーガー（9.9US$）やシーバスのムニエルなど。予算の目安は10～25US$。

シーバスのムニエル（10.9US$）は白ワインと一緒に楽しみたい

MAP P.291-2A　住 No.15, Riverside Rd.　☎010-446044
営 7:30～21:00　休 無休　カード MV　予約 不要

R ボリューム満点でリーズナブル　スイス＆フランス料理

オーベルジュ・デュ・ソレイユ Auberge du Soleil

コロニアル建築の雰囲気ある建物でリーズナブルに本格スイス＆フランス料理が食べられる。スイス人が始めた店で、現在はそのスイス人から直接調理指導を受けたカンボジア人シェフ一家が引き継いでいる。ポテト、シュペッツレ（パスタ）などから選べるサイドメニューとサラダが付くメインは5.5US$～。ラクレットやチーズフォンデュも人気。

クロワッサン、フルーツ、自家製ヨーグルト、ドリンクが付くフレンチ・ブレックファスト（5US$）

MAP P.291-2A　住 No.23, St.728
☎096-3989379、088-4160128　営 7:00～22:30
休 無休　カード 不可　予約 不要

R 大人の雰囲気のダイニングバー　カンボジア＆西洋料理

Jブレイク The J Break

川に面して建つダイニングバーで、食事、町歩きの休憩に、食後の1杯にと使い勝手のいい店。天井が高く、シーリングライトがおしゃれな広々とした店内に大きな絵画やワイン樽が飾られ、洗練された雰囲気。料理はカンボジア料理と西洋料理で、サラダ5US$～、メイン6US$～。屋外席からは夕焼けも楽しめ、17:00～20:00はハッピーアワーでカクテル（3～3.75US$）が一律2.5US$に。

市内にある同名のブティックホテルが経営

MAP P.291-1A　住 Corner of St.724 & St.735
☎016-673919　営 7:30～22:00
休 無休　カード 不可　予約 不要

R カンポット発のクラフトビール　バー

プロジェクト・タップス Projekt Taps

2020年にカンポットで誕生したアメリカ式エールのナノブルワリー「Projekt Brews」の小さなタップバー。オリジナルは、I.P.A、ペールエール、ブロンドエール、フルーティな味わいのウィートエールの4種類で、1.75～3.5US$。他社のクラフトビールもメニューに並ぶ。店はカンポット・レーンと呼ばれるカフェやバーが集まる路地裏にある。

グラスサイズは200mLのみ。瓶ビールもある

MAP P.291-1A　住 Kampot Lane, Old Market
☎015-572380　営 16:00～深夜
休 火・水曜　カード 不可　予約 不要

フット・イェブ　**Huot Yeb**：モンドルキリとラタナキリの間あたりで取れるコーヒー豆を仕入れる問屋。小売りも可能で、カンボジア産コーヒーは1kgで15US$～。MAP P.291-2A　営 6:00～20:00

ショップ Shop

S ラ・プランテーション La Plantation　フード

MAP P.291-2A
住 Old Market St.
☎ 089-282985　営 10:00〜19:00（土・日曜〜20:00）
休 無休　カード M V

「ラ・プランテーション」（→ P.292 欄外）の直営店。品揃えや価格は農園と同じで、黒コショウ 4.5US$ 〜。農園で収穫したスパイスを使ったソース（13 種類、各 7.5US$）やコショウ入りアイスクリーム（3US$）も人気。P.162 もチェック。

S カンポット・ペッパー・ショップ The Kampot Pepper Shop　フード

MAP P.291-2A
住 No.46, St. 724
☎ 012-691379、015-926326　営 8:00〜20:00
休 無休　カード D J M V

「ボー・ツリー」（→ P.292 欄外）の直営店。おもに欧州に輸出しており、カンポットでも指折りの品質を誇る。黒コショウ 3US$ 〜で、赤・白・黒コショウのセット（24US$ 〜）もある。P.162 もチェック。

S タイニー・カンポット・ピローズ Tiny Kampot Pillows　カンボジア雑貨

MAP P.291-1A
住 St.722
☎ 096-7666036、097-7666094　営 9:00〜18:00
休 木曜　カード 不可

カンポット中心部では数少ない雑貨店。カンボジア、ラオス、タイの布を使ったオリジナルの枕カバーがメイン商品で、小さな旅行用枕で 3.5US$ 〜。布小物や石鹸などのみやげ品も販売。

ホテル Hotel

H アットホームな人気ブティックホテル　エコノミーホテル
リキティキタビ Rikitikitavi

川沿いに建つ、9室のみの小さなブティックホテル。アットホームで行き届いたサービスが受けられると人気が高い。客室はアジア風のインテリアがさりげなく飾られた落ち着いた雰囲気で、セーフティボックス、冷蔵庫、ドライヤー、電気ケトルなど客室設備も整う。2階にはカンボジア&西洋料理のレストラン&バーがあり、ここから美しい夕日が望める。

イギリス人とポーランド人の夫婦が営む人気ホテル

MAP P.291-2A　住 Corner of St.735 & St.728　☎ 017-306557
URL www.rikitikitavi-kampot.com
料 Ⓢ Ⓣ Ⓦ 63US$〜　ファミリー 75US$〜（朝食付き）
カード A D J M V　全9室　Wi-Fi

H コロニアル建築のブティックホテル　エコノミーホテル
コラムス The Columns

1920年代の植民地時代に建てられたフレンチ・コロニアルの建物を利用したブティックホテル。内部は建物の雰囲気を残しつつ、快適に過ごせるようモダンに改装されている。客室は全体的にやや暗いが広さもあり、設備も申し分ない。中心部にありながら、飲食店の集まるにぎやかなエリアから少し離れているため、静かな滞在ができる。

デラックスルームの客室。1 階にはカフェを併設している

MAP P.291-2A　住 37 Phoum 1, Ouksophear　☎ 092-128300
URL www.the-columns.com　料 Ⓢ Ⓣ Ⓦ 65〜75US$（朝食付き）　カード M V　全17室　Wi-Fi

H 世界中の旅人たちが集まる　ゲストハウス
ワンダーズ・カンポット Onederz Kampot

日当たりよく開放感あふれるプールとガーデンが魅力のリゾート型ホステル。飲食店が集まるにぎやかなエリアから少し離れているため静かな立地だ。個室、ファミリールームのほかドミトリーもあり（女性専用もあり）、ロッカーエリアとベッドルームエリアが室内で分かれており快適に過ごせる。ツアーやバスチケットの予約も可能。

屋外プール、レストランなど共有スペースの雰囲気もいい。ランドリーサービスもある

MAP P.291-2A　住 Mouy Ouh Saphea Village　☎ 098-309551
URL onederz.com　料 Ⓢ Ⓣ Ⓦ 26US$〜　Ⓓ 6US$〜
カード A M V　全29室　Wi-Fi

H カンボジアの田舎暮らしを体験　ゲストハウス
フィッシュアイランド・バンガローズ Fish Island Bungalows

塩田（→P.293）があるフィッシュアイランドで生まれ育ったレンさんファミリーによるアットホームなバンガロー。南国植物が生い茂るガーデンにはバンガローとエアコンルームの客室棟が建つ。中心部から少し離れるが、のんびりとした滞在ができると大人気。希望すればレンさんが無料で島を案内してくれる（要トゥクトゥク代）。

バンガローはシンプルだが冷蔵庫、ケトル、コーヒーなど設備は十分。広いテラスがある

MAP P.291-1A参照　住 Trey Koh Island
☎ 098-499166、012-539267　料 Ⓢ Ⓣ Ⓦ 18US$〜
カード 不可　全11室　Wi-Fi

ケップ Kep

ក្រុងកែប◆カエプ　MAP 折表-3B、左図

カンポットから約25km南東にあるのどかなビーチタウン。1950年代には故シハヌーク前国王の王宮やフランス風ヴィラが建てられた。安くて肉厚なカニが名物で、新鮮な海鮮を食べにカンボジア国内から多くの人が訪れる。雰囲気のいいカジュアルリゾートの趣のホテルも多く、静かでのんびり過ごすのに最適の町だ。

南国リゾート気分を味わえる「ケップ・ロッジ」(→下記)

Access

数社のバス会社がカンポット発ケップ行きバスを運行。4US$～。トゥクトゥクは片道7US$～。所要45分～1時間。

クラブ・マーケット
営5:00～17:30頃

ラビット島
Kaoh Tunsay
MAP P.296参照

ケップの船着場(MAP P.296)から船で約20分の小さな島。水の透明度は比較的高く、日帰りで遊びに行くのがおすすめ。船は往路9:00、13:00発、復路16:00発。往復8US$。

船はラビットアイランドビーチに到着する

安い海鮮を食べるならここ　MAP P.296

★★★ クラブ・マーケット

Crab Market

町の西側、海沿いにあるローカルな市場。市場内には海鮮料理の屋台がたくさんあり、取れたてを市場内で調理してもらうことができる。カニは1kgで8US$くらい、調理費1US$。

生きたカニをその場で手際よくさばき、調理。カニは青コショウと甘辛く炒めてくれる

ケップ中心部にある小さなビーチ　MAP P.296

★★ ケップビーチ

Kep Beach

町の南側にある約500mほどの小さなビーチ。透明度はそれほど高くはないが、波が穏やか。地元の人をはじめ、外国人観光客の姿も多い。周辺にはハンモックを並べたローカルの海の家が集まっている。夕焼けが美しいビーチでもある。

ゴミも少なくきれいなビーチ(上)。日没後すぐのトワイライトタイムが最も美しい(右)

ホテル Hotel

H ベランダ・ナチュラル・リゾート Veranda Natural Resort　高級ホテル

MAP P.296　住Phumi Thmey, PreyThom, Kep Hillside
☎077-241725、012-888619　URL www.veranda-resort.asia
料ⓈⓉⓌ115.5US$～　スイート187.5US$～(朝食付き)
カード JMV　全37室　Wi-Fi

ケップ国立公園そばの丘陵地にあり2.5ヘクタールの敷地に26のバンガローが建つ。石垣や熱帯植物に囲まれ、プールふたつとスパも完備。ボーコール山とベトナムのフーコック島を見晴らせる絶景カフェも人気。

H ケップ・ロッジ Kep Lodge　エコノミーホテル

MAP P.296　住Pepper St.
☎016-695888
料ⓈⓉⓌ35～60US$(朝食付き)
カード 不可　全14室　Wi-Fi

南国の緑や花々が美しいガーデンに14のバンガローが点在するカジュアルリゾート。客室や共有エリアのインテリアのセンスがよく、屋外プール、レストラン併設。フレンチクレープを選べる朝食がおいしい。

ワット・サマティ　Wat Samathi：丘の上に建つクメール寺院。境内からの眺望がすばらしく、ベトナム側のカンボジア国境の町、ハーティエンまで望める。MAP P.296

サンボー・プレイ・クックへの拠点となる町

コンポントム Kompong Thom

កំពង់ធំ | コンポントム

MAP 折表-2B

プノンペンとシェムリアップを結ぶ国道6号線のちょうど中間あたりに位置する小さな町。町の中心部から北へ約30kmの所にあるサンボー・プレイ・クック遺跡（→P.104）は、真臘（しんろう）時代の首都イーシャーナプラがおかれた歴史ある場所で、2017年に世界遺産に登録された。世界遺産への拠点となる町ではあるものの観光都市のような派手さはなく、ゆったりと流れるセン川を中心とした、静かでのんびりとし田舎町ならではの雰囲気が楽しめる。

町の中心部にあるコンポントム市場

コンポントムの市外局番

062

カナディア・バンク
Canadia Bank
MAP P.297
住 National Rd. 6
☎（062）961788
営 8:00〜15:30（土曜〜11:30）
休 日曜
24時間利用できるATMがありマスターカード、ビザカードでのキャッシングが可能。

ホテル Hotel

H サンボー・ヴィレッジ Sambor Village
中級ホテル

MAP P.297 住 Democrat St.
☎ 017-924612 E-mail infosamborvillage@gmail.com
料 Ⓢ Ⓣ Ⓦ 65US$ スイート100US$（朝食付き）
カード M V 全19室 Wi-Fi

コンポントム唯一のブティックリゾート。緑豊かな敷地内には高床式レストランと屋外プール、ヴィラが点在し、牧歌的な雰囲気。サンボー・プレイ・クックへのトゥクトゥクは18US$で手配可能。セン川の夕日クルーズ（10US$）も好評。

H アルンレアス Arunras
エコノミーホテル＆ゲストハウス

MAP P.297 住 46 Eo Sereipheap St.
☎ 092-316070 E-mail arunras.kpt@gmail.com
料 ファン：Ⓢ Ⓣ Ⓦ 8US$ エアコン：Ⓢ Ⓣ Ⓦ 15US$
カード 不可 全58室 Wi-Fi

町の中心部に建つ老舗ホテルで、コンポントムでは比較的規模が大きい。近年改装されたエアコン付きの客室は清潔で快適。基本設備は整うがドライヤー、セーフティボックス、電気ケトルなどはない。1階にレストラン＆カフェを併設。

Access

コンポントムへの行き方

ヴィリャック・ブンタム・エクスプレスが各地からバスを運行。シェムリアップからは1:30、6:00、13:00発の3便、13.75US$〜、所要3時間〜。プノンペンからは終日1時間間隔、12.1US$〜、所要2時間30分〜。町の北側（MAP P.297参照）または南側（MAP P.297参照）に到着する。

コンポントム中心部

シェムリアップへ（約150km）
サンボー・プレイ・クックへ（約30km）P.104
ヴィリャック・ブンタム・エクスプレスのバス発着所へ（約400m）P.297
パン屋
ストゥンセン
路上市場
コンポントム・マーケット
セン川
アルンレアス P.297
独立記念塔
Santepheap G.H.
Kampong Thom Royal
ATM（ABAバンク）
カナディア P.297欄外
サンボー・ヴィレッジ P.297
Kampong Thom Palace
国道6号線 National Rd. 6
ヴィリャック・ブンタム・エクスプレスバスの発着所へ（約300m）P.297
プノンペンへ（約170km）
ドムレイ・チョン・クラ
ヴォルメアス
0 200m

コンポントムからの交通

ヴィリャック・ブンタム・エクスプレスがシェムリアップへ9:00〜18:30の間に6便運行、12.1US$〜、所要2時間30分〜。町の北側（MAP P.297参照）または南側（MAP P.297参照）から乗車。シェムリアップ〜プノンペン間を結ぶバスに途中乗車も可能。

コンポントム中心部からサンボー・プレイ・クックへの行き方

アルンレアス・レストラン前（MAP P.297）あたりでトゥクトゥクやバイクタクシー、タクシーが客待ちしている。トゥクトゥクは往復18US$〜（片道所要約1時間）。車なら往復35US$〜（片道所要約30分）。

エコツーリズム開発で注目の高原地帯

モンドルキリ(センモノロム) Mondulkiri (Senmonorom)

មណ្ឌលគិរី｜モンドルキリ（センモノローム）

MAP 折表-2D

モンドルキリの市外局番
073

モンドルキリ・エレファント＆ワイルドライフ・サンクチュアリ
Mondulkiri Elephant & Wildlife Sanctuary
MAP P.298
住 Road No.76
☎011-666983、011-494449
URL mondulkirisanctuary.org
営 7:30～21:00 休 無休
料 日帰りエレファント・サンクチュアリツアー 55US$、1泊2日トレッキングツアー 85US$ など

雨季にツアー参加する場合は、雨で足元がぬかるんでいることが多いためレインコートとトレッキングシューズまたは捨ててもいい靴があるといい。

カンボジア東部に位置するモンドルキリ州。人口の80%をプノン族などの少数民族が占め、野生動物を育む豊かな自然に恵まれたモンドルキリは、エレファント・トレッキングや少数民族の村でのホームステイなど、エコツーリズムの拠点として注目を集めている。州都センモノロムは、こうしたエコツーリズムなど観光の起点となるのんびりとした小さな高原の町だ。

モンドルキリ観光のメインとなるエレファント・トレッキングツアー

見どころ Sightseeing

モンドルキリ観光のハイライト
★★★ エレファント・トレッキング
Elephant Trekking

センモノロム周辺の森林へトレッキングをしながらゾウと触れ合えるツアーで、ゾウの保護活動や少数民族の生活を支援するL.E.A.F カンボジアをはじめ複数のNGO団体が主催している。ツアーは日帰りから1泊2日がおもで、内容は各団体によって多少異なる。L.E.A.F カンボジア運営のモンドルキリ・エレファント＆ワイルドライフ・サンクチュアリの日帰りツアーの場合、プノン族の村を訪れたあと、森林の中をトレッキングし、ゾウに餌をやったり、水浴びを手伝ったりするというもので、季節や天候によっては滝でゾウと一緒に水浴びを楽しむこともできる。

トレッキングは約1時間。急勾配の道もあり、なかなかハード

ゾウに間近で接することができる

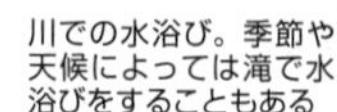

川での水浴び。季節や天候によっては滝で水浴びをすることもある

カナディア・バンク　Canadia Bank：日本円からUSドルまたはカンボジアリエルへの両替が可能。ATMもある。
MAP P.298 住 No.76, National Rd., Kandal Village ☎(073)6388807 営 8:00～15:30（土曜～11:30） 休 日曜

★★★ 迫力満点の三段滝

ブースラー滝

MAP 折表-2D、P.298 参照

ព្រះប៊ូស្រា ◆チュロッ・ブースラー

センモノロム中心部から約33km北東にある、カンボジア国内でも最大級の三段滝。滝の高さは一段目が約12m、二段目が約20m、三段目が約4mで、水量が増える雨季は迫力満点の滝を間近に望める。敷地内は公園として整備され、屋台や食堂が並ぶほか、滝を眺めながら約1時間かけて滑車で下りていくジップラインも楽しめる。

雨季は足場が悪いことがあるので滑りにくい靴でいこう

★★ 伝統家屋や文化が残るプノン族の村

プータン村

MAP 折表-2D、P.298 参照

ភូមិពូត្រាង ◆プーム・プータン

センモノロム中心部から約9km南西にあるプノン族の村。プノン族は、モンドルキリに住む少数民族のなかでも最も数が多く、狩猟や農業などを生業に現在も伝統文化を守りながら暮らしている。センモノロム周辺にはプノン族の村が複数あるが、プータン村は中心部から近くホームステイもでき、エレファント・トレッキングツアーで訪れることが多い。

草ぶきの伝統家屋が見られる

ブースラー滝
URL mondulkresort.com
開 7:30～18:30 休 無休
料 2.5US$（10歳以下または身長120cm以下は無料）
センモノロム中心部からトゥクトゥクで約1時間。

マユラ・ジップライン@ウオーターフォール
Mayura Zipline@Waterfall
☎ 011-797779、071-8880800
営 9:00～15:00 料 50US$

コーヒー・プランテーション
Coffee Plantation
MAP P.298 参照
☎ 017-506605
営 7:00～19:00 休 無休
カード 不可
コーヒー農園が運営するカフェ。コーヒー2US$～。農園で栽培しているコーヒー豆の購入もできる。0.5kg2万5000Rなど。ブースラー滝へ行く途中にある。

カフェラテとアイスカプチーノ。食事メニューもある

プータン村
センモノロム中心部から車やトゥクトゥクで約20分。村を訪れるエレファント・トレッキングツアーなどに参加するのがおすすめ。

ホテル Hotel

H ネイチャー・ロッジ Nature Lodge
エコノミーホテル

MAP P.298参照 住 Rd. MK10, Chomka Tai
☎ 012-230272、066-775500 URL naturelodgecambodia.com
料 Ⓣ Ⓦ 30～45US$ ファミリー 40～70US$
カード M V（50US$以上の支払いのみ） 全30棟 Wi-Fi

馬や牛が放牧された広大な敷地内に、バンガローが点在するエコリゾート。中心部からは少し離れるが自然を満喫したい人におすすめ。レストラン、プールあり。バーベキューやトレッキングツアーの申し込みも可能。

H アボカド G.H. Avocado G.H.
ゲストハウス

MAP P.298 住 Spen Mean Chey, Kandal Village
☎ 011-803884 E-mail avocado-guest-house@gmail.com
料 Ⓢ Ⓦ 14US$～ 3人部屋18US$～ ファミリー 27US$～
カード 不可 全10室 Wi-Fi

町の中心部に建つ人気のゲストハウス。客室は広々として明るく、掃除が行き届いている。全室TV、ホットシャワー完備でデスクも備わる。カフェ・レストランを併設。各種ツアーやバスの手配が可能。

Access

モンドルキリへの行き方

バス

数社がプノンペン、シェムリアップからのバスを運行。プノンペンからはヴィリャック・ブンタム・エクスプレスが1日3便運行。10.45～15.4US$。所要6時間15分～。シェムリアップからは同社が毎日7:30発の1便運行。22US$。所要約11時間30分。

モンドルキリからの交通

バス

数社のバス会社がプノンペン、シェムリアップへのバスを運行。プノンペンへはヴィリャック・ブンタム・エクスプレスが1日5便運行。11.55～15.4US$。所要6時間15分～。シェムリアップへは同社が毎日7:30発の1便運行。22US$。所要約11時間30分。

モンドルキリのホテル：「ネイチャー・ロッジ」（→上記）のような緑に囲まれた宿泊施設が多い。多くがセンモノロム中心部から離れているが、自然の中でリフレッシュ＆心身ともにのんびりできる。

ドルフィン・ウオッチングで有名な町

クラチェ Kratie

ក្រចេះ クロチェへ

MAP 折表 -2C

クラチェの市外局番

072

クラチェの名物

もち米と豆を竹筒に入れて蒸し焼きにしたクロランと呼ばれるおこわと、クローイ・トロンと呼ばれるザボンが名産。どちらも川沿いの屋台などで売られている。

カンボジアの東部、大河メコンをまたぐように広がるクラチェ州は、面積の80%以上が森林に覆われており、豊かな自然が残る。大きな工場などはなく、人口約38万人のほとんどは農業で生活を営んでいる。クラチェ州の州都、クラチェはメコン川沿いにある小さな田舎町だ。町はのんびりとした雰囲気で、居心地がいい。こののどかな町の雰囲気と自然が多く残る景観にひかれ、外国人旅行者に静かな人気を呼んでいる。特に、クラチェ周辺には川イルカが生息し、悠々と泳ぐ姿を高確率で見られることからドルフィン・ウオッチングの穴場として注目されている。

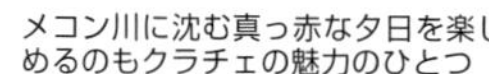
メコン川に沈む真っ赤な夕日を楽しめるのもクラチェの魅力のひとつ

Access

クラチェへの行き方

コンポンチャムから、バス、ミニバス、乗合タクシーが運行。詳しくはP.306のAccess欄参照。プノンペンからも便がある。

クラチェからの交通

バス

ヴィリャック・ブンタム・エクスプレスが各地へ運行。プノンペン（13.2$～、所要5時間～）とコンポンチャム（11US$、所要2時間30分～）行きは9:00、16:45、23:55発の3便。ラタナキリ行き（8.8US$、所要約5時間）は13:00発の1便。

ミニバス、乗合タクシー

ミニバス、乗合タクシー乗り場（MAP P.300-1B）からプノンペン、コンポンチャム行きなどが頻発している。プノンペン行きはミニバス7US$～、乗合タクシー45US$～、所要約4時間。コンポンチャム行きはミニバス2万R～、乗合タクシーは35US$～、所要約2時間。

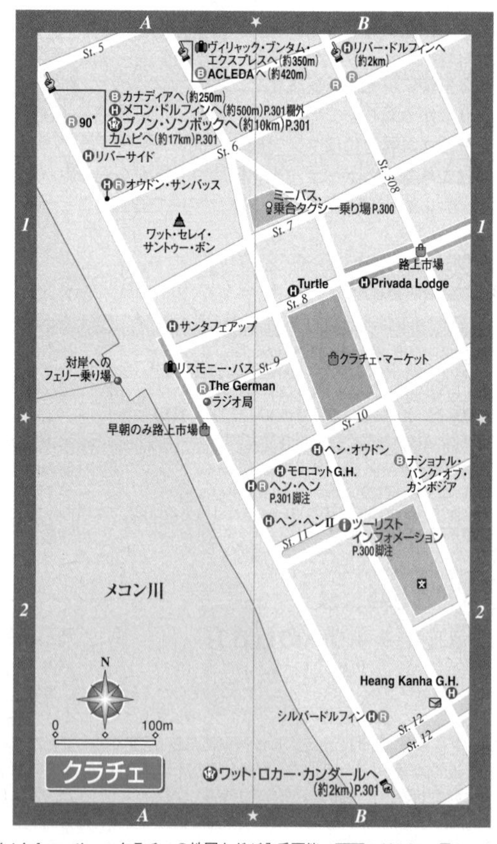

ツーリストインフォメーション　Tourist Information：クラチェの地図などが入手可能。MAP P.300-2B　住St. 11
☎085-904904、012-647702　開7:00～11:00、14:00～17:00　休土・日曜

見どころ Sightseeing

木造の透かし彫りが美しい寺院　MAP P.300-2B 参照

★★ ワット・ロカー・カンダール

វត្តរការកណ្ដាល ◆ ウォアット・ロカー・コンダール

本堂の破風（はふ）には木造の透かし彫りが見られる

市内から南へ約2kmの所にある、約200年前に建てられた小さな寺。屋根には珍しい木造透かし彫りの仏陀が見られ、本堂内部の柱には美しいナーガ（蛇神）が描かれている。本堂は閉められていることが多いが、本堂の扉に張られている電話番号に電話すると管理人が来て解錠してくれる。

ワット・ロカー・カンダール
料 無料（管理人に解錠してもらった場合は少額の喜捨を）
町なかからトゥクトゥクかバイクタクシーで所要約10分。

クラチェのホテル
メコン・ドルフィン
Mekong Dolphin
MAP P.300-1A 参照
住 Soramarith St.
☎(072) 6666666、6699999、085-952626
URL www.mekongdolphinhotel.com
料 Ⓢ Ⓣ Ⓦ 25、30US$
カード 不可　全69室
メコン川沿いに建つ白亜のホテル。

ドルフィン・ウオッチング

イルカは小さな町の救世主

カムピの淡水イルカ

数十年前はクラチェ周辺に数百頭、カンボジア全土では数千頭ものイルカが生息していた。ところが内戦中、兵士がいたずら半分に射撃の的にしたため、その数は激減。1990年代後半に、日本のNGOが保護に立ち上がり、クラチェ州もクラチェ周辺を保護区に指定し、現在では約100頭以上が確認されるまでに回復したという。

今ではイルカを見るために多くの旅行者が訪れるようになり、船料金の統一、ライフジャケット着用義務などの安全対策もなされ、本格的に旅行者誘致を行っている。

イルカ・ワンポイント情報

メコン川に生息する淡水イルカはイラワジイルカと呼ばれる種類で、体長は最大で約3mまで成長し、頭が丸く、一般に知られている口が細長いものとは種類が違う。生息場所は、クラチェからさらに17kmほど川沿いに北上したカムピ（Kampi　MAP 折表-2C、P.300-1A 参照）と呼ばれる小さな村の周辺、さらに北上したサムボール（Sambour）、コーフダウ（Koh Phdau）などの近くにかぎられている。通常、クラチェでのドルフィン・ウオッチングはカムピでのものを指す。ほかの種類と同様に数頭から十数頭の群れで生息している。季節によってその場所は2～3ヵ所に分散しており、季節による場所さえ間違えなければ、ほぼ100%の確率で見られる。

クラチェからカムピへの道中、約10kmの所にプノン・ソンボック（MAP P.300-1A 参照）と呼ばれる小高い山がある。その昔ここでは金が採掘され、多くの金掘り人や金細工職人が住んでいた。現在はその面影はなく、頂上にはワット・プノン・ソンボックと呼ばれる寺があるのみだが、静かな山寺でなかなか趣がある。

●アクセス

クラチェからカムピへはトゥクトゥク（往復10US$～）利用が便利。

●料金

カムピからドルフィン・ウオッチングの船は約10人乗りのエンジンボートで、ふたりまではひとり10US$、3人以上の場合はひとり8US$。所要1時間。
☎097-9288688、088-7847330

メコン川の伝説

昔々、メコン川沿いの小さな村に貧しい女性が暮らしていた。彼女は暮らしが豊かになるようにと、毎日、神様にお祈りをしていた。するとある日、神様が夢枕に立ち「私は前世であなたの夫だった」と告げた。翌朝、目を覚ますと大蛇が彼女の横に寝ていた。彼女は夢のお告げどおり大蛇を夫とし、ともに暮らし始め、いつしか生活も豊かになった。その姿を見ていた近所の強欲な夫婦は、自分たちもと考え、森で大蛇をつかまえ自分たちの娘と生活をさせた。しかし大蛇は娘を飲み込んでしまった。両親は慌てて大蛇の腹を裂いて娘を助けたが、娘の体は大蛇の胃液でヌルヌルとしたまま。いくら洗ってもそのヌメリは取れず、悩んだ娘はメコン川に身投げをし、イルカになったとの伝説が残っている。また川に飛び込んだ際、たらいに頭をぶつけてしまい、そのためメコン川のイルカは頭が丸くなったともいわれている。

ヘン・ヘン　Heng Heng：町では有名なレストラン。メニューは炒め物が多くリーズナブル。英語メニューあり。
MAP P.300-2A　住 St.10　☎081-867079

経済特区としても注目を集める国境の町

ポイペト

Poipet

ប៉ោយប៉ែត | パオイ・パエト

MAP 折表 -1A

ポイペトの市外局番

054

ポイペトでの両替

国境付近の商店で、カンボジアリエル、タイバーツ、USドルの相互両替が可能。

タイバーツが流通

ポイペトでは一般に、商店、ホテル、レストラン、交通機関などすべてで、料金はタイバーツ（B）で表示されている。もちろんカンボジアリエルやUSドルも流通している。

参考レート

1US$ ≒ 4116R ≒ 35B
※ 2023年5月29日現在

タイと国境を接するポイペトは、古くからタイとカンボジアを結ぶ陸上交通の中継都市として発展してきた。現在も荷物を満載した大型トラックが土煙を上げて行き来し、活気がある。一方、タイとカンボジアのイミグレーション間に広がる空白地帯にはカジノホテルが林立し、歓楽街としての一面ももつ。国境地帯特有の混沌もあり、宿泊する際は十分注意を。タイ側の町アランヤプラテートで宿泊するのもいいだろう。

アランヤプラテート側から望む、タイとカンボジアの国境ゲート

アランヤプラテート

タイの静かな田舎町にすぎないが、内戦時代にはカンボジアから数十万人の難民が避難していたことで知られる。町はバス停から南東側、鉄道駅から南側に開けている。東南アジア最大級といわれる国境のバーンクロンルック国境市場（フレンドシップ・ボーダー・マーケット）がある。

ホテル Hotel

H ハッ・フー Hak Huot　エコノミーホテル

MAP P.303-1A　住 Poipet　☎ 011-909062、088-9090759、093-909075　URL www.hakhuothotel.com
料 Ⓢ Ⓦ Ⓣ 39US$ ～　ファミリー 55US$～（朝食付き）
カード 不可　全44室　Wi-Fi

2017年オープンと比較的新しく近代的なホテル。11階建てで屋上にはスカイプールがあり、サウナやジムも完備。客室も明るく清潔で、安心して滞在できる。朝食にはビュッフェを提供。

H リーヘンチャイ・エコホテル Ly Heng Chhay Eco-Hotel　エコノミーホテル

MAP P.303-2B参照　住 National Rd.5
☎ 012-366799
料 Ⓢ Ⓣ Ⓦ 30US$ ～（朝食付き）
カード 不可　全70室　Wi-Fi

国道5号線沿いにある7階建てのホテル。老舗だがリノベーションされており、古さは感じない。客室の広さも十分で窓が大きいのもうれしい。冷蔵庫、湯沸かし器を備える。レストラン、スパあり。

H チャイスク・バンガロー Chaisuk Bangalow　エコノミーホテル

MAP P.302　住 23/1 Suvannasorn Rd., Aranyaprathet
☎ +66-37-231175　URL sites.google.com/view/chaisuk/home
料 Ⓢ Ⓣ Ⓦ 350～1350B
カード 不可　全37室　Wi-Fi

国境まで約5km、アランヤプラテートの人気バンガロー。大通りから1本路地に入るため静かな立地で周辺には飲食店も多い。全室エアコン、温水器完備で清潔。コインランドリー（洗濯のみ）あり、全室禁煙。

国境越え：タイのアランヤプラテート～カンボジアのポイペト の陸路国境越えについては P.322 を参照。

Access

ポイペトへの行き方

バス

シェムリアップ、バッタンバンなどからバス会社のミニバスが運行。詳しくは各町の Access 欄参照。

※バンコクからポイペトへの行き方は→ P.322。

乗合タクシー

シェムリアップ、バッタンバン、シソポンなどから運行。詳しくは各町の Access 欄参照。

ミニバス、ピックアップトラック

シェムリアップ、シソポン、バッタンバンなどから頻発。詳しくは各町の Access 欄参照。

ポイペトからの交通

バス

ヴィリャック・ブンタム・エクスプレス（→下記）をはじめ、複数のバス会社が各方面へバスを運行。シェムリアップ（10US$ ～、所要約 3 時間）、プノンペン（15US$ ～、所要 6 時間 15 分～ 10 時間）、バッタンバン（10US$ ～、所要 2 時間 30 分～ 3 時間 30 分）。乗り場はバス会社によって異なり、各バス会社前、市場横のバス・乗合タクシー乗り場（MAP P.303-1B）など。シェムリアップ、プノンペン行きは便数が多いが、バッタンバンなど地方都市は便数が少ない。カンボチケットなどでオンライン購入も可能。

カンボチケット　camboticket
URL www.camboticket.com

乗合タクシー

乗合タクシーも頻発。シェムリアップ（1000B ～）、プノンペン（2300B ～）、シソポン（500B ～、所要約 40 分）、バッタンバン（1000B ～）行きなど。

ミニバス、ピックアップトラック

国境ゲートから 1.5km ほど進んだあたりのミニバス、乗合タクシー、ピックアップトラック乗り場（MAP P.303-2B）からミニバスやピックアップトラックが運行。ミニバスはシェムリアップ(5US$ ～)、プノンペン（14US$ ～)、バッタンバン（4US$ ～）、シソポン（2US$ ～）行きなどがある。ピックアップトラックも非常に数は少ないが出ている。シェムリアップ（荷台 4US$ ～、車内 6US$ ～)、シソポン（荷台 2US$ ～、車内 3US$ ～)、バッタンバン（荷台 4.5US$ ～、車内 6US$ ～）行きなどが運行。

INFORMATION

バス会社

ヴィリャック・ブンタム・エクスプレス
Virak Buntham Express
MAP P.303-2A　住 Highway 3, Ou Chrov Village
☎ 010-522522（ホットライン）、098-628448
URL vireakbuntham.com
営 6:00～21:00　休 無休　カード 不可

シェムリアップ（12.1US$、22:30発のみ）、プノンペン（15.95US$～）、バッタンバン（11US$）、コンポントム（17.05US$、22:30発のみ）行きなどのバスを運行。

銀行

カナディア・バンク　Canadia Bank
MAP P.303-2B
住 Canadia Poipet Branch　☎ (054) 967107
営 8:00～15:30（土曜～11:30）　休 日曜

日本円、USドルの現金の両替が可能。マスターカード、ビザカードでのキャッシングも可能。

カンボジアン・パブリック・バンク
Cambodian Public Bank
MAP P.303-2A　住 No.5, Phum Kbal Spean
☎ (054) 967356～8　営 8:00～16:00　休 土・日曜

USドルの現金の両替、キャッシングが可能。

※上記の銀行以外にも国境付近や町なかには両替商が多数あり、USドル、タイバーツなどからの両替が可能で、銀行よりもレートがよい。したがって、クレジットカードからのキャッシング利用以外は銀行の利用価値は少ない。また、旅行会社主催のバンコク～シェムリアップのバスを利用する場合は、旅行会社のスタッフが連れていく両替商に要注意。半強制的に低いレートで両替させられるトラブルが多数報告されている。

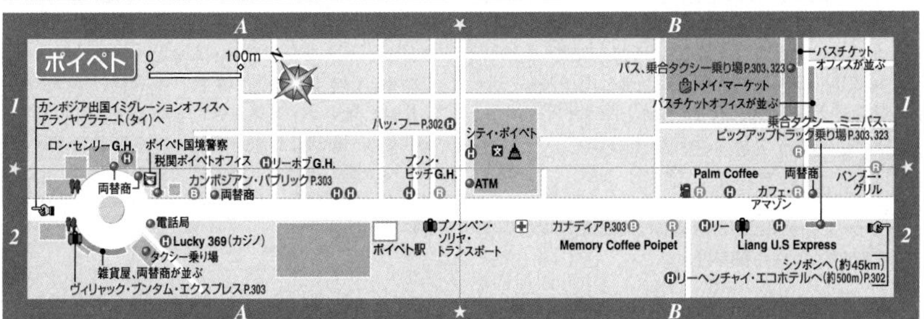

エコリゾート開発が進む海沿いの町

コッコン

Koh Kong

កោះកុង ┆ コホ・コン

MAP 折表 -3B

コッコンの市外局番

035

シハヌークビルの北西約 220km に位置するコッコンは、タイとの国境近くの町で、バンコクから陸路でカンボジアを目指す旅行者にとっては、海沿い国境越えルートでカンボジア入国する地点になっている。2002 年にコッコン大橋が開通して以来、国境からのアクセスも楽になり外国人旅行者も増えている。コッコン周辺には広大なマングローブの森や離島など、手つかずの大自然が広がっており、近年、水上テント型コテージをはじめ、リゾート&エコツーリズム開発が進んでいる。時間に余裕があれば、周辺の島巡りやタッタイ滝（Ta Tai Water Fall、町から東へ約 18km）、約 2 万 6000 ヘクタールにも及ぶ広大なマングローブの森を有するペアム・クラソップ自然公園（Peam Krasop National Park、町から南へ約 10km）への 1 日ツアーに参加してみるのもいい。

素朴な町並みに外国人旅行者向けのカフェや安宿が混在する

INFORMATION

バス会社

ヴィリャック・ブンタム・エクスプレス
Virak Buntham Express

MAP P.305-1B
住 Village 3　☎ 016-559481
営 6:00～19:00　休 無休　カード 不可

プノンペン行きは7:30、14:00発の2便運行、14.85US$、所要5時間～5時間30分。シハヌークビル行きは8:15、13:30発の2便、12.54US$、所要4時間～4時間30分。タイのバンコク行きは12:45発の1便、24.2US$、所要約6時間。

両替

エーシーリーダー・バンク（MAP P.305-1B）ではUSドルからカンボジアリエルへの両替が可能。ATMは24時間利用可能。市場の西側の両替商（MAP P.305-2A）でもUSドルの現金の両替が可能だ。またコッコンではタイバーツも流通している。

Access

コッコンへの行き方

バス

ヴィリャック・ブンタム・エクスプレス（→上記）が各方面からバスを運行。プノンペン（14.85US$、所要 5 時間 30 分～）からは 7:30、13:30 発の 2 便、シハヌークビル（16.5US$、所要 4 時間～）からは 8:15、13:30 発の 2 便運行。他社のバスもあり、カンボチケットなどでオンライン購入が可能。

カンボチケット　camboticket

URL www.camboticket.com

ミニバス、乗合タクシー

シハヌークビルから運行している。詳しくは P.274 の Access 欄参照。

コッコンからの交通

バス、ミニバス

プノンペン、シハヌークビル、シェムリアップへのバスがバスターミナル（MAP P.305-1B 参照）から午前中を中心に各 1 ～ 4 便ほど運行。また、ミニバスもプノンペン、シハヌークビル、カンポット、コンポンチャムなどへ 1 日数便出ている。いずれも一定の乗客（10 人ほど）が集まれば出発する。プノンペン（10US$）、シハヌークビル（8US$）、カンポット、コンポンチャム（10US$）。タイとの国境までは 10US$。
※国境へのバス料金は他の町行きのバスに比べて割高。

（P.305 へ続く ↗）

国境越え：タイのハートレック～カンボジアのコッコンの陸路国境越えについては、P.323 を参照。

（P.304 から ↘）

コッコンからタイのハートレック、バンコクへの行き方

コッコンから国境へはトゥクトゥク 16US$、バイクタクシー 8US$ が目安。所要 15 ～ 20 分。タイ側（ハートレック）で出国審査を終え、イミグレーションオフィスを出た所にトラート（Trat）行きミニバスが 6:00 ～ 18:00 の間に 1 時間間隔で運行している。120B、所要約 1 時間 30 分。トラートに到着したらバンコク行きバスに乗り換える。

レストラン Restaurant

アノン Anon

西洋＆アジア料理

MAP P.305-1A
住 Village 1（アジアン・コッコン・ホテル内）
☎ 095-836667、015-836667　営 6:00～23:30
休 無休　カード 不可　予約 不要

「アジアン・コッコン」（→下記）1 階にあるカフェ＆レストラン。割高だが味がよく、店内も高級感があり人気がある。メニューはハンバーガー（7.5US$）、パッタイ（4US$）、餃子などバラエティ豊か。海鮮料理（時価）もおすすめ。

ワイルドライフ・カフェ Wildlife Cafe

西洋＆アジア料理

MAP P.305-2A
住 Village 1　☎ 015-810707
営 6:00～22:00　休 無休
カード 不可　予約 不要

籐のゆったりとしたチェアが並ぶ、欧米人旅行者に人気のカフェ兼食堂。サンドイッチ、ピザ、パスタなどの西洋料理が豊富で、チャーハンやタイ料理もある。コーヒーやシェイクなどのドリンクもおいしい。予算 10US$ くらい。

ホテル Hotel

コッコン・リゾート Koh Kong Resort

中級ホテル

MAP P.305-1A 参照　住 Phum Cham Yeam, Khum Paklong, Srok Mondoul Seyma　☎ 011-555706、016-700970
URL www.kohkongresort.com　料 旧館：Ⓢ Ⓣ Ⓦ 50US$　新館：Ⓢ Ⓣ Ⓦ 83US$ ～　スイート186US$～　カード Ⓙ Ⓜ Ⓥ　全521室

タイ国境まで約 450m、徒歩約 6 分の場所に位置する老舗の大型カジノホテル。旧館と新館があり、ホテルから海が見える。レストラン、カジノ、ヤシの木に囲まれた南国感たっぷりの屋外プール、スパ、サウナなどを併設。

アジアン・コッコン Asian Koh Kong

エコノミーホテル

MAP P.305-1A　住 Village 1
☎ 015-936667、012-936667　URL www.asiankohkong.com
料 Ⓢ Ⓣ Ⓦ 20US$～　3人部屋60US$
カード 不可　全45室　Wi-Fi

コッコンの町では規模の大きな 3 階建てのリバーサイドホテル。35 ㎡と、広々とした客室は清潔で、リバービューならバルコニー付きのキングルームがおすすめ。地元でも評判のカフェ＆レストラン「アノン」（→上記）併設。

エーペックス・コッコン Apex Koh Kong

エコノミーホテル

MAP P.305-1A　住 Village 2　☎ 016-307919、089-702002
URL www.apexkohkong.com
料 ファン：Ⓢ Ⓦ 10US$～　エアコン：Ⓢ Ⓦ 15US$～　VIP Ⓢ Ⓣ 25US$～　カード 不可　全36室　Wi-Fi

客室棟に囲まれた開放感あるプールが印象的な老舗ホテル。客室は清潔で、設備も十分だ。コッコン周辺のツアー（→脚注）手配や、各地へのバスの手配、外貨両替などのサービスが好評。カフェ＆レストラン併設。

99 G.H. 99 G.H.

ゲストハウス

MAP P.305-1B　住 No.135, St.6, Village 3　☎ 060-660999
E-mail 99guesthouse@gmail.com
料 Ⓢ Ⓣ Ⓦ 8～15US$
カード 不可　全45室　Wi-Fi

ヴィリャック・ブンタム・エクスプレス（→ P.304）の近くにあり、コッコンで 1 泊し、すぐ移動する人におすすめ。一番安い 8US$ の部屋はファンのみで、やや狭いが、清潔に保たれている。全室禁煙だが喫煙所あり。

コッコン周辺のツアー：コッコン・バージン島のふたつのビーチとマングローブ林の川を巡る 1 日ツアーなどが人気。

メコン川沿いの緑豊かな町

コンポンチャム Kampong Cham

កំពង់ចាម｜コンポン・チャーム

MAP 折表 -2C

コンポンチャムの市外局番

042

コンポンチャムの名前の由来

16 世紀末にシャムの侵攻でロンヴァエク都城が陥落し、宮廷はスレイサントー（プノンペンとコンポンチャムの中間あたりのメコン左岸）に移された。その周辺には中国人やチャム人（チャム族）の商人が多く集まったことから、このエリア（現在のコンポンチャム州一帯）をコンポンチャム（コンポン＝港）すなわち「チャム人の港」と呼ぶようになったという。

ワット・ノコール

開 6:00 ～ 18:00 頃
休 無休　料 2US$

「ノコール」は都の意味。新旧の寺院が混在した不思議な空間

大河メコンが造り出す肥沃な土壌に恵まれたコンポンチャム州。人口は約 90 万人。ゴム、大豆、たばこ、綿など多くの農作物を産する豊かな地方だ。その州都コンポンチャムは、メコンのほとりに広がる緑いっぱいの美しい町。仏領時代に整備された町並みには洋風建物も目につく。また、この地方は古くから河川貿易が盛んで、朝早くから大小の木造船が行き交い、荷が次々と積み降ろされていく光景も見られる。

メコン川に架かるきずな橋

コンポンチャムはこぢんまりとした町で、人々の表情にはどこかのんびりとしたゆとりを感じる。1 ～ 2 泊のんびり過ごせば、ひと味違うカンボジアの姿が発見できるだろう。

見どころ Sightseeing

★★★ 新旧の建築様式が混ざった寺院遺跡 MAP P.307-1A 参照

ワット・ノコール

វត្តនគរ ◆ ウォアット・ノコー

町の中心部から北西へ約 3km の所にある、砂岩で造られた 12 世紀の寺院遺跡。東西南北 4 つの楼門をもつ周壁に囲まれ、中央に主祠堂、その左右に経蔵を配したクメール寺院建築の基本スタイルを採っているが、主祠堂の一部に新しいクメール寺院が合体している。まるで遺跡の中に寺が建っているように見え、さらに寺の内部にも遺跡の一部が組み込まれていて、ユニークな光景だ。

寺は約 200 年前に建てられ、後に再建された。天井や壁面、列柱にも仏陀の一生を題材にした壁画がびっしり描かれており、その繊細な美しさは感動的。周壁の外には 12 世紀に造られたバライ（貯水池）があるが、今は水がほとんどない状態だ。

Access

コンポンチャムへの行き方

バス、乗合タクシー

プノンペン、クラチェなどからバス、ミニバス、乗合タクシーが運行している。詳しくは各町の Access 欄参照。

コンポンチャムからの交通

バス

ヴィリャック・ブンタム・エクスプレスなど数社が各地へバスを運行。プノンペン行きは 8:00 ～ 19:15 の間に 5 便、7.7US$、所要約 3 時間。クラチェ行きは 9:30、17:15 発の 2 便、9.9US$、所要約 2 時間 45 分。モンドルキリ（センモノロム）行きは 10:30、17:00 発の 2 便、14.85US$、所要約 4 時間。ラタナキリ（バン・ルン）行きは 10:30、14:30、22:30 発 の 3 便、13.2US$ ～、所要 6 時間 30 分～。

ミニバス、乗合タクシー

コンポンチャム・マーケットの北東の乗り場（MAP P.307-1B）からプノンペンやクラチェ行きが運行。プノンペン行きはミニバス 1 万 5000R ～、乗合タクシー 45US$ ～、所要約 2 時間 30 分。クラチェ行きはミニバス 2 万 R ～、乗合タクシー 35US$ ～、所要約 2 時間。

スピアン・キズナ（きずな橋、MAP P.307-2B）：コンポンチャムと対岸のトンレバットを結ぶ全長 1360m の橋で、日本の ODA 支援により建設された。

★★ 男山・女山伝説が残る　MAP 折表-2C、P.307-1A 参照

プノン・プロス、プノン・スレイ

ភ្នំប្រុស 、ភ្នំស្រី ◆ プノム・プロッホ、プノム・スレイ

精緻な彫刻に彩られたプノン・プロス

町の北西側の郊外にあるプノン・プロス（男山）とプノン・スレイ（女山）。山というよりも少し高台になっているプノン・プロスには寺が建っていて、そこからプノン・スレイとコンポンチャムの町が望める。寺は1981年に再建されたもので、内部の壁面には仏陀の一生が鮮やかな色彩で描かれている。

プノン・スレイはプノン・プロスから約2km離れた所にあり、約200段の階段が丘の上まで続いている。頂上には1958年建造の小さな寺がある。ここからは広大な大地が一望のもと。また、このふたつの山には有名な伝説が残っている（→P.308欄外）。

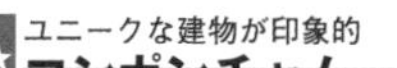

★★ ユニークな建物が印象的　MAP P.307-2B

コンポンチャム・マーケット

ផ្សារកំពង់ចាម ◆ プサー・コンポン・チャーム

プノンペンのセントラル・マーケット（→P.234）を小型にしたようなカマボコ形の建物内には、生鮮食料品、生活雑貨、衣料品、電化製品などの店がびっしりと並ぶ。町の北側のボンコック・マーケット（MAP P.307-1B）も大きくて、なかなか活気がある。

プノン・プロス、プノン・スレイ
開 日の出～日没　休 無休
料 2US$（どちらかで2US$を支払えば、同日ならもう一方は無料）

町の中心部から北西へ約7km行った所にある。車でプノンペンからコンポンチャムへ向かう途中にあるので、行きか帰りに立ち寄ることも可能。

プノン・スレイの頂上には小さな寺院や見晴らし台がある

コンポンチャム・マーケット
営 6:00～18:00頃　休 無休

周辺は町なかで最も にぎやか

コンポンチャム

国道7号線へ / 高校 / 通行禁止 / 7マカラ / ボンコック・マーケット P.307 / モニボン通り / コンポンチャム州庁舎 / 公園 / スタジアム / ワット・ノコールへ（約3km）P.306 / プノン・プロス、プノン・スレイへ（約7km）P.307 / プノンペンへ（約95km） / バレーボール・コート / プノン・プロス / ナショナル・バンク・オブ・カンボジア / 裁判所 / ナイト・マーケット P.307脚注 / カナディア / ミッタピアップ / 国道7号線 / National Rd. 7 / 夕方から屋台が並ぶ / プノンペン、クラチェ行きミニバス、乗合タクシー乗り場 P.306 / Virak Buntham Express / メイ / Daly / マリヤ / スマイル / モノロムVIP / Café Amazon / LBNアジアン P.308 / コンポンチャム・マーケット P.307 / カンボジア・アジア / ハオアン P.308 / PRASAC / Rue Pasteur / Boeng Snay / 湿地帯 / テラマート（コンビニ） / Lazy Mekong Daze / ナーガ像 / 夕方、エアロビクスダンスや夕涼みに人々が集まる / メコン川 / ユニセフ / レアップ・ビリヤックサー / KCリバー P.308 / チュップゴム農園へ（約20km）P.308 / Mort Tunle St. / スピアン・キズナ（きずな橋） P.306脚注 / バンブー・ブリッジへ（約850m）P.308 / 0 300m

ナイト・マーケット：約20軒の屋台が並び、毎夜夕涼みの地元の人でにぎわっている。どの店も少々の雨ならビニールシートをかけて営業する。MAP P.307-1B 営 17:00～24:00

バンブー・ブリッジ
料2000R

男山・女山の伝説
昔々、クメールの国では、女が男に求婚していたが、この習慣を見直すことになった。ひと晩のうちに、男女のどちらが高い山を築くことができるかで勝敗が競われ、明けの明星が現れた時点で競技は終了。女は途中で火をともした気球を上げ、それを見て男は明星と思い込んで仕事をやめたため、競技は女の勝ちとなった。以来、男が女の家へ行って求婚するようになったという。

チュップゴム農園
開7:30 ～ 17:00 頃　休 無休
料 工場見学は少額の心づけを（ゴム農園でゴムの木を見るだけなら無料）

乾季限定で架けられる竹橋　MAP P.307-2B 参照

★★ バンブー・ブリッジ
Bamboo Bridge

コンポンチャムの市街地と、その南方に位置するメコン川の中州、ペン島（Koh Pan）を結ぶ竹でできた橋。毎年、メコン川の水位が低くなる乾季に竹を組んで造られる橋で、川の水位が上昇する雨季になると、流されてしまう。橋が架かっている乾季の間は、川の水が干上がり、砂浜のようになることも。その年の気候によって若干変わるが、毎年1月に橋は約1ヵ月かけて完成する。

全長約 1km に及ぶ趣のある橋。乾季のおよそ半年間（1～5月頃）のみ訪れることができる

フランス統治時代に開かれた　MAP P.307-2B 参照

★★ チュップゴム農園
ចំការកៅស៊ូជប់ ◆ チョムカー・カウスー・チュップ

スピアン・キズナ（→ P.306 脚注）を渡ってトンレバットへ行き、さらに東に延びる国道7号線を車で約 30 分行った所に、国営のチュップゴム農園がある。もともとは、この地域特有の保水性の高い土壌（紅土層）を利用して、フランス統治時代に開かれたプランテーションで、ここで採取されたゴムはカンボジアの重要な輸出品になっている。広大な農園内には、ゴムの古樹が等間隔に植えられている。幹にキズをつけ、白い樹液を集めるという、昔ながらの方法が今も行われている。タイミングがよければ手際よく樹液を採取する光景も見られる。また、農園奥にはゴム精製工場もある。

ここで採取された樹液は工場で製品化され、日本をはじめ、各国へ輸出されている

レストラン Restaurant

R ハオアン Hao An
カンボジア＆各国料理

MAP P.307-2B
住 Provincial Rd., 222
☎092-941234　営6:00～21:00
休 無休　カード MV　予約 不要

町で最も有名で活気のある大型店。カンボジア、中国、ベトナム料理があり、麺、鶏、豚、牛、魚料理など、メニューが豊富。料理は大、中、小があり、フライドライスで1万 7000R ～。写真メニュー、エアコンルームもある。鍋料理もおいしい。

ホテル Hotel

H LBN アジアン LBN Asian
エコノミーホテル

MAP P.307-2B
住 No.11, Sihanouk St.　☎012-999942、071-3388974
URL lbnasian.com　料 Ⓢ Ⓣ Ⓦ 37US$～　スイート60US$～
カード MV　全99室　Wi-Fi

コンポンチャムの町では設備の整った川沿いの大型ホテル。フローリングの床に、ウッディな家具が置かれたクラシカルな印象の客室は、最小でも 36 ㎡と広々。レストラン、屋上のスカイバー、スパ、会議室などを完備。

H KC リバー KC River
エコノミーホテル

MAP P.307-2B　住 No.3 Village
☎097-7778989　E-mail kc_riverhotel@yahoo.com
料 Ⓢ Ⓣ Ⓦ 15～20US$
カード 不可　全84室

川沿いに建つ近代的なビル型ホテル。客室は新しく清潔で、上階にある 20US$ の部屋からはメコン川が見渡せる。

大自然が残る辺境の地

ラタナキリ（バン・ルン） Ratanakiri(Ban Lung)

ロアッタナキリー（バーンルン）

MAP 折表 -1D

プノンペンから約 590km、カンボジア北東部の深い山岳地帯に位置するラタナキリ州は、東にベトナム、北にラオスと国境を接する。約 22 万人の州人口のうち 59%をタンプーン族、クルン族、ジャライ族、ブラウ族、カチョ族などの山岳少数民族が占めている。各民族は共存し、独自の文化を保持してきたが、今はクメール人の移住や同化が進みつつある。とはいえ、長く続いた内戦により、近代文化との接触や交流が少なかったために、手つかずの自然と人々の素朴な生活が残っている。年々、欧米人観光客が増え、エコツーリズムの舞台として注目を集めている。

クルン族は喫煙の習慣がある

州都バン・ルン（Ban Lung）は市場を中心に徒歩で 10 分くらいの範囲に家並みが集まる小さな町だ。

ラタナキリの市外局番

075

※バン・ルンには場合によっては詳しい住所がない物件があります。住所の表記のない物件は地図上で確認してください。

ラタナキリとは

ラタナは宝石、キリは山を意味する。どんな“宝”に出合えるのか、ロマンをかきたてられる。

ベストシーズン

乾季の 11 ～ 3 月。雨季（5 月下旬～ 10 月下旬）は道路状況が悪く、通行不能の場所もあり、観光には適さない。

歩き方 Orientation

観光の起点となるのはバン・ルンで、周辺にある湖や滝、少数民族の村などを見て回る。さらに北部の山岳部にはビラチェイ国立公園があり、トラやサル、シカ、鳥類など野生動物の宝庫だ。これらの見どころへは、各ホテルや旅行会社がツアー、車やガイドの手配を行っている。

早朝には少数民族の人々も収穫物を売りに来る市場

B図

A図

見どころ  Sightseeing

★★★ 精霊がすむといわれる

ヤックロム湖

MAP P.309B図

បឹងយក្សឡោម ◆ ブン・ジェアク・ラオム

約4000年前の火山活動によりできたカルデラ湖。周辺にはタンプーン族の村が点在し、精霊のすむ神聖な場所とされている。周囲約2.5km、最深部は約50m、透明度も高く、早朝、夕方は神秘的なムードが漂う。休日や午後の時間帯には地元の子供たちや観光客が水遊びにやってくる。湖畔にはタンプーン族の文化や暮らしを紹介する文化環境センター（→欄外）がある。

ラタナキリで最も美しい湖

★★★ ラタナキリで一番有名な滝

チャオン滝

MAP P.309B図

ទឹកជ្រោះចាអុង ◆ トゥック・チルオホ・チャー・オン

ラタナキリの山中には数多くの滝があり、観光ポイントとなっている。最も有名なのがチャオン滝で、バン・ルン中心部の北西約8kmにある。落差25mくらいの滝で、滝つぼの裏側を通り抜けたり、上部へ登って見下ろすこともできる。ほかにカチャン滝（→欄外）、カティエン滝（Katieng Waterfall）なども見どころとなっている。

滝つぼの近くまで手すり付きの階段が組まれていて、歩きやすい

★★★ 国境の山々を見渡せるビューポイント

エイセイパタマ山

MAP P.309A図参照

ភ្នំឥសីប៉ៈតៈមៈ ◆ プノム・エイセイ・パッタマッ

バン・ルンの西側、小高い山（通称プノン・スワイ　Phnom Svai）の上に涅槃仏がある。体長は10mほど、1985年建造と記されている。ここはバン・ルンの町並みや国境の山々まで見渡せる絶好のビューポイントだ。

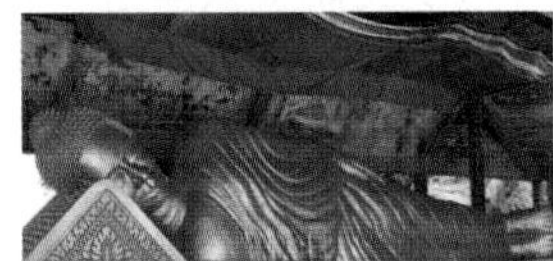
ワット・プノン・スワイにある黄金色の涅槃仏

ツーリズムオフィス
MAP P.309A図
☎012-658824
開7:30 ～ 11:30、14:00 ～ 17:00　休 土・日曜

郵便局
MAP P.309A図
☎088-8711837　営8:00 ～ 12:00、14:00 ～ 17:00
休 土・日曜
バン・ルン中心部のロータリーから東へ徒歩約5分。

両替
市場の入口付近に両替商がある。

ヤックロム湖
開8:00 ～ 18:00　休 無休
料8000R
バン・ルン中心部から南東へ約5km。バイクタクシー、車で約10分。

文化環境センター
Cultural & Environmental Centre
開8:00 ～ 17:30　休 無休
料 無料
タンプーン族の生活用具、農具、楽器、織機などを展示。

チャオン滝
開5:30 ～ 17:30
休 無休　料2000R
バン・ルン中心部からバイクタクシー、車で約25分。

カチャン滝
Kachang Waterfall
MAP P.309B図　開料 同上
バン・ルン中心部から南へ約7km、滝つぼがプール状で、特に雨季は水遊びの場。カティエン滝は、同じく中心部から南西へ約9km。

エイセイパタマ山
料 無料
バン・ルン中心部から西へ約2.5km、バイクタクシー、車で約5分。涅槃仏はワット・プノン・スワイという寺院の敷地にあるが、地元ではこの場所をエイセイパタマ山という。

Access

ラタナキリへの行き方

バス

プノンペンからはヴィリャック・ブンタム・エクスプレスが7:30、19:45、20:30発の3便運行。12.65 ～ 18.15US$、所要11時間～。コンポンチャム、クラチェからも便がある。詳細は各町のAccess参照。

ラタナキリからの交通

バス

プノンペン行きは、ヴィリャック・ブンタム・エクスプレスが7:30、12:00、19:30、20:30発の4便運行。12.65 ～ 18.15US$、所要10 ～ 11時間。

バン・ルンの足：ここ数年の間に、バン・ルンにトゥクトゥクも登場し、山道用に大型バイクを利用したトゥクトゥクも走っている。

クルン族の高床式住居がある集落　MAP P.309B図

★★ オーチュム

ភូមិអូរជុំ ◆ プーム・オー・チュム

トン・ノン・ラック村の昔ながらの高床式の住居

バン・ルンの北約10kmにある集落。このあたりはクルン族の村が多く、観光客がよく訪れるのはトン・ノン・ラック(Tong Nong Lac)という村だ。農業や狩りなどを生業とする約30戸の村だが、ここで目を引くのが高床の母屋の脇に造られた、やはり高床の小部屋。これは女の子が16～17歳になったら建造するもので、以来ここを寝室として男性と恋を語り、結婚相手を探すための部屋だという。

中国人村やラオ族の村がある　MAP P.309B図

★★ ベンサイ

ភូមិវឺនសៃ ◆ プーム・ヴーンサイ

中国人村には立派な造りの家が多い

バン・ルンの北西約40kmのサン川沿いの村。この周辺にはクルン族の村が点在するが、見どころは川の北岸にある中国人村（中国国民党の残党がつくった村）とラオ族の村、コッ・ペア(Kaoh Piek）という村にあるカチョ族の墓地。ベンサイには食堂、国立公園のレインジャーオフィスもある。

中国人村、ラオ族の村

川沿いの整備された場所に民家や商店、そして学校もある。奥行きのある木造家屋には手の込んだ細工が施され、祭壇も設けられ中国文化が色濃い。隣接するラオ族の村クランニャイは高床の家が並び、中国村との対比が興味深い。

カチョ族の墓地

山岳民族の人々はアニミズムを信仰し、森の中に墓を造る。特徴

ミステリーゾーン、ストーン・フィールド

MAP P.309B図

オーチュムの北東数kmの山中に、ポッカリと広がる円形の平坦地がある。火山活動でできた場所で、草木が生えず、石がゴロゴロ。ここは祭りが行われる場所でもある。地名はVeal Rum Plan。

市場近くの宝石店

MAP P.309A図

市場の近くにある宝石店では、ジャライ族のカゴ、タンプーン族の織物や小物などのみやげ物を販売している店がある。ジャライ族のカゴは小サイズで5US$～。

ベンサイ

バイクタクシー、乗合バス、車で約1時間30分。乗合バスはバン・ルンの市場前の乗り場から毎日9:00頃発、ベンサイ13:00頃発（1万R)。中国人村とラオ族の村、カチョ族の墓地へはベンサイでボートをチャーターして行く。ふたつの村のみなら8US$、墓地を加えると25US$。村々へは所要約10分。カチョ族の墓地へは約30km川を遡り所要約1時間。墓地には墓守がおり、5000R程度の見学料が必要。雨季は墓地までの道が冠水し、ふくらはぎあたりまで水につかることもあるので、乾季に訪れたほうがよい。

コッ・ペア村のカチョ族の家を描いた絵

INFORMATION　そのほかの見どころ

ゾウの目線でトレッキングを楽しめる

ゾウに乗れる少数民族の村

バン・ルンの中心部から南へ約9kmのカティエン滝（→P.310）の近くにあるクルン族の村ではゾウが飼われており、観光用にも活躍している。事前に予約すれば森林の中を巡ってくれる（カティエン滝まで約3時間のコースもある）。料1時間15US$。

ベトナム国境近くのジャライ族の村

バン・ルンから国道19号線を東へ約40km行った先に宝石鉱山の町、ボル・ケオ（Bor Kheo）がある。ここからさらに数km行くと、ジャライ族の村が点在している。彼らの伝統住居であるロングハウスにホームステイできる。

ツアー、車チャーターなどの料金の目安

バイクタクシー1日チャーター15US$～、半日10US$～。車チャーター1日50US$～（英語ガイド同行60US$～）。ビラチェイ国立公園への2泊3日ツアー148US$など（食事、ガイド、レインジャー、交通費を含む）。レンタバイク1日5US$、レンタサイクル1日1US$。

各ツアーやチャーターはホテルや旅行会社で申し込める。

エコツーリズムインフォメーションセンター　Eco Tourism Information Center：ビラチェイ国立公園のオフィスも兼ねており、国立公園へのトレッキングツアーの受け付けを行っている。MAP P.309A図　☎(075) 974013、0889-887977　開8:00～12:00、14:00～17:00　休土・日曜

的で規模が大きいのがこの墓地で、観光客も見学することができる。家型の建物の中にひとりずつ埋葬されており、入口には男女の木彫りの像が立てられている。

カチョ族の墓地。墓が完成すると水牛を生け贄にし、酒を飲んで踊る儀式を約1週間行う

カンボジア最大の自然保護区

MAP P.309B図

★★★ ビラチェイ国立公園

ឧទ្យានជាតិវីរៈជ័យ ◆ ウティアン・チアット・ヴィレアチェイ

ラオス、ベトナムとの国境に接するカンボジア最大の自然保護区。乾季にはサン川北側のタヴェン郡の密林地帯をトレッキングするツアーもある。ただし、原始の自然界で人の手も入っていないため、レインジャーガイドが同行し、ハンモックとマットで野宿するというハードなものだ。

ビラチェイ国立公園
料 入場料 13US$
バン・ルンの北東約70km、ベンサイからは約30km。ベンサイにレインジャーオフィスがある。ツアーは各ホテル、旅行会社、エコツーリズムインフォメーションセンター（→P.311 脚注）で申し込める。

ホテル Hotel

H モダンエスニックなロッジ風ホテル　中級ホテル

テール・ルージュ・ロッジ Terres Rouges Lodge

トロピカルガーデンにたたずむ、旧州知事邸宅を改装したホテル。客室をはじめ館内にはアンティークの調度品や家具が配置され、洗練された空間が広がる。各客室にはバルコニーと庭があり、スイートには石造りのバスタブがある。ボンカンサン湖を望むレストラン、プール、スパ、民芸品を販売するショップを完備。

フランス人経営の上品なロッジ風ホテル

MAP P.309A図　住 Boeung Kan Seng　☎012-660902
URL ratanakiri-lodge.com
料 Ⓢ Ⓦ55US$～　Ⓣ70US$～　スイート80US$～
カード A J M V　全26室　Wi-Fi

H 湖畔のブティックホテル　エコノミーホテル

ラタナキリ・ブティック Ratanakiri-Boutique

ボンカンサン湖畔に建つ雰囲気のよいブティックホテルで、レイクビューの絶景が楽しめる。仏領時代のカンボジアをテーマにした4階、明るくモダンなデザインの3階など、フロアごとに異なるデザインもおもしろい。環境にも配慮し、照明などに再生可能エネルギーを採用している。レストラン、バー、プールがある。

ウッディで落ち着いた雰囲気の客室

MAP P.309A図　住 Boeung Kan Seng　☎011-443433、070-565750　URL ratanakiri-boutiquehotel.com
料 Ⓢ Ⓣ Ⓦ20US$～　3人部屋40US$～　スイート55US$～（朝食付き）　カード A J M V　全40室　Wi-Fi

H ヤックロム・ホテル＆スパ Yeak Loam Hotel & Spa　中級ホテル

MAP P.309A図　住 No.1-167, St. 29
☎011-974975、(075)974975
料 Ⓢ Ⓣ Ⓦ79～109US$　3人部屋99US$　スイート159US$（朝食付き）　カード M V　全70室

町なかにあり好立地。部屋はきれいで落ち着きがあり、プール、レストラン、スパがある。屋上のスカイバーではお酒も楽しめる。

H ツリートップ・エコ・ロッジ Tree Top Eco-Lodge　ミニホテル

MAP P.309A図　住 78A, Krong Ban Lung
☎012-439454、012-490333　料 Ⓢ Ⓣ Ⓦ15US$
カード 不可　全17室　Wi-Fi

大自然のなかのロッジ。清潔で雰囲気もよく西洋人に人気がある。客室はファンのみ。電気ケトル完備。ツアーやバスの手配も可能。併設のレストラン＆バーでは無料 Wi-Fi 接続が可能。

H ファミリーハウス＆トレッキング Familyhouse & Trekking　ゲストハウス

MAP P.309A図参照　住 50, Krong Ban Lung　☎097-4814444
料 Ⓢ Ⓣ Ⓦバンガロー 5US$～　Ⓓ3US$～
カード 不可　全5室　Wi-Fi

中心部から少し離れた場所にある家族経営の宿で、牧歌的な景色が魅力。客室は簡素だが清潔で、バスルーム付きの部屋のほか、共用バスルームの部屋とドミトリーもある。トレッキングツアーも主催。レストランあり。

エーシーリーダー・バンク　Acleda Bank：ビザカードでのキャッシングが可能。
MAP P.309A図　☎(075)974220　営7:30～16:00（土曜～12:00）　休 日曜

Angkor Wat & Cambodia

旅の準備と技術編

旅の予算

予算の組み方

カンボジア旅行で高くつくのが遺跡などの観光費用で、アンコール遺跡は1日券でも37US$かかる。旅の予算はバックパッカー旅なら1日30US$くらい、やや高めのミニホテルや安めの中級ホテルに泊まり、レストランで食事を取る中流派なら1日150US$くらい、贅沢な旅を楽しむセレブ派なら1日300US$くらい～が目安。実際に用意するのは、1日の予算×日数×予備費1.5くらいの予算を組んでおこう。

おもな物価

ミネラルウオーターなどのおもな物価は以下のとおり。

- ミネラルウオーター（500mL）：2100R～
- 缶ビール（330mL）：2500R～
- コーヒー（屋台）：4000R～
- シャンプー（70mL）：7000R～

カンボジアの物価

カンボジアの諸物価は、日本よりも安く、おおむね日本の3分の1といったところ。物やサービスによっても異なるが輸入品は高く、都市部のレストランやカフェでの食事は日本と同等かそれ以上になることもある。また、観光地は物価高ということも知っておきたい。

宿泊費

1泊10US$～（都市部は15US$～）のゲストハウスから1泊300US$以上の高級ホテルまであり、予算に合わせた宿選びができる。しゃれたミニホテル（20US$～）も増加中 （→P.342）。

食費

価格に幅があり、シェムリアップの場合、町なかのカジュアルなレストランは1食5US$～、高級店なら30US$～。地元の人が日常的に利用するような庶民的な店なら1食2US$くらい～。プノンペンのレストランはシェムリアップよりも高い店が多い。

交通費

市内交通は意外に高く、旅行者の利用頻度が高いトゥクトゥクは短距離でも1US$～。都市間交通ではバスが便利で安く、シェムリアップ～プノンペン間なら13US$～。

INFORMATION　現地情報サイトから最新情報を

旅行会社から個人制作のホームページまで、カンボジアの旅の情報はウェブサイトで入手できる。コロナ禍以前は、在住者向け日本語フリーペーパーも数誌発行されていたが、現在はウェブサイトでの情報発信に移行している。

カンボジアへ旅立つ前に、代表的な以下の情報サイトで、現地発のホットな情報を手に入れよう。

NyoNyum　ニョニュム

現地の邦人誌では最も歴史のある日本語生活情報誌で、2023年10月に創刊20周年を迎えるタイミングでウェブサイトからの情報発信へ移行予定。シェムリアップの今や、現地の人に聞くリゾート情報、カンボジアの調味料プラホックに焦点を当てた特集など、生活・文化・観光など幅広いカンボジアの情報を扱っている。インタビュー記事もカンボジアの側面が垣間見ることができ、おもしろい。2ヵ月に1回の発行。

URL nyonyum.net/ja

Krorma MAGAZINE　クロマーマガジン

日系の旅行会社が運営する日本語情報サイト。以前は3ヵ月に1回フリーペーパーとして発行されていたが、現在はウェブサイトからの発信のみ。カンボジア国内のイベントやニュースのほか、カンボジアのリゾート、ストリートフードなどを特集した過去記事も豊富。「遺跡観光」のページもあり、アンコール・ワット、アンコール・トムのほか、シェムリアップ近郊の遺跡からロリュオス遺跡群など、見るべき遺跡がコンパクトにまとめられている。

URL krorma.com

ポステ　Poste

現地のニュース、プノンペンの生活情報をおもに発信する日本語サイト。特にニュースは平日毎日更新され、カンボジアの最新情報を入手できる。

URL poste-kh.com

旅のシーズンと持ち物

旅のシーズン

ベストシーズンは11～1月

熱帯モンスーン気候に属するカンボジアは、大きく雨季と乾季の2シーズンに分けられる（自然と気候についての詳細は→P.354）。ベストシーズンは、11～5月中旬の乾季のなかでも、涼季とされる11～1月。この時期は北東からの季節風が吹き、気温も少し下がり、比較的過ごしやすい。同じ乾季でも2～5月中旬は、雨はほとんど降らないものの、特に雨季前の3～5月は強烈に蒸し暑い日が続くので、遺跡巡りには厳しい。

5月下旬～10月の雨季は気温が少し下がるが、雨量が多く遺跡巡りには向かない。大雨で地方への道路が分断されたり、飛行機が欠航になったりすることがある。

旅の持ち物

服装について

1年を通じて、日本の夏服で過ごせるが、日焼けや冷房対策に長袖のシャツがあるといい。ただし11～2月は涼しく感じられる日もあり、夜はトレーナーや厚手のニットなどの冬服が必要なこともある。

また、寺院を訪れる際は肌を露出しない服装がマナーで、厳しい服装制限が設けられている遺跡や観光地もあるので注意したい。

日用品は現地で調達可能

シャンプーや歯ブラシ、ティッシュなど、たいていの日用品は現地のスーパーマーケットや商店などで手に入る。都市部なら24時間オープンのコンビニもあり、コンビニでも日用品を販売している。基本の持ち物は以下のチェックリストを活用しよう。

基本の持ち物チェックリスト

貴重品
- □ パスポート
- □ ビザ
- □ 航空券（eチケット控え）
- □ クレジットカード
- □ 現金
- □ 海外旅行保険証書

洗面用具
- □ シャンプー類
- □ 歯磨きセット
- □ 洗顔ソープ
- □ 化粧水、乳液
- □ タオル

衣類
- □ 普段着
- □ 下着、靴下
- □ 帽子
- □ サンダル

その他
- □ サングラス
- □ マスク
- □ 日焼け止め
- □ 折りたたみ傘
- □ ウエットティッシュ
- □ 虫よけスプレー
- □ 薬
- □ 電池、充電器
- □ 小型懐中電灯
- □ 筆記用具
- □ スマートフォン

海外再出発！ガイドブック更新＆最新情報サイト

最新情報は「地球の歩き方」ホームページもチェック！ ガイドブックの更新情報や、海外在住特派員の現地最新ネタ、ホテル予約など旅の準備に役立つコンテンツ満載。
URL www.arukikata.co.jp/travel-support

出発前に現地の天気をチェック

「地球の歩き方 世界の天気＆服装ナビ」では、シェムリアップとプノンペンの1週間の天気予報と、日本の主要14都市との気温差が比較できる。また、最高・最低気温に適する服装のアドバイスも掲載。

「Accu Weather」では、天気予報と、日の出＆日の入りの時間がチェックできる。

地球の歩き方 世界の天気＆服装ナビ
URL www.arukikata.co.jp/weather

Accu Weather
URL www.accuweather.com

靴は履き慣れたスニーカーがベスト

アンコール遺跡観光は歩く時間が長く、石段の上り下りも多い。カンボジア旅行には履き慣れたスニーカーで行くのがベスト。また、ちょっとした散歩やビーチへ行く場合などは、サンダルがあると重宝する。

蚊の対策はしっかり

カンボジアでは都市部でも蚊が多く、デング熱にかかることがある。虫よけスプレーを持参してこまめにつける、肌を露出させない、池や水たまりなど水辺に近づかないなど、対策をとろう。

貴重品の保管方法

大金やパスポートなどは、ホテルの客室内にあるセーフティボックスへ。もしもの時のリスクを分散させるため、貴重品は腰巻きの中、かばんの中、ポケットの中と分散して持ち歩くのもいいだろう。フロントで貴重品を預けるのはトラブルのもとになるし、施錠したスーツケース内に保管しても開けられることもあるので注意。

パスポートとビザの取得

パスポート申請に必要な書類
①一般旅券発給申請書1通
用紙は各都道府県のパスポートセンターで手に入るほか、下記よりウェブ上で必要事項を入力し、申請書PDFを作成・印刷が可能。
URL www.mofa.go.jp/mofaj/toko/passport/download/top.html
②戸籍謄本1通
6ヵ月以内に発行されたもの。本籍地の市区町村役所で発行してくれ、本人以外の代理人の受領も可。現在有効なパスポートを所持し、氏名、本籍地に変更がなければ不要。
③身元確認のための証明書
顔写真付きの身分証明書1点（運転免許証、マイナンバーカードなど。※マイナンバーカードの通知カードは不可）。または、写真が付いていない保険証や年金証書2点、うち1点は写真付き学生証、会社の身分証明書でも可能。
④顔写真1枚
サイズ縦4.5cm×横3.5cm、顔の大きさ3.4cm±0.2cm（細かく規格規定されているので注意）。6ヵ月以内に撮影されたもの。背景無地。
※住民票は住基ネット運用済みの自治体では原則不要。

パスポート問い合わせ
パスポート電話案内センター（テープ案内）
東京 ☎(03)5908-0400
大阪 ☎(06)6944-6626
外務省の旅券に関するウェブサイト
URL www.mofa.go.jp/mofaj/toko/passport/

パスポートに関する注意
国際民間航空機関（ICAO）の決定により、2015年11月25日以降は機械読取式でない旅券（パスポート）は原則使用不可となっている。日本ではすでにすべての旅券が機械読取式に置き換えられたが、機械読取式でも2014年3月19日以前に旅券の身分事項に変更のあった人は、ICチップに反映されていない。渡航先によっては国際標準外と判断される可能性もあるので注意。
外務省による関連通達
URL www.mofa.go.jp/mofaj/ca/pss/page3_001066.html

パスポート

旅の準備はパスポートの申請から

パスポートは発給日から5年／10年間有効で、どちらの期間にするか選択できる（18歳未満は5年用のみ取得可能）。有効期間内なら何度でも使える。申請は、自分の住民票がある都道府県のパスポートセンターで行う。学生などで現住所と住民票のある場所が異なる場合、現住所のパスポートセンターに相談しよう。

カンボジアへ入国する際に必要とされるパスポートの残存有効期間は、入国予定日から6ヵ月以上。期限切れギリギリのパスポートを持っている人は早めに更新を。

申請から受領までの期間と手数料

申請後7～10業務日で旅券が発給される。受領日には申請時に受け取った受理票と発給手数料（5年用1万1000円、10年用1万6000円）を持って、必ず本人が受領に行くこと。

パスポートの更新はオンライン申請も可能

2023年3月27日より、パスポートの残存有効期間が1年未満の場合や査証欄が見開き3ページ以下となった場合のパスポートの更新は、オンラインでの申請が可能になった。申請には有効期間内のパスポート、マイナンバーカード、マイナポータル利用できるスマートフォンが必要。詳細は政府広報オンラインページを確認。
URL www.gov-online.go.jp/useful/article/202301/1.html

カンボジアのビザ

カンボジア入国にはビザが必要

日本人のカンボジア入国にはビザ取得が義務づけられている。ビザは、空港や国境でアライバル（到着）ビザが取得できるほか、eビザや大使館・領事館での事前取得が可能だ。

アライバル（到着）ビザの取得

一番簡単で安く取得できるのがアライバルビザ。空港と陸路の各国境でカンボジア入国時にアライバルビザを取得できる。30日間の観光シングルビザで30US$。機内で配られる入出国カード（→P.327）に必要事項を記入して申請窓口に提出し、料金を支払うと即時発給されるが、到着便が重なれば30分～1時間かかることもある。

ビザ申請時に提出した入出国カードは、パスポートにホチキス留めされて返却されるので、出国するまで保管しておくこと。

基本的に支払いはUSドルのみだがタイからの陸路入国の場合、タイバーツでの支払いを求められることもある。また、陸路入国でのアライバル（到着）ビザ取得は、高額請求されるなどのトラブルもある（→ P.322 欄外）ため、事前に大使館・各領事館で取得するか、eビザの取得がおすすめだ。

eビザの取得

カンボジアの外務国際協力省の公式ウェブサイト（日本語コンテンツあり）からオンライン申請によるeビザ（電子ビザ）が取得できる。30日間の観光シングルビザの料金は36US$（カード決済のみ）、所要3業務日。公式ウェブサイトから、顔写真をアップロード&必要事項を入力し、カード決済（ビザカード、マスターカード）でビザ料金を支払う。メールで送られてくる電子ビザをプリントアウトし、入国時に提示する。

なお、eビザで入国できる地点はシェムリアップ国際空港、プノンペン国際空港、シハヌーク国際空港の空路3ヵ所と、コッコン、ポイペト、バベット、ストゥントレンの陸路4ヵ所の国境のみとなる。

公式サイト以外の偽サイトが多数存在し、被害も報告されているため、必ず公式サイトから申請しよう。

eビザ公式ウェブサイト

URL www.evisa.gov.kh

日本国内のカンボジア大使館&領事館で取得

ビザ発給までの所要時間や日数は大使館・各領事館によって異なり、東京の大使館は1業務日、各領事館は2業務日かかる。観光ビザと業務ビザの申請ができ、料金はシングルビザの場合、30日間の観光ビザは4600円、30日間の業務ビザは5300円（東京の大使館の料金。業務ビザは招聘状が必要）。

30日間の観光・業務シングルビザは、どちらも発給日から3ヵ月間有効で、有効期間内に入国すれば、その時点から30日間の滞在が可能。

旅行会社にビザ取得代行を依頼

料金や取得代行条件などは各社に問い合わせを。

周辺諸国でビザを取得

タイ（バンコク）、ベトナム（ハノイ、ホーチミン市）など周辺諸国でも30日間の観光シングルビザが取得できる。個人での取得が可能だが、旅行会社に取得代行を依頼してもよい。

ビザの延長

現地でのビザの延長は、観光ビザ（シングル）は30日間の延長が1回のみ、業務ビザなら最大1年間の延長が可能。申請はプノンペンの内務省入国管理局（Department of Immigration, Ministry of Interior）で行うが、個人での手続きは受け付けてくれないため、旅行会社を通すこと。ビザの延長は有効期限が1ヵ月以内になった場合のみ申請が可能で、所要は2週間程度。料金は旅行会社によって異なるが70US$～。1～2業務日で受け取れる特急も可能。なお、eビザの延長は不可。

カンボジアeビザに関する問い合わせ

eビザに関する問い合わせは本国のカンボジア王国外務国際協力省まで。メールは英語対応のみ。

カンボジア王国
外務国際協力省
E-mail info@evisa.gov.kh
E-mail 123@evisa.gov.kh
E-mail evisacambodia@evisa.gov.kh

ビザ申請に必要な物

①残存有効期間6ヵ月以上のパスポート（査証欄1ページ必要）
②顔写真1枚（大使館・各領事館は4.5cm × 3.5cm、アライバルビザは不要）
③申請用紙（→ P.318。アライバルビザは入出国カードのみ）

※申請用紙は大使館・各領事館にあるほか、大使館のウェブサイトから印刷可能。
※マルチプルビザを申請する場合、申請するビザの期間＋残存有効期間6ヵ月以上のパスポートが必要。

在東京カンボジア王国大使館

住 〒107-0052　東京都港区赤坂8-6-9　☎(03) 5412-8521
URL rec-jpn.org
開 9:00～12:00、14:00～16:00
休 土・日曜、両国祝日、お盆、年末年始

在大阪カンボジア王国名誉領事館

住 〒530-0013　大阪府大阪市北区茶屋町12-6　エスパシオン梅田ビル9階
☎(06) 6376-2305
URL www.cambodia-osaka.com
開 9:00～12:00

在名古屋カンボジア王国名誉領事館

住 〒464-0073　愛知県名古屋市千種区高見2-7-7　ユニオンビル301号
☎(052) 753-5024
URL cambodia-hc-nagoya.com　開 9:00～12:00、13:00～15:00（受領は～16:00）

在福岡カンボジア王国名誉領事館

住 〒810-0001　福岡県福岡市中央区天神1-4-1　西日本新聞会館15階　☎(092) 717-1255　URL www.fukuoka-cambodia.jp　開 9:30～12:30

大使館＆領事館でのビザ申請用紙記入例

Royal Embassy of Cambodia to Japan

KINGDOM OF CAMBODIA
NATION RELIGION KING

VISA APPLICATION FORM

Please fill the form in English (英語で記入してください)

******

※入国時に6か月以上の有効期限があるパスポートが必要です。

Surname / 姓： ①	Place of residence / 現住所： ⑯
First name / 名： ②	
Sex / 性別: □ Male / 男 ③ □ Female / 女	Mobile Phone / 携帯番号： ⑰
Date of Birth (dd/mm/yy)：生年月日(日/月/年) ④	Home Phone / 電話番号： ⑱
Place of Birth / 出生地： ⑤	Present Occupation / 職業： ⑲
Nationality / 国籍： ⑥	Place of work / 勤務先名： ⑳
Date of entry (dd/mm/yy)：入国予定日(日/月/年) ⑦ Date of exit (dd/mm/yy)：出国予定日(日/月/年) ⑧	Place of stay / 宿泊予定ホテル： ㉑
Point of entry in Cambodia：入国予定地 ⑨ Means of transportation / 交通手段： ⑩	Type of visa / ビザの種類 ㉒ Tourist / 観光: □ Single Entry / 1回限 □ 1year Multi / 1年数次 □ 2years Multi / 2年数次 □ 3years Multi / 3年数次 Business / 業務: □ Single Entry / 1回限 □ 1year Multi / 1年数次 □ 2years Multi / 2年数次 □ 3years Multi / 3年数次
Point of exit in Cambodia：出国予定地 ⑪ Means of transportation / 交通手段： ⑩	
Passport No. / 旅券番号： ⑫ Place of issue / 旅券発行地： ⑬ Date of issue (dd/mm/yy)：発行日(日/月/年) ⑭ Date of expiration (dd/mm/yy)：失効日(日/月/年) ⑮	□ Diplomatic / 外交 □ Official / 公用 □ Others / その他

For official use

I hereby declare that the information is true and correct.
上記の通り相違ありません。

Date (dd/mm/yy)：申請日(日/月/年) ㉓
Signature of applicant / 署名 ㉔

8-6-9 AKASAKA Minato-ku, Tokyo 107-0052　http://camemb.jpn.mfa.gov.kh　TEL: 03-5412-8521

※東京のカンボジア王国大使館の例。大阪、名古屋、福岡の各領事館、eビザ、他国で取得する場合、形式は変わるが、記入内容はほぼ同じ。
※アライバルビザ申請は、入出国カード（→P.327）に記入して提出する。
※すべてアルファベットで、黒または青のボールペンなどで記入すること。

① 姓
② 名
③ 性別
（男性はMale、女性はFemaleの箇所に✓をつける）
④ 生年月日（下記※を参照）
⑤ 出生地
（例：日本の東京生まれの場合はTokyo Japanと記入）
⑥ 国籍
（例：日本国籍ならJapaneseと記入）
⑦ 入国予定日
（下記※を参照）
⑧ 出国予定日
（下記※を参照）
⑨ 入国予定地
（例：シェムリアップ国際空港から入国する場合はSiem Reapと記入）
⑩ 交通手段
（飛行機、船、車などカンボジア入国、出国に利用する交通手段の便名を記入。例：ベトナム航空837便の場合はVN837と記入。船の場合はShip、バスの場合はBusと記入）
⑪ 出国予定地
（シェムリアップ国際空港から出国する場合はSiem Reapと記入）
⑫ パスポート番号
⑬ パスポート発行地
（例：東京ならTokyoと記入）
⑭ パスポートの発行日
（※を参照）
⑮ パスポートの失効日
（※を参照）
⑯ 現住所
（現住所が日本の場合は日本の住所を記入）
⑰ 携帯電話番号
⑱ 電話番号
⑲ 職業
学生：Student
会社員：Office Worker
公務員：Government Official
主婦：Housewife
サービス業：Service Job
自営業：Self Employed
無職：None
⑳ 勤務先名
㉑ 宿泊予定ホテル
（ホテル名を記入。予約がなくても必ずどこかの宿泊する予定のホテル名を記入すること。例：アンコールホテルに滞在する場合はAngkor Hotelと記入）
㉒ ビザの種類
（例：観光ビザならTourist Visa、業務ビザならBusiness）
㉓ ビザの申請日
（下記※を参照）
㉔ サイン
（必ずパスポートと同じサインを記入）

※Day（日）、Month（月）、Year（年）の順で記入。例：1975年12月26日の場合は26/12/1975　と記入。

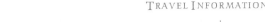

周辺国のビザ

カンボジアで取れるおもな周辺国ビザ

各国大使館と領事館（ベトナムのみ）でベトナム、タイ、ラオスなど周辺国のビザが取得できるが、上記3国は条件によってはビザ不要で入国が可能。

ベトナムの観光ビザ

入国時点で6ヵ月以上の残存有効期間を有するパスポートと、ベトナム出国用の航空券を有する日本国民に対しては、15日間以内の滞在にかぎり、ビザは不要。30日間滞在できるeビザの取得も可能。以下の公式ウェブサイトからオンライン申請、所要3業務日。25US$（カード決済のみ）。

URL https://evisa.xuatnhapcanh.gov.vn

プノンペンのベトナム大使館、バッタンバンとシハヌークビルにあるベトナム領事館でのビザ取得は所要3業務日（プノンペンの大使館は緊急対応可能）。

ビザ申請に必要な物

①残存有効期間が6ヵ月間以上あるパスポート
②顔写真1枚（縦4.5cm×横3.5cm程度）
③出国予定が証明できる航空券
④料金：各館ともに30日間観光シングルビザ25US$。

タイの観光ビザ

観光目的で、なおかつ入国時点で残存有効期間が6ヵ月間以上あるパスポートと、出国用の航空券を有する日本国民に対しては、30日間以内の滞在にかぎりビザは不要。

プノンペンのタイ大使館でのビザ取得は所要3業務日。

ビザ申請に必要な物

①残存有効期間が6ヵ月間以上あるパスポート
②顔写真1枚（縦4.5cm×横3.5cm程度）
③出国予定が証明できる航空券
④料金：60日間観光シングルビザ40US$。

ラオスの観光ビザ

入国時点で残存有効期間が6ヵ月間以上あるパスポートを有する日本国民に対しては、15日間以内の滞在にかぎりビザは不要。30日間滞在できるアライバルビザ（40US$、顔写真2枚）やeビザの取得も可能。eビザは以下の公式ウェブサイトからオンライン申請、所要3業務日。50US$（カード決済のみ）。

URL application.visalaos.com/application

プノンペンのラオス大使館でのビザ取得は所要3業務日。

ビザ申請に必要な物

①残存有効期間が6ヵ月間以上あるパスポート（査証欄余白が見開き2ページ以上必要）
②顔写真3枚（縦6cm×横4cm程度）
③料金：30日間観光シングルビザ35US$。

在プノンペン・ベトナム大使館
MAP P.269-2C
住 No.436A, Monivong Blvd.
☎ (023) 726274
開 8:00～11:30、14:00～16:30
休 土・日曜、両国の祝日

在バッタンバン・ベトナム領事館
MAP P.290-1A
住 St.3, Battambang
☎ (053) 952894
開 8:00～11:30、14:00～16:30
休 土・日曜、両国の祝日

在シハヌークビル・ベトナム領事館
MAP P.277-2B
住 No.310, Ekareach Blvd.
☎ (034) 933669
開 8:00～11:30、14:00～16:30
休 土・日曜、両国の祝日

在プノンペン・タイ大使館
MAP P.269-2D
住 No.196, Norodom Blvd.
☎ (023) 726306（自動応答）
開 8:30～12:00、13:30～16:30
※ビザ業務は9:00～10:00（申請）、14:00～15:00（受領）
休 土・日曜、両国の祝日

在プノンペン・ラオス大使館
MAP P.269-2C
住 No.15-17, Mao Tse Toung Blvd.
☎ (023) 997931
開 8:00～11:30、14:00～16:30
休 土・日曜、両国の祝日

カンボジアへのアクセス

日本からのフライト

成田～プノンペン間の直行便

全日空（NH）が成田国際空港～プノンペン国際空港間を直行便で結んでいいたが、2023年5月現在、運休。再開は未定。

おもな乗り継ぎ都市

日本から同日着可能な便があるおもな乗り継ぎ都市は以下。そのほか、シンガポールからもシェムリアップ、プノンペンともに直行便があり、便によっては同日着が可能。

タイ・バンコク経由

バンコク発はシェムリアップ、プノンペン行きともに便数があり特にプノンペン行きは多い。

シェムリアップ行き（所要約1時間10分）

◆バンコク・エアウェイズ：毎日3便（7:55、10:55、17:30発）

◆タイ・エア・アジア：毎日3便（10:10、12:55、19:30発）

プノンペン行き（所要約1時間15分）

◆タイ国際航空：毎日2便（7:35、18:35発）

◆バンコク・エアウェイズ：毎日3便（8:15、13:40、17:30発）

◆タイ・エア・アジア：毎日1便（7:45発）

◆ランメイ航空：毎日1～2便（9:25発。木・日曜は12:35発もあり）

◆スカイ・アンコール・エアラインズ：毎日1便（10:25発）

◆ベトジェットエア：毎日1便（8:45発）

◆カンボジア・エアウェイズ：毎日1～2便（月・火・土曜11:10発〈火曜は16:05発もあり〉。水・金曜11:25、16:25発。木曜16:25発）

ベトナム・ホーチミン市経由

シェムリアップ、プノンペン行きともに便数があり、シハヌークビル行きの便もある。

シェムリアップ行き（所要約1時間15分）

◆ベトナム航空とカンボジア・アンコール航空の共同運航：毎日1～2便（火～日曜13:40発、日～金曜16:15発。月曜12:00発）

◆ベトナム航空：毎日1便（16:25発）

プノンペン行き（所要約55分）

◆ベトナム航空とカンボジア・アンコール航空の共同運航：毎日4便（8:30、12:00、16:00、18:30発）

シハヌークビル行き（所要約1時間15分）

◆ベトナム航空とカンボジア・アンコール航空の共同運航：毎日1便（7:55発）

格安航空券検索＆予約サイト

スカイスキャナー
URL www.skyscanner.jp

旅行代理店や航空会社など十数社の運賃や運航スケジュールを一度に検索＆予約できるウェブサイト。

国際観光旅客税

日本からの出国には、1回につき1000円の国際観光旅客税がかかり、原則として支払いは航空券代に上乗せされる。

各航空会社のウェブサイト

アシアナ航空
URL flyasiana.com
エア・ソウル
URL flyairseoul.com
カンボジア・アンコール航空
URL www.cambodiaangkorair.com
カンボジア・エアウェイズ
URL www.cambodia-airways.com
スカイ・アンコール・エアラインズ
URL skyangkorair.com
全日空
URL www.ana.co.jp
タイ・エア・アジア
URL www.airasia.com
大韓航空
URL www.koreanair.com
タイ国際航空
URL www.thaiairways.com
バンコク・エアウェイズ
URL www.bangkokair.jp
ベトジェットエア
URL www.vietjetair.com
ベトナム航空
URL www.vietnamairlines.com
ランメイ航空
URL www.lanmeiairlines.com

ベトナム・ハノイ経由

ホーチミン市発に比べると便数は少ないがシェムリアップ、プノンペン行きともに便がある。

シェムリアップ行き（所要約1時間40分）

◆ベトナム航空とカンボジア・アンコール航空の共同運航：週4便（月・水・金・日曜18:10発）

◆ベトナム航空：毎日1便（15:30発）

プノンペン行き（所要約1時間10分）

◆ベトナム航空とカンボジア・アンコール航空の共同運航便：週5便（火・木・日曜19:45発。水曜13:50発。土曜15:05発）

◆カンボジア・アンコール航空：週4便（月・火・水曜9:30発。金曜17:30発）

韓国・ソウル経由

プノンペン行きのみ直行便がある。

プノンペン行き（所要約5時間30分）

◆アシアナ航空：毎日1便（19:30発）

◆大韓航空：毎日1便（18:40発）

◆スカイ・アンコール・エアラインズ：週4便（12:05発）

航空券の選び方

①IATA・PEX（イアタ・ペックス）の利用

国際航空運送協会（IATA）が設定した個人向け割引運賃。メリットは、正規航空券より安い、マイレージが付く割合が高い、11ヵ月前からの早期予約ができる、航空会社を往路・復路で自由に組み合わせられる、経路内でストップオーバー（旅行経由地で24時間以上滞在すること）が日程内で2回まで可能など。

デメリットは、予約後72時間以内の購入や発券後の予約変更不可などの制限があることなど。2都市以上訪れたい人には便利なチケットだ。

②格安航空券の利用

正規割引航空券であるIATA・PEXより安いことが多い格安航空券は、各旅行会社が独自設定値段で販売する個人旅行者向けの航空券。日程の変更不可などさまざまな制約があるが、旅行者の少ない時期にお得な格安航空券が出回る可能性があるので、確認してみよう。

カンボジア旅行お役立ちアプリ

カンボジア旅行で役立つこと間違いなしの厳選アプリを紹介。渡航が決まったらスマートフォンにダウンロードしておこう。

パスアップ　PassApp

トゥクトゥクや車（タクシー）の配車アプリ。現在地と目的地を入力するとアプリに登録されているドライバーが現在地まで迎えに来てくれ、料金交渉なしで目的地まで移動できる。ドライバーの評価制度もあり、トラブルが少ない。グラブ（→下記）より利用できる町が多いが支払いは現金払いのみ。使い方はP.340。

グラブ　Grab

パスアップ（→上記）と同じ配車アプリ。東南アジアで広く使われているが、カンボジアでは2023年3月現在、シェムリアップ、プノンペンなどかぎられた町のみ。クレジットカードを登録しておくと、降車時の支払いのやり取りがなく、便利。

Google 翻訳

翻訳アプリ。文字の翻訳機能はもちろん、スマホのマイクに向かって話すと翻訳される音声入力機能、文字をカメラで撮影すると読み取って翻訳してくれるレンズ機能が非常に便利。

Google マップ

Googleの地図アプリ。カンボジアの地方では更新が遅いこともあるが、トゥクトゥクなどに乗車した際に現在地をチェックできるのでダウンロードしておきたい。あらかじめ地図をダウンロードし、オフラインでも使える機能もある。

カンボチケット　camboticket

カンボジア国内のバス予約サイト。バス会社名、出発・到着時間、所要時間、料金、残席数などが一覧で表示される。各バスの乗車・降車ポイントや利用者のレビューも見られる。クレジットカード決済（ビザカード、マスターカード）可能。

陸路・水路での入国

一般的な陸路・水路の入国地点は 4 ヵ所

カンボジア政府が正式に外国人旅行者の入出国を認めている陸路・水路国境はタイとの間の 6 ヵ所、ベトナムとの間の 11 ヵ所、ラオスとの間の 1 ヵ所の計 18 ヵ所。ただし、交通機関や道路の未整備な国境越えルートが多いため、陸路・水路で入国するなら、交通機関や道路が整備された以下の 4 ヵ所がおすすめだ。

タイ国境

アランヤプラテート～ポイペトルート

タイ側国境の町アランヤプラテート（Aranyaprathet）からカンボジア側国境の町ポイペト（Poipet）へ入るルート。

アランヤプラテート国境への行き方

アランヤプラテートはバンコクの東約 240km の所にある。列車は、バンコク駅（クルンテープ駅）と、アランヤプラテートから約 20km 先の国境駅であるバーンクロンルック・ボーダー（Ban Klong Luk Border）駅とを結ぶ便があり、バンコク駅 5:55 発、バンクロンルック・ボーダー駅 11:17 着と、同 13:05 発 17:27 着の 1 日 2 便。運賃はどちらも 49B。バスは、バンコクの北バスターミナル（モーチット・マイ）から国境近くのロンクルア（Rong Kluea）市場行きが 3:30 ～ 17:30 の間に十数便運行。200B ～。東バスターミナル（エカマイ）からも 7:30、15:00 発と便数は少ないがバスが運行（250B）。アランヤプラテートで 1 泊する場合は、列車、バスともにアランヤプラテートで下車。アランヤプラテートから国境まではトゥクトゥク 100B ～、バイクタクシー 80B ～、所要約 15 分。

入国の手順

タイ側の国境で出国手続きを終えたら、徒歩で出国ゲートをくぐり 20 ～ 30m 進むと、カンボジアのイミグレーションオフィスがあり、アライバルビザ（30US$）取得予定の人は建物の 2 階へ。ただしポイペト国境でのアライバルビザ取得はトラブルが多いため（→欄外）、e ビザ取得が望ましい。イミグレーションオフィスで記入した入出国カード（→ P.327）とパスポートを一緒に提出し、指紋採取を終え、入国スタンプの押されたパスポートと出国カードが返却されたら入国審査は完了。返却された出国カードはカンボジア出国時に必要となるので、大切に保管を。

タイ国鉄
URL www.railway.co.th
タイの鉄道のスケジュール確認やオンライン予約ができる。

バンコク発カンボジア行き直通バスの予約
BusOnlineTicket.co.th
URL www.busonlineticket.co.th
カンボジア行きの直通バスの予約ができる。スケジュールや料金、空き状況なども確認できるので便利。

アランヤプラテート～ポイペトルートでの陸路入国の注意点
ポイペトの国境にあるアライバルビザの発給所は「高額を請求された」といったトラブルが非常に多い。またアランヤプラテートにはカンボジア領事館の出張所が複数あり、カンボジアビザの即日発給（所要十数分）を行っているが、こちらもかなりの高額を請求されたというトラブルが多い。そのため、このルートでの入国の場合、バンコクのカンボジア大使館で事前取得するか、e ビザ（→ P.317）の事前取得が望ましい。

ポイペトからアランヤプラテート、バンコクへの行き方
タイの入国手続きを終えると進行方向右側にあるバーンクロンルック国境市場（フレンドシップ・ボーダー・マーケット）から、タクシーでバンコクまで 1 台 1900B。バンコクへはバスも運行している。鉄道なら国境駅のバーンクロンルック・ボーダー駅 6:58 発バンコク駅 12:05 着、同 13:53 発 19:40 着の 1 日 2 便、49B。バス、列車ともにアランヤプラテートからも便がある。

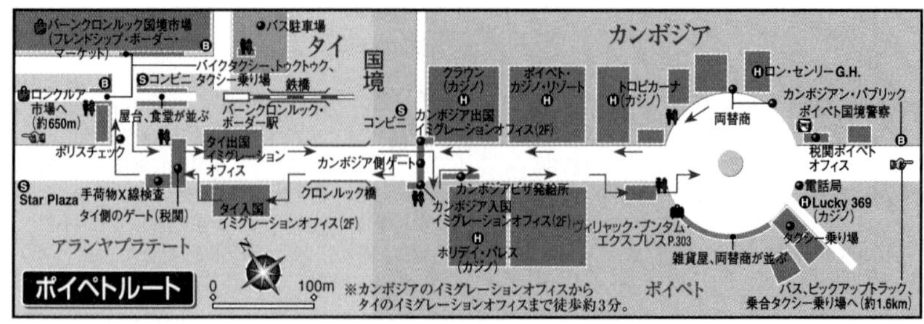

入国後、国境からの交通

国境ゲートを越え、1.5kmほど進んだ市場前（MAP P.303-1B）やその手前の大通り沿い（MAP P.303-2B）から、6:00～14:00頃の間にシェムリアップやシソポン、バッタンバン行きなどのバス、乗合タクシー、ミニバス、ピックアップトラックが頻発。

バンコク発シェムリアップ行き直通バスで入国

カンボジアのバス会社、ジャイアント・アイビス・トランスポート社が国境でバスを乗り換える必要のないバンコク発シェムリアップ行きの直通バスを運行。7:45発、16:00または17:00着。40US$。プノンペン、シハヌークビルへはシェムリアップで乗り換えが必要。バスはカオサン通り近くのオフィスから出る。

カオサン通り周辺の旅行会社数社がシェムリアップ行きのバスを運行しているが国境で車を乗り換える必要があり、トラブルが多い（→P.348）。8:00発、17:00または18:00着、1:30発、15:00頃着の2便。1200～1400B。

ハートレック～コッコンルート

タイ側国境の町ハートレック（Hat Lek）からカンボジア側国境の町コッコン（Koh Kong）へ入るルート。

ハートレック国境への行き方

ハートレックへはバンコクからバスで行けるが、途中トラート（Trat）でバスの乗り換えが必要となる。東バスターミナル（エカマイ）からトラート行きは5:00～18:30の間に12便運行、279B～。北バスターミナル（モーチット・マイ）からはミニバスが11:00～18:30の間に5便、319B。トランスポート社（999）が7:30発のバスを1便運行、288B。所要約5時間。なお、カオサン通りからのコッコン経由シハヌークビル行き直行バスは、2023年3月現在運行していない。バンコクからシハヌークビルへ行く場合は、ポイペト経由となる。

入国の手順

タイ側国境で出国手続きを終えたら、徒歩で出国ゲートを出て50～60m進むと、左側にカンボジアのアライバル（到着）ビザ発給所があるので、取得予定の人は手続きを行う。ビザ発給所の隣がカンボジアのイミグレーション

ジャイアント・アイビス・トランスポート（バンコクオフィス）
Giant ibis Transport
住 229 Phra Sumen Rd., Talad Yod, Phra Nakhon, Bangkok
☎ 062-1019333、062-1021999
URL www.giantibis.com

ハートレック～コッコンルートの正式な国境名

正式には、ハートレック側はクロン・ヤイ（Khlong Yai）・チェック・ポイント、コッコン側はチェム・イェム（Cham Yeam）・チェック・ポイントと呼ばれている。

ハートレック～コッコンルートでの陸路入国の注意点

ビザ発給所でチップなどの賄賂を請求されることがあるが、無視して問題ない。また、イミグレーションオフィスでの入国手続き前にイエローカード（予防接種証明書）の提示を求められ、持ってない場合はお金を要求されることがあるが、これも正式なものではないのでお金を払う必要はない。

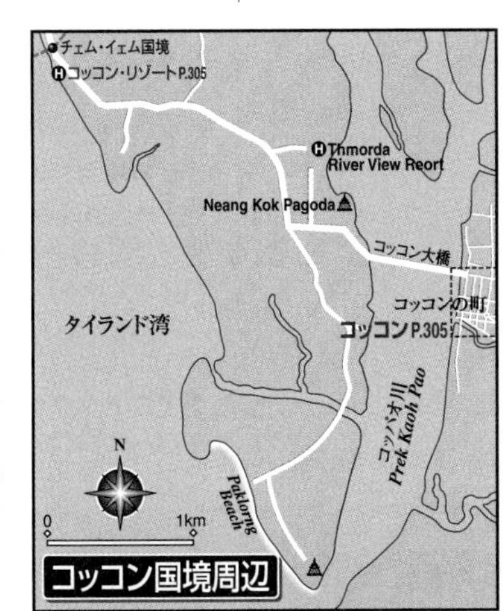

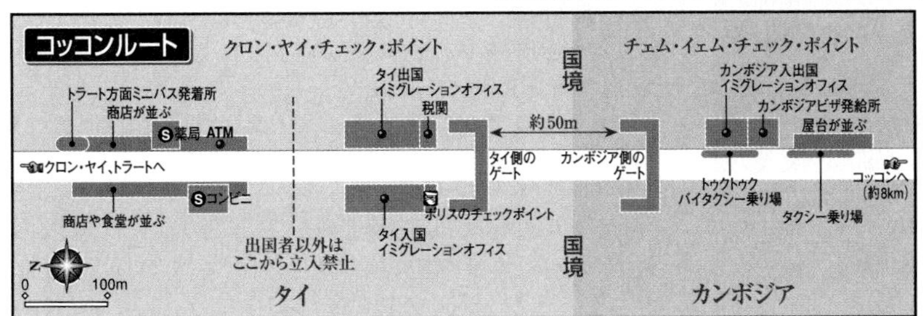

タイ～カンボジア国境の開放時間

アランヤプラテート～ポイペトルートは 7:30 ～ 22:00、ハートレック～コッコンルートは 7:00 ～ 20:00。

ベトナム～カンボジア国境の開放時間

モックバイ～バベットルートは 7:00 ～ 22:00、チャウドック～プノンペン水上ルートは 8:00 ～ 17:00。

オフィスなので入国手続きを行う。

入国後、国境からの交通

国境からコッコンの町までは、タクシーは 12US$、トゥクトゥクは 400 ～ 500B、バイクタクシーは 10US$。

ベトナム国境

モックバイ～バベットルート

ベトナム側国境の町モックバイ（Moc Bai）からカンボジア側国境の町バベット（Bavet MAP㊍表-3C）へ入るルートで、ベトナムからの陸路移動で最もポピュラー。手続きがスムーズでトラブルも少ないことから、近年人気が高まっている。

モックバイ国境への行き方

モックバイはホーチミン市の北西約 60km の所にある。ホーチミン市から国境へはタクシーの利用となるので、ホーチミン市発プノンペン行きまたはシェムリアップ行きの直通バス利用が便利だ。ホーチミン市から国境までは、所要約 2 時間。

入国の手順

ベトナム側国境で出国審査を終えたら、手荷物検査を受ける。徒歩で出国ゲートをくぐり約 100m 進むと、アライバル（到着）ビザ発給所があるので取得する予定の人は手続きを行う。カンボジアのイミグレーションオフィスで入国手続きを行う。

ホーチミン市発プノンペン行き直通バスで入国

ホーチミン市内の複数のバス会社が、国境でバスを乗り換える必要のない、ホーチミン市発プノンペン行きの直通バスを運行している。バス会社によって異なるが、ジャイアント・アイビス・トランスポート社の場合、8:00 発の 1 便、39US$。クムホ・サムコ社の場合、7:30、8:30、11:00 発の 3 便、60 万～ 72 万ドン。いずれも所要約 6 時間。シェムリアップ、シハヌークビル、カンポット行きもあるが、プノンペンでバスを乗り換える必要がある。バス会社はホーチミン市 1 区のバックパッカー街、デタム&ブイヴィエン通り近くのファングーラオ（Pham Ngu Lao）通りに集まる。

チャウドック～プノンペン水上ルート

ホーチミン市の西約 230km の所にある町、チャウドック（Chau Doc）から水路でベトナム側国境の町ヴィンスーン（Vinh Xuong）とカンボジア側の国境の町カームサムノー（Kaam Samnor）を抜けて、そのまま船でプノンペンまで北上するルート。旅行会社（チャウドック・トラベル）がチャウドック発のスピードボートツアーを運航。7:30 発、35US$、所要約 4 時間。ただし、スケジュール変更が多いので事前に要確認。

ヴィンスーン国境への行き方

チャウドックからスピードボートでバザック川を北上し、約 1 時間でベトナム側のヴィンスーン国境に到着する。

入国の手順

ベトナム側国境で出国審査を終えたら、再びボートに乗り、約 5 分でカンボジア側の国境カームサムノーへ。カンボジアのイミグレーションオフィスで、入国手続きを行う。

カンボジアとベトナムの国境に近い町、チャウドックのハウジャン（後江）。この川を進むとヴィンスーンへいたる

旅のルート

個人旅行のモデルプラン

旅程は余裕をもって組もう

カンボジアでは特に雨季は国内交通のスケジュール変更が多く、思わぬところでハプニングが生じることもある。常に時間と気持ちに余裕をもって旅行を楽しみたい。ここではカンボジア旅行のモデルプランをふたつご紹介。アンコール遺跡1日観光のモデルプランはP.18を参照しよう。

①プノンペン＆アンコール遺跡7日間

プノンペン市内とアンコール遺跡を訪れるコース。

1日目：プノンペン着（プノンペン泊）
2日目：プノンペン市内観光（プノンペン泊）
3日目：飛行機でシェムリアップへ（シェムリアップ泊）
4～6日目：アンコール遺跡観光（シェムリアップ泊）
7日目：カンボジア出国

②タイ、カンボジア、ベトナム陸路移動10日間

陸路で国境を越え、観光と旅を楽しむバックパッカー向けコース。

1日目：バンコク発、シェムリアップ行きの直行バスで、アランヤプラテートから入国し、シェムリアップへ（シェムリアップ泊）
2～4日目：シェムリアップ市内とアンコール遺跡観光（シェムリアップ泊）
5日目：飛行機かバスでシハヌークビルへ（シハヌークビル泊）
6日目：シハヌークビルの離島へ（離島泊）
7日目：シハヌークビルの離島でのんびり（離島泊）
8日目：バスでプノンペンへ（プノンペン泊）
9日目：プノンペン観光（プノンペン泊）
10日目：バスでベトナムへ

パッケージツアーを利用

効率よく観光できるツアーを選ぼう

カンボジアへのパッケージツアーは、アンコール遺跡見学をメインにした旅程が主流で、かぎられた時間で効率よく観光できるよう組まれているプランが多い。シェムリアップ2泊4日～、ホーチミン市またはハノイとシェムリアップの2都市周遊3泊5日～などが人気。シェムリアップ近郊の主要遺跡をじっくり回る4泊6日やボランティア体験ができるツアーもある。旅行期間や滞在プランによって値段は変わるが、オンシーズンでもシェムリアップのみの滞在なら10万円～、2都市周遊プランなら13万円～。

また、遺跡案内の日本語ガイドが付くツアーなら、より遺跡やカンボジア文化への理解が深まり、充実した旅行が期待できるだろう。

アンコール遺跡3日間観光コース

アンコール・パス（→P.19）3日券を購入した場合のモデルプランをご紹介。

1日目：午前中はアンコール・トム（→P.50）、午後はアンコール・ワット（→P.30）を観光後プノン・バケン（→P.66）で夕日観賞。

2日目：プリア・カン（→P.80）、ニャック・ポアン（→P.82）、クロル・コー（→P.83）、タ・ソム（→P.79）、東メボン（→P.77）を観光。午後はプレ・ループ（→P.76）、スラ・スラン（→P.74）、バンテアイ・クディ（→P.69）、タ・プローム（→P.70）、タ・ケウ（→P.68）、トマノン（→P.65）、チャウ・サイ・テボーダ（→P.65）を一気に巡る。

3日目：早朝にアンコール・ワットで朝日観賞、午後はロリュオス遺跡群（→P.86）へ。

ビザ免除でのベトナム入国

15日以内の滞在でビザ免除でベトナムに入国する場合、「前回のベトナム入国から30日以上経過していること」が条件だったが、2023年6月現在、この条件は撤廃されている。短期でベトナムとカンボジアを周遊する場合でも、ベトナムビザの取得は必要なくなった。

現地ツアーを上手に活用

個人旅行でも利用価値大なのが現地発着の各種ツアー。日本からのツアーに申し込むよりリーズナブルに、効率よく観光スポットを回ってくれるので、かぎられた滞在の場合には活用したい。シェムリアップやプノンペンには日系旅行会社があり、日本語ツアーもある。

パッケージツアー比較サイト

日本発のパッケージツアーを探すときは下記ウェブサイト利用が便利。
トラベルコ
URL www.tour.ne.jp

カンボジア入出国

入国の手順

カンボジアの空の玄関口はプノンペン国際空港とシェムリアップ・アンコール国際空港がメイン。規模は小さいがシハヌークビル国際空港からも入国できる。おもな入国手順は以下。

①入出国カード&税関申告書の記入

カンボジア入国には入出国カード（イミグレーションカード、→P.327）&税関申告書（→P.328）の記入が必要。機内で配られるので、到着までに記入を。

②ビザの取得

空港でアライバル（到着）ビザを取得する予定の人は、入国審査前に手続きを行う（詳細は→P.316）。事前にビザを取得している人は、イミグレーションカウンターへ向かう。

③入国審査

イミグレーションカウンターで、入出国カードとパスポートを提出。入国審査の際に指紋認証システムによる指紋採取が実施されている。初めてカンボジアに入国する人は、顔写真の撮影と、両手すべての指10本の指紋採取が必要だが、入国が2回目以降で以前に指紋採取済みの人は、左右どちらかの手のみ指紋採取される。なお、すでに指紋採取済みで2回目以降の入国の場合、入国時の指紋は採取されず、出国時に採取されることもある。

④荷物の受け取り

入国審査を終えたら、電光掲示板でターンテーブル番号をチェックし、機内預けにした荷物を受け取る。荷物が出てこない場合は、近くにいる係員に搭乗地でもらった手荷物引換証（クレームタグ）を見せて探してもらおう。

⑤税関

税関に申告する物がある場合は、「申告あり」カウンターで、記入した税関申告書（→P.328）を提出する。申告する物がない場合は、「申告なし」カウンターに税関申告書を提出する。

⑥空港から市内へ

シェムリアップ・アンコール国際空港の場合

税関を抜けて進んだ先に車（タクシー）のチケット売り場がある。中心部までは乗用車35US$、ミニバン40US$。空港と中心部の「CDF Duty Free Store」を結ぶエアポートバスも運行しており、空港発は9:30、10:30、12:30、15:00、16:00、18:00、20:00、22:00の1日8便、片道8US$。所要約1時間15分。

入国審査で健康チェック

新型コロナウイルス対策として、サーモグラフィーによる健康チェックが行われることがある。高熱などの症状がある場合は、強制的に病院に移送されることになるので、しっかりと体調管理を。

指紋採取の方法

初めて入国する場合

両手10本の指の指紋採取が必要。まず、右手または左手の親指以外の4本の指を機械にのせ、緑色のランプがついたら親指を機械にのせる。同様にもう片方の手も指紋採取する。

2回目以降の入国で以前に指紋採取済みの場合

左右どちらかの手の5本指のみの指紋採取が必要（採取されない場合もある）。手順は上記同様、親指以外の4本指→親指の順。

指紋採取の注意点

指にクリームを塗っている場合や、脂性の人は感知されにくいので、採取前に軽く指を拭いておこう。

入国時に税関申告が必要な物

- 1万US$相当額以上の現金またはそれに相当するもの
- 生きた動植物

持ち込み禁止・制限品

- 銃器、弾薬、爆発物、無線送受信機、違法薬物、麻薬、化学物質など

※違法薬物、麻薬は終身刑の対象となる。

持ち込み免税範囲

- 1万US$相当額以内の現金またはそれに相当するもの
- 紙巻きたばこ200本、または葉巻50本、または製造たばこ250g
- 酒2L以内

※18歳以下は上記の持ち込み不可

- 香水やその他香料350mL以内

※2023年6月現在、カンボジア入国に際し新型コロナウイルス関連の規制は撤廃されている。ただし、今後の状況により変更される可能性もあるので、必ず旅行前に確認を。

プノンペン国際空港の場合

出口を出た所にタクシーとトゥクトゥクのチケット売り場がある。市の中心部までは目的地によって料金が決まっており、タクシー12US$、15US$。トゥクトゥク 9US$、12US$、15US$。所要 20 ～ 30 分。配車サービス（→ P.340）のグラブやパスアップも使える。路線バスは、空港前の大通りにあるバス停からプノンペン・ナイト・マーケット（→ P.227）までを結ぶ 3 番バスが 5:30 ～ 20:30 の間に 10 ～ 15 分間隔で運行している。1500R、所要約 45 分。

シハヌークビル国際空港の場合

出口手前にタクシーのチケット売り場がある。中心部まで 1 台 10US$（相乗りの場合ひとり 5US$）。空港からバイクタクシーやトゥクトゥクを利用してホテルへ行くと、その後しつこくつきまとわれるため、軽々しく今後の予定などは教えないほうがいいだろう。

渡航先で最新の安全情報を確認できる「たびレジ」に登録しよう

外務省の提供する「たびレジ」に登録すれば、渡航先の安全情報メールや緊急連絡を無料で受け取ることができる。出発前にぜひ登録しよう。
たびレジ
URL www.ezairyu.mofa.go.jp/index.html

入出国カードの記入例 ※すべてアルファベットで記入すること。

សាលាកប័ត្រអន្តោប្រវេសន៍ / IMMIGRATION CARD / 移民卡
សូមបំពេញជាអក្សរធំ / PLEASE COMPLETE IN CAPITAL LETTERS / 请用大写英文字体填写

គោត្តនាម Surname / 姓氏 ①
ភេទ / Gender / 性别
ប្រុស / M / 男 ③
នាម / Given Name 名字 ②
ស្រី / F / 女
ថ្ងៃ/ខែ/ឆ្នាំកំណើត Date of Birth / 出生日期 DD / MM / YY ④
សញ្ជាតិ Nationality / 国籍 ⑤
លិខិតឆ្លងដែន/ឯកសារធ្វើដំណើរលេខ Passport Nº / 护照/旅遊證件號碼 ⑥
មធ្យោបាយធ្វើដំណើរលេខ Flight/Car/Ship/Train Nº / 航班号 ⑦
មកពី From / 来自 ⑧
ទីក្រុងចុងក្រោយ Final City / 最终目的地 ⑨
គោលបំណងធ្វើដំណើរ Purpose of Travel / 旅行目的 ⑩
រយៈពេលស្នាក់នៅ Length of Stay / 停留时间 ⑪
សូមជ្រើសប្រភេទទិដ្ឋាការបើអ្នកត្រូវស្នើសុំ / Please Choose a Visa Type if required / 如果需要・请选择签證類型 ⑫
☐ ទិដ្ឋាការទេសចរណ៍ / Tourist Visa / 旅游签证 ☐ ទិដ្ឋាការពិសេស / Special Visa (Khmer Origin Only) / 特殊签证
☐ ទិដ្ឋាការធម្មតា / Ordinary Visa / 普通签证 ☐ ទិដ្ឋាការផ្សេងៗ / Other Visa / 其他签证........................
លេខទិដ្ឋាការ(បើមាន) Visa Nº (if available) / 签证號码 (如有) ⑬
ទូរស័ព្ទ/អ៊ីម៉ែល Telephone Nº /Email / 电话号码/电邮 ⑭
អាសយដ្ឋាននៅកម្ពុជា Address in Cambodia / 柬埔寨地址 ⑮
ខ្ញុំសូមធានាអះអាងថាព័ត៌មានដែលបានបំពេញខាងលើគឺត្រឹមត្រូវពិតប្រាកដមែន ។
I declare that the information given on this card is complete and correct.
我声明・本卡中所提供信息完整且正确
សម្រាប់សមត្ថកិច្ច / FOR OFFICIAL USE / 仅官方使用
កាលបរិច្ឆេទ / Date / 日期 / DD / MM / YY ⑯
ហត្ថលេខា / Signature / 签字 ⑰

① 姓
② 名
③ 性別（男性の場合は M、女性の場合は F の箇所に✓をつける）
④ 生年月日（日、月、年の順で記入。例：1975 年 12 月 26 日の場合は 26/12/1975 と記入）
⑤ 国籍（例：日本国籍なら Japanese と記入）
⑥ パスポート番号
⑦ 到着便名（飛行機なら便名を記入。例：ベトナム航空 837 便の場合は VN837 と記入）
⑧ 出発地（カンボジア入国前に滞在していた都市名を記入。例：東京なら Tokyo、ホーチミン市なら Ho Chi Minh City と記入）
⑨ 次の目的地（出国便の行き先の都市名を記入。例：バンコクの場合は Bangkok と記入）
⑩ 入国目的（例：通常の観光の場合は Sightseeing と記入）
⑪ 滞在予定日数（例：10 日の場合は 10 days と記入）
⑫ ビザの種類（観光ビザなら Tourist Visa の箇所に✓をつける）
⑬ ビザの番号（事前取得の場合）
⑭ 電話番号かメールアドレス
⑮ カンボジアでの住所（ホテル名を記入。予約がなくても必ずどこかの宿泊する予定のホテル名を記入すること。例：カンボジアーナホテルに滞在する場合は Hotel Cambodiana と記入）
⑯ 入国日（日、月、年の順で記入。例：2024 年 1 月 14 日の場合は 14/01/2024 と記入）
⑰ サイン（必ずパスポートと同じサインを記入）

税関申告書の記入例

※すべてアルファベットで記入すること。

表

Customs Declaration
税関申告書

Please complete and submit this Declaration to a Customs Officer.
この申告書に記入し、税関職員へ提出してください

Family Name 氏	①
Given Name 名	②
Sex 性別 ③	Male 男 ☐ Female 女 ☐
Date of Birth 生年月日	④
Passport No. 旅券番号	⑤
Nationality 国籍	⑥
Occupation 職業	⑦
Flight / Vessel / Vehicle / Train No. 便名 / 船名 / 車両 / 列車	⑧
From/To 出発地／目的地	⑨
Purpose of Visit 旅行目的 ⑩	Tourism 観光 ☐ Business ビジネス ☐ Other その他 ☐
Address in Cambodia カンボジアでの住所	⑪

Please tick チェックしてください ⑫

Goods to declare 申告するものがある ☐　Nothing to declare 申告するものがない ☐

If you have any goods to declare, please list them on the reverse side.
申告するものがある場合は、裏面に記入してください。

Are you carrying foreign currency or monetary instruments worth over US$ 10,000 or its equivalent?
あなたは、一万米ドル相当額を超える外貨または通貨を持っていますか？ ⑬

Yes はい ☐　No いいえ ☐

I hereby confirm that all the statements in this declaration are true and correct.
私は、この申告書の記載した内容が正しいことを証明します。

Date 付日 ⑭ Day 日…… Month 月…… Year 年……

Signature 署名 ⑮

If you have any questions, please contact a customs officer.
ご不明な点がございましたら、税関職員にお尋ねください。

裏

Goods not to declare: Personal effects and duty-free allowances below:
申告する必要がない物：個人用物のみ、そして下の免税範囲：

Alcohol 酒類	Cigarette シガレット	Cigar シガー	Tobacco タバコ	Perfume 香水
2 liters ℓ	200 pieces 本	50 pieces 本	250 grams g	350 ml ㎖

* Passenger less than 18 years old gets allowance on perfume only.
* 18 歳未満の方は香水のみの免税は適用されます。

Goods to declare 申告の対象となる物品：

- Commercial goods e.g. electronic devices, computers etc.
  商業貨物 例：電子物品、コンピューターなど
- Prohibited/restricted goods e.g. live animals, chemical substances, firearms, explosives etc.
  禁止品／制限品：生きている動物、化学材料、銃砲、爆発物など

Warning: Carrying illicit drugs is a crime and subject to life-time imprisonment.
警告：違法薬物を運ぶことは犯罪であり、終身刑の対象にされています。

Note 注意：
Any false declaration or failure to declare shall be considered committing offence and subject to fine or penalty by laws.
申告漏れ、偽りの申告などの不正な行為がありますと、犯罪とみなされ、法律に基づき罰金または処罰されることがありますので注意してください。

(*) Goods to declare 申告の対象となる物品

No. 序号	Description of Goods 物品説明	Quantity 数量	Weight 重量	Value 価格
	⑯	⑰	⑱	⑲

Date 付日 Day 日…… Month 月…… Year 年……

Customs Officer 税関職員

---

① 姓
② 名
③ 性別
（男性は Male、女性は Female の箇所に✓をつける）
④ 生年月日（下記※を参照）
⑤ パスポート番号
⑥ 国籍
（例：日本国籍なら Japanese と記入）
⑦ 職業
学生：Student
会社員：Office Worker
公務員：Government Official
主婦：Housewife
サービス業：Service Job
自営業：Self Employed
無職：None
⑧ 到着便名（飛行機なら便名を記入 。例：ベトナム航空 837 便の場合は VN837 と記入。船の場合は Ship、車の場合は Car と記入）
⑨ どこから来てどこへ行くのか
（例：バンコクから来てカンボジアのあとにホーチミン市へ行く場合は Bangkok ／ Ho Chi Minh City と記入）
⑩ 旅行目的
⑪ カンボジアでの住所
（ホテル名を記入。予約がなくても必ずどこかの宿泊する予定のホテル名を記入すること。例：カンボジアーナホテルに滞在する場合は Hotel Cambodiana と記入）
⑫ 税関申告が必要な物を持っているか
（持っていない場合は Nothing to declare に、持っている場合は Goods to declare に✓をつけ、裏面に物品、個数、重量、価格を記入）
⑬ 1万 US$ 相当額以上の外貨を持っているか
（持っていない場合は No に、持っている場合は Yes に✓をつけ、裏面に貨幣名と金額を記入）
⑭ カンボジア入国日（下記※を参照）
⑮ サイン
（必ずパスポートと同じサインを記入）
⑯ ⑫で Goods to declare に✓をつけた場合は物品を記入
（例：キヤノンのカメラを持っている場合は Camera/Canon と記入）また⑬で Yes に✓をつけた場合は、その貨幣名を記入（例：日本円で 100 万円を持っている場合は Japanese Yen 1000000 と記入）
⑰ ⑯の個数
⑱ ⑯の重量
⑲ ⑯の価格

※日、月、年の順で記入。
例：1975 年 12 月 26 日の場合は 26/12/1975　と記入。

出国の手順

プノンペン国際空港、シェムリアップ・アンコール国際空港、シハヌークビル国際空港はすべて市内から近いが、プノンペンは渋滞に巻き込まれることが多いため余裕をもって空港へ向かいたい。おもな出国手順は以下。

①搭乗手続き

国際線の搭乗手続きは、航空会社によって異なるが出発の2～3時間前から行われる。チェックインカウンターは航空会社ごとに分かれているので、電光掲示板でこれから乗る出発便名とカウンターの番号を確認しよう。カウンターはさらにビジネスクラス、エコノミークラス、ウェブチェックイン済み搭乗客の預け荷物専用カウンターと窓口が分かれている。機内荷物を預け、搭乗券（ボーディングパス）と荷物預かり証を受け取ったら搭乗手続きは終了。

カウンター番号は電光掲示板でチェック

②出国審査

イミグレーションカウンターでパスポートと搭乗券を提出する。出国審査の際、指紋採取が行われる場合がある。出国時は、左右どちらかの手の指5本の指紋採取のみ。指紋採取の方法については→P.326欄外。

③税関と手荷物のX線検査

X線検査による手荷物チェックが行われる。通常、観光旅行の場合はそれほど厳しく行われないが、国際情勢によっては靴底やかばんの中身まで厳しく調べられる。危険物以外にも、カンボジアでは骨董品や古い仏像、陶器などは持ち出しが禁止されている。持っていることが見つかった場合は没収されることもあるが、購入店が発行した領収書を持っていると没収を免れることがあるので、購入の際は領収書をもらっておこう。

④搭乗

搭乗券に記載された搭乗ゲートへ。

日本帰国

①検疫

体調不良の場合は、入国審査前の検疫カウンターで相談を。

②入国審査

顔認証の自動化ゲート利用が便利。

③預け荷物受け取り＆税関申告

入国手続きをオンラインでできる「Visit Web Japan」で税関申告を済ませておけば、預け荷物を待つ間にも空港内に設置された電子端末で税関申告が可能。端末での税関申告を済ませたら専用のゲートを通過し、スピーディに入国できる。従来の書面での申告も可能。

Visit Web Japan
URL vjw-lp.digital.go.jp

便利なウェブチェックイン
ウェブ上でチェックインすることで空港での搭乗手続きが不要となるサービス。利用は航空会社によって異なるが出発の24時間前から2時間前あるいは1時間前まで。エア・アジアなどの各LCCでも利用可能だ。なお、ウェブチェックイン済みだとしても出国審査などで混み合うため、時間に余裕をもって空港に到着するようにしたい。

機内持ち込み制限について
刃物に該当する物、スプレー類、ガス、オイル、100mLを超える液体物（ジェル含む）は持ち込み禁止。ライターは機内預け＆機内持ち込みともに禁止されている。
国土交通省
（液体物持込制限について）
URL www.mlit.go.jp/koku/15_bf_000006.html

機内預け荷物と機内持ち込み手荷物の重量制限
各航空会社によって異なる。ベトナム航空の場合、エコノミークラスのベトナム～カンボジア間の預け荷物は23kg以内の荷物1個。1個の荷物は縦・横・高さの合計が158cm以内のもの。機内持ち込み手荷物は、ハンドバッグなど身の回り品のほか10kg以内の荷物1個までで、縦・横・高さの合計が115cm以内かつ3辺それぞれの長さ56cm×36cm×23cmのもの。

日本入国時の免税範囲
たばこ：紙巻きたばこ200本、葉巻50本、加熱式たばこ個装等10個、その他のたばこ250g
※免税数量は、それぞれの種類のたばこのみを購入した場合の数量で、複数の種類のたばこを購入した場合の免税数量ではない。「加熱式たばこ」1箱当たりの数量は、紙巻きたばこ20本に相当する。
URL www.customs.go.jp/kaigairyoko/cigarette_leaflet_j.pdf
香水：2オンス（56cc）。オーデコロン、オードトワレは含まれない。
その他：1品ごとの購入金額の合計額が1万円以下の物（例：1本5000円のネクタイ2本の場合は免税）。上記以外の合計金額20万円まで（1個で20万円を超える品物は、その1個の全額が課税される）。
税関手続き、
携帯品・別送品に関する
税関のウェブサイト
URL www.customs.go.jp

※2023年6月現在、日本入国に際し新型コロナウイルス関連の水際措置は撤廃されている。ただし、今後の状況により水際対策は随時変更される可能性もあるので、旅行前に確認しておこう。

空港ガイド

出発ロビーには、ローカルブランドのコスメやフードみやげを集めた「アメージング・カンボジア」がある

ファストフード店や日本の牛丼店が入ったフードコート「シェムリアップ・フード・ヴィレッジ」

空路で入国できる空港は 3 つ

カンボジアの空の玄関口は、シェムリアップ国際空港とプノンペン国際空港、シハヌークビル国際空港の3つ。日本からカンボジアへ入国する際にメインで使われるシェムリアップ国際空港とプノンペン国際空港を詳細マップとともに紹介しよう。

シェムリアップ

近代的なシェムリアップ国際空港の到着ホール。両替所や ATM もある

シェムリアップ国際空港は、町中心部から約 8km 北西に位置する。赤い屋根が印象的な平屋の空港でアンコール国際空港とも呼ばれている。

国内線ターミナルは、空港のゲートを背にした右側の新しい建物。空港から市内への交通に関しては、P.166 欄外、P.326 を参照。なお、2024 年 7 月現在、シェムリアップ中心部から東に約 45 ㎞の場所（MAP ㊖表 -2B）にシェムリアップ・アンコール国際空

シェムリアップ国際空港 国際線到着・出発ホール

ゲート8
ゲート7
ゲート6
ゲート5
ゲート4
ゲート3
ゲート2
ゲート1
ボディア・スパ
Amazing Cambodia
喫煙所
ATM
出発ホールへ
薬局
イス
コーヒー・クラブ
エフ・シー・シー
アーティザン・アンコール
到着
検疫
申請
受取
ビザ発給カウンター
入国審査
ターンテーブル
紛失物届け出カウンター
市内へのタクシーチケット売り場
両替
シェムリアップ・フード・ヴィレッジ
スマテリア
クレイカルト
デューティーフリーショップ
デューティーフリーショップ
チェックインカウンター
税関&X線検査
出発
出国審査
中庭
出口
Apron Cafe
イス
入口
税関
Smart
サークルK

シェムリアップ国際空港着陸前、トンレサップ湖が見えることもある

シェムリアップ国際空港 国内線到着・出発ホール

飛行機より徒歩にて
到着
ゲート2
ゲート1
喫煙コーナー
セントゥール・ダンコール
イスが並ぶ
チェックインカウンター
アーティザン・アンコール
ターンテーブル
イス
イス
出発
イス
ブルー・パンプキン
カンボジア・アジア
紛失物届け出カウンター
インフォメーション
市内へのタクシーチケット売り場
手荷物X線検査

港が開港している。それにともない、従来のシェムリアップ国際空港は閉鎖された。

プノンペン

プノンペン国際空港は、町の中心部から約7km西に位置するカンボジア最大の国際空港。2016年に新ターミナルが完成し、近代的な空港へと生まれ変わった。

国内線ターミナルも同じ建物内にあり、出発ホールは国際線出発ホールと共用。国際線でも使われている1階のチェックインカウンターで搭乗手続き後、出発ホールの左側にあるエスカレーターで2階へ上がると、搭乗ゲートがある。国内線到着ホールは、空港建物を正面に見て国際線到着ホールの左隣にある。空港から市内への交通に関しては、P.218欄外、P.327を参照。

出発ロビーには免税店や「スターバックス コーヒー」などのカフェやレストランがあるほか、誰でも利用できる有料ラウンジ「プラザ・プレミアム・ラウンジ」があり、シャワーなどが使える

到着ホールと出発ホールの中間にある「ダイニング・ギャラリー」にはファストフード店やレストランが入店

プノンペン国際空港。向かって右側が出発ホール（左）。国際線の場合、2階で出国手続きを終えると出発ロビーには免税店やカフェ、レストランなどがある（右）

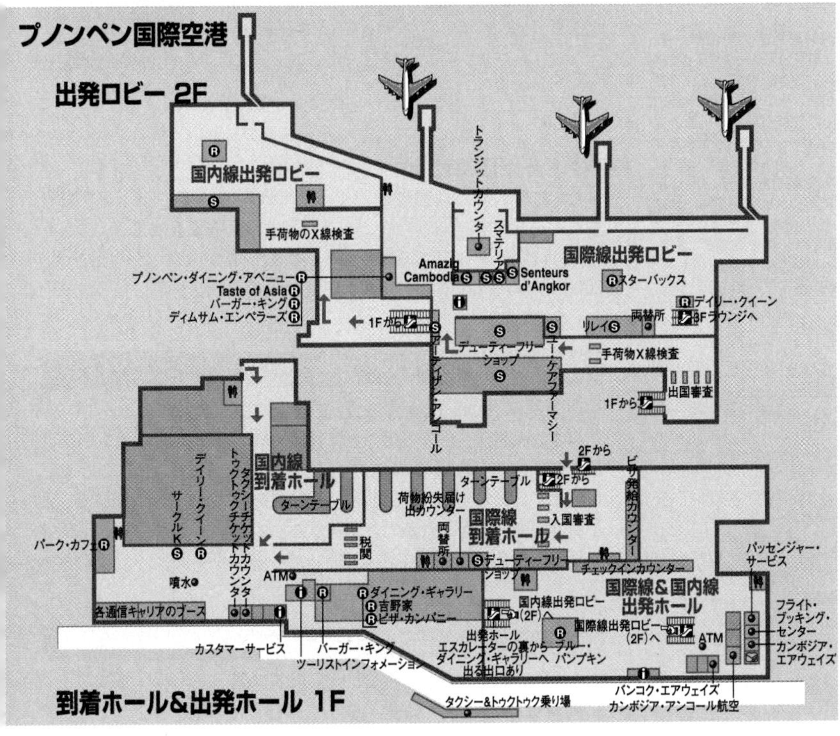

プノンペン国際空港

出発ロビー 2F

国内線出発ロビー
手荷物のX線検査
プノンペン・ダイニング・アベニュー
Taste of Asia
バーガー・キング
ディムサム・エンペラーズ
トランジットカウンター
スマテリア
Amazing Cambodia
Senteurs d'Angkor
国際線出発ロビー
スターバックス
デイリー・クイーン
3Fラウンジへ
両替所
リレイ
1Fから
デューティーフリーショップ
アーティザン・アンコール
ユー・ケア・ファーマシー
手荷物X線検査
出国審査

到着ホール&出発ホール 1F

2Fから
国内線到着ホール
ターンテーブル
デイリー・クイーン
サークルK
タクシーチケットカウンター
トゥクトゥクチケットカウンター
パーク・カフェ
噴水
ATM
各通信キャリアのブース
カスタマーサービス
バーガー・キング
ツーリストインフォメーション
荷物紛失届けカウンター
両替所
税関
国際線到着ホール
入国審査
ビザ発給カウンター
デューティーフリーショップ
チェックインカウンター
国際線&国内線出発ホール
ダイニング・ギャラリー
吉野家
ピザ・カンパニー
国内線出発ロビー（2F）へ
国際線出発ロビー（2F）へ
出発ホールエスカレーターの裏からダイニング・ギャラリーへ出る出口あり
ブルー・パンプキン
パッセンジャー・サービス
フライト・ブッキング・センター
カンボジア・エアウェイズ
バンコク・エアウェイズ
カンボジア・アンコール航空
タクシー&トゥクトゥク乗り場

通貨と両替

カンボジアの通貨

カンボジアリエル

カンボジアの通貨単位はリエル（Riel）で公式発行の紙幣は32種類。100リエル札は旧札・新札含め3種類あるなど、ほとんどの紙幣は2種類以上あるが、どの紙幣も旧札は流通していないものが多い。実際に市場に出回っているのは、100、500、1000、2000、5000、1万、1万5000、2万、3万、5万、10万リエル札（ただし近年発行された1万5000、3万リエル札はほぼ見かけない）。ほかに50、200リエル札と硬貨もあるがどれも流通していない。

100リエル

1000リエル

5000リエル

20000リエル

500リエル

2000リエル

10000リエル

50000リエル

写真にはないが新たに1万5000リエルと3万リエル札が発行されている

100000リエル

USドルが広く普及

USドル紙幣の通用度が高く、ホテルや飲食店、ショップはもちろん市場や屋台、トゥクトゥクなどの乗り物でも使える。USドル硬貨は流通しておらず、例えばおつりが0.5US$のときは、2000Rが返ってくるなどリエルが使われることが多い。

日本から持っていくお金

小額紙幣のUSドルが一番便利

日本からはUSドルをメインに持っていくと便利だ。カンボジア旅行では10US$以下の紙幣を使う機会が多いこと、また50、100US$札はホテルや高級レストラン以外では「おつりがない」と受け取りを拒否されることがあることなどから、1、5、10、20US$の紙幣を多めに用意しておくといいだろう。

両替

カンボジアでの両替

両替は、空港内や市内の銀行、ホテル、両替所などで可能。

カンボジアリエルの参考レート
1US$≒4116R
3円≒100R
※2023年5月29日現在

1US$=4000Rと覚えておこう
銀行や両替所のレートが1US$=4100Rだとしても、一般的には1US$=4000Rと換算されることが多い。例えば支払い金額が1.25US$だった場合、1USドル札と1000Rまたは5000Rを渡せばよい。ただし都市部の飲食店、みやげ店、ホテルではレート通りに換算する店も増えている。

受け取り拒否される紙幣
破れた札や汚れた札は受け取ってもらえず使えないことがあるので、両替やおつりで紙幣を受け取る際には必ず確認をしよう。特に5US$以上のUSドルは、ちょっとした汚れや破損でも受け取りを拒否されることが多いので、注意を。

海外専用プリペイドカード
外貨両替の手間や不安を解消してくれる便利なカードのひとつ。多くの通貨で日本国内での外貨両替よりレートがよく、カード作成時に審査がない。出発前にコンビニATMなどで円をチャージ（入金）し、入金した残高の範囲内で渡航先のATMで現地通貨の引き出しやショッピングができる。各種手数料が別途かかるが、使い過ぎや多額の現金を持ち歩く不安もない。おもなカードは以下。
・アプラス発行
「GAICA ガイカ」
URL www.gaica.jp
「MoneyT Global マネーティーグローバル」
URL www.aplus.co.jp/prepaidcard/moneytg
・トラベレックスジャパン発行
「Multi Currency Cash Passport マルチカレンシーキャッシュパスポート」
URL www.travelex.co.jp/product-services/multi-currency-cash-passport

都市部では円からUSドルへの両替が可能なところも多い。USドル、日本円、ベトナムドンや中国元、タイバーツからリエルへの両替もたいていOK。ただしUSドルで支払えば、おつりでリエルをもらうことは多々あるので、わざわざリエルに両替する必要はない。

再両替

カンボジアリエルから外貨への再両替はレートが悪くおすすめできない。銀行で再両替する場合は、同じ銀行のバンクレシート（両替時に発行されるレシート）が必要だったり、金額の上限が決められていたりと、銀行によって条件があるので確認を。

クレジットカード

クレジットカード使用の現状

都市部では使えるところは多いが、地方ではまだ少ない。手数料を取る、数十ドル以上の支払いのみ使用できる、などの制限がある場合も。カンボジアでの通用度はビザカード、マスターカードが最も高く、続いてJCBカードとダイナースクラブカード（ただし、シェムリアップではダイナースクラブカードはほとんど使えない）。アメリカン・エキスプレス・カードは通用しない所が多い。ICカード（ICチップ付きのクレジットカード）で支払う際は、サインではなくPIN（暗証番号）が必要だ。日本出発前に確認しておこう。

カード払いは通貨とレートに注意

カード払いをしたとき、現地通貨でなく日本円で決済されることがある。これ自体は合法だが、店側に有利な為替レートの場合があるので注意したい。サインする前に通貨と為替レートを確認すること。店側の説明なしで勝手に決済されたときは、帰国後でも発行金融機関に相談を。

クレジットカードのメリット

大きなメリットは紛失や盗難に強いこと。万一のことがあってもカード会社に連絡すれば無効にしてくれ、被害届を出しておくと一定期間遡り、補償してくれる場合がある。また、カードによっては海外旅行保険付帯やショッピングの割引、空港ラウンジが無料で利用できるなどの特典が付いているものがある。

クレジットカードのデメリットと使用上の注意点

①加盟店がまだ少なく、店によっては手数料が高い、②実際の金額よりも多く決済されるなどのトラブルやスキミング被害がある、③ATMからカードが出てこないトラブルが多い、④プノンペンではATMでのキャッシング後を狙った強盗事件が発生している、など。店やホテルでカードを使う場合は、目の前で処理してもらう、レシートはきちんと保管し、帰国後は利用代金明細書などで確認するようにしたい。また、上記③や④からATMでのキャッシングはおすすめできないが、どうしても利用する場合は、銀行内や空港内、ホテル内などにあるATMを使うようにしたい。

両替レートは一律ではない

両替レートは替える場所によってまちまち。通常、ホテル、銀行、両替所の順にレートはよくなるが、ホテルによっては両替所並みのレートのところもある。

両替時の注意点

両替した紙幣を受け取ったら、計算違いがないか必ずその場で金額を確認すること。また、破れた札や汚れた札は使えないことがある（→P.332欄外）ので、両替した札のなかに交じっていたら取り替えてもらおう。

なおプノンペンでは、両替直後を狙った強盗やひったくり事件が発生しているため、空港もしくはホテルでの両替がおすすめ。

クレジットカードを紛失したら

大至急カード発行金融機関に連絡し、無効化すること。万一の場合に備え、カード裏面の発行金融機関、緊急連絡先を控えておこう。現地警察に届け出て紛失・盗難届出証明書を発行してもらっておくと、帰国後の再発行の手続きがスムーズ。

ATMキャッシングの手数料&金利について

海外キャッシュレスサービスの設定があるクレジットカードを持っていれば空港や銀行、町なかに設置されているATMからUSドルの現金引き出しができる。手数料は4〜5US$。

日本で口座から引き落とされるのは1〜2ヵ月後で、カード会社が決めたその日のレートに規定分が上乗せされ、さらに利息がかかる。カードのキャッシングは年利18%（20日で約1%）が一般的のため、帰国後すぐにカード会社に連絡し、海外キャッシング分の一括返済の予約をすれば余分な金利を支払わずに済む。

デビットカード

使い方はクレジットカードと同じだが支払いは後払いではなく、発行金融機関の預金口座から即時引き落としが原則。口座残高以上は使えないので予算管理をしやすい。加えて、現地ATMから現地通貨を引き出すこともできる。

通信と郵便

電話はどこからかけられる?
国内電話、国際電話ともに、ホテルなどからかけられる。

携帯電話を紛失した際のカンボジアからの連絡先
連絡先は以下。全社24時間対応
au
☎（国際電話識別番号 001）+81+3+6670-6944 ※1
NTT ドコモ
☎（国際電話識別番号 001）+81+3+6832-6600 ※2
ソフトバンク
☎（国際電話識別番号 001）+81+92+687-0025 ※3
※1 auの携帯から無料、一般電話からは有料。
※2 NTTドコモの携帯から無料、一般電話からは有料。
※3 ソフトバンクの携帯から無料、一般電話からは有料。

海外でのスマートフォンやタブレットの利用やWi-Fi接続の方法
「地球の歩き方」ホームページでは、海外でのスマートフォンなどの利用方法をまとめた特集ページを公開中。
URL www.arukikata.co.jp/net

楽天モバイル&アハモの海外ローミング
楽天モバイルやアハモ(ahamo)では追加契約なしで海外ローミングができる。楽天モバイルは海外では2GBまで無料で使える。アハモは月間利用可能データ量で、15日以内であれば速度制限がかからずに使える。どちらも機種によって使えない場合があるので各ウェブサイトで確認を。
楽天モバイル
URL network.mobile.rakuten.co.jp
アハモ　ahamo
URL ahamo.com

電話

カンボジアの電話事情

以前に比べるとカンボジアの電話事情はよくなったが、いまだ良好とは言い難い。異なる通信キャリア会社間やプノンペン～シェムリアップ間といった長距離通話は、通じにくいことがある。

国内電話

市内電話のかけ方

ホテルの客室からかける場合、外線番号（ホテルによって異なるが「9」または「0」が多い）→相手の電話番号と続ける。

市外電話のかけ方

（ホテルなら外線番号）→市外局番（各町の項参照）→相手の電話番号の順。

携帯電話のかけ方

（ホテルなら外線番号）→相手の電話番号

携帯電話

携帯電話はかなり普及しており、ゲストハウスやホテル、レストラン、ショップだけでなく観光地の代表電話として使われることも多い。携帯電話番号は、頭に011、012、013、015、016、017、018、089、092、098、099が付く番号がおもで、電話番号は通信会社により6桁と7桁がある。

カンボジアで携帯電話を利用するには

通信キャリアの利用制限がかかっていないスマートフォン（SIMフリー端末）を持っていれば、現地のSIMカードを購入するのが最も手軽で安い。それ以外であれば、日本で使用している携帯電話を海外でそのまま利用する方法やモバイルWi-Fiルーターを日本の出発空港でレンタルする方法がある。通信キャリア会社によっては、定額料金で利用できるサービスもあるので、詳細は各社に問い合わせてみよう。

カンボジアのおもな通信キャリア

大手はスマート（Smart）、セルカード（Cellcard）、メットフォン（Metfone）の3社。各社ともに4GのSIMカードを販売している。シェムリアップやプノンペン以外のシハヌークビル、カンポットなどの地方の町へ行く場合は、メットフォンまたはスマートがおすすめ。上記3社以外の通信キャリアだと、都市部の中心地でもつながりにくいことがある。なお、上記3社のSIMカードでもロン島（→P.279）や、ロン・サムレム島（→P.280）では電波が通じにくい場合がある。

スマート（Smart）　URL www.smart.com.kh
セルカード（Cellcard）　URL www.cellcard.com.kh
メットフォン（Metfone）　URL www.metfone.com.kh

(例) カンボジアから東京の(03)1234-5678 へかける場合

ホテルの客室からなら外線番号(客室以外なら不要)	+	国際電話識別番号 001	+	日本の国番号 81	+	市外局番0を除く 3 ※	+	相手先の電話番号 1234-5678

※携帯電話などへかける場合も、「090」「080」などの最初の0を除く。

(例) 日本からシェムリアップの(063)123456 へかける場合

事業者識別番号 0033 (NTT コミュニケーションズ) 0061 (ソフトバンク) 携帯電話の場合は不要	+	国際電話識別番号 010 ※	+	カンボジアの国番号 855	+	市外局番0を除く 63	+	相手先の電話番号 123456

※携帯電話の場合は010のかわりに「0」を長押しして「+」を表示させると国番号からかけられる。
※ NTT ドコモ(携帯電話)は事前に WORLD CALL の登録が必要。

SIM カードの購入

シェムリアップ国際空港とプノンペン国際空港にはおもな通信キャリア会社のブースがあり、SIM カードが購入できる。データ通信のみのタイプとデータ通信+通話ができるタイプがあり、滞在期間や用途によって選べる。プノンペン国際空港のメットフォンの場合、4G の SIM で有効期間 7 日間、無制限のデータ通信+通話 SIM が 5US$ など。空港以外では、通信キャリア会社の直営店で購入でき、空港で買うより安い。SIM カードの購入にはパスポートの提示が必要。

プノンペン国際空港の到着ホテルを出たあたりにある通信会社のブースが並ぶエリア

追加チャージする場合は、市内の携帯ショップ、スーパーマーケット、コンビニエンスストアなどでプリペイドカードを購入しよう。

国際電話

カンボジアから日本へのかけ方

ホテルの客室内の電話や携帯電話から、ダイヤル直通の国際電話(IDD / International Direct Dial)がかけられる。かけ方は上記を参照。ホテルからかける場合は、相手が電話に出なくても料金がチャージされることがあるので注意。携帯電話からかける場合は、国際電話対応の SIM カードが必要。

日本からカンボジアへのかけ方

かけ方は上記を参照。カンボジアの携帯電話へかける場合は、国番号をダイヤルしたら携帯電話の最初の「0」を除いた相手の電話番号をプッシュする。

カンボジアからのコレクトコール

コレクトコールとは、着信者が通話料を払う国際電話サービスで、日本語オペレーターを通じて電話がかけられる。通話料金は通常の国際電話料金よりも高い。KDDI ジャパンダイレクトのサービスがある。
KDDI ジャパンダイレクト
☎1800-881-081

日本での国際電話の問い合わせ先

NTT コミュニケーションズ
FREE 0120-003300
URL www.ntt.com
au
☎157(au の携帯から無料)、0057
URL www.au.com
NTT ドコモ
☎151(NTT ドコモの携帯から無料)
FREE 0120-800-000
URL www.docomo.ne.jp
ソフトバンク
☎157(ソフトバンクの携帯から無料)
☎0800-919-0157(携帯)、0088-24-0018
URL www.softbank.jp

公衆電話:シェムリアップ市内にはなく、プノンペンでも年々その数が減ってきている。

はがきや封書は郵便局で投函を

カンボジアから海外へはがきや封書を送るには、町なかのポストではなく郵便局の窓口で直接、投函するのが確実だ。

運送会社による宅配便

カンボジアにはDHL（ディーエイチエル）やFedEx（フェデラル・エクスプレス）、OCS（オーバーシーズ・クーリエ）などの運送会社があり、料金は各社とも、重量、内容物などによって異なる。日本までは所要3～5日間。

日本からカンボジアへの郵便はEMSが確実

カンボジアは郵便事情がよくなく、EMS以外の郵便物は頻繁に紛失している。また日本で各戸への宅配を保証している場合でも、カンボジア側では郵便局へ受け取りに出向かなければならないことも。カンボジアへ郵便物を送る場合は、受取人の電話番号を忘れずに記載しよう。

インターネット

カンボジアのインターネット事情

Wi-Fi（無線LAN接続）が普及しており、ホテル内、カフェ、レストランでも無料でWi-Fiが使える。パスワードを設けているところがほとんどなのでスタッフにパスワードを聞いてみよう。

郵便

国際郵便（はがき、封書）

日本へは、はがきの場合、シェムリアップから3000R、プノンペンから2000R。封書はプノンペンから20gまで2700R、50gまで4800R、100gまで8200R、200gまで1万5900R。所要7～10日間。

国際宅配便（小包）

EMS（国際スピード郵便）

最高30kgまで、国際郵便のなかで最優先に取り扱う郵便システムで、各町の郵便局にEMSの窓口がある。日本へは、0.25kgまで20US$、0.5kgまで25US$、1kgまで28US$、1.5kgまで31US$。所要2～4日間。

航空便の普通小包

航空便の普通小包の場合、0.5kgまで約7.5US$、1kgまで約15US$と安いが、7～10日ほどかかる。

INFORMATION

カンボジアでスマホ、ネットを使うには

スマホ利用やインターネットアクセスをするための方法はいろいろあるが、一番手軽なのはホテルなどのネットサービス（有料または無料）、Wi-Fiスポット（インターネットアクセスポイント。無料）を活用することだろう。主要ホテルや町なかにWi-Fiスポットがあるので、宿泊ホテルでの利用可否やどこにWi-Fiスポットがあるかなどの情報を事前にネットなどで調べておくとよい。ただしWi-Fiスポットでは、通信速度が不安定だったり、繋がらない場合があったり、利用できる場所が限定されたりするというデメリットもある。そのほか契約している携帯電話会社の「パケット定額」を利用したり、現地キャリアに対応したSIMカードを使用したりと選択肢は豊富だが、ストレスなく安心してスマホやネットを使うなら、以下の方法も検討したい。

☆海外用モバイルWi-Fi ルーターをレンタル

カンボジアで利用できる「Wi-Fiルーター」をレンタルする方法がある。定額料金で利用できるもので、「グローバルWiFi（【URL】https://townwifi.com/）」など各社が提供している。Wi-Fiルーターとは、現地でもスマホやタブレット、PCなどでネットを利用するための機器のことをいい、事前に予約しておいて、空港などで受け取る。利用料金が安く、ルーター1台で複数の機器と接続できる（同行者とシェアできる）ほか、いつでもどこでも、移動しながらでも快適にネットを利用できるとして、利用者が増えている。

▼グローバルWiFi

海外旅行先のスマホ接続、ネット利用の詳しい情報は「地球の歩き方」ホームページで確認してほしい。
【URL】http://www.arukikata.co.jp/net/

国内の交通

飛行機

国内線は2路線のみ

カンボジア国内線はプノンペン～シェムリアップ間、シェムリアップ～シハヌークビル間の2路線のみ。

国内線フライト情報

プノンペン→シェムリアップ（所要約45分）
カンボジア・アンコール航空が毎日2便運航。
シェムリアップ→プノンペン（所要約45分）
カンボジア・アンコール航空が毎日2便運航。
シェムリアップ→シハヌークビル（所要約1時間）
カンボジア・アンコール航空が毎日1便運航。
シハヌークビル→シェムリアップ（所要約1時間）
カンボジア・アンコール航空が毎日1便運航。

鉄道

プノンペン起点の2路線がある

鉄道は2023年4月現在、プノンペン～シハヌークビル間の南部線とプノンペン～バッタンバン間の北部線の2路線。走行速度がゆっくりのため時間がかかるが、区間によってはバスよりも到着時間が早い。出発・到着時刻ともに遅れることが多く、突然の運休もある。列車はエアコン完備で座席はボックスタイプ。

チケットの買い方

各駅の窓口（営 だいたい8:00～17:00）で購入できる。週末や祝日以外なら当日でも購入可能。当日購入する場合は出発時刻の30分前までには駅に到着しておきたい。カンボジア国鉄のウェブサイトからも購入できるが手数料がかかる。

国内線の搭乗手続き
搭乗手続き開始は出発の1時間30分～2時間前。チェックインカウンターでeチケットとパスポートを提示し、パスポートと搭乗券を受け取ったら、搭乗ゲートへ行く。途中でX線検査があり、機内持ち込み手荷物のX線検査を受ける。そこを過ぎたらあとは待合室で案内があるまで待つ。

国内線の航空会社
カンボジア国内に定期路線をもつのは、カンボジア・アンコール航空のみ。
カンボジア・アンコール航空
URL www.cambodiaangkorair.com

ハイシーズンの航空券予約は早めに
11～3月のハイシーズンはプノンペン～シェムリアップ間は常に混むので予約は早めに。オーバーブッキングすることがあるので空港には早めに到着したい。欠航やスケジュール変更が多いので現地で必ず確認を。

カンボジア国鉄
Royal Railway Cambodia
URL royal-railway.com
上記ウェブサイトでスケジュールや料金などを確認できる。ウェブ上でチケット予約もできる。座席はウェブ上ではカテゴリーごとに分かれているが実際は自由席。

鉄道利用の注意点
時期によっては混み合うこともある。週末や祝日に利用する場合はチケットの購入は少なくとも前日までには済ませたい。

時刻表&料金表

プノンペン～シハヌークビル（南部線）（プノンペン発）

駅名	出発時刻	プノンペンからの所要時間	料金
プノンペン	7:00	－	－
タケオ	8:40	約1時間40分	6US$
ケップ	10:20	約3時間20分	8US$
カンポット	10:40	約3時間40分	9US$
シハヌークビル	12:40	約5時間40分	10US$

（シハヌークビル発）

駅名	出発時刻	シハヌークビルからの所要時間	料金
シハヌークビル	14:00	－	－
カンポット	16:00	約2時間	6US$
ケップ	16:20	約2時間20分	8US$
タケオ	17:30	約3時間30分	9US$
プノンペン	19:40	約5時間40分	10US$

プノンペン～バッタンバン（北部線）（プノンペン発）

駅名	出発時刻	プノンペンからの所要時間	料金
プノンペン	6:40	－	－
ポーサット	10:40	約4時間	7US$
バッタンバン	12:40	約6時間	8US$

（バッタンバン発）

駅名	出発時刻	バッタンバンからの所要時間	料金
バッタンバン	15:00	－	－
ポーサット	17:00	約2時間	7US$
プノンペン	21:00	約6時間	8US$

船

トンレサップ湖を経由するスピードボート

シェムリアップ～バッタンバン間をトンレサップ湖経由のスピードボートが運航している。所要約6時間だが、トンレサップ川やトンレサップ湖の水深が浅くなる乾季（11～3月）は1～2時間ほど余計に時間がかかることがある。

トンレサップ湖を経由するスピードボートは景色もよく、ちょっとしたクルーズ気分も味わえるが、ボートの老朽化、救命具やセキュリティ設備の不備など、安全面に問題があることを念頭においておこう。

シハヌークビル～離島間のスピードボート

シハヌークビル～ロン島とロン・サムレム島の離島間、ロン島～ロン・サムレム島間を数社のスピードボートが運航している。小型ボートから大型ボートまでさまざまで、当日の天候や乗客人数によってボートの種類、スケジュールや航路が変わることもしばしば。

バス

長距離大型バス

シェムリアップのキャピトル・ツアーのバスステーション

カンボジア国内の移動手段で最も発達し、使い勝手がよいのがバスだ。おもな町と町の間を数多くのバス会社が運行している。

バスはたいてい全席指定のリクライニングシートで冷房完備、おしぼりやミネラルウオーターが付く。なかにはトイレ付きバスや寝台バスもあり、車体の整備、低料金、便数の多さ、サービスなど年々よくなっている。途中でトイレ休憩や食事休憩を挟みながら目的地まで走行する。

ミニバス

大きなバス停では行き先により乗り場が分かれている

バンを利用したミニバスは、大きく分けて①長距離バス会社が運行するミニバスと、②時刻表や座席指定などはなく、座席が埋まり次第出発するローカルなミニバスの2種類がある。

①は、プノンペン～シハヌークビル間（所要約3時間30分）など、中距離の路線運行しており、サービスなどは大型バスとほぼ同じだ。ただし、プノンペン、バッタンバン、シェムリアップ、シハヌークビルなど大きな町間の運行のみ。

②は、小さな町まで運行している場合が多く、バス乗り場付近

水辺の美しい景色を求めて、ボートを選ぶ旅行者も多い

長距離大型バスのチケット購入方法と出発場所

各バス会社のチケットオフィスで購入する。行き先と料金、出発時刻が表示されているので外国人にもわかりやすい。近年はウェブサイトでチケット予約ができるバス会社も増えており、バス比較サイト（→下記）やアプリ（→P.321）からも予約ができる。出発場所は各バス会社によって異なり、バス会社によってはピックアップサービス（無料の場合もある）がある。

チケット売り場は行き先別に窓口が分かれている

バス比較サイト

Camboticket

URL www.camboticket.com

長距離大型バス利用の注意点

車内は冷房が強いことが多く、上着を1枚持っておくといい。また、盗難事件も少なからず起きているので貴重品の管理はしっかりとしたい。

ミニバスのチケット購入方法と出発場所

右記①の長距離バス会社が運行するミニバスは、大型バス同様、チケットは各バス会社で購入する。出発場所は各バス会社によって異なり、バス会社によってはピックアップサービス（無料の場合もある）がある。

右記②のローカルなミニバスは、交渉制のため、バス乗り場で料金を支払う。座席が埋まっているバスは出発まで待ち時間が少ないが、客の少ないバスはいつまでたっても出発しない可能性があるので避けたほうが無難。

で客集めをしており、料金は交渉制だが大型バスと同じか若干安いくらい。人と荷物を満載して走るため、窮屈ではあるがいったん走り始めるとスピード全開で大型バスよりも早い。

乗合タクシー

見た目は普通の乗用車

乗合タクシーとは、セダンタイプを利用した車で、車体上部の社名表示灯や車体横に社名などはなく、普通の乗用車と見た目は何ら変わらない。「タクシー」と呼ばれることが多いが、トヨタのカムリを使用している車が多いことから「カムリ」とも呼ばれる。

乗合タクシーはたいてい貸し切り状態。そのぶん休憩や観光の自由度は高い

同乗者を数人集めれば割安になる。貸し切り状態になることが多く、休憩したい所や写真を撮りたい所など、好きな場所で停車できるメリットがある。

ピックアップトラック

都市部では数が減少

軽トラックの荷台に荷物や人を満載状態で走るピックアップトラックは、カンボジアならではのおもしろい体験にはなるが、荷台に乗った場合は体にこたえる。以前はカンボジアの重要な交通手段だったが、近年のバス網の発達などで一気に数は減り、プノンペンやシェムリアップなどの都市部では探さないと見つけられないほどになってしまった。

バス停での客待ち中は日よけに大きなパラソルを立てる

車のチャーター

郊外へ行くのに利用したい

通常はドライバー付きで、ホテルや旅行会社などで頼める。

ちなみにカンボジアでは国際運転免許証で車を運転できることになっているが、特に地方では国際免許証を知らない警察官もいる。そのため、自分で運転して検問に遭った場合は罰金を徴収されることも覚悟しておこう。

遠方の遺跡に個人で行きたいなら、車をチャーターしよう

乗合タクシーの乗り方と出発場所
たいていはバス停周辺で客待ちをしている。メーターや統一の料金設定はなく、すべて交渉制。車の種類や状態、交渉能力、時間帯などによって同一ルートでもかなりの料金の差がある。ちなみに各町の「Access」の項で紹介している乗合タクシーの料金は、この1台を貸し切りにした料金を掲載している。

乗合タクシーを安く交渉するコツ
早朝出発と午後の復路タクシーを探すのが安く交渉できるコツ。早朝出発なら、ドライバーは「向こうで客をひろえば1日で往復できる」と考えるため交渉しやすくなる。午後出発の場合は、行き先の州のナンバーの車なら客を乗せて来た可能性が高く、ドライバーは「空で帰るより客を乗せて今日中に家に帰れるなら少々安くても」と考え、交渉しやすくなる。

ピックアップトラックの乗り方と出発場所
たいていはバス停周辺に停まっていて客が集まり次第出発する。料金は交渉制で、同一路線ならどこの車でも料金に大差はない。荷台が安く、車内は荷台の1.5～2倍。座席が埋まっているトラックは出発まで待ち時間が少ないが、客の少ないトラックはいつまでたっても出発しない可能性があるので避けたほうが無難。

安く車をチャーターするには
「パスアップ」や「グラブ」などの配車サービス（→P.341）を利用する際にドライバーと直接交渉すると、旅行会社やホテルで頼むより割安で行けることがある。一度乗車してみて英語が話せる、対応がよい、土地勘があるなど、信頼できそうなドライバーであれば連絡先を聞いておき、後日頼むこともできる。

市内交通

トゥクトゥク

旅行者が最も利用する交通手段

最も数が多く、観光客が利用する機会が多いのが、東南アジアで広く利用されているオート三輪タクシーのトゥクトゥクだ。カンボジアのトゥクトゥクは普通の50cc程度のバイクに座席を取り付けたものが一般的。座席にはクッション、日よけかつ雨よけの屋根とシートが付き、ちょっとした雨なら十分に耐えられる。

配車サービスのトゥクトゥク

プノンペンやシェムリアップなど主要な町では、「パスアップ」や「グラブ」などの配車サービス（→欄外）でトゥクトゥクを利用できる。交渉制のトゥクトゥクより安い場合が多く、昔からある4人乗りトゥクトゥクの車種に加えて、後部座席が覆われている小型の車種もあり、乗車中のひったくりに遭う危険性も少ない。

配車サービスの利用方法

パスアップの利用方法は以下のとおり。

①アプリを開くと、「My location」の表示とともに現在位置がマップ上に表示されるので、正しい位置か確認し、乗車位置を確定して「Set pickup」を押す。

②車種で「Rickshaw」を選択。「+ Add dropoff」に目的地を入力することもできるが、住所のみを入力すると誤った目的地に設定されることがあるため、ホテル名など目的地の名称を入れたほうが確実だ。

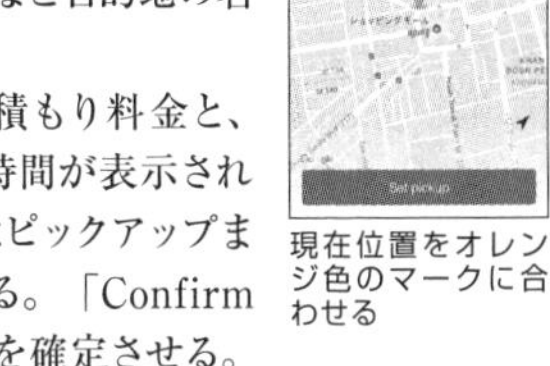

現在位置をオレンジ色のマークに合わせる

③目的地を入力すると下部に見積もり料金と、ピックアップまでのおおよその時間が表示される。目的地を入力しない場合はピックアップまでの時間のみが表示される。「Confirm booking」を押し、リクエストを確定させる。

④近くにいるドライバーがリクエストを承諾するとトゥクトゥク到着までのおおよその時間が表示される。

⑤トゥクトゥクが到着したら顔写真や車のナンバーでリクエストしたドライバーかどうか確認し、乗車。

⑥目的地に着いたら、アプリに表示された最終金額を支払って降りる。金額はリエルで表示されるがUSドル払いも可能。

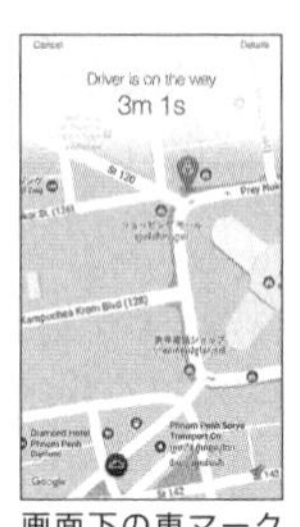

画面下の車マークがトゥクトゥクの現在位置

アプリ画面右上の「Detail」のタブから電話番号や車のナンバーなどドライバーの情報が確認できる

交渉制トゥクトゥクの料金システムと乗り方

目安は、1km1US$～（プノンペンでは1km1.5US$～）。ホテル前や交差点など、自分の縄張りで客待ちしており、通りを走るトゥクトゥクも手を挙げれば停まってくれる。

4人乗りのトゥクトゥク

配車サービスのトゥクトゥク

パスアップ（PassAPP）

プノンペン、シェムリアップだけでなく、シハヌークビルやカンポット、ケップでも展開しており、稼働台数も多く、利用しやすい。トゥクトゥク初乗り3000R。車（タクシー）の配車もでき、車種によって初乗り6000R～。アプリは日本語表示も選べる。

グラブ（Grab）

シンガポール発の大手配車サービスで、カンボジアではプノンペン、シェムリアップなど主要な町で展開。トゥクトゥク初乗り2000R。車（タクシー）の配車は車種によって初乗り3000R～。クレジットカード決済が可能。

小型のトゥクトゥクはインドのオートリキシャの車種を使用。後部座席にドアの付いたタイプも増えている

トゥクトゥク利用の注意点

プノンペンではトゥクトゥク乗車時のひったくりが多発している。横からかばんを強引にひったくられ、トゥクトゥクごと転倒したというケースもある。座席の左右後ろにひったくり防止のネットやカーテンなどが取り付けてあるトゥクトゥクを選ぶようにし、乗車時には、かばんをしっかりと抱えスマートフォンなどは安易に取り出さないようにしたい。

タクシー

交渉制タクシー

カンボジア国内はタクシーの数は非常に少なく、半日か1日チャーターで使う場合が多い（プノンペンにはメーター制タクシーがある→P.224）。ホテルや旅行会社でチャーターすると話が早い。車種、車の状態、行き先、人数、時間、ドライバーは英語を話すかなどで大きく料金は変わり、1日8時間で30US$～。

配車サービスのタクシー

プノンペンとシェムリアップで「パスアップ」や「グラブ」（→P.340欄外）の配車サービスが利用できる。夜間も初乗り6000R～と安くて便利と人気。利用方法はトゥクトゥクの配車サービス（→P.340）と同様。

バイクタクシー

トゥクトゥクよりも料金が安い

近距離の移動に便利。普通のバイクの後部座席に客を乗せて走るもので、地元では「モトドップ」または「モート」と呼ばれている。プノンペンでは特にひったくりが多発しているので利用時は要注意（→欄外）。

バイクタクシーには各自に縄張りがあり、毎日同じ場所で客待ちをする

シクロ

通常は時間制のチャーター利用

自転車の前に座席を付けた人力車で、もともとはベトナムの乗り物。プノンペン以外ではほとんど見かけない。外国人には時間制のチャーター利用がメイン。

路線バス

プノンペンにかぎり、13路線が運行

2018年に運行を開始。料金は一律1500Rと割安だが、車内アナウンスはなく、旅行者にはハードルが高い。詳細は→P.225。

レンタサイクル&レンタバイク

ホテルやゲストハウスで貸し出し

プノンペンの一部のホテルでは、自転車やバイクが借りられ、シェムリアップ、シハヌークビルでは旅行会社や商店などで貸し出していることが多い。借りる際は、パスポートを預けるかデポジットを求められるが、パスポートを預けるのはリスクが高いのでデポジットで借りよう。デポジットは50US$～。レンタル料金は自転車が1日1～2US$、バイクは7US$～（ガソリン代別）。

配車サービス利用の注意点

アプリで目的地を入力した場合でも乗車時に目的地を聞いてくるドライバーは多い。乗車時には必ず目的地を再度確認し、地図を確認しながら走行すると安心だ。

バイクタクシーの料金システムと乗り方

料金は交渉制。ホテルや観光地前で待機しているバイクタクシーは多少英語が通じるし、観光ポイントも心得ているが、料金はやや高め。一般のバイクタクシーは交差点など自分の縄張りで客待ちしている。また、大通りなどで手を挙げれば停まってくれるが、その場合は英語が通じないことが多く、利用は少々難しい。

バイクタクシー利用の注意点

バイクタクシーの営業には基本的に登録もライセンスも不要だが、シェムリアップでは、登録番号が印刷されたジャケット着用が義務づけられている（着用しないドライバーも多い→P.348脚注）。プノンペンではひったくり、路上強盗が日常的に発生しており、特に夜間にバイクタクシーを利用するのは避けたい。

英語が通じないドライバーも多いが、目的地近くの寺の名前か市場の名前を言えば、たいていは理解してくれる。

シクロの料金システムと乗り方

料金は交渉制。リバーサイド（→P.222）周辺にいるシクロは観光用の場合が多く、30分や1時間単位でチャーターできる。

レンタサイクル&レンタバイク利用の注意点

借りる前はブレーキやタイヤの空気、鍵がかかるかなどを確認しよう。盗難に遭ったら借り主の全額補償となるため観光地では必ず駐輪場に施錠して置くようにしよう。小さな遺跡などで駐輪場がない場合はみやげ物店に駐輪代を支払って預かってもらうといい。また、バイクに乗る際はヘルメット着用を。未着用を警察に見つかると罰金を取られることもある。

カンボジアでは車はもちろん、49cc以上のバイクの運転には免許証が必要だが、無免許運転が多く、特にプノンペンでは事故も多発。交通量の多い都市部での利用は控えたい。

ホテル

カンボジアのホテル事情

シェムリアップ

高級ホテルからゲストハウスまでホテルの種類も数も多く、選択肢は幅広い。高級ホテルは、優雅で贅沢な滞在ができるブティックホテルやリゾートホテルが多いのが特徴だ。また、近年はドミトリー専用ながらもプールを有するなどワンランク上のゲストハウスや、趣向を凝らしたヴィラ風高級ホテルが増えている。

プノンペン

小～中規模のしゃれたエコノミーホテルやミニホテルが増加中。多くは屋上プールやルーフトップバーなどを備え、プチリゾート気分が味わえると人気だ。高級ホテルはシェムリアップに比べると少ないが、ここ数年で外資系5つ星ホテルが次々オープンしている。

ホテルの種類

高級ホテル 1泊100～500US$

スマートなサービスに加えて、レストラン、バー、スパなど施設も充実しており、快適に過ごせる。客室内は近代的な設備を揃え、エスプレッソマシンや市内通話に使えるスマートフォンを備えている場合もある。

プノンペンの5つ星ホテルは高層ホテルが多い。宿泊するなら、市内を望める高層階の客室を選びたい。写真は25～32階が客室のローズウッド・プノンペン（→P.252）

中級ホテル　1泊80～300US$

高級ホテルのようなこまやかなサービスは期待できないが、客室内設備はグレードの差はあれど高級ホテル並みに整っており、小規模ながらもレストランやみやげ物店などの施設をもつところも多い。客室数は50室から200室までと幅が広い。

エコノミーホテル　1泊30～100US$

館内施設はあまり充実していないが、客室設備はひととおり揃い、不自由はしない。プノンペンには、日系をはじめとするビジネス対応のエコノミーホテルが数軒あり、快適かつ安心な滞在ができる。

ミニホテル　1泊～30US$

個人経営の場合が多く、たいていは20室程度だが、民家を改装したものから、ビジネスホテル顔負けのものまでさまざまだ。30US$程度の客室なら、エアコン、バス&トイレ、ホットシャワー、冷蔵庫、セーフティボックスなどひととおりの設備が揃う。

宿泊料金について

基本的にハイシーズンは高く、オフシーズンは割安。連泊や長期滞在の場合は割引してくれるホテルもある。USドル表示&支払いがほとんどで、料金には基本的に10%の税金、ホテルによってはさらに5～10%のサービス料がかかる。

デポジットについて

高級ホテルでは、チェックインの際にデポジットとして、クレジットカードの提示または現金が必要な場合がある。クレジットカードの場合は、通常ホテル側がカードのコピーを保管し、チェックアウト時にコピーを破棄し、デポジットの請求が来ることはない。現金でデポジットを支払った場合は、チェックアウト時に返金される。

大人気のワンダーズ系列のホステルはカンボジア国内に展開。写真はワンダーズ・シェムリアップ（→P.204）

シハヌークビルやカンポットではバンガロータイプのホステルが増えている。写真はオーム・ホーム（→P.283）

チェックイン&チェックアウト

カンボジアではチェックイン時にパスポートの提示が必要。パスポートはコピーしたらすぐに返却してくれる。チェックイン時間はホテルによって異なり、14:00または15:00がほとんどだが、早めにチェックインできる場合もある。チェックアウト時間は11:00または12:00（まれに10:00もある）。レイトチェックアウトできる場合もある。また、チェックアウト後も無料で荷物を預かってくれるほか、シャワーを使わせてくれるホテルもある。

ヴィラ　1泊20～400US$

カンボジアではコテージやバンガロータイプのホテルがおもだが、シェムリアップにはラグジュアリーなヴィラも多い。伝統的な木造の高床式民家を改装したり、欧米の別荘風だったりとタイプも料金もさまざま。

大自然に囲まれた高級リゾートホテルのザニエ・ホテルズ・プム・バイタン（→P.198）

ゲストハウス　1泊5～20US$

シェムリアップには大小のゲストハウスがたくさんあり、民家を改装した10室程度のアットホームなところからブティックホステルまでさまざま。たいていバイクタクシーやバスチケットを手配してくれる。5～8US$の客室はベッド、シャワー&トイレ完備だが、水シャワーがほとんど。10US$以下ではエアコンは望めず、ファン（扇風機）のみ。

ドミトリーと個室があり、カフェやプール付きのしゃれたホステルも登場（ラップディー→P.204）

ホテルの予約

予約は必要？

シェムリアップやプノンペンなどの都市部ではホテルの数が多いので、普通は予約なしでも何軒か当たれば必ずどこかに空室がある。ただし、人気の宿や高級ホテルへの宿泊、ハイシーズン（11～3月）、年末年始、夜遅く到着予定の場合は、予約をしたほうがよい。予約をし、空港やバス停、船着場への到着時間を告げると、無料で迎えに来てくれるホテルもある。

予約方法

ホテル予約サイトが便利&お得

ホテル予約サイトを利用すると、ホテルに直接交渉するより安く泊まれる場合がある。各社ともに多数ラインアップし、ホテル施設や設備を細かく紹介。口コミを参考にしながら、予算や好みに合わせて選べるので便利だ。

ホテルクーポンを利用

ホテルクーポン会社がホテルの予約と支払いを代行処理し、宿泊確認証（バウチャー）を発券するシステム。予約申し込みは電話やインターネットで。出発の10日前くらいまでには申し込みたい。各社によって異なるが、宿泊日の3日～1週間前からキャンセル料がかかる。

直接ホテルに予約

エコノミーホテル以上はもちろん、ミニホテルでもウェブサイトをもつところは多くオンライン予約ができる。また、オンライン予約の客のみを対象にしたお得な割引やプロモーションを用意しているホテルもあるのでチェックしてみよう。

格安ホテルのトラブルについては→P.347

カンボジアのおもな客室の設備&サービス

●シャワー
ミニホテルでもたいていはホットシャワー付き。タンク式の場合は途中から水に変わることもある。10US$以下のゲストハウスは水シャワーのところがほとんど。

●エアコン
ミニホテルでもエアコン完備が多い。10US$以下のゲストハウスはエアコンはなくファンのみが多い。

●タオル
エコノミー以上はもちろん、ミニホテルやゲストハウスでもほとんどが備わっている。バスタオルのみの場合もある。

●バスアメニティ
歯磨きセット、石鹸、シャンプーはミニホテルでも置いているところがある。

●テレビ
ミニホテルでも備わっていることがあり、衛星放送やケーブルテレビなども観られる。プノンペンの日系ホテルではNHK衛星放送はもちろん、民放が見られることも。

●ミニバーまたは冷蔵庫
25US$以上のホテルならたいていある。ただし、外出時にルームキーを抜くと電源が落ちるタイプも多い。

●セキュリティボックス
30US$くらいのミニホテルでも備わっている。

●ランドリーサービス
中・高級ホテルは「シャツ1枚○○US$」のスタイルで、客室備えつけの申込用紙に記入して出し、チェックアウト時に精算。ミニホテルやゲストハウスは「1kg○○US$」と、ホテルによって異なる。無料サービスはほとんどない。

●インターネット（Wi-Fi）
Wi-Fi接続は無料のところがほとんど。ただし、ミニホテルやゲストハウスでは電波が弱く、つながりにくいことがある。

ホテル予約サイト

アゴダ　Agoda
URL www.agoda.com
エクスペディア　Expedia
URL www.expedia.co.jp
トリバゴ　trivago
URL www.trivago.jp
ブッキングドットコム
Booking.com
URL www.booking.com
ホテルズドットコム
Hotels.com
URL jp.hotels.com

旅の健康管理

カンボジアの医療事情
カンボジアは、都市部でも医療整備は東南アジア地域で最も遅れている。そのため、入院治療や手術となると、現在のところ都市部のかぎられた施設しかない。比較的軽い病気でもバンコク、シンガポール、あるいは日本で治療や入院をせざるを得ない場合が多く、搬送費などが高額のため、海外旅行保険には必ず加入しておきたい。

感染症危険情報を事前にチェック
外務省海外安全ホームページ
URL www.anzen.mofa.go.jp

「地球の歩き方」ホームページで海外旅行保険について知ろう
「地球の歩き方」ホームページでは海外旅行保険情報を紹介している。保険のタイプや加入方法の参考に。
URL www.arukikata.co.jp/web/article/item/3000681

常用薬は日本から持参を
市販の医薬品の一部には、使用期限切れのものや、中身にまったく別の成分が含まれているものがあり、副作用を起こすことがあるので、常用薬は日本から持参したほうがよい。

予防接種について
カンボジアへの入国に当たって、特に義務づけられた予防接種はない。予防接種に関しては、各地域の保健所や市・区役所の保険予防課に問い合わせてみよう。

カンボジアでかかりやすい病気

細菌性腸炎（食中毒）

熱帯地域ではごく普通の病気で、下痢、腹痛、嘔吐、発熱をともなう。患者や保菌者の汚物から、食物、手などを介して細菌が経口感染する。菌の種類にもよるが、通常は菌が体内から出てしまえば治ることが多い。下痢止めの使用は控え、脱水症状に注意し、十分な水分補給を行うこと。安易な抗生剤の使用は、病状を悪化・長期化させる危険性がある（カンボジアでは薬剤耐性菌が多い）。

腸チフス、パラチフス

チフス菌に汚染された食べ物などから感染する。都市部でも珍しい病気ではない。合併症で腸に穴が開き、出血するため「腸」の文字が付く。熱は39～42℃まで段階的に上昇し、持続する。熱のわりに脈拍数が少なくなる。薬剤耐性チフス菌があるため、的確な抗生剤の投与が必要となる。ワクチンは日本では入手困難。

ウイルス性肝炎

A型肝炎、E型肝炎

ウイルスで汚染された食べ物（特に貝類）や水、また肝炎患者の糞便から感染する急性肝炎。どちらも重症化する場合があるが特にE型は妊婦が重症化しやすい。全身倦怠、食欲低下、発熱などの症状が数日間続き、黄疸が現れる（出ない場合もある）。初期は風邪のような症状のことも多い。初期の安静が大切なので早めの診察を。A型肝炎にはワクチンがあり、予防接種ができるが効果は数ヵ月間。

B型肝炎、C型肝炎

おもに血液から感染し、大部分は慢性の経過をたどる。アジア地域ではウイルス保有者はどちらも人口の約10％近くいると考えられており、現地での輸血はすすめられない。B型は性交渉でも感染する。B型肝炎にはワクチンがある。

デング熱

イエ蚊に刺されて感染するウイルス感染症で、雨季に多いとされるが、1年を通して存在する。2～7日間の潜伏期間後、突然の高熱、頭痛、腰部を中心とした激しい筋肉痛、全身の関節痛、眼痛の症状が出て、3～4日で発疹が現れる。重症型になると毛細血管からの出血や肝臓障害をともなう場合もある。治るまでに1ヵ月以上かかることもあり、ときには死亡することもある（特に子供は死亡しやすい）。予防は蚊に刺されないようにするしかない。

マラリア

ハマダラ蚊属の蚊を媒介とする感染症。都市部での感染は少ないが、山岳地帯では珍しい病気ではない。カンボジアでかかるのは大半が熱帯熱マラリアで、そのほとんどが薬剤耐性のため、早期に的確な診断、治療を受けないと数日のうちに脳マラリアを起こし死亡することもある。熱帯熱マラリアの場合、悪寒、震え、高熱が1～2時間続き、その後悪寒は治るが熱はさらに上昇し、結膜充血、嘔吐、頭痛、筋肉痛などが起こる。これが数時間続いた後、発汗とともに解熱する。予防法は蚊に刺されないようにするしかない。

日本脳炎

イエ蚊によって感染する。発熱し、重症化すると痙攣や意識障害が起こる。感染しても発病率はそれほど高くないが、特効薬はない。ワクチン接種によって発病が抑えられる。

ジカウイルス感染症

ネッタイシマ蚊やヒトスジシマ蚊によって感染する。潜伏期間は2～12日間で、約2割の人に発症するといわれる。発症するとデング熱と似た軽度の症状が続く。流行地ではジカウイルス感染症後に小頭症の新生児の増加などが報告されている。蚊に刺されないようにすることが最善の予防方法。

寄生虫、原虫

生ものや生野菜などは極力避け、川で泳いだり、はだしで水辺を歩いたりしないよう注意を。赤痢アメーバ原虫によるアメーバ赤痢もまれではなく、血の混じった粘り気のある下痢が続く場合は疑ったほうがいい（治療には特殊な薬剤が必要）。

破傷風

傷口から菌が入り込み、感染する。カンボジアでは都市部でも珍しい病気ではない。予防接種を受けていればそれほど恐れる病気ではないが、発病すると日本でも死亡率は高い。

狂犬病

狂犬病にかかった動物（犬、キツネ、コウモリなど）にかまれて感染する。発病するとほぼ死亡するが、かまれたときに傷口をよく洗い、消毒すれば発病する確率をかなり低く抑えられる。ワクチンの接種を受けていても、かまれたなら追加接種が必要。

エイズ

保健省や各国のNGOの調査を総合すると、人口の約2%、さらにプノンペンやシェムリアップなどの都市部では4～5%が感染者と考えられている。また、その95%が性交渉での感染との報告のほか、性風俗関連の女性の50%以上が感染者との報告もある。予防方法は各人の良識ある行動以外にない。

感染症が多くなる季節は？

感染症は年間を通してほぼ平均的に流行するが、特に雨季（5月下旬～10月下旬）に多発する傾向がある。マラリアやデング熱は11月の雨季明けに多発。また、日射病や熱中症にも気をつけたい。

交通事故によるけがに注意

交通量の多いプノンペンなどでは、交通マナーの悪さもあり、交通事故が増えている。交通量の多い町ではレンタサイクルやバイクに乗ることは極力避けよう。都市部では外国人を狙ったひったくりが多く、けがをするケースもある。事故や外傷は、そのときはたいしたことがなくても、あとで後遺症に悩まされることもあり、けがをしたときは医師による適切な処置を受けたほうがよい。

鳥インフルエンザ

A型インフルエンザウイルスが引き起こす鳥の病気。ヒトが感染すると重症化し、死亡率も高いといわれる。カンボジアでは2003～2014年の間に散発的に家禽からヒトへの感染が発生しており2023年2月にもヒトへの感染が報告されている。予防方法は家禽、鳥類に近寄らないこと。

新型コロナウイルス感染症

新種のコロナウイルスを病原体とする感染症。2020年初頭から世界的なパンデミックとなり、カンボジアでも多数の感染者を出した。研究過程にあるウイルスではあるがインフルエンザ同様、飛沫等で感染することがわかっている。現在も収束しているとはいえず、注意が必要だ。最新情報は日本の外務省海外安全ホームページや在カンボジア大使館のホームページ等で確認しよう。

治安とトラブル対策

カンボジアの治安状況

カンボジアでは、内戦などで回収しきれなかった銃火器が残存しており、以前に比べると治安は安定してはいるものの拳銃などを使用した犯罪が発生している。都市部や観光地では、強盗、スリ、ひったくり、置き引きなども多発しており、日本や周辺の東南アジア諸国と比べても治安はいいとはいえない。近年は、カンボジアでの就労希望者を募り、現地に着いてから不法労働や強制労働に従事させる事案が発生しているほか、詐欺も増えている。一方、世界遺産登録以来続いていた、プリア・ヴィヘア遺跡（→P.100）周辺のカンボジア軍とタイ軍との緊張状態は、2012年8月に国境監視隊のみを残して両国の主力軍隊は撤収しており、2023年5月現在、緊張は和らいでいる（常に最新情報を確認のこと）。

十分注意してください
カンボジア全土（外務省発出の危険情報）

カンボジア内務省国家警察の発表によると、2020年の犯罪総件数は3254件と前年度に比べて2%増加。犯罪総件数のうち、殺人、強盗、強姦等の重大犯罪は、682件と全体の約20%を占めている。しかし警察沙汰にならないような知能犯も増え、被害届の出ていない事案も多いため、実際の犯罪発生件数はこれよりも多いとみられる。

プノンペンでは、昼夜を問わずひったくりや強盗が頻発しており、なかには拳銃等の凶器を使用した凶悪事件も起きている。2013年と2016年には外国人を狙った強盗事件が起き、2013年の事件では日本人が被害に遭っている。ひったくりは歩行中のほか、トゥクトゥクやバイクタクシー乗車中にも起きているため、注意を怠らないようにしたい。

シェムリアップやシハヌークビルなどの観光地では、詐欺や昏睡強盗などの事件も起きている。特に中国資本の流入により急速な開発が進むシハヌークビルで治安が悪化しており、殺人や薬物取引などの犯罪が問題になっている。

犯罪の詳細を見ると、強盗事件はプノンペン市とカンダール州（MAP㊎表-2B～2C、3B～3C）、コンポンチャム州（MAP㊎表-2C）で、殺人事件はプノンペン市、バッタンバン州（MAP㊎表-2B）、コンポンチャム州で、強姦事件はコンポンチャム州、プノンペン市、カンダール州で多く発生している。これを見ると、首都のプノンペンではあらゆる犯罪が発生し、のんびりしているはずのコンポンチャム州やカンダール州でも多いのがわかる。

プノンペンの事件多発地域

プノンペンで強盗、ひったくりなどの事件が発生しているエリアは以下。

- モニボン通りとノロドム通りに挟まれた市内中心部（MAP㊎裏-2B～3B）
- 独立記念塔の南東地区一帯（MAP㊎裏-3C）
- ワット・プノン周辺（MAP P.261-3A～3B）
- オリンピック・スタジアム周辺（MAP㊎裏-3A～3B）
- セントラル・マーケット周辺（MAP㊎裏-2B）
- 王宮の北東側のシソワット・キー周辺（MAP P.264-2B～3B）
- プノンペン駅の周辺（MAP㊎裏-2B）
- St.63周辺（この通りには風俗関連店やカラオケなどが多い）（MAP㊎裏-2B～4B）

シェムリアップの要注意エリア

シェムリアップでは特に事件発生が集中しているエリアはない。しかし、詐欺やひったくりなどの事件はあらゆるエリアで発生しており、常に注意を怠らないようにしたい。特に夜は酔っ払いが多く、派手な喧嘩騒ぎになる場合もある。ドラッグや売春の斡旋で声をかけられることも多いが、無用なトラブルに巻き込まれることがないよう決して相手にしないように。

INFORMATION　出発前に最新治安状況を調べる

日本の外務省の海外安全ホームページ
URL www.anzen.mofa.go.jp
在カンボジア日本国大使館
URL www.kh.emb-japan.go.jp

在カンボジア日本国大使館のホームページでは、直近3ヵ月の治安状況や犯罪被害事例と対策、緊急事態時の対処マニュアル等がまとめられているので、出発前に一読しておきたい。

犯罪傾向と対策

以下に、実際に起こったトラブルの実例を対策とともに紹介。

賄賂、チップ、寄付の要求

①入国審査で、係官から日本円の札を見せながら「1000円!」と言われた。「払う必要がない」と返すと、今度は「チップだ」と言われた。あとでほかの日本人に聞くと「1ドル」と言われた人もいたようだった。 (山形県 たま '14) ['23]

②トンレサップの湖クルーズ中に水上生活者が舟で近寄ってきてお金をねだられた。またクルーズガイドから水上生活者へカンパしてあげてほしいと説得された。これらはあらかじめ打ち合わせされており、乗船前に言ってもらえればと思った。 (北海道 gohji '13) ['23]

対策

ケース①のようなイミグレーションでの不当な金の要求は毅然とした態度で抗議すると意外にすぐに引き下がる。

ケース②は高額を要求するケースも散見され、個人で船に乗った場合はかなりの確率で不愉快な思いをすると考えていい。うまく対応する自信のない人、料金交渉がわずらわしい人は、旅行会社主催のトンレサップ湖ツアーに参加するのがいいだろう。

また、極めて給料が低いという現状からか、警察官が何かしら理由をつけて金銭を要求してくることもある。正当な理由を述べて拒否できればいいが、そうできないときも相手の言いなりにはならず、少額にとどめるよう交渉すること。

ゲストハウス、ホテル内でのトラブル

シェムリアップの某中級ホテルの客室内で現金を盗まれた。鍵が簡単なものだったという甘さはあったが、窓、扉すべてに施錠した部屋での犯行だ。しかも大騒ぎにならず、さらに本人の勘違いで済むように、現金のなかから100US$札を1枚だけ抜き取るという狡猾さ。実際ホテルに訴えても「証拠がない。勘違いでは？　それでは警察は呼べない」と逃げられ、こちらも泣き寝入りするしかなかった。

(兵庫県 匿名希望 '11) ['23]

対策

こういったケースは、ホテルスタッフの犯行、もしくはホテルスタッフの手引きによる犯行が疑われているが、犯人がつかまることはほとんどないのが現状だ。たとえ中級以上のホテルであっても、貴重品はセーフティボックスに入れる、バッグには他人には開錠不可能な鍵をかけるなど、貴重品の管理には細心の注意を払いたい。

バイクタクシーのトラブル

①ホテルでバイクタクシーを紹介された。片言の日本語も話せ、夕方頃には何となく気心も知れてきた。すると「一緒にお酒を飲もう」「君の部屋へ入りたい」「僕の家に遊びに来て」と、体を触り始めた。最後には「日本人はセックスが好きだろ!」と逆切れ状態。

(匿名希望 '04) ['23]

②シェムリアップの遺跡観光でバイクタクシーを雇ったとき、目的地に着くと契約料金以上を要求してきた。「契約どおりの料金以上は払わない」と言うと、帰り道は雨で滑りやすい道を高速で走り、急アクセル、急ブレーキを繰り

要注意！　格安ホテルはトラブル多し

カンボジアでは、宿泊施設内での犯罪やトラブルは依然として多く、特に格安ホテルやゲストハウスなどは、セキュリティに対する意識が低く、犯罪防止対策に問題があるところもある。

都市部では、日本人がこうしたホテル内、またその周辺で被害に遭ったケースが多数報告されている。例えば、夜間にゲストハウス前で拳銃強盗に遭ったケースや、駐在員がゲストハウスの客室内で強盗に刺され負傷したケース、ゲストハウスの客室内で強姦されたケース、ゲストハウス内で盗難に遭ったケースなどが挙げられる。

料金が安いとは、すなわち安全面の対策を省いている場合もあるわけで、そこには何らかのリスクがともなうことを肝に銘じてほしい。実際に生命にかかわるような事件が発生していることから、こうした格安ホテルの利用は要注意だ（特に女性)。またホテル内にあやしげなダンスホールがある中国系ホテルは、100％連れ込み宿だ。

さらに中級クラス以上のホテルでも、盗難事件は起きている。宿泊前に必ず部屋をチェックし、ドアチェーンやドアビューがあること、ドアや窓の鍵がきちんとかかるかどうかなどを確認しよう。また、たとえ面識のある人物であっても不用意に部屋に入れないこと。

返し、振り落とそうとまでしてきた。途中で降ろされると危険だったため黙っているしかなかった。(茨城県　サイボーグロック　'05) ['23]

対 策

ジャケット制度（→脚注）が始まってからは強引な事件は減っているようだが、ケース①のようなトラブルは依然として多い。即日ホテルを替える、その場でドライバーとの契約を打ち切るなどすれば、たいていの場合それ以上は立ち入ってこない。

ケース②の場合は、半日以上の契約や長距離移動の際のバイクタクシーなどは、流しのドライバーではなく、トラブル防止のためにも宿泊先に紹介してもらってドライバーを雇うことをすすめる。

スリ

①2006年あたりから、アンコール遺跡内で日本人旅行者のスリの被害が増え始めた。遺跡観光中に人混みを通り抜けたあとや、ガイドの案内を聞いたあとなどに、気がついたらかばんを開けられ、現金や貴重品を盗まれていたというものだ。レストランでの食事中や、市場で買い物中にかばんを盗まれるというケースも多い。

(在カンボジア日本国大使館談　'09) ['23]

②シェムリアップのパブ・ストリートの1本裏通りを歩いていたとき、性風俗風の女性に声をかけられた。遊ぶ気はまったくなかったが、私の手を握り、胸を触らせてきたり抱きついたりしてきた。気がついたときは有り金がすべてなくなっていた。(東京都　愚か者　'10) ['23]

対 策

遺跡観光をする際は、貴重品はホテルのセーフティボックスなど安全な場所に保管し、持ち歩く場合でもかばんは肌身離さず、ストラップはたすきがけにするなど、かばんの開口部をさらさないこと。また、遺跡内にいるスリは「プロの集団」の可能性が高く、周囲の人間には注意を払うこと。疲れていると注意力が散漫になるので、疲れていると感じたときは無理をせず休むことが大切だ。

ケース②のようなスリの被害は、夜のオールド・マーケット周辺で散見される。昼間でも、夜でも、物売りの子供、性風俗風の女性に囲まれたり体を触られたりしたら、真っ先にスリを疑うべきだ。また、貴重品やお金は簡単に取り出せる所に入れないこと。

カオサン発バスのトラブル激増

バンコクのカオサン通りからシェムリアップ行きのバスに乗った。アランヤプラテートへ着くとバスに同乗していたスタッフが「カンボジアビザは1500B」と言うではないか。イミグレーションなら1000Bと知っていたので「イミグレーションで取るからいい」と言うと、「時間がかかるが、いいのか？　私たちはあなたを待たない」と返された。仕方なく1500Bでビザを取ってもらい、国境を通過。国境を越えると待っていたカンボジア人スタッフが「タイバーツは使えない。私がカンボジアリエルに両替します」と、事前に調べていたレートより低いレートを提示してきた。全員で断ると、ホテルやツアーの斡旋が始まり、それも全員で無視していると、ふてくされて業務を放棄。1時間後、根負けしたのか、ようやくバス乗り場まで案内してくれ、無事にバスに乗れた。

(東京都　匿名希望　'12) ['23]

※上記の料金は2012年のもので、2023年4月現在、値上げされている。

対 策

カオサン通り発シェムリアップ行きの国境越えバスは同様のトラブルが多数報告されている。対策として、以下を知っておきたい。

①高額のビザ。アランヤプラテートには、複数のビザ発給所があり、バス会社は優先的にビザを取得できる。旅行者から手数料を取らないと儲からないため、自力でビザを取得する乗客のケアは一切しない。実際に置き去りにされた旅行者もいるので、事前にeビザを取得しておこう。

②チケット料金の二重取り。アランヤプラテートに到着し、出国審査まで来ると、「人数を確認します。このあとは、あちらでカンボジア人スタッフが待っています」と、チケットを回収される。ところが、カンボジア側では「チケットがないなら乗せられない。チケットを買い直してくれ」となる。タイ側でのチケット回収は頑として拒否し、チケットは手放さないように。

③ホテルやツアーの斡旋。料金を先払いさせて予約をしたホテルが狭い、汚いなどスタッフの説明とはまったく異なり、返金も不可といったトラブルが発生している。ツアーも、シェムリアップの旅行会社で直接申し込んだほうが安いし、安心だ。

④低レートでの両替。かなり低いレートでの両替をすすめてくるが、カンボジアではUSド

シェムリアップのトゥクトゥク：ドライバーには、通しナンバーがプリントされたジャケットの着用が義務づけられている。警察では「ジャケット未着用のドライバーが運転するトゥクトゥクは利用しないように」と呼びかけている。↗

ルが使えるし、シェムリアップまでのポイペト、シソポンの飲食店ではタイバーツも使える。
⑤スリ。国境は実にさまざまな人が行き来する。イミグレーション周辺はかなり混雑することもあり、スリの被害、荷物の紛失などが非常に多い。荷物の管理は厳重に。

こんなことにも注意しよう

プノンペンにおける凶悪犯罪について

2013年に邦人が被害者となる強盗殺人事件と、邦人が強盗に遭い銃撃を受けて負傷する事件が発生した。さらに、ATMから出てきたカンボジア人がバイクに乗ったふたり組に拳銃で襲われるという強盗事件、何者かが投げた手榴弾による爆発事件など、2016年には、プノンペンにおける凶悪犯罪が複数件起こっている。また2018年8月にはプノンペン市内で銃を所持した5人組による銀行強盗も発生している。

その他バイクタクシードライバーによる犯罪も多発。旅行者に関係するケースとしては、乗客を仲間のいる場所へ連れていき、脅して金品を奪う。またはバイクタクシー利用中に、仲間のバイクに囲ませて金品を奪う、というものだ。これらは携帯電話で連絡を取り合って連携するため、狙われたら最後ともいわれている。また、強盗の多くは拳銃やナイフを所持しており、麻薬の作用下で犯行に及ぶケースも多いという。外国人が撃たれたケースこそまれではあるが、地元のカンボジア人同士では強盗殺人事件は珍しくない。不要不急の夜間の外出は控える、外出する際は配車サービスやメータータクシーを利用するなど、外国人旅行者であっても注意が必要。万一、強盗事件に巻き込まれてしまった場合は、大声を出したり抵抗したりせずお金を渡すこと。

プリア・ヴィヘアでの銃撃戦について

プリア・ヴィヘア（→P.100）はカンボジアと隣国のタイとの国境地帯に位置しており、1962年、国際司法裁判所によってカンボジア領と認められている。しかし、その後もタイは領有を主張し続け、2008年7月の世界遺産登録により緊張が高まり、同年10月には当地において2度にわたって両軍による銃撃戦が発生し、双方に負傷者も出た。2012年8月に国境監視隊のみを残して両国の主力軍隊は撤収し、現在は緊張状態は和らいでいる。ただし、周辺地域のカンボジアとタイ間の国境線は確定しておらず、訪れる場合は、最新の現地情報を確認するようにしよう。

遺跡崩壊

各遺跡では石造りの回廊が崩壊したり、巨木が倒れる事故が多発している。幸い人命に関わる事故にはいたっていないが、近い将来、崩壊が予想される箇所は各遺跡にあり、ロープが張られた所や危険看板の立てられている所には決して立ち入らないこと。

地雷

都市部やおもな観光地は撤去が完了しているが、郊外にはまだまだ多くの地雷が残っている。通常の遺跡観光で見かけることはないが、奥地の遺跡や森の中の危険地帯には、ドクロの絵に“Danger Mines”（地雷危険）と描かれた看板や赤ペンキで塗られた木が目印として立てられている。看板を見かけたらそれ以上は絶対に近づかないこと。看板がなくても地雷が埋まっている場所もあるため、農地、空き地、森林等、人や車が踏み入れていない場所には不用意に立ち入らないこと。一部の旅行者の間では、一般に紹介されていない遺跡や町を訪れるのをよしとする風潮があるが、これは非常に危険だ。つまらぬ冒険は慎むこと。

また、バイクタクシー、トゥクトゥクのドライバーがよく言う「○○は大丈夫、地雷はない。ボクはカンボジア人だからよく知っている」は何の根拠もない無責任な話で、額面どおりに受け取るべきではない。遺跡内の地雷調査・撤去が完了しているだけで、その道中、周辺の森の中はまだ手つかずの場合も多い。郊外の遺跡では、むやみに藪の中へ立ち入るのは危険だ。

事故が発生している地域は、カンボジア西部のバッタンバン州、ウドーミエンチェイ州、プレア・ヴィヘア州、ポーサット州およびバンテアイミエンチェイ州。中部、東部のクラチェ州、コンポンチャム州、コンポンスプー州などでも一定数の事故が発生している。

偽ガイド

遺跡内で声をかけてガイドをする偽ガイドが出没している。遺跡内のガイドは、観光省が発行するガイドライセンスを所持し、ガイドの制服を着用した者だけに許されている。ライセンスをもたない人間がガイドをし、対価を得る行為には罰金刑が科せられる。これらの偽ガイドを知らずに雇ってしまった結果、最初に約束した料金を無効にされ、偽ガイドの仲間に取り囲まれて法外な料金を取られたケースや、「家族が病気で

↘事実、この制度発足以降、ドライバーによる警察沙汰になるトラブルは減少しているという。トゥクトゥクを利用する際は、極力このジャケットを着用したドライバーのトゥクトゥクを利用しよう。

お金がいる」「学校へ通うお金がない」などとお金をせびられた、うっかりホテル名を教えてしまいホテルまでしつこくつきまとわれたといった被害が報告されている。

プロのガイドいわく「彼らはカンボジアの文化風習や遺跡の知識は相当に低く、説明もうそばかり」とのこと。無用なトラブルを避ける意味でも、遺跡内でのガイドの売り込みはすべて無視するにかぎる。ちなみにアンコール・ワット（→ P.30）、バイヨン（→ P.50）、タ・プローム（→ P.70）、バプーオン（→ P.58）での目撃、被害情報が多数寄せられている。町なかのパルラ・アンコール・ナイト・マーケット（→ P.176）、プレ・アンチェー、プレ・アンチョム（→ P.175）などでも偽ガイド斡旋（ナンパ？）情報もある。

また、シェムリアップでは、詐欺行為を働く日本人の違法ガイドがいたこともあり（現在は国外退去）、町なかで日本人に声をかけられても、日本人だからといってむやみに信用しないほうがいいだろう。

トランプ詐欺

東南アジアで横行するトランプ詐欺（カード詐欺）による被害がプノンペンでも散見される。トランプ詐欺とは、言葉巧みにポーカーに誘い、最初は勝たせて気を緩ませ、最後は有り金すべてを巻き上げるというもの。

手口は、次のとおり。まず町なかで日本との関わりやこちらの服や持ち物に興味があるように声をかけてきて、仲よくなったところでアパートなどのアジトに誘い込み、頃合いを見てカード遊びに誘う。必ず勝てるような説明を受けるが最終的には所持金を巻き上げられ、クレジットカードでも限度額まで引き出しさせられる。

声をかけてくる女性、待ち構える友達、あとから来る友達、最後に登場する強面（こわもて）の男と、役割分担ができており、プロの詐欺グループと見られている。被害者は、声をかけてくるのがフレンドリーで物腰の柔らかい女性や初老の夫婦（自称シンガポール人、マレーシア人、タイ人）を装っているため、最初の出会いからコロリとだまされてしまうという。

プノンペンではシソワット・キー、モニボン通り、シハヌーク通りなどで、旅行者を装って地図を片手にした女性から声をかけられるとの報告が多数寄せられたが、近年は、通りを歩いていると偶然の出会いを装って「旅行者？」「日本人？」とあいさつ程度に声をかけられ、いつの間にか場所を変えて話そう、となるパターンが報告され始めている。とはいえ、相手も警察沙汰にならないように暴力を振るったり、パスポートを奪ったりはしないので被害届が少なく、そのため警察や大使館では正確な被害数や詐欺グループの実体はつかめないでいる。唯一、2012 年にベトナムのホーチミン市で詐欺グループのひとつ、フィリピン人のグループが摘発されている。しかし、詐欺グループは多数存在し、もちろん他国籍のグループも存在すると考えられる。グループ摘発後も被害は報告されており、今後も引き続き注意が必要だ。被害を防ぐ方法は、町なかで声をかけてくる人間には深入りしないことだ。また詐欺グループはアジトへ連れ込むのにタクシーなどの車を使うため、とにかくこの車に乗らないこと。いずれにしても町なかで親しげに声をかけてくる者は国籍、性別、年齢を問わず要注意だ。

ひったくり

特にプノンペンでは、昼夜を問わずバイクによるひったくりが多発している。歩行中のひったくりだけでなく、トゥクトゥク乗車中のひったくりもかなり多く、トゥクトゥクごと転倒したというケースもある。町なかを歩くときは、荷物はリュックにして簡単にひったくられないようにする、スマートフォンは取り出さないなどの工夫を。また、トゥクトゥクに乗るときは、後部座席の左右後ろにひったくり防止用のカーテンなどが付いた車体を選ぶようにし、注意を怠らないようにしよう。また、ひったくりに遭いにくいといわれていた小型のトゥクトゥク（→ P.340）でも、プノンペンでひったくり被害に遭ったというケースもあるので、十分に注意を。

交通事故

交通ルールはあるものの運転は乱暴で、マナーもなきに等しい状況だ。そのため、バイクタクシーでの転倒事故が増え、外国人旅行者が海外に緊急移送されるケースも珍しくない。その場合はたとえドライバーに非があっても、ドライバー側に支払い能力がなければ泣き寝入りするしかない。また、日本人旅行者がレンタサイクルやバイクで事故に遭うケースや、旅行会社が運行するバスやチャーターした車での交通事故も報告されている。近年では長距離バスの事故も続いている。そのほとんどが深夜バスで、スピードの出し過ぎが原因といわれており、なかには乗客の外国人が死亡したケースもある。カンボジアの幹線道路には街灯がない。しかも直線道路が多く、深夜は走行車が少ないため、ドライバーは猛スピードで走る。できることなら深夜バスの利用は避けたい。また常に事故の危険があることを念頭におき、海外旅行保険には必ず加入しておきたい。

レイプ

シェムリアップでは外国人、特に日本人女性に対する強姦事件が起きている。その手口はさまざまで、通常では考えられない場所や時間でも事件は発生している。夜のひとり歩きは控えよう。何らかの危機管理方法や自衛手段をもたないのであれば、「現地男性との友達のような関係を一切なくす」以外に回避方法はなくなりつつある。ちなみに、カンボジアは自国民同士の間でも強姦事件の多い国だ。外国人旅行者は誤解を与えることのないよう、なおいっそうの注意が必要だ。

エイズ

カンボジアは今、東南アジアのなかでも特にエイズが蔓延している国のひとつに挙げられている。いっときの快楽が人生を左右することになりかねない。各自の節度ある行動が望まれる。

麻薬

旅行者（日本人を含む）が麻薬の使用や密輸などで逮捕されるケースも珍しくない。カンボジアではあらゆる麻薬類の所持、使用、売買が禁じられている。近年は麻薬にからんだ凶悪犯罪も増えており、旅行者が巻き込まれる例も少なくない。トゥクトゥクやバイクタクシーのドライバーのなかには「ハッパ？　ハッパ？」などと声をかけてくる売人もいる。さらには、買った売人から強請（ゆす）られる事例も散見される。

カンボジアでは近年の麻薬にまつわる凶悪事件の増加を受け、警察も本腰を入れて摘発に当たっている。つかまった場合は外国人といえども重刑が科せられる。ちなみに、カンボジアの刑務所は更生施設ではなく、劣悪な環境の懲罰施設だ。麻薬の使用は、自らの身体や精神を破壊する行為で、いっときの快楽が人生を棒にふることにもなりかねない。旅行者同士の浮わついたうわさ話に流されないこと。

違法コピー商品

有名ブランドのロゴやデザイン、キャラクターなどを模倣した偽ブランド品や、ゲームや音楽、映像のソフトを違法に複製した「コピー商品」は絶対に購入しないように。知らずにこれらの物品を持って帰っても、空港の税関で没収されるだけでなく、場合によっては損害賠償請求を受けることも。「知らなかった」では済まされないのだ。

その他

旅行者が児童買春、ポルノ撮影、銃器不法所持などで逮捕されるケースもある。

読者投稿

カンボジアの Wi-Fi 事情

シェムリアップの町には意外にネットカフェが少ないのでメールチェックが少し大変だった。だが、ホテルやレストランではかなりの店で無料 Wi-Fi を提供している。そこでまず店の前でノートパソコンやタブレットで電波を探してみて、店名と同じような名前の電波名があるかどうかをチェックする。電波が確認できた場合は店に入りお茶でも頼んだら「Wi-Fi Key」や「Wi-Fi Pass」と紙に書いて手渡せばパスワードを教えてくれる（口頭でもいい）。普通は店名＋数字のパスワードが多いようだ。

（埼玉県　TAMA　'14）['23]

シェムリアップの「イキイキ G.H.」（→ P.206）

日本語が堪能なオーナーとスタッフがおり、建物も部屋もきれい。バックパッカー、カップル、友達同士などいろんなタイプの旅行におすすめです。トゥクトゥクドライバーも日本語が流暢で、アンコール・ワットなどの遺跡までや、町までも安心してお願いできます。もちろんしっかりとお湯の出るシャワーです！　オムレツ付き朝食が美味。

（神奈川県　ミチコッシ　'16）['23]

ホテルでも虫対策を

ホテルでは窓を開けて掃除するらしく、毎日、蚊などの虫が入ってきていた。ほかのホテルでも部屋に蚊がいたという話を聞いた。ベープリキッドなどの虫対策を準備していくと安心。

破れたお札には注意

少しでも破れたお札は嫌がられ、返されることが多かったです。両替の際や、おつりをもらった時には注意すること。

おすすめの遺跡の回り方

寺院は、崩れかけの古い石段を上って観光するところが数ヵ所あった。必ずスニーカーで見学したい。軍手をして上っている人さえ見かけた。

（以上、北海道　ELMO　'18）['23]

INFORMATION 緊急連絡先

在カンボジア日本国大使館
MAP P.269-2C
住 No.194, Norodom Blvd.
☎ (023) 217161 ～ 4
URL www.kh.emb-japan.go.jp
開 8:00 ～ 12:00、13:30 ～ 17:15（領事窓口受付 8:00 ～ 12:00、14:00 ～ 16:30）
休 土・日曜、カンボジアの祝日
※来館の際は要パスポート持参。

在シェムリアップ日本国領事事務所
MAP P.211-1D
住 Rd.60, 3F, Sokha Palace Siem Reap Hotel
☎ (063) 963801 ～ 3
URL www.kh.emb-japan.go.jp/itpr_ja/00_000091.html
開 8:00 ～ 12:00、13:30 ～ 17:15（領事窓口受付 9:00 ～ 11:30、14:00 ～ 16:30）
休 土・日曜、カンボジアの祝日
※来館の際は要パスポート持参、マスク着用。

警察署
プノンペン市警察（プノンペン市警察ツーリスト・ポリス／プノンペン市警察外国人課）
MAP P.269-3D 住 No.275, Norodom Blvd.
【プノンペン市警察ツーリスト・ポリス】
☎ (023) 726158、097-7780002
【プノンペン市警察外国人課】
☎ 095-676747（英語可）
開 8:00 ～ 17:00 休 土・日曜

各地元警察署 ☎ 117、012-999999（英語不可）
シェムリアップ州警察ツーリスト・ポリス
MAP P.26-2B 住 Mondol 3, Sror Kram
☎ 012-402424（英語可）
開 24 時間 休 無休
シェムリアップ州警察外国人課
MAP P.26-2B
☎ 012-555205（日本語可）

パスポートを紛失した場合

万一パスポート（以下旅券）をなくしたら、まず現地の警察署（→上記）へ行き、紛失・盗難届出証明書を発行してもらう。次に日本大使館・領事館で旅券の失効手続きをし、新規旅券の発給（※1）または、帰国のための渡航書の発給を申請する。

旅券の顔写真があるページと航空券や日程表のコピーがあると手続きが早い。コピーは原本とは別の場所に保管しておこう。

パスポートの紛失時の新規発給
必要書類および費用
■失効手続き
・紛失一般旅券等届出書
・共通：写真（縦 4.5cm ×横 3.5cm） 1 枚 ※3

■発給手続き
・新規旅券：一般旅券発給申請書、手数料（10 年用旅券 1 万 6000 円、5 年用旅券 1 万 1000 円）※1 ※2
・帰国のための渡航書：渡航書発給申請書、手数料（2500 円）※2
・共通：現地警察署の発行した紛失・盗難届出証明書
・共通：写真（縦 45mm ×横 35mm） 1 枚 ※3
・共通：戸籍謄本 1 通 ※4
・帰国のための渡航書：旅行日程が確認できる書類（旅行会社にもらった日程表または帰りの航空券）

※1：改正旅券法の施行により、紛失した旅券の「再発給」制度は廃止
※2：支払いは現地通貨の現金で
※3：撮影から 6 ヵ月以内
※4：発行から 6 ヵ月以内。帰国のための渡航書の発給には原本が必要

「旅券申請手続きに必要な書類」の詳細は、外務省のウェブサイトで確認を。
URL www.mofa.go.jp/mofaj/toko/passport/pass_5.html

緊急時の国際送金

海外送金サービスを利用

カンボジアの多くの銀行では、ウエスタンユニオン、マネーグラム、リアなどの各種海外送金サービスが利用できる。ウエスタンユニオンの場合の受け取りの際の利用手順は以下。
①利用するカンボジアの銀行で指定用紙に必要事項を記入する。
②インターネットで送金申し込みをしてもらい、コンビニで支払う（コンビニ送金申し込みも可能）。このとき送金者が決める暗証番号（MTCN ／送金管理番号）を聞いておくこと。
③振り込み後 5 ～ 10 分程度で受領可能。受け取りは本人のみで、②の暗証番号とパスポートが必要。URL www.westernunion.com

なお、日本でも利用者の多い PayPal はカンボジアでは利用できない。

Angkor Wat & Cambodia

カンボジア百科

自然と気候

国土と自然地理

メコン川とトンレサップ湖

カンボジアは、インドシナ半島の中央やや南西側に位置し、北西にタイ、北にラオス、東と南にベトナムと国境を接している。東西約560km、南北約440kmに及び、総面積は18万1035km^{2}で、日本のほぼ半分、タイの3分の1ほどである。

中央平原の東寄りをメコン川が北から南に流れ、中央平原の西寄りにはトンレサップ湖（太湖）がある。カンボジアの自然地理を特徴づけているのは、このメコン川とトンレサップ湖である。

メコン川は、全長4200kmに及ぶアジアの大河で、そのうち約486kmがカンボジア領内を縦断している。メコン川の水量は、増水期には渇水期の約20倍にもなり、その水が支流や分流に流れ込んで、カンボジアの大地を潤している。

一方、トンレサップ湖は、「伸縮する湖」として知られている。雨季にはメコン川の水が逆流して増水し、乾季の通常面積（約3000km^2）の約3倍以上（約1万km^2）にも膨れ上がり、周辺部の湿地帯や森林を冠水させる。また、トンレサップ湖は世界で最も淡水魚の種類が多い湖のひとつとしても有名である。その種類は300種以上にも及び、年間漁獲高は10万～12万tに上っている。

このように、メコン川とトンレサップ湖は、湖沼、湿地、浸水林を潤し、さらに平原部に豊富な水を供給してカンボジアの農業を支えているのである。まさにカンボジアの大地に恵みをもたらし、カンボジア農民に自然の恩恵を施しているといえよう。

シェムリアップ～プノンペン間の飛行機からは広大なトンレサップ湖が眺められる

森林地帯

カンボジアは「森林の国」ともいわれてきた。タイランド湾に沿ってクラヴァン山脈、その南にダムレイ山脈、北側のタイ国境に沿ってダンレック山脈が走っており、山岳地帯およびその周辺部、特にベトナムとラオスとの国境に近い北部や北東部地域は、その大部分が深い森林に覆われ、野生動物（ゾウ、トラ、サルなど）や原生林の宝庫となっている。しかし、森林伐採が急激に進んでおり、森林地域が激減している。1958年には国土の73.8％が森林であったが、1989年には68％となり、2016年には48％にまで減少してしまった。長期にわたった内戦時代には、爆撃などによる森林破壊が進行し、現在も人為的な森林伐採が急激に進んでいる。森林地域の減少によって、生態系の破壊など、自然環境への悪影響が憂慮されている。

海岸部

最後に、海岸部に目を向けてみると、海岸線は、タイランド湾に面して435kmほどしかないが、そこに分布する自然生態的環境は多様であり、貴重である。1960年代からほとんど開発の波にさらされず、そのままの状態に保たれてきたからである。特に、タイ国境近くの海岸地帯には、豊かな生態系がはぐくまれ、豊富なマングローブの原生林などが維持されている。

海岸部は、これまでカンボジアの歴史にさほど重要な役割を果たしてこなかった。カンボジアは内陸に向かっていた国家なのである。しかし、現在、カンボジアの海岸地帯は、その多様な自然環境によって注目を集める地域となっている。

気候と季節

カンボジアは、熱帯モンスーン気候に属し、1年は大きく雨季（ロダウ・ヴォッサー）と乾季（ロダウ・プラン）のふたつの季節に分かれている。カンボジア人の間では、乾季はさらに、涼季（11～1月）と暑季（2～5月中旬）のふたつの時期に分けて認識されている。

雨季は5月下旬～10月下旬にかけてである。5月中旬くらいから風向きが変わり、雨は降らないものの、夕方に稲光が多くなる。5月下旬になり、毎日ほぼ定刻に強い雨が降り始めるようになると、本格的な雨季がやってくる。しかし、雨季だからといって、1日中雨が降っているわけではない。例えばプノンペンでは、雨季の初めは午後の一定時刻にまとまって降ることが多い。

雨季の後半になると、雨量も多くなり、雨の降る時刻も不規則になるが、おおむね明け方や夕刻以降に降ることが多いようである。なお、7月には、「小乾季」と呼ばれる雨季の中休みの時期が

10日間ほどあり、雨が降らなくなる。雨量は、雨季後半の2ヵ月間（9～10月）が最も多い。

乾季は11～5月中旬にかけてであるが、その間雨はほとんど降らない。前半の11～1月（涼季：ロダウ・ロギィエィ）が、比較的涼しく、1年中で最も過ごしやすい時期となる。したがって、乾季の前半は、旅行に最も適しているといえるが、それでも日中には30℃を超えるので、無理はできない。

乾季後半の2～5月中旬は、酷暑の時期（暑季：ロダウ・クダウ）に入り、日中の気温が35～40℃以上にもなる。小さな池は干上がり、大地はカラカラに乾燥してしまう。カンボジア農民の大半も、この時期だけはあまり働かない。

気温と降水量

カンボジアの気候は、年間をとおして高温多湿である。年間平均気温は27.6℃で、1年のうち雨季直前の4月が最も暑い。プノンペンを例に取ると、4月の月間平均気温は29.4℃にもなる。逆に、1年で最も涼しいのが乾季の初めの12月で、月間平均気温は25.4℃である。

カラーでお見せできないのが残念だが、わかるだろうか？　右側は雨が降り左側は晴れている。雨季にはまれにこんな光景も見られる

年間平均降水量は1320mmに上り、雨季明け前の9～10月が最も雨が多い。プノンペンの10月の月間平均降水量は300mm以上に達する。また、年間平均湿度は77％で、最も湿度の高いのは9月である。プノンペンの9月の月間平均湿度は84％になる。　（高橋宏明）

旅のベストシーズン

旅行しやすいのはやはり雨の少ない乾季、それも11～1月の間。北東からの季節風が吹き、気温も少し下がって比較的過ごしやすい。2～5月中旬の間も雨はほとんど降らないが、雨季前の3～5月は強烈に蒸し暑い日が続くので、遺跡巡りにはかなりキツイ。

雨季に入れば気温は少し下がるが、都市部でも下水道が整備されていない道路は、スコールのあとには道が水浸しになって歩きづらい。大雨で地方への道路が寸断されたり、飛行機が欠航になったりするため、この時期の旅行はなるべく余裕のあるスケジュールを立てよう。

遺跡見学以外の過ごし方

アンコール・ワットをはじめとする遺跡群の魅力は何度見ても尽きることはないが、町なかにホテルや各種アクティビティ施設が多く生まれ、観光システムが整ってきた現在では、遺跡見学とは別の過ごし方にも目を向けてみたい。

まずはホテルでの過ごし方。特にシェムリアップには設備、サービスともにインターナショナルレベルのリゾートホテルが多数あり、ホテル滞在そのものが楽しめる環境が整っている。客室の設備はもちろん、プール、スパ＆マッサージ、カフェでのアフタヌーンティー、高級レストラン、シックなバーなど、カンボジアにいることを忘れてしまうほどの施設が揃うホテルも珍しくない。また料理教室を開催するところも増えてきた。宿泊せずともホテル施設はぜひ活用したい。

アクティブに過ごしたい人には、ゴルフやネイチャーツアーもある。シェムリアップやプノンペンには国際基準のゴルフ場が複数ある。クラブやシューズのレンタルもあり、ビジターでもプレイ可能で、日本人にも人気だ。欧米人のネイチャー派にはトンレサップ湖などの水辺の自然景観やバードウオッチング、シハヌークビルの離島（ロン島とロン・サムレム島）でのダイビング、モンドルキリまたはラタナキリでのトレッキングなども人気だ。

プール付きのリゾートホテルでのんびり過ごすのも旅のひとつの楽しみ方

そこまで予算や時間がない人には、食べ歩きの楽しみもある。シェムリアップやプノンペンには高級フランス料理からローカルなカンボジア料理まで、食のチョイスが豊富だ。3食の食事以外にも、珍しい物好きなら、市場や屋台街をつまみ食いしながら歩くだけでも楽しめるはずだ。

アンコール遺跡のイメージが強いカンボジアだが、ちょっと視野を広げてみれば、さまざまな過ごし方が見えてくる。オリジナルの過ごし方を見つけてみよう。

カンボジアの歴史

先史時代から独立まで

先史時代（紀元前4200年頃～紀元前後）

いつ頃から現在のカンボジアの地に人が住み始めたのか定かではない。最も古い人間の痕跡は、カンボジア北西部ラアン・スピアンにある洞窟から発見された人間の生活の跡であり、紀元前4200年頃と推定される。また紀元前3000年頃には、海岸近くに人が住んでいたと考えられている。最も古い遺跡は、新石器時代のクバル・ロメアス遺跡で、紀元前3420年頃にまで遡る。

紀元前1500年頃から、サムロン・セン（トンレサップ湖東南湖岸）には現在のカンボジア人に近い人々が居住していたとされる。これらの人々の人骨などが発見されており、彼らは杭の上に簡単な住居を構えていたと考えられている。

前アンコール時代（紀元前後～802年）

紀元前後から、インド人商人は、モンスーンを利用してインドシナ半島南部（現在のコーチシナ地方）に来航し、交易活動を行っていた。2世紀頃には、インド文化の影響を受けた「扶南（ふなん）」が、カンボジア南部のメコンデルタ地帯に建国された。扶南は、内陸部から集積された森林産品の集散地として栄えつつ、海外との交易により国家を発展させていった。特に、扶南の外港オケオ（現在のベトナム南部アンザン省）は、海のシルクロードの貿易中継地点に当たり、インド、中国、そして遠くローマ帝国との交流もあった。

5～6世紀になると、オーストロアジア語系諸族に属するクメール人が、揺籃（ようらん）の地であるメコン川中流域、南ラオスのチャンパサック地方から、インドシナ半島に徐々に南下を開始した。その過程で、「真臘（しんろう）」へと発展しつつ、版図を拡大していく。7世紀に真臘は、インドシナ半島南部に存在した扶南を併合し、首都を「イーシャーナプラ」（現在のコンポントム州、サンボー・プレイ・クック→P.104）に定めた。8世紀初頭、真臘は「水真臘（みずしんろう）」と「陸真臘（りくしんろう）」に分裂し、一時的に国内は混乱するが、802年、ジャワから帰国したジャヤヴァルマン二世によって再統一される。

アンコール時代（802～1431年）

ジャヤヴァルマン二世は、即位後、アンコール朝を創設した。続くインドラヴァルマン一世は、首都を「ハリハラーラヤ」（現在のロリュオス地域の近郊→P.86）に定めた。889年に即位したヤショーヴァルマン一世は、アンコールの地を王都と定め、小丘プノン・バケン(→P.66)を中心とした約4km四方の大環濠都城を建造した。以後、都は「ヤショーダラプラ」(「ヤショーヴァルマン王の都城」の意味）と呼ばれ、約550年間にわたり都城と寺院が建築され続けた。アンコール朝の隆盛期は、王都をアンコール地域におき、アンコール・ワット(→P.30)、バイヨン(→P.50)などの大石造寺院を建設していたこの時代であった。

1177年、アンコール朝は、勢力を伸長してきた近隣の海洋貿易国家チャンパの軍に、王都アンコールを一時占領されるが、その後すぐにアンコールは回復し、1181年頃には、建寺王ジャヤヴァルマン七世が登場する。ジャヤヴァルマン七世の統治下では、空前の繁栄を極め、インドシナ半島の大部分に勢力を広げるほどの大王朝となった。王は道路網を整備して街道に121ヵ所の宿泊所をおき、国内102ヵ所に病院を建てたといわれている。これが、アンコール王朝の最盛期であった。

しかし、たび重なる遠征や大寺院の建造などによって、ジャヤヴァルマン七世の死後、国力は急激に衰退する。1431年頃には、シャムのアユタヤ朝にアンコールを攻略され、王都アンコールは陥落した。流浪と苦難の時代が始まったのである。

後アンコール時代（1431～1863年）

アンコール放棄以後、カンボジアの王権は、王都をスレイサントー、プノンペン、ロンヴァエク、ウドンと、転々と移していった。15世紀以降は、西のシャム（アユタヤ朝、バンコク朝）、17世紀以降は、東のベトナム（阮（グエン）朝）に領土を徐々に蚕食（さんしょく）されていく。

16世紀中頃、カンボジアは、ビルマとの戦争で弱体化したアユタヤ朝に戦闘を仕掛けることもあった。しかしその後、シャムの巻き返しにより、カンボジア王室にはシャム王室の影響力が強まっていく。同時に、王家の内紛や地方官僚の離反な

12世紀、ジャヤヴァルマン七世が創建したバイヨンの壁画に描かれたクメール軍の行進

どによって、王権は弱体化し、国力もますます衰退していった。

18世紀後半以降、シャムとベトナムの攻撃によって、カンボジアは国家滅亡の危機に陥った。1835～1840年には、アン・メイ女王が阮朝ベトナムに行政権を奪われ、1841年には国土が併合されて、国王が国内に不在となった。1845年にシャムとベトナムの妥協が成立し、1847年、アンドゥオン王が正式に即位すると、国内は一時的に平和になる。しかし、実質的にはシャムとベトナムの両国による隷属状態におかれていた。

フランス植民地時代（1863～1953年）

シャムとベトナムの二重属国状態を脱するために、アンドゥオン王は1853年、アジアに進出していたフランスへの接近を試みる。

1863年8月、ノロドム王は、フランスと保護国条約を結び、フランスの支配下に入った。続く1884年協約の締結によって、フランスによる植民地体制は強化された。1887年、フランス領インドシナ連邦の成立とともに、インドシナ植民地の一部に編入され、1953年に独立するまで、フランスの支配を受け続けたのである。

フランスは、植民地時代を通じて、王朝、王権、仏教といったカンボジア固有の「伝統」を温存した。その一方で、社会経済開発、近代的教育制度などの導入を積極的には進めなかった。また他方で、中国人移民やベトナム人労働者を受け入れ、カンボジア人の代わりに、社会経済開発の担い手として利用していった。この結果、クメール人の民族意識の形成は遅く、1930年代後半にならなければ本格的な民族主義運動は開始されなかった。

第2次世界大戦後、フランスからの脱植民地化を目指し、カンボジア独立運動の先頭に立ったのは、1941年に19歳で即位したシハヌーク国王であった。シハヌークはフランスとの交渉を積極的に進めるが、部分的な自治権しか承認されず、完全独立への道のりは平坦ではなかった。1949年11月、フランスとの連合の枠内での限定的独立を獲得したが、司法権、警察権、軍事権などがフランスに残されていたために、真の独立とはいえなかった。このため、国内ではシハヌークに対する非難が起き、地方でベトミン（ベトナム独立同盟）系ゲリラや反共勢力による活動が活発化すると、シハヌークは1953年2月、「合法クーデター」によって全権を掌握し、フランスとの直接交渉に乗り出す。

1953年4月以降、国際世論に訴えてフランスから譲歩を引き出し、同年11月9日、ついに完全独立を達成した。

現代カンボジアの形成（独立から1993年総選挙～連立政権誕生まで）

シハヌーク時代（1953～1970年）

独立を達成したシハヌーク国王は、インド、中国、フランスとの関係を重視しつつも、東西陣営のどちらにも属さない非同盟中立として独自の路線を歩む中立外交を推進した。1954年のジュネーブ会議以降、カンボジアでは、独立・平和維持・領土保全のための方策として、非同盟の中立主義が外交政策の基本方針となる。シハヌークの外交政策は、一部から「綱渡り外交」と揶揄（やゆ）された。しかし中立外交は、戦乱のインドシナ半島において、ベトナム戦争の戦火をかぶらずに平和を維持するための現実的な政策だったともいえる。

シハヌークは、内政的には仏教社会主義（王制社会主義）を唱えた。仏教社会主義とアンコール時代の王制との類似点を指摘して、王制と民主主義、社会主義は矛盾しない概念であると主張したのである。1955年、シハヌークは、王位を父スラマリット殿下に譲り、退位した。その直後、国民統合を目指し国家建設を推進する新体制として、「人民社会主義共同体（略称サンクム）」を結成し、自ら総裁に就任した。サンクムは、国家体制の支柱としてカンボジアの伝統である王制と仏教を護持しつつ、一方で計画経済政策を導入するというものであった。しかし実際には、左右イデオロギー勢力を内包した一種の国民運動のような政治組織であり、しかもその実態は、シハヌークによる独裁主義的政治運営が特徴であった。

1960年代後半、中国にならった自力更生による経済政策が失敗し、財政が困窮すると、サンクム内における左右勢力の均衡も崩れてしまった。1970年3月、右派ロン・ノル将軍によって、外遊中のシハヌークは国家元首を解任される。右派の政権奪取はベトナム戦争のカンボジア領内への拡大を招く結果となり、カンボジアは戦乱に巻き込まれていった。

ロン・ノル時代から民主カンプチア時代へ（1970～1979年）

ロン・ノル将軍のクーデター後、北京に亡命していたシハヌークは、「カンプチア民族統一戦線」の結成を宣言し、共産勢力クメール・ルージュと協力することを表明した。1970年以降、ベトナム戦争はカンボジア国内にまで拡大され、1973年以降はカンボジア人勢力同士による内戦も激化した。この結果、国内は混乱し、国土は疲弊（ひへい）していった。

1975年4月17日、クメール・ルージュを中心としたカンプチア民族統一戦線がプノンペン入城を果たし、内戦は事実上終結した。しかし、政権を握ったポル・ポト派は急進的な共産主義政策を断行したために、国内は再び大混乱をきたしたのである。

民主カンプチア政府（ポル・ポト政権）の政治についてはいまだに謎が多い。毛沢東主義の影響を受けたといわれるポル・ポト派は、プノンペン入城直後、都市の無人化、農村への強制移住政策を行う。さらに、市場・通貨の廃止、労農・政治教育以外の学校教育の廃止、宗教活動の禁止、サハコー（人民公社）の設置と集団生活化など、従来の伝統的価値観や社会体系を無視した政策を断行した。これらの諸政策のために、カンボジア国内は混乱し、伝統的な社会システムは破壊された。ポル・ポト政権下の3年8ヵ月間は、カンボジア国民にとって、「精神的外傷」として、現在でも記憶に深く刻み込まれている。

また、ポル・ポト政権成立直後から、ベトナムとの対立が激化するようになり、1977年には大規模な国境紛争へと発展していった。1978年12月下旬、ベトナム軍はカンボジア領内に侵攻し、翌年1月に民主カンプチア政府はプノンペンを放棄して、タイ国境の山岳地帯へと逃走した。同時に、タイ国境地帯に大量のカンボジア「難民」が押し寄せ、1980年代を通じての「難民問題」の端緒となった。

ベトナム軍の侵攻と「カンボジア問題」の発生（1979～1987年）

1979年1月7日、ベトナム軍に支援された「カンプチア救国民族統一戦線」は、プノンペンを「解放」した。その直後、人民革命評議会議長ヘン・サムリンが「カンプチア人民共和国」（ヘン・サムリン政権）の樹立を宣言した。

一方、タイ国境に逃れた民主カンプチア勢力は、ゲリラ活動を展開しつつ、1982年7月には、ソン・サン派、シハヌーク派とともに、反ベトナムの「民主カンプチア連合政府三派」を発足させ、ヘン・サムリン政権に対抗した。このため、1982年以降のカンボジアには、タイ国境にあって中国やASEAN（アセアン）などに支援された民主カンプチア連合政府三派と、ソ連やベトナムなどに支援されながらカンボジア全土を実効支配するカンプチア人民共和国というふたつの「国家」が併存することとなった。

1980年代全体をとおして、両政権による内戦は長期化し、二重政権状態が継続される。「カンボジア問題」は、東西対立に加えて、社会主義国家間の対立が内戦の原因を複雑にし、さらに紛争解決を困難にしていた。

カンボジアの歴史年表

カンボジア

西暦（年）	事項
2世紀頃	カンボジア南部に「扶南」興る
514年	ルドラヴァルマン登位
707年	真臘分裂
802年	ジャヤヴァルマン二世即位。アンコール朝創始
877年	インドラヴァルマン一世即位し、ハリハララヤを王都とする（ロリュオス遺跡）
889年	ヤショーヴァルマン一世即位し、アンコールの首都ヤショーダラプラ（アンコール）造営
910年頃	ハルシャヴァルマン一世即位
922年頃	イーシャーナヴァルマン二世即位
928年	ジャヤヴァルマン四世即位
944年	ラージェンドラヴァルマン一世即位。全国統一
969年	ジャヤヴァルマン五世即位
1002年	スールヤヴァルマン一世即位
1050年	ウダヤーディティヤヴァルマン二世即位
1080年	ジャヤヴァルマン六世即位
1113年	スールヤヴァルマン二世即位。アンコール・ワットの造営
1145年	アンコール朝のチャンパ支配（～1146年）
1166年	トリビヴァーナディティャッヴァルマン一世即位
1177年	チャンパ軍のアンコール都城占領
1181年	ジャヤヴァルマン七世即位。アンコール・トム造営開始
1190年	アンコール朝のチャンパ支配（～1220年）
13世紀初頭	ジャヤヴァルマン七世、アンコール・トムを完成
1220年頃	インドラヴァルマン二世即位
1296年	周達観、元朝の使節に随行してアンコールを訪問（～1297年）
1307年	シュリンドラジャヤヴァルマン一世即位
1327年	ジャヤヴァルマン・パラメーシュヴァラ一世即位
1353年	シャム軍の第一回アンコール攻略
1394年	シャム軍の第二回アンコール攻略

日本

西暦（年）	事項
180年頃	卑弥呼が邪馬台国の女王となる
607年	法隆寺建築
752年	東大寺の大仏が造られる
794年	平城京から平安京に都が移る
1000年頃	『枕草子』『源氏物語』が書かれる
1053年	平等院鳳凰堂建立
1185年	壇ノ浦の戦いで平家が滅びる 源頼朝が鎌倉に幕府を開く
1333年	鎌倉幕府滅びる
1338年	足利尊氏が室町幕府を開く

1980年代、ベトナム軍の駐留に反発した西側諸国やASEANなどの支持によって、民主カンプチア側が国連の議席を維持し続けた。そのため、カンプチア人民共和国には西側諸国からの開発援助も入らなかった。カンプチア人民共和国は、東欧やベトナムなどの社会主義国からの乏しい援助、NPO（民間非営利組織）からの支援などをもとに、国家再建に取り組んでいたのである。

カンボジア和平への道のり（1987～1991年）

「カンボジア問題」の解決のために、1987年12月、パリにおいて、紛争当事者同士であるシハヌーク殿下（民主カンプチア連合政府三派）とフン・セン首相（ヘン・サムリン政権）による直接会談が、初めて実現した。その後も、両者による話し合いは場所を変えて行われた。

一方、カンボジア和平実現のために、紛争当事者と関係各国による国際会議も、1988年7月、1989年2月、5月のジャカルタ非公式会談、7～8月のパリ会議と続けて開催され、和平が模索された。しかし、紛争当事者間において、内戦終結の最終合意にはいたらなかった。

ところが1989年以降、ソ連のペレストロイカの進行や東欧社会主義諸国の崩壊により、冷戦が終結すると、東西対立も解消され、カンボジアをめぐる国際環境も急激に進展した。特に、1990年代に入り、「カンボジア問題」解決のための重要な鍵を握る中国とベトナムとの間の関係改善が、カンボジア和平実現に大きな影響を与えた。

1990年9月、ジャカルタ会議において、カンボジア四派により「カンボジア最高国民評議会」（SNC）のプノンペン設置案が合意された。続く1991年も、6月のジャカルタ、8月のパタヤ、9月のニューヨークと会合は断続的に行われ、10月23日のパリ会議へといたるのである。

パリ和平協定の締結（1991年）

1991年10月23日、パリ会議において、カンボジアの包括的和平の実現のために、「パリ和平協定」が19ヵ国の代表により調印された。パリ和平協定では、UNTAC（国連カンボジア暫定統治機構）の設立の規定、カンボジア四派の軍隊の武装動員解除と内戦の終結、停戦監視、タイ領内の難民の帰還、行政分野の直接的な管理、人権状況の監視、制憲議会選挙の実施などが規定された。また、新政権の発足までの暫定期間中は、「カンボジア最高国民評議会」（SNC）がカンボジアの主権を体現する唯一の合法的機関とされた。

1991年11月14日、シハヌーク殿下が12年ぶ

年	カンボジアの出来事
1431年頃	アンコール王都陥落
1528年	アンチャン一世、新王都ロンヴァエク造営
1546年	アンチャン一世、アンコール・ワットの修復を命ず
1557年	アンチャン一世、2万の大軍でシャムを攻略
1594年	王都ロンヴァエク陥落
16世紀末	東南アジア各地に日本人町設立
1623年	王都をウドンに建設
1632年	日本人の森本右近太夫一房、アンコール・ワットを参拝
1692年	約5000人のチャム人集団、カンボジアへ亡命
1731年	サター二世、カンボジア南部（現ベトナム南西部）2州をフエ朝廷に割譲
1757年	アントン王、カンボジア南部（現ベトナム南西部）2都1州をフエ朝廷に割譲
1775年	アンノン二世即位。シャムの宗主権下に入る
1792年	約1万人のカンボジア人、運河掘削のためバンコクへ連行される
1795年	宰首バエン、バッタンバン、シェムリアップ両州をシャム領に帰属させる
1806年	アンチャン二世即位（シャムより帰国）ベトナムの宗主権を認める
1814年	シャム、ソトゥントレン州など北部3州を併合
1841年	阮朝、カンボジアを併合
1847年	アンドゥオン王、シャム、ベトナムの合意により即位
1860年	アンリ・ムオ、アンコール遺跡調査
1863年	フランスとカンボジア保護条約調印
1884年	フランスとカンボジア協約調印（フランスの支配強化）
1887年	大統領により仏領インドシナ連邦成立
1893年	ストゥントレン、ラタナキリ両州の一部を仏領に帰属させる
1904年	ムルー・プレイ、トンレプーなどの地方が仏領となる
1907年	タイよりカンボジアにアンコール地方が返還される。シェムリアップ（アンコール地方）など西北部3州が仏領となる

年	日本の出来事
1397年	金閣寺建立
1467年	応仁の乱が起きる
1543年	種子島に鉄砲伝来
1549年	フランシスコ・ザビエルがキリスト教を伝える
1590年	豊臣秀吉が全国を統一する
1603年	徳川家康が江戸幕府を開く
1634年	長崎に出島が造られる
1702年	『奥の細道』が発刊される
1774年	前野良沢、杉田玄白らが『解体新書』を翻訳出版する
1784年	松平定信が「寛政の改革」を断行する
1821年	伊能忠敬が日本初の実測地図を作成
1841年	水野忠邦が「天保の改革」を断行する
1853年	ペリー浦賀に来航
1854年	日米和親条約が結ばれる
1867年	徳川慶喜が大政奉還を行い江戸幕府が滅びる
1877年	西南戦争が起こる
1894年	日清戦争が起こる
1904年	日露戦争が起こる
1910年	韓国を併合

りにカンボジアに帰還し、SNCが正式に発足した。続いて、翌年3月15日にはUNTACが誕生し、1993年5月の選挙実施に向けて全国で活動を開始したのである。

UNTACの活動と展開

UNTACは、1992年3月から翌年9月までの間、カンボジアの新政府樹立を支援するためにあらゆる分野の協力を実施した。

UNTACの任務は、制憲議会選挙の実施を経て、制憲議会による新憲法が発布され、立法議会に移行し、新政権が発足するまでの暫定期間(18ヵ月)、SNCとともに、カンボジア紛争の政治的解決と平和回復の役割を担うものとされた。

UNTACは、7部門(行政部門、人権部門、選挙部門、軍事部門、警察部門、難民帰還部門、復旧・復興部門)から構成され、軍事要員約1万5900人、文民警察・停戦監視要員約3600人、行政担当・選挙監視要員約2000人の合計約2万1500人にも及ぶ大規模な平和維持活動(PKO)であった。

UNTACが実際に展開した期間は、18ヵ月間であった。その活動は多岐にわたり、カンボジア社会に少なからぬ影響を与えた。例えば、ラジオ局の開設(ラジオUNTACによる全国放送の開始)、国連ボランティア活動の全国的な展開、選挙キャンペーンの実施(有権者登録と選挙方法の教育など)、難民の本国帰還(帰還場所については、帰還者本人の自由選択)などは、カンボジア社会の末端にまで影響を及ぼした活動であった。戦乱と社会主義一党独裁政権が長く続いたカンボジアにおいて、これらの活動は市民の目に新鮮に映ったのである。

実際、UNTACの活動期間中、カンボジア社会では、新聞の発刊ラッシュ、自主的出版物の発行増加など、表現の自由の兆候が現れ、情報量も格段に増加した。さらに、結社の自由と新政党(20政党)の選挙への参加の実現、政治犯釈放の実現、人権意識の萌芽など、多岐にわたる分野での社会的変化が起きたのであった。

他方、常時数万人の異民族がカンボジア全土に展開しており、カンボジアの一般国民とは異なった生活をしていたことから、不和や軋轢(あつれき)が生じたことも事実であった。しかし、選挙準備過程における有権者登録や選挙キャンペーン実施の成功によって、制憲議会選挙においては、90%近くの投票率をあげたのである。これは、有権者によるある程度の自由意思の表明がなされた結果とみられ、選挙活動は成功したと評価された。

確かに、UNTACの目標のひとつであった各派の武装解除に失敗したことは事実であり、また、必ずしも選挙後に中立的な政治環境ができあがったとは言い難い面もある。しかし一方で、選挙には多数の政党が参加し、多くの国民が投票を行った。カンボジア社会に多元主義的の兆候が誕生したことも事実なのである。

新生「カンボジア王国」の誕生

1993年5月の制憲議会選挙の結果は大方の予想に反して、フンシンペック(FUNCINPEC)党(独立・中立・平和・協力のカンボジアのための国民統一戦線)が人民党(CPP)に勝利した。議席数配分は、ラナリット殿下率いるフンシンペック党が58議席、旧プノンペン政権の母体である人民党が51議席、仏教自由民主党(BLDP)10議席、モリナカ党(カンボジア民族解放運動)1議席となり、その後の政治運営に当たることになった。6月14日、初の制憲議会が招集され、16日には新政府樹立までの間、フンシンペック党と人民党の連立を基礎とした暫定国民政府が成立した。その後、新政権樹立のための討議が続けられ、9月23日には新憲法が公布された。この結果、1993年9月24日、約23年ぶりに統一政権として、シハヌーク国王を国家元首とする新生「カンボジア王国」が誕生したのである。

連立政権による政治運営(1993〜1996年)

1993年の総選挙の結果を受け、フンシンペック党と人民党による連立政権が成立した。連立政権発足当初、内政は比較的安定していたが、1994年に入ると政府内には亀裂が生じる。7月に人民党のチャクラボン殿下を中心とした勢力によるクーデター未遂事件が発生し、人民党内の権力闘争が露呈した。10月には内閣改造により改革派のサム・ランシー蔵相が更迭され、シリヴット外相も辞任するなど、連立政権の基盤を揺さぶるできごとが続いた。続く1995年には、6月にサム・ランシーの国会追放、9月のソン・サン派集会への手榴弾投下事件、11月のフン・セン第二首相暗殺未遂事件の首謀者であるとの嫌疑によるシリヴット殿下のフランス亡命など、政界を揺るがす事件が続発し、両首相の確執が深まっていった。

1996年6月、ポル・ポト死亡説が流れ、クメール・ルージュ(以下KR)内部の権力闘争が伝えられた。8月に最高幹部のイエン・サリがKRから離脱し、政府に急接近すると、その後、ほかのKR支配地域の兵士や民間人の大量投降も進んだ。この結果、KRの分裂は決定的になり、弱体化がますます進行したのである。(高橋宏明)

カンボジアの政治・経済

UNTAC 後の政治情勢

1995 年以降、フンシンペック党と人民党の確執は深刻化した。1997 年に入っても政情不安は収まらず、7 月 5 日にはプノンペンで両党派の軍隊による武力衝突が発生した。人民党系軍隊は全土を制圧し、ラナリット第一首相を連立政権から追放して、フン・セン第二首相が実権を掌握した。フン・センは、憲法と連立政権の維持などの声明を出して政権の正当性を訴えたが、国際社会から非難を浴び、国際援助は一部停止され、ASEAN（アセアン）への加盟も見送られた。その後、国際社会からの要請に基づき、1998 年に総選挙が実施されることになった。

1998 年 7 月に第 2 回総選挙が行われ、投票率は 93.7%に上った。人民党 64 議席、フンシンペック党 43 議席、サム・ランシー党 15 議席と発表されたが、サム・ランシー党首はこの結果に異論を唱え、反フン・セン集会を組織した。10 月になっても各党による協議は進展せず、新政府の樹立も危ぶまれたが、シハヌーク国王の仲介も実り、11 月下旬に人民党とフンシンペック党との間で政治的妥協が成立し、フン・センを首相とする新政権が発足した。他方、1998 年 4 月にはポル・ポトが死亡し、12 月にクメール・ルージュの最高幹部キュー・サムファンとヌオン・チアが投降して、クメール・ルージュが解体した。

2003 年の第 3 回総選挙では、フン・セン首相の率いる人民党が 73 議席を獲得して勝利し、政権基盤を固めることに成功した。フンシンペック党は 26 議席、サム・ランシー党も 24 議席にとどまり、野党勢力は人民党支配体制を崩すことはできなかった。続く 2008 年 7 月の第 4 回総選挙では、人民党が 58.11% の得票率で 90 議席を獲得し、他党に圧勝した。サム・ランシー党は 2 議席伸ばして 26 議席を得たが、フンシンペック党は内紛と分裂を繰り返して 2 議席しか獲得できなかった。人民党はフンシンペック党と連立政権を組んだが、フン・セン首相は政府閣僚のポストをすべて人民党に配分するなど、実質的な人民党の単独政権を誕生させた。一方、2 回の総選挙を通じて、ラナリット殿下率いる王党派は弱体化した。

2010 年代の政治社会変化

2009 ～ 2013 年にかけて、カンボジアの政治社会環境は大きく変化した。経済成長が順調に進むなか、2012 年にカンボジアは ASEAN 議長国を務めた。フン・セン首相は ASEAN 首脳会議を成功裏に終わらせ、カンボジアの政治的安定を国際社会にアピールした。6 月に実施されたコミューン評議会議員選挙では、人民党が全議席数の 7 割以上を獲得し、地方政治の基盤を着々と固めていった。そうしたなか、10 月 15 日、病気療養先の北京で、シハヌーク元国王が 89 歳で崩御した。2004 年 10 月に退位した後、政治の表舞台に出ることはなかったが、国民からの人気は絶大だった。逝去後、10 日間の服喪期間が設けられると、王宮前には多くの国民が全国各地から弔問に訪れた。2013 年 2 月に国葬が執り行われ、元国王との別れを悲しんだ。カンボジア現代史における最大の主役であるシハヌーク元国王の死は、カンボジアの内戦と混乱が過去の歴史になったことを国内外に強く印象づけた。

2012 年 10 月、最大野党のサム・ランシー党と人権党が合併し、カンボジア救国党が誕生した。党首にサム・ランシー、副党首にはクム・ソッカーが就任したが、党首が禁固 12 年の有罪判決を受けて海外亡命状態のため、国内に党首が不在のままでの野党再編となった。2013 年 7 月の第 5 回総選挙は、人民党に圧倒的有利の声が多かったが、選挙戦終盤でサム・ランシー党首に恩赦が出され投票日の 1 週間前に帰国が実現すると、救国党は都市部の若者層を中心に支持を急速に拡大した。選挙結果は、人民党 68 議席、救国党 55 議席となり、人民党が議席数を大幅に減らした。得票率では、人民党 48.83% に対して、救国党 44.46% と拮抗していた。救国党はソーシャル・ネットワーキング・サービスを積極的に活用した選挙戦を展開して、フン・セン長期政権の腐敗体質、政府官僚の汚職のまん延、貧富の格差の拡大などの問題を訴える一方、労働者の最低賃金や公務員給与の最低額の引き上げ、年配者への年金支給など、具体的な政権公約を掲げて幅広く支持を訴え、現政権に不満をもつ人々、特に若い世代からの支持を獲得した。

2017 年 6 月にコミューン評議会議員選挙が実施され、得票率が人民党 50.76%に対して、救国党が 43.83%を獲得した。与党の独裁的な政治運営に対する不満から、野党が全国的に勢力を伸ばした。そうしたなかで 9 月、救国党のクム・ソッカー党首が国家反逆罪の容疑で逮捕された。米国と共謀して政権転覆を謀ろうとしたと政府は主張し、最高裁に救国党の活動停止等を求めて提訴した。11月、最高裁は同党の解党と5年間の議員活動停止を命じた。その結果、国民議会に救国党が所有していた55議席は、人民党と救国党以外の野党に配分され、人民党79議席、フンシンペック党41議席、カンボジア国籍党2議席、クメール経済開発党1議席となった。

フン・セン政権は2018年7月の総選挙に救国党の復帰を認めず、有力野党不在のまま選挙は実施され、人民党が圧勝し全125議席を獲得した。欧米諸国や人権団体などは、第6回総選挙が「自由で公正ではない」として、選挙の正当性に異議を唱え、フン・セン首相の独裁的な政治手法に対して批判の声を強めた。EUは、カンボジアの人権状況が悪化していることを理由に、関税優遇措置の停止手続きを開始するとして、経済制裁による圧力をかけ始めた。フン・セン首相の強引な政権運営の背景には、中国政府の強力な政治的経済的支援がある。2015年に習近平国家主席がカンボジアを訪れた後、経済協力が急増し、投資案件が激増した。こうした中国の対カンボジア政策が、フン・セン首相の権力基盤を強化することにつながっている。

他方、2006年7月に開始された、ポル・ポト政権下に起きた国民大虐殺を裁くカンボジア特別法廷では、2012年2月にカン・ケック・イウ元S21政治犯収容所長に第二審判決として終身刑が言い渡された。2014年8月にはキュー・サムファン元国家幹部会議長とヌオン・チア元人民代表議会議長に第一審判決として終身刑が下された。特別法廷での裁判は現在も進行中であるが、国民和解のための模索はいまだ続いている。

グローバル化の進展と経済成長

1997年7月の武力衝突後、外国からの援助が一時停止され、実質経済成長率は1996年の6.5%から1997年には2.1%に低下し、国内経済は悪化した。しかし、1998年の総選挙を経て、新政権が成立すると、徐々に経済状況は好転した。1999年4月、ASEANに正式加盟すると、海外からの投資も増加し、21世紀に入りグローバル化が急激に進んだ。2004年10月にWTO(世界貿易機関)に加盟した後、プノンペンや観光地シェムリアップばかりでなく、首都の周辺地域や地方都市にまで経済的な影響が及びだした。2005年以降、プノンペンでは大規模な高層ビルやショッピングモールの建設ラッシュが始まり、首都近郊に高級住宅地の開発が進められ、不動産価格が高騰している。地方都市の郊外やタイ・ベトナムの国境地域には、多数の工業特区が設けられ、製造業の工場が急増した。

一方、シハヌークビルやケップなど、タイランド湾に面する海岸沿いの地域では高級リゾート開発が進んでいる。2015年以降、中国の「一帯一路」政策の重要拠点のひとつとしてシハヌークビルが注目されると、中国による大規模なリゾート開発が開始され、ホテルやカジノなどの建設ラッシュが急進している。中国企業による不動産への投資が盛んになり、土地の値段が急騰すると同時に、中国人観光客が激増し、他の観光地に比べて物価が高騰している。素朴な海岸リゾートのイメージが失われつつある。

経済成長を続けるなかで、ひとり当たりのGDPは、1998年に255ドル、2000年には288ドルに過ぎなかったが、2005年に455ドル、2010年に814ドル、2013年には1011ドルとなり、2017年は1390ドルに達した。2004～2008年までは毎年10%を上回る経済成長率を記録した。2010年以降も平均7%以上のGDP成長率を維持しており、2018年は7.7%だった。政府の統計によれば、貧困率は2004年に53%だったが、2018年には13.5%まで減少した。

こうした社会経済変化のなか、21世紀に入り農民層が中心だったカンボジア社会は大きく変わってきている。2018年時点でプノンペンとそのほかの都市部に居住する人口は約20%に過ぎず、約80%が農村部で生活しているが、農業人口の割合が低下してきた。2002年の産業別就業人口割合は、第一次産業70%、第二次産業10.5%、第三次産業19.5%となっているが、農林水産業分野の従事者は、1993年の319万2000人（81%）から2002年は448万人（70%）となり、総数では増加しているものの、割合では減少している。逆に第二次産業は3.0%から10.5%に伸び、なかでも製造業が2.3%から8.7%へ増えた。第一次産業がGDP全体に占める割合も1993年46.8%、2003年38.8%、2012年29.4%、2017年には25%と年々減少してきた。農業中心だった社会経済構造が徐々に変化しており、今や縫製業などの第二次産業が32.7%、観光・サービス業などの第三次産業が42.3%を占めるにいたっている。

他方、経済成長と開発の進展にともない、都市部でも地方でも、土地紛争などの土地の所有権をめぐる問題が頻発している。居住地からの強制退去や土地の強制接収などが、政府の開発政策に関連するケースも見られ、国際社会から違法性が指摘されている。同時に、地域住民に対する人権弾圧が懸念されている。（高橋宏明）

カンボジアの文化

東南アジアの文化センター

現在のコーチシナ地域は、紀元前後からモンスーンを利用したインドからの貿易船が来訪し、中国とインドを結ぶ海上の中継地として栄えていた。そこにインドの文化を受容した国家「扶南(ふなん)」が成立した。扶南は、インド的世界観と土着の文化的要素を混合しつつ、カンボジア独自の文化を発展させていった。それ以降、アンコール時代の繁栄期にかけて、カンボジアは近隣諸国に文化的影響を及ぼし、いわば東南アジアにおける文化的中心地としての役割を担っていたのである。

このようにカンボジアは豊かな文化的背景を誇ってきたといえ、その文化は、古典舞踊、文学、影絵芝居、歌謡、音楽など多岐の分野にわたり、クメール独自の展開を見せてきた。しかし、クメールの伝統的な民族文化は、いずれもポル・ポト時代の文化破壊によって大打撃を受けたために、現在は文化復興の途上にある。

宮廷文化と民衆文化

カンボジアの文化は、大きく宮廷（王宮）文化と民衆文化に分けることができる。両者の内容については、時代による差異もあるが、宮廷文化とは、王族・バラモン・特定の官僚エリート層などを中心として王宮内やその周辺で形成され、発展してきた文化を指す。これらの層は、インド文化の枠組みを取り入れつつ、クメール独自の文化に発展させてきた。特に宮廷を中心にして、文字による文化（王朝年代記、宗教書など）、宮廷舞踊、仮面劇などを洗練させたことがひとつの特徴といえる。

アンコール時代以後、宮廷文化が最も繁栄したのは、19世紀中頃のアンドゥオン王時代である。1847年に即位したアンドゥオン王は、自分のそばに吟遊詩人をおき、また、王朝年代記や法律書などの編纂を行う一方、自らも『チバップ・スレイ』（女子庭訓）や『カーカイ』などの文学書を著し、クメール文化を再興したといわれている。

他方、民衆文化も、文化的背景としてはインド文化を受容しているので、宮廷文化との基本的な類似点はある。しかしその特色は、いわゆる「インド化」以前のカンボジアの土着の文化的要素を、「インド文化」と混合することによって、新たな文化的表現を民衆の生活レベルのなかで形成したところにある。影絵芝居（スバエク →P.140）はその代表例で、話の枠組み自体はインドの『ラーマーヤナ』の影響を受けているものの、内容の展開そのものには地域的特色が反映されていて、演じる人々によって独自に脚色され、発展してきた。また、各地方に残る「踊り」や「歌謡」などの民俗芸能も民衆文化の代表例である。

そして、宮廷文化との大きな違いは、民衆文化は口承により伝えられ、形式や姿形は言葉によって代々伝えられてきたということである。そこには、文字による伝承方法は存在せず、すべて身体的動作や口承などによって先祖から子孫へ代々伝えられている。

宮廷舞踊・仮面劇

宮廷文化の代表例のひとつが、古典的な宮廷舞踊（ルカオン・クバッチ・ボーラーン）と仮面劇（ルカオン・カオル）である。これらは主として『ラーマーヤナ』を題材として創作されたものが多く、以前は王室専属の踊り子たちによって、特別なとき（寺院の儀式、王の誕生日など）に演じられていた。シハヌーク時代には、王立舞踊団が組織され、国賓のもてなしの際などに上演された。

宮廷舞踊として最も有名なのは、『アプサラの踊り』である（→P.138）。「アプサラ」とは、インドでは「水の精」を意味するが、カンボジアでは「天女・天使」に近い存在として捉えられている。アプサラは、アンコール・ワット壁面のレリーフの中から出てきて、神への祈りのために踊るといわれている。すなわち、アプサラは神と人間との仲介者と考えられており、アプサラの踊りは神への祈りとしてささげられる

シェムリアップのいくつかのレストランではアプサラ・ダンス・ショーが観られる

アプサラ・ダンスを学ぶ子供たちは多い（シェムリアップ）

ものと理解されている。

古典仮面劇の代表としては、『ラーマーヤナ』のなかのエピソードを脚色して作られた『ソワン・マッチャー』（金の魚）が挙げられる。ランカー島の周りの海を支配する半人半魚の女性ソワン・マッチャーに、ラーマ王子に忠誠を尽くす白猿ハヌマーンが求愛を行う話であるが、音楽に合わせて躍動感あふれた踊りが展開していく。

これらの宮廷舞踊、仮面劇は、国の文化復興政策の一環として重点的に保護・振興され、王立舞踊団を中心に代表的なクメールの古典として演じられている。

大衆芸能

カンボジアの地方に伝わる民衆文化には、それぞれの地域独特の特色をもった大衆芸能が存在する。ここでは代表的な大衆芸能として、影絵芝居、歌謡、踊り、民俗芸能などを簡単に紹介しよう。

①スバエク（影絵芝居）

地方の農村社会において、最も人気のある大衆芸能のひとつが、「スバエク」（影絵芝居）であろう。スバエクとは、「牛の革」という意味で、影絵用の人形を牛の革から作ることからそう呼ばれた。スバエクには、大型影絵芝居の「スバエク・トム」と、小型影絵芝居の「スバエク・トーイ」がある。どちらもその中心地はアンコール遺跡のあるシェムリアップ地域で、伝統的に特定の家系や集団に伝わってきた。従来は、主として祝い事の際や稲の収穫後などに寺院の境内で行われていたという。

このうち「スバエク・トーイ」が、より民衆に親しまれている。話の筋は、『ラーマーヤナ』や仏教説話などを題材にした内容のものが多く、台本は基本的に存在しない。話の大筋は決まっているが、細部はその場でアドリブによって決まり、ほとんど即興的に演じられるのが特徴である。演じ手たちによる軽妙なやりとりが、観客に緊張や笑いをもたらす。現在でも、祝い事の際などに寺院の境内などで催され、通常夜を徹して演じられる。

他方、「スバエク・トム」の題材は『ラーマーヤナ』のカンボジア版『リアムケー』のみ。大型スクリーンの前で、1～1.5mの大きさの人形を持った演者が、音楽に合わせながら、語り手の話に沿ってダイナミックな動きが展開される。近年では、劇場などで上演されることが多く、国の劇団が中心となって実演している。

②チォムリェン（歌謡）とロバム（踊り）

最も民衆に身近な文化は、チォムリェン（歌謡）とロバム（踊り）であろう。各地方には、その地域独特の「チォムリェン・プロチアプレイ」（民謡）があるが、そのなかでも有名な民謡が『アーヤイ』（掛け合い歌）である。『アーヤイ』とは、一種の歌垣のようなもので、若い男女による掛け合い形式の歌である。詩の内容は、主として求愛、恋愛、失恋など男女の恋に関するものが大半を占めており、詩は歌い手によってその場で即興的に作られることが多い。身振り手振りを加えながら男女交互に歌われていく。おもに、結婚式などの祝い事や祭りの際に歌われることが多い。

また、クメール人は祝い事の際、このような民謡に合わせて、『ロアム・

内戦終結後、「スバエク」の人形を作る職人も数が増えた

牛の革に細かい透かし模様を入れて作る影絵芝居の人形

白い幕の後ろで、竹の棒で人形を巧みに操る

ヴォン』（輪踊り）と呼ばれる、輪になって踊る一種の盆踊りのような踊りに興ずる。あるいは人が集まり音楽が入れば、余興には必ずといってよいほど『ロアム・ヴォン』が踊られる。

なお、特定の地方に伝わる民俗舞踊として有名なものには、コンポンスプーやコンポンチュナン地域の『ロバム・アンソン』（水牛を神にささげる際の踊り）、スヴァイリエン地方の『トロラオク』（ココナッツの殻を持った男女数人によるダンスで、収穫後に催されていた踊り）、バッタンバン州パイリン地方の『パイリンのクジャク』（宝石探しとクジャクの物語）などがある。

③民俗芸能

ここでは、シェムリアップ州の一部の地域に伝わってきた、『トロット』と呼ばれるカンボジア正月（4月中旬）の伝統的な民俗的行事を紹介しておきたい。

『トロット』の語源はサンスクリット語の「トルット」（破壊するの意）に由来し、カンボジアにおいては新旧の年の「区切り」を意味する。新年に神々を迎えて、その年の幸福を祈願するために、新旧の年を動物にたとえた踊りが演じられる。

『トロット』には、4種類の動物が登場し、クジャクと牛が新年を表し、トラとシカが旧年の象徴とされる。それぞれの動物の頭部を冠としてかぶった演じ手により、新旧の年が戦いを繰り広げる形で、楽団の演奏とともに踊りが進む。『トロット』の一行は、踊りながら家々を回り、祝儀をもらって歩く。4種類の動物は戦いを繰り返すが、最後には旧年を表すトラとシカが狩人の矢にしとめられ、新年を表すクジャクと牛が勝利を収める。この結果、新年がやってくる。

『トロット』は、新旧の年の交替を表す民俗行事であるが、「雨乞い」の意味も含んでおり、また、乾季の終わりと雨季の始まりを表していると考えられている。カンボジアでは、トラとシカは乾季の動物とされており、それらを駆逐することで、新年である雨季を迎えることができるのである。ちなみに受け取った祝儀は、救済事業のために使用されたという。救済の思想などは、仏教的要素が加わって形成されたものかもしれない。

元来、『トロット』は、シェムリアップ州の一部の地域にのみ伝わっていた民俗芸能である。アンコール地域北部に居住していた少数民族サムレ（ソムラエ）族の習慣がその起源とされ、アンコール時代、サムレ族はアンコールの王の前で、毎年『トロット』を演じたといわれている。

伝統工芸――銀器、木彫り、織物

アンコール遺跡の壁面に彫られているアプサラ像や装飾紋様などの繊細なレリーフは有名であるが、アンコール時代の彫刻技術は、現在でも銀器や木彫りなどの工芸品の装飾のなかに生きている。

銀器は、主として宗教儀礼の際の調度品に使用されたことから、王族が特定の技術者集団を配下におき、製造させていたとされる。当時の銀器製作技術が、現在でも銀器職人に継承されており、装飾紋様などの細かい技術が銀製品の模様に見られる。

木彫りの技術は、アンコール時代以降、仏像が木に彫られるようになったことから、徐々に発展してきたとみられる。木彫りの技術は仏像以外では、おもに仏教寺院の屋根、欄干、窓枠などの装飾に生かされている。なお、ナーガ（蛇神）は、守り神として認識されていることから、寺院の屋根や船の舳先などに彫られていることが多い。

織物は、カンボジア農村に伝わってきた伝統工芸といえる。クロマー（カンボジア式スカーフ）やソンポット（女性の巻きスカート）などの織物は通常、各農家の自給用として、女性により製作されてきた。クメール人農家の高床式家屋の床下には簡単な機織り機が備えられ、主として農閑期に機織りが行われていた。機織りの技術は、母から娘へと代々引き継がれ、伝統的に農村の技術として伝わってきた。織物の産地として有名な地域（タケオ州プノン・チソール周辺、コンポンチャム県とプレイベン県の境にあるプレーク・チョンクラン、カンダール州コ・ダッチ）では、洗練された多様な模様の織物が見られる。王宮、人、踊り子、ゾウ、馬などの模様が織り込まれ、高度な技術が今も生きている。

さまざまな伝統工芸の技術を教える学校がある

マーケットのみやげ物店にも木彫り製品はたくさん並ぶ

機織りを行う家々は集まり、村を形成している

さまざまな用途のあるクロマーと伝統的な絣（かすり）の織物

ここでも、織物は農閑期の副業として女性たちの手で作られてきた。このように機織りの技術は、カンボジアの農村に伝わる代表的な伝統文化といえる。

クメール文学

ここで、クメール文学の世界に目を転じ、現代文学の基礎となるクメールの古典文学を中心にみていきたい。

クメール文学の歴史的展開においては、後アンコール時代からフランス植民地化以前までの時代が、「古典期」として捉えられる。クメール「古典文学」の開始期は16世紀頃といわれ、19世紀に本格化したとされる。また、古典文学の分野は、①宗教書②訓話（寓話、道徳訓など）③作り話・民話④歴史書⑤技術書の5つに分類でき、「古典文学」期は、現代クメール文学へ連結する時代と位置づけられている。

古典文学の形成に大きな影響を与えたのは、インドから伝わった『ラーマーヤナ』やタイあるいはスリランカ経由で伝わった『ジャータカ』（本生譚（ほんじょうたん））である。前者は「インド化」の過程においてもたらされ、農村では影絵芝居や民話の題材にも取り入れられるほど、広く民衆に愛されてきた。後者は15～16世紀頃、僧侶によりもたらされたといわれる。そして、『ラーマーヤナ』は『リアムケー』（リアム王子の栄誉）、『ジャータカ』は『トッサ・チアドク』（10のジャータカ）、『パンニャーサ・チアドク』（50のジャータカ）として「クメール化」し、カンボジア的要素が加わりながら、独自のクメール文学として発展していく。

19世紀にクメール古典文学は全盛期を迎えるが、その特徴は、『リアムケー』や『チアドク』に題材を採りつつ、サンスクリット語やパーリ語の単語を多用し、韻文（いんぶん）の形式を採ることである。内容的には、王族の冒険物語や仏教的因果応報の話が多く、主として宮廷関係者によって創作されたといわれる。

一方、『リアムケー』や『チアドク』といった古典文学は民衆にも愛され、おもに口承によって親しまれていた。民衆の文学は口承の世界であり、民話、昔話、訓話などを中心に代々語り伝えられていった。これらのジャンルには、ウサギやワニ、蛇などの動物が頻繁に登場し、擬人化されているのが特徴である。

さらに、民衆に親しまれた口承文学に、『チバップ』と呼ばれる訓話集がある。『チバップ』は、仏教道徳や社会訓話などを収集した内容が中心となっている。これらは主として、寺院における社会教育の機会に使用されていた。農村のクメール人は、僧侶の語る訓話や物語を聞きながら、教育を受けたのである。

フランス植民地時代以降のカンボジアは、隣国ベトナムに比べて、ナショナリズムの高揚が遅く、1930年代に入らなければ民族主義運動は活発化しなかった。とはいえ、1930年代後半になると、クメール人のなかには民族意識に目覚める者も増え、文学は新しい読者を獲得していった。1931年、カンボジアで初めての小説『トゥック・トンレサープ（トンレサップの水）』が著され、クメール文学も新たな段階に入った。モリエールやコルネイユなどフランスの文学作品のカンボジア語訳も出版されるようになった。以後、独立から1975年まで、クメール文学は、小説、戯曲、詩など多岐の分野にわたって展開していくのである。　（高橋宏明）

「クメール」と「カンボジア」の呼称

「カンボジア」の呼称は、碑文の「カンブジャ」に由来しており、現地音では「カンプチア」と発音する。「クメール」も語源的には同じであり、こちらは現地音で「クマエ」と発音する。現地では、「カンプチア」も「クマエ」も同じように使われる。ただし、一般的には、民族・文化に関連する分野を表現する際に「クメール」を用いる。例えば「クメール人」、「クメール文学」、「クメール語」など。一方、「カンボジア」は、政治的、国際的な問題などを表す場合に用いる。

カンボジアの民族

カンボジアの民族構成

2019年のカンボジアの国勢調査の結果によれば、カンボジアの総人口は約1555万2211人である。2008年の国勢調査時よりも約216万人増え、人口増加率は16.1%だった。全人口の約9割以上をカンボジア人（クメール人）が占めており、残りはチャム人、ベトナム人、華人（華僑）、山岳少数民族など、約20余りの民族で構成されている。

1970～1991年の内戦とポル・ポト時代には、大規模な人口移動や住民大虐殺が行われた。その結果、1990年代以降は、以前の民族人口構成や居住地域に変化が起きた。

21世紀に入り、総人口に占める都市部の人口の割合が増加傾向にある。1998年は18.3%、2008年は19.5%だったが、2013年には21.4%に増えた。経済成長にともない、都市部における工場労働やサービス産業での雇用機会が増加して、地方からの労働移動が起きていると考えられる。こうした社会経済変化は、今後の民族人口の構成に影響を及ぼす可能性がある。

カンボジア人　（クメール人）

カンボジア人は、5～6世紀頃、メコン川中流域の南ラオスのチャンパサック地方からインドシナ半島に南下を始め、7世紀頃に現在のカンボジア中部（コンポントム州）、セン川流域中心に住み着いたとされる。オーストロアジア語系諸族に属する。

カンボジアの主産業は農業である。昔ながらの農作業が行われている

現在、カンボジア人は総人口の約9割以上を占めており全土に居住しているが、メコン川沿いのコンポンチャム、プレイベン、カンダール、タケオ、バッタンバンなどの州に特に多い。南部ベトナムのメコン・デルタ地域には、「クマエ・クラオム」（低地のクメール人）と呼ばれるカンボジア人が住んでいる。

カンボジアの政治、経済、社会の中心をなすのはカンボジア人である。彼らの伝統的な生業は、稲作を中心とした農業で、クメール語で農民を「ネアック・スラエ」（田の人）という。カンボジア人の約8割は農業に従事しているとみられ、農民は1～3ヘクタールの土地で、家族経営による水稲耕作に従事する。

トンレサップ湖周辺には、水上家屋に住み漁業に従事するカンボジア人も多い

宗教的には、カンボジア人の大半が上座部仏教を信仰している。特に農村部のカンボジア人は敬虔な仏教徒が多い。1ヵ月に4日ある「トゥガイ・セル」（仏日）には、寺院詣でを欠かさず、僧侶にお布施を行い徳を積む。成年男子による一時出家も行われ、寺院で修行を積む者もいる。一方、カンボジア人農民はアニミズム的世界にも生きており、特に「ネアック・ター」と呼ばれる土地の精霊を崇拝する。「ネアック・ター」は、大木や大石などの近くに小さな祠を作って祀られている（→ P.371）。

農村部のカンボジア人の家族形態は、夫婦と未婚の子供からなる核家族が一般的である。家族制度は双系的原理に従っているが、女系制的色彩が強く残っている。結婚後の男女は一時的に妻の住居に同居し、子供の誕生後に土地の一部を均分に相続して独立することが多い。農村では均分相続による土地の分配が一般的であるが、末娘が両親を引き取る傾向が強いので、両親の家や残りの土地は最後に彼女に引き継がれる。

カンボジア人の男性は一生に一度は仏門に入る習慣がある

カンボジアには敬虔なイスラム教徒も多い。写真はプノンペンのボンコック湖近くに建つモスク

チャム人

カンボジアに住んでいるチャム人は、紀元前後から中部ベトナムに海洋交易国家として栄えたチャンパ王国（林邑）の民の末裔であるとされる。15 世紀以降のベトナムの「南進」によって、居住地域を侵略される過程で、カンボジアに逃れてきた人々の子孫だという。

現在、チャム人はベトナムとカンボジアに居住しているが、カンボジアには 30 ～ 40 万人ほどおり、主としてトンレサップ湖周辺やコンポンチャム州などのメコン川沿いに多く住んでいる。従来の生業は、漁業、鍛冶などであったが、近年では多様な職業に就いており、コンポンチャム州のメコン川沿いの土地では、換金作物の栽培にも当たっている。

チャム人はイスラム教（大半はスンニ派）を信仰し、「クマエ・イスラム」とも呼ばれている。ポル・ポト時代には、異教徒という理由で虐殺の対象にされた。そのため、多くのイマーム（イスラム教徒集団の指導者）は殺害され、大半のモスク（イスラム寺院）も破壊された。少なくとも数万人の人口減少が認められ、その大部分が虐殺だったとされる。最も組織的に被害を受けた民族のひとつである。

1990 年代以降、イスラム諸国やイスラム諸団体からの資金援助や人的交流などによって、イスラム教は復興した。最近では、メッカ巡礼の旅に参加するチャム人も出てきた。

ベトナム人

17 世紀～ 19 世紀半ばのカンボジアは、常にベトナムの脅威にさらされていた。特にフランス植民地化直前の 1840 ～ 1850 年代は、阮朝ベトナムの属国下にあり、王国の存在自体が危機に瀕していた。一方、フランス保護領化前後のベトナム人人口はそれほど多くなかった。1874 年の人口統計には、約 4700 人という数字が残っており、ごく少数だったといえる。むしろ、ベトナム人は 20 世紀以降のフランスによる移民奨励策の結果、ゴムのプランテーション労働者などとして大量に移住してきた。さらに、フランスはベトナム人を下級官吏などに雇用した。これがカンボジア人の反ベトナム感情を助長することにつながった。

トンレサップ湖周辺では、多くのベトナム人が水上生活を営んでいる

1970 年以前、ベトナム人は、約 40 万人が居住していたとされ、都市部においては修理工、職人、小規模な商売などに従事し、トンレサップ湖やその周辺の河川では漁業活動に携わっていた。ロン・ノル時代の内戦期には、ベトナム人の虐殺が発生し、ベトナム人の多くがベトナム本国に逃れた。

1979 年以降、ベトナム軍の侵攻とともに、新たに移住してきたベトナム人が多い。現在、推計で約 70 万人以上のベトナム人が居住しているとされるが、主として都市部における建設労働者、各種の修理工、職人、美容関係、トンレサップ湖やその周辺河川で漁業に従事する者、などである。宗教的には多様で、大乗仏教や上座部仏教、カオダイ教、キリスト教などを信仰している。

カンボジア人とベトナム人の関係は、複雑である。歴史的・領土的な問題も影響して、ベトナム人に対して不信感をもち、脅威を抱いているカンボジア人は多い。

華人　（華僑）

中国元朝の外交使節である周達観の『真臘風土記』（→ P.372）によれば、アンコール時代の 13 世紀頃、すでに華人が王都アンコールで交易活動に従事していた。16 世紀以降、ベトナム南部のコーチシナ地方に開拓移民として大量に入植するが、その後カンボジア王室に接近し、貿易活動に従事して勢力を拡大していく。フランス植民地時代前後には、華人はベトナム人よりも人口的には多数を占めており、1874 年には、約 10 万 7000 人が居住していた。

フランス植民地時代の後半期、特に 1930 年代以降、華人人口は激増し、1950 年には 21 万 8000 人にも上った。一方、なかにはカンボジア人と混血して同化する者も多数いた。移民は主として広東、福建、海南、潮州、客家などの出身者が多かった。華人は商業の中心地区に集住して、金融業、流通業、精米業など、主要な経済分野を独占し、1953年の独立以後も経済活動の中枢に位置していた。

ポル・ポト時代は華人にとって、苛酷な時代だった。クメール・ルージュは都市を農村の富を搾取する異民族の拠点とみなし、都市生活そのものを否定した。地方に強制移住させられた華人は、多大な被害を受けた。

1991年以降、香港、台湾、タイなどからの華人の往来が活発になった。現在、華人は推定約70万人が住んでおり、潮州と広東の出身者で約80%を占めている。華人の大部分は、都市部や農村部の商業区域に居住し、金融業、商業、流通業などの商業活動全般に従事している。東南アジアに張り巡らされた華人ネットワークを利用して、カンボジアの経済活動の中心的役割を担っており、政治的な影響力も強い。

プノンペン、シハヌークビルには数多くの中国人が住み、中国料理店の数も多い

その他の少数民族

2008年国勢調査の母語統計によれば、山岳少数民族の人口は、約18万人程度と推計される。ラオスやベトナム、タイと国境を接する、ストゥントレン、ラタナキリ、モンドルキリ、プリア・ヴィヘア、プルサットといった各州の山岳地域に、「クマエ・ルウ」（高地のクメール人）と総称される山岳少数民族がおり、これらの人々は、インドシナ半島の先住民と考えられている。そのうちのおもな少数民族を取り上げる。

クイ族

クイ族は、シェムリアップ州北東部からコンポントム州にかけての広範囲にわたって居住している。モン・クメール系である。

クイ族は、フランス植民地時代以前から、鉄鉱石の産出地近く（現在のコンポントム州北西部）に居住し、鉄の精錬方法に通じていたとされる。鉄をカンボジア王室に貢納することで、特定の王族と深く結びついていた。ときには、カンボジア王室の内紛にも介入し、反中央政府の王族勢力に加担して、王国政府に対抗した。

ジャライ族はロングハウスと呼ばれる横に長い家に6～7家族が一緒に住んでいる

元来、クメール文化の影響を受けていたこともあり、現在ではカンボジア社会への同化が進んでいる。水稲耕作に従事している農民が多い。

タンプーン族

タンプーン族は、ラオス、ベトナムと国境を接するラタナキリ州の山岳地帯を中心に居住している。主として焼き畑農業に従事しているが、森林地帯において宝石（ルビーなど）の採掘も行う。近年では、ゴムのプランテーションで労働者として働く人も多い。精霊崇拝を行っている。

伝統の織物を肩にかけたタンプーン族の女性（ラタナキリ）

スティエン族

クラチェ州南部からモンドルキリ州南部にかけての山岳地帯に居住している。モン・クメール系の言語を話す。主として焼き畑農業に従事しているが、狩猟も行う。以前は、ゾウの捕獲に長け、「ゾウ使い」としても有名だった。

そのほか、カンボジアの山岳地域には、クルン族、プノン族、モン族、サムレ（ソムラエ）族、ジャライ族などの少数民族が住んでいる。

1990年代後半以降、少数民族が暮らす山岳部の森林地域にも、開発の波が押し寄せている。先住民の伝統的な居住空間である森林区域が、急速に減少しており、彼らの生業や生活形態にも大きな変化をもたらしている。　（高橋宏明）

※この項での人口は、1998年、2004年、2008年、2013年、2019年のカンボジア政府による人口調査の結果などを参照しています。

カンボジアの宗教・信仰

カンボジアには現在、クメール人をはじめとして、華人（華僑）、ベトナム人、チャム人、山岳少数民族などが居住している。ここでは、総人口の約9割を占めるクメール人の大半が信仰している上座部仏教を中心として、クメール人の信仰を見ていきたい。

受難の時代

民主カンプチア（ポル・ポト政権）時代の3年8ヵ月間は、カンボジア人に最も衝撃を与えた期間だった。ポル・ポト政権の指導者たち（クメール・ルージュ）は、「革命組織」（オンカー・パデヴァト）を自称して人々を支配し、従来の生活習慣、社会制度、行政組織、経済活動、都市生活、学校教育などを一切否定した。特に、すべての宗教活動を禁止したばかりか、多数の仏教寺院やモスクを破壊し、多くの僧侶やイスラム教徒であるチャム人を虐殺した。農民の信仰の場である仏教寺院の大半も破壊され、僧侶も多く虐殺されたために、農民は精神的に打撃を受けた。信仰の価値基準と実践の場を失ったクメール農民の悲しみも大きかったのである。

1978年12月以降も、ベトナム軍の侵攻と10年以上にわたる二重政権下での内戦状態によって、国土は荒廃し、カンボジア人の社会生活は脅威にさらされ、また、宗教信仰の安定もなかった。しかし、1990年代に入り、UNTACの関与により、統一政権が発足すると、信教の自由は保障され、人々の日常生活にも宗教活動が確実に復活してきた。

上座部仏教とクメール人

15世紀以降、シャムの政治的影響が強まるにつれて、カンボジアはタイ経由で上座部（テーラヴァーダ）仏教を受容した。以後、上座部仏教はクメール民族の宗教となり、カンボジア社会の伝統的な特色となる。

朝に夕に、橙色の衣をまとった僧侶の姿をよく目にする

1863年以降、フランスの植民地支配を受けるが、カンボジアでは大規模な社会経済開発があまり実施されなかったことから、都市化はそれほど進まず、急激な社会変化も起こらなかった。王朝や王権と同様に上座部仏教の伝統も保持され続けると同時に、クメール人の大半は独立以後も、8割以上が農村部に暮らしており、農民の大半は「上座部仏教」を信仰していたとされる。

カンボジアの仏教界には、王室派の「トアンマユット派」と大衆派の「モハーニカーイ派」のふたつの宗派がある。クメール人の間では特に区別はされていないが、どちらかといえば「モハーニカーイ派」の信奉者のほうが多い。ちなみに、「トアンマユット派」は、1864年にタイ王室から伝えられた宗派である。

ポル・ポト時代が終わると、仏教は復活し、現在でもクメール人の大部分は上座部仏教を信仰している。クメール人にとって重要なのは輪廻の思想であり、積善行（トゥヴー・ボン）の概念である。現世での彼らの身分は、前世での行いに由来すると考えられているために、現時点では変えようがない。そこで人々は、来世でのよい身分への生まれ変わりを期待して、功徳（くどく）を積もうとするのである。クメール人にとって、さまざまな善行のなかでも、寺院への寄進が現世における最も重要な功徳とされている。さらに、僧侶の身の回りの品もすべて彼らが用意する。クメール農民の多くは、質素な生活を営んでいるが、そのなかから寺院と僧侶に寄進をするのである。寺院と僧侶は、農民によって支えられているともいえる。

仏教寺院（ヴォアット）と僧侶

カンボジアの仏教寺院は通常、祠堂、ストゥーパ、納骨堂からなり、それに修行者のための住居が備えられていることが多い。仏教寺院ではさまざまな仏教儀礼、祭り、葬式などが行われ、クメール人はこれらに参加する。場所的に仏教寺院はクメール人の社会生活の中心部に位置しており、生活の一部となっている。その意味で、クメール農民の生活は仏教に規定されているといってもよい。

また、クメール人の農村では、共有地のような形態の共有財産が存在しないとされる。そのようななかで、仏教寺院は村落における共有のサロンのような役割を果たしている。「トゥガイ・セル」（仏日）には、村人は寺院に集まり僧侶の説教を聞く。フランス植民地時代以前から、仏教寺院は村落における教育の場として機能してきた。僧侶は村人にとって聖職者であるが、知識を授ける教師でもあり、ときには村の公共事業を推進する指導者でもある。

このように村人と僧侶、寺院は深く結びついており、単調な農村生活にアクセントをつける役目を担っているともいえる。

クメール農民の信仰生活

クメール人、特に農民は敬虔な仏教徒である。月に4日ある「仏日」には、寺院詣でを欠かさず、僧侶にお布施を行い徳を積む。成年男子による一時出家は最高の功徳とされ、一生に一度は仏門に入ることを願っている。

クメール人農民の1年を見ると、農作業のサイクルとの関係で仏教関連の祭り（ボン・プレア）が執り行われているように見える。クメール人の1年は4月中旬の正月（チョール・チュナム・トメイ）から始まり、人々は着飾って寺院詣でをする。また、雨季前のこの時期、農村では結婚式が多く行われるが、式には僧侶が呼ばれ、読経をあげ、新郎新婦に聖水を振りかけるなどの儀式を行う。5月中旬～下旬には仏教寺院の重要な行事である「ヴィサカボーチア」（仏陀の生誕、悟道、入滅を記念する祭り）が盛大に開催される。7月頃から、僧侶が「チョール・ヴォッサー」（雨安居入り）と呼ばれる修行期間（7～10月）に入り、寺院にこもるようになる。9月下旬には日本のお盆に当たる「プチュン・バン」があり、クメール人は寺に詣でる。10月下旬、「ヴォッサー」が終わり、僧侶たちが修行を終えると、村人が僧侶たちに僧服などを贈呈する「カタン」の祭りが行われる。これらの仏教儀式に農民は熱心に参加する。

ところで、クメール人の生活には「アチャー」と呼ばれる「寺男」の存在が欠かせない。アチャーとは、その意味も役割も多義的であり、単なる「元僧侶」を意味することもあるが、通常、寺院にあって僧侶の身の回りの世話をする「寺男」の役割を果たす者を指していう。アチャーはまた一方で、病気の退散、新生児の守護などの儀式の際には祈祷を行い、司祭的役割を担うこともある。

近年注目されているのは、アチャーの精神科医的な役割である。急激な社会変化によって精神的な動揺を覚える人々が増えており、そのようなときにはアチャーが患者の悩みを聞いたり、人生相談に乗ったりする。ときには占いによって、患者の心のバランスを治すこともある。アチャーが精神的な「癒やし」の役割を担うのである。

カンボジアには占いを信じる人々が多い（アンコール・ワットの中央祠堂にて）

「ネアック・ター」信仰の世界

農民にとってカンボジアの自然はときに過酷で、日照りや洪水は頻繁に発生する。こうした自然の力を畏怖する心が、身の周りの自然界の精霊たちに対する崇拝へと通じたともいえる。クメール農民は上座部仏教を信仰しつつも、身近な精霊世界との対話を行うアニミズム的世界にも生きているのである。

クメール人は精霊信仰、特に「ネアック・ター」（土地の精霊）を崇拝し、大木や大石などの近くに小さな祠を作り祀っている。ネアック・ターの象徴として「石」そのものが祀られることが多く、その「石」は大地を表すという。「大地」とは村の土地などの身近な自分たちの住んでいる「土地」を表している。例えば、雨乞いの際には、「石」に水をかけて祈る。つまり、ネアック・ターは土地に恵みをもたらす精霊と考えられているのである。

また、しばしばネアック・ターの象徴である「石」には服が着せられ、人間に模される。ネアックは「人」、ターは「祖父」を意味することから、ネアック・ターを祀ることは、遠い昔に土地を開墾した「先祖」を祀る意味があるともいわれ、その「石」は土地を開拓した人々、すなわち「先祖」を表すとされる。祠の中にある布切れの服が着せられた「石」は、先祖が模されているのであり、土地と先祖（人間）の関係性において、「石」をネアック・ターとして祀るのである。

また、「自然石」ではなく、シヴァ神の象徴であるリンガ（男根像）が「ネアック・ター」として祠に安置されることも多く、ヒンドゥー教との関連が指摘されている。（高橋宏明）

こんな本を読んでみよう

アンコール遺跡関連

『アンコール・ワット　大伽藍と文明の謎』
石澤良昭著（講談社現代新書）
アンコール遺跡研究の第一人者が、大伽藍建設を可能にした当時のカンボジア社会と暮らしを考察。

『アンコール・ワットの魅力』
重枝　豊著（彰国社）
建築学の視点から見たアンコール遺跡の味わい方を詳細かつ、わかりやすく指南する。

『悲しきアンコール・ワット』
三留理男著（集英社新書）
アンコール遺跡で暗躍する盗掘団の実情に、内戦時代からカンボジア取材を続けてきた著者が鋭くメスを入れたルポ。同時にカンボジアが抱えるさまざまな問題も浮き彫りにされている。

『アンコール・ワット　密林に消えた文明を求めて』
ブリュノ・ダジャンス著（創元社）
19世紀後半にアンコールを“再発見”したアンリ・ムオから現代にいたるまで、訪れた学者らの詳細なデッサンや写真で綴るアンコール史。

『カンボジア　密林の五大遺跡』
石澤良昭・三輪悟著（連合出版）
奥地の遺跡、サンボー・プレイ・クック、コー・ケー、大プリア・カン、ベン・メリア、バンテアイ・チュマールに焦点を当て考察。

『アンコール遺跡とカンボジアの歴史』
フーオッ・タット著（めこん）
カンボジアの高僧フーオッ・タット師による、カンボジア人のためのアンコール案内書の訳本。編訳は今川幸雄氏。

『クメールの彫像』
J・ボワスリエ著（連合出版）
プノンペン国立博物館の収蔵品から選ばれた代表的彫像24点の解説書。クメール美術史を知るうえでも必読。

歴史と社会の現状

『真臘（しんろう）風土記』
周　達観著（平凡社東洋文庫）
13世紀末にアンコールを訪れた中国人が、当時の風俗習慣や産業、王宮の様子などをつぶさに記録した貴重な史料。

『もっと知りたいカンボジア』
綾部恒雄・石井米雄編（弘文堂）
歴史、風土、宗教、文化、政治と、あらゆる角度から専門家が掘り下げた研究をまとめた一冊。

『素顔のカンボジア』
渋井　修著（つむぎ出版）
プノンペン・ウナロム寺の僧侶として生活していた著者が、その活動を通してカンボジア社会を見つめる。

『ポル・ポト伝』
デービッド・P・チャンドラー著（めこん）
膨大な資料とインタビューをもとに、ポル・ポトの実像を客観的に分析した大作。

『キリング・フィールドからの生還』
ハイン・ニョル著（光文社）
ポル・ポト時代を生き抜き、祖国を脱出した自らの壮絶な体験を綴った手記。著者は映画『キリング・フィールド』に出演した俳優。

『シハヌーク　悲劇のカンボジア現代史』
ミルトン・オズボーン著（岩波書店）
1970年のクーデターによる国外追放から1991年の帰還後再即位まで、オーストラリア人の元駐カンボジア外交官による波乱のシハヌーク伝記。

『カンボジア　希望の川　子供たちの詩』
三留理男著（ミリオン出版）
カンボジアの子供たちの姿から、人とは？　生きるとは？　豊かさとは？　を問う写真集。

『わたしが見たポル・ポト』
馬渕直城著（集英社）
戦場カメラマンのカンボジア取材の生の記録。ポル・ポトへのインタビューや同行取材から、語られなかった歴史の1ページが明らかにされる。

文学作品

『王道』
アンドレ・マルロー著（中央公論新社・世界の文学41）
バンテアイ・スレイの盗掘事件で世間を騒がせたマルローの、アンコール探検をもとに書かれた自伝的体験小説。

『癩王（らいおう）のテラス』
三島由紀夫著（新潮社・三島由紀夫戯曲全集）
1965年にアンコール遺跡を訪れた三島が、当地の癩王伝説にヒントを得て書いた三幕の戯曲。癩王のモデルはジャヤヴァルマン七世。

旅のクメール語

カンボジアの公用語はクメール語（カンボジア語）。文法的な基本語順は「主語＋動詞＋目的語」。複雑な語尾変化や助詞活用はなく、発音にも難しい声調（音の高低）がないので比較的なじみやすい。たとえカタコトでもどんどん使ってみれば、きっと旅の楽しさも倍増だ。

これだけは覚えよう

こんにちは　ជំរាបសួរ។	チョムリアップ・スオ
お元気ですか？　សុខសប្បាយជាទេ?	ソック・サバーイ・チア・テー
はい、元気です　សុខសប្បាយ។	ソック・サバーイ
ありがとう　អរគុណ។	オー・クン
すみません　សូមទោស។	ソーム・トーホ
どういたしまして　អត់អីទេ។	オット・エイ・テー
どうぞ　សូមអញ្ជើញ។	ソーム・オンチューン
さようなら　លាហើយ។	リア・ハウイ
はい　បាទ（男性の返事）ចា៎（女性の返事）	バート（男性）　チャー（女性）
いいえ　ទេ	テー

これは使えるフレーズ

これは何ですか？　នេះជាអ្វី?	ニッヒ・チア・アウェイ
あなたの名前は？　តើអ្នកឈ្មោះអ្វី?	タウ・ネアック・チムオホ・アウェイ
私の名前は～です　ខ្ញុំឈ្មោះ ～	クニョム・チムオホ・～
私は日本人です　ខ្ញុំជាជនជាតិជប៉ុន។	クニョム・チア・チョン・チアット・チャポン
何歳ですか？　តើអ្នកមានអាយុប៉ុន្មានឆ្នាំ?	タウ・ネアック・ミアン・アーユ・ポンマーン・チナム
私は25歳です　ខ្ញុំអាយុ២៥ឆ្នាំ។	クニョム・アーユ・ムペイ・プラム・チナム
また会いましょう　ជួបគ្នាលើកក្រោយ។	チュオプ・クニア・ルーク・クラオイ
私はカンボジアが好きです　ខ្ញុំចូលចិត្តខ្មែរ។	クニョム・チョール・チェット・クマエ
私はクメール語が話せません ខ្ញុំមិនអាចនិយាយភាសាខ្មែរទេ។	クニョム・ムン・アーイット・ニジアイ・ピアサー・クマエ・テー
クメール語で何と言いますか？ តើភាសាខ្មែរគេថាដូចម្តេច?	タウ・ピアサー・クマエ・ケー・ター・ドーイット・ムダイット
理解できません　ខ្ញុំមិនយល់ទេ។	クニョム・ムン・ヨル・テー
知りません　ខ្ញុំមិនដឹងទេ។	クニョム・ムン・デン・テー
私は～したい　ខ្ញុំចង់ ～	クニョム・チョン・～
私は～できる　ខ្ញុំអាច ～	クニョム・アーイット・～
～してください　សូម ～	ソーム・～

何　អ្វី	アウェイ	父　ឪពុក	アウ・プック
いつ　ពេលណា	ペール・ナー	母　ម្តាយ	ムダーイ
どこ　កន្លែងណា	コンラエン・ナー	兄　បងប្រុស	ボーン・プロッホ
なぜ　ហេតុអ្វី	ハエット・アウェイ	姉　បងស្រី	ボーン・スレイ
誰　អ្នកណា	ネアック・ナー	弟　ប្អូនប្រុស	プオーン・プロッホ
いくら　ថ្លៃប៉ុន្មាន	トライ・ポンマーン	妹　ប្អូនស្រី	プオーン・スレイ
わたし　ខ្ញុំ	クニョム	子供（親に対して）　កូន	コーン
あなた　អ្នក	ネアック	子供（大人に対して）　ក្មេង	クメーン
彼・彼女　គាត់	コアット	日本人　ជនជាតិជប៉ុន	チョン・チアット・チャポン

カンボジア人	ជនជាតិខ្មែរ	チョン・チアット・クマエ	行く	ទៅ	タウ
外国人	ជនជាតិបរទេស	チョン・チアット・ボロテーヘ	来る	មក	マオク
これ	នេះ	ニッヒ	食べる	ញ៉ាំ	ニャム
それ	នោះ	ヌッフ	飲む	ផឹក	ペック
あれ	ឯនោះ	アエ・ヌッフ	買う	ទិញ	ティン
暑い	ក្តៅ	クダウ	話す	និយាយ	ニジアイ
涼しい	ល្ហើយ	ルハウイ	歩く	ដើរ	ダウ
美しい	ស្អាត	スアート	疲れる	ហត់	ホット
よい	ល្អ	ルオー	好き	ចូលចិត្ត	チョール・チェット
悪い	អាក្រក់	アクロック	嫌い	ស្អប់	スオップ
			楽しい	សប្បាយ	サバーイ

数詞と曜日

0	០(សូន្យ)	ソーン	80	៨០(ប៉ែតសិប)	パエト・セップ
1	១(មួយ)	ムオイ	90	៩០(កៅសិប)	カウ・セップ
2	២(ពីរ)	ピー	100	១០០(មួយរយ)	ムオイ・ローイ
3	៣(បី)	ベイ	1000	១០០០(មួយពាន់)	ムオイ・ポアン
4	៤(បួន)	ブオン	2500	២៥០០(ពីរពាន់ប្រាំរយ)	ピー・ポアン・プラム・ローイ
5	៥(ប្រាំ)	プラム	10000	១០០០០(មួយម៉ឺន)	ムオイ・ムーン
6	៦(ប្រាំមួយ)	プラム・ムオイ	月曜日	ថ្ងៃចន្ទ	トゥガイ・チャン
7	៧(ប្រាំពីរ)	プラム・ピー	火曜日	ថ្ងៃអង្គារ	トゥガイ・オンキア
8	៨(ប្រាំបី)	プラム・ベイ	水曜日	ថ្ងៃពុធ	トゥガイ・プット
9	៩(ប្រាំបួន)	プラム・ブオン	木曜日	ថ្ងៃព្រហស្បតិ៍	トゥガイ・プロホアッハ
10	១០(ដប់)	ドップ	金曜日	ថ្ងៃសុក្រ	トゥガイ・ソック
11	១១(ដប់មួយ)	ドップ・ムオイ	土曜日	ថ្ងៃសៅរ៍	トゥガイ・サウ
12	១២(ដប់ពីរ)	ドップ・ピー	日曜日	ថ្ងៃអាទិត្យ	トゥガイ・アトゥット
20	២០(ម្ភៃ)	ムペイ	今日	ថ្ងៃនេះ	トゥガイ・ニッヒ
30	៣០(សាមសិប)	サーム・セップ	明日	ថ្ងៃស្អែក	トゥガイ・スアエク
40	៤០(សែសិប)	サエ・セップ	昨日	ថ្ងៃម្សិលមិញ	トゥガイ・ムサル・ムイン
50	៥០(ហាសិប)	ハー・セップ	あさって	ថ្ងៃខានស្អែក	トゥガイ・カーン・スアエク
60	៦០(ហុកសិប)	ホック・セップ			
70	៧០(ចិតសិប)	チェット・セップ			

ホテルで

客室はありますか？	តើមានបន្ទប់ទំនេរទេ?	タウ・ミアン・ボントゥップ・トゥムネー・テー
部屋を見せてください	ខ្ញុំចង់មើលបន្ទប់។	クニョム・チョン・ムール・ボントゥップ
部屋を予約しました	ខ្ញុំបានកក់បន្ទប់ហើយ។	クニョム・バーン・コック・ボントゥップ・ハウイ
部屋を替えてください	សូមដូរបន្ទប់។	ソーム・ドー・ボントゥップ
1泊いくらですか？	ស្នាក់នៅមួយយប់ថ្លៃប៉ុន្មាន?	スナック・ナウ・ムオイ・ユップ・トライ・ポンマーン
何泊しますか？	តើជំណាក់ប៉ុន្មានយប់?	タウ・ドムナック・ポンマーン・ユップ
2泊します	ពីរយប់។	ピー・ユップ
鍵をください	សុំកូនសោ។	ソム・コーン・サオ
朝食付きですか？	តើមានបាយព្រឹកជាមួយទេ?	タウ・ミアン・バーイ・プルック・チア・ムオイ・テー
お湯が出ますか？	តើមានទឹកក្តៅសំរាប់ងូតទេ?	タウ・ミアン・トゥック・クダウ・ソムラップ・グート・テー

部屋　បន្ទប់	ボントゥップ	鍵　កូនសោ	コーン・サオ
シングル　សំរាប់មួយនាក់	ソムラップ・ムオイ・ネアック	クーラー　ម៉ាស៊ីនត្រជាក់	マシーン・トロチェアック
ツイン　សំរាប់ពីរនាក់	ソムラップ・ピー・ネアック	扇風機　កង្ហារ	コンハー
シャワー　ទឹកងូត	トゥック・グート	停電　ដាច់ភ្លើង	ダィット・プルーン

レストランで

メニューを見せてください　សុំមើលតារាងម្ហូប។　ソム・ムール・タラーン・ムホープ
クイティウはありますか？　តើមានគុយទាវទេ?　タウ・ミアン・クイティアウ・テー
何がおすすめですか？　តើម្ហូបណាឆ្ងាញ់ជាងគេ?　タウ・ムホープ・ナー・チガィン・チアン・ケー
おいしい　ឆ្ងាញ់　チガィン
ビールをください　សុំប៊ីយែរ។　ソム・ビイェー
氷を入れないでください　សូមកុំដាក់ទឹកកក។　ソーム・コム・ダック・トゥック・コーク
これは注文していません　ម្ហូបនេះខ្ញុំអត់ហៅទេ។　ムホープ・ニッヒ・クニョム・オット・ハウ・テー
会計してください　សូមគិតលុយ។　ソーム・クット・ルイ

ご飯　បាយ	バーイ	水　ទឹក	トゥック
はし　ចង្កឹះ	チョンケッヘ	甘い　ផ្អែម	プアエム
スプーン　ស្លាបព្រា	スラープ・プリア	酸っぱい　ជូរ	チュー
フォーク　សម	ソーム		

ショッピング

クロマーを買いたい　ខ្ញុំចង់ទិញក្រមា។　クニョム・チョン・ティン・クロマー
いくらですか？　ថ្លៃប៉ុន្មាន?　トライ・ポンマーン
高すぎます　ថ្លៃណាស់។　トライ・ナッハ
まけてください　សូមចុះថ្លៃបន្តិច។　ソーム・チョホ・トライ・ボンティット
それを見せてください　សុំមើលអានេះបន្តិច។　ソム・ムール・アー・ニッヒ・ボンティット
見ているだけです　គ្រាន់តែមើលទេ។　クロアン・タエ・ムール・テー
いりません　អត់ត្រូវការទេ។　オット・トラウ・カー・テー
おつりをください　សុំលុយអាប់។　ソム・ルイ・アップ

マーケット　ផ្សារ	プサー	高い　ថ្លៃ	トライ
大きい　ធំ	トム	安い　ថោក	タオク
小さい　តូច	トーィット	領収書　រ៉េស៊ីយ	ルスイ
みやげ物　វត្ថុអនុស្សាវរីយ	ウォット・アヌッサワリー		

観光

ワット・プノンまで行ってください　សូមទៅវត្តភ្នំ។　ソーム・タウ・ウォアット・プノム
ワット・プノンまでいくらですか？
ទៅត្រឹមវត្តភ្នំថ្លៃប៉ុន្មាន?　タウ・トレム・ウォアット・プノム・トライ・ポンマーン
時間はどのくらいかかりますか？
តើចំណាយពេលប៉ុន្មានម៉ោង?　タウ・チョムナーイ・ペール・ポンマーン・マオン
王宮はどこですか？　តើវាំងនៅឯណា?　タウ・ウェアン・ナウ・アエ・ナー
写真を撮ってもいいですか？　តើថតរូបបានទេ?　タウ・トート・ループ・バーン・テー
きれいですね　ស្អាតមែន។　スアート・メーン

地図	ផែនទី	パエン・ティー	片道	តែទៅ	タエ・タウ
空港	ចំណតយន្តហោះ	チョムノート・ユン・ホッホ	往復	ទាំងទៅទាំងមក	テアン・タウ・テアン・マオク
切符	សំបុត្រ	ソンボット	トイレ	បង្គន់	ボンコン
バイクタクシー	ម៉ូតូឌុប	モトー・ドップ	右	ស្តាំ	スダム
自転車	កង់	コン	左	ឆ្វេង	チウェーン

郵便・両替

日本に手紙を出したい　ខ្ញុំចង់ផ្ញើរសំបុត្រទៅជប៉ុន។　クニョム・チョン・プニャウ・ソンポット・タウ・チャポン

日本に電話をしたい　ខ្ញុំចង់ទូរស័ព្ទទៅជប៉ុន។　クニョム・チョン・トゥルサップ・タウ・チャポン

ファクスを送りたい　ខ្ញុំចង់ផ្ញើរទូរសារ។　クニョム・チョン・プニャウ・トゥルサオ

リエルに両替してください　សូមដូរលុយរៀល។　ソーム・ドー・ルイ・リアル

1ドルは何リエルですか？　មួយដុល្លារដូរបានប៉ុន្មានរៀល?　ムオイ・ドラー・ドー・バーン・ポンマーン・リエル

日本円の両替はできますか？　ដូរលុយជប៉ុនបានទេ?　ドー・ルイ・チャポン・バーン・テー

郵便局	ប៉ុស្តិប្រៃសណីយ	ポッホ・プライサニー	切手	តែមប្រិ៍	タエム
航空便	តាមយន្តហោះ	ターム・ユン・ホッホ	絵はがき	កាតប៉ុស្តាល	カート・ポスタール
船便	តាមនាវា	ターム・ニアウィア	銀行	ធនាគារ	トニアキア
小包	កញ្ចប់	コンチョップ	両替	ដូរលុយ	ドー・ルイ

緊急の場合

医者を呼んでください　សូមហៅគ្រូពេទ្យ។　ソーム・ハウ・クルー・ペート

病院へ行きたい　ខ្ញុំចង់ទៅពេទ្យ។　クニョム・チョン・タウ・ペート

おなかが痛い　ឈឺពោះ។　チュー・プオホ

熱があります　ខ្ញុំក្តៅខ្លួន។　クニョム・クダウ・クルオン

けがをしました　ខ្ញុំរបួស។　クニョム・ロブオホ

パスポートをなくしました　ខ្ញុំធ្វើបាត់លិខិតឆ្លងដែន។　クニョム・トゥウー・バット・リケット・チローン・ダエン

お金を盗られました　គេលួចលុយខ្ញុំបាត់។　ケー・ルオイット・ルイ・クニョム・バット

病院	មន្ទីរពេទ្យ	モンティー・ペート	マラリア	អាសន្នរោគ	アソンナローク
病気	ជំងឺ	チョムグー	エイズ	អេដស៍	エート
薬	ថ្នាំ	トゥナム	保険	លិខិតធានារ៉ាប់រង	リケット・ティアニア・ラップ・ローン
風邪	ផ្ដាស់សាយ	プダッハ・サーイ	警察	តំរួត	ドムルオット
下痢	រាគ	リアク	泥棒	ចោរ	チャオ
嘔吐	ក្អួត	クウオット	盗難証明書		リケット・ボンチェアック・
頭痛	ឈឺក្បាល	チュー・クバール	លិខិតបញ្ជាក់បាត់របស់		バット・ロボッホ

Google翻訳アプリはレストランのメニューにカメラをかざすと画面上で翻訳したり、音声で読み上げてくれる。また、日本語で話しかけると現地語の音声で返してくれるなど、旅に便利な機能がいろいろ。

INDEX

アンコール遺跡群とシェムリアップ、プノンペンの見どころとレストラン、一部の高級ホテルを載せています。

アンコール遺跡

シェムリアップ

プノンペン

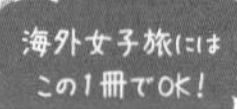

旅好き女子のためのプチぼうけん応援ガイド

地球の歩き方

aruco

人気都市ではみんなとちょっと違う
新鮮ワクワク旅を。
いつか行ってみたい旅先では、
憧れを実現するための
安心プランをご紹介。
世界を旅する女性のための最強ガイド!

今後も続々発行予定

定価:本体1320円(税込)〜
お求めは全国の書店で

arucoはハンディサイズなのに情報たっぷり!

point 1 一枚ウワテのプチぼうけんプラン満載

友達に自慢できちゃう、
魅力溢れるテーマがいっぱい。
みんなとちょっと違うとっておきの
体験がしたい人におすすめ

point 2 aruco調査隊がおいしい&かわいいを徹底取材!

女性スタッフが現地で食べ比べた
グルメ、試したコスメ、
リアル買いしたおみやげなど
「本当にイイモノ」を厳選紹介

point 3 読者の口コミ&編集部のアドバイスもチェック!

欄外には
読者から届いた
耳より情報を多数掲載!

編集部からの
役立つプチアドバイスも

ウェブ&SNSで旬ネタ発信中!

aruco公式サイト

www.arukikata.co.jp/aruco

aruco編集部が、本誌で紹介しきれなかったこぼれネタや女子が気になる
最旬情報を、発信しちゃいます!新刊や改訂版の発行予定などもチェック☆

arucoのLINEスタンプが
できました!チェックしてね♪

Instagram @arukikata_aruco　X @aruco_arukikata　Facebook @aruco55

あなたの**旅の体験談**をお送りください

「地球の歩き方」は、たくさんの旅行者からご協力をいただいて、
改訂版や新刊を制作しています。
あなたの旅の体験や貴重な情報を、これから旅に出る人たちへ分けてあげてください。
なお、お送りいただいたご投稿がガイドブックに掲載された場合は、
初回掲載本を1冊プレゼントします！（発送は国内に限らせていただきます）

ご投稿はインターネットから！

URL www.arukikata.co.jp/guidebook/toukou.html
画像も送れるカンタン「投稿フォーム」
※左記の二次元コードをスマートフォンなどで読み取ってアクセス！

または「地球の歩き方　投稿」で検索してもすぐに見つかります

地球の歩き方　投稿

▶投稿にあたってのお願い

★ご投稿は、次のような《テーマ》に分けてお書きください。
《**新発見**》――ガイドブック未掲載のレストラン、ホテル、ショップなどの情報
《**旅の提案**》――未掲載の町や見どころ、新しいルートや楽しみ方などの情報
《**アドバイス**》――旅先で工夫したこと、注意したこと、トラブル体験など
《**訂正・反論**》――掲載されている記事・データの追加修正や更新、異論、反論など

※記入例「○○編20XX年度版△△ページ掲載の□□ホテルが移転していました……」

★データはできるだけ正確に。
ホテルやレストランなどの情報は、名称、住所、電話番号、アクセスなどを正確にお書きください。
ウェブサイトのURLや地図などは画像でご投稿いただくのもおすすめです。

★ご自身の体験をお寄せください。
雑誌やインターネット上の情報などの丸写しはせず、実際の体験に基づいた具体的な情報をお待ちしています。

▶ご確認ください

※採用されたご投稿は、必ずしも該当タイトルに掲載されるわけではありません。関連他タイトルへの掲載もありえます。
※例えば「新しい市内交通パスが発売されている」など、すでに編集部で取材・調査を終えているものと同内容のご投稿をいただいた場合は、ご投稿を採用したとはみなされず掲載本をプレゼントできないケースがあります。
※当社は個人情報を第三者へ提供いたしません。また、ご記入いただきましたご自身の情報については、ご投稿内容の確認や掲載本の送付などの用途以外には使用いたしません。
※ご投稿の採用の可否についてのお問い合わせはご遠慮ください。
※原稿は原文を尊重しますが、スペースなどの関係で編集部でリライトする場合があります。

地球の歩き方 シリーズ一覧

2024年8月現在

＊地球の歩き方ガイドブックは、改訂時に価格が変わることがあります。＊表示価格は定価（税込）です。＊最新情報は、ホームページをご覧ください。www.arukikata.co.jp/guidebook/

地球の歩き方 ガイドブック

A ヨーロッパ

A01	ヨーロッパ	¥1870
A02	イギリス	¥2530
A03	ロンドン	¥1980
A04	湖水地方&スコットランド	¥1870
A05	アイルランド	¥2310
A06	フランス	¥2420
A07	パリ&近郊の町	¥2200
A08	南仏プロヴァンス コート・ダジュール&モナコ	¥1760
A09	イタリア	¥2530
A10	ローマ	¥1760
A11	ミラノ ヴェネツィアと湖水地方	¥1870
A12	フィレンツェとトスカーナ	¥1870
A13	南イタリアとシチリア	¥1870
A14	ドイツ	¥2420
A15	南ドイツ フランクフルト ミュンヘン ロマンチック街道 古城街道	¥2090
A16	ベルリンと北ドイツ ハンブルク ドレスデン ライプツィヒ	¥1870
A17	ウィーンとオーストリア	¥2090
A18	スイス	¥2200
A19	オランダ ベルギー ルクセンブルク	¥2420
A20	スペイン	¥2420
A21	マドリードとアンダルシア	¥1760
A22	バルセロナ&近郊の町 イビサ島/マヨルカ島	¥1980
A23	ポルトガル	¥2200
A24	ギリシアとエーゲ海の島々&キプロス	¥1870
A25	中欧	¥1980
A26	チェコ ポーランド スロヴァキア	¥2420
A27	ハンガリー	¥1870
A28	ブルガリア ルーマニア	¥1980
A29	北欧 デンマーク ノルウェー スウェーデン フィンランド	¥2640
A30	バルトの国々 エストニア ラトヴィア リトアニア	¥1870
A31	ロシア ベラルーシ ウクライナ モルドヴァ コーカサスの国々	¥2090
A32	極東ロシア シベリア サハリン	¥1980
A34	クロアチア スロヴェニア	¥2200

B 南北アメリカ

B01	アメリカ	¥2090
B02	アメリカ西海岸	¥2200
B03	ロスアンゼルス	¥2090
B04	サンフランシスコとシリコンバレー	¥1870
B05	シアトル ポートランド	¥2420
B06	ニューヨーク マンハッタン&ブルックリン	¥2200
B07	ボストン	¥1980
B08	ワシントンDC	¥2420
B09	ラスベガス セドナ&グランドキャニオンと大西部	¥2090
B10	フロリダ	¥2310
B11	シカゴ	¥1870
B12	アメリカ南部	¥1980
B13	アメリカの国立公園	¥2640
B14	ダラス ヒューストン デンバー グランドサークル フェニックス サンタフェ	¥1980
B15	アラスカ	¥1980
B16	カナダ	¥2420
B17	カナダ西部 カナディアン・ロッキーとバンクーバー	¥2090
B18	カナダ東部 ナイアガラ・フォールズ メープル街道 プリンス・エドワード島 トロント オタワ モントリオール ケベック・シティ	¥2090
B19	メキシコ	¥1980
B20	中米	¥2090
B21	ブラジル ベネズエラ	¥2200
B22	アルゼンチン チリ パラグアイ ウルグアイ	¥2200
B23	ペルー ボリビア エクアドル コロンビア	¥2200
B24	キューバ バハマ ジャマイカ カリブの島々	¥2035
B25	アメリカ・ドライブ	¥1980

C 太平洋 / インド洋島々

C01	ハワイ オアフ島&ホノルル	¥2200
C02	ハワイ島	¥2200
C03	サイパン ロタ&テニアン	¥1540
C04	グアム	¥1980
C05	タヒチ イースター島	¥1870
C06	フィジー	¥1650
C07	ニューカレドニア	¥1650
C08	モルディブ	¥1870
C10	ニュージーランド	¥2200
C11	オーストラリア	¥2750
C12	ゴールドコースト&ケアンズ	¥2420
C13	シドニー&メルボルン	¥1760

D アジア

D01	中国	¥2090
D02	上海 杭州 蘇州	¥1870
D03	北京	¥1760
D04	大連 瀋陽 ハルビン 中国東北部の自然と文化	¥1980
D05	広州 アモイ 桂林 珠江デルタと華南地方	¥1980
D06	成都 重慶 九寨溝 麗江 四川 雲南	¥1980
D07	西安 敦煌 ウルムチ シルクロードと中国北西部	¥1980
D08	チベット	¥2090
D09	香港 マカオ 深圳	¥2420
D10	台湾	¥2090
D11	台北	¥1980
D13	台南 高雄 屏東&南台湾の町	¥1980
D14	モンゴル	¥2420
D15	中央アジア サマルカンドとシルクロードの国々	¥2090
D16	東南アジア	¥1870
D17	タイ	¥2200
D18	バンコク	¥1980
D19	マレーシア ブルネイ	¥2090
D20	シンガポール	¥2200
D21	ベトナム	¥2090
D22	アンコール・ワットとカンボジア	¥2200
D23	ラオス	¥2
D24	ミャンマー（ビルマ）	¥2
D25	インドネシア	¥2
D26	バリ島	¥2
D27	フィリピン マニラ セブ ボラカイ ボホール エルニド	¥2
D28	インド	¥2
D29	ネパールとヒマラヤトレッキング	¥2
D30	スリランカ	¥1
D31	ブータン	¥1
D33	マカオ	¥1
D34	釜山 慶州	¥1
D35	バングラデシュ	¥2
D37	韓国	¥2
D38	ソウル	¥1

E 中近東 アフリカ

E01	ドバイとアラビア半島の国々	¥2
E02	エジプト	¥2
E03	イスタンブールとトルコの大地	¥2
E04	ペトラ遺跡とヨルダン レバノン	¥2
E05	イスラエル	¥2
E06	イラン ペルシアの旅	¥2
E07	モロッコ	¥1
E08	チュニジア	¥2
E09	東アフリカ ウガンダ エチオピア ケニア タンザニア ルワンダ	¥2
E10	南アフリカ	¥2
E11	リビア	¥2
E12	マダガスカル	¥1

J 国内版

J00	日本	¥3
J01	東京 23区	¥2
J02	東京 多摩地域	¥2
J03	京都	¥2
J04	沖縄	¥2
J05	北海道	¥2
J06	神奈川	¥2
J07	埼玉	¥2
J08	千葉	¥2
J09	札幌・小樽	¥2
J10	愛知	¥2
J11	世田谷区	¥2
J12	四国	¥2
J13	北九州市	¥2
J14	東京の島々	¥2
J15	広島	¥2
J16	横浜市	¥2

地球の歩き方 aruco

●海外

1	パリ	¥1650
2	ソウル	¥1650
3	台北	¥1650
4	トルコ	¥1430
5	インド	¥1540
6	ロンドン	¥1650
7	香港	¥1650
9	ニューヨーク	¥1650
10	ホーチミン ダナン ホイアン	¥1650
11	ホノルル	¥1650
12	バリ島	¥1650
13	上海	¥1320
14	モロッコ	¥1540
15	チェコ	¥1320
16	ベルギー	¥1430
17	ウィーン ブダペスト	¥1320
18	イタリア	¥1760
19	スリランカ	¥1540
20	クロアチア スロヴェニア	¥1430
21	スペイン	¥1320
22	シンガポール	¥1650
23	バンコク	¥1650
24	グアム	¥1320
25	オーストラリア	¥1760
26	フィンランド エストニア	¥1430
27	アンコール・ワット	¥1430
28	ドイツ	¥1760
29	ハノイ	¥1650
30	台湾	¥1650
31	カナダ	¥1320
33	サイパン テニアン ロタ	¥1320
34	セブ ボホール エルニド	¥1320
35	ロスアンゼルス	¥1320
36	フランス	¥1430
37	ポルトガル	¥1650
38	ダナン ホイアン フエ	¥1430

●国内

北海道	¥1760
京都	¥1760
沖縄	¥1760
東京	¥1540
東京で楽しむフランス	¥1430
東京で楽しむ韓国	¥1430
東京で楽しむ台湾	¥1430
東京の手みやげ	¥1430
東京おやつさんぽ	¥1430
東京のパン屋さん	¥1430
東京で楽しむ北欧	¥1430
東京のカフェめぐり	¥1480
東京で楽しむハワイ	¥1480
nyaruco 東京ねこさんぽ	¥1480
東京で楽しむイタリア&スペイン	¥1480
東京で楽しむアジアの国々	¥1480
東京ひとりさんぽ	¥1480
東京パワースポットさんぽ	¥1599
東京で楽しむ英国	¥1599

地球の歩き方 Plat

1	パリ	¥1320
2	ニューヨーク	¥1650
3	台北	¥1100
4	ロンドン	¥1650
6	ドイツ	¥1320
7	ホーチミン/ハノイ/ダナン/ホイアン	¥1540
8	スペイン	¥1320
9	バンコク	¥1540
10	シンガポール	¥1540
11	アイスランド	¥1540
13	マニラ セブ	¥1650
14	マルタ	¥1540
15	フィンランド	¥1320
16	クアラルンプール マラッカ	¥1650
17	ウラジオストク/ハバロフスク	¥1430
18	サンクトペテルブルク/モスクワ	¥1540
19	エジプト	¥1320
20	香港	¥1100
22	ブルネイ	¥1430
23	ウズベキスタン サマルカンド ブハラ ヒヴァ タシケント	¥1
24	ドバイ	¥1
25	サンフランシスコ	¥1
26	パース/西オーストラリア	¥1
27	ジョージア	¥1
28	台南	¥1

地球の歩き方 リゾートスタイ

R02	ハワイ島	¥1
R03	マウイ島	¥1
R04	カウアイ島	¥1
R05	こどもと行くハワイ	¥1
R06	ハワイ ドライブ・マップ	¥1
R07	ハワイ バスの旅	¥1
R08	グアム	¥1
R09	こどもと行くグアム	¥1
R10	パラオ	¥1
R12	プーケット サムイ島 ピピ島	¥1
R13	ペナン ランカウイ クアラルンプール	¥1
R14	バリ島	¥1
R15	セブ&ボラカイ ボホール シキホール	¥1
R16	テーマパークｉｎオーランド	¥1
R17	カンクン コスメル イスラ・ムヘーレス	¥1
R20	ダナン ホイアン ホーチミン ハノイ	¥1

地球の歩き方　御朱印

御朱印でめぐる鎌倉のお寺　三十三観音完全掲載　三訂版	¥1650
御朱印でめぐる京都のお寺　改訂版	¥1650
御朱印でめぐる奈良のお寺	¥1760
御朱印でめぐる東京のお寺	¥1650
日本全国この御朱印が凄い！　第壱集　増補改訂版	¥1650
日本全国この御朱印が凄い！　第弐集　都道府県網羅版	¥1650
御朱印でめぐる全国の神社　開運さんぽ	¥1430
御朱印でめぐる高野山　三訂版	¥1760
御朱印でめぐる関東の神社　週末開運さんぽ	¥1430
御朱印でめぐる秩父の寺社　三十四観音完全掲載　改訂版	¥1650
御朱印でめぐる関東の百寺　坂東三十三観音と古寺	¥1650
御朱印でめぐる関西の神社　週末開運さんぽ	¥1430
御朱印でめぐる関西の百寺　西国三十三所と古寺	¥1650
御朱印でめぐる東京の神社　週末開運さんぽ　改訂版	¥1540
御朱印でめぐる神奈川の神社　週末開運さんぽ　改訂版	¥1540
御朱印でめぐる埼玉の神社　週末開運さんぽ　改訂版	¥1540
御朱印でめぐる北海道の神社　週末開運さんぽ　改訂版	¥1540
御朱印でめぐる九州の神社　週末開運さんぽ　改訂版	¥1540
御朱印でめぐる千葉の神社　週末開運さんぽ　改訂版	¥1540
御朱印でめぐる東海の神社　週末開運さんぽ	¥1430
御朱印でめぐる京都の神社　週末開運さんぽ　改訂版	¥1540
御朱印でめぐる神奈川のお寺	¥1650
御朱印でめぐる大阪　兵庫の神社　週末開運さんぽ　改訂版	¥1540
御朱印でめぐる愛知の神社　週末開運さんぽ　改訂版	¥1540
御朱印でめぐる栃木　日光の神社　週末開運さんぽ	¥1430
御朱印でめぐる福岡の神社　週末開運さんぽ　改訂版	¥1540
御朱印でめぐる広島　岡山の神社　週末開運さんぽ	¥1430
御朱印でめぐる山陰　山陽の神社　週末開運さんぽ	¥1430
御朱印でめぐる埼玉のお寺	¥1650
御朱印でめぐる千葉のお寺	¥1650
御朱印でめぐる東京の七福神	¥1540
御朱印でめぐる東北の神社　週末開運さんぽ　改訂版	¥1540
御朱印でめぐる全国の稲荷神社　週末開運さんぽ	¥1430
御朱印でめぐる新潟 佐渡の神社　週末開運さんぽ	¥1430
御朱印でめぐる静岡 富士 伊豆の神社　週末開運さんぽ　改訂版	¥1540
御朱印でめぐる四国の神社　週末開運さんぽ	¥1430
御朱印でめぐる中央線沿線の寺社　週末開運さんぽ	¥1540
御朱印でめぐる東急線沿線の寺社　週末開運さんぽ	¥1540
御朱印でめぐる茨城の神社　週末開運さんぽ	¥1430
御朱印でめぐる関東の聖地　週末開運さんぽ	¥1430
御朱印でめぐる東海のお寺	¥1650
日本全国ねこの御朱印＆お守りめぐり　週末開運にゃんさんぽ	¥1760
御朱印でめぐる信州 甲州の神社　週末開運さんぽ	¥1430
御朱印でめぐる全国の聖地　週末開運さんぽ	¥1430
御朱印でめぐる茨城のお寺	¥1650
御朱印でめぐる全国のお寺　週末開運さんぽ	¥1540
日本全国 日本酒でめぐる　酒蔵＆ちょこっと御朱印〈東日本編〉	¥1760
日本全国 日本酒でめぐる　酒蔵＆ちょこっと御朱印〈西日本編〉	¥1760
関東版ねこの御朱印＆お守りめぐり　週末開運にゃんさんぽ	¥1760
52	一生に一度は参りたい！　御朱印でめぐる全国の絶景寺社図鑑	¥2479
53	御朱印でめぐる東北のお寺　週末開運さんぽ	¥1650
54	御朱印でめぐる関西のお寺　週末開運さんぽ	¥1760
D51	鉄印帳でめぐる全国の魅力的な鉄道40	¥1650
	御朱印はじめました　関東の神社　週末開運さんぽ	¥1210

地球の歩き方　島旅

1	五島列島　4訂版	¥1870
2	奄美大島　喜界島　加計呂麻島（奄美群島①）4訂版	¥1650
3	与論島　沖永良部島　徳之島（奄美群島②）改訂版	¥1650
4	利尻　礼文　4訂版	¥1650
5	天草　改訂版	¥1760
6	壱岐　4訂版	¥1650
7	種子島　3訂版	¥1650
8	小笠原　父島　母島　3訂版	¥1650
9	隠岐　3訂版	¥1870
10	佐渡　3訂版	¥1650
11	宮古島　伊良部島　下地島　来間島　池間島　多良間島　大神島　改訂版	¥1650
12	久米島　渡名喜島　改訂版	¥1650
13	小豆島～瀬戸内の島々1～　改訂版	¥1650
14	直島　豊島　女木島　男木島　犬島～瀬戸内の島々2～	¥1650
15	伊豆大島　利島～伊豆諸島1～　改訂版	¥1650
16	新島　式根島　神津島～伊豆諸島2～改訂版	¥1650
17	沖縄本島周辺15離島	¥1650
18	たけとみの島々　竹富島　西表島　波照間島　小浜島　黒島　鳩間島　新城島　由布島　加屋	¥1650
19	淡路島～瀬戸内の島々3～　改訂版	¥1760
20	石垣島　竹富島 西表島 小浜島 由布島 新城島 波照間島	¥1650
21	対馬	¥1650
22	島旅ねこ　にゃんこの島の歩き方	¥1344
23	屋久島	¥1760

地球の歩き方　旅の図鑑

W01	世界244の国と地域　改訂版	¥2200
W02	世界の指導者図鑑	¥1650
W03	世界の魅力的な奇岩と巨石139選	¥1760
W04	世界246の首都と主要都市	¥1760
W05	世界のすごい島300	¥1760
W06	地球の歩き方的！　世界なんでもランキング	¥1760
W07	世界のグルメ図鑑　116の国と地域の名物料理を食の雑学とともに解説	¥1760
W08	世界のすごい巨像	¥1760
W09	世界のすごい城と宮殿333	¥1760
W10	世界197ヵ国のふしぎな聖地＆パワースポット	¥1870
W11	世界の祝祭	¥1760
W12	世界のカレー図鑑	¥1980
W13	世界遺産　絶景でめぐる自然遺産　完全版	¥1980
W15	地球の果ての歩き方	¥1980
W16	世界の中華料理図鑑	¥1980
W17	世界の地元メシ図鑑	¥1980
W18	世界遺産の歩き方　学んで旅する！　すごい世界遺産190選	¥1980
W19	世界の魅力的なビーチと湖	¥1980
W20	世界のすごい駅	¥1980
W21	世界のおみやげ図鑑	¥1980
W22	いつか旅してみたい世界の美しい古都	¥1980
W23	世界のすごいホテル	¥1980
W24	日本の凄い神木	¥2200
W25	世界のお菓子図鑑	¥1980
W26	世界の麺図鑑	¥1980
W27	世界のお酒図鑑	¥1980
W28	世界の魅力的な道	¥1980
W29	世界の映画の舞台＆ロケ地	¥2090
W30	すごい地球！	¥2200
W31	世界のすごい墓	¥1980
W32	日本のグルメ図鑑	¥1980
W34	日本の虫旅	¥2200

地球の歩き方　旅の名言＆絶景

ALOHAを感じるハワイのことばと絶景100	¥1650
自分らしく生きるフランスのことばと絶景100	¥1650
人生観が変わるインドのことばと絶景100	¥1650
生きる知恵を授かるアラブのことばと絶景100	¥1650
心に寄り添う台湾のことばと絶景100	¥1650
道しるべとなるドイツのことばと絶景100	¥1650
共感と勇気がわく韓国のことばと絶景100	¥1650
人生を楽しみ尽くすイタリアのことばと絶景100	¥1650
今すぐ旅に出たくなる！　地球の歩き方のことばと絶景100	¥1650
悠久の教えをひもとく　中国のことばと絶景100	¥1650

地球の歩き方　旅と健康

地球のなぞり方 旅地図 アメリカ大陸編	¥1430
地球のなぞり方 旅地図 ヨーロッパ編	¥1430
地球のなぞり方 旅地図 アジア編	¥1430
地球のなぞり方 旅地図 日本編	¥1430
脳がどんどん強くなる！　すごい地球の歩き方	¥1650

地球の歩き方　旅の読み物

今こそ学びたい日本のこと	¥1760
週末だけで70ヵ国159都市を旅したリーマントラベラーが教える自分の時間の作り方	¥1540
史跡と神話の舞台をホロホロ！　ハワイ・カルチャーさんぽ	¥1760

地球の歩き方　BOOKS

ハワイ ランキング＆マル得テクニック！	¥1430
台湾 ランキング＆マル得テクニック！	¥1430
御船印でめぐる船旅	¥1870
BRAND NEW HAWAII　とびきりリアルな最新ハワイガイド	¥1650
FAMILY TAIWAN TRIP　#子連れ台湾	¥1518
GIRL'S GETAWAY TO LOS ANGELES	¥1760
HAWAII RISA'S FAVORITES　大人女子はハワイで美味しく美しく	¥1650
LOVELY GREEN NEW ZEALAND　未来の国を旅するガイドブック	¥1760
MAKI'S DEAREST HAWAII	¥1540
MY TRAVEL, MY LIFE Maki's Family Travel Book	¥1760
いろはに北欧	¥1760
ヴィクトリア朝が教えてくれる英国の魅力	¥1320
ダナン＆ホイアン　PHOTO TRAVEL GUIDE	¥1650
とっておきのフィンランド	¥1760
フィンランドでかなえる100の夢	¥1760
マレーシア　地元で愛される名物食堂	¥1430
香港　地元で愛される名物食堂	¥1540
最高のハワイの過ごし方	¥1540
子連れで沖縄　旅のアドレス＆テクニック117	¥1100
食事作りに手間暇かけないドイツ人、手料理神話にこだわり続ける日本人	¥1100
台北　メトロさんぽ　MRTを使って、おいしいとかわいいを巡る旅	¥1518
北欧が好き！　フィンランド・スウェーデン・デンマーク・ノルウェーの素敵な町めぐり	¥1210
北欧が好き！2　建築＆デザインでめぐるフィンランド・スウェーデン・デンマーク・ノルウェー	¥1210
日本全国　開運神社　このお守りがすごい！	¥1522
地球の歩き方　ディズニーの世界　名作アニメーション映画の舞台	¥2420

地球の歩き方　スペシャルコラボ BOOK

地球の歩き方　ムー	¥2420
地球の歩き方　JOJO　ジョジョの奇妙な冒険	¥2420
地球の歩き方　宇宙兄弟　We are Space Travelers!	¥2420
地球の歩き方　ムーJAPAN　～神秘の国の歩き方～	¥2420

地球の歩き方 関連書籍のご案内

カンボジアと周辺各国への旅を「地球の歩き方」が応援します!

地球の歩き方 ガイドブック

D09 香港 マカオ 深圳 ¥2,420
D10 台湾 ¥2,090
D11 台北 ¥1,980
D13 台南 高雄 ¥1,980
D17 タイ ¥2,200
D18 バンコク ¥1,980
D19 マレーシア ブルネイ ¥2,090
D20 シンガポール ¥2,200
D21 ベトナム ¥2,090
D27 フィリピン マニラ セブ ¥2,200
D33 マカオ ¥1,760
D34 釜山 慶州 ¥1,540
D37 韓国 ¥2,090
D38 ソウル ¥1,870

地球の歩き方 aruco

02 aruco ソウル ¥1,650
03 aruco 台北 ¥1,650
07 aruco 香港 ¥1,650
10 aruco ホーチミン ¥1,650
22 aruco シンガポール ¥1,650
23 aruco バンコク ¥1,650
27 aruco アンコール・ワット ¥1,430
29 aruco ハノイ ¥1,650
30 aruco 台湾 ¥1,650
34 aruco セブ ボホール ¥1,320
38 aruco ダナン ホイアン ¥1,430

地球の歩き方 Plat

03 Plat 台北 ¥1,100
07 Plat ホーチミン ハノイ ¥1,540
10 Plat シンガポール ¥1,540
16 Plat クアラルンプール ¥1,650
20 Plat 香港 ¥1,100
22 Plat ブルネイ ¥1,430

地球の歩き方 リゾートスタイル

R12 プーケット ¥1,650
R13 ペナン ランカウイ ¥1,650
R15 セブ&ボラカイ ¥1,650
R20 ダナン ホイアン ¥1,650

地球の歩き方 旅の名言 & 絶景

心に寄り添う台湾のことばと絶景100 ¥1,650

地球の歩き方 BOOKS

ダナン&ホイアン PHOTO TRAVEL GUIDE ¥1,650
マレーシア 地元で愛される名物食堂 ¥1,430
香港 地元で愛される名物食堂 ¥1,540

地球の歩き方 aruco 国内版

aruco 東京で楽しむアジアの国々 ¥1,480

※表示価格は定価（税込）です。改訂時に価格が変更になる場合があります。

あとがき

約3年半ぶりに訪れたカンボジアは、近代的な建物や新しいスポットが増えて大きく変わった町も多く、猛スピードで発展し続けていることを実感しました。とはいえ、人々の素朴な優しさと笑顔は変わらず、旅の神髄を味わわせてくれます。カンボジアを旅する読者の方々の助けになれれば、カンボジアという国、文化、暮らし、歴史などについて理解を深めてもらいたいという思いで編集・制作に当たりました。最後に、取材にご協力いただいた皆様に心より感謝申し上げます。

STAFF

Producer：今井歩　Ayumu Imai
Editors：大久保民　Tami Okubo、小坂歩　Ayumi Kosaka（有限会社アジアランド　Asia Land Co., Ltd.）
Researcher & Coordinator：青山直子　Naoko Aoyama
Designer：山中遼子　Ryoko Yamanaka
Proofreader：株式会社東京出版サービスセンター　Tokyo Shuppan Service Center、河村保之　Yasuyuki Kawamura
Cartographer：辻野良晃　Yoshiaki Tsujino
Photographers：湯山繁　Shigeru Yuyama、竹之下三緒　Mio Takenoshita、大池直人　Naoto Ohike、©iStock
DTP：株式会社ダイヤモンド・グラフィック社
Cover Designer：日出嶋昭男　Akio Hidejima

協力　三輪悟さん、重枝豊さん、吉川舞さん（順不同）

本書についてのご意見・ご感想はこちらまで
読者投稿　〒141-8425　東京都品川区西五反田2-11-8
株式会社地球の歩き方
地球の歩き方サービスデスク「アンコール・ワットとカンボジア編」投稿係
https://www.arukikata.co.jp/guidebook/toukou.html
地球の歩き方ホームページ（海外・国内旅行の総合情報）
https://www.arukikata.co.jp/
ガイドブック『地球の歩き方』公式サイト
https://www.arukikata.co.jp/guidebook/

地球の歩き方 D22
アンコール・ワットとカンボジア 2024～2025年版

2023年7月25日　初版第1刷発行
2024年8月23日　初版第2刷発行

Published by Arukikata. Co., Ltd.
2-11-8 Nishigotanda, Shinagawa-ku, Tokyo, 141-8425, Japan

著作編集　地球の歩き方編集室
発行人　新井 邦弘
編集人　由良 暁世
発 行 所　株式会社地球の歩き方
〒141-8425　東京都品川区西五反田2-11-8
発 売 元　株式会社Gakken
〒141-8416　東京都品川区西五反田2-11-8
印　刷　大日本印刷株式会社

※本書は基本的に2023年2月～4月の取材データに基づいて作られています。
発行後に料金、営業時間、定休日などが変更になる場合がありますのでご了承ください。
更新・訂正情報：https://www.arukikata.co.jp/travel-support/

●この本に関する各種お問い合わせ先
・本の内容については、下記サイトのお問い合わせフォームよりお願いします。
URL ▶ https://www.arukikata.co.jp/guidebook/contact.html
・広告については、下記サイトのお問い合わせフォームよりお願いします。
URL ▶ https://www.arukikata.co.jp/ad_contact/
・在庫については　Tel 03-6431-1250（販売部）
・不良品（落丁、乱丁）については　Tel 0570-000577
学研業務センター　〒354-0045　埼玉県入間郡三芳町上富279-1
・上記以外のお問い合わせは　Tel 0570-056-710（学研グループ総合案内）

※本書は株式会社ダイヤモンド・ビッグ社より1987年4月に初版発行したもの（2019年12月に改訂第22版）の最新・改訂版です。
学研グループの書籍・雑誌についての新刊情報・詳細情報は、下記をご覧ください。
学研出版サイト　https://hon.gakken.jp/